一本书掌握必知的世界历史知识

世界通史

朱立春◎主编

北京联合出版公司
Beijing United Publishing Co.,Ltd.

图书在版编目（CIP）数据

世界通史 / 朱立春主编 . -- 北京：北京联合出版公司，2015.（2022.5 重印）
ISBN 978-7-5502-4716-1

Ⅰ . ①世… Ⅱ . ①朱… Ⅲ . ①世界史 – 通俗读物 Ⅳ . ① K109

中国版本图书馆 CIP 数据核字（2015）第 031645 号

世界通史

主　　编：朱立春
出 品 人：赵红仕
责任编辑：喻　静
封面设计：韩立强
内文排版：潘　松

北京联合出版公司出版
（北京市西城区德外大街 83 号楼 9 层　100088）
北京德富泰印务有限公司印刷　新华书店经销
字数 820 千字　720 毫米 × 1020 毫米　1/16　40 印张
2018 年 10 月第 2 版　2022 年 5 月第 4 次印刷
ISBN 978-7-5502-4716-1
定价：78.00 元

前　言

英国著名历史学家汤因比说：“一个人如果能身处历史感悟之中，他就一定是获得真知的人，因为历史的经验是最为丰富的智慧之库。”世界上自出现人类以来，就有了历史，世界历史源远流长，其间既有繁荣辉煌，亦有艰难曲折；既有和平光明，亦有血腥黑暗。它作为一面镜子，记录着人类社会的成功与失败、兴盛与衰退、辉煌与悲怆、交替与更迭，也预示着人类的未来。

但是，在现实生活中，很多人对世界历史的面貌缺乏清晰的认识，跨文化的理解、尊重和交流在某种程度上遇到了障碍。而要了解人类历史的发展历程，要培养对异质文化的理解能力，有效的方式之一就是学习世界历史。然而，世界历史何其浩瀚，漫长岁月之中，其间发生的历史事件、出现的历史人物错综复杂，头绪繁多，要从总体上把握人类历史的发展进程不是一件容易的事情。因为人类从来都是分为不同的种族、民族，以及无数的群体，在漫长的过去，他们各自独立、分散地生活在世界的不同地区，创造了有各自特色的文明，各自拥有自己的历史。基于这种多样性特点，相应地出现了各种历史典籍，有的记录不同国家、地区的历史，有的记录专门化的、不同主题的历史，即当代历史研究中的所谓细化或碎化现象。而在全球化快速发展的今天，普通读者对历史的整体性的认识需求、对历史读物的通俗性要求如何得以满足？针对这一情况，有学者创建了“通史”这种体例，即连贯地记叙各个时代的史实，涉及重大的历史事件、杰出的历史人物和多领域文化等，内容广泛，在叙述中体现出人类历史的发展脉络或贯穿其中的线索，能给人一种整体的认识，是读者在较短时间内了解世界历史的理想读本。

本书分为古代文明时期、帝国征战时期、中世纪、文艺复兴时期、资产阶级革命时期、工业革命时期、一战二战时期、冷战时期和世界新格局几大篇章，以时间为序，系统介绍世界历史上的重大事件、风云人物、辉煌成就、灿烂文化等，完整地勾勒出世界历史演进的基本脉络和世界各大文明的发展历程，为读者提供想知道的、需要知道的、应该知道的历史知识，帮助读者从宏观上把握世界历史，进而掌握人类历史发展的内在规律。同时，书中还设置了相关链接等知识板块，简要补充了一些与文章相关的政治、经济、文化、科技等方面的知识。这些内容或纵向深入，或横向延展，都以方便读者理解世界历史为出发点。编者还精心选配了数百幅内容涵盖面广、表现形式丰富的图片，包括出土文物、历史遗迹、战争示意图、名人画像等，与文字内容互为补充与诠释，使读者仿佛置身于一座真实立体的历史博物馆，便于更加直观地了解世界历史。

全书将凝练的文字、精美的图片、科学的体例、创新的设计等多种要素有机结合，新视角、多层面地解读世界历史，帮助读者从不同的角度和崭新的层面去感受历史、思考历史，从历史中汲取睿见卓识，深化并拓展人生阅历。

目 录

❀ 远古文明时期 ❀

帝国争战时期

❀ 中世纪 ❀

🌸 文艺复兴时期 🌸

🌸 资产阶级革命时期 🌸

工业革命时期

一战二战时期

冷战时期

世界新格局

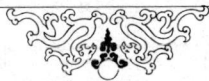

远古文明时期

人类在长期的生产和生活实践中，不仅创造了物质财富，而且创造了文学、天文、地理、医药、艺术、宗教等原始的精神文明，这些都是群星璀璨的早期文明的主要内容。从人类发展的轨迹看，在原始社会之后的最初的阶级社会中，文明古国是人类最早的初始文明的源头，它们分别是尼罗河畔的古埃及、两河流域的西亚古国、印度河流域的古印度以及古中国、古希腊、古罗马。这时候，人类社会进入了早期文明的繁荣时代。

人类进化的道路

目前，学术界一般认为，古猿转变为人类始祖的时间在 700 万年前。从已发现的人类化石来看，人类的演化大致可以分为以下四个阶段：

（1）南方古猿阶段。最早的南方古猿化石是公元 1924 年在南非开普省的汤恩采石场发现的，它是一个古猿幼儿的头骨。已发现的南方古猿生存于 440 万年前到 100 万年前，南方古猿是已知最早的人类。根据对化石解剖特征的研究，区别于猿类，南方古猿最为重要的特征是能够两足直立行走，他们可以分成两个主要类型：纤细型和粗壮型。最初，一些人还认为这两种类型之间的差异属于男女性别上的差异。纤细型又称非洲南猿，身高在 1.2m 左右，颅骨比较光滑，没有矢状突起，眉弓明显突出，面骨比较小。粗壮型又叫粗壮南猿或鲍氏南猿，身体约 1.5m，颅骨有明显的矢状脊，面骨相对较大。从他们的牙齿来看，粗壮南猿的门齿、犬齿较小，但臼齿硕大（颌骨也较粗壮），说明他们是以植物性食物为主的，而纤细型的南方古猿则是杂食的。一般认为，纤细型进一步演化成了能人，而粗壮型则在距今大约 100 万年前灭绝了。

（2）能人阶段。能人化石是公元 1960 年起在东非的坦桑尼亚和肯尼亚陆续发现的。最早的能人生存在 200 万年前。能人脑容量较大，约在 600 毫升以上，脑的大体形态以及上面的沟回与现代人相似，颅骨和趾骨更接近现代人，而且牙齿比粗壮南猿的小。与能人化石一起发现的还有石器。这些石器包括可以割破兽皮的石片，带刃的砍砸器和可以敲碎骨骼的石锤，这些都属于屠宰工具。在分类学上，古人类学家将他们归入人属能人种。能人生存的年代在

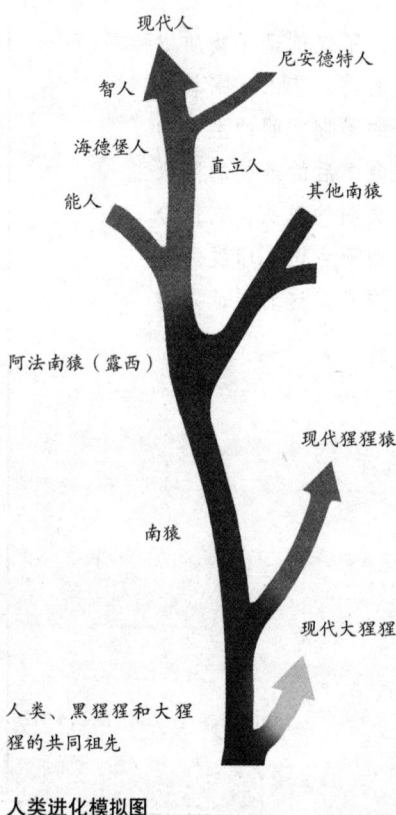

现代人
尼安德特人
智人
海德堡人
直立人
能人
其他南猿
阿法南猿（露西）
现代猩猩猿
南猿
现代大猩猩
人类、黑猩猩和大猩猩的共同祖先

人类进化模拟图

200 万年前到 175 万年前，当时粗壮南猿还没有灭绝。

（3）直立人阶段。直立人俗称猿人。直立人化石最早是公元 1891 年在印度尼西亚的爪哇发现的。已发现的直立人除了印尼的爪哇猿人外，还有德国的海德堡猿人、中国的蓝田猿人和北京猿人。尤其是 20 世纪 20 年代在北京周口店发现的北京猿人化石和石器，比较明确地揭示了直立人在人类演化史上的地位。北京猿人发现于 1929 年，其发现地为北京周口店的龙骨山，现已获得 40 多个不同年龄的男女个体，以及无数的石器、骨器和用火遗迹。北京猿人的身躯比现代人稍矮，男高约 1.62 米，女高约 1.52 米，四肢已具备现代人形，脑容量为 1075 毫升。这一切证明北京猿人已远离猿类而更接近现代人类，更为重要的是，他们可能已经有了自己的语言。在北京人遗址中，除发现了采集食用的朴树籽外，还发现了大量的禽兽遗骸，其中肿骨鹿化石就有 2 千多个个体，说明北京人过着采集和狩猎的生活。直立人的生存年代约为 170 万年前到 20 余万年前。至今为止，直立人化石在亚洲、非洲和欧洲均有发现。

（4）智人阶段。智人一般又分为早期智人（远古智人）和晚期智人（现代人）。尼安德特人是最早发现的早期智人，简称"尼人"。早期智人的生存年代为距今 30 万年到 20 万年前到距今 5 万年到 4 万年前。中国的马坎人、长阳人和丁村人均属于尼人。尼人的平均脑容量为 1350 毫升，尼人与直立人相比，头骨比较平滑和圆隆颅骨厚度减小；面部（从眉脊向下到下齿列部分）向前凸出的程度与直立人相似。欧洲尼人的鼻骨异常前凸，显示他们的鼻子一定很高；但是，由于他们有大的牙齿和上颚，因此推测他们的鼻子不可能像现代欧洲人那样有狭窄的鼻腔，而是有一个向前大大地扩展的鼻腔。也就是说，他们拥有一个像现代欧洲人那么高同时又像现代非洲人那么宽的大鼻子；而且，鼻孔可能更朝向前方。尼人创造了被称为莫斯特文化的石器工业，石器制作技术有所提高，石器的

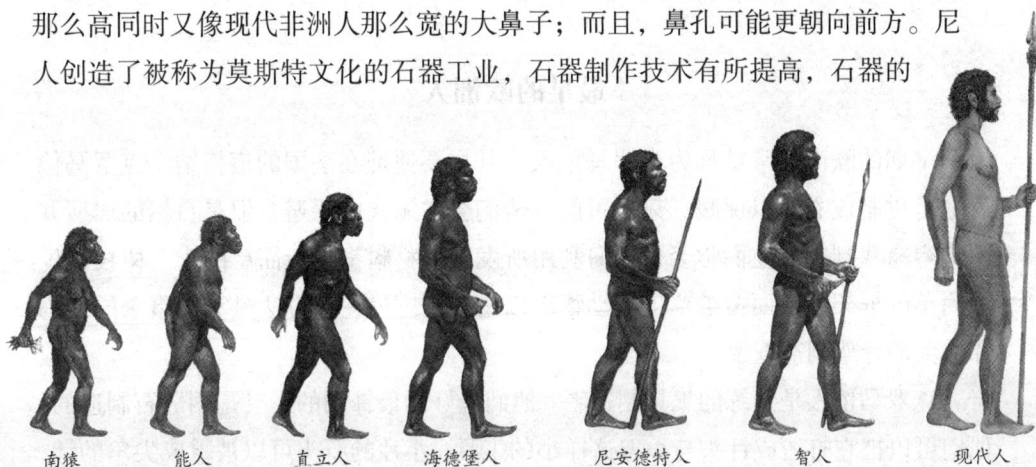

南猿　　能人　　直立人　　海德堡人　　尼安德特人　　智人　　现代人

3

· 陕西蓝田人 ·

　　1963年7月和1964年5月、10月，考古学家在陕西蓝田出土了中国旧石器时期早期人类化石，简称蓝田人。陕西蓝田猿人大约生活在距今100万至60万年前，化石出土地点有两处，均位于蓝田县境内。陈家窝蓝田猿人生活年代距今约65万至53万年间。公王岭蓝田猿人生活年代距今约98万至67万年间。当时蓝田人的生活地区草木茂盛，有很多种远古动物栖息，其中包括大熊猫、剑齿象、毛冠鹿、斑鹿等。蓝田猿人头骨有鲜明的原始性质：头盖骨极为低平，额骨倾斜明显而尚无额窦。眉骨十分粗壮，于眼眶上方形成一条横嵴。头骨骨壁极厚，脑容量约为780毫升。出土的石制品证明蓝田人已经能够使用多种石质打制工具。蓝田猿人所处的自然环境是秦岭北坡温暖湿润的森林草原地区，从事采集和狩猎劳动。在公王岭出土的猿人化石层中，还发现三四处灰烬和灰屑，可能是蓝田猿人用火的遗迹。

形态更加规整，开始生产细石器，出现磨制、穿孔技术，并用骨、角原料制作生产工具和生活用品。以细小的尖状器和刮削器为代表。当时的欧洲气候寒冷，尼人能够用火并且已经能够造火。尼人还开始有了埋葬死者的习俗。晚期智人也称"新人"，其生存年代为距今 5 万年至 1 万年前。因新人最早的化石是在法国的克罗马侬洞窟里发现的，故又名"克罗马侬人"。克罗马侬人不论在形体、高度，还是在脑壳比例上都有所变化，与现代人基本相同，脑容量平均在 1400 毫升以上。中国最先发现的化石晚期智人就是著名的周口店山顶洞人。这些化石是公元 1933 年在龙骨山的山顶洞中发掘出来的，包括完整的头骨三个、头骨残片三块、下颌骨四件、下颌残片三块、零星牙齿数十枚、脊椎骨及肢骨若干件。新人的分布较广，不仅在亚、非、欧三洲发现其化石，而且还分布在大洋洲和美洲。据人类学家研究证明，在 1.5 万年前已有人类从亚洲通过白令海峡进入美洲；在 4 万年前，亚洲人从东南亚到达澳洲。

最早的欧洲人

　　早期的欧洲人常被称为克罗马侬人，其主要遗址在法国的道格纳。克罗马侬人把兽皮制成衣服以保暖。只要可能，他们会在洞穴中躲避，但是自然的居所并不是容易找到的。他们学会了如何利用所发现的材料来建造简单的家。树枝提供了简单的框架，上面覆盖草皮或动物皮以避风雨。另一种方法是利用猎杀的猛犸那巨大的骨架制造框架。

　　克罗马侬人是熟练的工具制造者。他们最好的最锋利的工具是用燧石制造的，他们可以把它打造成针头与小刀这样小的工具。小片的石头可以被雕成尖角的针，而鹿角可用来制作诸如锤子之类的工具。

早期欧洲人最伟大的进展是其艺术，石刻和岩壁画告诉我们许多有关他们日常生活的情况。动物的画案表明他们狩猎猛犸、犀牛、牛和鹿。它们的皮也可能制造人们身上所穿的衣服。女性的雕像表明人们崇拜女性神。这些足够聪明能够创作艺术和制造工具的早期欧洲人可能也有一个发达的社会组织。尽管他们生活在以家庭为基础的关系中，但是很有可能，这些小的群体在某一时候聚居在一起生活。他们一起生活可能是为了打猎，或者为了纪念一年中某一重要的宗教仪式。

早期人类文明

石器时代分为旧石器、中石器和新石器3个时代。早期人类使用加工粗糙、形状简陋的石器，被称为"旧石器时代"。中石器时代是向新石器时代的过渡阶段，时间约为距今1.5万年至1万年前。新石器时代开始使用打制精细的石器，并发明了原始农业和畜牧业。

旧石器时代又分为早、中、晚3个时期。早期约在距今300万年至20万年前，使用的石器由砾石打制而成，十分简陋、粗糙，与天然碎裂的石头相差无几。中期约为距今20万年至5万年前，人类主要靠采集和狩猎为生。晚期的石器很是美观、适用，同时骨器与角器亦已出现，时间约在距今5万年至1.5万年前。晚期最为引人注目的一点就是使用火，从使用天然火发展到人工取火。人类在实践中对火的发现与使用，开创了历史的新纪元。

中石器时代的时间为距今1.5万年至1万年前。其中，弓箭的发明是这一时期社会生产力发展的主要标志。弓箭的发明，促进了狩猎的发展，使狩猎成为普通的生产形式之一，也使人类可以经常获得肉类食物、皮毛、骨器等生活和生产资料。

新石器时代已经学会在砾石上加砂蘸水磨光，然后

撒哈拉沙漠的岩石水彩画
岩画表现的是正在放牛的早期牧人。在新石器时代晚期，从狩猎经济中产生了原始畜牧业。

再在磨光的石器上钻孔。新石器时代的石器类型非常丰富,有生产用的石斧、石锄;有狩猎用的石球、石箭头;有生活用的石臼、石杵等。骨器种类则有骨针、骨锥、骨匕首等。

新石器时代的生产工具和生产能力得到了进一步提高,从而使人类对自然界有了新的认识,人类便从狩猎经济中发明了原始畜牧业,从采集经济中发明了原始农业。

人类社会的第一个社会组织形式是血缘家族。在血缘家族的内部,已排除了先前的杂乱的婚姻关系,开始实行按照辈分来划分的群内婚。不过,人们只能在某种程度上认清血缘关系,还不能认识到兄妹之间的婚配亦对人的体质有所破坏,直至氏族出现,人类才禁止了兄弟姐妹之间的通婚,由此产生了"普那路亚家庭"。"普那路亚"是夏威夷语,意为亲密同伴,是同妻子的丈夫们之间的相互称谓,也是同丈夫的妻子们之间的相互称谓。

氏族公社

氏族公社是原始社会在一定发展阶段上以血缘关系为纽带形成的社会组织和经济组织的基本单位。氏族公社经历了母系氏族和父系氏族两个发展阶段,后来由国家所代替。它产生于旧石器时代晚期,新石器时代达到全盛,金属器时代趋于瓦解。其主要特征是:靠血缘纽带维系,实行族外婚;生产成果归氏族公有,成员共同劳动,平均分配产品;公共事务由选举出的氏族长管理,重大问题(血亲复仇、收容养子等)由氏族成员会议决定。在共同经济生活的基础上,形成氏族共同的语言、习惯和原始的宗教信仰。氏族公社产生新的氏族,联合形成胞族,几个有亲属关系的胞族组成部落。

氏族公社时期的床铺

直至氏族出现,人类才禁止了兄弟姐妹之间的通婚,由此产生了"普那路亚家庭"。"普那路亚"是夏威夷语,意为亲密同伴,是同妻子的丈夫们之间的相互称谓,也是同丈夫的妻子们之间的相互称谓。

氏族制度便是从"普那路亚"家庭中直接产生的，因为在群婚制下，人只知其母而不知其父，故世系只能按母系计算，此时，最初的母系氏族便产生了。母系氏族最为明显的特点就是一个氏族的所有成员皆来自一位女祖先。

生产的发展、人口的增长使氏族组织亦不断增加，这时候两个氏族之间的群婚难以继续维持，对偶婚便应运而生。在对偶婚的形式下，成年男女在通婚的外氏族中，各自寻找一个配偶，作为自己与其经常发生婚配关系的主要对象，同时也不排除与其他异性发生偶尔的婚配关系。对偶婚实际上是现代意义上的一夫一妻制的最初萌芽。

氏族制度在全盛时期有氏族、胞族、部落等多种组织，它是原始公社发展的顶峰。当生产力发展到一定程度时，人类出现了三次社会大分工，同时，一场父权制度取代母权制度的革命出现了，即父系氏族公社得到了确立。

父系氏族体现了以男子为中心的权力主义，于是一夫一妻制家庭取代了对偶家庭。个体家庭的出现削弱了氏族血缘关系，加快了不同氏族、部落之间的人员流动，出现了为了共同经济利益结成的农业公社。

私有财富的出现导致了人类愈演愈烈的财富角逐，军事民主制便出现了。这时既存在着军事首长的个人权力，又存在着氏族民主制的因素。一旦军事首先或其他显贵在原有的氏族部落组织之外，设立了维护自己利益的警察、监狱和法庭等机构，军事民主制便最后瓦解而由国家代替。

军事民主制

原始社会最后瓦解时出现的一种向国家过渡的社会管理制度。这时既存在着军事首长的个人权力，又存在着氏族民主制的因素。军事民主制的管理机构有三：全部落成年男子组成的人民大会、氏族贵族组成的议事会和军事首长。军事首长往往由议事会推荐提名，民众会选举任命。军事首长的重大决策也须征得议事会和民众会的同意，但在战争期间他有较大的决断权，对战争所得也可占有较多份额。军事首长的职位一般既非终身也不世袭，但随着时间的推移，变化也愈来愈明显。当军事首长的权力范围扩大到部落联盟，甚至对人民大会的决议不加理睬独断专行时，选举制也就变成世袭制。一旦军事首长或其他显贵在原有的氏族部落组织之外，设立了维护自己利益的警察、监狱和法庭等机构，军事民主制便最后瓦解，而由国家代替。

国家的产生

人类集体劳动的结果使人类产生了语言。为了帮助记忆、传递信息和进一步表达思想，文字便逐渐产生了。文字的发明对人类文化的发展和进步有着举足轻重的作用。在新石器时代，原始人便发明了图画文字，用以表达思想、记载事件。同时，原始人还根据自然界的征兆，对天气的变化进行预测，还制定出太阴历，做了季节的划分。

医药知识、绘画、雕刻、音乐、舞蹈亦在原始人中间出现。克罗马侬人可以用燧石做工具进行外科手术。在旧石器时代晚期的遗址中发掘出大量的绘画和雕刻作品，证明了当时人类细致的观察能力和高超的艺术创作能力。在新石器时代的遗址中发现了带孔的小骨管，原始人已经能够用简单的歌曲来表达自己劳动的欢乐、丰收的喜悦。同时，原始人为了延续这种热情和欢乐，开始表演狩猎、种植或其他各种动作，舞蹈也随之产生了。

原始宗教产生于旧石器时期，在氏族公社时开始繁荣。原始人认为祖先是他们的保护者，因而加以崇拜，在母系氏族公社时女性祖先是他们崇拜的对象。后来因追根溯源，又产生了图腾崇拜，其特点是将某一自然现象或某一动物当成自己的亲属、祖先或保护神加以崇拜。

国家的出现和文字的产生一样，都是人类文明开始的重要标志。国家的产生有一个很重要的前提，那就是私有制和阶级的出现。

在人类追逐财富的战争中，以军事首长为首的氏族贵族集团的权力和财富日益增长，原本为选举而产生的军事首长变为世袭，人民大会也就没有任何作用了。军事首长的职位一般既非终身也不世袭，但随着时间的推移，变化也愈来愈明显。当军事首长的权力范围扩大到部落联盟，甚至对人民大会的决议不加理睬独断专行时，选举制也就变成世袭制。为了保护贵族地位，也为了争夺更多的财富，一个阶级压迫另一个阶级的机关就产生了，这就是包括负责政治的官员、负责武事的军队，以及负责刑事的监狱等一整套统治机构的国家。

这尊匈牙利的陶像，塑造的是一个拥有权力的重要人物。由于当时农业的发展，他被塑成一个肩搭镰刀的农夫形象。

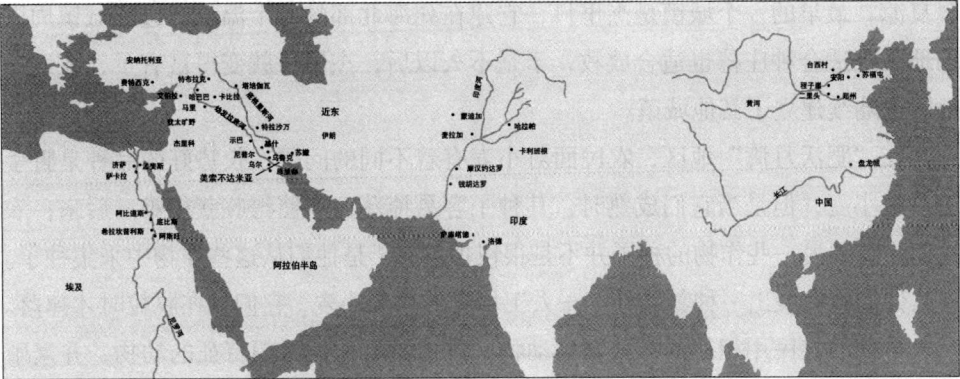

早期的定居社会分布示意图
这些社会形成于公元前 10000 ~ 前 2500 年间，集中于两河流域、尼罗河谷、印度河谷、中国北部平原四个地区，由此形成了"四大文明古国"。

国家与氏族最根本的区别是：国家是按地域来划分它的国民，而氏族却是以血缘关系来维系它的成员。

国家的产生致使人类历史从原始社会开始向文明社会过渡。大约从公元前 3000 多年开始，非洲北部的尼罗河流域以及亚洲西部的两河流域、亚洲南部的印度河流域、亚洲东部的黄河流域逐渐出现了早期的文明古国，人们将其称为"四大文明古国"。在黄河流域的夏商文明出现的同时，以希腊为中心的爱琴海地区也跨入了早期文明国家的行列。

"肥沃月湾"地区的农业

从公元前 1.5 万年起，地球的气候逐渐变得更温暖、更潮湿。"肥沃月湾"生长着大量可食用、供人工种植或驯养的野生动植物。由于资源丰富，北起叙利亚沙漠，下经美索不达米亚平原，直到波斯湾的这块地中海沿岸弧形地域，被称为"肥沃月湾"。约公元前 1 万年，叙利亚—巴勒斯坦地区以渔猎、采集为生的纳图夫人，建立起永久的露天村落，接着出现了农业和畜牧业以及磨光的石器。

在好年景，农耕为"肥沃月湾"地区的人们提供了比他们需要的更多的食物。他们把这些剩余的食物储存起来，并进行贸易，换取制造工具的原材料，或者诸如家具、罐之类的产品。

逐渐地，农耕者与手工艺者变得富有了。他们建造了更多更宽敞、并聚集在一起的房子，逐渐地发展成为小的城镇。这些房子是由泥砖建成的，待在里面冬暖夏凉。最早的一个城镇是杰里科，它建在死海北部的一个温泉旁边。城镇周围的地区既适合种庄稼也适合放牧，于是不久以后，杰里科就变得富有了，在这一地区也陆续建立了其他城镇。

在"肥沃月湾"地区，农民面对小麦有着不同的问题。长势好的品种是野生的单粒小麦，但是当它们成熟时，其种子容易掉落，这使得收获很难。后来，农民们注意到另一些作物的种子并不是很快掉落，于是他们从这些作物中采集种子。不久他们就发展出一种新品种——人工培育的单粒小麦，它们只在脱粒时才掉落。

早期的农民用相似的方式繁殖动物，挑选具有他们希望特征的动物，并繁殖它们。但是与作物相比，动物种类的变化是缓慢的。例如在"肥沃月湾"地区养殖的猪就比现代的家猪小很多，更像野猪。牛也比现在的小，绵羊与山羊看上去像野生品种。绝大多数早期的家畜比它们的亲戚更小。这可能是由于农民培育的是温驯的动物，它们不具有攻击性，与野生动物相比，它们容易处理。农民们挑选的不是大型的品种，而是选择吃起来味美、多产奶的品种。农民们逐渐建立起相关的知识和经验，发现体型小的动物经常具备他们需要的特征。

公元前6000年，发明了陶器，其经济模式传到了野生谷物地带以外。安纳托利亚高原成为当时最富创造力的地区，后来是美索不达米亚平原。

贸易的出现

耕种使得一些人生活富裕、成功。他们可以用剩余的食物交换别人的奢侈品。不久，这就成为一些农耕者的生活方式，在"肥沃月湾"地区和安纳托利亚（土耳其的亚细亚部分），开始出现贸易城镇。绝大多数早期城镇很久以前就消失了。当泥砖建筑变得破旧不堪时，它们就被推倒。在原来的基础上，人们再建房子。几百年来，这种情况发生多次，于是随着以前房子被取代，城镇的地基水平逐渐地上升。当一座城镇被最终废弃时，废墟与地基的建筑以土墩的形式留下来了。在叙利亚和巴勒斯坦，这种古代的土墩被称为提尔（tell），在土耳其被称为于育克。

早期城镇土墩中，最为著名的一个就是土耳其中部的卡塔·于育克。当考古学家挖掘土墩时，他们发现它隐藏着一个古代城镇，居住着生活在约公元前7000年到公元前6000年的商业居民。城镇的周围是富饶的农耕土地。城镇烧焦的遗迹显示人们当时曾种植小麦、大麦、小扁豆和其他作物，同时食用苹果之类的水果，以及杏仁之类的野生坚果。

卡塔·于育克的人们用食物和原材料与别人交换工具。一种深受欢迎的原料是黑曜石，这是一种火山自然形成的黑色矿石。在这处遗迹中，考古学家发现了一系列用燧石和黑曜石制成的不同的工具与武器。

卡塔·于育克城的房屋是用泥砖建造的。它们呈正方形或矩形，房屋紧挨着。城镇一个令人惊奇的特点是它没有街道。人们从屋顶平台沿着木梯下来，进入屋子。这种建筑方式可能是出于防卫的需要。

许多房子中，至少有一个房间是用来举行宗教仪式的。这些房间或者说神龛，以用石膏做成的公牛头装饰，或装饰真正的牛角。它们也有动物与人体的墙壁画，许多形体是女性的，考古学家也发现超过50个怀孕妇女的小雕像，这表明人们崇拜女性神。

神龛还包括一个土台，可能在某些宗教仪式中被用为祭坛。当卡塔·于育克的居民死去后，他们的尸体露天放置，其肉为秃鹰所食。然后亲属把他们的尸骨取回城，葬在这些祭坛下。

古埃及王国的统一

古希腊著名的历史学家希罗多德曾说："埃及是尼罗河的礼物。"事实也证明，没有尼罗河，就没有古埃及的辉煌文明。

尼罗河全长6600千米，是世界第一长河，发源于非洲中部的高原，从南向北，流入地中海。它流经埃及的那一段只占全长的1/6。

一般来说，河水泛滥不是件好事，但对于古埃及人来说，那却是尼罗河赐给他们的礼物。每年的7月，尼罗河的发源地就进入了雨季，暴雨使尼罗河的水位大涨。7月中旬的时候，水势最大，洪水漫过河堤，淹没了尼罗河两岸的沙漠。11月底，洪水渐渐退去，给两岸的土地留下厚厚的肥沃的黑色淤泥，聪明的古埃及人就在这层淤泥上种植庄稼。虽然埃及大部分土地都是沙漠，干旱少雨，但是由于古埃及人靠着尼罗河，根本不用为农业灌溉发愁，所以古埃及人称尼罗河为"母亲河"，尼罗河两岸也成了古代著名的粮仓。

古埃及人是由北非的土著人和来自西亚的塞姆人融合形成的。大约在距今6000年左右，古埃及从原始社会进入了奴隶社会，尼罗河两岸出现了42个奴隶制城邦（以一个城市为中心，连同周围的农村构成的小国）。古埃及人称之为"塞普"，古希腊人称之为"诺姆"，中国翻译成"州"。

·古埃及名城·

孟菲斯：位于尼罗河三角洲之西南岸，开罗南25千米。公元前2925年兴建，是埃及古王国时代首都。现仅有拉美西斯三世巨石像、阿庇斯圣牛庙和卜塔神庙废墟。

底比斯：位于尼罗河两岸（东岸为主）。约建于公元前2134年左右（古王国末期），埃及中王国和新王国时代的首都，有"百门之都"之称。卡纳克神庙遗址和图坦哈蒙法老墓所在地。

开罗：位于尼罗河三角洲入口处。公元前643年建立，埃及第一大城兼首都。吉萨金字塔和狮身人面像所在地。

亚历山大：位于尼罗河三角洲西北边缘，地中海沿岸。公元前332年建立，埃及第二大城市，托勒密王朝时期首都。是世界七大奇迹之一的法罗斯灯塔所在地。

这些奴隶制城邦经过长期的战争，逐渐形成两个王国。南部尼罗河上游的谷地一带的王国叫作上埃及王国，国徽是白色的百合花，保护神是鹰神，国王戴白色的王冠，由22个城邦组成。北部尼罗河下游三角洲一带的王国叫下埃及王国，国徽是蜜蜂，保护神是蛇神，国王戴红色的王冠，由20个城邦组成。

两个王国为了争霸、统一，经常发生战争。大约在公元前3100年，上埃及

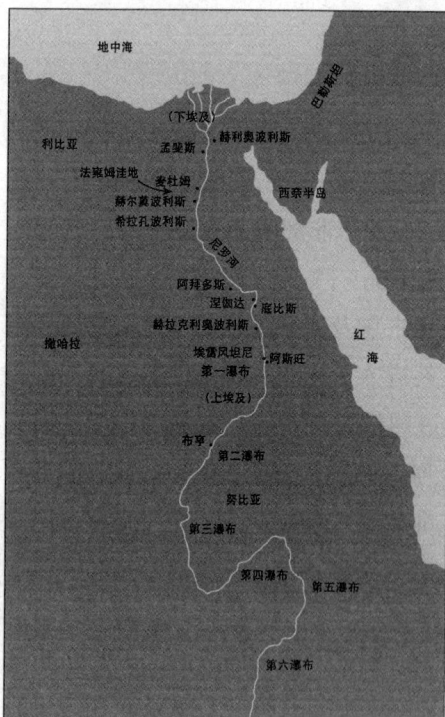

尼罗河流域位置图
尼罗河畔的肥沃土地孕育了古埃及文明。

在国王美尼斯的统治下，逐渐强大起来。美尼斯亲率大军，征讨下埃及，下埃及迎战，两军在尼罗河三角洲展开激战。美尼斯率领军队与下埃及的军队厮杀了三天三夜，终于取得了胜利。下埃及国王和一群俘虏跪在美尼斯面前，双手捧着红色的王冠，毕恭毕敬地献给美尼斯，表示臣服。美尼斯接过王冠，戴在头上，上埃及的军队举起兵器，齐声呐喊，庆祝胜利。从此，埃及成为统一的国家。

为了纪念这次胜利，加强对下埃及的控制，美尼斯就在决战胜利的地点修建了一座城市——白城，希腊人称之为孟菲斯，遗址在今埃及首都开罗附近。美尼斯还派奴隶在白城周围修建了一条堤坝以防止尼罗河泛滥时将城市淹没。埃及统一后，下埃及人从未停止过反抗，直到400年后，

统一大业才真正完成。

美尼斯是古埃及第一位国王，他自称"两国的统治者""上下埃及之王"，有时候戴白冠，有时候戴红冠，有时候两冠合戴，象征着上下埃及的统一。在埃及史上，美尼斯统治的王国被称为"第一王朝"，是古埃及文明兴起的标志。现在，开罗的埃及博物馆里有一块《纳美尔（美尼斯的王衔名）记功石板》，用浮雕记录了美尼斯征服下埃及，建立统一王国的丰功伟绩，这是目前为止埃及发现的最古老的石刻历史记录。因为古埃及的国王被称为法老（原意为宫殿，相当于称呼中国皇帝的"陛下"），所以此后长达3000年的时间被称为法老时代。第三代国王阿哈首次采用王冠、王衔双重体制，就是王冠为红白双冠，王衔是树、蜂双标，分别代表上下埃及，并定都于孟菲斯。从公元前3100年美尼斯统一埃及到公元前332年埃及被亚历山大征服，法老时代的埃及一共经历了31个王朝。

古埃及人拥有辉煌的古代文明。他们创造了象形文字，在天文学、几何学、解剖学、建筑学、历法方面也有很高的成就，对西亚、希腊和欧洲有很大的影响，为人类文明做出了不可磨灭的巨大贡献。在美尼斯之后的2000年里，埃及无论从财富还是从文化角度，都是当时世界上最先进的国家。

经济与法老制度

人类文明的发源地之一——古代埃及，在涅伽达文化一期和二期时，已出现象征王权的红冠和白冠及象征王衔符号的荷鲁斯鹰神的形象。据记载，古代埃及国王美尼斯创建了第一王朝，此后，埃及经历了31个王朝。

通常将埃及法老几千年的统治，称为中央集权的专制主义的君主政治。"法老"一词的原意为"宫殿"，最早出现于埃及古王国时期，中王国时期出现在对国王的颂词中，新王国时期正式成为国王的尊称。根据君主专制王权开始于古王国的史实，史学界把古王国以及以后的埃及国王都称为法老。法老作为古埃及的专制主义统治君主，具有法律、行政、财政、军事、宗教等一切方面的无限权力，实行以个人意志为主导的独裁统治。

在涅伽达文化二期，生产力的发展已进入铜石并用的时代，渔猎经济在生产生活中占有很重要的地位。

古王国时期，铜器的使用已比较普遍，手工业有了较细的分工，陶器的形式多种多样，而且采用彩釉绘画。

中王国时期,已经普遍使用青铜器、桔槔及装有把手的耕犁,并且出现了一个新兴的手工业部门——玻璃制造业。

新王国时期是古代埃及奴隶制经济发展的巅峰时期。首先是生产工具的改进。在青铜器广泛使用的同时,铁器也出现了。冶炼金属已使用脚踏鼓风机给氧,用皮革制成风箱,效率大为提高;出现了立式织布机,织工可同时照看两枚悬式纺锭。农业生产中已使用长柄锤、直柄犁、梯形犁,尤其是多层桔槔连续提水,可把河水输送到更高的地方,进一步扩大了耕地面积。

另外,手工业技术明显提高,能够炼出2米长的金属板并能冶炼六合金的青铜。陶器施釉新工艺已发明。埃及人从希克索斯人那里学会了马拉战车的技术,制造战车的水平也已相当高。

后埃及时期,铁器得到普遍应用,工农业生产和商业贸易繁荣,埃及的纺织品、陶器、金银工艺品畅销到地中海和西亚各地。公元前305～前30年,是托勒密王朝统治时期。这一时期的社会经济发展也很迅猛,农业上出现了用畜力牵动并拴有吊斗的扬水器;传统手工业保持兴旺的势头;对外贸易的范围进一步扩大到非洲北部、小亚细亚沿岸和黑海沿岸等地。另外,还出现了铸造的金币、银币和铜币。亚历山大里亚城成为当时著名的国际贸易和文化交流的中心。

胡夫金字塔

埃及有句谚语说:人类惧怕时间,而时间惧怕金字塔。单从字面意义上看,金字塔让我们感到震惊,它的古老似乎已经无法用时间的长短来衡量,再从它的内涵看,它已经成为埃及文明的象征,是人类文明的绝唱,这无疑是时间赋予金字塔的辉煌。可是如果时光倒转到4000多年以前,金字塔不过是埃及国王的坟墓而已。

在古埃及第三王朝之前,埃及法老的坟墓还不是金字塔,而是一种用泥砖建成的长方形的坟墓,古埃及人叫它"马斯塔巴"。到了第三王朝时期,法老们本也想将马斯塔巴作为死后的永久性住所的,可是,埃及人在那一时期却产生了国王死后要成为神,他的灵魂要升天的观念。于是,人们在设计法老坟墓时,就把它设计成了角锥体——升天的梯子。这在《金字塔铭文》中是有记载的:为他(法老)建造起上天的天梯,以便他可由此上到天上。《金字塔铭文》中还有这样一句话:天空把自己的光芒伸向你,以便你可以去到天上,犹如拉的眼睛一样。"拉"

就是古埃及太阳神的名字，也就是说，角锥体金字塔形式又表示对太阳神的崇拜——在金字塔棱线的角度向西方看去，可以看到金字塔就像撒向大地的太阳光芒。

大金字塔内部结构示意图

金字塔，在阿拉伯语中意为"方锥体"，是一种方底、尖顶的石砌建筑物，因为它规模宏大，从四面看都呈等腰三角形，很像汉语中的"金"字，所以，中文形象地把它译为"金字塔"。迄今发现的埃及金字塔共约80座，其中最大的胡夫大金字塔，被称为古代世界七大奇迹之首。

胡夫金字塔，位于埃及首都开罗西南约10千米的吉萨高地，它是世界上规模最为宏大，也是较为古老的金字塔，始建于埃及第四王朝第二个法老胡夫统治时期，被认为是胡夫为自己建造的陵墓。根据古埃及宗教理论：人死之后灵魂可以继续存在，只要保护好尸体，3000年以后就会在极乐世界复活并从此获得永生。因此，古埃及的每位法老从登基之日起，便着手为自己修建陵墓，以求死后超度为神。胡夫统治时期正逢古埃及盛世，因此其陵墓规模也空前绝后。

胡夫金字塔原高146.5米，后因顶端受到风雨侵蚀，现在的高度仅为136.5米，大致相当于40层楼房那么高。在1889年法国巴黎的埃菲尔铁塔建成以前，几千年来它一直是世界上最高的建筑。整个塔身呈正四棱锥形，底面为正方形，占地5公顷，4个斜面分别对着东、西、南、北4个方位，误差不超过3分，底边原长230.35米，由于年深月久的侵蚀，塔身外层石灰石存在一定程度的脱落，目前底边缩短为227米，倾斜角度为51度52分。胡夫金字塔通身由近230万块巨石砌成，每块石头重量在1.5～160吨之间，石块的接合面经过认真打磨，表面光滑，角度异常准确，以至于石块间都不用任何黏合物，全部自然拼接，在没有被风蚀、破坏的地方，石缝中连薄薄的刀片也难以插入，可以想见其工艺的精湛。

胡夫金字塔的入口在北侧面，距地面18米，从入口通过甬道可以深入神秘的地下宫殿，该甬道与地平线呈30度夹角，与北极星相对。由此可见，北极星在古埃及人的心目中有着某种特殊的意义。沿甬道上行则能到达国王殡室，殡室长10.43米，宽5.21米，高5.82米，与地面的垂直距离为42.82米，墓室中仅存

金字塔及狮身人面像

一具红色花岗岩石棺，别无他物，这也正是后来某些考古学家怀疑金字塔不是作为法老陵墓的一个重要论据。

根据古希腊历史学家希罗多德等人估计，法老胡夫至少动用了10万奴隶，耗时20～30年时间才建造完成金字塔。但最新的权威考古学家发现：金字塔应由劳工建造而非奴隶，其主体部分为贫民和工匠，采用轮流工作制，每个工期约为3个月。因为考古人员在金字塔附近地区发现了建造者们的集体宿舍等生活设施的遗迹和墓地，以及大量用于测算、加工石料的工具（作为随葬品），而奴隶是不会享有这种待遇的。

胡夫金字塔、哈夫拉金字塔和门卡乌拉金字塔在吉萨高地一字排开，组成灰黄色的金字塔群。这些单纯、高大、厚重的巨大四棱锥体高傲地屹立在浩瀚的沙海中，向世人夸耀着古埃及人在天文学、数学、力学等领域的极高造诣以及古埃及劳动人民的智慧和伟大。

在哈夫拉金字塔旁边有一座高约20米、长约46米的气势磅礴的狮身人面像，它来自设计师的灵感。

公元前2500年左右的某天，工匠们正在吉萨高地忙着修建金字塔时，法老哈夫拉前来巡视。一切似乎都很满意，正当法老要转身离开的时候，他看到了一座光秃秃的小山。自己的陵墓旁边竟然有这么一个倒胃口的东西，他很不高兴。建筑师慌忙向他解释：这座小山包的石头里含有贝壳之类的杂质，无法使用，因此放弃了对它的开采。但是，法老不想听这样的解释，他要的是一座完美的，和

·狮身人面像·

　埃及的狮身人面像离胡夫金字塔约350米远，坐落在哈夫拉金字塔（胡夫之子哈夫拉的陵墓）的东侧，似乎是陵墓的守护者，但更可能是死后与太阳神结为一体的哈夫拉王的象征。它高约20米，长为57米，如果把匍匐在地的两只前爪计算在内，共有73.5米长。它的耳、鼻长度超过一个普通人的身长。其胡须据说全长4米，重约30吨。千百年来，这座半人半兽的怪物不断引起人们的遐想，认为它的形象很可能象征着人的智慧和狮子的勇敢的结合，象征着国王凛然不可侵犯和凌驾一切的权威。它表现了古代埃及人的伟大智慧和创造力。

周围景物谐调的金字塔。于是，设计师们开始了苦思冥想——埃及古代神话给了他们灵感。他们把小山包设计成哈夫拉的头像和狮子的身躯，既体现了法老的威严，又显示了狮子的勇猛，法老哈夫拉看后赞不绝口。

古埃及壁画

人们驻足观赏古埃及壁画时，仿佛可以看到几千年以前古埃及奇妙而不乏生机的生活情景，就像是在欣赏一出正在上演的没有终结的生活话剧，时间在这一秒定格为永恒。墓壁画作为陵墓中不可或缺的点缀品，具有浓郁的生活情趣，它栩栩如生地再现了当时社会生活的方方面面，向世人展示了上层社会的浮华生活如娱乐宴会场面，及下层百姓耕作劳动的日常生活。埃及人热爱现世，他们虔诚

古埃及墓室壁画复原图
此图描绘的是埃及的一次家庭聚会，左边的夫妻正在接受儿女们奉上的各种食物。图中的女子戴着新王国时期流行的长而精致的假发，穿着肥大的长裙。

地相信：人死后可以复活，富人和达官显贵能够生生世世享受生活乐趣。因此艺术家根据特殊的宗教目的进行创作，把他们生前的形象画在陵墓的墙壁上，以求得到永生的幸福。这些奇妙的墓壁画在表现手法上也堪称别具一格，埃及人像都是正面身，侧面脸。此外，由于对绘画材料的新尝试，壁画也使用颜料混合胶水、蛋黄绘制。在墓壁画中发现的很复杂的象形文字，是用来将他们的祈祷传达给神灵的。

古埃及的经济

埃及的经济主要以农业为基础。农业种类繁多，高度发达，田地生产优良的小麦、大麦、稷、蔬菜、水果、亚麻和棉花。从理论上讲，土地属于法老所有，但在较早的时期就把大部分土地授给了臣民，这样土地实际上在很大程度上为私人所有。约公元前2000年以后，商贸稳步发展，成为最重要的经济部门之一。埃及控制的利比亚金矿是一重要财源。主要出口产品包括黄金、小麦、亚麻织物，进口产品主要限于白银、象牙和木材。制造业的重要性不亚于贸易。早在公元前

3000 年，就有大量人口从事手工业。后来工场建立起来，一个工场雇有 20 位或更多的工人，同时出现了某种程度的分工。主要制造业部门有造船业及陶器、玻璃器具和纺织品制造业。

最早的太阳历

世界上曾经流行过的几种历法，它包括：中国的授时历、欧洲古历法、希腊古历法、巴比伦古历法等。中国古历法根据月亮的圆缺和运行的周期来确定；欧洲的古历法是根据天空中星象的变化来确定的；希腊的古历法也是根据星象的变化来确定的；古巴比伦的历法是根据星象和两河河水的涨落来确定的。在这些历法中一年天数最少的是 354 天，最多的是 384 天。

古埃及的太阳历是人类历史上最早的历法，约在公元前 4000 年前就已出现，这跟尼罗河的定期泛滥关系密切。

埃及人为了不违农时，发展农业生产，在长期生产实践中逐渐掌握尼罗河泛滥的规律，他们发现两次泛滥之间大约相隔 365 天。同时，还发现每年 6 月的 17 日或 18 日早晨，尼罗河开始变绿，这是尼罗河即将泛滥的预兆。

经过长期观测，古埃及人逐步发现尼罗河泛滥的规律，当它开始泛滥时，清晨的天狼星正好位于地平线上。这一点天文学上称为"偕日升"，即与太阳同时升起，于是这一天便被设定为一年的第一天。不巧的是，天狼星偕日升的周期并没有很快被发现，智慧的古埃及人也没有放弃，经过几代人的不懈努力，他们终于发现：天狼星偕日升那天与其 120 周年后那一天恰好相差一个月，而到了第 1461 年，偕日升那天又重新成为一年的开始。于是古埃及人设定 1460 年的周期

描绘古埃及控制洪水的泥板画
古埃及人根据天狼星的位移和尼罗河河水的涨落情况来确定季节，进而在此基础上确立了历法。这种历法后来就演变成了太阳历。

为天狗周（因为他们的神话中称天狼星为天狗）。

我们把古埃及的太阳历与当前的公历做一个简单的对比，就不难发现其科学性：一年的天数为 365 天，继而把一年划分为 12 个月，每月 30 天，末了还剩 5 天则作为宗教节日，就如同我们传统的春节一样也是 5 天，这比精确的一回归年（365.25 天）仅少 0.25 天，120年后少 30 天，1460 年后就会少 365 天，又接近一年，如此便形成一个完整的周期。这样精妙的历法凝结着无数古埃及先民的智慧。

埃及太阳历

在古埃及，人们运用大量的时间进行天象的观测，特别是对天狼星位置的观测更加细致入微。他们发现，在固定的时间里，天狼星从天空消失，在太阳再次出现在同一位置时，它又从东方的天空升起，这就是一个周年。同时，古埃及人把天狼星比太阳早升起的那一天定为元旦。

古埃及人创制的太阳历对尼罗河流域的农业生产有着深远的影响，这也是古埃及跻身世界四大文明古国的重要标志。正是有了这样一部较为完备的历法作指导，古埃及的先民才得以准确预测尼罗河河水涨落，合理安排农时，做到趋利避害，获得一年又一年的大丰收，从而具备了稳定的衣食之源。在这个物质基础上，古埃及才得以在宗教、建筑和医学等领域创造更加辉煌灿烂的文明成果。虽然每隔 4 年就误差一天，但它使用起来简单方便。后来埃及的太阳历传入欧洲，经过罗马恺撒和教皇格列高里十三世的不断改进，成为今天通用的公历。

木乃伊

木乃伊就是经过防腐处理的干尸。

古代埃及人有一种灵魂不死的迷信思想，因此千方百计保存尸体。制作木乃伊的一种最好的方法是：先用钩子把死者的脑浆从鼻孔中取出，再把一些药水灌进去清洗其他部分。接着在尸体腹部左侧用锐利的石片割一切口，把内脏全部取出来，用和有香料的酒冲洗腹腔，再用桂皮、乳香等香料把它填满，然后按原样缝好。把尸体浸在小苏打、盐水或其他防腐液中，溶去油脂，泡掉表皮。经过 70 天后，把尸体取出冲洗、晾干，安上蓝宝石眼睛，然后用麻布紧裹，外涂树胶，以免尸体接触空气，这样经久不腐的木乃伊就制成了，可以保存几千年。

今天，在埃及博物馆保存的近 30 具木乃伊中就有几名埃及历史上的国王。

苏美尔城邦的兴衰

在亚洲的西部，有两条大河，东边的叫底格里斯河，西边的叫幼发拉底河，它们都发源于今天土耳其境内的亚美尼亚高原，在下游交汇成阿拉伯河，流入波斯湾。希腊人称底格里斯河和幼发拉底河之间的地区为"美索不达米亚"，意思是"两河之间的地方"，因此这里又叫两河流域。美索不达米亚可以分为南北两部分。北部以亚述城为中心，称为西里西亚，简称亚述，又叫上美索不达米亚，这里地势较高，丘陵起伏；南部以巴比伦城为中心，称为巴比伦尼亚，意为"巴比伦的国土"，又称下美索不达米亚，地低较低，湖泊沼泽众多，两条大河在这里交汇，形成三角洲。巴比伦尼亚又分为南北两个地区，北部为阿卡德人居住的地区，南部为苏美尔人居住的地区。每年春天，亚美尼亚高原的积雪融化，两河河水暴涨，美索不达米亚地区洪水泛滥成灾，尤其是地势较低的下游一带，几乎全部被淹没。泛滥的洪水退去之后，留下了大量的淤泥，使两河地区的土地变得非常肥沃，这里的人们和古埃及人一样，享受着大河的恩赐。再加上这里日照充足，水源丰沛，所以庄稼年年丰收，农业非常发达。

美索不达米亚地区最早的文明是由苏美尔人创造出来的。大约在公元前 4000 年，苏美尔人迁徙到这里。大约在公元前 2900 年，苏美尔人建立了许多奴隶制城邦，进入全盛时代。这些城邦都是由一个中心城市连同周围的农村组成，面积不大，居民少的两三万人，多的十几万人。每个城市的中心都建有这个城市的保护神的庙宇，城中还建有王宫，周围是城墙。城邦由掌管祭祀的僧侣或国王统治，国王被称为卢伽尔、拍达西、恩或恩西，他的权力受贵族会议和民众会议的制约。城邦的统治阶级是贵族奴隶主，被统治阶级是手工业者（自由民）和奴隶。苏美尔人的城市临河而建，被一片片的湖泊沼泽包围。城市之间都有运河相连，商人们乘着满载货物的大船来往于各个城市之间进行贸易。

随着经济的不断发展，各城邦之间为了争夺奴隶、财富和土地，展开了激烈的战争。这些城邦一面自相残杀，一面抵抗周围山地的民族和来自阿拉伯沙漠的游牧民族的侵扰。苏美尔人中最强大的城邦是乌尔、拉格什、乌鲁克、乌玛，他们之间的战争尤其激烈和残酷。

公元前3000年左右的时候，乌尔是苏美尔地区的一个大都市，号称"月神之城"。因为月神南娜和他的妻子宁伽尔是乌尔的保护神，他们的庙宇建在乌尔城的中心25米高的3层台阶上，周围是繁华的市场和拥挤的民房。乌尔城大约有3万多人居住，宽阔的护城河同附近的幼发拉底河相连。

苏美尔楔形字的泥板

这块插在泥封中的泥板文书记录的是一桩诉讼案：一名叫阿般的人和他的妹妹白塔提分割财产。这桩诉讼案由公元前18世纪的国王尼克美帕判决。

苏美尔城邦衰落后，北部阿卡德人在国王萨尔贡一世的率领下，征服了所有苏美尔人的城邦，完成了下美索不达米亚的统一。

苏美尔人创造了非常辉煌的文明。苏美尔人根据月亮的盈亏制定了太阴历，把一年分为12个月，每个月29天或30天，每年354天。他们排干沼泽，开凿沟渠，扩大耕种面积。苏美尔人首先发明了犁，在三角洲富饶肥沃的土地上辛勤耕作，种植小麦和大麦，制作了大量色彩艳丽的各种陶器。他们的数学也达到了极高的水平，计数采用六十进位制，1分钟60秒，1小时60分钟，就是从那时沿袭而来的。而一天24小时、360度的圆周也同样来自苏美尔人的文明。他们还发明了楔形文字，记录下了许多神话和史诗，建立了一套完备的法律体系，著名的《汉谟拉比法典》就是根据苏美尔法典订立的。他们还是最早使用车辆运输的民族，使用牛拉的四轮货车，比古埃及人要早2000多年。

萨尔贡的征服

苏美尔人建立的各个城邦如乌尔、拉格什、乌鲁克、乌玛等，为了争夺霸权、奴隶和财富，混战不止，大大地消耗自身的实力，这为萨尔贡的统一创造了条件。

萨尔贡是阿卡德人，出生于阿卡德人建立的基什城邦附近，是一个私生子。

刚出生不久就被狠心的母亲装在芦苇篮子里，用沥青封好篮子口，丢弃在幼发拉底河里。庆幸的是，萨尔贡没有淹死，他被来河边取水的宫廷园丁阿基救了起来，收为养子。萨尔贡在养父的抚养下长大成人，并继承了养父的职业。他技艺高超，多才多艺，后来又做了基什国王的厨师。他利用接触国王的机会，处处留心，熟悉了军政事务。基什是阿卡德地区最强大的城邦，不断对外发动战争，成了阿卡德地区的霸主。

当时，苏美尔地区最大的城邦是乌玛。乌玛军队在他们的英勇善战的卢伽尔（国王）扎吉西的率领下，南征北战，基本上统一了苏美尔地区，只剩下拉格什和北部阿卡德地区的基什还没有屈服，仍然在顽强抵抗。为了彻底统一两河流域，卢伽尔扎吉西决心征服这两个城邦。

面对强悍的乌玛军队，基什的贵族们惊惶失措，被打得大败，人民对国王失去信心，国家危在旦夕。公元前2371年，萨尔贡乘机发动武装起义，当上了基什国王。萨尔贡继位后，组建起世界上第一支5400人的常备军，牢牢掌握了军权。由于根基尚未稳固，他仍沿用基什国号。后来，他新建了阿卡德城（今伊拉克首都巴格达附近），并迁都该城，改国号为阿卡德。

拉格什是当时苏美尔地区一个很强大城邦，包括奴隶在内有15万人。拉格什的军队以步兵为主，分为重装步兵和轻装步兵。军队的基本编制为队，每队有20～30人，按公民的职业编组命名，比如农人队、牧人队等。

这时，卢伽尔扎吉西正率领温玛、乌鲁克两个城邦的联军与拉格什激战，双

显示王室军威的军旗
旗中图案详细描绘了公元前2500年强大的乌尔军队的一次大捷。

方血战多日，战场上尸骨如山。拉格什军队中的不少队只剩下了几个人，被迫将各种职业的人混编成队继续作战。

被拉格什拖住的卢伽尔扎吉西无力对付萨尔贡，只好派使者前去和萨尔贡谈判。雄心勃勃的萨尔贡当然不会屈服，所以谈判破裂，萨尔贡立即率领军队挥师南下进攻扎吉西。

这时，扎吉西率领的联军已经攻克了拉格什，但拉格什人并没有屈服，仍然在进行着顽强的巷战。听说谈判破裂，扎吉西马上率领大军离开拉格什，北上迎击萨尔贡。卢伽尔扎吉西率领50个苏美尔城邦的联军，大约一两万人，与萨尔贡的5000军队展开决战。萨尔贡虽然在兵力上处于劣势，但军队武器装备精良，训练有素，战斗力很强，而且军队指挥统一，以逸待劳。反观卢伽尔扎吉西的军队，虽然人数众多，但指挥不统一，成分复杂，素质参差不齐，主力又在拉格什征战多日，没有得到充分的休息和补充，已成疲惫之师。而且拉格什人并未屈服，扎吉西是腹背受敌。在战争中，萨尔贡显示出杰出的军事才能，以少胜多，大败苏美尔联军。他用套狗的绳子拴在被俘虏的卢伽尔扎吉西的脖子上，牵到神庙里，当作献给恩利尔神的祭品活活烧死。

战胜卢伽尔扎吉西后，萨尔贡乘胜进攻，率领军队继续南下，深入苏美尔各地，经过34次战争，先后战胜了拉格什、乌尔、乌鲁克等城邦，征服了苏美尔，第一次统一了两河流域，建立了强大的阿卡德王国。接着，他继续东征西讨，征服了埃兰（今伊朗库齐斯坦一带）、小亚细亚东部、叙利亚、阿拉伯半岛东岸等地，自称"天下四方之王"或"大地之王"。

萨尔贡在征服了苏美尔后，几乎全盘接受了苏美尔的楔形文字和宗教。他以10日行程范围作为1个行政区，派王族子弟和归顺的苏美尔贵族担任总督。他统一了度量衡，大力兴修水利，建立了庞大的灌溉网络，大力发展商业，使阿卡德王国成为当时世界上最富强的国家。

萨尔贡对苏美尔人的征服是有记载的历史上第一次游牧民族对定居的农业文明的征服。在以后的4000多年里，类似的征服在世界各地还发生了

·《吉尔伽美什》·

《吉尔伽美什》是迄今所知人类历史上最早的史诗，它是两河流域的人民创造出的许多优美的文学作品中最出色的一部。该诗描写了苏美尔人乌鲁克城的国王吉尔伽美什神话式的传奇故事，颂扬了为民建立功勋的英雄，反映了古代两河流域人民征服自然，探索人生奥秘的朴素愿望。这部作品产生于苏美尔城邦时代，以后经过历代人民口头相传、加工锤炼，至古巴伦时期被编定成书。全诗共3000多行，用楔形文字分别刻在12块泥板上。

许多次，古代史的很大一部分就是由这些入侵构成的。

乌尔第三王朝

库提人在两河流域南部统治了近一个世纪后，被乌鲁克国王乌图赫加尔率军击败并被赶出了两河流域。不久，乌尔强盛起来，打败乌鲁克，重新统一了巴比伦尼亚，建立了乌尔第三王朝。

乌尔第三王朝时期，确立并加强了中央集权。该王朝的国王们已集军、政、司法大权于一身，全国被划分为许多地区，由国王派人担任长官。地方长官虽沿袭城邦首领的称谓，但无城邦时代城邦首领的特权，实为从属于中央的地方官吏；贵族会议和人民大会虽然保留了下来，但仅仅是服务于国王的机构。

乌尔第三王朝时期，国王们都非常重视法制。王朝缔造者乌尔纳姆（约公元前 2113 ~ 前 2096 年）制定了《乌尔纳姆法典》，这是迄今所知世界历史上第一部成文法典。从现在仅存的 20 多条残篇来看，涉及女奴的有 5 条，她们时常遭受强暴、买卖和殴打。有 2 条涉及寡妇，她们的社会地位较之女奴稍好，法典序言提到不允许有势力的人支配寡妇，正文又提到遗弃妻子的男人应赔偿一定数目的白银。除此之外，法典也涉及普通妇女，她们的社会地位比女奴和寡妇高，但较普通男子卑下。尽管法典中仍残存着让河神澄清妖术罪和妻子被控通奸罪的规定，但有关身体伤害的处罚规定比原始的处罚有了很大的进步。

乌尔第三王朝时期，经济上最突出的特点是王室经济空前繁荣。王室占有全国 3/5 的土地，并且在这些土地上建立和经营大规模的农庄、手工业作坊和牧场，在这些土地上从事劳动的主要是半自由民身份的依附民和奴隶。王室经济管理严密，设有许多监工。繁重的劳动使得奴隶尤其是女奴死亡率很高。农忙季节，王室农庄雇佣很多无地或少地的自由民成年男子耕种或收获。这些雇工按日领取的食物报酬比奴隶和依附民多一至二倍。

乌尔纳姆兽身像

乌尔第三王朝时期，社会分化明显加剧。日益恶化的处境使许多自由民沦为奴隶，有的因不堪沉重的债务而将妻子儿女卖为奴隶，有的是全体家庭成员自卖为奴。

当时私人拥有的奴隶，在待遇上要比王室经济的奴隶稍好，他们可以以家庭为单位在主人家服役，能赎身，也能到法庭作证。但奴隶在法律上仍属主人的财产。

乌尔第三王朝共历五代国王。这些国王经常侵略周边地区，第二、三、四、五代国王都宣称自己是"天下四方之王"，并为自己建了神庙，立了雕像，要求人们定期举行跪拜仪式并奉献祭品。末王伊比辛统治时期，国家遭到东南部埃兰人和西部阿摩利人的联合攻击。约公元前2006年，乌尔第三王朝灭亡，伊比辛也被埃兰人俘获。

夏朝

中国是世界文明古国之一，旧石器时代和新石器时代的文化在中国广袤的领土上，都有广泛的分布，在世界上也占有重要的地位。在新石器文化的基础上，中国的黄河流域率先进入文明时期。

但中国的文明史究竟应该从何时写起，长期以来存在争议。有人写中国史，从黄帝开始；有人认为应从商代开始，因为商代历史已有考古资料和甲骨文资料作为证明。但更多的人认为中国文明史的起点应在夏朝开始建立的公元前21世纪左右，这种见解比较有说服力，也正在得到考古学方面越来越多的证明。中国传统文献中，夏和商、周一直是相提并论的。孔子明确表示：商代沿袭了夏代的礼，但作了一些变革；周代沿袭了商代的礼，也做了一些变革。中国于1996年启动了夏、商、周断代工程，经历史学、考古学、天文学等学科200多位科学工作者长达5年的联合攻关，终于有了比较清晰的认识。

夏朝的奠基人是治水英雄大禹。公元前21世纪，黄河中下游地区洪水泛滥成灾，夏部落的首领尧曾任命禹的父亲鲧治水，但没有成功。舜继承尧位之后，又任命禹率领中原各部人民辛勤劳动13年，终于疏通了河道，排除了水患，安定了民生。禹又曾奉舜之命，率领华夏族各部落打败了三苗族各部落，把他们驱往边远地区，从而稳固了华夏族各部落在中原的地位。舜死后，禹受禅继位，曾会诸侯（原先的各部落首领）于涂山，据说与会者有"万国"。又会诸侯于会稽（今浙江绍兴），并处死了迟到的诸侯。禹命令各地诸侯进贡方物和铜，用铜铸成九鼎，鼎上刻画着各州应贡的方物。这些都表示夏王是位于诸侯之上的"天子"。

禹死后，其子启在诸侯拥护下继位，将传统的氏族民主制的"禅让"改变成为世袭制，这是一个具有重大历史意义的事件。后来，夏朝曾经历了"太康失国"，又经历了"少康中兴"。少康是夏代第六个王，又传了七个王之后，孔甲继位，夏朝开始衰落，诸侯逐渐不服夏王。又经两个王之后，桀继位为王，他暴虐无道，作琼宫瑶台，耗尽百姓资财，又对内镇压人民，对外用兵。诸侯纷纷叛夏，转而支持商国的诸侯汤，最后汤率各诸侯灭夏，开始了商朝。根据大量的考古发现和科学研究，科学家们认定夏朝自公元前 2070 年建国至公元前 1600 年被商灭亡。

夏朝的活动范围，大约西起今山西南部和河南西部，东到河南、河北、山东三省交界处，南接湖北，北抵河北。夏朝的主要经济部门是农业，相传大禹治水，伯益凿井，可见当时已有水利灌溉。手工业方面，除了传统的石器制作之外，已有了铜器和陶器制作，并成为独立的生产部门。并且，从商朝后来已经拥有比较成熟的甲骨文来看，文字在夏朝已经有相当长期的发展。

商朝

夏朝末年，居住在黄河下游的商族，其势力发展到黄河中游，渗入夏的统治地区。公元前 1600 年，汤灭夏建立了商朝。商朝是中国早期国家的一个重要发展阶段。大量的考古资料，特别是甲骨文的发现，为研究商代历史提供了宝贵资料。在商代，国家机器不断强化，经济和文化取得了巨大成就，活动地域的影响远远超过夏代，为中国古代文明的进一步发展奠定了基础，在世界古代文明史上占有重要地位。公元前 14 世纪，盘庚迁都殷。到公元前 1046 年，商纣王被周武王所灭。商代创造了光辉灿烂的青铜文化，是中国古代青铜文化的繁荣时期。商代出现的用高岭土制作的青釉器，已经具备了瓷器的基本特点。一些商代青铜器的表面，常黏附有丝织物的痕迹，其中菱形纹的暗花绸，表明当时已有了具有提花装置的织机。髹漆工艺在商代得到了较多的应用。雕刻造型生动，工艺精湛。商代的商业行为发生得比较早，车辆成为当时重要的交通工具。商代音乐已经有了半音、标准音的概念。商代的甲骨文已经具备了汉字结构的基本形式，是一种发展到成熟阶段的文字。

米诺斯的迷宫

传说在远古的时代，大海中有一个克里特岛，由一位叫米诺斯的国王统治着。米诺斯的儿子安得洛革斯在雅典参加奥运会时被人谋杀，为了给儿子复仇，米诺斯派兵攻打雅典。神也降罪于雅典，城中到处都是灾荒和瘟疫。雅典人被迫向米诺斯求和，米诺斯要求雅典人每隔 9 年送 7 对青年男女到克里特岛。

为什么米诺斯要雅典人送青年男女呢？原来米诺斯在克里特岛建了一座巨大的迷宫，迷宫纵横交错，进去根本别想出来。在迷宫里，米诺斯养了一只人身牛头的吃人怪物——米诺牛。雅典每次送来的 7 对青年男女都要给米诺牛吃，雅典人深受其害。

26 年后，米诺斯派人到雅典索要第三次贡品——7 对青年男女，青年男女的家长和他们的孩子抱头痛哭。雅典国王爱琴的儿子提修斯看到人们遭受不幸，心中深感不安。他要求和青年男女一起出发，前往克里特岛，决心杀死米诺牛。

在雅典人的哭声中，载着包括提修斯在内的 7 对青年男女的帆船缓缓驶航，驶向克里特岛。临别前，提修斯和父亲约定，如果杀死了米诺牛，返航时他就把船上的黑帆换成白帆。

提修斯领着童男童女在克里特岛上岸后，来到米诺斯的王宫。在米诺斯国王验收时，他的女儿——美丽聪明的阿里阿德涅公主对英俊潇洒的提修斯一见倾心，与他约会，向提修斯表达了自己的爱慕之情，提修斯也非常喜欢公主。当公主知道提修斯的使命后，表示愿意帮助他杀死米诺牛，并送给他一把威力无边的魔剑和一个线球。

提修斯率领青年男女进入迷宫后，将线球的一端系在迷宫的入口处，然后拿着线团，边走边放线，经过蜿蜒曲折的走廊，进入迷宫。在迷宫深处，提修斯发现了吃人的怪物米诺牛，和它展开了激烈的搏斗。他敏捷地跳起来，一手抓住米诺牛的牛角，一手拿着阿里阿德涅公主给的魔剑，奋力刺进米诺牛的胸膛，将它杀死。然后提修斯率领带着青年男女，沿着来时留下的线终于走出了迷宫。

米诺斯王宫遗址

米诺斯王朝的王宫遗址壁画
湿壁画是一种绘于泥灰墙上的绘画艺术，这种创作手段是米诺斯文明的主要艺术形式。

为了防止米诺斯国王的追击，他们凿沉了克里特岛港口所有的船，然后乘着他们来时的帆船返航。提修斯本想带着公主一起回雅典，但这时神要求提修斯必须放弃自己的爱情，否则将惩罚他。提修斯无可奈何，只好将公主留在岛上。沉浸在悲伤之中的提修斯忘了与父亲的约定：将黑帆换成白帆。经过几天的航行，他们回到了祖国雅典。国王站在悬崖上望眼欲穿，等待儿子归来。当他看到归来的帆船仍然挂着黑帆时，以为儿子被米诺牛吃掉了，悲痛欲绝，于是跳海自杀。为了纪念这位爱琴国王，人们就把那片海叫作爱琴海。而那头被提修斯杀死的米诺牛，被神升到了天上，成为冬夜星空中的金牛座。

这个神话故事被《荷马史诗》和其他文学作品大加描写，人们对米诺斯迷宫非常神往，但大都认为那只是个神话罢了。后来，一个叫阿瑟·伊文思的英国儿童听了这个神话后，深深着迷，立志长大后找到米诺斯迷宫。

1900 年，已经成为考古学家阿瑟·伊文思率领考古队来到了爱琴海中的克里特岛，寻找传说中的米诺斯迷宫。经过 3 年的发掘，阿瑟·伊文思终于在克里特岛的克诺索斯附近一座叫作凯夫拉山的缓坡上发现了米诺斯王宫的遗址，找到了传说中的米诺斯迷宫。迷宫的墙上有许多壁画，壁画色泽鲜艳，内容丰富。其中有一幅壁画画着斗牛的内容，和神话中所说的迷宫里吃青年男女的人头牛身怪物米诺牛的故事隐隐相符。

克里特文明

克里特文明是由地中海东部克里特岛的古代米诺斯人创造出来的文明。早在公元前 3000 年以前，克里特岛就出现了新石器文化。公元前 3000 年中期进入金石并用时代，原始社会开始分化解体。到公元前 2000 年左右，克里特岛进入青铜器时代，出现了早期的奴隶制国家。克里特文明分为早王宫时代和后王宫时代。

早王宫时代（约公元前 2000 ~ 前 1700 年）是克里特文明的初级阶段。当时奴隶制城邦刚刚兴起，在岛屿中部的米诺斯、法埃斯特、马里亚等地先后出现了王宫建筑，宫殿都用石料砌成，有宽敞的大厅、宫室、仓库、作坊等。青铜器制造技术已相当先进，手工业和农业也已分离。这一时期制造的青铜双面斧、短剑、矛头、长剑以及金质和银质的碗等工艺品，都十分精美。这一时期也出现了文字，并由图画文字发展为象形文字。

后王宫时代（约公元前 1700 ~ 前 1400 年）是克里特文明的繁荣阶段。原来被毁的王宫又重新修建起来，而且比以前更加壮观。农业、手工业和海外贸易都很发达。农业上使用犁耕，农作物有大麦、小麦和大豆等；园艺作物有橄榄、葡萄等；手工业方面已经能够制造出一种高头低舷的远航船只。克里特岛同爱琴海诸岛、希腊半岛、小亚细亚、腓尼基、埃及以及西部地中海地区，都有密切的贸易联系。海外贸易成了克里特岛的经济命脉。另外，此时还出现了书写古代克里特语的音节文字——"线形文字甲种"（或"线文 A"）。

后王宫时代，克里特岛上的城邦比以前大大增加，此时的克里特岛有"百城"之称。"百城"之中米诺斯的势力最为强大，称霸于克里特岛，并控制了爱琴海中的一些岛屿。已被完整发掘出来的米诺斯王宫，占地 2 公顷，一般多是三层建筑，并有供水、排水设备；宫中设有"宝殿"、寝宫、神坛、粮仓、地窖、牢房、作坊、武器库等，结构复杂，曲折通达，有"迷宫"之称。

王宫坐落在爱琴海南端的克里特岛的一座小山的缓坡上，占地面积 27000 平方米，是一组围绕着中央庭院的庞大而复杂的建筑群。王宫内大小房间约有 1500 间，宫内楼阁密接，楼道走廊迂回曲折多变，加之许多厅堂馆室在设计上的不对称性，外人很难知道这座错综复杂的王宫的布局。

整个王宫以中央庭院为中心，中央庭院长约 60 米，宽约 30 米，是宫内最大的庭院。中央庭院靠西边的楼房是国王办公、祭祀的场所。这里神龛神坛排列整齐，办公集会的厅堂和祭祀大厅金碧辉煌、富丽豪华。此外还有贮藏油、酒，收藏财物的陶罐、库房；中央庭院东边的楼房是国王及王后的寝宫、接待厅及学堂、作坊等生活机构和设施。那上粗下细的圆柱形结构和冬日保暖、夏天通风的折叠门扇，宽敞的浴室内精巧的陶制浴盆及冲水设备，以及从宫外 10 千米远的山上把泉水引入宫

黑皂石公牛莫酒器
该器皿用来盛圣液，对米诺斯人来说，公牛有特殊的宗教意义，他们将巨大的石雕牛角放置在神庙和宫殿周围，以表明该地是神域圣地。

内的陶制管道和抛物线形的引水沟槽等，无不闪耀着古代科学技术的光辉。

在王宫的墙上，发现了许多壁画。虽然历经几千年，但是它的色泽还很鲜艳，就像艺术家刚刚完工一样。在长廊中，有庆典游行的画卷。在国王宝殿和王后寝室里，有表现国王、贵族的活动和集会以及自然景物的壁画。壁画中的男子们捧着金银器皿，妇女们则穿着镶宽边的长袍。在造型方面，人物一律都呈侧面像，个个体态轻盈，神态逼真；在用色方面，男人被饰以红色，而女人则被绘成白色。

克里特文明衰落后，爱琴文明转入以迈锡尼文明为主的阶段。

神奇的巨石群

在欧洲有两处著名的巨石群，一处在英格兰的索尔兹伯里平原，另一处在法国的布列塔尼。索尔兹伯里的史前石柱是环形的石群，布列塔尼的巨石群主要是指在卡纳克村庄附近的一系列的石头，又称为行列石群。在这两个地方附近有许多其他的史前纪念物，如小的环形与队列石柱、土方、坟墓墩以及单个直立的石头。这些加在一起使得整个地区成为与宗教相关的神圣地方。

巨石群的建造者搬移巨大的石头，挖掘长沟，并堆积巨大的土墩。然而青铜时代的人们没有先进的机器，只有滚轴、杠杆、绳子以及简单的手工工具。因此需要众多的人力花费好多年来移动这些石头。显然，必定需要一个组织，可能还有一个权威的统治者来使得每个人不停地工作。规划是重要的，这样建造者才可以计算出石头放置的确切位置。这些巨大的石阵表明：青铜时代的社会远比我们的想象——他们仅仅使用简单的工具——要更为先进。

湖边的村庄

欧洲阿尔卑斯山脉的湖岸多由沼泽与湿地组成，人们不容易穿越，并且在上面建房子也困难。但是考古学家在阿尔卑斯山脉发现了几百处青铜时代村庄的遗迹。这些由简易木屋构成的小型定居地存在于现在瑞士、法国与德国边界的康士坦茨湖与纳沙泰尔湖岸边的沼泽中间。为什么人们在这些潮湿的、多沼泽的环境中建造房屋呢？

湖泊给人们带来丰富的鱼，鱼可以晒干也可以烟熏，在食物短缺的时候可以帮助人们渡过难关；在湖岸边的草场可以放牧动物；阿尔卑斯山的山脚是茂密的森林，为人们提供了充足的木头，用以建房与取火。最为重要的是，潮湿的环境意味着村庄可以轻易地防范敌人的入侵。

许多村庄建在湖上。人们从阿尔卑斯山脚砍伐树木，建造他们的房子。屋顶用取自湖边的芦苇作材料。每个房子都用打入河底的坚固的木头柱子做支撑，建在沼泽上。木材也被用来建穿过沼泽的路，以及村庄周围坚固的围栏。

绝大多数的村庄很小，约由 20 个房子组成。一般 30 ~ 40 年后，作为支撑柱子的木头会被水侵蚀而烂掉。人们或者重修，或者迁移到其他地方。

尽管深深陷入水中，令人惊奇的是，这些村庄存在的一些证据被保存下来了。考古学家从水下保留的房子和道路中打捞出一些木头还有青铜器。某些情况下，食物与衣服也在寒冷的水中被保存下来。

一些定居地至少有一间大的房子，可能是村庄头领的房子。考古学家在这些屋子中，发现了装饰过的青铜武器以及项链，表明这些首领是富有和强力的。

迈锡尼文明

阿卡亚人（希腊人的一支）创造的迈锡尼文明（约公元前 1500 ~ 前 1100 年），是指以迈锡尼为代表的南希腊的迈锡尼、太林斯、派罗斯等早期奴隶制城邦文明。阿卡亚人于公元前 1650 年前后，从巴尔干半岛北部侵入中希腊和南希腊。此时他们正处于氏族社会的解体时期，从当时的竖井式的坟墓中可以看出来，随葬品有很大区别。到了公元前 1500 年左右，规模宏大的圆顶墓代替了竖井墓，同时在迈锡尼、太林斯、派罗斯等地有宫殿和城堡出现。因此，圆顶墓的出现，标志着迈锡尼等地奴隶制城邦的产生和迈锡尼文明的开始。

迈锡尼文明时期，生产力迅速发展，金属冶炼和手工业品的制造技术，超过了克里特文明时期的水平。迈锡尼社会是奴隶制社会，城邦的统治阶级包括国王、将军、贵族、官吏、祭司；政治机构有贵族会议和民众大会；社会的基层组织是公社，首领是长老。土地基本上

迈锡尼建筑中的狮子门，以宏伟坚固著称。

分为私有和公有两种形式。奴隶多属于国王所有，但也有私人奴隶，他们从事手工业、农业等生产性或非生产性劳动。

迈锡尼文明时期的建筑艺术有了长足的发展。太林斯城墙厚度达 20 米，非常坚固。迈锡尼也有高大的城墙和塔楼，其石头城门——"狮子门"以宏伟坚固著称。

公元前 12 世纪初，以掠夺为目的的迈锡尼率南希腊诸国攻打小亚细亚的特洛伊城。

希腊人率领自己的联合舰队从位于尤卑亚海峡的奥里斯出发，在小亚细亚海岸登陆后，在特洛伊平原上建立了一个巩固的大本营，然后迅速包围了特洛伊城。

特洛伊城地势险要，易守难攻。阿伽门农每次攻打都遭到特洛伊盟军的反击。战争持续了 9 年，双方损兵折将，死伤无数。

转眼进入第 10 个年头，希腊联军中最勇敢的战将阿喀琉斯因和主帅阿伽门农因争夺女俘而退出了战斗。其好友借用他的盔甲、盾牌和武器去攻城，结果被特洛伊人的统帅、太子赫克托尔杀死。阿喀琉斯知道后怒火冲天，重返战场，要为好友报仇。赫克托尔出城应战，与阿喀琉斯杀得难分难解，最终赫克托尔因体力不支而战死沙场。

特洛伊人见统帅被杀，发起了猛烈的反攻。海伦知道阿喀琉斯的弱点在脚后跟，便帮助小王子帕里斯寻找机会，用毒箭射中了阿喀琉斯的脚后跟。阿喀琉斯中毒身亡，帕里斯也在这场战役中被希腊将士用乱箭射死，战争陷入僵局。

特洛伊城久攻不下，阿伽门农只好采取了奥德修斯的计策。

公元前 1300 年左右的迈锡尼圆形墓

一连数日，希腊人不再攻城，战场上出现了少有的平静。特洛伊人很奇怪。更奇怪的事发生了，一天早晨，特洛伊人突然发现躁动的希腊军营空荡荡的，海面上高挂着希腊联军旗帜的战舰向远处驶去。饱受战争之苦的特洛伊将士和老百姓欢腾起来，纷纷走出城门，庆祝希腊人的撤走。

·迈锡尼墓园·

迈锡尼城堡内外有两座墓园。园内有众多王族墓葬，内藏丰富的金银陪葬品，其数量之多为世所罕见（仅其中一墓穴即有870件之多）。工艺水平也很高，其中大多数为克里特产品，也有来自埃及和小亚细亚、叙利亚等地的。圆顶墓不像竖井墓那样只在地下构筑简单的竖穴墓室，而是在地面凿岩和砌石筑成圆形墓室，前有墓道，上覆高冢，室内以叠涩法砌成圆锥状屋顶，形如蜂巢，故又称蜂巢墓。构筑这类陵墓需要较高的石砌工程技术，它的形制虽源自克里特，在迈锡尼却规模益趋宏大。现存最大的一座圆顶墓内高13.2米，墓门高10米，门内过道以一块重达120吨的巨石为盖，可见其工程的艰巨。

突然，人们发现希腊军营中有一个巨大的木马。特洛伊人好奇地围着转来转去，并不明白是什么意思。他们猜测：希腊人攻打特洛伊，激怒了天神，天神派木马降临赶跑了他们。于是，特洛伊将士和百姓纷纷跪祭木马，感谢天神的保佑。特洛伊国王还吩咐手下将这宝物拉到城里。木马太大，城门进不去。国王下令推倒一段城墙，这才把木马拉进城里。

整个特洛伊城沸腾了，为庆祝胜利，一桶桶的美酒被喝得精光，守城将士都昏醉在岗位上。

黎明时分，茫茫的海面上突然闪现灯光，一艘艘战舰向特洛伊疾驶而来。这时，木马的肚子里冲出数十位全副武装的希腊勇士。守城的特洛伊士兵还未反应过来就成了刀下鬼。希腊勇士打开城门，10万希腊大军如潮水般涌进特洛伊城。10年未被攻破的特洛伊城瞬间被希腊人占领了。

迈锡尼等希腊城邦虽然获胜，但为时10年的战争也大大地削弱了他们的力量，使他们的防御能力大减。约公元前1125年，多利亚人从希腊半岛北部趁机入侵，征服迈锡尼诸城邦，迈锡尼文明至此结束。

希腊部落大迁移

公元前2000～前1000年，希腊发生了一次部落大迁移。多利斯人是北方的希腊人，受当地人的压迫向南迁入希腊内陆，并直接占领了迈锡尼王国的中心、伯罗奔尼撒半岛东北部、阿尔哥斯地区，在这些地方建立起多利亚诸邦。在多利斯人入侵的同时，特萨利亚人（大概是西北希腊人）占领了特萨利亚（奥林匹斯山以南，品都斯山以东，以拉里萨为中心的一片广阔草原），打破了北部和中部迈锡尼时代诸国的政治地理格局，成立了爱奥利斯诸国。由于受多利斯南迁的影响，爱奥利斯人也向外移民，迁往爱琴海北部的列斯堡岛和小亚西岸北部一带。阿提卡（雅典）和优卑亚（这两个地区以后称为伊奥尼亚）也向外移民于昔加拉第群岛（希腊半岛东南）和小亚西岸中部地带。经过长时间的部落大迁移，到公元前20世纪初，希腊逐渐形成爱奥利斯、伊奥尼亚和多利斯三个人种语系集团。

印度哈拉帕文化

古印度和古埃及、古巴比伦、古代中国并称为古代四大文明古国。古代的印度人民在印度河流域创造了辉煌灿烂的文明。印度河全长3200千米，河水丰沛，印度河冲积平原土地肥沃，适合农业生产，为古印度文明的产生和发展提供了有利的条件。

古印度指今天的印度、巴基斯坦、孟加拉、不丹、尼泊尔等南亚次大陆的国家合称。中国在西汉时称它为"身毒"，东汉时称"天竺"，唐朝时才称它为"印度"。

印度的远古文明直到1922年才被印度考古学家发现。因为遗址最先在哈拉帕（今巴基斯坦旁遮普省境内）发现，所以古印度文明通称为"哈拉帕文化"。由于发现的遗址主要集中在印度河流域，因此又称为"印度河文明"。"哈拉帕文化"陆续发现了250多处遗址，分布的区域十分广大，东起今印度的北方邦，南达今印度的古吉拉特邦，西到今巴基斯坦的俾路支省，北抵今巴基斯坦的旁遮普省，北部以哈拉帕为中心，南部以摩亨佐·达罗（今巴基斯坦信德省境内）为中心，东西约1550千米，南北约1100千米，面积超过古埃及和苏美尔文明的总和。

哈拉帕文化存在的时间约在公元前2500～前1750年，大体上与我国文献记载的夏朝（公元前21～前16世纪）同时。

一般认为，哈拉帕文明的创造者是印度的原始居民达罗毗荼人，但也有专家认为是从中亚侵入印度的雅利安人，还有的认为是来自西亚的苏美尔人。根据

摩亨佐·达罗的舞者

遗址中出土的人骨和各类人像分析，专家们发现当时印度河流域的居民有蒙古利亚人种、原始大洋洲人种和地中海人种等。由此可知，哈拉帕文明是几个种族的人共同创造的文明。

从遗址的发掘来看，哈拉帕文明属于青铜时代的城市文明，哈拉帕和摩亨佐·达罗两座城市的面积和布局很相似，其中摩亨佐·达罗保存得更完整。摩亨佐·达罗城占地约 85 万平方米，人口大概有 3 万～4 万人，城市分为卫城和下城两部分。卫城有护城河和城墙，城墙上建有塔楼，还有公共建筑和大型粮仓。城中心有一个大水池，专家分析这可能与城中居民举行宗教仪式有关。下城的街道成南北或东西走向，或平行排列，或直角交叉，建筑物的墙角都砌成圆形。城中街道两旁的房屋一般用烧制的红砖砌成，排列非常整齐，分为居住区、商业区和手工业区，其中有住宅、店铺、饭馆等。从挖掘的墓葬来看，当时已经有了贫富分化。富人住在两三层的楼房里，庭院宽敞，甚至小孩子的玩具上都镶着金银珠宝。而穷人则住在低矮的简陋小屋里，只能使用由泥土和贝壳制的粗劣的生活用品。

哈拉帕文明遗址还出土了大量的铜器和青铜器，如斧、镰、锯、刀、渔叉等，表明当时人们已经学会了冶炼金、银、铜、青铜、铅等金属，但没有发现铁器。居民们以从事农业和畜牧业为生，农作物主要有大麦、小麦、棉花、椰枣等，牲畜主要有牛、羊、马、猪等。

城市的繁荣使哈拉帕文明的商业盛极一时，国际贸易特别频繁。遗址里发现的大量文物充分证明了它与波斯、两河流域、中亚，甚至缅甸、中国都有贸易往来。在波斯湾的巴林岛（古代称为狄尔蒙）发现了许多哈拉帕文明物品，表明巴林岛在当时是美索不达米亚和印度河流域之间进行海运贸易的一个中转站。从楔形文字的记载和两河流域出土的文物来看，当时哈拉帕文明出口的商品主要有铜、木料（如柚木）、石料（如闪长石、雪花石膏）、象牙制品、天青石、红玛瑙、珍珠等。

哈拉帕文明已经出现了文字，主要刻在石头、陶器和象牙制成的印章上，但这种文字至今没有被解读。

哈拉帕文明存在了几百年之后逐渐衰亡，但衰亡的原因至今还不清楚。有的专家认为是遭到了雅利安人的入侵，因为城市中的巷道和房屋中发现了很多带有刀痕的骸骨，有的骸骨呈痛苦挣扎状，而且城市也遭到了毁坏。有的说是火山爆发，大量的泥浆把城市吞没。还有的说是过度开垦和放牧，导致土地退化，致使哈拉帕文明衰亡。

埃及象形文字

古埃及的象形文字大约形成于公元前3500年左右，它们是描摹物体形象的符号，所以被称为象形文字，古埃及人认为象形文字是月亮神的发明。象形文字通常被刻在神庙的墙上，主要是神庙中的僧侣（祭司）使用，所以古希腊人称它为"圣书"。古埃及中王国时期，开始以用细小的芦苇制成"笔"，在纸草上写字，由此象形文字出现了一种简化的僧侣体。公元前7世纪左右，僧侣体又演变出一种书写速度更快的世俗体，罗马统治期间又演化成科普特文字。

古埃及衰落后，埃及相继被波斯人、马其顿人、罗马人和阿拉伯人征服。这些统治者游览埃及的神庙等宏伟建筑时，在墙壁、石柱上发现了很多类似文字的图画，但他们对这些东西丝毫不感兴趣，所以根本不去研究它。到了公元4世纪，只有很少的埃及僧侣还能够读懂这些象形文字。公元391年，罗马皇帝狄奥多西一世下令，关闭罗马帝国境内所有的非基督教神庙，从此埃及再也没有建造过刻有象形文字的神庙，最后写下的象形文字的地方是埃及南方于公元391年修建的一座神庙。这批僧侣去世后，再也没有人认识这些文字了，象形文字变成死文字，完全被人们遗忘。虽然后来欧洲的旅行家在埃及挖掘了很多文物，带回了欧洲，但由于无法解读上面的文字，只能把它当成一种装饰品。就算有人对象形文字发表见解，也多是无根据的猜测。

1799年，拿破仑率领军队远征埃及。一个叫布夏尔的法国军官带领士兵在埃及的罗塞塔城挖战壕时，发现一块黑色玄武岩石碑。石碑上刻着3种文字，最上面的是古埃及的象形文字，中间的是古埃及的世俗体象形文字，下面是希腊文，这就是被后人称为"罗塞塔碑"的著名石碑。

法国的《埃及通讯》刊载了发现"罗塞塔碑"的消息后，立即引起了轰动。各国学者纷纷试图破译石碑上的象形文字。当时，有很多人懂希腊文，所以石碑上的希腊文很快就被读懂了。人们知道这块石碑刻写的内容是：公元前196年，古埃及托勒密王朝的法老托勒密五世在登基后不久，取消了古

长着朱鹭头的托特神代表着书写艺术。据说在开天辟地之时，他把文字引入埃及。早在公元前3100年，尼罗河两岸开始种植纸草，用它制成像羊皮纸一样的书写材料。

埃及孟菲斯城僧侣们所欠的税款，并为神庙开辟了新的财源，对神庙采取了一些保护措施。僧侣们为了表达自己对法老的感激之情，就写了一封歌功颂德的感谢信，用3种文字刻在这块黑色玄武岩碑石上。

人们虽然知道了罗塞塔石碑的内容，但却没有弄懂那些象形文字的意义。但石碑上同样的内容用3种文字记载，为释读古埃及象形文字提供了宝贵的钥匙。

用象形文字写就的祭祀纸草

"罗塞塔碑"引起了年仅11岁的法国语言天才让·法兰西斯·商博良的极大兴趣，他决心揭开古埃及象形文字之谜。经过20多年的努力，1822年，商博良终于破译了象形文字。这一研究成果的公布，标志着埃及学的诞生，商博良也因此被人们称为埃及学之父。到19世纪30年代，人们几乎完全破译了象形文字。

象形文字由表意文字、表音文字和部首文字三部分组成。表意文字是用图画来表示事物，大约有500～600个。表音文字也是一些图画，共有24个子音，构成了大量的双子音和三子音。部首文字类似汉字中的偏旁部首，主要作用是区分不同范畴的事物，绝大多数的象形文字都有部首文字。

象形文字最初仅仅是一种图画文字，后来发展成象形文字。它用图形来表示事物或概念，如表示水就画波浪线"≈"，星星就画"★"。还有一些表意字，如画许多小蝌蚪表示"多"，牛在水边奔跑表示"渴"。要写一个句子，那就把这些象形文字按一定的顺序排列在一起。比如一块纪念公元前3000多年前法老美尼斯统一埃及的石板上，刻着他用权杖打一个跪着的俘虏，俘虏上面有一只鹰，鹰的一只爪子抓着一根从俘虏鼻子穿过的绳子，另一只爪子踩着6棵植物，这表示美尼斯抓获了6000名俘虏。

象形文字中的表意字多刻在神庙的墙壁上或石碑上，而僧侣体和世俗体则写在纸草上。所谓纸草就是尼罗河边生长的又宽又大的高秆植物，古埃及人把它割下后压平、晒干，就成了"纸草"。笔由细小的芦管制成，而墨汁则是用植物的浆液制成。古埃及人就是用这样的书写工具为后人留下了丰富的文化遗产。

古代叙利亚、巴勒斯坦与黎巴嫩

公元前 1650 年起，叙利亚、巴勒斯坦和黎巴嫩的历史便与邻近的强大帝国密切联系。南方的埃及、北方的西台和东方的米坦尼等大国，都在争夺该地区繁荣的城邦以及它们控制的贸易通道。这个地区的居民是闪族的亚摩利人和迦南人，这两个民族尽管文化不同，用的却是同一种语言。古代叙利亚城市埃卜拉位于阿勒波以南，从公元前 30 世纪晚期的阿卡德文件中可了解这个城市。公元前 2500 年，这里就已经是繁荣的贸易城市，其居民先于游牧民族亚摩利人定居此地，亚摩利人一度被认为是叙利亚最早的闪族居民。在公元前 2000 年，亚摩利人抢掠了埃卜拉，公元前 1800 年左右，叙利亚和巴勒斯坦有好几个亚摩利王国，从托鲁斯山脉到幼发拉底河都在其版图之内，统治者是诸如阿拉拉赫这种属国的国王。公元前 1570 年之后，强大的埃及统治者控制了巴勒斯坦、黎巴嫩和叙利亚部分地区，公元前 1525 年左右，其势力远至幼发拉底河。埃及称霸期间，贸易十分繁荣。而阿肯那顿（公元前 1379 ~ 前 1362 年）统治期间，埃及失去了许多地盘。尽管后来做了努力，并终于在公元前 1269 年与西台人缔结和平关系，但始终未能恢复以往的疆界。

最早的起义

自从商博良破译了古埃及的象形文字后，人们从大量的文献中了解了古埃及的历史。其中珍藏在欧洲的两个博物馆中的两部残缺不全的纸草卷文书，记载了爆发在古埃及的世界上最早的一次奴隶大起义，这次起义大概发生于公元前 1750 年。

公元前 2400 年左右，古埃及的古王国崩溃，又过了 300 多年，大约在公元前 2000 年左右，古埃及建立了中王国，定都底比斯。法老、贵族、祭祀和奴隶主们对内疯狂地压榨奴隶，获取了大量的财富；对外则发动侵略战争，掠夺邻国的财富。奴隶们再也无法忍受了，一场全国性的大起义终于爆发，同时参加的还有一些同样受剥削、同样活不下去的农民。

由于资料的欠缺，人们无法得知起义领袖的名字，甚至连起义过程的记载也不是很清楚。但从残存的文献上人们依然可以看出这次持续了 40 年之久的大起义的威力。

起义开始只是一些零星的、分散的暴动，最后才发展成为全国性的大起义。

纸草卷上记载："起义者势不可挡，像洪水一样包围了首都底比斯。法老的军队被击败了，龟缩到城中不敢迎战。"

"起义者在一小时之内就占领了底比斯城，闯入王宫中大肆抢劫，财宝被抢劫一空，然后四处放火，火光冲天，王宫的大门、石柱、屋子等统统被烧毁，昔日富丽堂皇的王宫只剩下一些残垣断壁……"

"竟然发生了不可思议的事情，法老被起义者抓走了……"

"各地的官员都逃跑了，王宫里的官员都被赶出来，他们威严扫地。"

"昔日庄严肃穆的大审判厅竟然变成了一个任人出入的地方，穷人毫无顾忌地穿梭其中。"

鹰神荷鲁斯栖息在国王哈夫拉的御座上。

"那庄严肃穆的审判厅啊，昔日神圣的法令被起义者随意扔在地上，抛到十字路口，人人践踏，贱如废纸。法官毫无尊严地被赶到全国各地去了。"

"富庶的尼罗河三角洲在哭泣，因为国王的粮仓已经被起义者占领，变成了穷人们的财产了。穷人们纷纷取走其中的粮食。"

"起义者抢走了富人们的财产，分发给穷人们。富人们遭受了重大损失，哭泣不止，而穷人们则欢天喜地。"

"他们（起义者）做成了铜箭，用血来强求面包，法老的军队一败涂地。"

"全国像制作陶器时的轮子一样旋转起来，所有的人都被卷入其中……"

从文献中我们可以看到，起义军只是沉重打击了统治者，剥夺了统治者的财富，但没有建立自己的政权，而且在经济建设方面也毫无建树，没有发展生产，全国发生了大饥荒。

文献还记载了这些情况："大河几乎要干涸，河床里的土地比河水还多，人们可以涉水过河。"

"所有的农田里的庄稼都枯萎了，没有人种植、灌溉。人们没有衣服，没有食物，没有油脂，没有奶油……人们食不果腹、衣不遮体，饱受饥饿和寒冷的折磨……"

起义者虽然推翻了法老和奴隶主贵族的反动统治，但没有建设自己的新生活，

·法老·

法老是古埃及时期对国王的尊称，是埃及语的希伯来文音译，意为大房屋。在古王国时代仅指王宫，并不涉及国王本身。从新王国第18王朝图特摩斯三世起，逐渐演变成对国王的一种尊称。第22王朝（公元前915～前730年）以后，成为国王的正式头衔。但习惯上把古埃及的所有国王通称为法老。法老作为古埃及的最高统治者，掌握全国的军政、司法、宗教大权，并被无限神化。法老自称是太阳神阿蒙之子，是神在地上的代理人和化身。

法老死后，其尸体被制成干尸，即"木乃伊"，放在金字塔内部的墓室中。金字塔即埃及法老的陵墓。古埃及新王国第19王朝的法老拉美西斯二世统治埃及67年，是古埃及史上统治时间最长、影响最大的法老，其在位时期是古埃及帝国臻于鼎盛的时期。

胜利如同昙花一现般短暂。埃及各地的奴隶主贵族们重新集合力量，向起义者发起了反攻，起义失败了。法老和贵族们又回到了首都底比斯，重新修建了富丽堂皇的王宫，恢复了昔日的荣华富贵。而奴隶和农民依旧终日劳作，受着残酷的剥削。

这次大起义严重削弱了古埃及的实力，亚洲的喜克索人乘虚而入，侵入埃及。喜克索人乘着马车作战，速度很快，旋风般冲入埃及队伍中，冲乱了埃及人的阵形，然后大肆砍杀。埃及人乱作一团，纷纷逃跑。喜克索人又乘胜追击，埃及人死伤惨重。当时的埃及人还不会使用战车作战，只有步兵，而步兵根本无法抵挡冲击力极强的马车。喜克索人占领了埃及大片的领土，掠夺了大量的财富和奴隶，成了埃及的主人。直到150年后，底比斯的统治者阿摩西斯向喜克索人学习，建立了强大的战车部队，并对侵略者们发动了一系列的反攻，才将他们全部赶出埃及，收复了失地，建立了新王国。

埃及陆军

在喜克索斯人占领下埃及之前，古埃及军队主要是由贵族属地的农民和工匠组成的轻装步兵。他们的装备非常简陋，不穿戴任何盔甲，武器主要有弓箭、标枪、匕首、棍棒、投掷棒和盾牌等。

喜克索斯人占领了下埃及之后，为了战胜入侵者，退守上埃及的埃及军队开始进行军事改革。这时的埃及军队开始正规化，军队将领由贵族担任，各个兵种也相继出现，如使用厚盾和攻城槌的攻城部队、成鱼鳞状分布排列的梯队、挖地道的先锋队等。另外还有雇佣军——努比亚弓箭手。兵器也变为标枪、战斧、半月刀（这是第一次出现）和匕首，装备了由皮套和金属甲组成的盔甲。这一时期，古埃及军队出现了战车部队。战车上有驭手一名，士兵两名，装备有弓、标枪和长矛。

　　埃及军队的指挥系统是：法老、将军、营长、传令官、参谋、尉官和军士。军队最大单位是军团，每个军团有4000个步兵和1000辆战车；一个军团有10个营，一个营分为两个连，一个连分为5个排，一个排分为5个小队。

古巴比伦王国

　　乌尔第三王朝灭亡后，阿摩利人在两河流域定居下来，并在那里建立了许多小国。这些国家长期混战，使这一地区尤其是两河南部重新陷入分裂的局面。

　　重新统一巴比伦尼亚并最后基本统一两河流域的是古巴比伦王国。大约在公元前1894年，另一支阿摩利人在其首领苏穆阿布姆的率领下，占据了巴比伦城并建立了国家。古巴比伦王国开始仅仅是一个弱小的并时常向他国称臣的小邦。但到了第六代国王汉谟拉比统治时期（约公元前1792～前1750年），古巴比伦逐渐强大起来。

　　公元前18世纪，汉谟拉比在统一两河流域南部的过程中，建立起强大的中央集权的奴隶主专制国家机器。他总揽全国的立法、司法、行政、军事和宗教大权，并对自己加以神化，自称为伟大天神的后裔。他任命中央各部大臣，委派地方各级官吏。汉谟拉比大力兴修水利发展农业，建立常备军巩固政权，并实行份地与军事义务相关联的兵役制度，同时保护士兵的份地。古巴比伦国家的军事力量因此得以强大。

　　汉谟拉比在治国方面最突出的政绩就是制定了《汉谟拉比法典》，这是世界历史上第一部比较完备的成文法典。

　　正是依靠这部残酷的法典，汉谟拉比时代的巴比伦社会，成为古代东方奴隶

《汉谟拉比法典》石柱的顶部浮雕

此为汉谟拉比从坐在御座上的最高法官、太阳神手中接过权杖的情景。这位虔诚的国王在他的49个法柱序言中宣称自己是"诸王之神""明慧的智者"和"无敌的战士"。站着的汉谟拉比表现得很谦卑。

制国家中统治最严密的国家。

汉谟拉比统治时代是古巴比伦王国的鼎盛时期。他死后不久，王国便迅速衰落。

大约在公元前 1595 年，北方的赫梯人南侵，消灭了古巴比伦王国（又称巴比伦第一王朝）。之后，南方伊新城的统治者伊路买鲁在苏美尔地区的南端建立了一个新的王国，史称"海国王朝"或"巴比伦第二王朝"（约公元前 1595～前 1518 年）。后来，加喜特人再一次发动军事进攻，从两河东北部侵入两河平原地区，占领了巴比伦并建立了加喜特王朝，即巴比伦第三王朝（约公元前 1530～前 1157 年）。而后，加喜特王朝又消灭了南方的海国王朝。

加喜特王朝统治两河流域南部近 400 年后，在埃兰和亚述两个强敌的夹击下，加喜特王朝灭亡。之后，两河流域南部又陷入了分裂割据的局面，先后出现了许多为时短暂的地方小王朝。

《汉谟拉比法典》

古巴比伦王国是继阿卡德王国之后两河流域出现的又一个强大的奴隶制国家，第六代国王汉谟拉比在位（公元前 1792～前 1750 年）时，古巴比伦王国到达极盛，他自称"宇宙四方之王"。

汉谟拉比每天在宫殿里要处理大量的申诉案件。由于古巴比伦王国地域广大，人口众多，所以案件堆积如山，汉谟拉比焦头烂额也应付不过来。他就把过去苏美尔人和周边其他一些国家、民族的法律收集起来，经过修改，再加上当时古巴比伦人一些约定俗成的习惯，编成了一部法典。汉谟拉比命令石匠把这部法典刻在石柱上，竖在首都巴比伦城的马尔都克大神殿里，让臣民们观看。这个石柱高 2.25 米，上部有一块浮雕，雕着两个人。坐着的是太阳神沙马什，站着的是汉谟拉比。他正在从太阳神手中接过象征着权力的权杖，表示自己的权力是太阳神授予的，人民必须服从他的命令，否则将受到神的惩罚。浮雕下面用巴比伦楔形文字密密麻麻地刻满了法律，一共 282 条，分 51 栏 4000 行，大约有 8000 多字。汉谟拉比在法典的序言中写道："安努与恩里尔（古巴比伦的神）为人类造福，命令我，荣耀而敬神的国王，汉谟拉比，发扬正义，消灭邪恶不法的人，恃强而不凌弱，使我如同沙马什一样，统治百姓，光耀大地。"

当时古巴比伦的统治阶级是奴隶主，被统治阶级是自由民和奴隶。法典上的法律条文主要就是处理三者之间的关系的，处理的原则是以牙还牙，以眼还眼。比如两个人打架，如果其中的一人被打瞎了一只眼睛，按照法典的规定，对方的一只眼睛应该被弄瞎。但是，法典对奴隶主、自由民、奴隶有着不同的规定：如果奴隶主把自由民的眼睛弄瞎，那么只要赔偿银子1迈拉（重量单位）就没事了。如果把奴隶的眼睛弄瞎了，则无须任何赔偿。如果奴隶不承认他的主人，而主人拿出这个奴隶属于自己的证明，那么这个奴隶就要处以被割去双耳的刑罚，如果奴隶打了自由民的嘴巴也要割去双耳。自由民医生给奴隶主治病，如果在开刀的时候奴隶主死了，那么医生就要被砍掉双手。

这部法典还体现了一定的公正精神。比如它规定如果有人"打了居高位的人嘴巴"，那么执法者只能给予犯罪人"鞭笞六十"的处罚，而不能按照"居高位的人"的意愿或执法者自己的意愿去随心所欲地处罚。

法典不鼓励告密，其中的一、三、五条规定："如果一个自由民控告另一个自由民杀人，但是经查证是诬告，那诬告者处以死刑。""如果一个法官做出了判决，但后来又更改了判决，那么将被处以原诉讼费12倍的罚金，并撤销其法官的职位。"

刻有《汉谟拉比法典》的石柱
《汉谟拉比法典》刻在一个两米多高的石柱上。

为了巩固奴隶主的统治，法典还有一些严厉的条款：逃避兵役者一律处死；破坏桥梁水利者将受到严惩甚至处死；帮助奴隶逃跑或藏匿逃亡奴隶，一律处死；如果违法的人在酒店里进行密谋，店主没有把这些人捉起来，店主要处死。

另外法典还很有人情味，例如："如果某人领养了一个婴儿，并将他抚养成人，孩子的亲生父母不能将他领回。""如果一位贵族因为妻子不能生养而要离婚，那么要先偿还她出嫁时所付出的全部代价和所有嫁妆。""如果丈夫出远门，但没有留下足够的养家费用，妻子可以改嫁。"

法典中甚至还有这样在今天看来很荒唐的规定：如果泥瓦匠给人盖房子，房子塌了，压死了这家人的儿子，那么泥瓦匠要用自己的儿子抵命！还有一些法律条文很有趣，比如法典规定："如果没有抓获强盗，遭抢劫者在神灵的面前发誓并说出自己的损失，发生抢劫案的地区的官员需偿还遭抢劫者损失。" "如果死了一个人，地方官员亦须付银子 1 迈拉给死者亲属。"

《汉谟拉比法典》是世界上第一部较完备的成文法典，广泛地调整着当时的古巴比伦社会生活的各个方面，使古巴比伦王国成为古代东方奴隶制国家中统治最严密的国家之一。

古巴比伦的天文学

古巴比伦时期，人们已经能够把五大行星（火、水、木、金、土）和恒星区别开来，并将肉眼能够看到的星辰划分为星座，以后又从星座中划分黄道十二宫，如狮子座、双子座、巨蟹座等。这些名称直到现在仍为欧洲天文学界所使用。巴比伦人将天文学的知识运用到制定历法和计时方面。他们根据对月亮盈亏规律的观测，制定了太阴历。1 年分为 12 月，6 个月每月有 30 天，另 6 个月每月 29 天，全年共 354 天。这同地球绕太阳一周运行的时间差 11 天 5 时 48 分 46 秒，他们就用闰月来补足。到公元前 6 世纪后期，先后有了 8 年 3 闰和 27 年 10 闰的规定。在亚述帝国和新巴比伦时期，人们还根据月相周期变化把一个月分为 4 周，每周 7 天（七曜日），分别用日、月、火、水、木、金、土 7 个星球的名称来命名。

亚述国家的产生与扩张

亚述地处河岸凸起、多山、富有矿产和木材资源的两河流域北部（今伊拉克北部的摩苏尔地区）。这里的居民大多是讲塞姆语的亚述人，也包括一些逐渐同亚述人融合了的胡里特人。古代亚述的文明史可分为早期亚述、中期亚述和亚述帝国（新亚述）三个阶段。

早期的城市国家亚述（约公元前 30 世纪末至前 20 世纪中叶），是在亚述城基础上形成和发展起来的。它实行的是贵族寡头政治，与苏美尔的城邦首领相似，权力有限。另外还有名年官和乌库伦。名年官是每年从长老会议成员中选出来的，以其名命名该年。乌库伦是长老会议指派的一个管理司法和土地的官员。

大约在公元前 19 世纪末，沙马什阿达德（约公元前 1815 ~ 前 1783 年）以暴力手段夺取了政权。他积极向外扩张，吞并了玛里，让其子担任那里的统治者。

这是一幅刻在亚述宫墙上的浮雕，再没有什么比与雄狮竞斗这种血腥的体育运动更令亚述国王兴奋了。

他还把扩张推进到地中海东岸，逼迫周围许多国家纳贡。他是亚述第一位名副其实的、有别于伊沙库的国王。他曾为亚述城制定物价，将全国领土划为地区或省。沙马什阿达德死后，亚述曾遭到古巴比伦王国汉谟拉比的沉重打击。到公元前15世纪，亚述又处于小亚细亚东南部和两河西北部的米丹纪王国的控制之下，沦为藩属达一百余年。早期亚述也就此结束了。

公元前15世纪初，米丹尼由于受到赫梯的沉重打击而日渐衰落。亚述趁机独立并得以复兴，从此进入了中期亚述时期（约公元前15～前9世纪）。在此时期，亚述不断发动对外扩张的战争。公元前13世纪，中亚述灭亡了米丹尼。中亚述到提格拉特帕拉沙尔一世（约公元前1115～前1077年）统治时期强盛一时，提格拉特帕拉沙尔率军向南攻陷和劫掠了巴比伦城，向北血腥征伐了小亚细亚与亚述之间的安那托利亚部落。但是，从公元前11世纪开始，游牧的阿拉米亚人开始大批侵入亚述地区，将亚述领土弄得四分五裂，中期亚述再度衰落了。

中期亚述时期，在王权加强、君主制统治形式确立和经济发展的条件下，出现了一部成文法典——《中亚述法典》。从法典的有关条文来看，土地私有制已经出现了，土地可以买卖。破坏田界和侵占他人土地者会受到严重的经济处罚和身体惩罚。债务奴隶制在这一时期也成为一种普遍的社会现象。与汉谟拉比时代关于负债的人质在债权人家只服役3年的规定不一样，中期亚述时期负债的人质在债权人家里服役是无限期的。中期亚述时期的奴隶境况极为悲惨。法典规定，如果奴隶从某自由民之妻手中得到任何一件东西，都应受割鼻耳之刑，并追回原物。

印度的吠陀时代

印度的"吠陀时代"，大约是从公元前1500～前600年的这段时间。"吠陀"的原意为"知识"或"神圣的知识"。它实际上是印度世代口头流传下来的古老的宗教、文学典籍，也是婆罗门教的经典。吠陀共有4部，全称为《吠陀本集》。其中最古老、最重要并具有文学价值的是《梨俱吠陀》，它所反映的社会时代被称为"早期吠陀时代"，是指约从公元前1500～前900年的这段时间；其他3部吠陀——《沙摩吠陀》《耶柔吠陀》和《阿闼婆吠陀》以及解释这些吠陀的作品，反映的社会时代较晚，因此称之为"后期吠陀时代"，是指大约从公元前900～前600年的这段时间。

早期吠陀时代的历史主要是指印欧语系的游牧部落——雅利安人从伊朗高原逐渐入侵印度河上、中游和恒河上游的历史，也是雅利安人与当地居民进行暴力冲突和生息共处的历史。

早期吠陀时代的雅利安人尚未进入文明社会和国家阶段，他们仍过着氏族部落生活。当时，他们的社会组织有部落（噶那）、氏族（维什）和村（哥罗摩）。每个部落包括若干个村，每个村由许多家族组成。有些部落已组成部落联盟。大约在公元前1000年，少数先进的部落开始过渡到奴隶制国家，原来的部落军事首领"罗"转化为世袭国王。有梵书记载的神话说，当初诸神和魔鬼们发生战争，而诸神屡受挫败。经过总结分析，认识到失败的原因在于缺少一个王。于是，他们选出了王，从而打败了魔鬼。又有一说是，当国家产生以前，人民生活于自然状态中，其时弱肉强食，生命得不到保障。于是，大家选出王来保护自己的生命财产，百姓则奉献贡赋给王作报酬。"罗阇"（王）实际上是军事首领，其权力受长老会议（萨巴）和部落成员会议（萨米提）的限制。这表明，当时的雅利安人已进入军事民主制时代。

后期吠陀时代是一部分的雅利安部落进入文明和国家的时代，也是种姓制度与婆罗门教形成的时代。后期的吠陀时代，有些早先的部落或部落联盟的军事首领罗已变为国王了。国王加冕时须举行盛大的祭典仪式，以示王权得自神授。有实力和雄心的国王，还要举行盛大的"马祭"活动。他选定一匹骏马，让这匹马任意奔驰，后面跟随士兵，所到之处，如果当地国王敢于阻挡，就对之开战。满一年后，将此马带回，用作牺牲，向神献祭。能举行马祭的国王可以称为大王，处于霸主地位。

在后期吠陀时代，随着雅利安人国家和婆罗门教的形成，种姓正式成为一种严格的等级制度。

古印度的种姓制

公元前 2000 年左右，中亚的游牧民族南下，进入印度河中游一带，征服了当地的土著居民达罗毗荼人。这些征服者肤色较白，自称"雅利安人"，意为出身高贵的人，以区别于皮肤黝黑的达罗毗荼人。

由于征服者雅利安人有天生的种族优越感，于是他们将肤色黝黑的达罗毗荼族视为劣等种族。再加上雅利安人内部贫富分化，就逐渐形成了种姓制度。"种姓"一词在印度的梵文中就是颜色或品质的意思，后来这种制度又与印度教相结合。

在这一制度下，古代印度人被分为 4 个种姓：婆罗门、刹帝利、吠舍和首陀罗。前一种姓高于后一种姓，他们的权利、义务、职业都不相同。

婆罗门是祭司阶层，他们出身于雅利安人中的僧侣阶层，掌握神权，主持祭祀，负责占卜祸福，社会地位最高，能主宰一切。刹帝利是雅利安人的军事贵族，包括国王和各级武士、官吏，掌握国家除神权之外的一切权力，是世俗的统治者。婆罗门和刹帝利是高级种姓，属于统治阶级，他们占有社会的大部分财富，依靠剥削其他两个种姓为生。吠舍是雅利安人的中下阶层，是普通的劳动者，主要从事农牧业、手工业和商业。他们是自由民，向国家缴纳赋税。首陀罗是被征服的达罗毗荼人，也有贫困的雅利安人，从事手工业和农牧业，他们是奴隶阶层。

各个种姓之间等级森严，界限分明，职业世袭。各种姓之间绝对不能通婚，如果不同种姓的男女通婚，他们和他们所生的子女不属于任何种姓，被称为"贱民"，也叫"不可接触者"。贱民在 4 个种姓之外，地位最低，最受鄙视

森严的种姓制度
印度的种姓制度沿袭了许多世代，而且越来越复杂，演变出了数以千计的亚种姓。"萨蒂制"产生于种姓制度。"萨蒂"印度语意为"寡妇自焚为丈夫殉葬"，如图所示。

婆罗门教主神梵天

梵天创造世界，有四脸四臂，能眼观四面八方，是至高无上的神。图中的他骑在一只野鹅上，飞翔的野鹅象征着灵魂的解放。

和压迫，只能从事那些被认为是最低贱的工作，在农村中当雇农或在城市中抬尸体、清理粪便与垃圾、屠宰、洗衣、清扫等。他们的身体和他们用过的东西都被视为是最醒龊的，不能与婆罗门接触，不能与其他种姓的人共用一口水井、共进同一座寺院。婆罗门如果接触了贱民，则认为是一件倒霉的事，回去之后要举行净身仪式。贱民要佩带特殊的标记，出去时手里要敲打一些破瓦罐之类的东西或嘴里要不断发出特殊的声音，提醒其他种姓的人及时躲避。

为了维护高种姓的利益，婆罗门宣称把人分为4个种姓是梵天（造物主）的意志。印度教的圣经《吠陀》中说，梵天用他的嘴造出了婆罗门，用双手造出了刹帝利，用双腿造出了吠舍，用双脚造出了首陀罗。婆罗门僧侣还宣称：凡是安分守己的人，来世才能升为较高种姓，否则就会降为较低种姓。

4个等级在法律面前是不平等的，如果刹帝利辱骂了婆罗门，要罚款100帕那（古印度货币单位）；如果吠舍骂了婆罗门，就要罚150到200帕那；要是首陀罗骂了，那就要用滚烫的热油灌入他的口中和耳中。如果婆罗门骂刹帝利，只罚款50帕那；骂吠舍，罚款25帕那；骂首陀罗，罚款12帕那。高级种姓的人如果杀死了一个首陀罗，仅用牲畜赔偿，或者简单地净一次身就没事了。

为了镇压吠舍和首陀罗两个低种姓的反抗，婆罗门和刹帝利还制定了许多残酷的刑罚。比如，低种姓的人如果用身体的某一部分伤害了高种姓的人，就必须将那一部分肢体砍掉。比如，动手的要砍手，动脚的要砍脚。

每个种姓都有处理自己种姓内部的事务的机构，以监督本种姓的人是否严格遵守规定和传统习惯。如果有人触犯了，轻则由婆罗门处罚，重则开除出本种姓，沦为贱民。

被开除出种姓的人成为贱民后，只能居住在村外，远离其他种姓，和其他贱民生活在一起。贱民只能和贱民通婚，不仅他们要从事低贱的工作，而且他们的后代子孙也要从事低贱的工作。

印度的种姓制度实质上是一种阶级制度，在人民之间制造隔阂和对立，阻碍了社会经济的发展，严重削弱了印度的民族凝聚力，是造成印度屡次被外族征服和印度社会发展迟缓的重要原因之一。现在印度虽然从法律上废除了种姓制度，但在日常生活中还有浓厚的残余，仍有 1.6 亿——约占印度总人口的 16% 的低种姓的人受着压迫和剥削。

古印度科学成就

敏锐的哲学思考在更为实用的领域里结出了科学果实。医学在吠陀时代达到很高水平。不仅有了许多特效药物，解剖学也得到发展，还能做许多精细的手术。有关人体解剖学的知识非常广博，而且还开始了胚胎学研究。医学科学，尤其外科职业非常受人敬重，直到由于害怕受不洁人员的接触传染而被禁为止。尽管占星家们把怪诞的前提作为研究的基础，但却获得了天文学的宝贵知识，并且他们还暂时接受了地球是绕其轴心旋转，太阳的升降现象皆由此而来的观点。最辉煌的科学成就在数学领域。印度人能计算非常庞大的数字，而且还懂得如何开平方根和立方根。在运用十进制之外，他们又发明了极为重要的零数原理，这一原理最终被世界其他地区所采纳。现今广泛应用的"阿拉伯数字"是由印度人创造的。印度人在几何学方面的进步不如希腊人，但在代数方面却遥遥领先。

吠陀文学

约公元前 20 世纪中叶，印度吠陀文学开始出现。"吠陀"一词原意为"知识"，后转化为对婆罗门教、印度教经典的总称。从广义上来说，它是古代西北印度用梵文写成的对神的诵歌和祷文的文集，其中包括《吠陀本集》《梵书》《森林书》《奥义书》。从狭义上讲，吠陀仅指《吠陀本集》，共分 4 部：一为《梨俱吠陀》；二为《娑摩吠陀》，将《梨俱吠陀》中的绝大部分赞歌配上曲调，供祭祀时歌唱，共载入赞歌 1549 首；三为《夜柔吠陀》，主要说明出自《梨俱吠陀》的赞歌在祭祀时如何运用；四为《阿闼婆吠陀》，共 20 卷，载入赞歌 730 首，记录了各种巫术和咒语，其中杂有科学的萌芽。吠陀经书在世界文学史上占有一定地位，也是研究印度古代史的重要资料。

腓尼基人环航非洲

腓尼基人是一个相当古老的民族，生活在地中海东岸，大致相当于今天的黎巴嫩和叙利亚沿海一带，曾创造过高度文明，在公元前10～前8世纪达到鼎盛。

历史上，腓尼基人开创了举世瞩目的航海业，这跟他们所处的地理环境有很大关系。腓尼基人居住的地方，前面是浩瀚的大海，背靠高大的黎巴嫩山，没有适宜耕作的土地，注定了腓尼基人不能成为农耕民族。他们转而发展手工业，制造出精美的玻璃花瓶、珠宝饰物、金属器皿及各种武器等。要拿这些手工制品与异域民族产品进行交易，就需要腓尼基人在汹涌澎湃的大海上闯出一条路来。

于是，勇敢的腓尼基人驾驶自制的船只向茫茫的地中海开进了。据说，腓尼基人是从埃及人和苏美尔人那里学到的造船工艺。所造的船船身狭长，前端高高翘起，中部建有交叉的桅杆，两侧设双层橹樯，通体看起来轻巧、结实。这种船主要靠船桨划行，有时也能拉起风帆，可同时搭载3～6人。大概由8～10只船组成一支船队。英国大不列颠博物馆珍藏一幅反映腓尼基船队航海盛况的浮雕，栩栩如生地刻画了腓尼基人航海情况。

腓尼基人凭借高超的造船技术和娴熟的驾船技巧，怀着无比坚定的决心，航行到地中海的每一个港口，同当地的居民做各种各样的交易。腓尼基人自产的一种红紫色染料有着很好的销路，以至于古希腊人称腓尼基为"绛紫色的国度"。根据后来史学家考证，腓尼基商人并不局限于地中海，他们的商船队曾经一度穿过直布罗陀海峡，进入波涛汹涌的大西洋，至今该海峡还有以腓尼基神名命名的坐标——美尔卡尔塔坐标。腓尼基人由此向北直达今法国的大西洋海岸和英国的不列颠群岛；向南侧一直航行到非洲南端的好望角，据说他们还曾环绕整个非洲航行。

在北非，至今流传这样一个故事：古埃及的法老尼科召见了几位腓尼基航海勇士，对他们说："你们腓尼基人自称最善于远航，真是如此吗？你们要说'是'，那么现在你们就进行航行，从埃及出发，沿海岸线一直向前，要保证海岸总在船的左侧，最后回到埃及来见我。到时候我有重赏，如果你们觉得做不到，就实说，我也不惩罚你们，只是以后不要妄自吹嘘善远航了。"法老

腓尼基的玻璃瓶
腓尼基人擅长制作玻璃制品，例如花瓶和珠宝。他们把沙子和纯碱混合成糊状，然后加上染料在高温下烧制。

知道想开辟新航道，要冒很大风险，觉得腓尼基人不会真的去做。没想到这些腓尼基人慨然领诺，接受挑战，而且很快组织起一支船队出发了。3 年过去了，他们杳无音讯，法老以为这几个狂妄的腓尼基人早已葬身鱼腹。万没料到 3 年后的某一天，这几个腓尼基人真的回到了埃及。开始尼科不相信他们，但他们一五一十地向法老讲了沿途见闻，还献上收集到的奇珍异宝，最后法老终于折服了。

腓尼基的船只

腓尼基船只短而宽，并且很坚固。它们是用生长在腓尼基山坡上的雪松木制成的。由独桨、独帆驱动船只前进。

腓尼基人环非洲航行，堪称人类航海史上的一次壮举。当时欧洲流行的说法是：大西洋就是世界的尽头，没有人能穿越直布罗陀海峡。但伟大的腓尼基航海勇士却跨越地中海，北抵英吉利，南过好望角，进入印度洋，无愧于世界航海业开拓者的称号。

腓尼基人的航海取得了丰硕的成果，具有十分重要的历史意义。首先，他们为自己建立了海上霸权，垄断了航路和贸易。他们在地中海沿岸建立一系列商站殖民地，其中很多商站发展成著名商城，进而成为强大的城邦国家，如北非的迦太基城（今突尼斯）就一度威胁罗马人。其次，腓尼基人的远航为后来的世界航行提供了第一手航海资料和宝贵的经验，同时扩大了世界各地经济联系和文化交流。

腓尼基字母文字

腓尼基字母文字的产生，源于生产和生活的需要。航海和商业贸易的发展，频繁地涉及商贸活动的计算，迫切需要一种简便易懂的文字作为记载和交际工具，腓尼基文字应运而生。它出现于南方城市毕布尔，是一种线形字母文字，共 22 个，没有元音。后逐渐成为腓尼基通用的字母文字。尽管腓尼基字母文字没有元音，只有辅音，拼读起来比较困难，但它毕竟是文字发展史上一个重大的发明与创造。这种文字比当时流行的任何一种文字都简便易写，所以很快在腓尼基、叙利亚、巴勒斯坦、克里特岛、迦太基等国的城市和西部地中海腓尼基人的殖民地传播开来。希伯来字母、古波斯字母、安息字母、阿拉伯字母、古希腊字母等字母文字都是在腓尼基字母的基础上演化而来，因此，称腓尼基字母是世界上字母文字之母并不过分。

铁列平改革

赫梯王国是上古时期西亚地区的一个强国。

赫梯王国最初的领土仅有小亚细亚东部的哈里斯河（今土耳其基齐尔－伊尔马克河）中上游一带，最初的居民是讲赫梯语的哈梯人（又称原始赫梯人）。这里地处高原，雨量很少，不适合农耕，所以哈梯人主要从事畜牧业。大约在公元前2000年左右，中亚大草原的涅西特人迁徙到小亚细亚，征服了当地的哈梯人，并与之融合，形成了赫梯人。他们的语言是涅西特语，也称赫梯语。赫梯王国多山，矿藏（银、铜、铁等）丰富，具备发展金属冶炼的有利条件，引起邻国亚述的垂涎。公元前19世纪，亚述人在赫梯王国境内建立了许多的殖民地城邦。

在公元前18世纪，赫梯人建立了几个城邦，并且互相攻打，争夺霸权。其中最大的城邦有库萨尔、涅萨和察尔帕。经过长期的征战，库萨尔王阿尼塔征服了涅萨，俘虏了涅萨王，并定都于此。后来阿尼塔未经战斗，便使普鲁汗达王投降，至此库萨尔成为实力最强的赫梯城邦，为赫梯王国的雏形。随后，赫梯王国开始对外侵略扩张，将亚述人的势力全部排挤出小亚细亚。阿尼塔的继承人拉巴尔纳一世继续征服其他城邦，拉巴尔纳一世的孙子穆尔西里一世时将首都迁到哈梯人的城邦哈图萨斯（今土耳其波尔兹科伊），这标志着涅西特人和哈梯人最终融合。

赫梯人的牧鹿形银制礼仪用饮水杯

公元前1600年左右，穆尔西里一世率军南下，攻克了喜克索人在叙利亚建立的城邦哈尔帕，不久喜克索人就在埃及和赫梯的南北夹击下崩溃，赫梯人乘机占领了叙利亚和巴勒斯坦。此时，古巴比伦王国已经衰落，赫梯人不断南下抢掠，令古巴比伦王国不胜其扰。公元前1595年，赫梯人攻克巴比伦城，将财宝洗劫一空，古巴比伦王国灭亡，赫梯回师时又击败了胡里人。从此赫梯威名远震，疆域东至两河流域北部，南达叙利亚，西到地中海，北抵库麦什马哈什河，成为西亚地区的一个大国。

赫梯人每征服一个地区，就派赫梯王国的王子前去统治，所以那里的居民就被称为"王子们的奴隶"。在赫梯王子们的残暴统治下，赫梯统治者和当地居民矛盾很深，终于导致了"王子们的奴隶"起义，但起义在穆尔西里一世和各地王子的联合镇压下失败。

赫梯王室内部矛盾也很尖锐，为了争夺王位，常常自相残杀，连穆尔西里一世都被他的弟弟所杀，赫梯王国在内战和各地的叛乱中度过了几十年。公元前 16 世纪末，铁列平即位。为防止王室骨肉相残和贵族争权夺利，保持国家稳定，铁列平不得不进行改革。改革的主要内容为确定王位继承人制度，铁列平规定，王位应由国王的儿子按长幼顺序来继承，即长子优先，然后才轮到其他的儿子。如果没有儿子，那王位就要由国王长女的丈夫继承，其他人均无权继承王位。这就确立了王位的世袭制，防止了王室的自相残杀和贵族的篡位野心。

一对恩爱的赫梯夫妇的雕塑被刻在他们自己的棺木盖上，这样便可以在未来给予他们的灵魂一个栖息之地。

他还规定由贵族会议保证王位继承法的贯彻执行。王子犯法，不能株连他的亲属，也不得剥夺他们的财产和奴隶。不经贵族议会同意，国王不能杀害任何一个兄弟姐妹，王室的内部纠纷由贵族会议裁决。铁列平改革标志着赫梯国家形成过程的完成，使赫梯王权得到巩固，国势日益强盛。公元前 15 世纪末至公元前 13 世纪中期，是赫梯王国最强盛的时期。

楔形文字

就在古埃及人使用象形文字记录他们的历史的同时，两河流域南部的苏美尔人也在正在使用他们发明楔形文字记录苏美尔文明的辉煌。

公元前 2500 年的一天清晨，太阳从东方升起，照耀着苏美尔人的城邦尼普尔。城中的贵族子弟们吃过早饭后，骑着马或乘着车在仆人的陪同下来到城中心神庙旁的学校上课。早来的学生正在温习昨天学的知识。他们拿着厚厚的"书"——

·古代亚非地区的文字·

古代埃及的文字：象形文字。它是用图形表示事物，后来，这些符号也表示一定的音节，形成于公元前3000年左右。

古代西亚的文字：楔形文字。产生于约公元前3000年，是苏美尔人创造的。是用小棒在潮湿的泥板上压出字迹，造形极似楔子的形状。在两河流域广泛传播。

腓尼基人的古代文字：公元前2000年左右，腓尼基人在埃及文字和西亚文字的影响下，创立了22个拼音字母，为后来欧洲的字母文字奠定了基础。

中国的甲骨文：甲骨文是一种象形文字。考古发现，我国商朝时期已经有了较为成熟的文字，这些文字刻写在龟甲和兽骨上，因此称为甲骨文。甲骨文记载的大多是商朝的宫廷卜辞，内容涉及许多商朝历史上的重大事件。

重约1公斤的泥板——大声地朗读，拿着"笔"——削尖的芦苇秆或木棒——在半湿的泥板上练习写字。

泥板上早已划好了一个个整齐的格子，学生们拿着笔一笔一画认真书写。由于泥板很松软，所以芦苇秆和木棒在书写时，落"笔"处印痕比较深比较宽，提"笔"处比较狭比较窄，文字的每一划头尖尾宽，形状很像木楔，所以这种文字就叫楔形文字。英语 cuneiform 一词，是 cuneus（楔子）和 forma（形状）两个单词构成的复合词，"楔形文字"这个名称就来源于此。

不一会，老师走进了教室。老师是一位穿羊毛短衣、圆脑袋、短脖子，头发和胡子都刮得光光的中年男人。他走上讲台，清了清嗓子，对下面的学生们说："同学们，现在我们开始上课。"老师拿出一块半湿的泥板，在上面写了一个"牛"字和一个"山"字。一个学生奇怪地问道："老师，你写的第一个字是'牛'，第二个字是'山'。可这两个字合在一起是什么意思啊？"老师说："你想想啊！不是家里养的牛，山上的牛是什么牛啊？"那个学生恍然大悟，说："是野牛！"老师笑着说："不错！不错！你很聪明。对，这个字就是野牛的意思。"

老师又写了一个"鸟"字和一个"蛋"字，然后问学生："大家猜一猜，这是什么字？"学生们都陷入了冥思苦想之中。过了一会儿，一个学生说："噢！老师！我猜出来了，是'生'！"老师赞许地点了点头说："对了。其实我们苏美尔人的很多字都是两个字组合在一起的。比如'天'字加'水'就是'雨'字，'眼'字加'水'字就是'泪'字。"

老师微笑着看了学生们一眼，提起笔在泥板上写了一个"足"字和"犁"字。学生们齐声说："老师，这两个字我们已经学过了，是'足'字和'犁'字啊。"老师说："不错，是'足'和'犁'字。但'足'字除了可以表示足的意思之外，还可以表示'行走'和'站立'的意思。而'犁'字除了表示'犁'之外还有'耕田'和'耕田的人'的意思。这是一字多义，大家要记住啊。另外'箭'字还有

'生命'的意思，它们的发音也相同，大家在使用时一定要注意。大家都是男的，在写自己的名字时应该在前面画一个倒三角形作为标记，表示你是男人。"

"下面我讲一讲我们苏美尔人的书写规则。"老师继续说道，"在很多年以前，我们的书写规则时从右向左，从上向下书写的。但是这样手臂和袖子很容易把刚刚写好的字抹掉，所以我们现在就改为从左往右书写，这样就不会再出现那种情况了。"

"老师，我们的文字好复杂啊，真让人头疼啊！"学生们愁眉苦脸地向老师诉苦。

"不要紧！大家多加练习就一定能掌握。"老师笑着说。他拍了拍手，几个奴隶抬着很多块大泥板走了进来。

"这块是词汇表，发音相同的词汇都写在这上面。大家如果搞不清楚可以来看看，也可以抄下来回家复习，这都是拼写的规范。"老师说，"这一块是植物名称表，这一块是动物名称表，这一块是矿物名称表，这一块是地理名称表……"

学生们开始埋头在泥板上抄写。过了一会儿，一个学生说："老师我抄完了。"老师走过去一看，说："你的字写得很好，将来肯定是一个合格的书吏。现在你把你写的拿到太阳地下晒干，然后再放在火上烤烤，就是一本很好的书了。"

除了苏美尔人以外，亚洲西部的阿卡德人、埃兰人、胡里安人、赫梯人、乌拉尔图人、巴比伦人、亚述人等许多民族也使用楔形文字。随着巴比伦和亚述的强大，楔形文字成为西亚地区的通用的国际文字，但巴比伦和亚述的灭亡，加上这种文字极为复杂，公元1世纪时就消亡了。

图特摩斯三世

图特摩斯三世（公元前1516～前1425年），是古埃及新王国第十八王朝时期一位以尚武著称的法老（公元前1479～前1425年在位），后世的历史学家称他为"第一个曾经建立具有任何真正意义的帝国的人，也是第一位世界英雄"。

图特摩斯三世出生于公元前1516年，他是图特摩斯二世和一个叫伊西丝的后妃的儿子。图特摩斯二世体弱多病，所以他的异母妹、王后哈特谢普苏特掌握了实权。哈特谢普苏特认为图特摩斯三世没有纯正的王室血统，不能成为法老，但是图特摩斯二世只有这一个儿子。公元前1504年，图特摩斯二世去世，年仅12岁的图特摩斯三世即位。王后哈特谢普苏特趁他年幼，大权独揽。4年后，太

古埃及谷物收获图

后暗令阿蒙神庙祭司假传神喻篡位，图特摩斯三世被迫退位，进入阿蒙神庙学习。在阿蒙神庙中，图特摩斯三世如饥似渴地学习，称为一个知识渊博的人。

后来，太后允许他参军。图特摩斯三世经过刻苦练习，成为一个武艺高强的人。

他善于骑马射箭，令将士们非常佩服。他从不过问政治，平时也沉默寡言。太后为进一步考验图特摩斯三世，让他率军远征古埃及南部的努比亚（今苏丹）。他指挥有方，大获全胜，凯旋时献上缴获的奇珍异宝，并立即交出兵权。从此，太后不再对他存有戒心。图特摩斯三世趁机训练了一支由自己直接掌控的25000人的军队。

埃及的西亚属地叙利亚和巴勒斯坦在米坦尼王国支持下突然宣布脱离埃及独立。太后大惊失色，急忙调兵遣将，准备平叛。图特摩斯三世乘机率军发动政变，杀死太后和她的亲信，夺取了王位。为了报复太后，让她从历史上消失，图特摩斯三世下令将所有太后的石像和刻有太后名字的纪念碑销毁，想把她留下的痕迹从埃及大地上彻底抹去。

图特摩斯三世亲政后，面对的第一拨敌人是西亚以卡捷什国王为首、一共有330个王公和他们的部下参加的反埃及同盟。公元前1482年5月，他亲率大军向卡捷什联盟发起了进攻，双方在巴勒斯坦北部重镇美吉多城展开决定性的战斗。在出征前，埃及军队到美吉多有三条道路可以选择：第一条路是经"大马士革大道"向东，到基松河后再转向北，而后从山路到达美吉多，但这条路路程太长，图特摩斯三世放弃了；第二条路是经阿鲁那抵达美吉多南部，卡捷什同盟军认为埃及军队将从这条路进攻，所以在城南布下重兵。显然，如果埃及军队经此路进攻，必将损失惨重。图特摩斯三世进过深思熟虑后，决定进行一次大冒险，选择另一条崎岖的山路绕到美吉多城北，从背后出其不意地发起攻击。

但这个计划遭到保守的将军们的反对，图特摩斯三世非常生气，说："如果谁害怕，那就回埃及去。"于是将军们不再说话了。黎明时，埃及军队出发，图特摩斯三世走在军队的最前面，经过一天的急行军，埃及军队在傍晚抵达美吉多城北，而敌人丝毫没有觉察。

第二天早上，图特摩斯三世把埃及军队分为一支中间部队和两支侧翼部队，向卡捷什同盟军发起进攻。埃及军队弓箭手在前，步兵居中，最后是 500 辆快如疾风的骏马驾驶的战车。进攻时，弓箭手们射出一排排遮天蔽日的利箭，敌人死伤无数，阵形大乱。图特摩斯三世看准时机，命令战车以排山倒海之势发起猛攻。当埃及的战车接近敌人的战车时，士兵们在统一号令下同时弯弓搭箭，射向敌人。敌军车阵大乱，埃及步兵随后赶上，配合车兵作战。战场上到处是翻倒的战车、马匹和士兵的尸体，到处可以听到敌人伤兵痛苦的呻吟。如果此时埃及军队乘胜进攻，那么美吉多城必定唾手可得。但埃及士兵只顾抢夺敌人留下金银财物，掠取战利品和捆绑俘虏。结果，一些敌人逃到城墙下抓住城上守兵扔下来的绳索，逃回城去。

图特摩斯三世只好下令围城，埃及人砍光了城郊果园中的果树，断绝了城中的粮食和水源，敌人被迫投降，西亚再次臣服于埃及。

图特摩斯三世在位期间，共取得了 17 场战役的胜利，后世的历史学家称他为"埃及的拿破仑"。他在位期间，埃及的版图东起西亚地区，南至努比亚境内的尼罗河第四瀑布，西至利比亚，北抵幼发拉底河上游的卡赫美士城，成为历史上第一个地跨北非和西亚的大帝国。

迈锡尼的狮子门

《荷马史诗》中记载了这样一个神话故事：有一天，小亚细亚（今土耳其）特洛伊的王子帕里斯到希腊城邦斯巴达访问，斯巴达王举行盛大的宴会欢迎他。斯巴达的王后海伦，世界上最美丽的女人，也出席了宴会。帕里斯被海伦的美貌迷得神魂颠倒，而海伦也非常喜欢年轻英俊的帕里斯。为了占有海伦，帕里斯趁斯巴达王外出之时，拐带海伦，乘船逃回了特洛伊。

斯巴达王认为这是个奇耻大辱，就去找他的哥哥迈锡尼国王阿伽门农商量。阿伽门农邀请了很多希腊城邦的国王来开会，会上大家一致决定组成希腊联军，由阿伽门农率领，跨过爱琴海，讨伐特洛伊，夺回海伦。

但就在出征前，阿伽门农在阿耳忒弥斯神庙杀死了女神的宠物鹿，触怒了女神。女神对阿伽门农说，只有用他的长女伊菲革涅亚来祭祀，才可以被宽恕，否则就要降罪于希腊。

阿伽门农不顾妻子克丽滕涅斯特拉的苦苦哀求，毅然杀死长女伊菲革涅亚，然

阿伽门农的黄金面具

这个漂亮的黄金面具应该属于一个迈锡尼国王。当国王被埋葬后，脸上就戴上面具。考古学家曾经认为这个金面具属于阿伽门农——特洛伊战争中的英雄。

后率领希腊联军跨海东征。战争持续了整整10年，希腊联军和特洛伊人打得难分难解。最后，希腊人想出一条妙计，他们假装失败，乘船退到海上，留下一匹巨大的木马。特洛伊人以为希腊人被打败了，欣喜若狂，将木马作为战利品运回城内。因为城门太矮，特洛伊人拆掉一段城墙才将木马运进城里。然后，他们开始庆祝胜利，又唱又跳，个个喝得烂醉如泥。深夜，藏在木马肚子里的希腊人纷纷跳出来，而海上的希腊人也杀了个回马枪，里应外合，一举攻克了特洛伊，将它夷为平地，夺回了海伦。

阿伽门农娶了特洛伊公主为妾，率军回到了阔别已久的故乡迈锡尼。但他万万没有想到，等待着他的竟是死亡。原来，他的妻子仍然怨恨他杀害女儿，就与堂弟私通，密谋杀死阿伽门农。

阿伽门农回国后，在豪华的宫殿中举行了盛大的晚宴，他的妻子与堂弟便趁机将其杀死，阿伽门农的儿子逃走。8年后，阿伽门农的儿子长大成人，与姐姐一起杀死了母亲和舅舅，为父亲报了仇。

古希腊悲剧家埃斯库罗斯在他的著名悲剧《阿伽门农》中讲述了这个悲惨的故事，这个父杀女、妻杀夫、子杀母的悲剧千百年来震撼了无数的人。

但历史上是否有迈锡尼这个国家？是否有阿伽门农这个人呢？如果有，那迈锡尼的遗址在哪里？阿伽门农的坟墓在哪里？公元前2世纪，希腊历史学家波桑尼阿斯曾经游览过迈锡尼的遗址，他在游记中写道："迈锡尼至今仍保留着的一部分城墙和狮子门……还有一座阿伽门农的陵墓……"

后世许多历史学家来到希腊伯罗奔尼撒半岛试图寻找迈锡尼的遗址，但都无功而返。1870年，坚信《荷马史诗》是真实历史并崇拜阿伽门农的德国考古学家施利曼和他的妻子在这一地带发掘，终于在1876年发现了迈锡尼遗址和阿伽门农的坟墓，向世人证实了《荷马史诗》中所叙述的特洛伊战争的真实性。

迈锡尼的遗址在一个高丘上，呈三角形，占地面积约3万平方米。遗址的城墙周长900米，城墙平均厚度达6米，都用巨石砌成，但目前只残存正门"狮子门"一段了。"狮子门"高4米，宽3.5米，门柱用整块的石头凿成；门柱子上有一块横梁，横梁上面放着一块三角形的大石板，石板中间雕刻着一个祭坛，祭坛上有一根石柱，石柱两旁各有一只雌狮子浮雕（雌狮子是迈锡尼宗教地母神的象征）。两只雌狮子的前爪搭在祭台上，昂首向天，呈怒吼状，威风凛凛。这个庄严肃穆的狮子门，历经3000年的风吹雨打依然屹立不倒，以至于后来的希腊人看到狮子门时，还以为是神话中的独眼巨人修建的呢。

在距离狮子门12米的地方，施利曼又挖掘出了阿伽门农的坟墓。阿伽门农的尸体旁摆放着镶金嵌银的武器，脸上罩着黄金面具，穿着黄金铠甲。接着，施利曼又发现了迈锡尼的王宫，找到了许多珍贵的文物。在施利曼等考古学家的努力下，埋没已久的迈锡尼文明在终于重见天日，向人们展现了它昔日的辉煌。

埃赫那吞的宗教改革

埃赫那吞原名阿蒙霍特普四世，是古埃及第十八王朝的法老阿蒙霍特普三世的儿子。

埃及阿蒙（埃及人供奉的神）神庙的僧侣自从图特摩斯三世时期起，势力不断膨胀。他们住在高大的神庙中，拥有大片土地和众多的奴隶，还经常干涉朝政，越来越不把法老放在眼里。

当时古埃及全国虽有一个主神阿蒙，但各地还有很多地方神和自然神，崇拜对象也很多，如土地、河流、雨水、泉水、风、雷、电和飞禽走兽等，甚至是一副弓箭、木制雕刻品、一块石头。

后来埃赫那吞的父亲阿蒙霍特普三世退位，埃赫那吞登基，成为埃及法老。埃赫那吞立刻颁布命令，将自己偏爱的希利奥波里城的地方神阿吞（太阳神）取代阿蒙成为全国最高的神，全埃及的臣民必须供奉新神，停止供奉其他的神。阿吞神的形象和其他神不同，它不是人或兽的样子，而是一个太阳，太阳中放射出许多手，象征太阳神的光芒。它是创造之神，宇宙之神，世间一切生命之源泉。埃赫那吞还自称是阿吞神唯一的儿子，他和王后尼弗尔提提是阿吞和人民之间的唯一传言人，因此和阿吞一起接受人民的崇拜。他还把

法老埃赫那吞和妻子尼弗提的雕塑

奥西里斯原本是农业之神，可是当他被嫉妒的哥哥塞特杀死之后，就变成了地狱之神和重生之神。埃及人认为尼罗河每年的定期泛滥就是其妻子伊西斯纪念他的涕泣之泪。

自己的名字阿蒙霍特普（阿蒙的钟爱者的意思）改成埃赫那吞（阿吞的光辉的意思），把王后改名为涅菲尔涅菲拉吞（美中之美是阿吞的意思）。过去祭祀阿蒙神有很多繁文缛节，埃赫那吞又下令将祭祀的仪式大大简化。阿吞神庙是一个露天的柱式大厅，祭祀的人们可以直接感受太阳神阿吞的照耀，直接和它进行交流，而不再像过去那样被阻隔在神庙的外面。

在全国推行新神取缔旧神的同时，埃赫那吞开始大力清除阿蒙神庙僧侣的势力。他下令关闭全国各地所有的非阿吞神庙；派大批军队将僧侣赶出神庙，强令还俗为民；将其他神庙的土地和奴隶全部没收，划归阿吞神庙所有；严禁僧侣参政，违反命令的僧侣立即处死。公共建筑物和纪念物上刻的阿蒙的名字必须立即凿掉，推倒一切阿蒙的神像。全国每个城市至少必须建一座阿吞神庙，庙中供奉阿吞神和埃赫那吞及王后的雕像，各级地方官员必须要带头向阿吞神庙献祭，并宣誓永远效忠于英明、伟大的造物主阿吞及法老和王后。

由于首都底比斯的守旧势力太大，埃赫那吞宣布将首都迁到底比斯以北300千米、尼罗河东岸的阿马纳摩，为新都定名为"埃赫塔吞"（意为阿吞光辉照耀之地）。

埃赫那吞的宗教改革引起了阿蒙神庙的僧侣们极大的恐慌。看到自己的特权和财产被剥夺，他们急得如热锅上的蚂蚁，于是就请已退位的老法老阿蒙霍特普三世和太后劝劝埃赫那吞，停止宗教改革。

老法老和王后劝埃赫那吞说："孩子，你废除了阿蒙，引起了很多僧侣的不满。现在整个埃及都在议论这件事，闹得沸沸扬扬的，国家已经到了动乱的边缘。你还是悬崖勒马吧！"

埃赫那吞说："尊敬的父王母后，现在绝对不能停止！那些僧侣的势力太大了，嚣张跋扈，为所欲为，还经常干涉朝政，这样下去怎么行啊？如不改革迟早会酿成大祸的！我需要的是一群听从我的命令的僧侣，而不是和我争权的僧侣！"老法老和王后见他主意已定，就不再劝了。

那群僧侣见一计不成，又生一计。为了恢复他们失去的天堂，他们竟丧心病狂，决定刺杀埃赫那吞。

一天，埃赫那吞乘车出宫去阿吞神庙祭祀，突然有一个人跪在车前，说有冤情要向法老陈述。埃赫那吞命令那个人来自己的车前，派书吏去接状子。书吏还没有走到那人面前，那人猛地从状子中抽出一把锋利的匕首，刺向埃赫那吞。埃赫那吞大惊失色，急忙躲避。法老的卫士怒吼着用手中的长矛将刺客刺死。这件事以后，埃赫那吞更加坚定了的宗教改革的决心。

公元前1362年，埃赫那吞病死。他的后继者很快恢复了旧的传统，阿蒙神又卷土重来，埃赫那吞的宗教改革以失败告终。

埃赫那吞死后，葬在阿马尔纳附近的山谷。由于埃赫那吞的改革触犯了僧侣的利益，他们将埃赫那吞的名字从建筑物上抹去，他的陵墓也遭到严重的洗劫和破坏。他的墓穴中的头像的左眼被挖掉了，装着他的内脏的瓶子也被砸开。

银板合约

公元前14世纪，小亚细亚的赫梯人崛起。他们趁埃及因宗教改革发生内乱之机，先后从埃及手中夺取了中东的叙利亚和巴勒斯坦地区，又攻陷古巴比伦帝国的首都巴比伦城（今伊拉克首都巴格达）。埃及法老拉美西斯二世决定夺回失地。

公元前1312年的一天，赫梯国王穆瓦塔尔正在和王公大臣们开会，一位书吏跑进来对国王说：“陛下，我们派往埃及的间谍回来了，他带回了重要情报！”

“陛下，大事不好！埃及人要来攻打我们！”间谍焦急地说。

“什么！？”间谍的话使在座的大臣们大吃一惊。

“说得详细一点！”国王很快从惊慌中冷静下来。

“埃及法老拉美西斯二世组建了阿蒙军团、赖军团、塞特军团和普塔赫军团四个

拉美西斯二世

拉美西斯二世于公元前1304～前1237年在位，他的这尊雕塑竖立在阿布辛贝神庙的前面。这是他建造的表现他的权威的许多纪念物之一。

军团，还有一部分努比亚人、沙尔丹人等组成的雇佣军，共两万多人，近日将进攻我国，企图夺回叙利亚！"间谍一口气说完。

"大家商量一下，我们该如何应敌？"国王扫了王公大臣们一眼。

"埃及人远道而来，长途跋涉，士兵一定非常疲劳。我们应该坚壁清野，以逸待劳，坚守不出，诱敌深入，等埃及人兵疲马困的时候，再给他们致命一击，全歼敌人！"国王的弟弟哈吐什尔说。

"说得不错！"国王满意地点了点头。

经过仔细商议，赫梯国王和王公大臣们制定了扼守叙利亚要塞卡叠石，在城中结集重兵，以逸待劳，诱敌深入，待埃及人进入伏击圈后，再两翼包抄，最终围歼埃及人的作战计划。随后两万多赫梯人结集卡迭石城内外，等待埃及人的到来。

埃及法老拉美西斯二世坐在战车上踌躇满志，埃及的4个军团分成4个梯队前进。拉美西斯二世率阿蒙军团行进在最前面，赖军团、普塔赫军团和塞特军团紧跟其后。当埃及人行进到距卡叠石以南的萨布吐纳渡口时，法老的卫兵报告："报告陛下，有两个赫梯人的逃兵前来投奔我们！"

两个赫梯人交代，赫梯主力还远在卡叠石以北百里之外，在埃及大兵压境的情况下，卡叠石兵微将寡，士气低落。叙利亚的王公们慑于埃及人的军威，都想归顺埃及。

"太好了！来人，传我的命令，我和卫队快速前进拿下卡叠石，其余的兵团继续前进。"法老说完，领着精锐的法老卫队向北狂奔而去。傍晚时，卡叠石已经遥遥在望了。法老命令就地扎营，明天一早入城。

法老正在营中做着入城的美梦，突然卫兵进来报告："陛下，抓住了两个赫梯人的探子！但他们嘴紧得很，什么都不说。"

"给我打！狠狠地打！"法老说。

不一会，被打得皮开肉绽的探子老老实实地交代了他们布置的一切。法老听后犹如五雷击顶，原来赫梯人已经趁夜将他们包围了。

"传令下去！立即向南突围！"法老焦急地喊。

埃及人呐喊着，向南拼死冲杀，赫梯人猝不及防，被杀得大败，士兵们四处溃逃。眼看法老就要逃出包围圈，赫梯人在国王的亲自指挥下发起了反冲锋，法老卫队的人数少，抵挡不住，被迫后退，赫梯人占领了埃及人的营地。法老急中生智，把自己养的宠物狮子放了出来，赫梯骑兵的马一见狮子，吓得扭头就跑。

法老又命人大撒金银财宝，赫梯士兵一见，丢下兵器争抢财宝，乱作一团，法老趁机逃走。

赫梯国王杀了几个抢金银财宝的士兵，整顿了军纪，向法老发起了追击。正在着千钧一发之时，埃及的赖军团、普塔赫军团赶到了，双方展开了激烈的战斗，杀得难分难解，卡叠石城外尸骨如山，血流成河。赫梯人抵挡不住，只好撤退，但埃及人也无力追赶了。

赫梯人的战车模型
这种战车广泛地被其他远东国家仿制，数个世纪里它在交战中起到决定性作用。

卡叠石大战后，双方又进行了长达16年的战争，两国损耗巨大，无力再战，只好议和。

公元前1296年，赫梯国王死后，他的弟弟哈吐什尔即位，派出使团去埃及讲和。两国在埃及首都孟菲斯签订了和约。和约刻在一块银板之上，因此又叫"银板和约"。银板上写着"伟大而勇敢的赫梯国王哈士西尔"和"伟大而勇敢的埃及法老拉美西斯二世"共同宣誓互相信任，永不交战等内容。和约有18条，是留传至今的最早的一份战争和约。

刻在银板上的和约用赫梯语和当时通用的巴比伦楔形文字书写，法老又将和约内容用埃及象形文字刻在埃及卡纳克和底比斯神庙的墙壁上。后来在赫梯王国首都哈图萨斯遗址中发现了用巴比伦楔形文字书写的泥板副本。

图坦卡蒙墓的发掘

图坦卡蒙是古埃及新王国时期的法老，公元前1334～前1323年（一说公元前1336～前1327年）在位。他出身平民，因貌美被第十七代法老埃赫那吞选为驸马（一说是埃赫那吞的儿子），埃赫那吞死后继承王位。他原叫图坦卡吞，意思是"阿吞的形象"，后来改名为图坦卡蒙，意思是"阿蒙的形象"，说明他从崇拜阿吞神转为崇拜阿蒙神。公元前1334年，年幼的图坦卡蒙登基，19岁突然神秘地死去。他死以后，重臣埃耶继任为法老，并娶了他的王后。但不久大将军霍连姆赫布将埃耶杀死，成为埃及的法老。古埃及很多的建筑物、文献中，图坦卡蒙的姓名和徽号都被人为地抹去，这使得后世的人们对这位英年早逝的法老知

木乃伊面具

图坦卡蒙是死于 3500 年之前的一个法老。1922 年，他的坟墓被发掘。紧裹着的木乃伊戴着一张黄金面具。木乃伊被置于一个三层的装饰精美的木制人形棺材里，最里面是石棺。

之甚少，甚至连盗墓贼都将他遗忘了……

1922 年秋天，英国考古学家霍华德·卡特和卡尔纳·冯伯爵率领一支考古队来到了古埃及法老陵墓最集中的帝王谷。帝王谷位于埃及古底比斯西南的德尔巴哈里山谷中，这里极为隐秘，人迹罕至。

古埃及的法老们把自己的陵墓建在帝王谷两旁陡峭的悬崖上，陵墓完工后杀掉所有参与建设的人，所以知道这里的人很少。19 世纪初期以来，欧美的考古学家纷纷来到这里，寻找数千年前的法老们的陵墓，但大都空手而归。1881 年，德国考古学家布鲁斯在帝王谷的一个山洞里发现了一个巨大的墓葬群，里面有 40 多具古埃及法老的木乃伊，包括著名的雅赫摩斯一世、图特摩斯三世和拉美西斯二世，成为当时轰动世界的重大考古发现。

卡特和卡尔纳·冯伯爵等人整整考察了 5 年，才发现图坦卡蒙的陵墓。让他们惊奇的是，这位年轻的法老的陵墓保存得非常完整，从来没有被盗墓贼光顾过。墓室的入口刻着一句令人毛骨悚然的诅咒："死神奥西里斯的使者阿努比斯，将会用死亡的翅膀接触打扰法老安眠的人。"图坦卡蒙墓室又窄又小，装饰也很潦草，墓穴的壁画上泼溅了许多颜料，好像还没有建好就匆匆下葬了。

陪葬品也不是为他专门制作的，这些陪葬品上本来刻着别人的名字，被抹去后再加上图坦卡蒙的名字。他的木乃伊的制作也不像其他法老那样用防腐香料浸体，而是将成桶的香料倒在木乃伊上。但墓室中仍然有为数众多的珍贵的文物，是迄今为止出土文物最多的法老陵墓。图坦卡蒙的陵墓里出土的文物有镶着象牙的箱子、镀金扇黑檀扇、银喇叭、雪花石膏花瓶、雪花石膏碗、镶着宝石的金指环、项圈和手镯，每一样都价值连城。其中最珍贵的当数图坦卡蒙的金面具。

图坦卡蒙安息在 4 个大小相套的棺材里，棺材上都镶着各种名贵的宝石，刻着祝愿法老安息的象形文字，每副棺材里都填满了奇珍异宝。最外面的是镶着蓝色洋瓷的金木棺材，第二副和第三副都是色彩艳丽的人形贴金木棺材。最后的人形棺材长 1.83 米，用 22K 黄金打造，最厚的地方足有 3 厘米，重达 110.9 公斤！这个按照图坦卡蒙形象打造的人形棺材，两手交叉在胸前，右手拿着君主的节杖，左手拿着奥西里斯的神鞭，前额上宝石镶成蛇和鹰的形状。在古埃及，蛇是守护法老的神，鹰象征着"太阳神"荷鲁斯，据说它们能够喷出烈火消灭法老的敌人。当卡特等人打开最后一个棺材时，他们都被眼前的景象惊得目瞪口呆！图坦卡蒙的木乃伊用薄薄的布裹着，身上布满了宝石和护身符，戴着一个重达 11 公斤的金面具。金面具"额头"上雕刻着鹰和蛇，用纯金浇铸而成，刻画逼真，做工精巧、栩栩如生，面具由蓝色玻璃、石英石和黑曜石装饰而成，还刻有修剪齐整的胡须，重现了图坦卡蒙生前的面貌，堪称无价之宝。

在图坦卡蒙身边还并排放置了两个婴儿木乃伊，一具约有 5 个月，另一具显然是一出生就死了，她们都是图坦卡蒙夭折的女儿。除了金棺和金面具外，常常被人提及的还有 4 个雪花石膏罐子。雪花石膏罐子的盖子上印着是图坦卡蒙头像，里面放着法老的肝、肺、胃和肠子。

图坦卡蒙墓中的稀世珍宝仅清理造册就用了 4 年的时间，通过这些文物，人们了解到了公元前 14 世纪埃及法老殡葬的真实情况。

努比亚

东非古国，古埃及人称为库施，亦称古埃塞俄比亚。占有尼罗河第一瀑布以南至白尼罗河与青尼罗河会合处之间的广大地区，主要居民是黑人。从公元前 4000 年中叶起，埃及开始派兵侵入。公元前 2000 年中叶，努比亚被埃及征服，沦为殖民地。约公元前 10 世纪，努比亚摆脱埃及统治，建立奴隶制国家。公元前 8 世纪中叶，统一第一瀑布到第六瀑布间广大地区，并占领上埃及。公元前 713 年，打败埃及统治者，建立埃及的第二十五王朝，又称"努比亚王朝"。公元前 591 年迁都麦罗埃。公元 1 世纪～3 世纪达到极盛，农业、炼铁业和纺织业发达。麦罗埃是当时非洲最大的炼铁中心和东非的贸易中心，与非洲内陆、埃及、西亚和印度等地有商业往来。努比亚人在建筑、绘画、雕刻方面均取得了巨大成就，并创造了自己的字母表。约 330 年，努比亚被阿克苏姆王国征服，遂亡。

犹太王大卫

4000 多年前，一个叫闪族的游牧民族生活在几乎全是沙漠的阿拉伯半岛上，为了生存，他们赶着羊群从一个绿洲走到另一个绿洲。在阿拉伯半岛的北面，两河流域到地中海东岸宛如新月的弧形地区，被称为新月沃地。这里水量丰沛，土地肥沃，草木茂盛，尤其是地中海东岸的巴勒斯坦地区，更是被称为"流着牛奶和蜂蜜的土地"。闪族中一支叫希伯来（即以色列人）的部落为了夺取这片土地，和居住在这里的迦南人展开大战，结果被打得大败。

公元前 1700 年，因遭受严重的旱灾，希伯来人赶着羊群，来到了风调雨顺的埃及，受到统治埃及的喜克索人的优待，居住在尼罗河三角洲一带，变游牧为农耕。

希伯来人在埃及过了几百年的安定生活。不料，生活在尼罗河上游的埃及人打败了喜克索人，将他们全部赶出埃及。"城门失火，殃及池鱼"，希伯来人的地位一落千丈，成为奴隶。公元前 1300 年，埃及法老拉美西斯二世穷奢极欲，大兴土木，建造富丽堂皇的宫殿，强迫希伯来人从事艰苦的建造和运输工作。几十年后，拉美西斯病死，埃及四周的野蛮人和海盗纷纷入侵，烧杀抢掠，希伯来人在首领摩西率领下，趁机越过红海，逃出埃及。经过辗转迁徙，他们来到巴勒斯坦一带定居下来。

当时巴勒斯坦除了迦南人以外，还有一支从海上迁徙过来的腓力斯人。为了生存，希伯来人同这两个民族展开了激烈的战斗。

公元前 1000 年的一天，希伯来人在国王扫罗（出身以色列部落）的率领下，在一个山谷和腓力斯人对峙。这时，从腓力斯军营中走出来一个叫哥利亚的壮汉。只见他身材高大，虎背熊腰，身披铠甲，手握长矛。他走到希伯来人的军营前，用长矛指着希伯来人说："来啊，希伯来人！来和我决一死战！如果你们打败了我，我们腓力斯人就全当你们的奴隶。如果我打败了你们，你们就必须成为我们的奴隶！"希伯来人见哥利亚身材高大，都非常害怕，没有一个人敢前去迎战，连希伯来人的首领扫罗也面带惧色。一连几天，哥利亚都在希伯来人的军营前叫阵，腓力斯人也呐喊助威，大骂不

带领以色列人走出埃及的摩西

敢迎战的希伯来人是胆小鬼。希伯来人又羞又怒，但始终没有一个人敢去迎战。

这时一个叫大卫的牧童来给在军营的 3 个哥哥送饭。他听到哥利亚的叫骂声后，问哥哥是怎么回事。大卫听完哥哥的讲述，非常生气，说："有什么好怕的？！让我去迎战，杀死那个狂妄的大块头，煞煞腓力斯人的威风！"

国王扫罗对他说："你还是个小孩子，而哥利亚是个大力士，你根本打不过他！"大卫轻蔑地说："没什么好怕的！我放羊的时候，一只狮子来吃我的羊，结果被我赤手空拳打死。难道哥利亚比狮子还厉害吗？"扫罗听了非常吃惊，同意他明天迎战哥利亚。

第二天早晨，大卫去小溪边捡了 5 块鹅卵石，拿着他的牧羊杖和甩石鞭，走到在希伯拉军营前叫阵的哥利亚面前。哥利亚见希伯来人派了一个牧童来迎战，不禁哈哈大笑，对大卫说："你们希伯来人都死绝了吗？怎么派了一个牧童来迎战？你要是不想死的话，还是回去放羊吧！"其他的腓力斯人也哈哈大笑起来。大卫平静地说："你攻击我，用的是长矛；而我攻击你，靠的是上帝。"

哥利亚大喝一声，舞动长矛，冲向大卫。大卫不慌不忙，掏出一块鹅卵石，放在甩石鞭上，然后奋力一甩。"嗖"的一声，鹅卵石像流星一样飞出，正中哥利亚的额头。哥利亚顿时血流如注，惨叫一声，倒地而亡。腓力斯人大吃一惊，希伯来人趁机杀出，大获全胜。

后来扫罗不幸战死，希伯来长老们经过商议，推举出身犹太部落的大卫为以色列犹太国王。

大卫登基后，率领军队从石头做的下水道中出其不意地攻占了迦南人的一个叫耶布斯的城市，并改名为"耶路撒冷"（意为大卫城或和平之城），作为以色列犹太王国的首都。

大卫在位约 40 年，打败了周围很多民族。当时，犹太王国国土空前辽阔，盛极一时。

荷马和《荷马史诗》

荷马是西方古代最伟大的史诗作家，他创作了欧洲历史上最早的文学作品《荷马史诗》。大约公元前 9 ~ 前 8 世纪，荷马出生在古希腊爱奥尼亚。他自幼双目失明，但听觉异常灵敏，且有一副好嗓子。8 岁时，出于爱好也是为了谋生，他跟从当地著名的一名流浪歌手学艺。经过多年的勤学苦练，荷马成了一名十分出色的盲人歌手。

老师去世后，荷马背着老师留下的七弦竖琴独自一人到各地卖艺。他四处漂泊，几乎踏遍了希腊的每一寸土地。每到一处，他一边弹琴，一边给人们吟唱自己创作的史诗。他的诗在七弦竖琴的伴奏下，美妙动听，情节精彩，很受人们的欢迎。几年下来，荷马成了一个家喻户晓的人物。其他歌手见荷马的史诗那么受欢迎，也争相传唱。这样，荷马的史诗便在民间广泛流传开来。到公元前6世纪中叶，雅典城邦的统治者组织学者把口头流传的荷马史诗整理成文字，就是现在人们读到的《荷马史诗》。

《荷马史诗》包括《伊利亚特》和《奥德赛》两部分，共48卷。《伊利亚特》共24卷，15693行，以特洛伊战争为题材，反映了希腊氏族社会转折时期的社会生活图景。特洛伊是小亚细亚西北部的古城，地处海运交通要

荷马与诸神　浅浮雕

在这个公元前2世纪晚期以"荷马之神化"著称的浅浮雕中，诗人端坐在浮雕底部左侧的王位上。在"神话神""历史神"率领、"物理神""自然神"陪伴下，这些戏剧人物走向荷马献上祭牲。浮雕上部，宙斯和阿波罗被刻画成和众缪斯在一起，反映了诸希腊化王国对文学不断增长的兴趣。

冲，相当富庶繁荣。传说那里国王的儿子伊罗斯建造了一座坚固的城堡，因此特洛伊又名伊利昂，意思是"伊罗斯的城堡"。而《伊利亚特》的名称就由此而来，意思是"伊利昂之歌"，它讲述的是希腊人对特洛伊的远征中的一场最重要的战役。希腊联军统帅阿伽门农抢了阿波罗神庙祭司的女儿，阿波罗为此用神箭射死了很多希腊人，并把瘟疫降临到了希腊军营。勇猛善战的希腊英雄阿喀琉斯坚决要求阿伽门农释放祭司的女儿，后来遭到了阿伽门农的羞辱。大怒之下，阿喀琉斯拒绝出战，希腊人因此屡战屡败。这给了特洛伊人喘息的机会，他们的统帅赫克托尔大举反攻，把希腊人打到了海边，并要乘势烧毁希腊人的舰船。危急时刻，帕特洛克罗斯借用阿喀琉斯的盔甲和盾牌扰乱了特洛伊人的斗志，并击溃了他们的进攻。但就在反攻到特洛伊城门的时候，赫克托尔杀死了帕特洛克罗斯，并夺走了盔甲和盾牌。亲密战友的死让阿喀琉斯非常悔恨，他重新上阵，杀死了赫克托尔，为帕特洛克罗斯举行了隆重的葬礼。

《奥德赛》共24卷，12110行，描写的是特洛伊战争结束后，希腊英雄、伊

大卡国的奥德赛国王返回故乡和复仇的经历。战争结束后，奥德赛和他的同伴因为遇到风暴而开始了在海上的10年漂流生活，他们先后遇到了食枣人、吃人的独眼巨人、风神和仙女吕普索等人，并被吕普索强留了7年。后来，在大海女神的帮助下，他们漂到了法雅西亚国王的岛上，法雅西亚国王最后帮助他们返回了家乡伊大卡岛。在奥德赛漂流的最后3年中，有100多人聚集在他的家中，向她美丽的妻子珀涅罗珀求婚，但遭到拒绝。这些人终日在王宫宴饮作乐，挥霍奥德

·天神宙斯·

宙斯是希腊神话中的主神，克洛诺斯和瑞亚之子，第三任神王，掌管天界，是奥林匹斯山的统治者。宙斯以贪花好色著称，奥林匹斯的许多神和希腊英雄都是他和不同女人生下的子女。他以雷电为武器，维持着天地间的秩序，公牛和鹰是他的标志。他的兄弟波塞冬和哈得斯分别掌管海洋和冥界；女神赫拉是宙斯的最重要的一位妻子。

宙斯的象征物是雄鹰、橡树和山峰；他最爱的祭品是母山羊和牛角涂成金色的白色公牛。宙斯作为天空之神，掌握风雨等各种天象，霹雳、闪电等是他用来向人类表达自己意志的手段。他掌握人间一切事务，与命运之神混同，但有时他自己也不得不听从命运支配。

赛的财产。奥德赛回到伊大卡岛后，先和儿子见了面，然后化装成乞丐进了自己的王宫，借机逐个杀死了向他妻子求婚的人，夺回了自己的财产，最后与珀涅罗珀团聚，重登伊大卡国的王位。

《荷马史诗》规模宏大，构思巧妙，结构严谨，语言生动形象，所写人物栩栩如生，具有极高的文学价值。2000多年来，《荷马史诗》一直在西方的古典文学中享有崇高地位，被认为是欧洲文学的源头。西方许多诗歌、戏剧、小说都取材于《荷马史诗》，专门研究《荷马史诗》的著作也不计其数。《荷马史诗》也是一部反映古希腊从氏族公社时期过渡到奴隶制社会的社会史、风俗史，在历史、地理、考古学和民俗学方面都有很高价值。这部史诗歌颂了许多英雄人物，肯定了人的尊严和价值，体现了人文主义的思想。由于创作了伟大的《荷马史诗》，荷马名扬千古。

西周建立

相传周的始祖是弃，曾任夏朝的后稷（司农业），以后子孙世代任夏之后稷。夏衰之后，逃入戎狄之间。后来公刘到豳定居，又传十余世，古公父（后世尊他为周太王）迁至周原（今陕西岐山县），周邦的名称也由此而来。古公父之子季历时，周逐渐兴起，但仍对商保持从属关系。季历之子姬昌（周文王）继位，周日益强盛，商王封昌为西伯。西伯联合友邦征服了许多敌对的方国，又迁都至丰

（今西安西南）；但他自感力量仍不足以灭商，故表面上仍臣服于商。周文王死后，其子姬发继位，是为武王，武王灭商，建立周王朝，建都于镐（今西安西南），其时为公元前1046年。

周天子是诸侯领袖，所谓"共主"，但诸侯又都是有很大自治权的首领，中央对诸侯的控制，从夏、商到周，不断加强。统治者在征服了广大地区之后，便派遣自己的同姓兄弟或异姓有功之臣，到指定的地点去进行统治，把那里的土地和人民赐给他们，建立诸侯国。诸侯在封国内又可以把土地再分封给卿大夫，卿大夫又可以把自己的土地分封给士。这就是西周的分封。周建立之初，实行大封建，相传共封71国，同姓诸侯（姬姓）占53家，其中齐、鲁、燕、卫、晋等国最为重要。同时，把商朝纣王之子武庚封于殷，又封管叔、蔡叔于其附近，以便监督。武王死后，周公摄政，管叔、蔡叔怀疑周公要篡权，便勾结武庚发动叛乱。周公率兵东征，诛武庚，杀管叔，放蔡叔，平定了叛乱。为巩固周王朝在东方的统治地位，周公建立了东都洛邑，把"殷顽民"迁到这里，派重兵驻守。改封商朝的另一贵族微子于宋，同时封建了许多同姓、异姓诸侯，周公还为周王朝制订了一系列的礼制。周公是周王朝的重要功臣，得到后世的高度景仰。

周公摄政7年，还政于武王之子成王，成王及其子康王统治时期是周王朝的鼎盛时期。后传至厉王时，周王朝日益衰落，公元前841年发生"国人暴动"。厉王惊惶逃跑，后来死在异地，周公、召公二人摄政，史称"共和"。厉王死，宣王立，宣王在位时，颇有中兴之势；宣王死，子幽王立，幽王宠幸褒姒，废申后与太子宜臼，引起申侯不满。公元前771年，申侯联合西方民族犬戎攻周，杀幽王，西周结束。太子宜臼即位为平王，公元前770年，平王迁都至洛邑，此后遂称为东周。

军事强国亚述

亚述人是居住在两河流域北部（今伊拉克摩苏尔地区）的一个由胡里特人和塞姆人融合而成的民族，他们长脸钩鼻、黑头发、毛发较多、皮肤黝黑。

亚述人的四周都是强大先进的民族，屡屡遭到他们侵略和压迫，曾先后被苏美尔人、赫梯人统治。为了生存，亚述人形成了强悍好斗的习性。亚述人的居住地有丰富的铁矿，他们在掌握炼铁技术后学会了铸造铁兵器，武器装备比周边其他民族的装备要精良得多。苏美尔人、赫梯人衰落后，亚述人乘势而起，开始四出征伐。

公元前 8 世纪时，亚述人建立了强大的军队，军队分为车兵、骑兵、重装步兵、轻装步兵、工兵、辎重兵等。亚述军队装备精良、训练有素，在与周边的民族作战时，他们将各兵种进行编组，互相配合，发挥最大优势，战斗力倍增。如果在行军中遇到河流，亚述人就把充气皮囊连在一起，铺在河面上，一直铺到对岸，在上面再铺上树枝，很快就建成了一座浮桥，使军队可以迅速通过。在攻城时，面对高大的城墙，当时很多民族都望而兴叹，束手无策，但亚述人拥有先进的攻城槌，可以将敌人的城墙撞塌，还有可以投掷巨石和燃烧的油桶的投石机。

公元前 13 世纪的亚述石碑
亚述王图库尔蒂－尼努尔塔一世在书写之神纳布的祭坛前向文字表示敬意。

凭借强悍的士兵和精良的装备，亚述人征服了大片的领土。公元前 732 年，亚述人又南下击败叙利亚人，包围了叙利亚的首都大马士革。他们将俘虏的叙利亚将军绑在木桩上，打得皮开肉绽，血肉模糊，然后带到大马士革城外，企图吓倒叙利亚人。但叙利亚人凭借高大坚固的城墙拼命抵抗，誓死不降。

亚述王发怒了，一声大喝："把投石机推上来！"士兵们将数十辆投石机推到大马士革城下，然后将巨石和点燃的油桶放在投石机上。投石机上有特制的转盘，士兵们转动转盘，绞动用马鬃和橡树皮编成的绳索。转盘飞快地旋转，士兵们猛一松手，绳索一下子放开，巨石和燃烧的油桶呼啸着飞向大马士革的城墙。

"轰！轰！"巨石打在城墙上，尘土飞扬，顿时出现了几个大洞。油桶飞到城内，引燃了很多房屋，引起一片恐慌。

看着千疮百孔的城墙，亚述王得意地哈哈大笑。"把投石机推下去，换攻城槌！"亚述王又下了一道命令。士兵们迅速将投石机撤下，又把攻城槌推了上来。攻城槌是一辆大车，大车上有高大的架子，用铁链悬挂着一根巨大的原木，原木的一端是尖锐的铜头，另一端是一根又粗又韧的皮带。亚述人推着攻城槌来到大马士革城下，叙利亚士兵慌忙向下发射带火的箭，"嗖！嗖！嗖！"火箭像雨点一样射向亚述人和攻城槌。亚述人举起盾牌，挡住了火箭。弓箭手们弯弓搭箭，向城上射去，许多叙利亚士兵中箭坠城，剩下的人纷纷躲到城墙后面。亚述人扑灭了射在攻城槌上的火箭，拉动皮带，然后猛地放手。攻城槌带着巨大的冲击力撞向已经千疮百孔的城墙，"轰隆！轰隆！"眼看城墙就要倒塌了。叙利亚人心急如焚，他们垂下一个大钩子，企图将攻城槌钩翻。亚述人见状，蜂拥而上，抓住大钩子，用力向下拉，城墙上的叙利亚人惨叫着摔下城墙。几十个攻城槌一起撞击城墙，巨大的声音好像天上的雷声。不一会儿，大马士革的城墙坍塌了。

"冲啊！"亚述王大喊。身穿铠甲，头戴铁盔，手拿盾牌和利剑的亚述士兵咆哮着，呐喊着，像洪水一样从城墙的缺口处冲入城内。叙利亚人仍不投降，他们与亚述人进行了激烈巷战，终因寡不敌众而失败。亚述人把俘虏的成年叙利亚男子集中起来，敲碎他们的头颅，割断他们的喉咙，抢走他们的财产和妻女，焚烧他们的房屋。

亚述军队步兵像

在国王提格拉特·帕拉萨三世时代，亚述人建立了一支当时世界上兵种最齐全、装备最精良的常备军，分为战车兵、骑兵、重装步兵、轻装步兵、攻城兵、工兵等。

经过几代人的征战杀伐，亚述帝国的疆域东达波斯湾，南到尼罗河，西抵地中海，北至高加索山，成为一个疆域辽阔的大帝国。由于亚述人的统治极其残暴，激起了被征服的各民族的强烈反抗。公元前612年，米底和巴比伦联军攻陷了亚述首都尼尼微，最后一个亚述王自焚而死，亚述帝国灭亡。

亚述帝都尼尼微

1849年秋，一个叫奥斯丁·亨利·莱亚德的英国人在巴格达以北的莫索城外一座叫库云吉克的山丘发现了亚述帝国最强大的国王辛赫那里布的王宫。公元前8世纪，尼尼微成为亚述帝国的首都。国王辛赫那里布把整座城市建在山上，城墙有7.5英里。

城内有许多壮观的神庙，最高处就是辛赫那里布奢华的宫殿。辛赫那里布从土耳其、波斯和巴比伦引进了大批能工巧匠，兴建了这座占地2英亩的"盖世无双宫"。这座王宫包括71个房间、两座亚述风格的大殿、一幢椭圆形建筑物，以及植物园和一座凉亭。辛赫那里布为自己设计了一个极其舒适的浴室，由水井、滑轮、吊桶等构成的一套供水设施将水送到浴室，浴室内有淋浴，格子窗和通风设备不断向室内输送新鲜空气，在寒冷时还有一个移动火炉能够为房间供热。王宫墙壁上各类雪花石膏浮雕中，战争和杀戮的场面最为多见，淋漓尽致地展现出亚述人辉煌而恐怖的风格。

王宫中还有辛那赫里布的孙子亚述巴尼帕尔创造的宫廷图书馆。在王宫的两间藏书室里，堆满了刻有亚述楔形文字的大大小小的泥板。最大的一块长达3米，宽2米多；而最小的一块还不到1寸长。这些泥板就是2500多年前亚述人的图书，内容包罗万象，从历史、法律、宗教到文学、天文和医学，是研究当时历史最宝贵的文献资料。

希腊奴隶制城邦的形成

公元前800～前600年，是希腊奴隶制城邦形成时期，这一时期又称为早期希腊或古风时代。希腊开展了大规模的殖民活动，其范围涉及黑海沿岸，并扩展到西部地中海。这是奴隶制城邦占土地、建新邦的海外殖民活动。殖民者到达目的地后，立即赶走或奴役当地土著居民，分配土地，推行奴隶制剥削方式，建立起新的城邦。经过大规模的殖民活动，希腊人在意大利南部、西西里岛、西地中海北岸、黑海沿岸等地建立了许多新的城邦。这些殖民城邦在促进希腊的经济和文化发展上起到了很大作用，它们加强了希腊各邦与海外各地的商业联系，为希腊接触并吸收埃及、巴比伦和腓尼基的文化提供了方便。当然，希腊殖民者对土著居民的劫掠、奴役和屠杀，也给殖民地原有居民和周边居民造成了巨大的灾难。

斯巴达城邦

斯巴达城邦位于伯罗奔尼撒半岛南部的拉科尼亚，三面环山，中间有一块小平原。斯巴达的名称可能出自古希腊语"斯巴台"（意为播种地）。由于地处"凹陷的拉凯达伊蒙"河谷地段，故斯巴达又称"拉凯达伊蒙"。

公元前1100年左右，南侵的多利亚人进入拉哥尼亚。约公元前10世纪，由4个多利亚人村庄联合组成了斯巴达城。居住在这一带的多利亚人，便称为斯巴达人。斯巴达城虽名之为城，实际上直到公元前4世纪末完全没有城墙。有句谚语说："斯巴达没有城墙，男人的胸膛就是斯巴达的城墙。"斯巴达城周围分散居住着被征服的原本地居民，称"皮里阿西人"，即边民。边民为没有公民权的自由民。而占人口绝大多数的国有奴隶被唤作希洛人（一译黑劳士）。

大约在公元前800～前730年，斯巴达人逐渐征服了整个拉哥尼亚地区。此

战斗中负伤的战士在包扎伤口

为了对付、镇压希洛人不断的暴动起义，全体斯巴达人无一例外地被编入军队，全民皆兵，整个社会就像一个大军营。从20岁起正式成为军人，30岁结婚，但白天仍回兵营，直到60岁才可退伍。

后又经过两次美塞尼亚战争（公元前740～前720年、公元前640～前620年），斯巴达人征服了拉哥尼亚西部的美塞尼亚居民。据希腊神话传说，美塞尼亚最初之王与斯巴达二王之祖原是亲兄弟。当初多利亚人南下，是为了帮助著名英雄赫拉克利斯的后裔三兄弟夺回原属于赫氏的伯罗奔尼撒王位，后来便分立为3个国家：长兄铁美努斯分得亚尔果斯；二弟阿里斯托德穆斯阵亡，由他的两个孪生儿子攸利斯尼斯和普罗克勒斯共同分得斯巴达；幼弟克列斯封提斯分得美塞尼亚。美塞尼亚位于斯巴达以西，土地肥沃，堪称富庶之乡。当斯巴达国家的发展需要大量土地和奴隶时，这个兄弟邻邦便成了它的猎获物。结果，美塞尼亚居民全部被变成了希洛人。

希洛人被禁锢在斯巴达公民的份地上，当牛做马，辛苦劳作，每年向主人交纳82麦斗大麦以及一定数量的油和酒，大约等于收获量的一半。在征服过程中，斯巴达人的氏族制度更趋瓦解，征服者与被征服者之间也产生了尖锐的矛盾。为此，斯巴达推行了一系列政治改革与社会改造活动，形成了层次分明的阶级结构和一整套暴力机器。至公元前7世纪中叶，斯巴达国家最终形成。

斯巴达城邦建立后，其居民的地位分化为3个阶层，即斯巴达人、皮里阿西人和希洛人。

斯巴达人是征服者，其成年男子均享有公民权。他们集体占有全国的土地和奴隶。皮里阿西人散居于山区和沿海的村镇之中，这些人没有公民权，不能与斯巴达人通婚，但享有人身自由。希洛人是斯巴达人集体占有的奴隶（一说农奴），他们没有政治权利和人身自由。受到的虐待和迫害异常残酷。斯巴达政府对他们严加监视，操有生杀予夺之权。不论是否有过错，他们每年必须被鞭打一次，以使其不忘自己的奴隶身份。他们穿着国家为他们做的带有特殊标志的服装，随时供斯巴达人取笑、驱打、作践。主人常强迫他们饮过量的烈酒，然后拖至公共场所，以其醉态警诫年轻人；他们还被强迫表演卑鄙可笑的歌舞，不许有任何高尚的表现。斯巴达人经常对外发动战争，战时希洛人必须为主人充当驮运行李、辎重的"牛马"，在军中从事运输、修筑工事等苦役。

为了防范和镇压人数众多的被征服者的反抗，斯巴达人大力强化国家机器，形成了贵族寡头政体。

在经济上，斯巴达以农业为主，工商业比较落后，甚至一度禁止金银作为货币流通，想以此阻抑商品经济的发展来防止两极分化，借以维护公民集体的团结，对付希洛人的反抗。

严阵以待的斯巴达士兵

为了镇压希洛人的暴动起义，斯巴达人全民皆兵，婴儿从出生就要接受严格的训练，直到将其训练成有强健体魄的武士。如上图所示，他们紧握手中的盾牌，时刻准备为保卫国家英勇献身。

斯巴达国家实行的是极为严格的军事制度和教育制度，其全民皆兵、重武轻文的程度在世界历史上可以说是空前绝后的。公民从出生之日起就被置于国家的监督和管束之下，人们只有一条出路，就是成为遵纪守法、勇敢坚毅、忠诚谦恭的好公民和优秀军人。斯巴达的青年男子从 20 岁开始就必须投身于军营生活，除了行军作战就是反复操练，精神上也以培养绝对服从、视死如归的军人气质为首要。由于斯巴达人实行严格的军事训练，所以其陆军成为全希腊实力最强、纪律最严的军队，而文化建树则完全被忽视了。

在对外关系上，斯巴达统治者始终奉行霸权政策。他们采取武力威胁与外交逼迫等手段，逐步制服了南希腊的多数城邦，结成了斯巴达领导下的军事同盟。各盟邦名义上地位一律平等，实际上斯巴达以其强大的军事实力凌驾于其他盟邦之上，斯巴达依靠同盟经常干预他国内政，支持各邦的贵族寡头派。在提洛同盟组成后，斯巴达借伯罗奔尼撒同盟同雅典争夺希腊霸权。

斯巴达的教育

古希腊是由很多城邦组成的。所谓城邦，就是以城市为中心，连同周围的农村组成的国家。古希腊最强大的城邦是雅典和斯巴达。斯巴达位于希腊南部的伯罗奔尼撒半岛的拉哥尼亚地区。拉哥尼亚地区三面环山，一面临海，中间是土地肥沃的平原，适合农业生产，"斯巴达"原意就是"可耕种的平原"。大约在公

斯巴达城邦陶瓶
瓶体上描绘了一位女性在哀悼死去的战士的情景。

元前 11 世纪，一支叫作多利亚人的部落，南下占领拉哥尼亚，征服了当地的居民，并定居在这里，斯巴达人就是多利亚人。

斯巴达全国大约有 25 万人，分为三类：

第一种是斯巴达人，人数将近 3 万，属于统治阶级，占有土地和奴隶，不从事任何生产，只进行军事训练。

第二种是庇里阿西人（意为"住在周边的人"），人数约 3 万，受斯巴达人的统治，属于半自由民，有人身自由但没有公民权，不能参加选举等政治活动。他们居住在城市的周围，拥有土地、店铺，主要从事手工业和商业，给斯巴达人纳税、服役。

第三种人是希洛人，他们是拉哥尼亚的原始居民，被斯巴达人征服后成为奴隶，原来人数不多。后来斯巴达人又征服了邻邦美塞尼亚，将大量的战俘也归为希洛人，希洛人的人数大大增加了，大约有 20 万。希洛人是斯巴达的国有奴隶，不归个人所有。斯巴达人不能随意处死奴隶，但可以以国家的名义进行集体屠杀。他们被固定在土地上，从事农业劳动，每年将一半收成交给斯巴达人，过着食不果腹，衣不遮体的悲惨生活。

由于斯巴达人人数少，而奴隶众多，强敌环伺，为了防止奴隶反抗和外邦入侵，斯巴达实行了一种独特的政治制度，过着军事化的生活。他们实行"两王制"，就是国家有两个国王，但他们只有在打仗时才拥有无限的权力。打仗时，一位国王担任统帅，另一位国王留守。平时国家事务由 30 人组成的"长老会议"决定。

斯巴达人一生下来，他们的父母就用烈酒而不是水给他们洗澡，以检验婴儿的体质。如果婴儿发生抽风或失去知觉，那就任他死去。进过检验之后，斯巴达人的父母还要把婴儿送到长老那里，那些有残疾、瘦弱的或长老认为不健康的婴儿，将会被扔到山谷中。之所以这样，是因为斯巴达人认为只有健康的婴儿才能成长为强壮的战士。

在 7 岁以前，斯巴达人和父母生活在一起。斯巴达的父母从来不对孩子娇生惯养，而是教育他们知足、愉快，不计较食物的好坏，不怕黑暗，不怕孤独，不啼哭，不吵闹。

7 岁以后，斯巴达人离开家庭，编入少年团队接受严格的军事训练。队长是从年满 20 岁的青年中选拔出来的最勇敢、最坚强的人，孩子们要对他绝对服从，增强勇气、体力和残忍性。他们每天练习跑步、拳击格斗、掷铁饼、击剑等。为了训练孩子们忍耐性，每年的节日敬神时，都要鞭打他们。孩子们跪在神像前，让成年人用皮鞭用力抽打，不许求饶，不许喊叫，咬牙忍耐。到了 12 岁以后，训练更加严格。全年无论冬夏，只穿一件单衣，到了冬天他们还要脱光衣服到冰天雪地里跑步，不许打哆嗦，甚至不许表现出畏缩的样子。他们没有被褥，只有一块自己编制的芦苇草垫。他们的食物也很少，根本吃不饱，这是为了训练他们去偷窃——主要是庇里阿西人的食物。如果偷到了，会受到表扬，反之就会受到惩罚。传说有一位斯巴达少年偷了一只狐狸，为了不让人发现，藏在了衣服里。狐狸咬他，他强忍着不出声，最后被活活咬死。

到了 20 岁，斯巴达人就结束了教育阶段，成为一名正式的军人，开始接受正规的军事训练。斯巴达人的主要战术是方阵，这种战术不仅要求战士的勇敢，还要求相互配合和纪律严明，以保证在战争中进退自如。经过长达 10 年的训练，到 30 岁的时候，斯巴达人就可以离开军队结婚了，但还必须参加一个叫"斐迪提亚"的民兵组织，他们 15 人为一组，平时训练，一起出操，战时一起战斗，直到 60 岁退役。在战斗前，他们的母亲都会送给他们一面大盾，对他们说要么凯旋，要么战死躺在上面。

斯巴达人的独特的教育使斯巴达成为希腊数一数二的军事强邦。

大政治家梭伦

梭伦（约公元前 630 年～前 560 年），是古希腊著名的政治改革家和诗人，出身于雅典萨拉米斯岛的一个贵族家庭。年轻时他离家经商，到过许多地方，游览了众多的名胜古迹，考察了各地的风土人情，结识了许多希腊及世界各地的著名学者，获得了渊博的知识。在此期间，他还广泛接触了广大的平民，了解了社会的不公，这对他以后执政改革产生了重要的影响。

一次，他看见一个衣衫褴褛的乞丐站在街上乞求人们的施舍。一个富人走过来，乞丐急忙上前乞讨。谁知富人非但没有给他东西，反而厌恶地朝乞丐脸上吐了一口。这件事对梭伦刺激很大，从此以后，梭伦经常用自己赚来的钱接济穷人，这为他在平民中赢得了很高的声誉。

梭伦在游历中写过许多著名诗篇，他在诗中猛烈谴责、抨击贵族们的贪婪、残暴和专横，比如："作恶的人能致富，而好人反倒受穷；但是，我们不愿用我们的道德和他们的财富交换，因为道德是永存的，而财富每天都在换主人。"这些诗篇为他赢得了"雅典第一位诗人"的美誉。

梭伦虽然出身于贵族家庭，但他却强烈反对贵族垄断国家大权，不满他们视国家大事为儿戏，不满他们随意判案、草菅人命，不满他们践踏法律的公正……他的内心深处充满了对公平和正义的渴望，希望能救民于水火。

萨拉米斯岛位于雅典的出海口，是雅典进行海上贸易的重要中转站。邻邦麦加拉为了争夺萨拉米斯岛，同雅典展开大战，雅典战败。懦弱无能的雅典当局不思备战雪耻，反而发布公告严禁人们谈论收复萨拉米斯岛，违者格杀勿论。人们虽然不满，但慑于法令，都噤口不言。梭伦查阅了大量的文献资料，从历史传统、风俗习惯等各个方面考证出萨拉米斯应归属雅典所有，他对雅典当局的这种懦弱行为非常愤慨。为了唤醒雅典

雅典城的保护神——雅典娜

人的爱国热情，收复失地，同时避开不公正的法律制裁，他想出了一条妙计。

一天清晨，梭伦头戴花环，来到雅典的中心广场。只见他面色苍白，双手不停地击打胸部，嘴里还歇斯底里地大喊大叫。人们以为他疯了，纷纷围过来。梭伦见围观的人多了，便开始大声朗诵自己的诗篇《咏萨拉米斯》："啊，我们的萨拉米斯，它是多么的美丽啊，我们是多么的留恋啊！让我们进军萨拉米斯，为收复这座海岛而战吧！血洗雅典人的耻辱！让萨拉米斯重回我们的怀抱吧！"

围观的都是工匠、商人、作坊主等城市居民，对他们来说海外贸易的停顿，就意味着破产和陷入贫困。因此，他们都积极主张再次开战，并且强烈支持梭伦。在梭伦的努力下，停战法令终于被废除。梭伦率军进攻萨拉米斯岛，大获全胜。这次战争的胜利为梭伦在群众中赢得了更高的威望，不久他当选为雅典的执政官。

当上执政官后，梭伦深入人民中间，了解他们的疾苦，为了使雅典繁荣富强，梭伦认识到必须进行改革。他改革的第一项内容就是颁布《解负令》，废除了用人身抵押的一切债务，解放因债务而沦为奴隶的人，并禁止以后以人身为债务抵押。

梭伦还根据财产多少将雅典公民分为四类：凡年收入达到麦子500斗者为第

一等级，称为"五百麦斗级"；凡年收入达到300斗者为第二等级，称为"骑士级"，第一和第二等级都可以担任高级官员；凡年收入达到200斗者为第三等级，称为"双牛级"，可以担任低级官职；年收入在200斗以下者为第四等级，称为"日佣级"，不能担任任何职位。在规定了权力的同时，还规定了与四个等级相对应的义务。每个等级的公民必须自备武装服兵役，保卫国家。第一、二等级担任骑兵，第三等级担任重装步兵，第四等级担任轻装步兵或在海军中服役，并发给饷银。

> **· 城邦形成 ·**
>
> 希腊城邦约有二三百个，形成的途径和背景各不相同，但有如下几个基本的共同特点：小国寡民；多数以一个设防城市为中心，结合周围农区组成；均有一个小范围的、极端封闭的公民集体；希腊城邦在政体中均包含民主制成分，共和政体居多；城邦军事制度的主体是公民兵制；城邦无独立的祭司阶层，公职人员兼祭司职能。除古希腊外，意大利、腓尼基等地中海沿岸地区也曾出现过与古希腊城邦相同的早期国家形态，比如早期罗马的公民公社，这类国家有时也被称为城邦。

梭伦的改革，沉重打击了没落的贵族，有利于雅典工商业的发展，为雅典的奴隶制民主奠定了基础。梭伦任满后，周游列国，到过埃及、小亚细亚和塞浦路斯等地，晚年他回到故乡，从事写作。去世后，人们将他的骨灰撒在美丽的萨拉米斯岛上。

希伯来人

希伯来人（犹太人古称）的先祖起源于苏美尔。希伯来人大致在公元前1900年至公元前1500年，由美索不达米亚迁入叙利亚，随后迁入埃及。公元前13世纪，希伯来人战胜了巴勒斯坦的迦南人，把迦南人变为他们的奴隶，同时也接受迦南人的影响，转入定居的农业。

约公元前11世纪，希伯来人建立国家，第一个国王是扫罗。他的继任者大卫统治时期，建立了统一的以色列－犹太国家，定都大卫城（今耶路撒冷）。

所罗门王
所罗门国王是大卫之子，以智慧而闻名，他建造了犹太人的第一座会堂。

大卫之子所罗门统治时期，国力达到鼎盛时期。所罗门死后，约公元前935年，以色列－犹太王国分裂，北部为以色列王国，定都撒马利亚，南部为犹太王国，定都耶路撒冷。公元前722年，以色列王国被亚述所灭，当地居民被掠往亚述，在长期共同生活中被同化。

巴比伦之囚

公元前10世纪，以色列犹太国王所罗门死后，他的儿子罗波安即位。由于罗波安平庸无能，导致国家一分为二：北部为以色列王国，首都撒玛利亚；南部为犹太王国，首都仍在耶路撒冷。

公元前722年，亚述帝国国王萨尔贡二世率军进攻以色列王国，攻陷了撒马利亚后将它夷为平地，虏走了包括以色列王和很多贵族在内的27000多以色列人，将他们流放到很远的地方，并把其他民族迁移到这里。存在了200年左右的以色列王国从此灭亡。

以色列王国的灭亡，令犹太王国大为惊恐。为了免遭覆辙，犹太王用低三下四的语气写了一封信，派使者送给亚述帝国国王萨尔贡二世，同时奉上24吨黄金。萨尔贡二世龙颜大悦，决定不再征讨犹太王国，犹太王国的君臣这才松了一口气，从此犹太王国成为亚述帝国的一个附庸国。由于此时希伯来人只剩下一个犹太王国了，所以希伯来人从此也叫犹太人。

后来新巴比伦王国兴起，灭亡了亚述，犹太王国又成了新巴比伦王国的附庸。为了称霸西亚，新巴比伦与埃及展开了长期的激烈的争霸战争。公元前601年，新巴比伦王尼布甲尼撒二世率军与埃及人大战，双方都损失惨重，新巴比伦军队被迫撤回巴比伦。一直臣服于新巴比伦的犹太国王约雅敬见风使舵，趁机脱离新巴比伦，归顺了埃及。

尼布甲尼撒二世得知这个消息后大为震怒，咬牙切齿地发誓说要踏平耶路撒

先知以西结
在犹太历史上，上帝通过先知做出启示。以西结是被放逐到巴比伦的一个先知，他劝诫那些流亡同伴要始终保持对于上帝的信仰。

冷。公元前 589 年，犹太国王约雅敬病死，他的儿子约雅斤即位。尼布甲尼撒二世认为进攻犹太王国的时机已到，亲率大军围攻耶路撒冷。经过两个多月围困，在犹太人内部的亲巴比伦势力强烈要求下，犹太国王约雅斤率领大臣出城投降。尼布甲尼撒二世废黜了约雅斤，封约雅斤的叔叔西底家为犹太王，西底家宣誓效忠新巴比伦王国。随后，尼布甲尼撒二世下令将大部分犹太王室成员和能工巧匠押往新巴比伦的首都巴比伦，并对耶路撒冷的犹太教神庙大肆抢劫。

公元前 588 年，埃及向新巴比伦发动了大举进攻。犹太国王西底家认为摆脱新巴比伦的时机已到，起来响应埃及人。犹太先知耶利米和亲巴比伦大臣极力反对，但西底家根本听不进去。不久，尼布甲尼撒二世率军击败埃及人，再次围攻耶路撒冷。这次围攻长达 18 个月，城内缺衣少食，疾病流行，再加上内部分裂，公元前 586 年，耶路撒冷再次陷落。

尼布甲尼撒二世非常痛恨犹太王国的一再反叛，在犹太国王西底家的面前令人杀死了他的几个儿子，又刺瞎了他的双眼，用铜链锁着西底家押到巴比伦游街示众。尼布甲尼撒二世下令将耶路撒冷所有的贵族、祭司、商人、工匠、贫民一律押到巴比伦，史称"巴比伦之囚"。耶路撒冷四面城墙被巴比伦人推倒，犹太人的宫殿、神庙和民宅被焚烧，全城被洗劫一空，最后被夷为平地，犹太王国灭亡。

沦为囚徒的犹太人在巴比伦被迫终日从事繁重的体力劳动，过着暗无天日的生活。直到尼布甲尼撒二世去世，他们才结束了苦难，重获自由，但仍然不许回耶路撒冷。当时巴比伦是一个国际化的大都市，犹太人聪明勤劳，很多人通过经商、放高利贷，成了富人。他们住在犹太社区里，很多犹太的文化习俗都得以保留。虽然犹太人在这里生活不错，但他们心怀故国，思乡之情越来越重，他们坚信，苦难的日子很快就会过去，上帝耶和华一定会派救世主降临人间拯救他们，让他们重返故土，复兴犹太王国。

不久，波斯帝国崛起，灭亡了新巴比伦王国。为了以耶路撒冷为跳板，进攻埃及，波斯王居鲁士允许犹太人返回家园，重建耶路撒冷，还把尼布甲尼撒二世从耶路撒冷耶和华圣殿里掠夺来的 5400 件金银器皿交给犹太人带回。犹太人欣喜若狂，他们在《圣经》中称居鲁士为"上帝的工具"，上帝保佑他"使各国臣俯在他面前"。巴比伦的 4 万多犹太人组成了一支浩浩荡荡的队伍，开始踏上返乡之路。这些在异国他乡受尽苦难的犹太人跋山涉水，终于望见了旧都耶路撒冷的废墟。他们激动万分，长跪不起，号啕大哭，仰头向天，展开双臂高声感谢拯救了他们的上帝耶和华，欢呼"巴比伦之囚"的时代终于过去。

古巴比伦城和空中花园

巴比伦城，曾是两河文明的象征，也是两河文明的发源地。城中的空中花园，更是令人叹为观止。

巴比伦城位于美索不达米亚平原中部，依幼发拉底河而建，在今天的伊拉克首都巴格达以南约90千米的地方。始建于公元前3000年，是古巴比伦工国的政治、经济中心，也是当时的军事要塞。幼发拉底河穿城而过，为城市居民提供了水源和天然的城防屏障。

古巴比伦城总体呈正方形，边长达4千米，该城有一条长达18千米、高约3米的城墙。城墙之间由沟堑相接，并设置300余座塔楼（每隔44米就有一座）以增强防御效果。古巴比伦的城墙还有一个鲜明的特色，它分为内外两重。其中外城墙又分为三重，厚度不均，大约在3.3至7.8米之间，上面建有类似中国长城垛口的战垛，以方便隐蔽射箭。内城墙分为两层，两层中间设有壕沟。巴比伦城也有护城河，是在内、外城之间，河面最宽处达80米，最窄的地方也不下20米。一旦被敌人攻破外城墙，进入两城墙的中间地带，可以决开幼发拉底河的一处提坝，放水淹没这一地带，让敌人成为名副其实的"城"中之鳖，真可谓固若金汤。

古巴比伦还有著名的伊什塔尔门和"圣道"。伊什塔尔门是该城的北门，以掌管战争的女神伊什塔尔的名字命名。其门框、横梁和门板都是纯铜浇铸而成，是货真价实的铜墙铁壁。这座城门高可达12米，门墙和塔楼上嵌有色彩艳丽的琉璃瓦。整座城门显得雄伟、端庄，而且华丽、辉煌。从伊什塔尔门进去，便是贯穿南北的中央大道——圣道。由于它是供宗教游行专用的，故而得名。整条圣道由一米见方的石板铺砌而成，中央部分为白色和玫瑰色相间排布而成，两侧为红色，石板上刻有宗教铭文。圣道两旁的墙壁上饰有白色，黄色的狮子像。

空中花园

尼布甲尼撒二世为他的妻子赛米拉斯修建了著名的空中花园，目的是让她看到她家乡米底的绿色丘陵景色。这是古代著名的奇观之一，但现在没有人亲眼看到过这座花园是什么样子。

巴比伦城中最杰出的建筑还当属空中花园，古希腊人称之为世界七大奇观之一。关于花园的修建还有一段动人的故事。

相传，在公元前 604～前 562 年间，古巴比伦国王尼布甲尼撒二世在位之初娶了米底公主赛米拉斯。由于两国是世交，二人的婚姻是双方的父亲定下的，在今天看来，有包办之嫌。尽管如此，新娘赛米拉斯对尼布甲尼撒印象也不错，只是巴比伦这个鬼地方令她生厌，因为美索不达米亚平原黄土遍地、沙尘满天，有时天气还酷热难耐。而在她的家乡，却是山清水秀，鸟语花香，还拥有郁郁葱葱的森林，且气候宜人。久而久之，王后思乡成病，终日愁苦，一度饮食俱废，花容月貌的王后很快憔悴不堪。为治愈王后的这块"心病"，尼布甲尼撒二世下令建造空中花园，园中的景致均仿照公主的故乡而建。今天的空中花园遗址位于伊拉克首都巴格达西南 90 千米处，由一层一层的平台组成，从台基到顶部逐渐变小。上面种满各种鲜花和林木，其间点缀有亭台、楼阁，最难得的是在 20 多米高的梯形结构的平台上还有溪流和瀑布，来此参观的人们无不啧啧称奇。

泰勒斯

西方历史上第一个哲学家和第一个科学家，被誉为"科学之祖"，米利都学派的创始人。他于约公元前 640 年出生于米利都一个名门望族，早年曾做过商人，后游历埃及等地，掌握了天文和几何知识。他创办了第一个哲学学派米利都学派。他提出"水是万物的本原"。这句话是哲学思维的开始，也是以科学态度对待自然界的第一个原则。他还是古希腊第一个天文学家、几何学家。他在数学方面的贡献是开始了命题的证明。在天文方面，他曾推得了公元前 585 年 5 月 28 日日食的发生。泰勒斯是古希腊数学、天文、哲学之父，生前有崇高的声望，被尊为希腊七贤之首。他死后，他的墓碑上刻着："这里长眠的泰勒斯是最聪明的天文学家，是米利都和爱奥尼亚的骄傲。"

《伊索寓言》

伊索本是古希腊的一个奴隶，他生活的时代正是古希腊奴隶制城邦的形成时期。那个时代，奴隶主为非作歹，而奴隶和下层平民则把寓言当作武器，向奴隶主挑战。

在众多的奴隶出身的寓言作家中，伊索是最有代表性的一位。他凭借自己的才智受到主人的赏识，并获得了人身自由，被允许可以四处游历。广博的见识加上丰富的才学使伊索创作出一个又一个精彩而又耐人寻味的小故事。伊索创作的寓言故事中常把奴隶主比做狮子、毒蛇，揭露他们的残暴，同时又鼓励人民团结起来，同奴隶主作斗争。因此，奴隶主对伊索恨之入骨。公元前 560 年的　天，在爱琴海边的一块高耸的岩石上，伊索被奴隶主推下了山岩。

伊索在世时，他的寓言就在人民中间以口头文学的形式广为流传，但当时并未编成书，后来才被人编纂成集。这是世界上最古老的寓言故事集。寓言凝聚了当时劳动人民的智慧，总结了他们的种种生活经验，表达了他们对社会和自然界的看法。

今天我们看到的《伊索寓言》共 360 篇，但并非伊索一人所作，而是长久以来古希腊寓言的汇编，个别篇章还可能来源于亚洲和非洲。《伊索寓言》大多采用拟人手法，赋予各种动植物等以人的思想、性格和语言，让它们像人一样思考、活动和交谈，从而构成一个活生生的世界。它浅显易懂的道理不仅是向孩子们灌输善恶美丑观念的启蒙教材，也是成年人的言行准则。

居鲁士大帝

公元前 7 世纪左右，在今天伊朗高原西部生活着两个部落，北部为米底，南部为波斯。公元前 612 年，米底和新巴比伦联军，灭亡了残暴的亚述帝国。从此，米底统治了伊朗和亚述，成为西亚的一个强国，波斯人也臣服于它。

一天，米底国王阿斯提阿格斯做了一个梦，梦见女儿曼丹妮的后代成了亚洲的统治者。于是阿斯提阿格斯没有把女儿嫁给米底贵族，而把她嫁给一个温顺老实的波斯贵族冈比西斯。他认为这样一来就可以高枕无忧了。

曼丹妮怀孕后，阿斯提阿格斯又做了一个梦，梦见一根巨大的葡萄藤从女儿的肚子里长出来，覆盖了整个亚洲。他找来一个僧侣，要他解梦。僧侣说，曼丹妮的后代必将统治亚洲。阿斯提阿格斯非常害怕，下令孩子一出生就立即处死。

不久，曼丹妮生下一个男孩，就是居鲁士。阿斯提阿格斯命令大臣哈尔帕哥斯把孩子带到宫外处死。哈尔帕哥斯不忍心，就把孩子给了一个牧民，让他来执行。牧民的孩子一出生就死了，于是他的妻子就偷梁换柱，瞒过了哈尔帕哥斯，收养了居鲁士。

居鲁士长到 10 岁的时候，一次和村里的孩子玩游戏。孩子们推举他为"国王"，一个没落贵族的孩子不服，居鲁士就命令"卫兵"鞭打他，后来事情闹大了，连国王都亲自过问，结果发现了居鲁士的身份。阿斯提阿格斯把僧侣找来，僧侣说居鲁士已经在游戏中当了"国王"，就不会再现实中再当国王了。居鲁士因此得以回到波斯，回到了亲生父母的身边。由于哈尔帕哥斯没有完成任务，阿斯提阿格斯非常生气，就下令杀

波斯国王居鲁士朴实的陵墓

死他的儿子。从此，哈尔帕哥斯对阿斯提阿格斯怀恨在心。

公元前559年，居鲁士统一了波斯的10个部落，成为波斯人的首领。哈尔帕哥斯就秘密联络居鲁士，密谋灭亡米底，为子报仇。

公元前553年，居鲁士决定起兵反抗米底。为了让波斯人团结在自己周围，他命令所有的波斯人都回家取来镰刀，来到一大片长满荆棘的土地上，让他们在一天之内将荆棘清除干净。波斯人不敢违抗命令，只好埋头苦干，一天下来累得要死。

第二天，居鲁士又把波斯人召集到一起款待他们，波斯人非常高兴。居鲁士高声问："你们喜欢昨天还是今天？"波斯人回答说："我们喜欢今天！"居鲁士乘机说："如果你们愿意听我的命令，那么就会永远和今天一样，反之你就将会永远和昨天一样！我们波斯人不比米底人差，为什么要受他们压迫？我们要反抗阿斯提阿格斯！"波斯人早就对米底人的统治深恶痛绝，听了居鲁士的话，纷纷响应。阿斯提阿格斯闻讯，急忙令哈尔帕哥斯率军讨伐居鲁士。不料哈尔帕哥斯阵前倒戈，投降了居鲁士。阿斯提阿格斯气急败坏，亲自率军前来，结果战败被俘。

公元前550年，居鲁士正式建立了波斯帝国。波斯的西边是吕底亚国。吕底亚王见波斯崛起，非常害怕，决定趁波斯刚刚立国，一举消灭它。居鲁士率军迎战，吕底亚的骑兵的坐骑是马，而波斯骑兵的坐骑是骆驼。马闻到骆驼身上的刺鼻气味后，掉头就跑，吕底亚军队乱作一团。波斯人乘机进攻，大获全胜，吕底亚国灭亡，成为波斯帝国的一个省。

灭掉吕底亚后，居鲁士又把目光投向了新巴比伦。巴比伦城高大坚固，城墙是用挖护城河的淤泥烧成的砖、中间再加上沥青砌成的，城门用青铜浇铸，所以巴比伦王非常轻敌，认为居鲁士根本无法攻克巴比伦。当时，巴比伦的统治阶级

分为王室、贵族和祭司三部分，他们之间争权夺利，钩心斗角。居鲁士得知后，派间谍秘密潜入巴比伦城，送给贵族和祭司很多金银，希望他们能做内应，并保证城破后保证他们的安全。贵族和祭司见钱眼开，半夜里打开城门，波斯人一拥而入，攻陷了巴比伦城。新巴比伦王国灭亡了，波斯成了西亚的霸主。

为了征服埃及，居鲁士释放了"巴比伦之囚"犹太人，让他们回去重建耶路撒冷，以此作为西进的跳板。为了消除后顾之忧，居鲁士亲率大军企图征服波斯东面的马萨革泰人，但不幸阵亡，他的儿子冈比西斯二世继任为波斯王。

大流士一世改革

冈比西斯死后，波斯王位由假扮王子的拜火教僧侣高墨达篡夺。可是，8个月以来，新王从不召见大臣。大臣们虽然都很惧怕他，但对这样奇怪的事情也不免在私底下议论："为什么新国王不在公众场合露面呢？"也有人传说巴尔迪亚就是拜火教僧侣高墨达。就在人们将信将疑的时候，冈比西斯的一个王妃发现新王没有耳朵。她的父亲欧塔涅斯知道后马上断定新王的确是僧侣高墨达，因为在居鲁士在位时，这个高墨达由于过失被居鲁士下令割去了双耳。欧塔涅斯把这一消息告诉了另外6名波斯贵族。七个人商议决定发动政变，夺回政权。

没几天新王不是真正王子的消息传遍了整个都城，高墨达也听说了。他见真相已经败露，就仓皇逃走，最后在米底被欧塔涅斯和大流士一世等人杀死。

假王既然已经死了，就得再选出一个人来做国王，七个人经过不停争论，欧塔涅斯决定退出王位的竞争，其余6人商定找一天在郊外集合，谁的马先叫谁就当国王。结果，大流士一世在马夫的帮助下当上了波斯王。

大流士一世继位后，面临着严峻的形势。帝国本部的波斯贵族拥兵自立，自称是王位的合法继承人，刚被征服的地区也趁机纷纷独立。

大流士一世经过大小18场战争，残酷镇压了各地的叛乱，重新统一了帝国。

公元前520年9月，踌躇满志的大流士一世巡行各地，为了标榜自己，大流士一世在克尔曼沙以东32千米的贝希斯顿村旁的悬崖峭壁上刻石记功，留下了著名的《贝希斯顿铭文》。这个铭文的上半部分是大流士一世的雕像，他左脚踏着倒地的高墨达，右手指向波斯人崇拜的光明与幸福之神阿胡拉·马兹达。8名被绳索绑缚着脖颈的叛乱首领被雕刻得很矮小，与高大伟岸的大流士一世形成鲜明对照。浮雕下半部是铭文，上面写着：

"我，大流士，伟大的王，万邦之王，波斯之王，诸省之王，叙斯塔斯帕之子，阿尔沙马之孙，阿黑门尼德……按阿胡拉·马兹达的意旨，我是国王。"

《铭文》用波斯、埃兰、巴比伦三种文字刻于贝希斯顿山距地面105米高处的悬崖上，宣扬了大流士一世的功业和他的神圣不可侵犯的权力。

稳定了国内局势后，大流士一世把主要精力放在了对外征服上。公元前517年，他派兵夺取了印度河流域西北部的地区，建立起帝国的第20个行省。公元前513年，他率兵亲征黑海北岸，征服了色雷斯，然后海陆两路并进，指向多瑙河下游和黑海北岸的西徐亚人。大流士一世的部队遭到了西徐亚人的有效抵抗，损失8万之众，最后被迫撤退。公元前500年，大流士一世前往希腊在小亚细亚的殖民城邦米利都，镇压当地反波斯的起义。攻下米利都后，他借口雅典的海军支援了米利都而出兵希腊，从而揭开了长达50年的希波战争的序幕。公元前492年，大流士一世派他的女婿马尔多尼率战船600艘出征希腊，但在中途遭遇风暴，损失惨重，无功而返。公元前490年，大流士一世再次兴兵从海上进攻希腊，并在马拉松成功登陆，但拥有强大骑兵的波斯军却被全部由步兵组成的雅典军打得惨败而归。虽屡遭挫败，但大流士一世始终没放弃征服希腊建立世界帝国的念头，不过时间已经不允许他实现自己的愿望了。公元前486年，正当他策划再度出兵希腊时，埃及爆发大规模起义，大流士一世亲自前往镇压，未及成功便死了。

大流士一世在位期间，为巩固中央集权，他在政治、经济、军事等方面进行了

大流士

大流士一世在公元前522～前486年统治波斯帝国。他是军队的首领，也是个明智的统治者。他在统治期间建造了波斯波利斯，帝国达到了最强盛。

·波斯的4个国都·

波斯波利斯：波斯波利斯是古代波斯帝国的行宫和灵都（宗教祭祀中心），兴建于公元前518年。大流士一世将波斯波利斯建成一座拥有宏伟巨大宫殿群的城市，整个城市巧妙地利用地形，依山造势，十分雄伟。公元前330年被亚历山大大帝攻占后摧毁。

苏撒：原为埃兰人的都城，波斯征服埃兰后，为安抚埃兰人，将其升为国都。每年的秋冬季节，波斯君王通常会在苏撒处理军国大政。

埃克巴塔那：原米底王国的重要城市，被波斯帝国占领后定为国都，是君主们发号施令、执行法律和进行外交活动的首都。天气转暖以后，波斯帝王便带着侍从到埃克巴塔那居住。

巴比伦：巴比伦是波斯帝国的经济中心，是帝国的粮仓，也是帝国内陆交通网上的枢纽。在帝国统治时期，巴比伦一直是一座极为繁华的都市。

波斯波利斯城内的宫殿

在波斯波利斯城内巨大的宫殿。大流士一世和薛西斯一世在波斯波利斯城修建了宏伟的宫殿。沿着巨大的楼梯向上进入宫殿，楼梯是如此宽大，可以供 8 匹马并排行走。从帝国各地来的人们向坐在高高王位上的国王敬献贡品。

一系列卓有成效的改革。政治上，他在被征服地区普遍设行省、置总督，对行省采用分权但却相互制约的统治方法，同时尊重被征服地区的宗教、法律和习俗，建立起了有效的中央集权体系。经济上，他实行新的税收制度，统一货币和度量衡。军事上，他自任军队最高统帅，各行省军政分权，建立了以波斯人为核心的步兵和骑兵，和以腓尼基水手为骨干，拥有 600～1000 艘战船的舰队。为便于调遣各行省军队和传递情报，不惜重金修筑"御道"，设驿站，备驿马，在波斯全境形成驿道网。驿道虽然是出于行政目的修建的，但也极大地便利了商业的发展。此外，他还派人勘察了从印度河到埃及的航路，开凿了尼罗河支流到红海的运河。大流士一世是世界历史上著名的改革家，他的改革奠定了波斯帝国数百年的基业。

大流士一世在位期间是波斯帝国的鼎盛时期，他征服了印度河流域和巴尔干半岛的色雷斯地区，使波斯帝国成为古代世界第一个地跨亚非欧三大洲的大帝国。

大流士军制

波斯帝国是一个军事强国，大流士一世即位后开始进行军事改革。

大流士把波斯全国分为 23 个省，每个省设立一名军事首领，由国王委派波斯贵族担任。他又把全国划分为 5 个军区，每个军区长官管辖几个省的军事首领。军区长官直接向国王负责，大流士则是全国军队的最高统帅。他还规定了各省驻军的数量，驻军中的大多数军官都由波斯人担任，确立了波斯贵族对军队的绝对领导。

大流士将军队分为万人团、千人团、百人团和十人团 4 级。其中军中精锐御林军有一万人，全都由波斯人组成，号称"不死军"。因为一旦有人死去，就会立即得到补充，人数总是一万。波斯军队以波斯人组成的骑兵和步兵为主，同时还将其他民族也编入军队以壮大波斯的军事力量。例如，将擅长航海的腓尼基人编成海军，建立了一只拥有 1000 艘战船的舰队。米底人和巴克特利亚人组成的军队也是波斯军队中的重要力量。

古代印度艺术

在古代印度的文学作品中，最著名的要数《摩诃婆罗多》和《罗摩衍那》这两部史诗。

《佛本生经》是一部民间故事集，它具有很高的艺术品位。该书有 500 多个故事，写的是佛陀前生前世的一些事迹。尽管一些故事被佛教徒进行过加工，但仍保留着民间故事的特征，其寓意深刻，爱憎分明。它约在公元前 3 世纪编成。

古代印度雄伟的建筑和精美的艺术，大都开始于孔雀王朝，其中以桑奇建造的大堵波（即佛塔）最为著名。这座名为桑奇大塔的建筑是一个直径约 36.6 米的半圆形房子，顶端有一平台，台上有一方坛，坛上立有伞形柱。该建筑是用来奉祀佛骨的，是敬拜佛的地方。大塔有 4 个大门，每个门雕刻着栩栩如生的以佛教为中心题材的画面。其中以大塔东门上的"树神托架像"最为典型。这位美丽的女神双手托着繁茂的大树，扭动的身躯形成"S"形，外轮廓线给人以节奏韵律感。这件人体雕像接近人体比例，具有写实性，对性部位也无遮掩，被誉为印度东方美的典型作品。

阿旃陀石窟是亚洲最早的石窟，始凿于公元前 1 世纪，完成于公元 7 世纪。阿旃陀石窟艺术是印度佛教艺术的集散地，是东方石窟艺术的源头。该石窟位于海德拉巴省温德亚山脉深山中，开凿在距地面 100 多米高的山腰间，共有 29 窟。阿旃陀石窟的雕刻从题材上分佛教造像、装饰纹样。其中佛教造像可分早中晚 3 期，由于风化严重，早期雕像已很难辨识，中期雕刻手法趋于成熟，出现了许多精品，

《摩诃婆罗多》史诗图画

上面两图中下图描绘了《摩诃婆罗多》史诗中讲述的班度族与俱卢族之间的一场大战：站在马车上的射手是班度族的一位王子，毗湿奴的第八个化身黑天则伪装成一位驭手。上图中他和班度王子吹响了发出奇异声音的贝壳号角。此役双方都以严重的损失告终。

如16窟中的说法佛、19窟中的列柱和板框上的采花女子像及蛇王像等，技艺精熟，为石窟造像之佼佼者。后期雕像，规模扩大，人物的刻画更加细腻精巧，形态也更加优美。壁画是阿旃陀石窟中最为人瞩目的艺术作品，是印度古代壁画的重要代表。画面上描绘的众多的妇女形象，体态丰满，姿态优雅，形象高贵典雅，反映了印度古典艺术的美学思想。早期壁画人物造型、表现技法较之同时代的其他遗迹中的佛教艺术，有明显的进步。中期壁画正值笈多王朝文化艺术的鼎盛时期，画面构图壮阔繁密，布局紧凑和谐，色彩典丽，注重人物的神情刻画和意境的表达，人物描绘手法精细，注重姿态的变化，其中女性的描绘尤其艳丽动人。另外，各窟的装饰壁画，如卷云、蔓草、莲花及小动物等，设计巧妙，想象丰富，色彩鲜艳，对比强烈。到了晚期，壁画创作在艺术上更臻完善。阿旃陀石窟是建筑、雕刻、绘画三种艺术完美结合的典范，是世界艺术的宝库。

婆罗门教

婆罗门教是印度古代宗教之一，它由雅利安人的原始宗教演变而来。

婆罗门教把印度最古老的宗教作品和文学作品《吠陀》作为经典。它信奉多神，不设庙宇，不崇拜偶像，但规定了烦琐的祭神仪式，从私人生活到国王即位，都要祭神；它为了维护反动的等级制度，引用《吠陀》中的神话宣称，造物神"梵天"用口创造出婆罗门，用手创造出刹帝利，用腿创造出吠舍，用脚创造出首陀罗；它还大肆宣扬轮回说，凡循规蹈矩、安分守己者，来生可升为较高等级，否则，则降为较低等级。

婆罗门教假托梵天的儿子摩奴制定一部法典，即《摩奴法典》，以此保护奴隶主阶级的利益。

在佛教广泛传播期间，婆罗门教逐渐衰落。到了8世纪，经过改头换面的婆罗门教在印度重新得势，更名为印度教。

毕达哥拉斯

古希腊哲学家、数学家、天文学家。生于爱琴海中的萨摩斯岛，自幼聪明好学，曾在名师门下学习几何学、自然科学和哲学，后游历埃及、巴比伦等地，学习天文、数学知识，最后定居在意大利南部的克罗托内。他在那里广收门徒，建立一个宗教、政治、学术合一的秘密团体，后人称之为"毕达哥拉斯学派"。他们很重视数学，企图用数学来解释一切，认为数最崇高，最神秘，提出"数即万物"。毕达哥拉斯本人以发现勾股定理（西方称毕达哥拉斯定理）而著名。该学派在科学、天文学和音乐等方面都有贡献，他们的思想和学说，对希腊文化有巨大影响。到了晚年，毕达哥拉斯不仅政治上趋向保守，而且在学术上反对新生事物，最后死于非命。

希罗多德

希罗多德是古代伟大的历史学家，被人们尊称为"历史之父"。

公元前484年，希罗多德诞生在小亚细亚西南海滨的利卡那苏城。大约从30岁开始，希罗多德开始了一次范围广泛的旅游，北到黑海北岸，南达埃及最南端，东至两河流域下游一带，西抵意大利半岛和西西里。每到一地，希罗多德就到历史名胜古迹处浏览凭吊，考察地理环境，了解风土人情。他还喜爱听当地人讲述民间传说和历史故事，然后把这一切都记下来，随身带着。

公元前445年前后，希罗多德来到了雅典，由于对于不久前结束的希波战争中打败波斯的雅典十分钦佩，他不停地向人打听战争的各方面情况，收集了很多历史资料。公元前443年希罗多德开始编写《历史》（又名《希腊波斯战争史》），但到公元前425年他去世时，还没有完稿。

《历史》在希腊史学史上是第一部堪称历史的著作。全书按基本内容分两大部分，主要记述希波战争发生的背景与经过。《历史》内容丰富，除了希波战争，还记述了西亚、北非以及希腊等地的地理环境、民族分布、经济生活、政治制度、风土人情、宗教信仰、名胜古迹等，堪称一部小型的"百科全书"。

王政时代的罗马

关于罗马城的来历，在古罗马民间流传着一个家喻户晓的传说故事。相传，当年希腊联军用"木马计"攻破特洛伊城之后，特洛伊勇士伊尼亚等人逃离了火光冲天的特洛伊城。他们分乘几条船，历经艰险，最后在意大利西海岸登陆。当地的国王把自己的女儿嫁给伊尼亚，难民们也得到安置。以后伊尼亚的儿子继承王位，迁移到台伯河下游，在那里建立了一座亚尔巴龙伽城。

不知又过了多少年多少代，传到依米多尔做亚尔巴龙伽城国王的时候，王位

抢夺萨宾女子 17世纪 彼得罗·科尔托纳

相传，罗马城建好后，罗慕洛曾邀请邻近各部落前往参加庆典活动。萨宾人最喜热闹和竞赛，所以来的人特别多，还携带着妻子儿女共同来看新建的罗马城。那一天，他们尽兴地玩乐，拼力地参加各项比赛，整个罗马城沉浸在一片欢腾之中。可是，突然间罗慕洛发出了预定的行动信号，罗马的男人们顿时倾巢出动，冲向狂欢的人群，把各自看中的萨宾姑娘抢到手，而用棍棒把他们毫无准备的父兄赶出城去。

被他的弟弟阿穆留斯篡夺了。阿穆留斯为确保僭取的王位，便强迫依米多尔的女儿西里维亚做了不能结婚的女祭司。事有凑巧，一日，美丽的西里维亚来到一条小河边休憩，路过的战神玛尔斯对其一见钟情，竟使她怀孕，后来生下一对孪生儿子。阿穆留斯闻知大怒，立即处死了西里维亚，并下令将孩子扔进台伯河淹死。然而，装孩子的篮子却在河口附近被岸边茂密的灌木丛挂住了。兄弟俩的哭声引来一只找水的母狼，于是把他们衔走，给他们喂奶，从而保住了两条小命。再后来，他们被一个牧人发现，抱回家抚养，取名罗慕洛和勒莫。兄弟俩长大后，成为远近闻名的勇士。当他们得知自己的身世后，便率领当地的牧羊人去攻打亚尔巴龙伽城，杀死阿穆留斯，把王位交还给了外公依米多尔。

之后，两兄弟回到牧人发现他们的台伯河畔，在帕拉丁山冈兴建新城。新城奠基之时，兄弟二人却因城市的命名问题发生争执，结果罗慕洛杀害了勒莫，以自己的名字称呼这座城市，后来慢慢就演变成了现在的名称——罗马。至今罗马城仍以一只母狼哺乳两个婴儿的图案作为城徽。

罗马从传说中的罗慕洛建城到公元前509年罗马共和国的建立，这一段历史习惯上被称为"王政"时代。王政时代是罗马从氏族社会（父系）向阶级社会过渡的时代。

王政时代的罗马是一个大的部落联盟，也就是罗马人公社。它由3个特里布组成，每个特里布包括10个库里亚，每个库里亚包括10个氏族，共计300个氏族。

王政时代前期，罗马实行"军事民主制"的管理制度。它的主要管理机构有库里亚大会、元老院和勒克斯。库里亚大会即罗马的民众大会，由各氏族的成年男子参加。它有权通过或否决一切法律，选举包括勒克斯在内的高级公职人员，决定战争和审判重大案件。元老院，即长老议事会，由300个氏族族长组成，有权预先讨论向库里亚大会提交的议案，还直接掌握收税、征兵、媾和等重要职权。勒克斯由库里亚大会选举产生，是罗马的军事首长、最高法官和祭司长。王政时代后期，由于铁器工具的普遍使用和受伊达拉里亚文化、希腊文化的影响，社会经济发展显著，财富积累明显，古老的氏族制度面临着瓦解，家长制家庭逐渐从氏族中分化出来，成为社会的基本经济单位，贫富进一步分化，私有制和阶级关系逐渐萌芽。社会上出现了贵族和平民、保护人和被保护人的对立。军事民主制中的民众意志逐渐淡化，王权意志日益增强，罗马社会正在急剧地向阶级社会过渡，塞尔维乌斯的改革，又加速了这一历史进程。

公元前 6 世纪后期，罗马的阶级分化逐渐加剧，平民和氏族贵族之间的矛盾日趋白热化。第六王塞尔维乌斯（约公元前 578～前 534 年在位）为了适应历史潮流，也为了有利于伊达拉里亚人的统治，依靠平民的支持，对罗马社会进行了改革。改革的主要内容有：

重新登记罗马居民，并按财产数量划分为 5 个等级，这些等级提供数目不等的百人队（森杜里亚）。无产者不入级，他们只象征性地组织一个百人队，共 193 个百人队。创设百人队大会（森杜里亚大会），取代库里亚大会并代行其职权。百人队的成员都可参加，每个百人队有一票表决权，这样第一等级可以凭借其百人队数量上的优势（98 个），操纵表决。把罗马公社按城区划分为 4 个地域性部落，以取代原来的 3 个血缘部落。新成立的地域性部落也叫特里布，每一个特里布有自己的首领和统一的宗教信仰。

塞尔维乌斯的改革在巩固了罗马在拉丁姆地区地位的同时，也进一步摧毁了罗马的氏族血缘关系，加速了氏族社会的解体，基本上完成了由氏族制度到国家的过渡。

公元前 509 年，罗马推翻了伊达拉里亚人"高傲者"塔克文的统治，推举布鲁图和柯来提努为执政官。罗马从此结束了王政时代，进入了共和国时代。

执政官

罗马共和国的最高行政长官，由百人团会议从奴隶主贵族中选举产生，由两人担任，任期一年，退职后进入元老院，主持国家行政。

两个执政官权位相等，一切政令如果得不到两人一致同意，就不能付诸施行。当国家遇到危急情况时，经元老院提名，就以执政官中的一人为独裁官，称为狄克推多，有至高无上的权力，但其任期不能超过 6 个月。

由于执政官任期短，二人相互牵制，所以实际上真正操纵国家大权的是由贵族组成的元老院，法律的制定和内外政策的决定都要通过元老院。

激战马拉松

波斯帝国从居鲁士起，经过几代人的不断扩张，到了大流士一世时，已经成了一个横跨亚非欧的大帝国。

大流士一世垂涎于希腊城邦的繁荣富庶，于是在公元前 492 年春天，派了 300 艘战舰、20000 多名士兵远征希腊，历史上著名的希波战争爆发了。不料波斯大军在横渡爱琴海时遇上了风暴，战船和士兵全都葬身海底，未经一战就全军覆没。

但波斯王大流士一世贼心不死。第二年春天，他派出很多使者到希腊各城邦索要水和土，意思是要他们表示臣服，如果不给就将他们的城邦夷为平地。大多数城邦被波斯的恐吓吓坏了，急忙献上水和土。但希腊城邦中最强大的雅典和斯巴达根本不把波斯放在眼里，雅典人把波斯使者从高山上扔到大海里，斯巴达人把波斯使者押到水井边，指着水井说："水井里有水也有土，你自己去取吧！"说完就把波斯使者扔到了井里。大流士一世得知雅典和斯巴达拒绝投降，非常愤怒，立即下令第二次远征希腊。

当时波斯是横跨亚非欧的大帝国，而雅典和斯巴达则是希腊的两个小小的城邦，实力悬殊，而且雅典和斯巴达之间还很不团结。为了共同抵抗波斯人，雅典派出了长跑健将斐里庇第斯去斯巴达求援。雅典和斯巴达相距 240 千米，斐里庇第斯仅用了两天两夜就赶到了斯巴达。不料斯巴达王说："按照我们的风俗，只有等到月圆才能出兵打仗，否则就会出师不利。"斐里庇第斯动之以情晓之以理，最后苦苦哀求斯巴达王，可斯巴达王就是不同意出兵。斐里庇第斯无可奈何，只好连夜赶回雅典。

当雅典人听到斯巴达人拒绝出兵救援的消息后，他们并没有气馁。雅典执政官发出了全民动员令，甚至连奴隶也编入了军队，积极备战。

公元前 490 年，波斯大军渡过爱琴海，在雅典城外的马拉松平原登陆。当时希腊人的兵役制度是根据公元前 600 年改革家梭伦的法律制定的。

雅典人分成四个等级，第一等人是最有钱的人，在军队中担任将领。第二等人是乡村贵族，他们组成骑兵。第三等人是作坊主和富农，他们自己准备兵器和盔甲，在军队中组成重甲兵。他们的武器是长达 2 米标枪、希腊短剑和盾牌。第四等人是城市中的手工业者和普通的农民，在军队中组成轻甲兵，武器是标枪和弓箭，或者充当海军战船上的划桨手。

雅典军队大概有 1 万人，他们都决心保家卫国，愿意与波斯侵略者决一死战，所以士气高昂，战斗力很强。

反观波斯，虽然有 10 万军队，在数量比雅典人多得多，但他们主要是由奴隶和雇佣军（大部分是被征服的希腊人）仓促组成，士气低落，装备很差，纪律松弛。真正称得上精锐的只有波斯王的 1 万御林军。

这些彩色瓷砖构成的图案是波斯常备军精英 1 万名不死队成员。强有力的军备，是波斯帝国称霸的基础。

雅典人在统帅米太亚德的率领下奔赴马拉松，迎战波斯人。马拉松平原三面环山，一面临海，波斯人就在平原上扎营。米太亚德看了地形以后，命令雅典人登上高山，占领制高点。

公元前 490 年 9 月 12 日清晨，决战前夕，米太亚德对雅典人说："雅典是永保自由，还是戴上奴隶的枷锁，就看你们的了。"将士们高呼："誓死不做奴隶！"

雅典人沿着山坡冲下，杀向波斯人的军营，波斯人猝不及防，一片混乱。米太亚德趁机排兵布阵，他将军队主力放在两翼，中间则是战斗力很强的重甲兵。不一会波斯人杀了过来，用骑兵冲击雅典人的重甲兵。雅典人不断后退，波斯人步步进逼，战线不断拉长。米太亚德一声令下，雅典人的两翼的主力杀声震天，夹击波斯人，波斯人大败，损失了 1/3 的兵力，其余的纷纷爬上海边的战船，狼狈逃走，雅典人大获全胜。

米太亚德为了让雅典人尽快知道捷报，派斐里庇第斯去传送消息。斐里庇第斯在战斗中受了伤，从斯巴达回来后又没有得到充分的休息，但他还是毅然接受了任务。他飞快地跑到雅典的中央广场，对等在那里的焦急的雅典人说："大家欢呼吧，我们胜利了！"说完就倒在了地上，再也没有起来。

为了纪念斐里庇第斯，1896 年举行第一届奥运会时，人们把从马拉松到雅典的 40195 米的长跑定为比赛项目，这就是著名的马拉松长跑。

温泉关之战

波斯王大流士死后，他的儿子薛西斯登上王位。为了实现父亲的遗愿，薛西斯积极备战，发誓要踏平希腊，血洗马拉松战败之耻。

经过多年的准备，公元前480年，也就是马拉松之战后的第10年，薛西斯动员了波斯帝国的全部兵力，共数十万大军，海陆并进，浩浩荡荡，向希腊杀去。

波斯军队来到赫勒斯滂海峡（今土耳其达达尼尔海峡）时，薛西斯下令修建浮桥。埃及人和腓尼基人很快各自修建了一座索桥，不料这时狂风大起，将索桥刮断。薛西斯大怒，将架桥的埃及人和腓尼基人全部处死。他还下令把铁索抛进海里，想要锁住大海，并派人鞭打大海300下，以报复大海阻止他前进。

工匠们将360艘木船排在一起，用粗大的绳索相连，在上面铺上木板，两边安上栏杆以防人马落水，架成了一座浮桥。波斯王薛西斯乘坐由8匹白马拉的战车，在1万头戴花环的御林军——"不死军"的护卫下，趾高气扬地跨过海峡，其余的波斯大军用了七天七夜才全部渡过海峡。

波斯大军跨过海峡后，迅速席卷了北希腊，直逼中希腊。在大敌当前的情况下，希腊各城邦团结起来。30多个希腊城邦组成抵抗波斯联盟，推举陆军最强大的斯巴达为盟主，斯巴达国王列奥尼达担任统帅，组建希腊联军（实际组织者是雅典），迎战波斯。

公元前480年6月，波斯军队来到希腊北部的德摩比勒隘口。德摩比勒隘口是北希腊通往中希腊的唯一通道，它西面是陡峭的高山，东面是一片通到大海的沼泽，最狭窄处仅能通过一辆战车，可谓"一夫当关，万夫莫开"，非常险要。因为关前有两个硫黄温泉，所以又叫温泉关。当时希腊人正在举行奥林匹亚运动会，按照风俗习惯，运动会高于一切，在运动会期间禁止一切战争。所以温泉关只

列奥尼达在温泉关战役中

在温泉关战役中被敌人重重包围时，列奥尼达解散了他的部队，只留下300名近卫队员战斗到全军覆没。关于斯巴达人永不投降的传说就来源于他的事迹。

有 7000 名战士守卫。斯巴达国王列奥尼达听到波斯人逼近的消息后，急忙率 300 名勇士赶来支援。他将 6000 名战士部署在温泉关一线，1000 名战士部署在温泉关后面的小道，以防波斯人从背后偷袭。

薛西斯写信给列奥尼达，说波斯军队多得很，射出去的箭遮天蔽日，企图吓倒希腊人。斯巴达人哈哈大笑说："那真是太好了，我们可以在荫凉地里杀个痛快了！"薛西斯派探子去侦察希腊人的情况，探子回来禀报说，希腊人把武器堆在一边，有的梳理头发，有的做操，丝毫没有打仗的样子。薛西斯感到很奇怪，一个希腊叛徒说："这是斯巴达人的风俗，表示他们要决一死战了。"薛西斯冷哼一声，认为这点儿人根本不可能和他的大军相抗衡。

薛西斯下令进攻，波斯人一拥而上，企图夺取隘口。斯巴达人居高临下，手持长矛，向波斯人猛刺。由于山道狭窄，无法发挥波斯军队人多的优势，一批又一批的波斯人死在山道上，尸体堆成了一座小山，仍然没有攻下关口。薛西斯大怒，命令自己的"不死军"前去进攻，结果还是无法攻克。

正在薛西斯一筹莫展之时，那个希腊叛徒说："尊敬的大王，我知道有一条路可以绕到温泉关的后面。"薛西斯闻讯大喜，急忙命令叛徒带路，派一部分波斯军队连夜偷袭。由于防守小路的希腊人连续几天没有战斗，所以都放松了警惕，直到黎明时波斯人的脚步声才将他们吵醒。希腊人慌忙拿起武器抵抗，但由于寡不敌众，被迫撤走。波斯人也不追赶，而是赶往温泉关，夹击斯巴达人。列奥尼达见大势已去，为了保存实力就命令其他城邦的希腊人撤退，而留下 300 名斯巴达勇士拖住敌人。

腹背受敌的斯巴达人宁死不屈，他们占据一个小丘，拼死抵抗。长矛折断了，就用短剑，短剑折断了就用石头砸、用拳打、用脚踢、用牙咬。斯巴达人没有一个投降，没有一个逃跑，最后全部壮烈牺牲。

后人在温泉关树立了一个狮子石像，纪念那些阵亡的斯巴达勇士，上面刻着："来往的客人啊，请带话给斯巴达人。我们忠实地遵守了诺言，为国捐躯，长眠于此。"

萨拉米斯海战

攻占温泉关以后，波斯陆军直扑雅典城。但是，在那里他们却什么都没见到，整座城池空空如也。波斯王薛西斯不由得大为光火，一气之下让人将这座当时最大、最富庶的城市置于火海之中。

公元前5世纪，雅典人用来控制爱琴海的3层桨战舰是一种张帆航行、在战斗时靠舵手加力的坚固船只。

雅典城的居民怎么突然消失了呢？原来，雅典和其他城邦的人都接受了海军统帅提米斯托克利的建议，所有的妇女儿童都坐船到亚哥斯的特洛辛和本国的萨拉米斯岛上去躲避，所有的男人都乘着战船，集中到萨拉米斯海湾。

当时希腊流传着太阳神的一个预言：希腊的命运要靠木墙才能拯救。根据这个预言，提米斯托克利认为希腊的未来在海上，太阳神所说的木墙就是指大船。

与此同时，波斯海军来到雅典的外港比里犹斯，它与直扑雅典的波斯陆军遥相呼应，那势头简直就要踏平整个希腊。

面对波斯军队的嚣张气焰，集中在雅典城南萨拉米斯海湾的希腊联合舰队对能否打败波斯大军毫无信心，有些城邦的人甚至打算把船驶离海湾，去保卫自己的家乡。

在此危急时刻，提米斯托克利召开军事会议，商讨作战方略。在会上，提米斯托克利说希腊联军完全有战胜波斯大军的可能，但前提是把战船集中在萨拉米斯海湾和波斯海军决战。他的依据是波斯战舰笨重，而港湾狭窄水浅，就算波斯军队在数量上占优势，但是在这种情况下他们的优势根本就无法发挥出来，况且，波斯水手们也不熟悉海湾水情和航路。而希腊人正相反，战船体积小，机动灵活，适合在这个狭窄的浅水湾中作战，加上水兵们在本国海湾作战，熟悉水情、航路，能充分发挥力量。

公元前480年9月20日，萨拉米斯海战正式开始。

欧利拜德斯按照提米斯托克利的建议，立即进行战争准备。他派遣科林斯支队据守西面海峡，斯巴达战舰为右翼，雅典战舰为左翼，其他城邦的战舰在中央，开始向波斯海军发起攻击。

薛西斯封锁萨拉米斯海峡后，首先派800艘先锋战舰分成三线一字摆开，向萨拉米斯海峡东端进攻。可是，海峡中间的普西塔利亚岛打乱了波斯军的阵形，波斯海军只好将纵队一分为二进行攻击，再加上波斯战船体大笨重，在狭窄的海湾运转困难，前进不得，后退无路，自相碰撞，乱作一团。

相反，希腊军舰却能在波斯军舰中任意穿梭。因为，希腊战舰大多是三层桨军舰，这样的战舰既快速，又灵活。

希腊联军抓住时机，充分发挥着自己战舰的优势，猛烈攻击波斯舰队。雅典的每艘战舰上载有 18 个陆战队员，他们不断地向敌舰发射火箭、投掷石块。波斯战舰陷入一片火海，波斯人惊恐万分。更令波斯人惊慌的是雅典船只坚固的构造和特殊结构。雅典战舰船头镶嵌铜冲角，船身安装一根 5 米的包铜横木。它们用铜冲角把波斯战舰撞得支离破碎；当它们紧贴波斯舰飞速冲过时，横木像锋利的刀子一样削断敌舰的木桨。波斯军队只能被动挨打了。

经过七八个小时的激战，萨拉米斯海战结束。希腊联军大获全胜，击沉波斯战舰 200 余艘，缴获 50 余艘，希腊舰队仅损失 40 艘战船。

此后，以雅典为首的希腊转入进攻，并乘机扩张海上势力，逐渐建立起雅典在爱琴海的霸权。

公元前 449 年，希腊和波斯在波斯首都签署了《卡利亚斯和约》，希波战争结束。

萨拉米斯海战是世界上最早的大规模海战，是希波战争的转折点，是世界海战史上以少胜多，以弱胜强的典型战例。这一战役使希腊人取得了制海权，而波斯人走向了衰落。

雅典的民主

希波战争结束后，希腊进入了最发达、最繁荣的时期，历史学家把这个时期称为希腊历史上的"黄金时代"。在希腊的城邦中，又以雅典最为发达繁荣。

在希波战争时，以雅典海军为主力的希腊海军大败波斯海军。战后，雅典控制了爱琴海沿岸地区，组建海上同盟——提洛同盟，势力扩展到地中海和黑海沿岸，成了一个海上霸主。随着海上势力的扩张，雅典获取了大量的奴隶，各行各业广泛使用奴隶劳动，经济得到了快速发展。整个雅典的奴隶曾经达到 40 万，占了人口的绝大多数。

在当时的雅典，除了奴隶和奴隶主之间的矛盾以外，还有奴隶主内部的贵族派（贵族奴隶主）与民主派（工商业奴隶主）和自由民之间的矛盾。贵族派极力限制民主派和自由民的权力，维护自己的既得利益，而民主派和自由民则千方百计地要扩大自己的权力，削弱贵族派的权力。当时雅典当政的是著名的政治家伯里克利，他虽然出身贵族，但却站在民主派一边，经过几个回合的较量，在广大雅典公民的支持下，由贵族派把持的掌握雅典大权的元老院不得不将权力移交给民主派控制的公民大会。

伯里克利为了了解民意，经常深入广大的群众，和他们交谈，倾听他们的意见。遇到和他不同意见的人当众辱骂他，他也不生气，也不逮捕对方。一天下午，一个贵族跟在他后面，指着他大骂："你这个疯子！你这个混蛋！你出身贵族，却忘掉了自己的阶级，反倒去向那些下等的百姓献媚！"这个贵族一直跟着伯里克利，边走边骂，

伯里克利像

直到伯里克利的家门口。这时天已经黑了，伯里克利让仆人举着火把把那个贵族送回家。在伯里克利时期，雅典达到了全盛，所以这一段时期又称为"伯里克利时代"。

公民大会是雅典的最高权力机关，凡是年满20岁的雅典男性公民都有权参加，但妇女、奴隶和外邦人则无权参加。每10天公民大会都要举行一次会议，讨论关于内政、外交、战争、和平等重大问题，每一个公民都可以上台发表自己的意见。会议开始前，祭坛上先要杀死一头小猪，然后由祭司拿着绕场一圈，以消除不洁。接着会议主持人登台宣读提案，再由支持或反对提案的人轮番上台发表演讲。台下的听众则用欢呼和嘘声来表示赞成和反对，但决不能打断发言者的演讲，否则将会被驱逐出会场，甚至罚款。上台演讲的人也要尊重别人，不得侮辱和诽谤在场的人，否则会被禁止发言和剥夺荣誉。如果几个人同时要求发言，则将按年龄大小排序。它的常设机构是500人会议，成员由贵族奴隶主、工商业奴隶主和自由民组成。公民大会最重要的会议是选举大会。到了这天，会场上座无虚席，雅典人都以平生没有担任过任何公职为耻，所以参选的热情非常高涨。以前雅典的法官、军人、议员和公职人员都没有薪俸，连当兵都要自己购买盔甲、武器和马匹，所以这些职位都被有钱人把持着。伯里克利执政后，宣布军人和公职人员由国家发给薪俸，这样一来，普通公民就可以担任法官、军人、议员和其他公职人员了，这就扩大了普通公民的民主权利。选举大会主要选举10名将军、10名步兵统帅、两名骑兵统帅和一名司库员。这些职位涉及军队和国库，非常重要，当大会主持人念到候选人名字时，公民举手表决，得票最多的人当选。另外，其他的官员如

执政官、法官、监狱官等，用抽签的方式决定。

抽签在神庙中进行。神庙中放着两个箱子，一个箱子里放着候选人的名字，另一个箱子里放着黑豆和白豆。抽签时，主持人先抽出一个候选人的名单，在另一个箱子里拿一个豆子。如果拿到的是白豆，那么这个候选人就当选了，反之就是落选。

在选举大会两个月后，原来的公职人员开始向新当选的公职人员移交权力。

雅典的民主制度在当时属于一种非常进步的制度，但仍是奴隶制下的民主，归根到底是为统治阶级服务的，具有很大的局限性。

伯罗奔尼撒战争

希波战争后，雅典不断向外扩张，并把提洛同盟成员国变成自己的附庸，控制爱琴海，形成与斯巴达争霸希腊的局面。斯巴达则针锋相对，与雅典争相干预他邦内政，冲突不断发生。公元前435年，科林斯与其殖民地克基拉发生争端。公元前433年，雅典出兵援助克基拉，逼科林斯退兵。公元前432年，雅典以科林斯殖民地波提狄亚隶属提洛同盟为由，要求它与科林斯断绝关系，双方矛盾加剧。同年秋，伯罗奔尼撒同盟各邦开会，在科林斯代表鼓动下，要求雅典放弃对提洛同盟的领导权，遭拒绝。

面对与雅典的争端，斯巴达决定采取发挥陆军优势，鼓动提洛同盟成员国叛离，削弱和孤立雅典的战争策略，因为，斯巴达训练有素的重甲方阵步军和骑兵在陆战中将占有绝对的优势。

公元前431年，伯罗奔尼撒同盟成员底比斯袭击雅典盟邦布拉底引发战火。5月，斯巴达国王率领精锐部队6万余人，向阿提卡进军，伯罗奔尼撒战争全面爆发。

雅典的统帅伯里克利是位杰出的政治家和军事家，他对局势认识很清楚。他知道，要想在战争中胜利或逼

伯罗奔尼撒战争绘画
几乎所有希腊的城邦都参加了这场战争，其战场涉及了当时整个希腊语世界。这场战争结束了雅典的黄金时代，结束了希腊的民主时代，强烈地改变了希腊国家的命运。

和斯巴达，必须避其长击其短。于是，他采取陆上取守势，海上则取攻势的对策，命令陆战队以守为主，派舰船侵袭伯罗奔尼撒半岛沿海地区。

就在斯巴达不断对阿提卡进攻时，雅典的海军在伯罗奔尼撒半岛开始登陆，严密封锁伯罗奔尼撒半岛海岸港口，断绝斯巴达海上与外界的联系，并煽动斯巴达的奴隶希洛人举行起义，使斯巴达陆上进攻受到极大牵制。整个战争按照雅典人的预想进行。

但不幸却降临在雅典人头上，公元前430年，雅典城内发生严重瘟疫，死者甚众，雅典统帅伯里克利也在这场瘟疫中丧生。他的去世使雅典从防御战争变成新任统帅克里昂主张的侵略性战争。公元前425年，雅典海军占领了美塞尼亚西岸的皮洛斯及其附近的斯法克蒂里亚小岛，斯巴达陷入困境。为避开强大的雅典海军主力，斯巴达国王命令柏拉西达将军率领一支精锐部队由小道穿过希腊半岛，向北绕到雅典背后进行攻击，对雅典同盟进行说服，并攻下安菲波利斯。

古希腊青铜驭手像

公元前422年，双方在安菲波利斯展开对决。斯巴达骑兵一举杀死雅典统帅克里昂，但斯巴达统帅伯拉西达也在乱军中被杀死。

双方失去统帅，战争只好暂时停止。公元前421年，雅典主和派首领尼西阿斯与斯巴达缔结《尼西阿斯和约》。条约规定：交战双方退出各自占领地，交换战俘，保持50年和平。

然而，导致战争的基本矛盾依然存在，雅典和斯巴达在希腊争霸的野心并没有消除。和约签订的第6个年头，雅典调集134艘三桨战船、130艘运输船、5100名重步兵、1300名弓弩手共约2.7万人，组成雄壮的远征军由亚西比德统率向西西里进发。

但惊人的意外发生了，雅典方面突然命令亚西比德回国受审。原来，雅典城内的海尔梅斯神像被人毁掉，亚西比德因一贯不敬神而被诬陷，还将被判处死刑。亚西比德一怒之下逃往斯巴达。对雅典战略战术一清二楚的亚西比德的投降使战势发生了转变，斯巴达在埃皮波拉伊重创雅典军。雅典军无奈只好撤军，但撤军当晚发生月食，相信月食会带来凶险的雅典士兵不肯登船撤退。斯巴达抓住时机，封锁港口，切断陆上要道，包围了雅典军队。公元前413年9月，雅典全军覆没，经此严重打击，雅典渐失其海上优势。

公元前411年，雅典海军在阿拜多斯，次年在基齐库斯，先后打败斯巴达海军。斯巴达则寻求波斯援助，增建舰队，要与雅典海军做最后的较量。公元前405年，斯巴达海军在波斯人的援助下一举全歼雅典海军，从此斯巴达成为希腊的霸权国。公元前404年，雅典投降，被迫接受屈辱的和约：取消雅典海上同盟（即提洛同盟）；拆毁长墙工事；除保留12艘警备舰外，其余的全部交出。

伯罗奔尼撒战争使斯巴达成为希腊的霸权国，但整个希腊遭到严重破坏，繁荣富强的希腊从此一蹶不振。这场战争是希腊城邦开始衰亡的标志，是古典时代的结束。

但斯巴达的霸权没有维持多久，由于斯巴达对其他城邦的肆意压榨，再加上波斯的挑拨离间，希腊各城邦之间陷入了长期的内战，最终都被希腊北部的马其顿王国征服。

苏格拉底之死

公元前399年6月一天的傍晚，在雅典监狱中，一位年届七旬的老人与妻子、家属做最后的道别。这位老人，散发赤足，衣衫褴褛，但是神情却非常镇定，丝毫看不出将要被处以死刑。妻子和家属走后，他又与几个朋友交流起来。

不知过了多久，一个狱卒端着一杯毒汁走了进来，老人接过杯子一饮而尽，然后，安详地躺在床上。突然，他好像想起了什么似的，翻了个身面向他的朋友说："我曾吃过邻居的一只鸡，还没给钱，请替我还给他。"说完永远地闭上了双眼。

这位老人就是大哲学家苏格拉底。苏格拉底到底是什么原因被判处死刑的呢？

苏格拉底（公元前470～前399年），既是古希腊著名的哲学家，又是一位个性鲜明、从古至今被人毁誉不一的著名历史人物。他的父亲是石匠和雕刻匠，母亲是接生婆，一家人生活十分贫困。

苏格拉底生活在雅典由盛到衰的时期，雅典人在

苏格拉底像

经历过一段繁荣富足的生活后，开始变得奢侈淫逸、道德败坏，经常和周边城市发生战争。19 岁时，苏格拉底第一次参加战争，那是为了保卫雅典。他在战场上表现得十分英勇，曾三次冒死救出他的战友。和他一起作战的战友都说，与苏格拉底在一起就会感到安全。从战场上回来后，苏格拉底开始对雅典城的状况进行深入思考。苏格拉底认为要想改变雅典的衰颓现状，就必须先提高雅典人的道德水平，造就治国人才。于是，苏格拉底开始研究哲学并从事教育工作。他培养出许多有成就的人，如柏拉图、色诺芬等著名的哲学家。

为了提高自己的学识，苏格拉底潜心读书，他读遍希腊的政治、历史书籍，眼界变得十分开阔。不过苏格拉底并不满足于书本上的知识，他觉得要想从整体上提高自己，还得不断吸取别人的思想。于是，他四处去拜访当时有名的学者，还不断地请别人到自己家中来谈天。当时，苏格拉底已经娶妻生子，由于他整体总是忙着做学问，没有时间帮妻子做家务、照看孩子，这使得整天忙碌的妻子对他十分不满。

一次，妻子正在洗衣服，刚会走路的儿子因没人照看，在一边大声哭。妻子便大声喊正在和两个学者交流学问的苏格拉底去看一下。苏格拉底谈到了兴头上，根本没听见妻子叫他。暴躁的妻子控制不住心中的怒火，便将一盆洗衣水向苏格拉底泼去。客人感到非常尴尬，然而浑身湿淋淋的苏格拉底却幽默地对客人说："没事，雷声过后，必有大雨嘛！"接着，他抖了抖身上的水，继续刚才的话题。

成名以后的苏格拉底依然过着艰苦的生活。一年四季他都穿着一件普通的单

苏格拉底之死
苏格拉底因坚持自己的信念将被判处鸩刑，但他神色安然，面无惧色。他的手指向更高的天国，表明那是他的最终归宿。

衣，经常赤着脚，吃饭也不讲究，所有精力都用来做学问。他经常公开发表演说或与人辩论，辩论中他经常采用问答形式帮助对方纠正、放弃原来的错误观念，启发人们进行思考。

公元前404年，伯罗奔尼撒战争以雅典的失败而告终，"三十僭主"的统治取代了民主政体，依靠雇佣军起家的克利提阿斯成了最高统治者。

克利提阿斯是苏格拉底的学生。有一次，为了霸占一个富人的财产，克利提阿斯让苏格拉底带4个人去逮捕那个人。苏格拉底当众违逆了克利提阿斯的命令，并且拂袖而去。不仅如此，苏格拉底还多次在公开场合谴责克利提阿斯的暴行。这无疑会惹恼克利提阿斯，于是，苏格拉底被勒令不准再接近青年。对于克利提阿斯的命令与恐吓，苏格拉底根本不加理睬。

后来，"三十僭主"的统治被推翻了，民主派重掌政权。苏格拉底被人诬告与克利提阿斯关系密切，反对民主政治，用邪说毒害青年，苏格拉底因此被捕入狱。大约公元前399年，苏格拉底因"不敬国家所奉的神，并且宣传其他的新神，败坏青年"的罪名被判处死罪。其实，说到被判入狱的真正原因，是他的言论自由的主张与雅典民主制度发生了严重冲突。

按照古希腊的民主制度，每一位雅典公民都能够充分地行使自己的权利，政府还在关键性投票中采用给予参与者一天口粮的方式鼓励公民参与。审判苏格拉底的是由501个雅典普通公民组成的陪审法院，也就是公民大会。苏格拉底的审判大会经历了初审和复审，初审中500个公民进行了投票，结果以280票对220票判处苏格拉底有罪；复审是决定苏格拉底是否该判死刑。复审之前，苏格拉底有为自己脱罪的辩护权利，但苏格拉底的临终辩词不但没有说服希腊民众，相反还激怒了他们，结果是360票对140票判苏格拉底死罪。

收监期间，苏格拉底的朋友买通了狱卒，劝他逃走，但他决定献身，拒不逃走。最后在狱中服毒受死，终年71岁。

作为一个伟大的哲学家，苏格拉底使哲学真正在人们生活中发挥了作用，为欧洲哲学研究开创了一个新的领域，对后世的西方哲学产生了极大的影响。

柏拉图

柏拉图（约公元前427～前347年），贵族出身，是苏格拉底的学生，雅典著名的唯心主义者。

柏拉图认为精神是第一性的，物质是第二性的；认为现实世界不过是理念世界的微弱的反映，观念世界是真实的存在，而现实世界不是真实的存在。这样他就完全颠倒了精神和物质的关系。

在政治上，柏拉图拥护贵族奴隶主专政制度，他的理想共和国有许多地方类似斯巴达的国家制度。

公元前386年，柏拉图在雅典附近的阿卡德米体育场开办了一所学校，他一边教书，一边著书，前后达数十年。柏拉图深明学以致用的道理，致力于按照他的政治哲学观点来培养各方面的从政人才，当时，有很多著名的政治家都是柏拉图的学生。

柏拉图的著作大都是以对话体裁写成的，这些著作几乎全部传到现在，代表作是《理想国》。

博学的亚里士多德

一位学生问老师："老师，运动的来源是什么？"老师答道："犁耕地的运动来源于农夫的手；农夫手的运动来源于他的大脑；大脑的运动来源于他的食欲；食欲来源于人的本能；而本能只能是来源于神。"这位机智的老师就是被恩格斯称为"最博学的人"的亚里士多德。

亚里士多德（公元前384～前322年）出生、成长在一个充满着高贵而又有医学气氛的家庭。依照传统，亚里士多德本该继承父亲的衣钵，但他却在医药的熏陶中，表现出对科学的爱好。公元前367年，亚里士多德拜柏拉图为师，进入柏拉图的学园，钻研各种知识长达20年之久，成为同学中的佼佼者，被柏拉图称为"学园的精英"。柏拉图去世后，亚里士多德来到小亚细亚的阿索斯城，在城主赫尔麦阿伊斯的宫廷做客，并娶了城主的侄女皮提阿斯为妻，生有一女，与自己的母亲同名。皮提阿斯死后，亚里士多德与他的侍女赫尔皮利斯同居，得一子，取名尼科马霍斯。

亚里士多德的思想的影响之大超越了时代和流派，他的《诗学》被认为是西方美学重要的奠基之作。

公元前343年，亚里士多德被聘为马其顿国王

雅典学院
此壁画是拉斐尔为梵蒂冈教皇宫殿所绘。图中柏拉图和亚里士多德师徒正在门厅闲谈，其他不同地域和不同学派的著名学者在自由地讨论。画面以柏拉图与亚里士多德为中心，而这师生二人同是历史上最伟大的思想家。

腓力二世的儿子、13 岁的王子亚历山大的老师。公元前 335 年，亚里士多德结束了在马其顿的寓居生活，回到希腊，在雅典阿波罗圣林的吕克昂体育场开办了一所学园，并得到了已经继任马其顿国王的亚历山大的巨额经费支持。因为他经常率领弟子在学园的林荫道上边散步、边讲课，所以他的学派被称为"逍遥学派"。亚里士多德大部分作品就是在他主持学园的 13 个年头里完成的。

亚里士多德是古代世界中最博学的人。他创造性地总结了前人的研究成果，对当时已知的各个学科如伦理学、政治学、经济学、战略学、修辞学、文学、物理学、医学等都做出了有意义的探索，并开辟了逻辑学、动物学等新领域。可以毫不夸张地说，亚里士多德的研究成果代表了古希腊科学的最高水平。

作为形式逻辑的创始人，亚里士多德提出了归纳和演绎的思维方法，提出并阐释了同一律、矛盾律和排中律这些思维的基本规律，他所规定或发现的原则和范畴以及所使用的某些专门词语，至今仍为逻辑学教科书所采用。作为动物学的开创者，他的许多观察和实验，得到了后来的生物学家和医学家的首肯。林耐和居维叶是达尔文所崇拜的偶像，但达尔文说，这两人比起亚里士多德，只不过是小学生而已。在哲学上，亚里士多德肯定客观世界是真实的存在，认为人类的认识来源于对外界事物的感觉。他创立了自己的"四因说"（质料因、动力因、形式因和目的因），认为一切事物的产生、运动、和发展，都不外是这 4 种原因的作用的结果。在政治学方面，亚里士多德详细地比较研究了君主、贵族、共和、僭主、寡头和平民 6 种政体，他主张法治，认为"法律是不受情欲影响的理智"。

文学方面，他广泛考察了美学和文艺理论的一系列问题，如文艺的产生和分类、文艺与现实的关系等，认为文艺有深刻的社会意义。此外，亚里士多德的学说对基督教影响甚巨，13世纪中期，亚里士多德的著作成为英、法、德、意等地区基督教学校的必修科目，而14世纪巴黎的文教法令则规定，学校除圣经外，所有的世俗知识都应该在亚里士多德的著作中寻求指导。

公元前323年，亚历山大大帝病死后，雅典成为当时反马其顿运动的中心。由于是亚历山大的老师，亚里士多德被迫从雅典出逃，前往优卑亚岛的卡尔喀斯城避居，并于次年辞世，享年63岁。

亚里士多德对世界的贡献是空前绝后的，绝对称得上是伟大的、百科全书式的科学大师。因此，后人将他与其师柏拉图还有苏格拉底并称为古希腊三贤，也有人将这三人喻为"古希腊科学史上的三座高峰"。

帝国争战时期

在亚洲、地中海区域等地兴起的一些奴隶制国家的基础上，经过长时间的分化组合，终于形成了秦汉帝国、波斯帝国、亚历山大帝国、安息帝国、贵霜帝国、罗马帝国等一些地域辽阔的中央集权的专制帝国。

这些帝国大都是依靠武力建立起来的，虽然它们的建立过程给被征服地区的人民带来了灾难，破坏了各民族独立发展的历史进程，但在另一方面却使世界各地的政治、经济和文化的联系更进一步加强，加速了人类历史从分散走向整体的进程。同样，在各种矛盾激化的情况下，这些帝国最终又走向解体和灭亡。

罗马军团

王政时代，罗马军队主要是由氏族部落组成，有 3000 步兵和 300 骑兵。公元前 6 世纪，罗马人学会了重装步兵方阵。塞尔维乌斯按照地域和财产进行改革，建立了公民兵制，规定凡是 17 ~ 60 岁的罗马公民都有自备武器服兵役的义务，这样就扩大和改组了军队。

共和国初期，罗马军队分为两个军团，分别由两个执政官指挥。每个军团的主力是 3000 重装步兵，另外还配有少量轻装步兵和骑兵。

公元前 4 世纪，为了适应长期战争的需要，罗马著名军事统帅卡路米斯进行了军事改革，开始实行军饷制。罗马军团被分成 30 个连队，每个连队有两个百人队。同时，他废除了原来按财产等级列队的传统，按照年龄和经验把军队分为枪兵、主力兵和后备兵，排成三队。第一排是年轻的投枪兵，第二排是有经验的主力兵，第三排是最有经验的老兵。作战时，第一排的投枪兵先向敌人投掷长枪，这种长枪长达 2 米，装着锋利的金属矛头，再加上强大的冲击力，足以刺穿敌人的盾牌和铠甲。投枪兵投掷完长枪后，迅速后撤。第二排主力兵上前手持盾牌和利剑，同敌人展开厮杀。如果不能取胜，那么最有经验和战斗力最强的老兵们就投入战斗。

罗马军队有一个规定，军队在野外宿营时，哪怕是只住一晚也要也必须挖壕沟，筑高墙，以防备敌人偷袭。他们纪律严明，如果有人胆敢违抗命令，立即处死。打仗时，如果全队都当了逃兵，那么罗马将军就将他们排成一排，每隔 9 个人处死 1 个。如果作战有功，不管是士兵还是军官，都有赏赐。

公元前 2 世纪，罗马占领迦太基后，将那里变

罗马战车
这种战车并没有在战争中大量使用，它只是公众游戏中的景象，这种游戏在罗马帝国中的主要城市举办。

成了罗马的阿非利加行省。罗马的商人来到这里掠夺搜刮，并向紧邻迦太基的努米比亚国渗透，激起了当地人民的强烈愤怒。努米比亚国王朱古达派军队对当地的罗马人大肆屠杀，于是罗马向努米比亚宣战。朱古达用金钱贿赂罗马将领，罗马士兵为了金钱甚至把武器卖给努米比亚人。这场战争一连拖了好几年，罗马始终无法战胜努米比亚，引起了罗马民众的强烈不满。罗马贵族马略当选为罗马执政官，并担任军事统帅。

为了战胜努米比亚，马略进行了一系列的军事改革：一，用募兵制代替征兵制。当时罗马平民要有一定的财产才能当兵，符合这一要求的人并不多。为了扩大兵源，马略采用了募兵制，吸引了大批的无产者参军。二，延长服兵役的时间。以前打仗的时候，罗马军队都是临时征集的，打完仗后就解散回家。公民服完16次兵役后就解除义务。马略将公民的兵役时间规定为16年，这就将民兵变成了职业化军人。三，给士兵发军饷。士兵服兵役期间，必须脱离生产，为了使士兵的生活有保障，马略规定士兵可以从国家那里领取军饷。战争胜利后，士兵还可以获得战利品。四，有了充足的兵源后，马略对罗马的军团制度进行了大规模调整。用联队军团代替了三列军团。五，改进武器装备，给重甲兵配备标枪和短剑。六，严格训练，最大限度增强军队的战斗力。

经过改革，马略率领罗马军团很快战胜了努米比亚，接着又战胜了日耳曼人，镇压了西西里岛的奴隶起义。罗马就凭着这支勇猛作战的军队征服了地中海沿岸的土地，将地中海变成了罗马的内湖，成了一个横跨亚非欧三大洲的大国。

马其顿的年轻统帅

马其顿原来是希腊北部一个落后的奴隶制王国，它积极吸收与它相邻的先进希腊文化和技术，采用希腊文字，逐渐强大起来。公元前4世纪，马其顿国王腓力二世征服了国内没有降服的部落，占领了沿海的海港，实力越来越强。

有一次，腓力二世买了一匹高头大马，在城郊的练马场试马。许多骑手都轮番上阵，企图驯服这匹烈马。但骑手们一骑上马背，烈马就前蹄腾空，又蹦又跳，狂嘶不已，将骑手一个个摔倒地上，在场的人都哈哈大笑。腓力二世见没有一个人能驯服这匹烈马，正想下令让人牵走，忽然听到身旁12岁的儿子亚历山大说："不是驯服不了，只是因为他们的胆子太小了。"腓力二世生气地说："不许讥笑比你年长的人！因为你也驯服不了！""我去试试！"腓力二世正想阻止，但亚历山大已经向烈马跑去了。

亚历山大一手牵着缰绳，一手轻轻抚摸着马的鬃毛。他发现马非常害怕自己的影子，就慢慢地把马头转过来朝向太阳。突然，亚历山大以迅雷不及掩耳之势一跃而起，跳上了马背。受惊的烈马不停跳跃，仰天长嘶，企图将亚历山大掀下马背，但亚历山大牢牢地抓着缰绳，双腿紧紧夹着马腹，稳如泰山。烈马又开始疯狂跳跃，在场的人脸都吓白了，可亚历山大却毫无惧色。烈马长嘶一声，风驰电掣般向远方跑去，眨眼间就在人们的视线中消失。腓力二世焦急万分，

亚历山大头像

急忙派人前去追赶。过了一会儿，满身大汗的亚历山大骑着马回来了，那匹烈马十分驯服地听从他的指挥，全场的人都惊呆了。从此，腓力二世决定将胆识过人的亚历山大培养成自己的接班人。

腓力二世不惜重金，请全希腊最著名的学者亚里士多德担任亚历山大的家庭教师。亚里士多德努力教导他去热爱希腊文化，征服科学的世界，但亚历山大想征服的却是现实中的世界。他非常喜欢读《荷马史诗》，枕边就放着《伊利亚特》。亚历山大最崇拜希腊神话中的英雄阿喀琉斯，希望有朝一日能像他一样，建立丰功伟绩。

当时希腊各城邦内战不止，实力受到严重的削弱。腓力二世看准时机，发动战争，企图征服全希腊，成为希腊之王。公元前338年，腓力二世和亚历山大与雅典和底比斯两个城邦的军队在希腊中部的喀罗尼亚相遇。交战前，马其顿排成了一个16排的方阵。方阵中的每个士兵都一手拿着一面可以遮住全身的大盾，一手拿着一根长达5米的长矛。后排的士兵将长矛放在前排士兵的肩上，前方和两侧是骑兵。腓力二世将马其顿的骑兵集合起来，形成强大的进攻力量。他亲自担任统帅，指挥右翼，任命亚历山大为副统帅，指挥左翼。

战斗开始后，双方杀得难分难解。底比斯的"神圣部队"突破了腓力二世的右翼，贪功冒进，导致战线拉长。亚历山大抓住战机，率领骑兵迅猛出击，将希腊人打得大败。这场战争后，希腊人再也无力抵抗马其顿人了，希腊并入了马其顿王国。公元前336年，腓力二世在女儿的婚礼上不幸遇刺身亡，年仅20岁的亚历山大继任为马其顿国王。

希腊各城邦见腓力二世死了，纷纷摆脱马其顿，宣告独立。年轻的亚历山大

此时显示出了他的雄才大略，他迅速平定
了宫廷内乱，镇压了国内叛乱的部族，随
后将矛头指向了反叛的希腊城邦。

当时希腊各城邦分为反马其顿派和亲
马其顿派。反马其顿派希望重获独立，而
亲马其顿派则希望马其顿统一希腊，然后
远征东方，掠夺波斯的财富。亚历山大亲
率大军进攻反马其顿的底比斯城邦，将它
变成一堆瓦砾，把城中居民统统变卖为奴

隶。希腊各城邦害怕了，又纷纷表示归附。

金橡叶花冠
亚历山大从他的父亲腓力二世那里得到的佩饰。

公元前 334 年，亚历山大率领 3.5 万军队和 160 艘战舰远征波斯。临行前，
他将自己的所有财产都分给将士。将士们问他："陛下，您把财产都分给我们，
那您给自己留下了什么呢？"

"希望！"亚历山大说，"我把希望留给自己，它将带给我无穷无尽的财富！"

将士们被亚历山大的豪言壮语感动，他们齐声呐喊，誓死追随亚历山大，从
此踏上远征之路。

征服波斯

公元前 334 年，亚历山大率领一支包括步兵 3 万人，骑兵 5000 人和 160 艘
战舰组成的马其顿和希腊各邦联军，浩浩荡荡地渡过赫勒斯滂海峡，登陆小亚细
亚，踏上了波斯的领土。

当时波斯国王大流士三世昏庸无能，国内政治腐败，内部矛盾重重。大流士
三世闻讯大为惊恐，急忙派 2 万波斯人和 2 万希腊雇佣军前去迎战。两军在马尔
马拉海南岸的格拉尼科斯附近交战，波斯军队占据了河对岸的高地，以逸待劳。
亚历山大不顾部队长途跋涉的疲劳，率军强行过河，向波斯军队发起进攻。波斯
军队一触即溃，士兵们纷纷逃亡，2000 人被俘，而亚历山大的军队只损失了百余人。

首战告捷后，亚历山大继续南下，扩大战果。公元前 333 年，亚历山大在伊
苏斯迎战大流士三世亲自率领的 16 万波斯大军。大流士三世率领军队迂回到亚
历山大的后方，企图围歼亚历山大。在这危急时刻，亚历山大当机立断，亲自率
领精锐骑兵，向大流士三世率领的中军发起冲锋。马其顿骑兵锐不可当，势如破竹，

这是一幅表现不戴头盔的亚历山大大帝追击大流士战马的图画。

波斯人或死或逃。大流士三世吓得魂飞魄散，急忙掉转马头，落荒而逃，连自己的弓、盾和王袍都丢掉了。其他的波斯将领见国王跑了，都无心再战，也纷纷逃亡。远征军趁机大举进攻，大获全胜。

这场战役，波斯人损失了10万步兵、骑兵，辎重全部丧失，连大流士的母亲、妻子和两个女儿也被俘虏，而远征军仅损失5000人。亚历山大看到大流士三世豪华的帐篷后，羡慕不已，说："这才像个国王啊。"这场战役后，远征军获得战争主动权。

为了赎回自己的母亲和妻女，大流士三世派使者前去觐见亚历山大。使者战战兢兢地说："尊敬的亚历山大陛下，为了两国的和平，我们大流士三世陛下愿意将我们美丽的公主嫁给您，并将幼发拉底河以西的全部领土和10000塔兰特作为嫁妆，请求您放回我们大流士三世的母亲和妻女，并各自停战。不知陛下意下如何？"

亚历山大还没有回答，一旁的大将帕曼纽两眼放光，兴奋地说："这么丰厚的条件！如果我是亚历山大，我肯定会同意的！"

亚历山大轻蔑地看了他一眼说："可惜我不是愚蠢的帕曼纽。我是亚历山大，我不会答应的。我要得是整个波斯帝国，而不是部分！我要做全亚洲的统治者！回去告诉大流士，要么投降，要么继续和我战斗！"使者灰溜溜地回去了。

公元前332年，亚历山大沿地中海东岸挥军南下，进入埃及，将埃及从波斯人的手中解放出来。埃及祭司为了表达对亚历山大的感激之情，宣布他为"阿蒙神之子"，亚历山大又自封为埃及法老，还在尼罗河口兴建一座城市，并以自己的名字命名，这就是今天的亚历山大港。

战败的大流士逃到幼发拉底河，在这里重整旧部，又招募军队，准备与亚历山大决一死战。10月1日，在尼尼微附近的高加米拉原野，大流士三世的军队与亚历山大军队再次相遇。大流士对此役做了充分的准备，他调集4万骑兵，100万步兵，还有200辆装有刀剑的战车及15头战象，布置于开阔的高加米拉平原。大流士认为这是最适宜骑兵、战车作战的地方，他命令士兵铲平地面，移走障碍物，高加米拉平原显得更加空旷了。大流士吸取了伊苏斯战役的教训，还给士兵配备了更长的矛，并在战车上装备长刀，试图突破亚历山大的方阵。

大流士将军队分为两个方阵排列：第一方阵为主力部队，排成前后两条战线。战线的左、右翼骑兵和步兵混合在一起，中央由大流士亲率皇族弓箭兵、步兵和骑兵及其他城邦联军组成纵深队形。第二方阵排列在第一方阵正前方。方阵的中央为15头战象和50辆战车，大流士的御林军骑兵紧跟其后；方阵左翼为100辆战车及西亚骑兵；右翼为50辆战车及亚美尼亚和卡帕多西亚骑兵。

亚历山大趁大流士尚在设防之际，亲率一支精锐骑兵勘察地形，巡视敌情，把敌军的战略部署搞得清清楚楚。后方部队则一边加固防御工事，一边休养整顿。

当波斯和马其顿军队接近时，亚历山大并没有直接进攻，而是向波斯军的左翼斜向移动。大流士担心亚历山大攻击左翼，也跟着平行移动。渐渐地，队伍走出了波斯人特意平整过的地带。这时大流士开始警觉起来，他担心精心准备的战车失去作用，便立即命令左翼部队赶紧绕过亚历山大的右翼，阻止其继续右移。双方侧翼骑兵开始了激战。数量明显占优的波斯军，因为骑兵和马匹都有铠甲保护，致使亚历山大骑兵伤亡惨重，败下阵来。亚历山大急忙调骑兵支援，勇猛的骑士连续向波斯军左翼发起冲锋，终于将敌人击退。

大流士看到其左翼激战正酣，趁势发动长刀战车冲向对方的方阵，试图冲散敌人。当他们接近时，马其顿方阵前方的弓弩手、标枪手上前迎战，有效地阻止了大流士的进攻。

大流士下令右翼开始进攻敌人左翼，亚历山大则命令攻击那些迂回到马其顿右翼的敌军，两翼骑兵的进攻使大流士中央部队现出了一个漏洞。亚历山大亲自率领马其顿方阵和骑兵，还有预备方阵向内旋转，形成一个劈尖，直插大流士的阵营。波斯军顿时乱了阵脚，被冲得七零八落，再也组织不起有效的进攻。大流士见大势已去，仓皇逃走。

公元前330年春，亚历山大引兵北上追击大流士，大流士被其部将谋杀，古波斯帝国阿黑门尼德王朝灭亡。

在一次突围中，亚历山大骑着爱马布斯法鲁斯率军粉碎了波斯军队的进攻。该图见于他的下属西顿王的石棺。

亚历山大之死

大流士死后，波斯帝国灭亡，亚历山大的军队占领了波斯全境。按理说，以进攻波斯为目标的东征该结束了，但是，亚历山大的野心太大，仅仅占领波斯不能让他满足，他要征服世界，他要做万王之王。于是，他借口追击波斯残余势力继续率军东进，于公元前329年侵入巴克特里亚，抓获背叛并杀死大流士的拜苏斯，将他处死。中亚地区的民族都骁勇善战，他们不服从亚历山大，不断反抗。花费了两年多的时间，亚历山大才将各地的反抗镇压下去。

安定好中亚后，公元前327年，亚历山大率军3万沿喀布尔河经开伯尔山口侵入印度。当时的印度，小国林立，内斗不止。印度河上游的旦叉始罗王与东邻的波鲁斯王严重不合，看亚历山大兵强马壮，旦叉始罗王便给他送来金银、牛羊、粮食，引诱亚历山大进攻波鲁斯。公元前324年4月，亚历山大从上游偷渡成功，在卢姆河畔消灭波鲁斯王大军两万余人，波鲁斯王投降。远征军抵达希发西斯河时，军中疫病流行，多年远途苦战加上久别故乡的疲惫，使将士们再也不愿前进了。亚历山大下令东进，但反复劝说，众将士仍不肯接受命令。无奈之下，亚历山大大帝被迫停止东征，传令撤军。公元前324年春，东征军返回巴比伦。

通过10年的征战，亚历山大建立起幅员空前的大帝国，帝国西起巴尔干半岛、尼罗河，东至印度河这一广袤地域，建都巴比伦。

亚历山大热爱希腊文化，在远征之前，他认为，只有希腊才是文明开化的民族，其他民族都是没有开化的野蛮民族；希腊文化是世界上最优秀的文化，其他地区没有真正的文化可言。因此，他东征的一个重大使命就是传播希腊文化，让世界上的其他民族共浴希腊文明的光辉。在东侵过程中，他沿途建设了许多希腊风格城市，有好几座还是以他自己的名字命名的，最著名的是埃及的亚历山大城，今天已经发展为埃及最大的海港。

但是，世界并不像亚历山大想象的一样，东方民族也同样是富有智慧和创造力的，也同样创造了灿烂的文明。亚历山大在东征时开始认识到这些，并逐步痴迷于东方文化。波斯人的君主体制，东方的奢华宫殿，东方的宗教都曾打动过他。因此，在传播希腊文化的同时，他也尊重其他地区的文化，并努力推动不同文化间的交流。为推动各民族的交流与信任，他自己就娶了大夏贵族罗可珊娜、波斯王大流士的女儿斯塔提拉等不同民族的妻子。他还鼓励马其顿将士和东方女子结婚，并宣布这样可以享受免税权利。他曾在苏撒举办盛大奢华的婚礼，那是他和斯塔提拉的婚礼，同时也是1万多名将士与东方女子的婚礼，亚历山大向这些新人们赠送了许多礼物。

从印度退兵后，亚历山大并不甘心，他在巴比伦整编军队，计划征服印度，进军迦太基，入侵罗马。但天并不遂人愿，公元前323年，这位不可一世的大帝突然死亡。关于他的死，众说纷纭，至今尚未有定论，成为历史上最大的悬案之一。亚历山大之死，大体有三种说法：第一种看法认为由于亚历山大由于长期在沼泽地区作战而染上恶性疾病去世；第二种看法是在首都巴比伦，亚历山大在一次宴会上喝得大醉以后，突然发烧，从此一病不起，不久去世；第三种说法是被部将安提帕特鲁毒死。

亚历山大是世界历史上的最伟大的人物之一，也是最具传奇色彩的、富有戏剧性的人物。他胸襟博大，满腔热情，充满了穿凿世界的朝气；他英勇善战，无往不胜，建立起不朽的事业；他年轻有为，英气勃勃，但又英年早逝，为后人留下许多想象。亚历山大的远征和亚历山大帝国的建立，当时给被征服地的人民带来灾难，但从历史角度看，它促进了东西方的文化交流，促进了东西方民族的了解与融合，推动了历史的发展。

亚历山大城

亚历山大是古代世界的名城，是马其顿国王亚历山大入侵埃及时（公元前332年）建立的。后经托勒密王朝历代诸王的经营，成为当时整个地中海地区最大的城市和与东方贸易及文化交流的中心。该城城市布局合理，道路铺设完美，主街道宽达30余米。同时建有宏大的剧场、雄伟的宫殿、巍峨的寺院等建筑。城外法罗斯岛上矗立着一座高120米，从40千米之外可见灯光的灯塔，被称为古代世界七大奇迹之一。还有公元前3世纪初在该城创建的亚历山大博物馆，由于该馆规模庞大，设有图书馆、动植物园、研究院等，并且馆藏图书70余万卷，吸引了当时希腊许多著名的科学家、哲学家，如欧几里得等。博物馆成为当时地中海地区最大的科学和艺术中心，还对近代欧洲科学的发展产生过深远的影响。

希腊化时期神庙中残留的柱子，充分体现了这一时期的建筑特色。亚历山大的东侵使地中海东部地区进入"希腊化时期"，古典希腊文化流布于各地。

摩揭陀王国

约公元前6世纪初,印度次大陆的部落大多过渡为国家,这样的小国有数十个。经过兼并战争,出现了16个大国,如鸯伽、摩揭陀、居萨罗、迦尸、跋祇、末罗、跋沙、居楼、般罗、阿般提、犍陀罗等。这一历史时期诸邦林立,史称列国时代。也有人考虑到佛教的兴起和巨大影响,将佛陀所生活的公元前6～前5世纪称为佛陀时代。

在互相争雄的16国中,恒河中下游的居萨罗、迦尸、摩揭陀等国逐渐成为当时最重要的国家。最初,伽尸强盛一时,同居萨罗进行了长期的争霸战争。后来,居萨罗征服伽尸,发展成为强国。与此同时,摩揭陀开始强大起来,并逐渐走上向外扩张的道路。

摩揭陀位于今比哈尔邦南部。约前9世纪时,婆罗多族的两支后裔居楼族和般度族之间曾发生一场大战,当时北印度的很多部落都被卷入进去,这在《摩诃婆罗多》大史诗中有生动描述。在那场大战中,摩揭陀部落是般度族的同盟者,后由部落转变为城邦。频毗婆罗(即瓶沙王,约公元前544～前493年)是摩揭陀历史上第一位著名的国王,他通过联姻与居萨罗、跋祇等国建立了友好关系,同时又用武力征服了位于恒河三角洲的鸯伽国。据说,他曾管辖8万个村镇,并在这些村镇设有村长和村议会。在中央,他设立了一个由8万个村长组成的大议会。这种说法显然有些夸张,不过也透露出这样的情况:摩揭陀国可能是由许多村镇以某个政治中心组成的。

印度战象

在难陀王朝时期,印度国力强盛,拥有战象6000头。国王也视大象为国宝,拥有1000头身躯如大山般伟岸、气势如魔鬼般凶悍的大象。图中带有多重拱顶的棚厩是圈养国王珍贵大象的场所。

　　另外，他还在中央设立了分别管理行政、司法和军事的机构。由于这位国王信奉佛教，首都王舍城便成了当时保护和传播佛教的中心。频毗娑罗王之子阿阇世（约公元前 493～前 462 年）开始反对佛教，后来也成为佛教信徒。

　　皈依佛陀后，阿阇世王"维护佛教教团其力"。相传，正是在他的大力赞助下，佛教于王舍城外毕波罗窟举行了第一次"结集"，首次写定佛教经典。

　　阿阇世之后，先后有 4 位继位者都是弑父称王的。最后一位残暴的国王被市民起义推翻，大臣希苏那伽被拥立为王。从此开始了希苏那伽王朝（约公元前 414～前 346 年）的统治。希苏那伽统治时期，摩揭陀出兵征服了阿般提，国势逐渐强大起来。其子迦腊索伽统治时，把首都迁至华氏城。约公元前 346 年，出身低微的摩诃帕德摩·难陀杀死希苏那伽王朝末王，建难陀王朝（约公元前 346～前 324 年）。在难陀王朝统治时期，摩揭陀基本上统一了北印度。南印度的羯陵伽和德干高原的某些地区也被纳入摩揭陀的版图。难陀王朝的末王达纳·难陀统治时期，摩揭陀兵力强大。达纳·难陀贪婪无度，横征暴敛，引起平民的不满。公元前 324 年，难陀王朝被旃陀罗笈多推翻。

旃陀罗笈多崛起

　　公元前 518 年，伊朗高原的波斯帝国侵入印度，占领印度河流域，将其作为一个行省。至公元前 327 年，马其顿国王亚历山大在灭亡波斯国后侵入印度河流域的上游地区，并征服其居民。

　　这时，东方的恒河流域基本上在摩揭陀的难陀王朝的统治下统一起来。亚历山大还想渡过印度河上游最东一条支流（贝阿斯河）向恒河流域入侵，但由于士兵的厌战和东方难陀王朝的强大，不得不于公元前 325 年顺印度河而下，回到了巴比伦。大约在公元前 324 年，旃陀罗笈多在西北印度自立为王，而后东下，很快攻占摩揭陀的首都华氏城，推翻了难陀王朝的统治。

修昔底德

　　修昔底德（约公元前 460～前 400 年），出身于雅典的显贵家庭，曾任雅典最高军职十将军委员会中的将军。在伯罗奔尼撒战争中，曾率军抗击斯巴达的进攻。由于未能及时援救色雷斯的要塞，被放逐 20 年，此后主要住在色雷斯，战后才回到雅典。

他在流放期间，曾到希腊各地广泛收集材料，从事著述。《伯罗奔尼撒战争史》一直写到公元前411年，基本上用编年体写成，到他去世时还没有写完。书中追述雅典和斯巴达两大对立集团的形成，记叙战争的详细过程，并力图分析事件的前因后果和雅典兴衰的原因。

他重视官方文件，注意考订史实，不轻信神话传闻，因此这部巨著材料比较丰富，结构比较严谨，文字简洁，影响很大。

孔雀王朝的阿育王

阿育王是古印度摩揭陀国孔雀王朝的第三代国王，他笃信佛教，所以被佛教典籍称为"无忧王"。

公元前327年，马其顿帝国亚历山大大帝率军越过兴都库什山脉，入侵古印度，遭到印度人的顽强抵抗。公元前325年，亚历山大从印度河流域退走，但他在旁遮普设立了总督，并留下了一支军队。

当时恒河平原最强大的国家是难陀王统治下的摩揭陀国。公元前327年，该国出身刹帝利的一名叫旃陀罗笈多的贵族青年，揭竿而起，组织了一支军队抗击马其顿的军队。公元前324年，他率军直抵摩揭陀国首都华氏城（今印度巴特那），推翻了难陀王的统治，定都华氏城。因为他出身于一个饲养孔雀的家族，所以就把他建立的新王朝叫作孔雀王朝。旃陀罗笈多建国后大肆对外扩张，吞并周边许多国家。孔雀王朝的版图不断扩大，军事势力也很强，拥有3万骑兵、60万步兵和9000头战象。

公元前298年，旃陀罗笈多逝世，他的儿子频头沙罗登基。频头沙罗在位期间，继续对外扩张，消灭了16个大城君主，继续扩大帝国的版图。但这时孔雀王朝的统治并不稳定，各地经常发生叛乱。

公元前273年，频头沙罗病逝，死前没有立太子，为了夺取王位，王子和公主们展开了残酷的厮杀。

王子之一的阿育王18岁时，被父王任命为阿般提省总督。不久西北部重镇叉始罗城叛乱，他又被任命为该地总督，率军前往镇压，叉始罗城闻风而降，从此阿育王崭露头角，积累了政治资本。父王病逝后，阿育王在大臣们的支持下，加入了争夺王位的斗争。经过4年的拼杀，阿育王杀死了99个兄弟姐妹，最终获得了胜利。公元前269年，阿育王举行了灌顶仪式（印度当时的登基仪式），成为孔雀王朝的第三代君主。

阿育王残暴成性，杀人无数。即位后，他专门挑选最凶恶的酷吏设立了"人间地狱"，残害国内百姓。对外则沿着祖父和父亲的步伐，继续对外侵略扩张，征服了湿婆国等很多国家。其中南征羯陵伽的战争，最为激烈。

羯陵伽位于今孟加拉湾沿岸，是古印度的一个强国，拥有骑兵 1 万，步兵 6 万，战象几百头，而且经济繁荣，海外贸易十分发达。公元前 262 年，阿育王率大军亲征羯陵伽。羯陵伽虽然实力强大，但面对实力数倍于己的孔雀王朝，最终

栏楯上的孔雀装饰

孔雀经常成为孔雀王朝王室贵族的美味，长久以来被印度尊为"国鸟"，象征着吉祥如意。据有些学者所称孔雀王朝"Maurya"就是由"mayura(孔雀)"这个单词发展而来的。这个图案见于桑奇大塔第 2 塔栏盾上的大印章上。

还是失败了。15 万羯陵伽人被俘，10 万人被杀。杀人如麻的阿育王看到尸骨如山、血流成河的场面，也十分震惊。羯陵伽被征服后，孔雀王朝的领土又进一步扩大。整个南亚次大陆，东临阿撒姆西界，南至迈索尔，西抵兴都库什山，北起喜马拉雅山南麓，除了南端外，全部成为孔雀王朝的领土。孔雀王朝成为印度历史上第一个基本统一印度的王朝。

羯陵伽战争中尸山血海的惨状对阿育王震撼极大，他深感痛悔，从小埋藏在心中的佛性，终于被恻隐之心唤醒。战争结束后，他与佛教高僧优波毯多次长谈，大受感召，决心皈依佛教。此后阿育王转变了原有的治国方针，宣布以后不再发动战争。他发布敕令说：他对羯陵伽人民在战争中所遭受的苦难"深感悔恨"，今后"战鼓的响声"沉寂了，代替它的将是"法的声音"。

阿育王宣布佛教为印度的国教，下令在印度各地树立石柱、开凿石壁，将他的诏令刻在上面。他还召集大批佛教高僧，编纂整理佛经，在各地修建了许多寺院和佛塔。同时派出王子和公主在内的大批使者和僧侣到邻国去传教。在他的支持下，佛教日益传播，后来还传到了锡兰（今斯里兰卡）、埃及、叙利亚、缅甸、泰国和中国等地，成为世界性的宗教。对佛教发展历史来说，阿育王是仅次于释迦牟尼的重要人物。

拉丁同盟

古罗马拉丁姆地区以罗马为首的拉丁人城邦和部落的联盟。罗马为了对抗北边的伊达拉里亚人和意大利人，公元前493年，参加了在拉丁姆平原上组成的同盟，即拉丁同盟。同盟规定：罗马与全体拉丁城市建立永久和平，互相援助，共同对付敌人，均分战利品。后来，邻近的一支意大利人赫尔尼西人也参加了同盟，拉丁同盟成为罗马、拉丁城市以及赫尔尼西人的三方同盟。加盟各部原则上是平等的，但实际上罗马是盟主，处于主导地位，其他加盟者处于依附地位。公元前4世纪，同盟者开始了反抗罗马的专横的斗争，要求摆脱罗马的控制。公元前340年～前338年，发生了同盟战争。同盟者结成一个新的同盟，共同对抗罗马。公元前338年，罗马人击败新同盟者，拉丁姆平原完全被罗马征服，拉丁同盟宣告结束。

第一次布匿战争

迦太基人是地中海西岸腓尼基人的后代。公元前4世纪，地中海的贸易被希腊人控制着，迦太基人就和罗马人结盟，共同对付希腊人。击败了希腊人后，为了争夺富庶的西西里岛和地中海的霸权，迦太基和罗马反目成仇，进行了三次大战。罗马人把迦太基人叫作布匿人，所以这三场战争在历史上被称为"布匿战争"。

罗马对外扩张时期，改进了战术，大量使用弓箭和投枪等投射武器，可以在远离敌阵的地方杀伤敌方阵中士兵。先前，罗马人曾排出长矛方阵与高卢人作战，当高卢的剑盾兵攻破了罗马人的侧翼后，罗马军队毫无反抗能力，只能在阵位上被杀死。这次惨败令罗马人意识到，长矛阵如果被突破就很难抵抗剑兵的进攻。于是，他们对方阵进行了革命性的改进，推演出罗马小步兵方阵的战术。

公元前275年，罗马人击败皮洛士以后，很快统一了意大利半岛。随后，他们开始越过海峡，向海外扩张。公元前264年，西西里岛上的两个小城邦叙拉古和墨西拿发生争端，迦太基和罗马同时介入，双方为了各自的利益互不相让，展开激战。凭借战斗力极强的罗马军团，罗马人占领了富庶的西西里岛的大部分，并于公元前262年攻占了迦太基在西西里岛西南岸的据点阿格里真托，但西西里岛西部和沿海的一些要塞仍控制在迦太基人手中，他们凭着海军优势封锁了西西里海岸和意大利半岛。

罗马人在陆上的胜利，并不能击败迦太基的海上舰队。公元前261年，罗马人做了极为勇敢的决定，迅速建立一支拥有 120 艘大型战舰的海军。公元前 260 年，尚未成熟的罗马海军企图攻占梅萨纳，结果失败。这使罗马人认识到不做战术改良是战胜不了在海军方面训练有素、机动性和作战经验都优于自己的迦太基军队。

那么如何在海战中发挥罗马军团的陆上优势呢？

罗马人发明了新的海上战术：他们在战船上装一个在桥板顶端

乌鸦座和塔

罗马人发明了抓钩武器"乌鸦座"，看起来就像巨大的乌鸦嘴。它是带钩子的踏板，能坠落到敌船的甲板上。特制的双船体的攻击船能用攻击塔射击敌人。

下面安有长钉的木板桥，也叫接舷吊桥，又称"乌鸦"。前进时，木板桥可以直立起来，用来阻挡敌人投掷的武器；接近敌船时，板桥可以左右摆动，当它落在敌船甲板上时，钉子马上把敌人船只抓住。这时，罗马军团就可以迅速通过板桥，与对方展开肉搏战。

罗马人对所有战船做了改进后，便开始向西西里北部进发，在米列海（今米拉附近）与迦太基海军相遇。用这种木板桥，罗马兵团把迦太基将士打得落花流水，这一次战役使罗马不仅在陆上，而且在海上也成了强国。

公元前 256 年，罗马人派出一支拥有约 5 万人、330 艘战船的庞大军队，开始进攻迦太基。不甘失败的迦太基海军调集更庞大的舰队在埃克诺穆斯海角攻击罗马战船，可是当两军遭遇时，"乌鸦"板桥又显示出了极大的威力，迦太基损失惨重。但是，远征迦太基本土的罗马陆军惨败，统帅雷古卢斯被俘获。前来接应的罗马海军收拾残兵败将，然后返航。不幸的是，罗马舰队在回国途中遭到暴风雨的袭击，损失惨重。罗马人进军非洲的计划虽然被失败，但他们击败了迦太基强大的海军，获得了中部地中海的控制权。

公元前 242 年，罗马统帅卡托拉斯指挥 200 艘战船向西西里岛的利利贝奥和德里帕那发起突然进攻。迦太基闻讯非常震惊，立即派 400 艘战船出海，企图夺回这些港口。两军在爱加特斯岛附近展开激战，虽然迦太基战舰数量占优，但罗马"乌鸦"战船击沉迦太基战舰 50 艘，降俘 70 艘。结果，罗马大胜，迦太基被迫求和。

根据合约，迦太基把西西里岛及其与意大利之间的岛屿全部让给罗马，并赔款 3200 塔兰特。第一次布匿战争以迦太基的失败而告终。

坎尼之役

第一次布匿战争以迦太基的失败告终，迦太基被迫割让西西里岛，付给罗马大量的赔款。迦太基人不甘心失败，卧薪尝胆，决心再与罗马一争高下。公元前237年，迦太基统帅哈密尔卡带着自己的儿子汉尼拔来到西班牙建立新迦太基城，作为反击罗马的基地。为了复仇，哈密尔卡对儿子进行了严格的训练。汉尼拔 9 岁时，父亲命令他跪在祭坛前发誓：决不与罗马人为友，一定要为迦太基报仇。在父亲和姐夫的教导下，汉尼拔成长为一名优秀的统帅。他胆识过人，足智多谋，而且善于用兵，深受部下的爱戴。有人曾这样描述汉尼拔：没有一种劳苦可以让他身体疲倦和精神沮丧，酷暑和寒冬他都可以忍受。深夜里，他经常裹着一个薄毯子和普通士兵睡在一起。无论是在骑兵还是在步兵中，总是冲在最前面。战斗时，他总是第一个投入战斗。战斗结束后，他总是最后一个离开战场。

后来父亲战死，25 岁的汉尼拔成了迦太基驻西班牙的最高统帅。完成了作战准备后，汉尼拔开始进攻罗马在西班牙的盟友——萨贡姆城。罗马对汉尼拔发出警告，但汉尼拔不屑一顾，很快攻占了萨贡姆城。公元前218年，罗马对迦太基宣战，第二次布匿战争开始。

汉尼拔闪电般地击败了在西班牙的罗马人，随后，率领 5 万步兵、1.2 万骑兵和 37 头战象，从新迦太基城出发，开始了远征。当他们到达意大利北部时，全军只剩下 2 万步兵，6000 多没有马的骑兵和一头战象了。与罗马有仇的高卢人纷纷加入汉尼拔的队伍。

经过短暂的修整，汉尼拔的大军主动出击。罗马人惊惶失措，以为汉尼拔是从天而降，仓促迎战，结果被打得大败，连罗马人的执政官都被杀死。

公元前 216 年，8 万罗马大军与 6 万汉尼拔大军在

汉尼拔的"坦克"
最著名的战象属于迦太基统帅汉尼拔。公元前 216 年，在意大利南部与罗马人进行的坎尼战役中，他使用了从西班牙带来的大象。

坎尼（今意大利奥方托河入海口附近）相遇，一场大战不可避免。战前，汉尼拔派 500 名士兵前去诈降，罗马人将他们缴械后安置到了罗马人的阵后。汉尼拔将战斗力较弱的步兵摆在中央，两翼则配备战斗力较强的骑兵。整个汉尼拔大军呈月牙状分布，突出的一面朝向罗马人，背靠大海列阵。战斗开始后，罗马人向汉尼拔发起了猛烈进攻，迦太

·第三次布匿战争·

第二次布匿战争之后，罗马与迦太基休战了 50 多年。公元前 149 年，罗马见迦太基通过贸易逐渐恢复了元气，非常担心迦太基复兴。于是要求迦太基抛弃港口城市，搬入北非内陆，这一要求遭到断然拒绝。罗马立即对迦太基宣战，出兵 8.4 万，围攻迦太基城。迦太基人奋起抵抗，罗马人无法取胜。公元前 147 年，罗马执政官小西庇阿亲临前线指挥，断绝迦太基与外界的联系。第二年春天，罗马人发动总攻，攻克迦太基。迦太基港口被毁灭，5 万残存居民沦为奴隶，罗马完全吞并了迦太基。

基步兵抵挡不住逐渐后撤，而骑兵则坚守阵地。月牙阵突出的部分慢慢收缩，罗马人进入了口袋阵。这时，汉尼拔立即指挥两翼精锐骑兵迅速向罗马人的后方包抄，步兵停止后退，开始反攻。先前诈降的 500 名迦太基士兵也从怀里掏出匕首，杀向罗马人，堵住罗马人的退路。排山倒海一样的迦太基骑兵迅速击败了罗马人的骑兵，开始猛攻罗马人的中央步兵。罗马人顿时陷入了重重包围之中。恰在这时，猛烈的海风吹来，扬起了满天尘土，迷住了罗马人的眼睛。几万罗马人乱成一团，不成阵式，根本无法发挥出战斗力。罗马人向前受大风的阻挡和迦太基步兵的反击，两翼受到迦太基骑兵的夹击，后面又遭到迦太基士兵的进攻，溃不成军。

这场战役整整持续了 12 个小时，直到黄昏后才结束。罗马人有 5.4 万人战死，1.8 万人被俘，1.4 万人突围逃走，而汉尼拔只损失了 6000 人。坎尼战役成为历史上著名的以少胜多的辉煌战役。

后来，罗马人改变战略，开始进攻迦太基本土，汉尼拔被迫回援，结果战败，第二次布匿战争又以迦太基的失败告终。汉尼拔为了躲避罗马人的追杀，四处逃亡，最后被逼自杀。52 年后，罗马人发动了第三次布匿战争，彻底灭亡了迦太基。

扎马之战

扎马之战是第二次布匿战争中的最后一次会战。

罗马人始终无法在意大利本土战胜迦太基，只好改变策略，直接进攻迦太基本土。公元前 204 年，罗马将领大西庇阿率军攻入迦太基本土，汉尼拔被迫回援。公元前 202 年，两军在迦太基以南的扎马展开决战。

当时罗马军队有步兵 2.3 万人，骑兵 1500 人，另外还有 6000 努比亚步兵和4000 骑兵。大西庇阿将罗马大军排成三列阵式，第一列为铠甲步兵，其后是主力兵，第三列是后备兵。骑兵配置在两翼。迦太基军队有 5 万，也排成三列阵式，第一列是利古里亚和高卢雇佣军，第二列是迦太基和非洲其他地方招来的新兵，第三列是战斗经验丰富的老兵，而两翼则配置了骑兵，战象在战阵的最前方。战斗打响后，两军的第一列步兵首先厮杀，迦太基人不敌，逐渐后退，第二列迦太基军队见状四散逃命。罗马步兵和骑兵包围了第三列迦太基军队，除汉尼拔等少数人逃走外，全部被歼。

此战后，迦太基被迫求和。从此，罗马取代了迦太基的地中海霸主地位。

马其顿战争

马其顿战争是罗马征服马其顿王国及其属地希腊的战争，共进行了 4 次：第一次战争（公元前 215 ~ 前 205 年）、第二次马其顿战争（公元前 200 ~ 前 197年）、第三次马其顿战争（公元前 171 ~ 前 168 年）和第四次马其顿战争（公元前 149 ~ 前 148 年）。马其顿 4 次皆败。

在第二次布匿战争期间，马其顿国王腓力五世得知汉尼拔大胜罗马军队，就与迦太基结盟，企图将马其顿的势力扩展到意大利。罗马虽然兵力不足，但积极挑动希腊反对马其顿。由于腓力五世优柔寡断，马其顿进展不大。后来双方签订合约。

第二次布匿战争后，罗马将注意力转向东方，在巴尔干半岛推行侵略政策，与马其顿王国产生了激烈冲突。公元前 197 年，罗马在狗头山击败腓力五世，取得了希腊的统治权。腓力五世之子佩尔修励精图治，积极进行反罗马的军事准备。但在皮得那会战中，马其顿惨败，佩尔修被俘，后死于狱中。马其顿王国灭亡。

公元前 149 年，马其顿爆发了声势浩大的反罗马起义，但随即被镇压。马其顿正式成为一个罗马行省。

叙利亚战争

叙利亚战争又称安条克战争，是公元前 192 年 ~ 前 188 年罗马与塞琉西王国之间的战争。因塞琉西国王安条克二世得名。

塞琉西王国以叙利亚为统治中心（所以又称叙利亚王国，中国史书称条支），是一个西亚大国。安条克三世（公元前223～前187年在位）在第二次马其顿战争结束后，率军攻占马其顿的色雷斯，与正在向东扩展的罗马产生冲突。罗马人要求安条克三世退出色雷斯，但遭拒绝。

公元前192年，希腊反罗马联盟攻击与罗马结盟的城邦，并请安条克三世派兵支援。安条克三世率1万人进军希腊，同时罗马也派兵进入希腊。叙利亚战争爆发。公元前191年，两军在温泉关大战，塞琉西军战败，退回叙利亚，公元前190年，罗马海军又大败塞琉西海军。罗马军队侵入小亚细亚，在马格尼西亚（在今土耳其西部）再败塞琉西军。

公元前188年，塞琉西被迫接受苛刻的和约。从此，罗马确立了在整个地中海地区的霸权。

秦统一中国

秦国以秋风扫落叶之势，先后消灭了韩、赵、魏、楚、燕、齐六国。公元前221年，秦统一了全国。

秦王嬴政自己从"三皇"和"五帝"两个称号中各取一个字，合起来称为"皇帝"，并且因为他是历史上第一代皇帝，就称"始皇帝"。从此，中国历史上就有了皇帝这个称号。

秦始皇设置郡县，把天下划分为36个郡，郡以下设县。每个郡都由中央政府直接任命3个长官去治理，他们分别是郡守、郡尉和郡监。郡守是一郡最高的行政长官，统管一郡所有的重大事务。郡尉管理治安，全郡的军队由他统领。郡监是负责执行监察方面的事情的官员。中央政府的组织机构也慢慢成形，秦始皇规定中央朝廷里应设置丞相、御史大夫、太尉、廷尉、治粟内史等几个重要的职务，协助皇帝治理国家。所有这些官员都由皇帝一人任免和调动，薪俸从国库里领取，一概不得世袭。

秦始皇还统一货币，规定以后一律使用圆形方孔、每个重半两的铜钱，以前各国的旧货币全

秦始皇像

都作废，不许再在市面上流通。

秦始皇还统一了度量衡。秦始皇又下令，一要"车同轨"，二要"修驰道"。车同轨就是规定车轴上两个轮子间的距离，所有车辆两轮子间的距离都定为 6 尺（约合 1.5 米）。修驰道就是修筑从京城咸阳到全国各个重要地方的大路。大路路面一律宽 50 步（每步 6 尺）。

秦始皇又下令统一全国的文字，规定将小篆作为全国统一使用的标准文字。后来秦始皇又命人根据民间流行的字体，整理成一种比小篆更便于书写的字体，叫作隶书，全国通用。

廷尉李斯认为儒生利用历史诋毁秦始皇的政策，并认为他们蛊惑民心。因此他进言秦始皇实行"焚书坑儒"，结果只剩下农书、医书及求神问卜之类的实用性书籍保留下来，其他书籍均被付之一炬。顽抗的儒生遭到镇压。

秦始皇统一中国以后所实行的废分封、设郡县，统一货币、度量衡、文字等政策，有利于加强国家的统一，有利于推动社会经济文化的进一步发展。这是秦始皇建立的巨大功绩。

楚汉之争

陈胜、吴广起义以后，各地的百姓纷纷响应。农民起义像一阵风暴，很快就席卷了大半个中国。在南方会稽郡有一支强大的起义队伍，领导这支队伍的首领是项梁和他的侄儿项羽。第二年，刘邦带着一支 100 多人的队伍，来投靠项梁。项梁见刘邦也是一个人才，就拨给他人马。从此，刘邦成了项梁的部下。

公元前 206 年，刘邦的人马攻占了武关（今陕西丹凤县东南），离咸阳不远了。二世惊慌失措，连忙叫宠臣赵高发兵去抵抗。赵高知道再也混不下去了，就派心腹把二世弄死了。刘邦的军队开进武关，到了灞上（今陕西西安市东）。秦王子婴一看大势已去，便带着秦朝的大臣投降了。

刘邦进了咸阳，召集了附近各县的父老，对他们说："你们被秦朝残酷的法令害苦了。今天，我跟诸位父老约定三条法令：第一，杀人的偿命；第二，打伤人的治罪；第三，偷盗的治罪。除了这三条，其他秦国的法律、禁令，一律废除。父老百姓可以安居乐业了。百姓听到了刘邦的约法三章，高兴得不得了，都争先恐后地来慰劳刘邦的将士。

项羽在巨鹿大战中打败了王离，收降了章邯，而后率领 40 万大军开到函谷关，看见关口有兵把守着，不准项羽的军队进关。项羽得知是刘邦的将士守着关口，肺都要气炸了，命令将士猛攻函谷关。关口很快被打开，项羽军队长驱直入，直到新丰、鸿门（今陕西临潼东北）才驻扎下来。这里离刘邦军队驻扎地灞上只有40里路，项羽决定第二天攻打刘邦。

项羽的叔父项伯和刘邦的谋士张良是好朋友，他怕打起仗来张良会送命，就连夜赶到刘邦军营告知张良，叫张良赶快逃命。张良把项伯的话告诉了刘邦。刘邦急忙叫张良把项伯请来，摆上酒席，热情招待。为了结交项伯，刘邦提出两人结为儿女亲家。项伯答应了，并对刘邦说："明天一大早，你要亲自来给项王赔礼。"

鸿门宴拉开了楚汉战争的序幕。

刘邦听从萧何的建议，拜韩信为大将，执掌兵权，准备攻打汉中。萧何整顿后方，训练人马。公元前206年，汉王和韩信率领汉军进攻汉中。

后来刘邦组织了韩信、彭越、英布三路大军会合一处，在韩信统率下，追击项羽。公元前202年，项羽被汉军围困在垓下（今安徽灵璧县东南），韩信在垓下的周围布置了十面埋伏。一天夜里，项羽跨上乌骓马，带了八百个子弟兵冲出汉营，马不停蹄地往前跑去。天亮后，汉军才发现项羽已经突围出去，连忙派了五千骑兵紧紧追赶。项羽一路奔跑，后来他渡过淮河时，跟着他的只剩下一百多人了。

但后面的追兵又围上来了。项羽几次冲出重围，一直到了乌江（在今安徽和县东北）边。此时，他的身边只剩下二十几个人了。项羽跳下马来，把乌骓马送给了亭长，兵士们也跳下马。他们的手里都拿着短刀，跟追上来的汉兵展开肉搏战。他们杀了几百名汉兵，楚兵也一个个倒下。项羽受了十几处创伤，最后在乌江边拔剑自杀了。

西汉

项羽兵败，在乌江岸边自刎后，刘邦随即平定楚地，不久其他地方也渐渐投降归附。汉王五年（公元前202年）2月，诸侯王都上疏请求尊奉汉王为皇帝。刘邦于是在氾水（在河南省）之阳即皇帝位，成为西汉王朝的开国皇帝，这就是历史上的汉高祖。

西汉（公元前202～公元9年）初期鉴于秦朝速亡的教训，实施休养生息的政策，社会经济得到恢复和发展。同时打击各地诸侯割据势力，国家进一步统一。

汉武帝刘彻即位后，继续削弱地方割据势力，通西域，大规模反击匈奴的侵犯，实行盐铁官营、货币专铸，罢黜百家、独尊儒术，使中央集权制度得到巩固，统一的多民族封建国家得到发展。西汉末年，土地兼并剧烈，奴婢数量激增，社会危机日趋严重。外戚王莽于公元9年灭汉称帝，改国号为新。整个西汉时期，社会经济获得很大发展。铁制农具普遍使用，牛耕得到推广，耕作技术显著改进，大规模水利工程在各地兴修。手工业生产门类众多，绚丽多彩的丝绸、精致轻巧的漆器等，都达到很高水平。商业和交通更为发达，海外贸易也有发展。

张骞出使西域

中国汉武帝时的张骞，曾两次出使西域，开辟了丝绸之路，加强了中原与西域的联系，促进了西汉王朝和中、西亚各国经济文化的交流和发展。张骞凿空西域，在中国历史、亚洲历史以及东西方交通史上，都有着深远的意义和巨大影响。

西汉时期，北方的游牧民族匈奴一直是西汉最大的威胁。他们不断地南下，掠夺人口、牲畜和财物，侵扰汉朝的北部边境，有一次甚至逼近首都长安附近的甘泉宫。汉朝虽想进行军事反击，但由于汉初实力不够，而无法实现，因此，一直以和亲的方式羁縻匈奴。到了汉武帝的时候，汉朝进入全盛时期，国富兵强，汉武帝开始筹划反击匈奴。

此恰逢匈奴单于杀死游牧民族大月氏人的王，继位者很想报杀父之仇。汉武

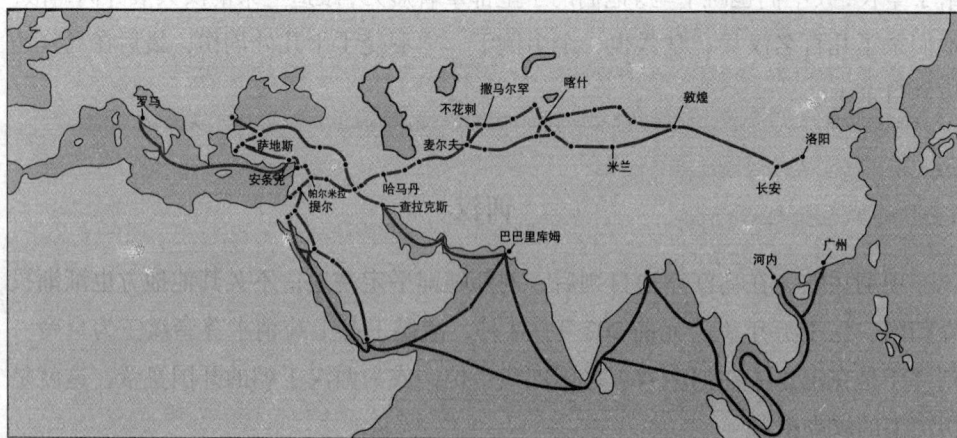

丝绸之路示意图
丝绸之路跨经6个亚洲国家，最大的威胁来自中亚地区占山为王的强盗，为保护驼队和线路的畅通，安息士兵常在本国道路上巡视。

帝探知这一消息，决定利用这一有利时机，派人去联络大月氏，夹击匈奴。公元前139年，在武帝身边担任郎官的张骞毛遂自荐，带领堂邑父和随从100多人，第一次出使西域。

张骞此行充满了危险。当时匈奴的势力已经延伸到西域，控制了天山一带和塔里木盆地的东北部以及河西走廊地区。河西走廊是通往大月氏的唯一通道，张骞一行刚一进入，就遇见匈奴骑兵。张骞等人被捕后，匈奴兵来夺张骞的旌旗，张骞义正词严地说："旌旗是我出国的凭证，你们胆敢侮辱我！"匈奴兵无奈，只好把他押去见单于。单于扣下张骞、堂邑父以及他们所带财物，把他的随行人员分到各个部落去当奴隶。匈奴人不断地提审盘问张骞，却一无所得。单于软硬兼施，下令把张骞和堂邑父押送到匈奴西边的游牧地区，表面上优礼相待，暗地里则严加看管，还指派一名美女给张骞当妻子。

但张骞不忘使命，公元前129年，他抛下妻儿，逃离匈奴，继续西行，终于到达了大月氏。可是西迁的大月氏征服了富饶的大夏以后，已不想再与匈奴交战了。张骞在大夏地区考察了一年多，起程回汉。归途中虽然改走天山南路，但还是不幸地再次被匈奴俘获，又被扣留了一年多。直到公元前126年，张骞等人才趁着匈奴内乱，带着妻子和儿子，逃了出来，回到汉朝。

张骞第一次出使西域，虽然没有完成使命，但是却开辟了举世闻名的丝绸之路，为进一步发展汉朝和西方之间的友好关系，促进国际间的经济文化交流，作出了不可磨灭的巨大贡献。

丝绸之路的开辟，使得西域的葡萄、苜蓿、胡桃、芝麻、石榴、黄瓜、大蒜、胡萝卜、蚕豆等，在中原地区生根落户；西方的毛皮、毛织品、玻璃以及名马、骆驼、狮子、鸵鸟等珍禽异兽也都源源东来；中原地区的丝绸、铁器、农产品、铸铁技术、井渠灌溉方法等也相继传到了西域、波斯、印度等地。这种频繁的经济、文化交流，促进了西域的进步，也极大地丰富了中原人民的物质文化生活。

公元前122年，张骞在汉武帝的支持下，连续派出了十几批使者试图打通去往身毒（印度的古称）的道路，继续寻找前往西方的道路。这一举动虽然没有达到预期效果，却恢复了内地和西南的交通，加强了汉族和西南各少数民族之间的友好关系，为后来汉朝开发经营西南地区奠定了基础。

汉朝取得对匈奴战争的胜利后，为了进一步发展汉朝和西域各族的友好关系，加强和中亚、西亚各国的联系，孤立打击匈奴在西域的残存势力，公元前119年，张骞建议汉武帝联合乌孙，共同对付匈奴。汉武帝采纳了他的建议，再次派他出使西域。但是由于乌孙的内乱，汉乌联合之事被搁置下来。张骞只好派部属分别前往大宛、康居、大月氏、大夏、安息等地访问考察。公元前115年，张骞回到汉朝，第二年就去世了。

张骞是一位卓越的探险家、一位英勇的将军。在汉匈战争中，他凭借自己的西域经验，寻找水源和草地，指点行军路线，为汉军的胜利屡立大功，被封为博望侯。

后来，汉朝不仅和乌孙结成了同盟，还在西域设置了行政机构西域都护府，对西域地区进行管辖。汉朝和西方各国也建立起友好的关系。

格拉古兄弟改革

公元前2世纪中叶，罗马不断对外扩张，占领了大片的领土，成了地中海的霸主。罗马先后在地中海沿岸设立了西西里、撒丁、山南高卢、远西班牙、近西班牙、阿非利加、伊利里亚、马其顿和亚细亚9个行省，高卢南部、多瑙河以南地区、小亚细亚北部和叙利亚等地区虽然没有被直接吞并，但都属于罗马的势力范围。

但大规模的扩张也给罗马带来了一系列的问题。首先是兵源不足，罗马的士兵都是从有耕地的平民中征发的。平民拥有选举权，平时垦荒或耕种从罗马政府那里分来的土地；战时自备武器装备，应征入伍。在罗马对外扩张中，这些平民立下了汗马功劳。但是，随着征服土地的扩大，罗马的奴隶主们拥有很多大庄园，使用大量的奴隶劳动。许多平民无力与他们竞争，土地被兼并，纷纷破产，甚至一贫如洗。根据罗马的兵役法，服兵役的人必须自备服装、武器，但失去土地的平民根本无力购买，因此也无法当兵，使罗马的军队数量越来越少。根据公元前154年的人口调查，适合服兵役的罗马平民的人数，约为32.4万人，而到了公元前136年，这一人数已经下降到了31.8万人。与此相反的是，被罗马征服的土地上，起义此起彼伏，愈演愈烈，罗马贵族认识到要巩固辽阔的疆域，进行行之有效的统治，镇压被征服地区的反抗，必须有一支数量庞大

罗马人认为农业是最高贵的职业，但当自给自足无法实现时，人们发现奴隶和佃农耕种了大部分土地，城市地主在榨取他们的劳动成果。

的军队。于是在公元前 2 世纪下半叶，以格拉古兄弟为首的一些开明的罗马贵族便开始发动了一场以解决土地问题为中心内容的，旨在复兴农民进而复兴军队的改革运动。

提比略·格拉古出身于一个显赫的贵族家庭，他本人参加过多次战争，立下了赫赫战功，在罗马人中声望很高，并于公元前 133 年当选为保民官。当上保民官后，提比略·格拉古便颁布了自己的改革方案。方案规定：任何罗马人占有的土地不得超过 500 犹格（罗马的土地单位，1 犹格等于 0.25 公顷），他的儿子成年后可再拥有 250 犹格，但每家拥有的土地总共不得超过 1000 犹格。超过部分将由国家收购，再由国家划分成每块 30 犹格的小块土地，无偿分给无地平民，不得买卖或转让。提比略·格拉古还成立了一个特别委员会，负责收回和分配土地。这个法案遭到了占有大片土地的守旧贵族的强烈反对，但得到了广大平民的大力支持。经过激烈斗争，公民大会通过了该法案。

为了彻底贯彻法案的实施，提比略·格拉古决定竞选下一届保民官，而守旧贵族则决定在竞选大会上刺杀提比略·格拉古。守旧贵族纳西卡率领一批打手，暗藏凶器，潜入会场。有人将这一情况告诉了提比略·格拉古，提醒他回避。但提比略·格拉古认为现在回避，人民会失望的，就拒绝了。他把双手放在头上，做出了一个生命受到威胁的姿势。守旧贵族大喊："提比略·格拉古要我们给他一顶王冠！"纳西卡和他的打手掏出凶器，大声说："提比略·格拉古背叛了罗马，爱国者跟我来！"纳西卡和他的打手气势汹汹地冲上前去，与提比略·格拉古的支持者展开了激战，包括提比略·格拉古在内的 300 多人倒在血泊之中。守旧贵族的暴行激起了人民的强烈愤怒，纳西卡狼狈逃出罗马，最后死在了小亚细亚。元老院慑于众怒，也不敢废除土地改革法案。提比略死后的 6 年里，先后有 8 万平民分到了土地。

公元前 124 年，提比略·格拉古的弟弟盖约·格拉古当选为下一年的保民官。他比提比略·格拉古更激进，对人民更具吸引力。守旧贵族惊呼："提比略·格拉古又回来了。"

盖约·格拉古上台后，继续执行哥哥的法案。但此时罗马的土地已经不多了，于是他提出在意大利和北非再建 3 个移民区，以解决土地问题，得到了平民的大力支持，而守旧贵族对盖约·格拉古更加痛恨。

在一次大会上，一个守旧贵族大肆侮辱盖约·格拉古，结果被愤怒的盖约·格拉古的支持者所杀。以此为借口，守旧贵族开始大肆报复，3000 人被杀，盖约·格拉古被迫逃亡，最后绝望自杀。格拉古兄弟改革最终失败。

马略军事改革

公元前111年,罗马和非洲的努比亚国王朱古达发生战争。罗马军队屡遭败绩,战事一拖再拖,引起了罗马人的强烈不满。马略当选执政官和军事统帅后,开始对罗马军事制度进行改革。

马略延长了士兵的服役年限,规定士兵服役的年限为16年,士兵每月可以从国家获得一定数量的薪金或津贴,武器装备也由国家统一提供,士兵服役期满后可以从国家获得一块"份地"。罗马士兵由原来的征兵制变成了募兵制,更加职业化和专业化;对军队实行长期严格的正规训练以提高战斗力;实行新编制,2个百人队组成一个中队,3个中队组成一个联队,10个联队组成一个军团。另外军团还有一些辅助兵种,如骑兵、投石兵和工程兵等,军团人数由原来的4500人增加到6000人。对这些不同的兵种,马略采用不同武器和训练形式,并严格强调军纪,以增进作战的灵活性和指挥效能。

马略的军事改革是罗马历史上影响最为深远的一次军事改革,为后来的军事独裁政治的产生创造了条件。

斯巴达克起义

公元前2世纪,罗马横跨欧、亚、非三大洲。连年的扩张,使大批的战俘和被征服的居民成为罗马人的奴隶,奴隶们被称为"会说话的工具"。奴隶主为了取乐,建造巨大的角斗场,强迫角斗士手握利剑、匕首,相互拼杀,或者让角斗士与狮子等猛兽搏斗。一场角斗戏下来,场上留下的是一具具奴隶尸体。

公元前80年,希腊东北部的色雷斯(今保加利亚、土耳其的欧洲部分)被罗马征服,战将斯巴达克被俘后沦为奴隶,成为一名供罗马贵族娱乐的角斗士。在卡普亚城一所角斗士学校,斯巴达克遭受了非人的待遇。公元前73年,在忍无可忍的情况下,斯巴达克向他的伙伴们说:"宁为自由战死在沙场,不为贵族老爷们取乐而死于角斗场。"角斗士们在斯巴达克的鼓动下,拿起厨房里的刀和铁叉,为了争取自由,斯巴达克秘密带领78名角斗士杀死卫兵,逃到维苏威深山里,斯巴达克被推选为起义首领。斯巴达克起义爆发后,许多逃亡的奴隶和农民纷纷加入,起义军很快发展到1万人。起义军不断出击,势力日益壮大起来,影响范围也越来越广。

得知奴隶起义的消息，罗马元老院急忙派克狄乌斯率 3000 人前去围剿。维苏威山是断崖山，山后是悬崖峭壁，克狄乌斯封锁了山路，企图把起义军困死在山上。斯巴达克一边命人在前面吸引敌人的注意力，一边命主力用野葡萄藤编成绳梯，夜里顺着绳梯下山，绕到敌后，向正在沉睡的罗马军队发动进攻。罗马军在起义军的突然袭击下乱作一团，溃不成军，克狄乌斯慌忙逃脱。起义军名声大振，队伍进一步扩大。

起义军队伍壮大起来后，斯巴达克决定将队伍转移到罗马兵力较弱的意大利北部。罗马元老院命瓦利尼乌斯率领 1.2 万大军分三路截击。斯巴达克采取各个击破的策略，先后打败两路大军。两路失败的罗马军与第三路军汇合后继续反攻，将起义军困在山洞里，起义军正好得到了休整机会。休整完毕，起义军在营中点起篝火，吹响号角，迷惑敌人，然后趁夜色从崎岖的小道突破重围。天亮后，罗马军才知中计，急忙追赶。起义军又利用有利地势设下埋伏，打了罗马军队一个措手不及。

公元前 72 年，斯巴达克的军队发展到 1.2 万人，斯巴达克按照罗马军队的形式对部队进行了改编，除了由数个军团组成的步兵外，还建立了骑兵、侦察兵、通信兵和小型辎重部队。此外，斯巴达克还组织制造武器，对士兵进行训练，并制定了严格的兵营和行军生活规章。起义军声威大震，控制了整个坎佩尼亚平原。斯巴达克决定继续北上，但和他的副手克里克苏产生分歧，克里克苏拒绝北上，带领部分人马原地留守。

罗马元老院对起义军的发展极为担忧，遂命两个军团对起义军进行围剿。罗马军首先给了留守的克里克苏部致命一击，克里克苏阵亡。然后，又兵分两路夹击斯巴达克军。斯巴达克集中兵力先打击堵截的罗马军团，后乘胜回头对追兵发起了猛攻，罗马军团再次惨败。

取得这场胜利后，斯巴达克不再向北转移，而是挥师南下，向西西里岛进军。罗马元老院惊慌失措，派克拉苏统帅 6 个军团约 9 万人镇压起义军。这时斯巴达克大军已挺进到意大利半岛的南部，准备从这里渡海去西西里岛，到那里建立政权。但是被西西里收买而毁约的海盗没有给他们提供船只，斯巴达克只好组织起

斯巴达克雕像

竞技场上的厮杀

义军编制木筏，海上的风暴又使他放弃了这个计划。这时罗马大军赶到，在起义军后方挖了一条大壕沟，切断了起义军退路。起义军回师反攻，用土和树木填平了壕沟，突破罗马军队的防线，但起义军也损失惨重，2/3 的战士牺牲。

公元前 71 年春，起义军试图占领意大利南部的重要港口布尔的西，乘船渡海驶向希腊，进而到色雷斯。罗马元老院想尽快将起义镇压下去，就分别从西班牙和色雷斯将庞培的大军和路库鲁斯的部队调来增援克拉苏。为了不让罗马军队会合，斯巴达克决定对克拉苏的军队发起总决战。

在阿普里亚省南部的激战中，斯巴达克军队虽在数量上比罗马军队少得多，但他们仍然英勇战斗。斯巴达克身先士卒，骑在马上左冲右突，杀伤两名罗马军官。他决心杀死克拉苏，但由于大腿受了重伤，只好在地上屈着一条腿继续战斗。在罗马军队的疯狂围攻下，6 万名起义者战死，斯巴达克也壮烈牺牲。此后，斯巴达克的余部继续战斗达 10 年之久。

斯巴达克起义虽然失败，但它沉重地打击了罗马统治，对罗马的政治、经济、军事都产生了深远的影响，其不畏强暴、前仆后继寻求解放的斗争精神谱写了奴隶解放的光辉诗篇。

独裁者苏拉

苏拉（公元前 138 ~ 前 78 年），古罗马军事家、政治家。早年为马略部将，曾参加朱古达战争和罗马对日耳曼人的战争。公元前 88 年，苏拉当选为执政官。此后，他与马略反目成仇。公元前 87 年，苏拉率军远征东方，马略和金拉乘机夺权，苏拉在战场上获胜后率军回师意大利，击败反对派。公元前 82 年，苏拉占领罗马城，彻底肃清了马略和金拉的追随者，迫使公民大会选举他为无任期限制的独裁官，集军政大权于一身。他将没收的土地划为 12 万块，分给老兵，由此获得了军队的支持。苏拉依靠军队实行独裁，沉重打击了共和制，为以后恺撒等人的独裁开了先河。

恺撒大帝

"今天的收获真不小，竟然抓到了一个衣着如此光鲜的'贵重货'。"地中海的海盗们高兴极了。海盗们知道这个穿着华贵衣服的人就是这伙人的头，于是就对其他被俘的人说："你们赶紧回去取 20 塔兰特，然后来赎回你们的主人。"这位被称为主人的人听了海盗的话，不慌不忙地说："我的身价应值 50 塔兰特。"

海盗得到钱后，果然把这个衣着光鲜的家伙给放了。这一回，这个人反倒不依不饶地说："你们听着，将来我要率领一支舰队消灭你们。"海盗们不以为然。几年后，这股海盗果真被一支舰队打败了。临死时，强盗们认出了那个下达"把他们钉在十字架上"命令的人，正是他们曾经俘获并向他索要 20 塔兰特的衣着光鲜的人。

这位海盗的俘虏，就是古罗马共和国末期著名的统帅和政治家恺撒（约公元前 100～前 44 年）。在历史上，能同时拥有政治、军事、文学、雄辩等诸多才能于一身的人，除了恺撒之外，恐怕再找不出第二个人了。

恺撒是古罗马历史上最有成就的伟人，有人断言，若不是他在英年时突然被刺身亡，罗马的历史将可能改写，甚至他的成就将可能超过著名的马其顿国王亚历山大大帝。

恺撒生性好学，加之出身贵族，所以自幼就受到了非常良好的教育。他跟随一位高卢人老师学习了拉丁文、希腊文和修辞学，这位老师对他的性格塑造有着不可磨灭的影响。少年时期的恺撒就怀有非凡的抱负和志向，他幻想权力和荣誉，希望为风云变幻的罗马共和国建功立业，13 岁时，他就当选为朱庇特神（即宙斯）的祭司。公元前 84 年，恺撒奉父命与珂西斯汀结婚，父亲去世后，他与珂西斯汀离婚，另娶了当时平民党的领导者金拉的女儿可妮丽娜为妻。独裁者苏拉在取得统治权后，杀死了自己的政敌金拉，但他非常赏识年轻有为的恺撒，要求恺撒和可妮丽娜离婚，被恺撒拒绝。一气之下，苏拉没收了恺撒的世袭财产和他妻子的嫁妆，并且要处死恺撒，恺撒闻讯，逃离罗马，直到公元前 78 年苏拉死后，才返回罗马。

表现恺撒被刺死的绘画。尽管事先受到威胁，恺撒还是没带武器便来到元老院，在凶手中，他认出布鲁图——他之前非常信任的人。

回到罗马后，恺撒迅速在政坛崛起，以雄辩、慷慨、热心公务的作风和改革派的形象赢得了公众的好感，并在广大平民和部分上层人士中赢得威望。公元前73年，他被选入最高祭司团，此后，又历任财政官、市政官、大祭司长、大法官等高级职务，并于公元前60年与担任执政官的庞培和克拉苏结成"三头同盟"。在后两者的支持下，恺撒于公元前59年登上了罗马执政官的宝座，任满后出任高卢总督（公元前58～前49年）。就任高卢总督期间，恺撒建立起了一只能征善战、完全听命于自己的强大的军队，这支军队征服了高卢全境，越过莱茵河奔袭德意志地区，并两次渡海侵入不列颠群岛，为恺撒赢得了赫赫战功。恺撒势力的迅速增长，引起了元老院贵族的惊恐。

克拉苏死后，庞培与元老院合谋，企图解除恺撒的军权。恺撒决定兵戎相见，经过5年内战（公元前49～前45年），他消灭了以庞培为首的敌对势力，征服了罗马全境，被宣布为独裁者，获得了至高无上的统治权力，成为没有君主称号的君主。凭借手中的权力，恺撒进行了包括土地制度、公民权、吏治法纪和政治体制在内的多方改革，建立起高度的中央集权，初步形成了一个以罗马为中心的庞大帝国，而且其中的一些措施对后世影响深远。他曾让属下在墙上写出罗马发生的重大事件和元老院会议的报告书，成为现代报纸最原始的雏形；他主持制定的儒略历，有些国家到20世纪还在应用，而现行的国际通用的公历也是在这个历法的基础上改革而成的；他曾为当时众多的马车制定单向通行的制度，成为现代交通管理的溯源；他所写的《高卢战记》更是为后人留下了了解当时外高卢、莱茵河东岸的山川形势、风俗人情等的最早的第一手材料。

恺撒的独裁权力始终为元老院的贵族反对派所不满，于是他们勾结起来预谋刺杀恺撒。

公元前44年3月15日，恺撒没带卫队，只身一人来到元老院开会。当他落座后，一个刺客假装汇报情况来到他面前，突然拔出藏在胸前的匕首刺向恺撒。恺撒毫无防备，应声倒地。其他阴谋者一拥而上，连刺恺撒23刀。当恺撒看到他最宠爱的义子布鲁图也持刀向他刺来时，便绝望地喊道："孩子，连你也要杀我吗？"然后便不再抵抗，用长袍把头蒙住，任由大家刺杀，至死维护自己的尊严。

恺撒虽然死了，但罗马帝国的车轮已经运转起来，恺撒的甥孙、年轻的屋大维最终取得了罗马的统治权，成为罗马历史上第一个皇帝，被尊称为"奥古斯都"（神圣之意），开创了罗马帝国。

法萨卢决战

法萨卢决战是公元前48年6月6日，恺撒和庞培在法萨卢（今希腊色萨利区拉里萨州法尔萨拉）附近进行的决战。

恺撒的兵力约2.2万人，其中骑兵1000人。而庞培的兵力约为4.5万人，骑兵7000人。公元前48年8月9日，两军在法萨罗与埃尼派夫斯河之间的开阔地带展开成三线战斗队形。两军的骑兵都在远离河岸的一边。庞培企图用精锐骑兵迂回包抄恺撒军，结果被恺撒识破。恺撒将大量骑兵和3000步兵配置在左翼，同时将第三线部队作为总预备队。

战斗开始后，庞培骑兵在投石手和弓弩手的配合下发起猛攻，恺撒骑兵主动后撤。庞培的骑兵轻敌冒进，结果遭到恺撒步兵的反攻。庞培骑兵溃散，投石手和弓弩手被歼灭。恺撒的骑兵和预备队随后进攻庞培左翼步兵，迂回到庞培军的后方。庞培军全军溃散。

在此战中，恺撒选择了正确的突击方向，集中兵力狠狠打击敌人的侧翼。同时，在战斗中保留了强大的预备队，用来加强军队在进攻方向上的突击力量，以实施决战和扩张战果，这是军事史上的创举。

埃及女王克里奥帕特拉

克里奥帕特拉是埃及托勒密王朝的国王托勒密十二世的女儿，传说她出生时，整个王宫一片红光。埃及的预言家们预言这个女孩将会是托勒密王朝甚至是古埃及的一位重要人物，埃及的生死存亡都将寄托在她身上。国王和王后听了非常高兴，他们对克里奥帕特拉非常宠爱。父母的娇生惯养，使她从小就有很强的占有欲。她聪明美丽，受过良好的宫廷教育，会说很多种语言。

托勒密十二世去世后，按照埃及的规定，克里奥帕特拉与弟弟托勒密十三世结婚，共同统治埃及。托勒密十三世是个懦弱无能的人，精明能干的克里奥帕特拉一点都不喜欢他。由于性格不合，两人经常发生冲突。克里奥帕特拉想大权独揽，与托勒密十三世发生了激烈的权力争夺。在这场斗争中，克里奥帕特拉失败了，被迫逃亡叙利亚。但克里奥帕特拉不甘心失败，她积极地招兵买马，时刻准备杀回埃及。

公元前48年，罗马大将庞培与恺撒争权，失败后逃到埃及。恺撒追击庞培，率军来到埃及。克里奥帕特拉闻讯回国，打算借助罗马人的力量重登埃及王位。一天晚上，恺撒正在亚历山大城的豪华宫殿里看书，一个侍卫进来禀报说："尊敬的将军，埃及女王派人送给您一张毛毯。"恺撒让侍卫送进来。侍卫转过身拍了拍手，只见两个埃及人扛着一卷毛毯走了进来，然后放在地上就退了出去。这时，毛毯慢慢展开，恺撒惊奇地发现，里面竟然出现一个绝色的美人。恺撒屏退左右，

克里奥帕特拉之死
海战的失利和安东尼的死，使艳后失去了活下去的勇气。

毯中人向他自我介绍，说自己就是埃及女王克里奥帕特拉。恺撒早就听说埃及女王是个美人，今夜一见，果然名不虚传。恺撒礼貌地问："尊敬的女王陛下，您这么晚找我有什么事？"克里奥帕特拉也不绕弯子，直截了当地说："我是想让你帮我重登埃及王位。"克里奥帕特拉美丽的容颜、曼妙的身姿、迷人的微笑，在灯光的映照下犹如仙女下凡，恺撒立刻就爱上了女王。罗马军队轻而易举地击败了托勒密十三世的军队，在恺撒的扶植下，克里奥帕

特拉重登王位，成为大权独揽、至高无上的埃及女王。

后来恺撒回师，克里奥帕特拉也来到了罗马。克里奥帕特拉坐在巨大的狮身人面像的模型上，由很多侍卫抬着经过凯旋门时，整个罗马都轰动了。罗马人倾城而出，争相目睹女王的风采。克里奥帕特拉为恺撒生了一个儿子，取名"小恺撒"。克里奥帕特拉和她的孩子住在罗马郊外的别墅，恺撒经常去那儿看望他们。不料几年后，恺撒遇刺身亡，女王伤心地回到了埃及。

恺撒死后，女王急于再找一个靠山，她看上了原恺撒手下的大将安东尼。此时的安东尼已经是罗马政坛上的三巨头之一，手握大权，管辖着罗马的东方行省。一天，安东尼率领军队来到埃及，传唤女王，要质问她为什么在为恺撒报仇的事上没有尽心尽力。

当埃及女王的金色大船一靠岸，安东尼远远地看见了女王的绝世容颜，顿时神魂颠倒，他将自己的衣服整理了很多遍才登上女王的大船。一见到美丽的女王，安东尼顿时将质问女王的事情抛到了九霄云外，很快坠入情网。不久，女王给安东尼生了一对双胞胎，安东尼将罗马的领土封给了埃及女王的儿子。这一行为引起了罗马人的强烈愤怒，他们纷纷指责安东尼是卖国贼，要求出兵讨伐他，恺撒的养子屋大维趁机率领军队讨伐安东尼。

安东尼和女王的联军在亚克兴海与屋大维展开激战，双方杀得难分难解。正在这时，女王突然率领自己的60多艘战舰撤退，安东尼见女王离去，斗志全无，也率领舰队返航。安东尼的很多部下见状，都投降了屋大维。

第二年夏天，屋大维率领大军在埃及登陆，绝望的安东尼拔剑自杀，克里奥帕特拉被俘。她还想用自己的美色诱惑屋大维，可屋大维对她不屑一顾，并扬言要把她押回罗马游街示众。克里奥帕特拉不愿受辱，想一死了之。她恳求自己死后能和安东尼合葬在一起，屋大维答应了。克里奥帕特拉在自己的王宫里，打扮得漂漂亮亮，平静地躺在象牙床上，将一条小毒蛇放在自己身上。小毒蛇轻轻咬了女王一口，不一会儿，38岁的女王就永远闭上了眼睛。

元首屋大维

"我接受了一座用砖建造的罗马城，却留下一座大理石的城。"这是罗马帝国的创建者奥古斯都充满自豪感时说的一句话。奥古斯都平生的志向就是要让罗马人从战争中解放出来，"永远过和平的生活"。他也的确实现了自己的诺言，在他统治的 43 年里，古罗马经济进入了史上最繁荣的时期。鉴于他伟大的功绩，公元 14 年 8 月，当他死去时，罗马元老院将他列入了"神"的行列，并且将 8 月称为"奥古斯都"，以纪念他。

奥古斯都原名盖乌斯·屋大维，奥古斯都是罗马元老院授予他的尊号，是神圣、庄严、伟大的意思。屋大维 4 岁时，父亲去世，他的母亲改嫁给马尔库斯·腓力普斯，从此，屋大维由继父抚养。12 岁时，他在外祖母尤利娅的葬礼上致悼词，第一次在公众场合露面。15 岁时，他被选入大祭司团。恺撒被刺时，他 19 岁，正在阿波罗尼亚城（今阿尔及利亚境内）接受教育，为恺撒远征帕提亚（今伊朗一带）做准备。恺撒在遗嘱里将自己财产的 3/4 赠予了屋大维，并将屋大维立为自己的继承人。

得悉恺撒的死讯后，屋大维返回罗马，利用恺撒对自己的恩宠及恺撒的影响力开始了谋求罗马统治权的活动。他向恺撒的部将、当时掌握实权的执政官安东尼提出继承恺撒权力的要求，但遭到拒绝。

屋大维知道要想获得政权，必须拥有一支属于自己的军队。为此，他四处募集资金，甚至拍卖家产，招募恺撒旧部，不到一年的时间，屋大维便建立了自己的军事力量。公元前 43 年，他趁安东尼出兵在外，率军进入罗马，获得了元老院的支持。此后，屋大维、安东尼、雷必达三位实力相当的人物达成协议，缔结盟约，共同执政，史称"后三头"政治同盟。在清除了一系列反对势力后，后三头重新划分势力范围，屋大维用计剥夺了雷必达的权力，兼并了他的军队，成为罗马实力最强的人物。公元前 42 年，拥有罗马东方行省的安东尼来到埃及，拜倒在埃及女王克里奥帕特拉的石榴裙下。不久，克里奥帕特拉为他生下一对双胞胎，高兴过头的安东尼竟然宣布把罗马的东方行省赠给克里奥帕特拉及其子女。这一行为激起了绝大多数罗马人的愤慨。罗马元老院和人

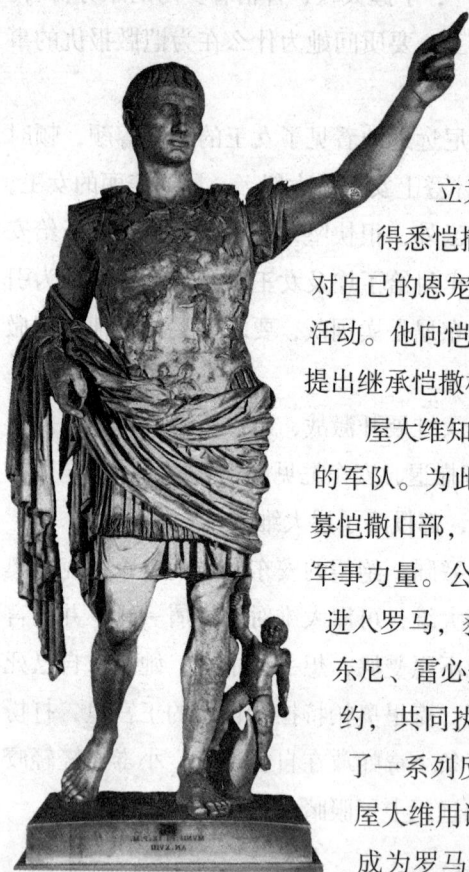

屋大维像

这个踌躇满志的青年，19 岁时继承恺撒的伟业，31 岁时统治罗马世界，治理帝国达半个世纪之久。这尊大理石雕像雕刻的屋大维显得平静而庄严，做出凯旋的胜利姿势，其脚边的丘比特象征着他的伟大诞生。

民大会不能容忍安东尼,宣布剥夺他的权力,并授权屋大维率兵讨伐。公元前31年,屋大维与安东尼在亚克兴海决战,安东尼失败,逃回埃及后自杀。屋大维进军埃及,克里奥帕特拉企图笼络屋大维,失败后也自杀身亡,埃及成为罗马的一个行省。公元前29年,屋大维肃清了自己的敌对势力,成为罗马唯一的统治者。

凯旋罗马后,屋大维接受了"元老院首席公民"(即元首)和"元帅"的称号,并于公元前28年当选为罗马执政官。与恺撒不同的是,屋大维在共和政府的形式下进行了实质上的独裁统治,这成为他在罗马执政42年的重要原因。公元前27年1月13日,他召开元老院会议,在会上宣布交出独裁权力并恢复"共和国"制度,此举使心怀感激的元老院在三天后授给他"奥古斯都"的尊号。但是,他又装作应元老院和人民的请求,接受了完全违背共和制原则的绝对权力,创立了独裁的元首制。公元前13年,奥古斯都被选为祭司长,成了罗马宗教的首脑。这样,他总揽了行政、军事、司法和宗教大权,实际上成为罗马帝国的第一个皇帝,那一年,他36岁。

建立元首制后,奥古斯都将罗马各行省分为由元老院任命总督管辖的元老院行省和直属元首的行省,同时继承了恺撒的制度,在行省中推行自治市制度,把公民权授予行省上层分子,又将大批退伍士兵移居各行省,从而大大加强了对全国各个地区的控制力度。奥古斯都建立了一支强大的正规化的常备军,依靠这支军队,征服了高卢和西班牙,占领了从莱茵河到易北河的全部地区,把地中海变成了罗马的内湖,极大拓展了帝国的疆域。

尽管奥古斯都比较长寿,但他却一直受到疾病的困扰和折磨。他患有严重的皮肤病、风湿病、关节炎等多种疾病,怕冷却又不敢晒太阳。他饮食清淡,遇有宴会,他要么预先吃饱,要么宴会后单独再吃,而不动宴席上的东西。像中古的圣哲一样,他用精神支持肉体,建立了自己的千秋伟业。

公元14年,奥古斯都巡视南意大利,在路上因病死去,享年77岁。

罗马行省的建立

屋大维为了加强与扩大帝国的社会基础,特别注意提高大奴隶主阶级的地位,扩大他们的特权。屋大维为扩大统治基础和加强对行省的统治,也在一定限度内实行授予外省人以罗马公民权的措施。屋大维的措施无疑为以后罗马公民普选打下基础。奴隶大众始终是罗马奴隶主国家加以严厉统治和残酷镇压的主要对象,帝国时期更变本加厉。从公元前16年起，罗马进军阿尔卑斯山东部和多瑙河上游地区，并于公元前15年建立西里西亚（今瑞士一带）和诺里克（今奥地利一带）两个行省。公元前12年以后，又征服了多瑙河中、下游，先后建立了潘诺尼亚（今匈牙利一带）和美西亚等行省（今南斯拉夫和罗马尼亚一带）。罗马军队经过长达18年（公元前12～公元5年）的血腥征伐，终于吞并了莱茵河与易北河之间地区，于公元5年设立日耳曼行省。帝国疆域基本上固定下来。

罗马和平

公元14年，罗马第一任皇帝屋大维死后，他的养子提比略继位，从此罗马帝国开始了帝位传承制。公元1～2世纪，罗马帝国主要经历了三个王朝：朱里亚·克劳狄王朝、弗拉维王朝和安东尼王朝。这三个王朝是罗马帝国的鼎盛时期，被称为"罗马和平"。

在这一时期，罗马的生产工具和技术有了很大的提高。农业出现了带轮子的犁和割谷机。工业上出现了水磨，大大减轻了人力和畜力的劳动强度。在矿山中开始使用人工排水的机械。手工业的发展尤为显著，不仅门类增多，而且分工十分精细。传统的手工业，比如阿列提乌姆的制陶业，阿普亚的青铜制造业，莫纳德的制灯业等规模不断扩大，产量很多，远销各地。玻璃制造业也得到了大力推广，同时出现了丝织业。在这一时期，除了罗马城外还出现了很多大城市，比如不列颠的伦丁尼姆（今伦敦）、高卢的鲁格敦（今里昂）等，迦太基等一些曾被摧毁的城市也开始恢复，阿普亚和那不勒斯是手工业和商业的中心，而亚历山大里亚（今埃及的亚历山大港）则是商品的集散地和内外贸易的枢纽。首都罗马成了整个帝国的交通中枢，它和许多大城市都有道路相连，西方谚语"条条大道通罗马"就是从那时流传下来的。

当时罗马对外有三条贸易通道。第一条是从意大利半岛经海路来到亚历山大港，登岸后由陆路经过红海东岸阿拉伯半岛上的也门，然后乘着船借着季风抵达印度，最后再把印度的宝石、香料和纺织品运回罗马。第二条是北上到达北海和波罗的海沿岸，用罗马的金属制品换取这里的琥珀、奴隶和毛皮。第三条是通过丝绸之路与中国进行贸易往来。中国的丝绸在罗马属于奢侈品，罗马的上流社会以穿中国丝绸制的衣服为荣。每逢庆典和节日，罗马的贵族和富人都会身穿绫罗绸缎出席。

罗马的文化也取得了辉煌的成就。当时的诗人备受皇帝的宠爱，社会地位很高。其中最有名的有三位诗人：维吉尔、贺拉西和奥维德。维吉尔一生虽然只写了三部作品，但影响巨大。其中以他模仿荷马史诗写成的《埃涅伊德》最为著名。《埃涅伊德》讲的是特洛伊王子在特洛伊被攻陷后，带着族人千辛万苦，漂洋过海来到意大利半岛，经过了一系列的战争，创建罗马城的故事。贺拉西擅长写讽刺诗和抒情诗，

下面的房子里放着角斗士与野兽的笼子

竞技场地面可以注水用于模仿小型船只的海战

巨大的拱门和拱顶支撑着巨大的框架

罗马椭圆形剧院
罗马的皇帝举行大型的活动来博取罗马人民的欢心。罗马城的椭圆形剧院是最大的。它在公元80年开放，能够容纳5万名观众一起看角斗士的表演。

他的抒情诗《颂歌》堪称抒情诗的典范。奥维德以写爱情诗见长，他的代表作是以古希腊罗马的神话为题材的《变形记》。此外，历史学家李维等人呕心沥血，写成了24卷的《罗马史》，时间跨度从罗马的起源到图拉真皇帝，所记历史长达900年。书中还记述了罗马起源和王政时代的传说，地中海周围国家的情况以及罗马征服这些国家的过程，具有很高的史学价值。

罗马的建筑艺术是人类艺术的瑰宝。现存的最著名的罗马建筑是建于公元81年的提图斯皇帝凯旋门。它是为纪念罗马镇压犹太人而建的，在高达24米的浮雕板上，雕刻着罗马皇帝乘坐四轮马车凯旋的情景。而树立在罗马广场上的图拉真记功柱，一共刻了两千多个人物，描绘了图拉真皇帝的赫赫战功，是罗马石刻艺术中的珍品。

罗马椭圆形剧院是现存罗马建筑中最壮观的。它建于公元80年，剧场内不仅可以表演陆战，舞台还可以灌上水，表演海战，所以又有水陆剧场之称。剧院共分4层，有80个出口，能容纳5万观众。站在剧院的最高处，整个罗马的景

色尽收眼底。

在科学技术方面，罗马也取得了很大的成就。农业学家科路美拉写了《论农业》、斯特拉波写了《地理志》，科学家普林尼写了长达37卷、百科全书式的《自然史》。此书又名《博物志》，发表于公元77年，这部巨著是对罗马时代自然知识百科全书式的总结，内容涉及天文、地理、动物、植物、医学等科目。普林尼以古代世界近500位作者的2000多本著作为基础，分3万多个条目汇编而成，范围极为广博。普林尼的基本哲学观点是人类中心论，这一哲学立场贯穿在他的《博物志》中，得到了日益兴盛的基督教的认同，从而大大有助于这部著作的流传。无论如何，《博物志》出自一位对大自然充满好奇心的人之手，它诱使人们保持对大自然的新奇感。这种对自然的好奇和关注的态度，是自然科学得以发展的内在动力。他为了详细记录维苏威火山喷发的情景，亲临现场，不幸遇难，为科学献出了宝贵的生命。

但罗马的繁荣是建立在残酷剥削奴隶的基础上的，这种繁荣维持不了多久。到了公元2世纪末，罗马帝国就开始出现了危机。

普林尼

普林尼（约公元23～79年），罗马学者，曾任军官和文职官员，出身于意大利北部一个中等奴隶主的家庭，少年时代到罗马求学。他热爱学习，兴趣很广。在外地任职时，他注意收集当地的历史资料，考察民族语言，平时工作之余，他总手不释卷。他一生虽历任公职，仍能博览群书，从事著述。他写过七部作品，保存下来的只有《自然史》。书中引用了146个罗马作家和327个非罗马作家的著作。由于他所引的著作大多散失，他的记载成为后世科学研究的重要参考资料。公元79年维苏威火山爆发时，他正任那不勒斯舰队司令官，不幸身亡。

图拉真

图拉真是罗马皇帝（公元98～117年在位），公元2世纪大部分时间得以持续繁荣和国泰民安的最主要的奠基人。他是生于西班牙的意大利人，公元91年成为执政官。公元97年意外地被皇帝涅尔瓦收为义子，并担任日耳曼总督。公元98年涅尔瓦去世，图拉真即位。公元99年他以新皇帝的身份抵达罗马。公元 101 ~ 102 年和公元 105 ~ 107 年征服达契亚（约今罗马尼亚），把帝国在欧洲的疆界伸展到多瑙河之外。在两次达契亚战争中，他获得了大量的金银和 5 万名身强力壮的俘虏。并展开了大规模的公共工程。图拉真公元 105 年征服位于阿拉伯半岛西北部的纳巴泰王国，使其成为罗马的一个省。其后在叙利亚至亚喀巴湾间修筑道路，并派舰队巡防红海。公元 113 ~ 117 年与安息交战，图拉真吞并了亚美尼亚，征服了美索不达米亚，其中包括安息都城泰西封。他在远征安息的归途中去世，所占领的亚美尼亚和美索不达米亚很快又被哈德里安放弃。

托勒密

托勒密·克罗丢，古希腊天文学家、数学家、地理学家和地图学家。生于埃及，父母都是希腊人。

公元 127 年，年轻的托勒密被送到亚历山大去求学。在那里，他阅读了大量书籍，并且学会了天文测量和大地测量。他曾长期住在亚历山大城，直到 151 年。他在公元 168 年去世，终年 78 岁。他是"地心说"的集大成者。他集古希腊天文学之大成，建立地心宇宙观，即托勒密地心学说，形成"托勒密体系"。他的地球中心说支配西方达 1400 年之久，并被教会利用作为宗教的理论支柱，直至哥白尼"日心说"问世。

托勒密著有四本重要著作：《天文学大成》《地理学》《天文集》和《光学》。其中《天文学大成》是当时的天文学百科全书，直到 16 世纪，一直是天文学家的必读书。此外，他在地理学、年代学和占星学等方面也有所成就。

君主制的开创

屋大维开创的罗马帝国，我们虽然称领导人为"皇帝"，但实际上，直到戴克里先执政之时，才将"元首"改为"皇帝"，正式确立了君主制。而此时的罗马帝国，已经蒙上了衰败的阴影。公元 1 ~ 2 世纪，罗马帝国强盛一时，可惜好景不长，罗马帝国出现了严重的危机，经济凋敝，政局动荡。但罗马皇帝为了炫耀帝国的富足，还经常在各种节日和纪念日举行盛大的庆祝活动。公元 106 年，罗马皇帝图拉真为纪念他在达西亚的胜利，竟然连续举行了 123 天的节日娱乐。皇宫里更是腐化堕落，仅御用美容师就有数百人之多。上行下效，罗马的各级官

四帝雕像

在内忧外患的危机中，戴克里先取消元首制，创立了"四帝共治制"，分管帝国的东西两半。图中前面两位是戴克里先和马克西米连，二人共同称帝，统治罗马西部。

员和富人们也都挥金如土，过着穷奢极欲、荒淫无度的生活。

与此同时，统治者内部争权夺利的斗争也越来越激烈。今天一个皇帝刚上台，结果明天就被杀掉了，又重新换了一个皇帝。在公元235年以后的50年中，竟一连换了10个皇帝，罗马帝国的衰落已经无可挽回了。

公元284年深秋，一个阳光灿烂的午后，小亚细亚北部的一条大路上，一支罗马大军正在返乡的途中，他们从波斯人那里掠夺了大量的金银财宝和其他物品，每个人都发了大财。但不幸的是御驾亲征的皇帝凯旋途中病死，而继位不到一个月的新帝也得了重病，不得不蒙着被子躺在担架上，让几个士兵抬着走。一路上，士兵们一直闻到一股臭味，但始终不知道从哪里发出的，大家都很纳闷。

"快走！快走！"近卫军长官阿培尔骑着马来到在担架旁，对抬担架的士兵大声呵斥，"要是你们走得慢，耽误了皇帝的病情，小心你们的脑袋。"阿培尔恶狠狠地说。几个抬担架的士兵敢怒不敢言，只好加快了脚步。"等等，"阿培尔忽然翻身下马，轻轻地揭开了被子一角，往里面看了看。就在阿培尔揭开被子的时候，那几个抬担架的士兵闻到一股强烈的臭味。虽然现在已经是深秋了，但天气依然很热，臭味显得越发强烈。

傍晚，大军来到尼科美地城休息。一个抬担架的士兵悄悄地问同伴："你说奇怪不奇怪，皇帝既不吃药又不吃东西，病能好吗？"另一个士兵想了想，来到

·隶农制的盛行·

共和末期，奴隶主为了缓和与奴隶之间的矛盾，提高经济收益，开始实行隶农制。到帝国黄金时代，隶农制开始流行。隶农最初是指自耕农，即以自力耕种自己土地的农民或殖民地的移民者。当时的大土地所有者把土地分成小块，分租给佃耕者，佃耕者中有契约租户和世袭佃户，其中也有奴隶。这些佃农，以及以交付定量收获物为条件从主人手中获得小块份地的奴隶，都属于隶农，这种生产关系称为隶农制。隶农最初向地主交纳货币租，后又交纳占收成1/3左右的实物租。隶农制的盛行反映了罗马的奴隶制经济已有衰落的趋势。

担架旁边说："陛下，你想吃点什么？"但用被子蒙着的皇帝丝毫没有反应。这名士兵小心翼翼地揭开被子一看，不由得惊呼："啊！皇帝陛下死了！"附近的士兵一听到喊声，都围了过来。原来一路上的臭味，是皇帝的尸体发出来的。

失去了装饰性的库里亚（右前建筑）以及国家档案馆（正面带拱门建筑）

库里亚是罗马共和国乃至帝制时期元老院的会场；国家档案馆存放着当时罗马所有的官方文件和一部分财富。

"是谁杀害了皇帝？把凶手找出来！"士兵们怒吼着，纷纷要求严惩凶手。

阿培尔走过来，向士兵大吼道："吵什么吵？！难道你们想造反吗？皇帝死了重选一个不就行了。谁要再敢闹事，就地处决！现在马上回营房去！"士兵们都默不作声。

这时皇帝卫队长戴克里先冷笑着："阿培尔，你说得轻巧！该处决的不是别人，而是你！是你杀死了两位皇帝！"阿培尔见自己的罪行暴露，拔出宝剑刺向戴克里先。戴克里先毫不示弱，拔剑迎战，将阿培尔杀死。戴克里先的举动赢得了士兵们的拥护，被拥立为罗马帝国的新皇帝。

戴克里先当上皇帝后，没有返回罗马，而是在尼科美地城大兴土木，以此为首都，建造了奢华的皇宫。戴克里先被奉为天神，皇权也大大加强了，"元首"的称号正式改称为君主。这种君主制成了罗马帝国后期相袭的一种统治形式。

戴克里先无力应付频繁的奴隶起义和外族入侵，就委托好友马克西米连治理帝国的西部，马克西米连定都意大利的米兰。于是罗马帝国就出现了两个皇帝，一切命令都用他们的名义发出。后来，他们又让自己的女婿担任自己的副职，各自统治罗马帝国的一部分，历史上称为"四帝共治制"。这种制度虽然不利于中央集权，但却巩固了边疆，扩大了领土。

公元 305 年，戴克里先和马克西米连同时退位。继承戴克里先帝位的君士坦丁于公元 330 年把首都迁到拜占庭，改名为君士坦丁堡（今土耳其伊斯坦布尔），号称"新罗马"。公元 395 年，罗马帝国分裂为东、西两个帝国，即以君士坦丁堡为首都的东罗马帝国（又称拜占庭帝国）和以罗马城为首都的西罗马帝国。

戴克里先改革

罗马帝国皇帝戴克里先为加强专制统治而实行的改革。戴克里先改元首制为君主制，加强中央集权。帝国划分为四部分，由四个统治者共同治理，形成"四帝共治制"，但最高统治者是戴克里先。改革后，原有的辖区较大的行省被划小，行省总数增加；各行省中，军权和行政权分开；军队分为边防军团和机动军团，军团变小，以便调遣。戴克里先还统一税制，取消某些免税特权；人头税和土地税合一，作为财政主要收入；禁止农业劳动者离开土地以及手工业者脱离同业行会，不准市议员离开所属城市，以保证税源。为稳定币值，确定新的铸币含金、银标准，并颁布了物价敕令，但收效都甚微。对基督教采取弹压政策，禁止举行礼拜，清除军队和官员中的教徒，没收教会财产，处死一些教徒。戴克里先的改革使面临严重危机的帝国获得了暂时的稳定。

盖伦

希腊医学家、解剖学家。生于小亚细亚的佩尔加曼一个建筑师家庭，早年跟随当地柏拉图学派的学者学习，17岁时在亚历山大等地学医，掌握了解剖术，并一生专心致力于医疗实践解剖研究，还从事学术写作。他通过对动物进行解剖实验和研究，建立了血液的运动理论，发展了三种灵魂学说，这是他对医学的最大贡献。盖伦在药物的研究上也卓有成效，记载了植物药物540种，动物药物180种，矿物药物100种。盖伦一生共写有131部著作，大部分已经散失。其中《论解剖过程》和《论身体各部器官功能》是他最有影响的著作。他的血液运动理论，在哈维提出新的理论前，一直影响着西方，在生物学史上具有重要意义。在古罗马时期他被认为是仅次于希波克拉底的第二医学权威。

阿克苏姆国统治东非

阿克苏姆帝国建于2世纪，它位于非洲东北部红海岸边。到4世纪时，阿克苏姆王埃扎纳统一了埃塞俄比亚北部，征服了苏丹的麦罗埃王国，成为东非和红海地区的统治者。

阿克苏姆国盛行基督教，在埃扎纳统治时期，兴建了许多高大的独石柱尖顶塔。公元570年，萨珊波斯侵占了阿克苏姆部分海岸属地和通商城市。7世纪以后，阿拉伯国家兴起，东西方贸易商路北移，红海贸易趋于衰落。再加上北方游牧民族贝扎人的侵扰，阿克苏姆国势日衰。到公元1000年左右，阿克苏姆国灭亡。

巴高达运动

公元5世纪初，罗马一位不知名的剧作家写了一个喜剧，在演出时受到了热烈欢迎。剧中的主角叫奎罗卢斯，他家境贫寒，生活困顿。于是他向神灵祈祷，祈求神灵能够让他到一个能够安居乐业的地方生活。神告诉他说，要想安居乐业，那你最好到罗亚尔一带去当"强盗"。那里没有法官，也不实行罗马法律，公正无私的"强盗"组成公社和法院，所有的案件由农民审理，由士兵判决，死罪在橡树之下宣布。到那里去就能实现愿望。这一喜剧深刻揭示了当时罗马帝国存在的种种弊端。

公元3世纪的时候，罗马帝国日趋没落，出现了严重的经济危机，田地荒芜，城乡凋敝，人口减少，人民困苦不堪。但统治者和富人们依然挥霍无度，过着醉生梦死的生活，一年要过180个节日，整天观赏角斗、赛车，虚度光阴。尽管一些有识之士认识到如果一直这样下去的话将会导致罗马灭亡，但统治者依然我行我素。

令人担心的事情终于出现了。公元186年，高卢（今法国、比利时、瑞士、卢森堡一带）爆发了声势浩大的"巴高达"奴隶起义。"巴高达"在高卢语中是战士的意思，起义首领是一个叫马特努斯的士兵。马特努斯不满罗马的腐朽统治，率领几百名奴隶发动了起义。起义军攻占了很多城镇和田庄，打开监狱，放出囚犯，焚烧奴隶名单和债券，官员、贵族和奴隶主纷纷逃亡。起义的声势越来越大，马特努斯提出了"让奴隶主变成奴隶"的口号，受到了许多奴隶的积极拥护，许多农民、牧民也纷纷加入起义军的队伍，农民当步兵，牧民当骑兵。起义军席卷了高卢大部分地区，甚至攻克了重镇奥古斯托敦。罗马皇帝听说后，又惊又怒，急忙派

放纵的罗马皇帝
成堆的玫瑰花瓣，掩盖着放纵的狂欢。罗马帝国的衰败，并非源于早期的穷兵黩武，而是根源于后来的繁荣稳定导致的罪恶丛生、道德沦丧。

军队前去镇压。马特努斯将军队化整为零，分成许多小股部队，乔装改扮翻越阿尔卑斯山，在约定的日子会合，攻克罗马城，杀死罗马皇帝。但不幸的是，由于叛徒的告密，计划失败。公元 188 年，起义被罗马军队残酷镇压。

公元 283 年，在高卢塞纳河和罗亚尔一带，巴高达起义再次爆发，很快全高卢都陷入了起义风暴之中。起义军的力量迅速扩大，攻克了许多城镇和农庄。巴高达的两位首领埃里安和阿芒德在各自的控制区登基称帝，管理地方事务，铸造钱币，宣布脱离罗马帝国，对罗马的统治构成了严重的威胁。罗马皇帝戴克里先立即派马克西米连率军前去镇压。在敌众我寡的情况下，起义军效仿当年马特努斯的方法，将军队化整为零，不断派小股军队袭击、骚扰罗马军队。罗马人不堪其扰，斗志全无，竟然纷纷临阵脱逃。马克西米连大怒，杀死了许多逃跑的士兵，强迫士兵们打仗。马克西米连率领罗马军队将起义军分割包围，各个击破。渐渐的，在罗马人的优势兵力进攻下，起义军败退到马恩河与塞纳河交汇处的一个城堡坚守。在罗马军队的长期围攻下，城堡陷落，很多巴高达战士英勇战死，但突围的巴高达战士仍然坚持在高卢各地坚持斗争。

公元 408 年，巴高达运动再起，罗马统帅撒拉率领一直罗马大军从高卢返回意大利。在经过阿尔卑斯山时，巴高达战士袭击了毫无防备的罗马人。罗马人的武器辎重全部落入了起义军手中，从此起义军的武器装备大为改善，战斗力大大增强。公元 435 年，巴高达首领巴托率领起义大军向罗马人发动了更大规模的进攻，在高卢的许多地方建立了政权。在巴高达起义的影响下，罗马帝国统治下的西班牙、北非、色雷斯、多瑙河流域等地也爆发了声势浩大的起义。公元 449 年，罗马大军再次击败起义军。起义军余部被迫转移到西班牙，继续进行斗争。

巴高达起义沉重打击了罗马帝国的统治秩序，恢复了自由的农村公社生活，比公元前 1 世纪的斯巴达克起义更加声势浩大，具有更加广泛的群众基础，加速了罗马帝国的灭亡。

日耳曼部落入侵

从 3 世纪起，帝国北部各日耳曼部落加强了对罗马的渗透。公元 375 年，日耳曼又开始大规模的武装入侵。西罗马帝国在苦撑了百年之后，终于彻底覆亡。在古典帝国的废墟之上，日耳曼人建立起十几个国家政权，开始承担起历史所赋予的革故鼎新的使命。因为这些落后民族，凭借新兴的国家政权给予罗马社会以后以最后一击——废除了奴隶制度，从而为西欧文明的继续发展扫清了障碍。

东汉建立

王莽的新朝灭亡后，汉皇族刘秀于公元25年重建汉朝，定都洛阳，史称东汉。东汉后期政治腐败，社会危机严重。巨鹿人张角利用"太平道"组织农民，经过长时间的准备，以"苍天已死，黄天当立"为口号，于184年发动了"黄巾大起义"，动摇了东汉王朝的统治。东汉时期，社会经济继续发展。牛耕进一步推广，铁农具应用更加普遍，水利建设也有进展。冶铁、陶瓷等手工业生产取得新的成就。南方得到更多的开发。豪强地主经营的田庄以农业为主，兼营畜牧业、手工业和商业，具有自给自足的经济特点。

蔡伦造纸

纸的发明是中国人对世界文化发展的伟大贡献。

中国古代有文字以后，用作书（刻、铸）写文字的材料很多，有陶器器壁、龟甲兽骨、青铜器皿以及绢帛、竹木等等。汉代书写使用竹、木比较普遍，称为竹（木）简。西汉时期文化发展，文化传播需要更轻便的书写材料，于是便有了纸的制造。先是丝絮制成的纸，后来便造出了植物纤维纸。西安灞桥汉墓以及新疆罗布泊和居延的汉代烽燧遗址，都发现麻类纤维制成的纸。东汉和帝时，任尚方令的蔡伦又改进了造纸方法，采用树皮、麻头、旧布和破渔网等为原料，造出了质量更好的植物纤维纸，非常适于书写，人称"蔡侯纸"。

中国与古罗马建交

罗马在汉代被称为大秦，意即泰西（极西）之国，又称海西国。出于经济和外交上的需要，东汉王朝决意谋求和罗马直接建交。公元97年，班超派甘英出使大秦。至安息西界时，由于安息海商的婉言阻拦，没有达到寻求通往埃及亚历山大里亚海路的目的。但中国使者的到来，引起了红海彼岸的莫恰（今也门木哈）和阿杜利（今埃塞俄比亚马萨瓦港附近）与中国结盟的愿望。公元100年，他们派使者到东汉首都洛阳，向汉和帝进献礼物。汉和帝厚待两国使者，赐给两国国王代表最高荣誉的紫绶金印，表示了邦交上的极大诚意。此举激励了罗马，公元166年，罗马皇帝马可·奥理略（公元161～180年）派遣使者从埃及出发，渡过印度洋，到达汉朝统辖下的日南郡，登陆后北赴洛阳，开创了中国、罗马两大国直接通使的纪录。罗马不仅成批将货物出口中国，也大量进口中国的衣料、皮货和铁器。

三国鼎立

东汉末年，黄巾起义，酿成群雄争霸，最后形成魏、蜀、吴三国鼎立的局面。这是中国历史上一个动荡不安又有许多发展的时期。政争和内战频繁。

曹操集团以拥护汉朝皇帝为由，击败吕布、袁绍、刘表、韩遂、马超等集团，据有黄淮。公元220年曹操之子曹丕废汉建魏，定都洛阳，史称魏；公元221年，刘备在成都称帝并重张汉朝名号，史称蜀；公元229年，吴王孙权称帝，迁都建业（今江苏南京），史称吴。

三国政权努力恢复经济，建立了官府直接经营的屯田系统。公元221年、227年，魏国诏令恢复使用五铢钱。刘备、孙权政权也发行了大面额货币，以解决财政问题。产于吴国的青瓷器和铜镜是三国手工业的两类代表产品。青瓷器造型极见个性。铜镜的主要产品是神兽纹镜和画纹带镜，纹饰繁缛，经过细致的刻画。

两晋十六国

公元265年，司马懿孙司马炎废魏称帝，建立晋朝，史称西晋。司马炎即晋武帝。公元280年，晋武帝灭吴，统一南北。公元316年，匈奴贵族攻破长安，俘虏晋愍帝，西晋灭亡。

公元317年，西晋皇室成员司马睿在南方称帝，定都建康（今江苏南京），史称东晋，北方进入"十六国"时期。公元383年，东晋军队在淝水击败了强大的前秦军队，保持了南方的相对和平，社会经济得以正常发展。

东晋与拜占庭建交

拜占庭是罗马皇帝君士坦丁（公元306～337年）执政期间建成的新都，拜占庭人通常以拂（首都）自称。公元347年，东晋王朝占领巴蜀以后，通过张氏前凉政权，正式与拜占庭建交。早在西汉时期，中国就同古罗马帝国有所往来。他们称中国为赛里斯国，意思是"丝国"。随着丝绸之路的开辟与交往日趋繁盛，中国与罗马的贸易关系越来越密切。3世纪初，三国曹魏增辟了与罗马交往的新北道，由玉门关转达向西北，通过横坑（今库鲁克山），经五船以东转西进入车师前部（哈拉和卓），然后，转入天山北麓，穿越乌孙、康居、奄蔡，便可渡黑海或越高加索山脉和罗马帝国相通，最后到达帝国的新都拜占庭。公元345～361年，拜占庭使者来到长江流域晋王朝统治地区。公元363年，晋哀帝司马丕也向拜占庭派出使者，使双方在丝绸贸易上达成协议，保证了通往拜占庭的丝绸之路的畅通。

东晋与拜占庭的建交，不仅使丝绸交易更加便利，而且相互输送各自的文明，影响了历史的进程。

君士坦丁大帝

君士坦丁是私生子，出生于公元280年，父亲是位著名的将军，后来被士兵拥立为奥古斯都，母亲是一个小旅店的女仆。他小时候没有受过多少教育，只懂得一些希腊文。十几岁他就随父亲从军，参加抵御外族入侵的战争。由于有勇有谋，他很快就成长为一名高级将领。公元306年，父亲死后，君士坦丁继任"奥古斯都"。此时罗马帝国出现两个奥古斯都并存的局面，君士坦丁是西部奥古斯都，东部奥古斯都为李基尼乌斯。

公元313年，君士坦丁与李基尼乌斯在米兰会晤，共同颁布了著名的"米兰敕令"。"米兰敕令"承认基督教的合法地位，并归还以前没收的教堂和财产。从此，基督教由受迫害的秘密宗教转变为受政府保护的合法化宗教，迅速在罗马帝国传播开来。此后，君士坦丁与李基尼乌斯为争夺统治权，进行了10年的战争。公元323年，君士坦丁击败李基尼乌斯，成为唯一的奥古斯都，重

华美的圣母　油画
在遭受了长达300年的迫害后，公元313年，基督教终于成为罗马的国教。从此以后，虽然基督教艺术和其所表现出的人物形象大放光彩，华美异常，但基督教实际上却走入了一个偏离基本教义的黑暗时期。

新统一了罗马帝国。

君士坦丁夺取全国政权后，在行政、军事、宗教等方面进行了一系列改革，以加强中央集权的专制统治。他取消以前的四帝共治制，委派自己的亲信治理帝国各个部分，加强对地方的控制。他在行省中施行军政分开的政策，军事首长直接向皇帝负责，从而使皇帝完全掌握了军事大权。宗教方面，他对基督教进行保护和利用，把基督教变为帝国政权的可靠支柱。公元 323 年，为了解决基督教的内部纷争，君士坦丁在尼西亚召集了基督教第一次宗教大集结，统一了基督教的教义和组织，使基督教成为维护专制统治的工具。通过这一系列措施，君士坦丁把罗马的君主专制制度提高到一个新阶段。

随着帝国重心的东移，君士坦丁于公元 330 年把首都从罗马迁到东方的拜占庭，取名君士坦丁堡，意为君士坦丁之城。为营建新都，他大兴土木，从帝国各地调集石料、木料，用于建造宫殿、教堂、图书馆和大学等。他还大力提倡文学和艺术，采用各种措施吸引世界各地的杰出人才来到君士坦丁堡，使君士坦丁堡成为当时的文化中心。此后，君士坦丁堡一直是东部罗马帝国的首都。

政治上风光无限的君士坦丁，在家庭生活中却很不幸。他娶了两个妻子，第一个妻子明妮弗纳为他生了大儿子卡洛斯普士后便死去，第二个妻子弗西蒂生有三男三女。公元 326 年，弗西蒂向君士坦丁哭诉，说卡洛斯普士调戏自己，君士坦丁一怒之下杀了卡洛斯普士。在得知弗西蒂所说的不符合事实后，他又杀了弗西蒂。除杀了儿子和妻子之外，君士坦丁还以"谋反罪"处死了妹妹的儿子。

君士坦丁在统治期间，虽然宣布基督教合法，鼓励臣民们与他一同接受这个新信仰，但从没有公开承认自己是基督徒。直到公元 335 年 5 月 22 日，君士坦丁身患重病，自知将不久于人世，才请了一位基督教牧师给自己洗礼，据说是为了借此洗净一生的罪恶。然后，这位年届 64 岁、疲惫不堪的君主，脱去了皇帝的紫袍，换上初信圣徒所穿的白长衣，安然辞世。

君士坦丁的专制统治与改革措施，使罗马帝国得到暂时的稳定，但无法挽救罗马奴隶制社会的没落。君士坦丁死后，统治集团内部发生争夺帝位的长期混战，到狄奥多西一世时才重新恢复统一。

公元 395 年，狄奥多西一世死后把帝国分给两个儿子，由此罗马帝国正式分裂为的君士坦丁堡为都城的东罗马帝国和以罗马为都城的西罗马帝国。公元 476 年，日益衰落的西罗马帝国被日耳曼人所灭，而东罗马帝国转入封建社会后，又继续存在了近千年。

孔雀王朝之后印度的纷争

在充满活力、虔信佛教的阿育王的统治下，孔雀王朝统一了印度大部分地区。公元前 2 世纪初该王朝倾覆之后，帝国很快就分崩离析，陷于政治纷争的局面。在此后几百年间，德干高原取代印度河—恒河平原成为权力中心，最强大的王国都在此建都。这里成了纷争的场所，一个又一个王朝挥兵相向。就在这一过程中，一些地域辽阔、资源丰富的大国脱颖而出。虽然最独特的历史性影响——吠陀文学和哲学，印度教传统的宗教观和社会观，以及佛教的创造性力量——发端于北方，但那时构成文明的各类艺术显然正在印度南方兴旺发达。此外，开始困扰北印度的外族入侵未能深入德干高原。德干地区各邦与邻邦乃至非常遥远的地区进行了商业交往，但并未受到外来敌对势力的严重威胁。反过来，它们的商人和传教团体正在使印度取得对东南亚的文化支配地位。

笈多王朝崛起

笈多王朝是中世纪统一印度的第一个封建王朝（约公元 320 ~ 540 年）。

公元 4 世纪，印度北部小国林立，战乱不止。位于恒河上游比哈尔地区的一个小国趁机兴起，因为这个小国由笈多家族统治，所以历史上称其为笈多王朝。笈多王朝的君主号令一方，自称"摩诃罗韬"（众王之王）。笈多王朝所在地是当年孔雀王朝兴起的地方，笈多王朝第一代君主旃陀罗·笈多一世对阿育王的丰功伟绩非常神往，希望自己有一天能成为阿育王那样伟大的君主。

公元 308 年，旃陀罗·笈多与附近梨车王国公主鸠摩罗提毗结婚，笈多王朝和梨车王国合并，原梨车王国统治的华氏城及其附近地区

阿旃陀第 17 窟的壁画
笈多王朝时期，佛教也有一定发展，阿旃陀石窟就是当时佛教徒修建的修行之地，是一座古印度艺术的宝库。

·《摩奴法论》·

　　《摩奴法论》是印度第一部正统的权威性法典。相传该法论为"人类的始祖"摩奴所编，故而得名，实际它是婆罗门的祭司根据《吠陀经》与传统习惯而编成。成书年代大致在公元前2～公元2世纪之间。《摩奴法论》全书共12章，前6章以婆罗门为主要对象，论述一个教徒一生需经过"四行期"的行为规范考核。后6章阐述国王的行为规范和国家的职能。该书内容广泛，包罗万象，涉及个人、家庭、妇女地位、婚姻、道德、教育、宗教、习俗、王权、行政、司法、制度，乃至经济、军事和外交等。它构成以四种姓制度为基础的印度阶级社会的一种法治模式和理论执法依据。

并入了笈多王朝，笈多王朝的实力和政治地位大大增强。公元320年，旃陀罗·笈多一世正式建立笈多王朝，定都吠舍离。随着笈多王朝的国势蒸蒸日上，许多小国纷纷归附。

　　公元330年，旃陀罗·笈多和梨车王国公主鸠摩罗提毗之子沙摩陀罗·笈多(海护王，约公元330～约380年在位)即位。他即位后，开始了大规模的扩张。首先，沙摩陀罗·笈多率军西上，征服了恒河上游一带和印度河流域，巩固了笈多王朝的后方，解除了笈多王朝的后顾之忧。随后，沙摩陀罗·笈多率军沿恒河挥师东下，一路夺关斩将，势如破竹，占领了富庶肥沃的恒河三角洲一带，笈多王朝的国力大增。至此，北印度基本统一。沙摩陀罗·笈多又海陆并进，大举进攻南印度，征服了奥里萨和德干东部，兵锋一度抵达帕拉瓦王国的都城，南印度德干高原的很多文明程度较落后的小国纷纷向笈多王朝称臣纳贡。至今保存的称颂沙摩陀罗·笈多赫赫战功的阿拉哈巴石柱刻文，是由大臣诃梨先那所写，记述了沙摩陀罗·笈多攻灭了印度西部9国，震撼了整个印度的事。

　　除了在陆地上征伐外，沙摩陀罗·笈多还向海外扩展势力。马来半岛、苏门答腊岛和爪哇等地，都有笈多王朝使臣的足迹。

　　建立了庞大帝国的沙摩陀罗·笈多，志得意满地举行了一次马祭祀(就是用马作为供品)。按照印度的风俗，只有征服了大片领土的国王才有资格举行马祭祀，以显示自己的丰功伟绩。

　　沙摩陀罗·笈多征战和处理国家大事之余，还写了不少诗，因此获得了"诗人国王"的雅号。他重用文人，鼓励学术，扶持文化，当时有很多大臣就是著名的学者，如梵文诗人与戏剧作家迦梨陀娑和天文学家彘日和等。沙摩陀罗·笈多信奉婆罗门教，但他对其他宗教也不排斥，对包括佛教在内的其他宗教采取宽容态度。

公元 380 年，海护王去世，他的儿子旃陀罗·笈多二世（超日王）继位。旃陀罗·笈多二世也是一个非常有作为的帝王，他迁都华氏城，继续其父未竟的事业，经过一系列的战争与联姻，几乎统一了印度，将笈多王朝推向了繁荣的顶峰。

笈多王朝在中央地区的孟加拉、比哈尔实行中央集权制，其他地区则由国王委派总督或任命地方王公治理，处于一种半独立状态。笈多王朝的官僚机构比较简单，文武不分，往往一人身兼数职，婆罗门教的高级僧侣在政府机构中也占有一定比例。朝廷没有固定的军队，打仗时临时招募或由各地的总督和地方王公提供兵源。

公元 5 世纪初，旃陀罗·笈多二世在位期间，我国东晋著名僧人、旅行家法显历尽千辛万苦，长途跋涉，翻越帕米尔高原，经中亚抵达印度，以求取佛教真经，并在印度居住游历了 6 年，足迹遍及 30 多个国家。后来法显根据自己在华氏城和印度其他地方的见闻写了一本《佛国记》，书中描写了当时笈多王朝社会的繁荣和文化的发达，成为研究印度这一时期历史的重要文献资料。

安息帝国

在历史上，安息曾先后臣服于亚历山大帝国和塞琉古王国，直到公元前 247 年安息才宣告独立，建立了阿尔萨息王朝。安息立国之初，仍受到塞琉古王国的威胁，直到公元前 1 世纪中叶才随着国家的日趋强大而慢慢摆脱了塞琉古王国的束缚。国王密特里达特一世时期（公元前 170 ~ 前 138 年），安息帝国积极向外扩张，占领了伊朗高原西部、两河流域和中亚细亚南部，开始成为一个强大的帝国。

公元前 2 世纪用黏土制成的帕提亚的战士头像

安息帝国在政治上实行君主制，王位由阿尔萨息家族世袭，但王权受贵族和僧侣议事会的限制。在奴隶主阶层中，有 7 个显贵氏族处于领导地位，操纵着国家的军事、政治和经济大权。国家军队以骑兵为主，分重装骑兵和轻装骑兵，贵族在军队中占有重要地位。

角状饮杯
尼萨是安息都城，这个角状杯是在尼萨附近被发现的。

安息境内的两河流域经济发达，是帝国

的经济命脉，东部山地、沙漠以及边缘草原地带比较落后，居民仍属游牧部落。

从公元前 1 世纪中叶起，安息帝国与不断东侵的罗马帝国之间长期进行着战争。公元前 54 年，为增加自己的政治资本，克拉苏率领罗马军队包括 7 个重步兵军团、一个轻步兵军团和 4000 名骑兵共 4 万余人向东进发，开始入侵安息。

当时，附属于安息王国的亚美尼亚国王阿尔塔瓦兹德早有脱离安息统治的想法。克拉苏便与他密谋，罗马军沿美索不达米亚沙漠推进，强渡幼发拉底河后向底格里斯河进攻，然后和阿尔塔瓦兹德的军队从两面对安息腹地实施钳形夹击，歼灭安息军队。

安息王国位于幼发拉底河以东，境内主要是沙漠。安息王国以帕提亚人为主，过着游牧和半游牧生活，但是却建有一支完全由骑马的弓弩手组成的强大军队。他们使用的弓与一般的弓有很大差别，这种弓是由许多块兽角组成的，拉起来很费劲，发出的箭射程远。

克拉苏入侵的消息很快传到安息国王耳中，于是他命令青年将领苏里拉斯率领骑兵迎敌。苏里拉斯是一位无所畏惧且极富幻想力的人，他命一支人马突击亚美尼亚部队，迫使阿尔塔瓦兹德退出战争。自己率领 1 万名骑兵，向底格里斯河方向的沙漠腹地退却，打算诱使罗马军进入沙漠，一举歼灭。他还配备了 1000 匹骆驼载运大量的箭，保证武器补给。

公元前 53 年，克拉苏占领了当年亚历山大渡过底格里斯河的地点尼斯发流门后，获悉安息的骑兵正向底格里斯河方向退却，克拉苏命令部队向北进发，决定沿捷径，穿过沙漠袭击敌人。

4 月底，罗马军队在宙格马附近强渡幼发拉底河。安息军队在苏里拉斯的指挥下避免与其发生正面战斗，而是以袭击战的形式消耗敌人，并在不断的偷袭中将敌人慢慢引诱至无水的沙漠深处。善于远距离奔袭迂回的安息军队，使阿尔塔瓦兹德军受到惨重损失，被迫退出这场战争。

6 月，罗马军队进至卡尔海地区。正值夏天的沙漠炎热异常，缺水成了罗马军的最大问题，罗马军干渴难耐。补给队伍时常被截，缺粮少水，罗马军疲惫不堪。

已消除后顾之忧的苏里拉斯见时机成熟，下令发起全面反攻。骁勇的安息骑兵从四面迂回包围罗马军。罗马军强打起精神，组织成密集的战斗队形，准备迎战。但安息人并不做正面交锋，而是在四周不停地运动，同时向罗马军万箭齐发。很快，罗马军队形大乱，丧失斗志的士兵在沙地上艰难地东奔西突。暴雨般的乱箭使罗马军全线崩溃，克拉苏在战斗中被杀死。罗马军几乎全军覆没。

尽管安息帝国对西方的罗马帝国长期处于战争状态，但是对东方的中国却始终和睦相处，关系密切。公元前2世纪末，张骞出使西域时，曾派副使访问安息帝国，安息国王派大将率骑兵2万到边境迎接。从此，双方往来密切，东西方交通有了很大发展，"丝绸之路"成了当时重要的国际商道。

"丝绸之路"的西段大部分在安息帝国境内，这不仅促进了中国与安息帝国之间商业的发展，而且也加强了东西方文化的交流。

安息帝国是一个松散的联合体，由于长期的对外战争和内部矛盾严重地削弱了中央政权的统治，国家逐渐丧失了抵御外来侵略的能力。

公元227年，安息帝国在新兴的萨珊波斯的大举入侵下，军队节节败退，很快便被萨珊波斯吞并。

匈奴骑兵横扫欧洲大陆

匈奴是中国北方的一个少数民族，在与汉朝的长期战争中元气大伤，分裂为南匈奴和北匈奴两部。南匈奴归附汉朝，北匈奴在汉朝的打击下，被迫于公元91年开始西迁。

匈奴人来到中亚后，在这里停留了很多年，恢复了元气后继续西迁，闯入了欧洲，开始了征服的步伐。首当其冲的是阿兰人。阿兰人是一支游牧民族，在伏尔加河和顿河之间建立了强大的王国。阿兰王倾全国之兵在顿河沿岸与匈奴人展开大战，但以战车为主力的阿兰人敌不过灵活勇敢的匈奴骑兵，阿兰人惨败，阿兰王战死，阿兰国灭亡，整个欧洲为之震动。

匈奴人的铁蹄并没有停下来，在欧洲人还没有来得及为阿兰的灭亡哀悼时，大难已经临头了。阿兰国西面是东哥特王国，东哥特老国王赫曼立克急忙组织军队抵抗。匈奴人身材矮小，但结实粗壮，擅长骑马作战，来去如风。他们远处箭射，近处刀砍，打得过就打，打不过就跑，不以逃跑为耻辱。东哥特人身材高大，他们打仗时组成一个方阵，远时投掷长矛，近时用长剑劈砍。在灵活机动的匈

匈奴人复原图

奴骑兵面前，这种方阵只有挨打的分。

结果东哥特人全军覆没，老国王赫曼立克自杀。赫曼立克之子呼纳蒙特率部投降，其余的人向西逃到了西哥特王国。匈奴人尾随而来。

西哥特国王阿撒那立克从逃来的东哥特人口中得知东哥特亡国后，立刻在德聂斯德河组织防御，企图阻止匈奴人渡河。不料匈奴人识破了阿撒那立克的计谋，兵分两路，一部分假装渡河，一部分绕到河的上游偷渡，然后沿河而下夜袭敌营，打了西哥特人一个措手不及。

西哥特人急忙遣使请求罗马皇帝让他们进入罗马帝国避难。在得到许可后，大约20余万众渡过多瑙河进入罗马境内。

匈奴人进占匈牙利草原后，暂时在那里定居下来。公元5世纪初，匈奴人渡过多瑙河，进攻东罗马帝国的色雷斯地区。东罗马帝国的色雷斯总督抵挡不住，向匈奴国王乌尔丁乞和。乌尔丁在接见他时，趾高气扬地指着太阳说："凡是太阳所能照射到的地方，只要我愿意，都能征服。"后来匈奴人还打到了东罗马首都君士坦丁堡城下，迫使东罗马帝国签订了城下之盟，答应从公元431年起，每年向匈奴进贡黄金350磅（4年后，增至700磅），将大片领土割让给匈奴，并允许匈奴人在多瑙河边一些东罗马城市进行互市。

公元444年，匈奴帝国正式建立。它的疆域横跨亚、欧两洲，东起咸海，南到巴尔干半岛，西至莱茵河，北抵波罗的海，首都在今天匈牙利的布达佩斯一带。当时欧洲各个国家每年都派使者来向匈奴王进贡，以祈求得到平安。

公元449年，西罗马帝国皇帝瓦伦提尼安的妹妹奥诺莉娅和侍卫长私通被人发现，愤怒的瓦伦提尼安将她囚禁到一个修道院里。奥诺莉娅暗中写信给匈奴大帝阿提拉，并赠送了一个戒指，表示自己对他的仰慕和愿意以身相许。早已对富庶的西罗马帝国垂涎三尺的阿提拉立刻向西罗马皇帝提出要与奥诺莉娅结婚，并要西罗马帝国割让一半的国土作为嫁妆。

这个要求遭到西罗马皇帝的拒绝，阿提拉以此为借口，率领50万大军发动了对西罗马的战争。

西罗马皇帝也不甘示弱，联合日耳曼各部落在高卢的沙隆与匈奴人展开了一场大战。为了生存，日耳曼人尤其是西哥特人拼死作战，与匈奴人杀得难分难解。匈奴人向罗马联军射出了遮天蔽日的箭雨，然后骑兵风驰电掣般地插入联军阵中。西哥特人的老国王中箭而死，西哥特人悲愤异常，个个都奋不顾身，冲上前去与匈奴人拼命。战斗持续了仅仅5个小时，双方就战死了16万人。阿提拉见难以取胜，遂率军回国。公元 453 年夏天，阿提拉突然病死。他的儿子们争权夺势，互相厮杀，匈奴帝国也随之瓦解。

民族大迁徙

罗马人征服高卢之后，在帝国的北部，相当于今天欧洲的北起波罗的海、南到多瑙河、西至莱茵河、东至维斯杜拉河之间的广大地区，生活着日耳曼人，人口大约有 500 多万。那时，他们还处于原始社会阶段，以畜牧业、狩猎为生，相对于罗马人来说，他们要落后得多，所以被称为"蛮族"。

日耳曼人分为很多部落，有东哥特人、西哥特人、汪达尔人、盎格鲁人、撒克逊人、勃艮第人、法兰克人等等。在罗马帝国强大的时候，为了保障自身的安全，罗马人有时主动出击，攻打日耳曼人；有时又允许一部分日耳曼人进入北部边境，帮助罗马人守卫边疆；有时不断挑拨离间日耳曼各部落之间的关系，让他们自相残杀。在与罗马人的接触中，日耳曼人逐渐掌握了先进的生产工具和武器，生产力水平不断提高。随着人口的增加，为了生存和满足自己对财富的渴望，日耳曼各部落的首领率领族人不断袭击已经衰落的罗马帝国。

首先进入罗马的是西哥特人。当时，来自东方的匈奴人击败了东哥特人，继续向西进军。西哥特人犹如惊弓之鸟，在得到罗马皇帝瓦伦斯的允许后，他们渡过多瑙河进入罗马帝国避难，从此掀开了欧洲民族大迁徙的序幕。

迁入罗马帝国的西哥特人经常受到罗马官员的欺压，公元 387 年，忍无可忍的西哥特人举行了武装起义。罗马皇帝瓦伦斯亲自率兵镇压，结果在亚得里亚堡（今土耳其乔尔卢城北）全军覆没，自己也被西哥特人所杀，全欧洲为之震惊。这一仗，打破了罗马人不可战胜的神话，大大鼓舞了其他日耳曼部落的信心。这次起义虽然被后继的罗马皇帝狄奥多西镇压，但罗马帝国已无力彻底消灭西哥特人，狄奥多西只好极力笼络西哥特人，准许他们定居巴尔干半岛，并保证供给足够的粮食。公元 395 年，狄奥多西去世，罗马帝国分裂为东、西两个帝国，西哥特人在首领阿拉里克的率领下趁机再次起义，在马其顿和希腊大肆掠夺。

法兰克人复原图

公元 401 年，阿拉里克率领西哥特人进军意大利半岛。罗马帝国虽然已经衰落了，但意大利本土一直是安全的。西哥特人的到来，令罗马人大为惊恐。罗马将军斯底里哥调集了许多军队，终于赶跑了阿拉里克，罗马人这才长出一口气。公元 410 年，阿拉里克率领西哥特人卷土重来，这一次，他攻克了罗马。西哥特人在罗马城中大肆劫掠了三天三夜，扬长而去。阿拉里克死后，继任的阿多尔福与罗马言和，并接受了罗马将军的封号。公元 412 年，西哥特人进军高卢，占领了南高卢的阿奎丹地区，不久又占领了西班牙。公元 419 年，西哥特人建立了以图卢兹为中心的第一个"蛮族"王国——西哥特王国。从此，西哥特人结束了长达半个世纪的迁徙，在南高卢和西班牙定居下来。

在罗马人和西哥特人交战的时候，另一支日耳曼部落汪达尔人乘虚而入，抢掠了高卢后，进入西班牙定居。公元 416 年，西哥特人向汪达尔人发动进攻，汪达尔人抵挡不住，只好渡过直布罗陀海峡，进入北非。经过 10 年的征战，汪达尔人战胜了那里的罗马军队，占领了罗马的阿非利加行省，定都迦太基，建立了汪达尔王国。此后，汪达尔人又占领了西西里岛、撒丁岛、科西嘉岛等地。公元 455 年，汪达尔人渡海攻克了罗马城，将全城的文物破坏殆尽。

法兰克人和勃艮第人则越过莱茵河，进入高卢。公元 457 年，勃艮第人在高卢东南部建立了勃艮第王国，定都里昂。公元 486 年，法兰克人在首领克洛维率领下，击败罗马军队，占据高卢北部，建立法兰克王国。

公元 5 世纪中叶，盎格鲁人、撒克逊人横渡英吉利海峡，在大不列颠岛登陆，打败了当地的凯尔特人，占据大不列颠岛的东部和南部，建立许多小王国。

匈奴帝国灭亡后，东哥特人获得独立。他们进军意大利，占领了拉文那一带，建立东哥特王国，后被拜占庭帝国所灭。

公元 568 年，伦巴第人又占领意大利半岛的北部，建立了伦巴第王国，定都拉文那，为欧洲民族大迁徙画上了一个句号。

西罗马帝国覆灭

罗马城虽然经过了外族的两次洗劫，但还拥有很多金银财宝，很多外族还想再去抢劫，比如北非的汪达尔人。

汪达尔人不是北非的土著居民，他们是日耳曼人的一支，原来居住在斯堪的那维亚半岛南部。公元 3 世纪的时候，他们南下中欧，重金贿赂罗马皇帝君士坦丁，获得了在罗马帝国境内居住的权力。后来匈奴人来到欧洲，汪达尔人被迫西迁，加入了民族大迁徙的洪流之中。他们先是来到高卢境内，接着又翻越了比利牛斯山，到达西班牙，摧毁了当地的罗马政权，在那里建立了汪达尔王国。

公元 416 年，西哥特人进攻西班牙，汪达尔人被迫南迁。当时，汪达尔人的首领名叫盖赛里克，身材不高，但足智多谋。他决定避开势力强大的西哥特人，转移到罗马人统治力量薄弱的北非地区。

到达北非后，汪达尔人一路向东，沿途烧杀抢掠。当时北非的柏柏尔人正在反抗罗马人，他们把汪达尔人视为解放者，积极支持汪达尔人同罗马人作战，使罗马人在北非的政权土崩瓦解。公元 438 年，汪达尔人占领了北非的迦太基，并建都于此，建立了汪达尔王国。北非是罗马的粮食供应地，这里沦陷后，罗马顿时出现了粮荒，而汪达尔人则势力大增。罗马人被迫同汪达尔人签订条约，承认他们对北非地区的占领，还把罗马的公主嫁给汪达尔王子。

公元 419 年，西哥特人在法国西南建立了西哥特王国。这幅浮雕下图表现的是哥特人对罗马人的胜利，上图是西哥特王国开始建立政权。

但盖赛里克并不满足，他占领了罗马在非洲的全部领土后，把目光投向了罗马城，他想像阿拉里克一样攻陷罗马城，掠夺财富。为此，盖赛里克建立了一支强大的舰队，并日夜不停地训练。汪达尔人的舰队相继占领了撒丁岛、西西里岛等地中海主要岛屿，成为继迦太基和罗马之后的地中海霸主。

公元 455 年，盖赛里克率领庞大的汪达尔舰队开始渡海北征，进攻罗马城。当汪达尔人的舰队到达台伯河的入海口处时，整个罗马城陷入了一片恐慌之中。

几辆豪华的马车从罗马皇宫疾驶而出，向城门口冲去。

"开门！快开门！"西罗马皇帝从马车中伸出头，对守门的卫兵大声说。

这时旁边的罗马人认出了皇帝，大喊："不好了！皇帝要逃跑了！"很多罗马人听到喊声赶了过来，将皇帝的车队围得水泄不通。

"让开！让开！"西罗马皇帝愤怒地大喊大叫。

"你不能走！你是罗马皇帝！你必须带领我们抵抗汪达尔人，和罗马共存

英里城堡
由于哈德良长城的保护，在哈德良长城英里城堡的周围发展起来了一些小城镇，有商店、市场、酒馆和浴池。许多守卫长城的罗马士兵在城镇里安了家。

亡！"一个罗马人义愤填膺。

"罗马守不住了，你们也快跑吧！开门！快开门！"西罗马皇帝急不可待地说。愤怒了的罗马人一拥而上，将皇帝活活打死。

很快，汪达尔人的舰队就来到罗马城下。此时的罗马人早已没有了他们祖先当年的勇武，汪达尔人很快就攻克了罗马，并在城中开始了大规模抢劫。皇宫、国库、教堂、富人的宅邸甚至一般人的家都被汪达尔人洗劫一空。他们把掠夺来得金银财宝、丝绸、瓷器、华丽的装饰品装满了他们的大船，并且将3万罗马人掠为奴隶，盖赛里克还抢走了罗马公主。最后汪达尔人四处放火，将罗马城付之一炬。几百年来，罗马人留下的无数建筑珍品和文明成果就这样被熊熊大火吞没。罗马，这座昔日繁华富丽的城市，在经历了这场浩劫之后已是满目疮痍，一片凄凉。后来的欧洲把疯狂破坏文明成果的野蛮行为称为"汪达尔主义"。

此时的西罗马帝国已经四分五裂，勃艮第人占领了高卢，西哥特人占据着西班牙，汪达尔人统治着北非，意大利半岛被东哥特人控制着，连西罗马皇帝都是东哥特人的傀儡。

公元476年，日耳曼雇佣军的长官奥多亚克废黜了最后一个罗马皇帝罗慕洛·奥古斯都，西罗马帝国灭亡。年轻的罗慕洛·奥古斯都手中没有一兵一卒，他无力反抗，只好命随从把东西搬上车，默默地离开了皇宫。

中世纪

中世纪始于5世纪,迄于15世纪,横跨历史长河1000年,在罗马帝国古老的黄金时代和文艺复兴的新黄金时代之间,构成了人类社会最重要的转型期。波澜壮阔的民族大迁徙使人类社会开始从分散走向整体,同时,国家和社会体制也发生了变化。封建化的兴起与早期封建国家的建立,奠定了近代世界历史格局的基础,人类历史开始进入一个新的发展时期。

南北朝

公元420～589年,中国南方与北方的各个政权形成对峙的局面,史称南北朝。公元420年,刘裕取代东晋政权,建立了南朝宋政权,刘裕就是宋武帝。公元479年、502年、557年,萧道成、萧衍、陈霸先相继取代前朝,分别建立了齐、梁、陈。宋、齐、梁、陈四朝史称南朝。从公元439年起,北魏统一北方,历时近百年。公元534年,北魏分裂为东魏和西魏,后又分别被北齐和北周所代替。公元577年,北周攻灭北齐,北方再次统一。北方各族在长期的生产活动和杂居生活中,不断加深融合,社会经济逐渐恢复和发展。公元581年,北周外戚杨坚代周称帝,改国号隋,年号开皇,定都长安。杨坚即隋文帝。隋朝建立以后,北方实力进一步加强。公元589年,隋灭陈,结束了南北长期对峙的局面。

隋朝

隋朝在北周统一北方的基础上,于公元589年击败南方的陈朝,统一了全国,自西晋永嘉之乱后近300年的分裂局面就此结束。隋政权统治的疆域东南至海,西达且末(今属新疆),北抵五原(今内蒙古杭锦后旗西),东西9300里,南北14815里,形成了一个强大的帝国王朝。隋朝推行各项经济措施,加之营造东京,开通大运河,同时,还加强了与西域和东南亚邻国的联系。但是,隋炀帝的暴政造成隋亡。隋炀帝好大喜功,穷兵黩武,在他短暂的一生之中,三次南巡江都,几次出征高丽,致使举国就役,遍地为兵,田亩荒芜,于是全国反隋起义蜂起。公元618年,李渊废黜隋恭帝杨侑,称帝建唐,掀开了中国历史最光辉的篇章。

少林寺

少林寺始建于北魏太和十九年(公元495年)。天竺一僧人到达中国,擅长禅法,得到北魏孝文帝礼遇,并且在太和十九年为他敕造寺庙于少室山中,因寺处于少室山茂密丛林中,所以名为棍僧少林寺。孝昌三年(公元527年),禅宗初祖菩提达摩来到少林寺中传授佛法，后传法给慧可。此后少林禅法师承不绝，达摩长期打坐修炼，为活动筋骨，创造了少林拳法。北周建德三年（公元574年），武帝禁佛，寺宇被毁坏。大象年间重建，改名为陟岵寺。隋代又恢复旧名，发展为北方一大禅寺。相传唐初少林寺十三棍僧救唐王，立有战功，为少林寺博得"天下第一名刹"的名号。

维京人的航海旅行

早在公元793年，维京人就开始掠夺苏格兰和荷兰沿岸的海岛。到了公元850年，他们来到了爱尔兰，并且在那里定居。约公元860年，维京水手们发现了冰岛，并在此后定居于此。公元982年，埃里克·瑟凡森（或称做"红发埃里克"）发现了格陵兰岛冰层边缘海岸，并鼓励人们在岛上定居，公元986年，他带领400名殖民者定居在那里。约公元1000年，他的儿子对北美海岸进行了探索，他抵达了海鲁岛（今天的巴芬岛）和马克岛（拉布拉多），此后，就在一个被他称作文兰的地方过冬。人们估计文兰确切的位置应该在南拉布拉多和新泽西州之间的某地。大约在1年后，他带着一群人来到纽芬兰岛沿海地区，建立了雷安色奥克斯米都居住区。但是这些不速之客的到来遭到了被维京人称为"蛮夷"的当地土著的强烈排斥，他们赶走这些入侵者。

维京人同样突袭了欧洲大陆。他们沿着欧洲的主要河道逆流而上，两次洗劫了法国巴黎——分别在公元845年和856年。他们建立了贸易路线和定居点，并于公元911年占领法国北部诺曼底直到约1000年。他们也同样在爱尔兰、英格兰、丹麦、德国以及俄国定居。

维京人称霸海上的秘密是他们非凡的有开敞式船身的长船，这种船圆滑而快速，具有两头尖翘的船身和坚固的、装有巨大方形船帆的桅杆。船的两侧都有一整排的桨，可以在靠近海岸或者在河口等无法使用帆的地方控制船的航行。桨还可以在海战中加快船速。在船的右侧还有单支的掌桨。人们将长船中体形最大的称为"德里

维京人长船底宽，排水量相对小，非常适合在近海岸、河口以及内陆河流中航行。

卡"或"龙船",因为在这条船的两头都有雕刻的龙头像。制船者将直的橡木板叠放,再用铁钉固定,形成船身的侧面,而船体的内部结构则是按照船形,用仔细挑选的符合船形曲度的树枝锯成的坚硬的木板做成的。船帆是一张羊毛织物,这种帆在暴风雨中被浸透后就变得极难控制。长途远航时,船员们就蜷在兽皮做的睡袋里睡在开敞的甲板上。他们的食物是腌制晒干的鱼肉。除了带上他们常喝的蜂蜜酒(一种用发酵蜂蜜制作的酒精饮料)外,他们必须带足淡水。

我们现在对维京人长船的了解基本上来自沉船残骸,譬如公元834年在挪威奥斯堡制造的一艘用于葬礼的长船。在葬礼中,多名船工将这条长21.6米的长船拖上岸,然后将船放入一个浅槽中。哀悼者将死者的尸身装进一个原木棺材中,然后把棺材两头随葬的家私炊具在船甲板上一字排好。最后用石土覆盖整条船,在船的最顶部种上草皮。这座奇特而又宏大的坟墓静静地沉睡了上千年。

日耳曼人大迁徙

4~6世纪日耳曼人大规模向罗马帝国境内大迁徙的运动。3世纪起,罗马奴隶制帝国日益没落,外族入侵,人民起义,同时,日耳曼人也大批进入帝国境内。376年,日耳曼人的一支西哥特人因受匈奴人压迫,经罗马帝国皇帝允许,渡过多瑙河进入帝国,开始了日耳曼人大迁徙的运动。419年,西哥特人在高卢南部建立西哥特王国。439年,汪达尔人经高卢、西班牙到北非,建立汪达尔王国。5世纪中叶,勃艮第人进入萨伏伊,建立勃艮第王国。486年,法兰克人在高卢北部建立法兰克王国。大致同时,盎格鲁—撒克逊和裘特人渡过北海进入不列颠,建立许多小王国。568年,伦巴底人在意大利建立伦巴底王国,日耳曼人大迁徙终结。日耳曼人大迁徙加速了西罗马奴隶制帝国的灭亡,也促进了日耳曼人氏族制度的瓦解,并形成新的生产关系,进入封建社会。

法兰克国王克洛维

法兰克人是日耳曼人的一支,生活在罗马帝国的北方。公元3世纪中叶,法兰克人不断渡过莱茵河,闯入罗马帝国境内,大肆屠杀抢掠,让罗马人很是头疼。但同时也有些法兰克人被罗马人招募,充当雇佣兵。公元4世纪时,法兰克人分为两支:一支是海滨法兰克人(萨利克法兰克人),住在莱茵河口附近和索姆河流域；另一支是河滨法兰克人（里普阿尔法兰克人），住在以今德国科隆为中心的莱茵河两岸。"法兰克"在日耳曼语中是"大胆"的意思，法兰克人都是不怕死的勇士，他们打起仗来个个奋不顾身。墨洛温家族是法兰克人中最尊贵的家族，他们都长发披肩，以显示自己高贵。

公元 5 世纪前期，当时高卢中北部包括巴黎在内广大区域，由西罗马帝国的将军西阿格里乌斯统治着。这里与意大利的联系早被切断，实际上已经独立，西阿格里乌斯自称"罗马人的王"。

骑士制度兴起于 8 世纪，当时的统治者有足够财富可以向骑士们提供战马、武器与盔甲，以使他们在战争中效忠法兰克王国。

公元 481 年，15 岁的克洛维在父亲死后，成了法兰克人的首领。克洛维像多数法兰克人一样强悍好斗，以战斗作为自己的爱好和事业。他性格残忍，善于玩权术，经常果断铲除威胁自己的人，具有一个政治家的长远的战略眼光。

公元 486 年，一支海滨法兰克人在克洛维率领下越过阿登森林（在今比利时境内）南下，联合另一支海滨法兰克人，在苏瓦松击败西阿格里乌斯的军队。西阿格里乌斯仓皇南逃，投奔了西哥特人。克洛维派使者前去索要西阿格里乌斯，西哥特人把他套上镣铐送交克洛维。击败西阿格里乌斯后，克洛维占领了包括巴黎和卢瓦尔河以北大片土地，建立了法兰克王国，他本人也从一个部落联盟首领变成真正的国王，开始了以他非常受人尊敬的祖父墨洛温名字命名的墨洛温王朝。

法兰克王国的建立标志着法兰克人从部落联盟演化到了国家阶段，而克洛维

· 采邑制 ·

采邑制是中世纪早期西欧的一种封建土地所有制。墨洛温王朝末期由于大土地所有制的发展，自由农大量破产，国家无可用之兵，中央的政治、经济、军事力量衰落。公元8世纪30年代，宫相查理·马特改变无条件分赠土地的办法，实行采邑制。没收叛乱贵族和部分教会土地封给官员和将领，受封者必须服兵役和履行封臣义务，而且只限本人，不得世袭。双方如有一方死亡，或封臣不履行义务，分封关系终止。如愿继续以前的关系，必须重新分封。通过采邑制，建立了以土地关系为纽带的国王与受封者之间的主从关系，加速了自由农民的农奴化进程，为形成阶梯式的封建等级制奠定了基础。骑兵逐渐代替步兵，兴起骑士阶层，中小地主力量加强，且提高了国家的政治与军事力量。公元9世纪以后，采邑逐渐变成世袭领地。

也从一个部落首领变成了国王。著名的"苏瓦松花瓶"故事反映了这一过程。

一次，克洛维的部下洗劫了兰斯教堂，抢走了教堂的大量财物。兰斯教堂的主教找到克洛维，希望他能够归还一个被奉为圣杯的大花瓶。克洛维说："我们法兰克人要在苏瓦松分配战利品，如果我抽签抽中的是那只花瓶的话，一定奉还。"到了苏瓦松，所有的战利品都摆在地上。在分配战利品时，克洛维对在场的法兰克人说："我勇敢的战士们，我请求你们在我抽到的东西之外，再把那个花瓶给我。"许多法兰克人都说："可以，尊敬的国王。所有的战利品都是您的，只要您认为合适，您就取走吧！因为谁也没有强大到敢向您说个'不'字。"但一个战士站出来说："除非你抽到花瓶，否则你根本无权得到这只花瓶！"说完挥起斧头将花瓶砍了个稀巴烂。

一年后，克洛维命令军队全副武装到校场集合，以检阅军队。克洛维走到打碎花瓶的那个战士面前时，看了看他的武器，故意生气地说："谁带来的武器也不像你的武器那样保管不当，无论是你的投枪还是斧头，都无法使用。"说完克洛维拿起那个战士的斧头扔到了地上。在那个战士弯腰去捡拾斧头时，克洛维抢起自己的斧头，劈开他的头，那名战士当场横尸校场，在场的法兰克人无不震惊。克洛维对着尸体说："你在苏瓦松的时候就是这样对待花瓶的。"由此，克洛维树立了自己的权威，从一个部落联盟首领变成了一个具有生杀予夺大权的国王。

27岁的时候，克洛维和信奉基督徒的勃艮第公主结婚，但那时他本人并不是基督徒。公元496年，克洛维与阿勒曼人激战时，身陷重围。绝望中，他想到了上帝，于是他跪下向上帝祈祷，发誓如果能够转败为胜，他将带领全体法兰克人皈依基督教。奇迹发生了，阿勒曼人发生内乱，杀死了阿勒曼国王，并且全部向克洛维投降。克洛维大为惊奇，认为是上帝在帮助自己，于是在当年圣诞节率领3000名法兰克战士接受了洗礼，皈依基督教。从此，克洛维受到了罗马教会的大力支持，他继续扩张，几乎占领整个高卢。

普瓦捷之战

公元732年，法兰克王国宫相查理统率的军队同入侵的阿拉伯军队在普瓦捷进行的一次交战。

公元732年初，阿拉伯帝国西班牙总督阿卜杜勒·拉赫曼率领3万阿拉伯军队从西班牙入侵法兰克南部。阿拉伯军队的主力是轻骑兵，基本不穿甲胄，机动性很强，使用枪和剑，很少使用弓箭。他们是一支进攻型的军队，不善于防御。当时掌握法兰克王国实权的宫相查理组织了一支由中、小贵族和自由农民组成的军队前往抵御。

10月，两军在普瓦捷附近展开激战。法兰克军队前方是弓箭手，中央是密集的步兵方阵，两翼为重甲骑兵。阿拉伯轻骑兵的多次进攻都被法兰克步兵击退，士气大挫。法兰克军重甲骑兵乘势进攻，步兵方阵也稳步推进，阿拉伯军大败，阿卜杜勒·拉赫曼战死。

此战捍卫了法兰克王国的独立，遏止了阿拉伯人向西欧的扩张，在欧洲历史上具有重要意义。

查士丁尼镇压尼卡起义

公元359年，罗马皇帝狄奥多西去世。临死前，他把罗马帝国分为东、西两个部分，让自己的两个儿子各自为帝。

西罗马帝国的首都仍然在罗马，领土包括现在的意大利、法国、英国、伊比利亚半岛、奥地利、匈牙利以及北非的阿尔及利亚、突尼斯、利比亚。

东罗马帝国定都君士坦丁堡（原名拜占庭，今土耳其伊斯坦布尔），所以又叫拜占庭帝国。东罗马帝国统治着从黑海到亚得里亚海之间的广大地区，包括东南欧一带、巴尔干半岛、小亚细亚、中东地区和外高加索一部分。

公元476年，西罗马帝国灭亡，而东罗马帝国却继续存在了将近1000年。

君士坦丁堡位于亚、欧两洲的交界处，扼守从黑海进入地中海的大门，地理位置十分重要。当西欧陷入混乱与纷争的时候，东罗马帝国依然非常强盛，君士坦丁堡当时有80万人口，是世界上最大的城市之一，海外贸易非常发达，城内的建筑辉煌壮丽，港口停泊着来自世界各国的船只，一片繁荣景象。

但君士坦丁堡里的很多手工业者和城市贫民在皇帝查士丁尼和他的一大群贪官污吏的统治下

查士丁尼大帝及廷臣

这是拜占庭时期最著名的镶嵌画之一，描绘的是查士丁尼大帝在大主教的陪伴下主持教堂奉献礼的情景。

仍然过着悲惨的生活，他们生活艰辛，毫无政治权利可言，只有从古罗马时期流传下来的市民娱乐活动才能使他们享有片刻的欢乐。

当时最大的市民娱乐活动是马车比赛。无论是皇帝、贵族、地主、商人还是普通市民，都非常喜欢。每次比赛的时候，从皇帝到市民都聚集到能容纳五六万人的赛车场观看比赛。在东罗马帝国，皇帝的地位是至高无上的，平时人们见了他都要跪下磕头，吻他的靴子。只有到了马车比赛的时候，群众才可以趁机大声喊叫，表达对他的不满。

马车是分队进行比赛的，车夫们都穿着不同颜色的衣服，有蓝色、绿色、红色等，人们也分别支持不同的队。渐渐的，这种支持变成了政治派别。其中蓝队的支持者是元老贵族和地主，而绿队的支持者则是大商人和高利贷者。这两派都有广大的群众支持，这些群众憎恨皇室和各级官僚，每次比赛的时候，他们就联合起来，大声吵闹，矛头直指那些臭名昭著的贪官污吏，赛车场渐渐变成了群众游行示威的场所。

拜占庭武士像

公元532年的一天，查士丁尼带着皇后和文武百官来参加赛车会。皇帝属于蓝派，所以绿派的群众就向他高喊"尼卡！尼卡！（胜利的意思）"想打掉皇帝的威风。许多平日里备受欺压的群众也纷纷站起身来，高举着拳头，挥舞着手臂，高喊打倒贪官污吏的口号。全场的局势快要失控了，一场政治风暴即将来临。查士丁尼见状，急忙令卫兵逮捕了几个带头的群众。这一下全体群众都被激怒了，他们起来齐声高喊"尼卡！尼卡！"上前和士兵搏斗。群众冲出赛车场，拿起刀枪火把，冲进政府、教堂和贵族的房屋，四处点火。著名的索菲亚大教堂、宙克西普浴池甚至一部分皇宫建筑都被点燃。起义的群众还冲进监狱，释放了所有被关押的老百姓。人们手拿刀枪，高举火把，围着皇宫高呼，要求处死那些臭名昭著的大贪官。躲在皇宫中的查士丁尼无奈，只好将那几个贪官免职，但群众并没有散去。

查士丁尼见局势失控，就决定逃走，但遭到了皇后的反对，大臣们也提醒皇帝，城外还有忠于皇帝的大军。查士丁尼急忙派人偷偷溜出城，命令驻扎在城外的刚从波斯前线回来的贝利萨留将军和正从外地赶来的蒙德将军进城镇压起义。查士丁尼假装对群众闹事不介意，通告全城起义的群众，请大家欣赏一场更大规模的马车比赛。起义者上了当，来到了赛车场。

贝利萨留和蒙德率领着军队秘密进城，将赛车场团团围住，贝利萨留抽出宝剑，下令士兵屠杀在赛车场内的起义者。这些装备精良、训练有素的士兵，挥舞着大刀长矛，疯狂地向起义者砍去。一时间，赛车场内惨叫声、呻吟声汇成了一片，大地上鲜血横流。一些逃出场外的起义者又遭到了蒙德率领的军队的屠杀。那一夜，有4万起义者被杀害，君士坦丁堡成了人间地狱，"尼卡"起义就这样失败了。从此以后，拜占庭帝国处于查士丁尼更加残酷的统治之中。

奥古斯丁

神学家和哲学家。生于北非，幼年从母入基督教。7岁入小学，12～17岁在修辞学校学习，19岁成为摩尼教的追随者。他毕业后，先在迦太基城，后到罗马和米兰教授修辞和演讲术达8年之久。33岁时，因厌弃摩尼教而改信基督教；此后回到北非的家乡隐居。396年成为省城希波教会主教。在任职期间，他从事著述、组织修会、讲经布道、反驳异端歪教等活动。晚年在战乱中度过，430年逝世。奥古斯丁是基督教教父哲学的集大成者，他的著作被称为神学百科全书。其代表作有《忏悔录》《论三位一体》《上帝之城》。他把哲学用在基督教教义上，使哲学和宗教结合起来，创立了基督教哲学，后来成为经院哲学依据的权威。他的教育哲学也成为中世纪基督教教育的基础理论。

拜占庭的扩张

西罗马帝国灭亡后，东罗马帝国皇帝就以罗马帝国的继承者自居，并以恢复古罗马帝国的版图为己任。当时被视为"蛮族"的日耳曼人在原西罗马帝国的领土上建立了很多小王国，他们信奉基督教的阿利乌斯教派，这是自认为信奉基督教正统、以基督教正统保护者自居的东罗马皇帝所不能容忍的。查士丁尼即位后，立志消灭信仰异端的蛮族国家，实现罗马帝国在政治和宗教上的统一。

东罗马帝国是古罗马帝国工商业繁荣的地区，首都君士坦丁堡位于亚欧大陆的交界处，可以收取高额的过路费，丝绸专卖使政府获利丰厚。查士丁尼又在全拜占庭的纯金皇冠闪闪发光，上面有珍珠、宝石和珠宝挂饰。它的珐琅饰板刻画了 11 世纪的皇帝迈克尔七世及基督和众神。

国征收土地税，每年可得黄金 3000 磅，使得东罗马帝国的经济实力非常强大。经过多年的准备，查士丁尼开始了自己雄心勃勃的收复罗马帝国计划，发动了大规模的战争。

为了解除后顾之忧，查士丁尼不惜赔款 1.1 万磅黄金，与波斯签订了"永久和约"。稳定了东方后，查士丁尼开始对西方发动大规模的战争。当时西部的外族国家，如汪达尔王国、东哥特王国、法兰克王国等国动荡不安，国内矛盾十分尖锐。这些外族王国文化落后，所以他们努力学习罗马的先进文化，受罗马文化影响很深，以至于他们认为罗马皇帝是人间的上帝。在东罗马帝国大军兵临城下的时候，他们不是联合起来共同对敌，反而互相掣肘，自相残杀。

公元 533 年，查士丁尼派大将贝利萨留率领 1.6 万人从君士坦丁堡出发，开始了长达 20 多年的征服战争。

贝利萨留大军的矛头首先指向的是北非的汪达尔王国。汪达尔人本来与东罗马帝国签订过和平条约，两国长期以来平安无事。但信仰阿利乌斯教派的汪达尔人无法容忍信仰基督教正统的罗马人，所以对汪达尔王国境内的罗马人大肆迫害，有的关进监狱，有的卖为奴隶，并没收了罗马人的土地和财产。很多罗马人纷纷逃到君士坦丁堡，向查士丁尼求救，希望他能消灭蛮族、铲除异端，这正好给了查士丁尼一个发动战争的借口。

贝利萨留率领军队在北非登陆，向汪达尔王国的首都迦太基推进。此前，汪达尔国王盖利麦一直没有认真备战，听到东罗马人登陆的消息才匆忙率军前去迎战，双方在迦太基城附近展开决战。开始的时候汪达尔人占了上风，但盖利麦的兄弟不幸阵亡，悲伤过度的盖利麦抱着弟弟的尸体号啕大哭，竟然放弃了军队的指挥权。失去指挥的汪达尔大军顿时陷入了一片混乱之中，贝利萨留趁机发起反攻，东罗马人反败为胜。此后，汪达尔人再次进攻东罗马人，又遭失败。东罗马人攻陷迦太基，汪达尔王国灭亡。盖利麦带人逃到努米比亚，投奔了柏柏尔人。

查士丁尼把被汪达尔人剥夺的罗马人的财产全部归还，恢复了古罗马时代的旧制度。

征服汪达尔之后，查士丁尼又把矛头转向了东哥特王国。公元 535 年，查士丁尼以调解东哥特王国内部纷争和解救因不同信仰而被迫害的罗马人为借口，出兵被东哥特人占领的意大利。贝利萨留率领 8000 人先占领了西西里岛，很快又登陆意大利半岛。东哥特国王迪奥达特惊惶失措，想向东罗马人投降，结果被部下所杀。东哥特人推举将军维提格斯为新国王。维提格斯决定避敌锋锐，率主力撤到北方的首都拉文那。公元 536 年 12 月，贝利萨留进军罗马，教皇和居民开城投降。

公元 537 年 2 月，维提格斯率军南下围攻罗马，贝利萨留坚守不战。东哥特人久攻不克，士气低落，再加上军中瘟疫，只好撤退。公元 540 年，贝利萨留率军北上，攻陷东哥特首都拉文那，俘虏维提格斯。公元 545 年，东哥特人在新国王托提拉的率领下攻陷罗马，但他却向查士丁尼求和，这给了东罗马人以喘息之机。公元 552 年，东罗马人在意大利中部塔地那战役大败东哥特人，托提拉阵亡。公元 554 年，东罗马人彻底消灭了东哥特的残部，收复了整个意大利半岛。同年，东罗马帝国又利用西哥特王国的内讧，占领了西班牙的东南沿海地区。至此，东罗马帝国恢复了大部分罗马帝国的版图。但东罗马军队在意大利疯狂的搜刮掠夺，不仅遭到蛮族而且也遭到罗马人的痛恨。

公元 565 年查士丁尼去世。不久，东罗马帝国被征服地区大都丧失。

意大利城市共和国

查理曼帝国分裂后，意大利被罗退尔所统治。公元 855 年罗退尔去世之后，意大利从此便陷入了长达 10 个世纪之久的政治纷争之中，在 1861 年之前，一直没有得到统一，甚至连名义上的中央政权都没有产生过。

公元 7 ~ 8 世纪时，意大利的手工业与农业分工就已开始了。到公元 9 ~ 10 世纪，许多地方出现了定期集市。罗马时代的旧城也非常活跃，逐渐成为工商业的中心。在伦巴底和托斯坎纳出现的一系列新兴城市，开始与东地中海沿岸各国发展贸易往来，从而得到东方贵重的货币资本，并将这些资金及时地投入到手工业、商业和银行业中。手工业生产因此日趋发达，分工也日趋细密。银行业的发达，使意大利一些城市的货币在国际市场上大量流通。

富裕起来的意大利城市为捍卫自身的利益、取消封建义务、铲除发展工商业的障碍，与统治它们的教俗封建主展开了激烈斗争。通过斗争，它们不仅获得了对城市的统治权，而且逐渐控制了周围的广大地区，形成了一些城市国家。城市国家统治权所达到的地方，那里的封建贵族和农民也都随之变成了城市国家的公民。城市国家所辖地区，甚至包括许多小市镇和众多农村。

意大利城市国家在政体上与欧洲其他封建国家截然不同。欧洲大陆当时盛行君主政体，而意大利城市国家却实行共和政体。国家行政机构起初是全体成员大会和地方执政官会议，后来由选举产生的委员组成议会取代了原来庞大的全体成员大会，由其决定立法、宣战、媾和等城市国家的重大事项。执政官虽由市民选举产生，但一般为显贵家族所垄断。在执政官之下设立各种委员会，各个城市所设有所不同，各城市的统治权大多为贵族和富商所掌握。当时，意大利著名的城市共和国有威尼斯、佛罗伦萨、热那亚和比萨等，它们都是意大利从事航海和工商业的城市共和国，威尼斯更为突出。威尼斯是世界著名的水上城市，在长约 3.2 千米、宽约 1.6 千米的群岛和泥滩上逐渐形成最初的城市，公元 9 世纪 40 年代，成为独立的城市共和国。至 15 世纪时，威尼斯发展成一个包括克里特岛、塞浦路斯岛和爱琴海众多岛屿在内的广阔的海上大帝国，显赫一时。15 世纪末年，欧洲新航线开辟以后，大西洋沿岸成为商业重心，威尼斯城市共和国逐渐走向衰落。

戒日王

笈多王朝灭亡后，印度又陷入小国林立，混战不止的局面。经过多年的战争，出现了四大强国：以德里为中心的坦尼沙王国、以曲女城为中心的穆里克王国、恒河三角洲的高达王国和昌巴尔河流域的摩腊婆王国。其中坦尼沙和穆里克为一方，高达和摩腊婆结盟。

戒日王是坦尼沙国王波罗·瓦尔那的次子，他有一个哥哥和一个姐姐，哥哥罗贾伐弹那英勇善战，姐姐拉芝修黎嫁给了穆里克国王格拉巴伐尔曼，两国关系更加紧密。

公元 604 年，年仅 15 岁的戒日王随哥哥罗贾伐弹那率军征伐侵扰王国西部的白匈奴，不料老国王波罗·瓦尔那突然病逝。高达王国和摩腊婆王国联合起来，趁机进攻坦尼沙王国的盟国穆里克王国，穆里克国王格拉巴伐尔曼战败被杀，戒日王的姐姐、王后拉芝修黎被俘，穆里克王国灭亡。两国军队继续推进，直逼坦尼沙国。在这危急时刻，戒日王随哥哥罗贾伐弹那立即率军快速返回德里，罗贾伐弹那继承王位，率骑兵进攻曲女城，戒日王留守国内。罗贾伐弹那英勇善战，高达和摩腊婆联军大败。于是就派使者前去假装求和，毫无政治斗争经验的罗贾伐弹那放松了警惕，结果被高达国王设赏迦派人暗杀。坦尼沙军队顿时群龙无首，两国趁机发起进攻，坦尼沙军队由胜转败。

留守国内的戒日王立即登基，倾全国之兵与两国联军决一死战。在国破家亡的危局面前，坦尼沙士兵以一当十，奋勇作战，两国联军大败。就在戒日王取得节节胜利的时候，忽然得到姐姐拉芝修黎逃脱的消息。戒日王立即率兵撤出战场，四处寻找姐姐，终于在文迪亚山林中找到了她。没有了后顾之忧的戒日王率军重返战场，一再击败两国联军。穆里克王国复国，由戒日王的姐姐拉芝

在佛教流行的同时，印度教也重新崛起。

修黎担任女王，实权由戒日王掌握。公元612年，坦尼沙王国和穆里克王国正式合并，戒日王任国王，并迁都曲女城，这一年就是戒日王朝的开端。

为了报姐夫、哥哥被杀之仇和统一印度，戒日王积极扩充军备。他将全国军队分为象兵、车兵、骑兵和步兵四大兵种。象兵以大象为主要作战工具，大象身上披着厚厚的铠甲，象背上坐着一个象夫，指挥大象。作战时，象夫发号施令，一群大象嘶吼着，向敌人冲去。遇到敌人的步兵或骑兵，大象用鼻子卷起来一甩，就能将敌人摔出几丈远。

车兵是由4匹马拉着一辆车，车夫负责驾车，车上的士兵在敌人离得远时放箭，离得近时用长矛和刀剑劈刺。

骑兵和步兵都是身强力壮的年轻人，他们身穿重甲，手持盾牌和锋利的刀剑，勇猛善战。

凭借着这样一支军队，戒日王南征北战，四处征讨，开始了轰轰烈烈的统一印度的战争。位于印度东北的迦摩缕波王国和印度西部的伐腊比王国先后投降，但戒日王在进攻高达王国时遇到了激烈的抵抗。经过激战，戒日王朝的军队杀死高达国王设赏迦，高达国灭亡，戒日王统一了北印度。

随后，戒日王又把目光投向了南印度的遮娄其王国。戒日王率军抵达那马达河，遮娄其国王补罗稽舍二世率军严防死守，大败戒日王。戒日王只好与补罗稽舍二世议和，约定两国以那马达河为界，随后率军返回北印度，从此以后再也没有南征。但戒日王建立的戒日帝国是继孔雀王朝、笈多王朝之后又一个基本统一

北印度的政权，在印度历史上他是与孔雀王朝的阿育王、笈多王朝的海护王齐名的人物。

戒日王笃信佛教，在全国各地建了大量的佛寺、佛塔，仅首都曲女城就建了100座佛寺。当时佛教各派别争论不休。戒日王就每5年举行一次"无遮大会"（宗教大会），让他们辩论。来自唐朝的高僧玄奘在大会上驳倒了所有的僧人，取得胜利。

公元641～647年，戒日王多次派使臣出使唐朝，唐太宗也派王玄策等人率领外交使团回访，戒日王亲自出迎，接受国书，并赠给中国火珠、郁金和菩提树等，与唐朝保持友好关系。

公元647年，戒日王去世，国内大乱，宰相阿罗那顺趁机篡位，戒日帝国由此瓦解，北印度再次陷入分裂状态。

唐朝的建立

公元618年，隋炀帝在江都被部将杀死，唐王李渊逼隋恭帝退位，在长安即皇帝位，国号唐，年号武德，是为唐高祖。唐朝是国力最强、历时最长的王朝之一，疆域在极盛时东北到达日本海，西北达里海，北界包括贝加尔湖和叶尼塞河上游，南至越南（今越南广治一带）。唐朝取鉴了隋朝行之有效的制度，加强中央集权制，进一步完善科举制。在经济上，推行均田制，实现租庸调法，奖励垦荒，劝课农桑，使农业手工业和商业都得到了前所未有的发展。军事上继续实行府兵制，实现中央高度集权。文化和科学事业也得到了空前的繁荣，尤其是诗歌发展到了中国古典诗歌的顶峰。外交上坚决抵抗突厥贵族的军事骚扰，与周围邻国都保持着密切的经济文化的交流。"贞观之治"和"开元盛世"是唐朝繁荣的典型标志。唐朝历时290年。

唐丝绸之路

唐代的商业经济非常繁荣，对外贸易也非常发达。开元初年在广州设市舶司，管理海外贸易，促进了对外贸易的不断发展。

唐代与南海国家的海外贸易尤为频繁。当时由海上来与唐开展贸易的有日本、新罗、天竺、狮子国、波斯、大食等许多国家和地区。这些国家都是航海到中国进行贸易，大多由波斯湾经印度，绕马来群岛，抵达现今的广州，然后再从广州分散到岭南的交州、江南的扬州、福建的泉州以及福州、明州、温州等通商口岸。海上贸易发展很快，贸易额很高。

同时，唐对陆上贸易也极为重视，对周边各少数民族的互市非常关注。通过互市，唐不断加强与西域各国之间的往来贸易，曾专设"互市监"来管理互市贸易。内地和西域的富商大贾东来西往非常频繁，丝绸之路也逐渐繁华兴旺。虽然当时唐与突厥、吐谷浑、回纥、党项、吐蕃等各沿边少数民族的关系时战时和，但贸易活动始终非常频繁。

朝鲜半岛的统一

早在公元前 4 世纪至前 3 世纪，朝鲜半岛北部就出现过一个古朝鲜。公元前 194 年，燕人卫满灭古朝鲜建立卫氏朝鲜。公元前 108 年，汉武帝灭卫氏朝鲜，在该地区设置了乐浪、玄菟、临屯、真番四郡，并派驻太守进行统治。公元 3 世纪初期，东汉王朝灭亡，中国东北一个边疆少数民族政权高句丽兴起，并于公元 4 世纪初灭了乐浪郡，在其北与中原王朝展开领土之争，在其南与百济、新罗长期争战不休，形成朝鲜历史上的"三国时代"。在这个时期，当高句丽和百济争雄时，地处朝鲜半岛东南一隅的新罗乘机与隋、唐王朝媾和。因此当高句丽与百济发现新罗已构成对他们的威胁时，便联合向其展开进攻。新罗于是求助于当时的唐朝，在唐朝的协助下，公元 676 年新罗完成了朝鲜半岛的统一。

朝鲜半岛统一后，类似于中国的封建制度便很快建立起来。他们首先形成了土地国有制，公元 687 年又颁布实寿禄邑制，由国家对文武官员授予一定数量的收租地作为禄邑。这一制度的实行，导致了土地兼并的发展。于是，公元 722 年，开始推行丁田制，对 15 岁以上的男性公民一律授予一定数量的土地，分为口分田和永业田，前者限于本人终身享用，不得买卖或转让；后者，可以世袭。农民因此而被附着于土地上，成为缴纳田租、贡品和担负各种徭役的国家依附民。封建土地制度在全国确立起来后，为适应封建制度的需要，新罗还参照唐朝的政治制度，建立起了一套比较完善的中央集权的国家体制。

新罗末年，国势衰微，农民起义连绵不断，地方封建势力割据。公元 918 年，弓裔部将王建夺得政权，改国号高丽，建立高丽王朝，定都开京。公元 936 年，重新统一朝鲜半岛。高丽王朝实行中央集权制，公元 976 年，实行田柴科制，即按不同等级分赐土地，以加强中央集权。并设有一套完整的官僚机构，中央掌握着一支强大常备军。10 世纪末和 11 世纪末 3 次击退契丹入侵，捍卫了国家独立。12 世纪为高丽最强盛时期，政治稳定，经济、文化高度繁荣。12 世纪后期起土地兼并重新盛行，田柴科制被废除，爆发了席卷全国的农民大起义。1258 年投降蒙古，蒙古于 1280 年在高丽设立征东行省。1368 年明朝推翻蒙古贵族统治，有力地支援了高丽人民争取独立的斗争。1392 年高丽王朝大将李成桂发动政变，废高丽末王，改国号为朝鲜，建立李姓王朝（1392 ~ 1910 年）。

田柴科颁行

公元 976 年，高丽王朝将全国可耕地和山林进行登记，将一部分土地和山林按等级分给文武官吏和府兵。文武百官按"人品"（身份）分为 79 品，最高者得田柴 110 结（田为耕地，柴指烧柴林，结为高丽丈量土地的单位），最低者得田 21 结，柴 10 结。国家把土地的收税权授予受田者，只限当代，不得世袭。公元 977 年，高丽王朝授予功臣勋田"功荫田"，数量 20 结到 50 结不等，可以世袭。后又颁布了公廨田柴制度，国家各机关（从中央到地方）都分得一定数量的土地收税权，用作行政经费。1049 年，国家又颁布了"功荫田柴"，对一至五品的国家高级官吏，分别赐予从田 25 结、柴 15 结，到田 15 结、柴 5 结的工地收税权，并可世袭。此外绝大部分土地是由国家直接征收租税的公田。田柴科的颁行确立了高丽王朝对全国土地的支配权，成为专制集权国家体制有力的物质基础。

骨品制

骨品制是古时朝鲜新罗族的一种社会等级制度。新罗贵族按血统确定等级身份及相应官阶，不同骨品不通婚姻。骨品世袭不变。

朝鲜族大姓贵族为了"别婚姻"，在新罗贵族间实行了带有奴隶制残余的封建制的"骨品制"。朴、金、昔三姓是新罗统治集团中最大的贵族，三家王族实行的是"圣骨""真骨"的最高等级制度。"各骨品之间互不婚娶"，无论朴氏、金氏都贯彻了这种等级制度。虽然朴氏、金氏等帝胄世家由盛以衰，但在婚姻中的"骨品制"婚姻观念一直都有影响，特别是一些朝鲜族老人尤其重视这个问题。

4 世纪时，新罗用武力统一辰韩各部，以庆州为都城。统治集团为了巩固其特权地位，制定了等级制度，称为"骨品制"。朴、昔、金三家王族地位最高，称为"圣骨"，大小贵族依次分为"真骨"、六头品、五头品、四头品等四个等级。"圣骨""真骨"贵族能继承王位。各骨品都自我封闭，互不通婚。

薛聪

薛聪是朝鲜新罗时期散文家、学者，约生活于公元7世纪末8世纪初。字聪智，是高僧元晓大师之子。曾入沙门，后又还俗，自号小性居士。当时汉文还不很普及，他曾用方言（朝鲜语）解读九经，并整理了比较混乱的吏读文字（借用汉字标记朝鲜语的一种文字），使之系统化，对朝鲜古代文化的发展作出了贡献。他的作品大部分已散佚。有寓言散文《花王戒》一篇载于《三国史记》中，《东文选》也有收录，题名《讽王书》。其作品以花王、丈夫白头翁、佳人蔷薇之间的对话形式，讽喻一国的君主应当亲贤人、远邪佞的道理。《花王戒》受到朝鲜历代文人学者的推崇。高丽朝显宗曾追封薛聪为弘儒侯。后世李朝林悌的小说《花史》直接受《花王戒》的影响。

日本的幕府统治

日本是个群岛国家，位于太平洋西侧，其领土由北海道、本州、四国、九州四大岛和许多小岛组成，与亚洲大陆隔海相望。

大约五六千年以前，日本出现新石器文化，因其代表性文物为手制的带有绳形纹饰的黑色陶器，故又被称为"绳纹文化"。公元前1世纪，日本的西部发展出一种称作"弥生文化"的新文化，其代表性文物为轮制的褐色陶器。公元2世纪时，奴隶制国家邪马台国在九州北部出现。至公元3世纪时，日本进入小国并立的割据时代。

日本的封建制度是在中国唐朝的影响下建立起来的，但在以后的发展过程中却又表现出

圣德太子

许多类似欧洲封建制度的特点，走上与中国截然不同的道路。

公元 5 世纪时，兴起于本州中部的奴隶制国家大和统一了日本。大和在与中国的交往过程中，逐渐建立起自己的封建制度。起初，大和通过朝鲜与中国保持着间接的接触。后来，推古女皇（公元 592 ~ 628 年在位）于公元 593 年立厩户皇子为太子（即圣德太子，公元 574 ~ 622 年），随之将国家管理大权交给他，于是太子开始推行一系列改革措施。这些改革中最重要的一条就是建立了与中国隋王朝的直接联系，派遣留学生到中国学习先进的文化，这为日本后来的发展奠定了基础。公元 645 年，深受留唐学生影响的中大兄和中臣镰足发动政变，消灭了专横跋扈的苏我氏势力，推举孝德天皇即位，建年号大化。公元 646 年，孝德天皇正式颁布改革诏书。因这场改革开始于大化年间，所以史称"大化革新"。

大化革新的主要内容有：第一，在政治上将贵族的官职世袭特权废除，建立中央集权的国家制度。第二，在经济上废除部民制，实行国民户籍制和土地国有制。第三，实行班田收授法，推行租庸调制。大化革新确立了以封建土地国有制为基础、以天皇为中心的中央集权政治体制。这种改革虽然使日本走向富强，但也留下了瓦解这一制度的因素。主要原因如下：其一，班田农民负担过重，不堪忍受。其二，它没有从根本上消除土地私有制。到公元 8 世纪末，班田制便近废弛，日本就出现了类似西欧封建社会的庄园和武士阶层，走上了不同于中国封建社会模式的发展道路。

地方豪强为了保护自己的庄园，在血缘关系和主从制的基础上，将自己家族和仆从中的青壮年武装起来，成为武士。公元 11 世纪，无数分散的武士逐渐形成地域性的武士集团，其中最强大的关东源氏和关西平氏集团之间发生了激烈的武装冲突。1185 年，源氏打败平氏取得中央政权。1192 年，源赖朝被任命为"征夷大将军"，在镰仓建立幕府（1192 ~ 1333 年），表面上尊重天皇统治，实际上已是天皇之外的新政府。从此，日本进入军事封建贵族专政时

大化革新时所绘制的地产地图

期（1192～1868 年）。

镰仓幕府建立了以幕府将军为首的中央集权统治体制。幕府在中央设政所、侍所和问注所，分管全国的政治、军事和司法大权。而在地方上，幕府将军派武士担任守护和地头。1336 年，足利尊氏自任"征夷大将军"，建立起日本历史上的室町幕府（1336～1573 年），室町幕府时期战乱不断。战国时期（1467～1573 年），各守护大名之间更是混战不休，一些在地方上拥有实权的幕府中下级武士和国人领主，趁机扩充各自的武装力量，形成了独立于幕府体制之外的大封建主（即战国大名）。战国大名采取"富国强民"的政策，励精图治，积极发展经济，渐渐发展成一股统一的力量。1573 年，尾张国大名织田信长战败 36 个战国大名后进入京都，推翻了室町幕府的统治。1590 年，织田信长的部将丰臣秀吉，完成了全国的政治统一。1603 年，丰臣秀吉的部将德川家康任"征夷大将军"，在江户（今日本东京）设幕府，这便是日本历史上著名的江户幕府（亦称德川幕府，1603～1868 年）。

日本人为何要到唐朝"留学"

公元 618 年，唐朝取代隋朝。日本人凭借地理位置优势，络绎不绝地前往唐朝，天皇政府正式派出的"遣唐使"数目也大大增加，达到了空前频繁的程度。

中国古代经济文化在唐朝发展到了空前鼎盛时期，南洋、中亚、波斯、印度、拜占庭、阿拉伯各地大小国家纷纷派遣使节和商人前往唐朝学习唐朝的先进文化，经营中国的丝绸、瓷器及各种工艺产品。相比之下，有地理优势和进取精神的日本人更不会落后，为了学习中国的治国经验和文化制度，天皇政府才派大批使臣、学者到中国参观学习，在日本史书上遣唐使又称"西海使"或"入唐使"。

日本政府对派遣遣唐使极为重视。所有使团人员均经精挑细选而出，凡入选使团者一概予以晋级，并赏赐衣物。

日本遣唐使极大地促进了中日之间的经济文化交流，但当时经济文化主要是唐朝流向日本。唐朝的工艺美术、生产技术、文史哲学、天文数学、建筑学、医药学、衣冠器物、典章制度等都陆续传到了日本，近几年来还曾在日本发现数万枚"开元通宝"。日本受中国文化影响很深，至今，日本民俗风情和生活习惯中仍然保留着浓厚的中国古代文化痕迹。

白江口大战

白江口大战是公元 663 年唐朝军队在白江入海口（今韩国锦江）大败日本的一次海战。

唐朝初年，朝鲜半岛分为高句丽、百济和新罗三个国家。公元 660 年，新罗称高句丽与百济联兵侵入，乞求唐朝出兵援助。唐高宗派苏定方和刘仁轨率领水陆大军 10 万，从成山（今山东荣成）渡海进攻百济。不到 10 日，百济只剩下白江口边周留城还在顽抗，并向倭国（日本）求援。

倭水军 1 万人、1000 多艘战船与唐军 7000 人、170 艘战船在白江口相遇。倭军自恃兵多船多，首先向唐军发起进攻。但大唐水军船大器利，武器装备精良，严阵以待。倭军蜂拥而至，毫无秩序。唐军突然出击，分为左右两队，将倭军包围。倭军大惊，匆忙撤退，但船只互相碰撞，毫无回旋之地，乱作一团。唐军发起火攻，倭军大败，船只被焚毁 400 多艘，死伤无数。此后，日本势力退出了朝鲜半岛。

在白江口之战中，唐军以逸待劳，凭借高大的战船将日军包围，最后以火攻取胜。而倭军盲目冒进，仅凭一股蛮勇，毫无章法，结果惨遭失败。

阿拉伯帝国

阿拉伯帝国是 7 ～ 13 世纪阿拉伯人建立的伊斯兰教封建军事帝国。中国史籍称大食。西方史书称萨拉森帝国。

阿拉伯帝国是以伊斯兰教为国教、政教合一的统一的阿拉伯国家。帝国的历史经历了四大哈里发时期（632 ～ 661 年）、倭马亚王朝时期（661 ～ 750 年）和阿拔斯王朝时期（750 ～ 1258 年）。穆罕默德逝世后，帝国的宗教和政治首脑称为哈里发，意为真主使者的继承人。最初的四代哈里发是经穆斯林公社选举产生的。第一代哈里发阿布·伯克尔（632 ～ 634 年在位）；第二代欧默尔（634 ～ 644 年在位）；第三代奥斯曼·伊本·阿凡（644 ～ 656 年在位）；第四代阿里（656 ～ 661 年在位）。史称他们为四大哈里发。从第二代哈里发开始，在圣战的旗帜下，先后征服了拜占庭帝国统治下的叙利亚（636 年）、巴勒斯坦（637 年）、埃及（641 年），灭伊朗萨珊王朝（651 年），奠定了阿拉伯帝国的基础。第四代哈里发被刺杀后，帝国叙利亚总督穆阿维亚被拥立为哈里发，定都大马士革，建立倭马亚家族的世袭王朝，哈里发不再由选举产生。经过多次大规模战争，向东征服了中亚广大地区，势力直达印度河下游地区；向西扫荡了拜占庭在埃及以西的北非势力，跨越直布罗陀海峡，进入伊比利亚半岛。至 8 世纪上半叶，阿拉伯帝国的版图最终形成。它东起中亚阿姆河、锡尔河流域，西抵大西洋海岸，形成地跨亚、非、欧三大洲的庞大帝国。阿布尔·阿拔斯推翻倭马亚王朝后建立了阿拔斯王朝。最初 100 年是帝国鼎盛时期，东面控制直至中亚的广大地区，西面全力进攻拜占庭。经济发达，文化繁荣。在帝国广大范围内实现了伊斯兰化和阿拉伯语化，形成巴格达、开罗和科尔多瓦等文化中心，阿拉伯伊斯兰文化与波斯、犹太、古希腊和印度等文化传统相结合，在文学、医学、史学、哲学、数学、天文、建筑等领域，成就卓著，对世界文化宝库作出过重要贡献。首都巴格达成为当时世界贸易和文化的中心之一。

9 世纪后期，帝国开始分裂和衰落。1055 年中亚塞尔柱突厥人占领巴格达。1258 年成吉思汗之孙旭烈兀率蒙古大军攻陷巴格达。阿拉伯帝国亡。（本文出自《中国百科大辞典》，中国大百科全书出版社，1999 年）

阿拉伯骑兵

阿拉伯骑兵是军队的主力，而骑兵基本上是轻骑兵。他们不穿盔甲，使用长矛、阿拉伯弯刀和弓箭。阿拉伯骑兵具有行军快速、机动灵活的特点，能够及时应付各种突发事件。他们的战斗队形受拜占庭和波斯影响，分为左翼、"中心"（中军）、右翼和后卫四部分，另外还有强大的预备队。在战斗时，阿拉伯人主要是用骑兵向敌人发起轮番攻击，使敌人精疲力尽。当敌人处于下风后，阿拉伯人就会出动预备队，发起全力进攻，并对逃跑的敌人紧追不舍，力求获得最大战果。在征战过程中，掠夺的财物按比例分配，所以阿拉伯骑兵作战勇猛，视死如归。

在西亚和北非，由于阿拉伯骑兵可以适应炎热干燥的沙漠气候，所以阿拉伯轻骑兵击败了波斯和拜占庭的重骑兵，占领了西亚和北非的大片领土。但在欧洲，他们因为不适应当地的气候，再加上防护较差，冲锋猛烈但欠缺持久力，所以被法兰克人的重骑兵击败。

中世纪的城市自治

中古初期，西欧城市的外貌就像一座堡垒，其目的是防御敌人进攻。城市通常不大，人口也不多，但住得非常拥挤。市场是一块较大的空地，往往位于城市这幅15世纪的微型画，记录了弗兰德尔公社接到城市特许状时的情景。

的中心。市场四周是市议会、店铺、回廊和各种摊子。居住在城市里的主要是手工业者。

在公元5世纪西罗马帝国灭亡后相当长的时期内，西欧几乎没有城市。后来，由于生产力的发展，手工业从农业中分离出来，手工业者时常到市场出售自己的制品。他们总是到那些水陆交通比较方便、人口聚居较多的地方赶集，流动的商人也带着外地产品到集市上来贩卖。后来，手工业者就来这里开设作坊，商人们也定居下来开设商店。于是，这些集市便渐渐发展成为城市。在西欧，这种以工商业为中心的城市，是在公元10世纪以后才兴起的。

大批不堪忍受领主剥削压迫的农奴和处于农奴地位的手工业者，从农村逃亡到城市定居，从而使城市日益发展。但城市里的手工业者，仍然是城市领地所属的领主的农奴，他们还得向领主交纳赋税。

为了获得城市自主权，欧洲很多城市与领主甚至国王开展斗争，典型的有法国琅城起义。1108年，法国东北部的琅城人民用大量的金钱向城市领主琅城主教购买了城市自治权，同时也用重金向法国国王路易六世购得了城市自治特许权。但不久，琅城主教撤销约定，收回城市自治权，而国王也在接受了琅城主教的贿赂之后撤销了先前颁发的特许状。琅城人民义愤填膺，遂于1112年发动了大规模起义，将主教处死并打败了国王的军队。法国国王被迫再次给琅城人民颁发了城市自治特许状。欧洲城市经过近百年的斗争，终于获得了独立，有了自治权，市民变成了自由的人。一个农奴，只要在城市里住上一年零一天，就可取得自由。在城市里，他们成立了市议会，选举出市长和法官，铸造货币，并且组织统一的军队。

为了保障自己的利益，同一行业的手工业者就结成行会。每个手工业者必须隶属于一个行业，每个行会选举自己的首领，设立自己的会场。行会规定，所属成员不得制造粗劣的产品，不得囤积大量原料，不得雇用超过规定的帮工和学徒，尽力避免相互的竞争。行会同时又是军事组织，担负着防守城市的任务。

商业活动日趋繁荣，各国和各城市的商人都互相往来赶集，他们随身带来了许多货物和钱币。由于每个领主和城市铸造的钱币在名称、成色和重量上各不相同，所以一切银钱交易都需要严格审查它的兑换价值；再加上长途搬运大量的银币和铜币既不方便也很危险，所以，商人在自己的城市里将钱币交给兑换人，取得兑换人的凭据，再凭这张凭据，在另一个城市里兑取当地的货币。这样，就出现了兑换商的行业，而这种凭据，就是所谓"汇票"。有时商人也可以向兑换人借钱，由借钱人出具一张有归还期限的票据，到期偿付借款和利息。这样，银行也就在城市里应运而生。

城市的出现孕育了世俗文化，反映市民心态的城市文学也逐渐产生，各种大学也纷纷建立。城市文化的兴起为文艺复兴的出现打下了基础。

封建主因为需要购买城市的手工业品和从东方运来的奢侈品，迫切需要货币。于是他们开始把劳役和实物地租改为货币地租。大多数农民因为担负沉重的货币地租而经常负债，境况更加恶化。从 14 世纪起，西欧各国不断发生规模巨大的农民起义，城市里的平民也广泛开展摆脱领主束缚的斗争。

中世纪大学的组织

中世纪欧洲的每一所大学都是以博洛尼亚大学和巴黎大学这两种不同的模型建立起来的。在意大利各地、西班牙以及法国南部，大学通常都是以博洛尼亚为蓝本建立的，其中学生们自己组成委员会。他们雇佣教师，支付薪俸，可以解雇玩忽职守或教学效果不佳的教师或者予以罚款。北欧各所大学则以巴黎为样板，它们不是学生的行会，而是教师的行会。大学中包括四个系——文科、神学、法律和医学每个系以系主任为首。北方绝大多数大学都以文科和神学为主要分支。在欧洲大陆这类学校今天大多已不存在了，但在英格兰，牛津大学和剑桥大学依然保留着自巴黎大学照搬过来撑院联合组织模式。这些学院构成了各个半独立的教育单位。

中世纪的庄园生活

在中世纪的西欧各国庄园中，法国的庄园最有代表性。那时，国王、各级封建主和教会的领地都划分为许多庄园，遍布全国各地。庄园大小不等，通常由一个或几个村庄组成，庄园的生产目的主要是为领主及其侍从提供生活资料，同时为农奴制农民提供生活必需品。

这幅弗兰德尔绘画反映了典型的庄园生活。

查理大帝统治时期，自由农民大量破产，农村公社基本消失，代之而起的是封建庄园。庄园的全部土地属于封建主，而耕地通常分成两种：一种是封建主的自营地，由封建主的管家监督农奴耕作。另一种是农奴的份地，由封建主派给各个农奴家庭使用。农奴死后其儿孙如果继续耕种，则必须向封建主缴纳继承金。庄园里有教堂、堡垒、仓库以及封建主和农奴的住房。农民生产是为满足自己家庭生活的需要和为封建主提供消费资料，不是为了交换，是自给自足的自然经济。需要购买的东西不多，只有盐、铁和少量香料。

英国的封建庄园制度，形成于 10～11 世纪之间。教俗贵族的侵夺、丹麦人的袭扰和贡税负担的加重，造成了大批自由农民的破产。为了筹集对丹麦人作战的军费，从阿尔弗烈德时期开始偶尔征收的丹麦金，到其后继者时期几乎变成了常税。沉重的负担使自由农民纷纷破产，土地并入封建主之手，封建庄园在英国各地就这样出现了。

在西欧庄园制度下，农奴的生活比较有保障。以英国为例，13～14 世纪时，全国每户农奴大约平均拥有 22 到 26 只羊。此外，农奴已不同于奴隶，他们在政治上已具有一定的权利和地位。

在庄园内，农奴除了耕种自己的份地外，领主还要求农奴履行季节性极强的劳役即布恩工，但这要在领主或其总官向农奴发出"邀请"并按规定提供酒饭的前提下方能进行。因为原则上农奴向领主提供布恩工是出于友爱，如同当农活吃紧时他们也要相互帮助一样。按毕晓普斯托恩、诺顿和登顿的惯例，佃农如果使用自己的犁履行两个犁地布恩工，在这两天中一天吃肉，另一天吃鱼，另外还有足量的啤酒。犁队中凡使用自己耕牛的人甚至可在领主家中用餐。所有承担割麦布恩工的人其午餐有汤、小麦面包、牛肉和奶酪，晚餐有面包、奶酪和啤酒。次日，他们将有汤、小麦面包、鱼、奶酪和啤酒。在午餐时，面包不限量，晚餐每人限用一条。

西欧农奴制度伴随庄园制度的确立而产生，但它的瓦解时间要早于庄园制度的瓦解。在英国，农奴制度在 14 世纪末期就已经不复存在了。农奴制度在英国的瓦解与 14 世纪末瓦特·泰勒农民起义有关，慑于农民起义的巨大威力，起义后英国许多封建主废除了劳役制度。英国农奴制瓦解的又一原因是商品经济的发展，商品经济的高速发展必然会侵蚀和最终摧毁封建农奴制度。

西欧各国农奴制度瓦解的时间不尽相同，法国农奴制度 15 世纪已基本上废除，而西班牙、德意志等地农奴制度存在时间较长，一直延续到资产阶级革命前夕。

中世纪早期西欧的经济

虽然意大利在 10 世纪时已经有了一些城市，但就整体而言这在西欧中世纪早期并不典型。恰恰相反，8 世纪～11 世纪，欧洲经济几乎完全建立在农业和非常有限的地方贸易基础上，道路失修，物物交换取代了货币。罗马时代残存的一些城市基本上成了空壳，至多充当主教的管理中心和筑堡设防、抵御入侵的要塞。这段时期，主要经济单位是自给自足的大地产，其主人通常是国王、武士和大修道院。虽然北欧地区土地较肥沃，但由于耕作方式依然十分落后，农民虽辛勤耕耘，收获却不佳。除加洛林王国土地最肥沃的中心地区外（而且即使在这里也往往如此），农业产量都非常低，除统治者和高级教士外，人们只能是勉强维生而已。固然，加洛林时期农业产量确实有所增加，这种增加为加洛林王朝建立功业奠定了基础。如果查理大帝的和平时期能够继续维持下去，农耕技术也会继续有所进步。但是随后在 9 世纪～10 世纪出现的外族入侵又使农业生产退回到以前的水平，只是在多年之后，它才重新开始发展。

查理大帝

圣诞节之夜，罗马圣彼得大教堂灯火辉煌，装饰一新。随着庄严的音乐声响起，高大魁梧、仪态威严的国王开始在圣坛前作祈祷。站在一旁的教皇把一顶金冠戴在了他的头上，并带头高呼："上帝为查理皇帝加冕，敬祝他万寿无疆和永远胜利！"众位教士也跟着欢呼起来。这就是当时开始称霸西欧的法兰克国王查理一公元 800 年圣诞日，教皇利奥三世在罗马圣彼得教堂为查理曼加冕称帝，宣称其为"伟大的罗马人皇帝"，标志着西欧基督教化即罗马和日耳曼的融合基本完成。有人认为查理曼大帝的加冕标志着神圣罗马帝国的开端，然而大多数人还是认为那时的帝国应该叫作法兰克帝国。

世加冕的盛况。

查理，或称查理曼，出生于公元 742 年，其父矮子丕平当时是法兰克王国墨洛温王朝的宫相（相当于中国的宰相）。丕平是位很有谋略的政治家，在他的影响下，查理从小便渴望拥有权力。公元 751 年，丕平建立了加洛林王朝，查理和哥哥卡洛曼一起被确立为王位继承人。查理经常随父亲四处征战，积累了丰富的军事经验。公元 768 年，他的父亲患水肿病死于巴黎，留下查理和卡洛曼两个儿子，法兰克人召开民众大会，推举这两兄弟为国王，平分全部国土。但卡洛曼放弃了对王国的监管，进修道院当了僧侣，三年后去世。公元 771 年，查理被拥戴为法兰克唯一的国王。

查理对基督教极为热诚和虔信，在他统治时期，曾下令教会和修院办学，并在宫中成立学院，广泛招聘僧侣学者前来讲学。他还从中等人家和低微门第人家中挑选子弟，与贵族子弟共同接受教育。甚至任命出身贫穷，学习优异的青年教士为主教。

查理不仅大力推行文化教育，他本人也酷爱学术。他喜欢历史，研究天文学，还向旅行家学习地理知识，并喜欢听文法演讲，甚至编了一本日耳曼语文法。他曾经与聘请来的各国著名学者组成小团体，与其中每个成员都平等相待、自由交往，并以绰号代替真名，查理就给自己取了一个"戴维德"的名字。

在定都亚琛后，他大兴土木，修建了许多金碧辉煌的宫殿和教堂，所有的大理石柱都是从遥远的罗马等地拆除古代建筑运来的。随着建筑的兴盛，绘画、雕刻等艺术也有所发展。查理还派人搜集和抄写了许多拉丁文和希腊文手稿，虽然他对抄本内容一无所知，但为后代保留了许多古典作家的著作。因为查理大帝统治的王朝叫加洛林王朝，所以后来的历史学家又把查理时代的文化繁荣称为"加洛林文化"。

查理统治法兰克王国时期，开始了大规模的扩张领土行动。他是个典型的中世纪骑士，身材魁梧，精力过人，从不知疲劳，把一生的大部分时间都用在了战争上。他一生共发动了50多次远征，并亲自参加了其中30次远征。

公元774年，查理出兵意大利北部，征服了伦巴德人。随后他又跨过易北河，与撒克逊人展

查理大帝崇尚武力，公元8世纪，他曾向南征服伦巴德武士，向北打败了撒克逊人，是欧洲历史上最伟大的政治人物之一。

开了长达33年的拉锯式战争，并最后征服撒克逊人，迫使他们改信基督教。对撒克逊人的征服使基督教的传播范围空前扩大，查理在基督教世界的威望也与日俱增。公元778年，查理率军进入伊比利亚半岛，打败统治西班牙的阿拉伯人，攻克巴塞罗那城。

通过几十年的征战，法兰克王国领土已经扩大到了相当于今天的法国、瑞士、荷兰、比利时、奥地利以及德国、意大利的大部分地区，成为当时欧洲空前强大的国家。公元800年，查理进军罗马，援救被罗马贵族驱逐的教皇利奥三世，并被教皇加冕为"罗马人皇帝"。从此，法兰克王国成为"查理帝国"，查理国王则成了"查理大帝"。他把自己的帝国当作了古代罗马帝国的继续，有些历史学家甚至认为，查理的加冕标志着神圣罗马帝国的诞生。

到晚年时，他的军队已无力再继续征伐，甚至对阿拉伯人的侵扰也无能为力。年迈的查理已无当年的雄心壮志，把希望寄托在儿子身上。公元814年，查理大帝因病逝世，他的儿子"虔诚者"路易继位。"虔诚者"路易死后不久，他的三个儿子缔结和约，把帝国一分为三。以后的西欧几个主要国家就是在此基础上逐渐发展起来的：东法兰克王国形成了以后的德国，西法兰克形成了以

·《凡尔登条约》·

查理之子"虔诚者"路易在位时（公元814～840年），他的儿子就曾举行叛乱。路易死后，长子罗退尔即位，另外两个儿子日耳曼人路易和"秃头"查理联合起来反对罗退尔，内战爆发。公元842年，罗退尔战败求和。公元843年，兄弟三人在凡尔登签订条约。根据条约，法兰克王国一分为三，这个条约就是《凡尔登条约》。三人还约定，罗退尔仍保留皇帝称号，"秃头"查理和日耳曼人路易则有国王的称号。

后的法国，东、西部之间偏南的地区形成了以后的意大利。法兰克人的语言也出现明显的分化，逐步形成了法语、德语和其他西欧国家的民族语言。

诺曼征服战

英国自公元789年便成为维京人疯狂劫掠的目标，1013年，丹麦王斯汶大举入侵不列颠，攻占了伦敦，建立了包括英国、丹麦和挪威在内的北欧帝国。丹麦王国衰落后，长期流亡在诺曼底的英国王子爱德华被迎回英国，继承了王位。爱德华曾宣誓永保童贞，因而没有儿子，在表弟诺曼底公爵威廉访问英国时，爱德华将王位继承权暗许给威廉，但在他临终时，却由哈罗德继承了王位。诺曼底公爵威廉听说后极不甘心，决定以武力夺回王位继承权。

威廉以讨伐背信弃义的篡位者为名在欧洲各国进行游说，得到了教皇、神圣罗马帝国皇帝和丹麦国王的支持，教皇还赐给他一面神圣的"圣旗"。不久，威廉便组织了一支6000余人的军队，其中有2000余名骑兵、3000余名步兵和450艘战舰。整个部队集结在索姆河口的圣瓦莱里，只等风向转南即可出发。

1066年9月27日，威廉下令横渡英吉利海峡，向英国挺进。而这时，英国国王哈罗德正在约克庆祝胜利。原来，当威廉正积极准备攻打英国的时候，挪威国王哈拉尔和托斯蒂格联合在一起，入侵英格兰北部的约克。托斯蒂格想向哈罗德要求王位的继承权，而哈拉尔却想趁火打劫。他们一路烧杀抢掠，向约克前进。哈罗德听到哈拉尔入侵的消息后，立即率兵救援约克。经过一场苦战，敌军全部被歼，哈拉尔和托斯蒂格也被杀。

9月28日，威廉顺利渡过海峡并在佩文西登陆，在黑斯廷斯建立营地，并开始向四周洗劫，用来补给。10月1日，哈罗德闻讯赶紧率领亲兵返回伦敦，11月13日夜，哈罗德率领各地兵力6000余人，到达巴特尔，并占据了附近的一个高地，威廉的军队也向这边前进。14日，

黑斯廷斯战役挂毯画
威廉一世在这场战役中实现了"诺曼征服"，建立了诺曼王朝。

双方会战开始，哈罗德在山冈的顶部指挥，两侧是他的亲兵，山脊的两翼则主要为民兵。为防止骑兵的冲击，哈罗德将士兵组成一个"防盾的墙壁"，两翼又有险陡的洼地防止敌人迂回攻击，这样，哈罗德军队就能有效地维持阵形。威廉将部队排成左中右三部分，每一部分又有三个梯队，前面为弓弩兵，中间是重装备步兵，后面为骑兵，而队伍的正前方，打出了教皇赐予的"圣旗"。

威廉军队开始缓缓向山坡进攻，直扑英军的盾墙。两军接近时，威廉军前面的弓弩手开始进攻，但由于地势处下风，并没有给对方造成太多的伤亡。而英勇的英军则向威廉军投掷长矛、标枪和石块，犹如疾雨，对威廉军造成极大的威胁，造成了严重伤亡。威廉军左路兵向山坡进攻，敌人突然从上而下猛攻下来，左路军队随之溃逃，对中路军的士气造成了很大影响。威廉重新排好阵形，让骑兵分成小队，试图攻破盾墙，但英军的步兵手持战斧，打得诺曼骑兵纷纷落马，败阵而逃。

威廉见无法攻破盾墙，急中生智，决定佯退，以引诱敌人离开山坡。他先让步兵撤回安全地带，再让骑兵引诱敌人。原本占上风的哈罗德见敌人伤亡惨重开始全线撤退，认为这是消灭威廉的大好机会。于是，哈罗德命军队全线压上，向前迅速追击。威廉继续后退，从谷底退向山坡，步兵却向两侧转移。等到占据居高临下的有利地势后，威廉立即下令进行反攻。这时，英军的盾墙因为移动而漏洞百出。诺曼军一鼓作气杀入敌军，哈罗德猝不及防，被砍死。失去主帅的英军溃不成军，威廉最终赢得了会战的胜利。

接着，威廉大军直逼伦敦，势不可挡。伦敦早已做好了投降的准备，威廉如愿以偿地登上了英国的王位。

诺曼征服战后，封建制度移植到英国，英国建立起中央集权政府。从此，英国历史上的诺曼王朝开始了。

基辅罗斯的盛衰

斯拉夫人是居住在欧洲的一个古老的民族。他们身材高大，吃苦耐劳，在公元八九世纪的时候，他们建立了很多以城市为中心的公国（国家元首是公爵，又称大公），其中以北部的诺夫哥罗德公国最强大。

公元9世纪末，诺夫哥罗德公国的大公奥列格率领大军南下，攻占了基辅，并占领了附近的广大地区，建立了基辅罗斯（罗斯是斯拉夫人的自称），就任第保加利亚卡赞勒克古墓的内景，月亮形状的墓门设计展现了斯拉夫人早期的宗教信仰。

一任"罗斯大公"。奥列格凭借着强大的武力不断向外扩张，占领了大片的领土，使基辅罗斯成为欧洲的一个强国。他死后，继任的是伊戈尔。伊戈尔为了对外继续武力扩张，对内残酷剥削，激起了老百姓的强烈不满。

每年冬季，伊戈尔都要带着大批士兵到各个村子挨家挨户地征收毛皮、蜂蜜、粮食等"贡物"，然后在第二年春天乘船顺着第聂伯河而下，运到拜占庭去卖，换取丝绸、呢绒、香料和金银器皿等物。

公元945年的一天，伊戈尔又带领士兵去村子里征收"贡物"。士兵们把大量的贡物装上车准备返回基辅的时候，伊戈尔脸上露出了不满的神情："今年的贡物怎么这么少？走，再去村子里转转去。"说完带着几个士兵再次来到村子里。

村民看到伊戈尔又回来了，都非常气愤。一个老人说："豺狼都有来找牛羊的习惯，乡亲们，你们说我们该怎么办？"

"杀死这群恶狼！"村民们都愤怒地说。

当伊戈尔发现一大群村民拿着斧头、大棒向他冲过来，还抖着威风说："你们想干什么？想造反吗？"话刚落音，村民们就围着伊戈尔和几个士兵你一斧头、我一棒子将他们打得稀烂，伊戈尔当场毙命。

伊戈尔死后，他的妻子奥莉佳摄政。她是个心狠手辣的女人，派出了大批军队，血洗了村庄，将老幼妇孺统统杀死，将年轻人统统卖为奴隶，最后将村庄付之一炬，烧成了灰烬。伊戈尔的儿子斯维亚托斯拉夫长大后成为基辅罗斯的大公。他比伊戈尔更崇尚武力，据说他剃着光头，只留一撮头发，耳朵上戴着一个大耳环，狰狞可怕。他经常拿着一把大刀率领士兵东征西讨，来去如风，打仗时他从来不带辎重和炊具，就靠掠夺。他身体强壮，常常以马鞍为枕头，席地而睡，吃半生不熟的马肉。

公元967年，斯维亚托斯拉夫和拜占庭帝国结盟，共同攻打保加利亚，大获全胜。斯维亚托斯拉夫被胜利冲昏了头脑，他妄想在保加利亚的首都住下来，然后再进攻拜占庭帝国和西欧。"到那个时候，希腊的黄金、捷克的白银、匈牙利的战马、拜占庭的丝绸……一切好东西都任我享用！哈哈哈哈！"他有点得意忘形。

但是拜占庭帝国的突袭打碎了斯维亚托斯拉夫的美梦。原来拜占庭帝国一直对基辅罗斯充满戒心，害怕它强大后会进攻自己，于是派遣军队袭击了他们。斯维亚托斯拉夫没有防备，仓促迎战，被打得大败，只好率领残兵败将狼狈逃回基辅。

为了解决后患，拜占庭帝国把斯维亚托斯拉夫的行踪告诉了基辅罗斯的敌人突厥人。突厥人在半路上伏击了斯维亚托斯拉夫，这支刚被打败的军队根本无力迎战，结果全军覆没。突厥人还将斯维亚托斯拉夫的头割下来，当成盛酒的容器。

从此以后，基辅罗斯元气大伤，一蹶不振，国家分裂成三个小国，混战达40多年，同时南方草原的突厥人也不断袭击他们，掠夺他们的财产，杀死他们的人民，给罗斯人带来的深重的灾难。

在突厥人的打击下，基辅罗斯最终解体了，分裂成了许多公国。13世纪时，基辅罗斯被蒙古人征服。

美洲玛雅文化

玛雅人是印第安人的一支，生活在今墨西哥南部的尤卡坦半岛和中美洲一带，创造了辉煌的文明。

玛雅人是美洲唯一留下文字的民族。早在公元1世纪的时候，玛雅人就已经发明了象形文字。玛雅人的词汇非常丰富，大概有3000多个，是一种非常成熟的文字。当时文字被祭司垄断，祭司用头发制成毛笔，用无花果树的树皮做成纸，将他们的历法、编年史、祈祷文、风俗、科学、神话等记录下来。可惜的是，西班牙入侵美洲后，认为玛雅人的书是"魔鬼的书籍"，强迫玛雅人将他们的历史文献交上来，然后付之一炬，给后世的研究工作造成了无可挽回的巨大的损失，现在存留下来的玛雅文抄本仅有3部。除了这3本书之外，考古学家们还在玛雅古城的废墟中挖掘出了大量的石碑，古城中城墙上、宫殿上、庙宇中，还刻有大量的文字。

玛雅人的天文学知识非常丰富。他们已经计算出太阳年的时间是365.2420日，这个结果在当时是遥遥领先于世界其他民族的。玛雅人将一年分为18个月，每个月20天，另外还有5天禁忌日，一共365天。墨西哥海岸的玛雅人金字塔中供奉着365个神像，象征着一年365天。玛雅人的历法与农业息息相关，分为"播种月""收割月""举火月"（用火烧荒地）等等。他们可以精确地算出日食发生的时间，可以算出月亮和星星的运转周期。而且玛雅人测出金星的运转周期为584天，比现在科学家测出的583.92天只差了一点点。

在数学方面，玛雅人也取得了辉煌的成就。他们用点表示一，用横表示五，画一个贝壳表示零。玛雅人的零的概念虽然比印度人要晚，但却比欧洲人早800年。当欧洲人还在将165记成"100加上60再加上5"的时候，玛雅人已经开始直接使用1、6、5三个符号表示了。

玛雅人在农业上为世界人民作出了巨大的贡献。他们培植出了玉米、西红柿、土豆、红薯、辣椒、南瓜等农作物。后来，这些农作物传遍了全世界。

在建筑方面，玛雅人也成就非凡。在古埃及，金字塔是法老的坟墓，而玛雅人的金字塔则是祭坛。玛雅金字塔高达几十米，全部用巨大的石头砌成，四周有阶梯，装饰着精美的浮雕，一直通到塔顶，塔顶是祭祀用的祭坛。在发掘的一座玛雅人城市的中央广场周围，建造有四座高大的神庙，最高的达75米。神庙呈三角形，顶上建有一座神殿，气势雄伟。玛雅人每隔20年就在城市里树立一根石柱，上面刻满了象形文字，记载了这20年里发生的大事。迄今为止，一共发现了几百个柱子，最早的石柱建于公元292年。公元800年后，玛雅文明突然衰落，再没有树立石柱。此后，玛雅文字失传，玛雅人的后代在文化方面已经退化，对他们伟大祖先创造的辉煌文化一无所知。

玛雅文明是美洲古代印第安文明的杰出代表，吸引着一代又一代的历史学家前去研究。

玛雅文明与托尔特克文明的融合

在玛雅人时期（11～12世纪），墨西哥及中美洲文明达到了顶点。玛雅人在创建其文化时可能受益于奥尔梅克人最多。玛雅人在向南迁移时穿越了奥尔梅克人据有的地区，定居在墨西哥湾沿岸平原。公元开始之际，他们抵达了危地马拉高原，在此其文化达到成熟阶段。现今的许多危地马拉人是玛雅人的后代，至今仍讲玛雅方言。玛雅文明在公元300～900年达到顶点，此时它还扩展到了墨西哥的尤卡坦半岛。经过一个世纪的倒退或湮没无闻之后，在11世纪～12世纪，玛雅文明与托尔特克文明成分交融在一起，再次达到了发展的高潮。约公元950年，业已在墨西哥内地定居下来的托尔特克战士进入了尤卡坦，占领了玛雅人的一个

·奇琴伊察·

奇琴伊察是玛雅文明后古典期（公元900~1520年）的重要城市。"奇琴伊察"就是"伊察人之井边"的意思。所谓"伊察人"，其实就是北迁来到尤卡坦半岛的玛雅人。他们在这里建造了奇琴伊察这座祭祀和生产中心，后来便发展为新帝国的首都，使已走向衰败的玛雅文明一度出现复兴。

在奇琴伊察城市中心有一座以羽蛇神库库尔坎命名的金字塔。金字塔的北面两底角雕有两个蛇头。每年春分、秋分，太阳落山时，可以看到蛇头投射在地上的影子与许多个三角形连套在一起，成为一条动感很强的飞蛇，象征着在这两天羽蛇神降临和飞升。因此这座沉浸在狂热信仰中的城市，又被称为"羽蛇城"。1441年，统治着尤卡坦半岛东部和北部长达两个多世纪的奇琴伊察被西班牙人占领。从那以后，显赫一时的"羽蛇城"渐渐被荒野丛林所吞没。

400多年后，美国人爱德华·赫伯特·汤普逊发现了这座被遗弃了的城市。

主要祭祀场所奇琴伊察。因而，玛雅文明的最后阶段被称为玛雅—托尔特克文明。在几百年间，尤卡坦的奇琴伊察一直是祭祀、举行各种仪式和艺术生产的中心。

安第斯文明时期的农业

前农耕期，从秘鲁沿岸的贝壳和高原上所发现的原始尖头器具、工具，可证实安第斯山中部在农业出现以前曾被以狩猎、采集为生的民族居住了数千年之久。但无论如何，有关这段时期的知识还是相当零星的。农业萌芽在秘鲁沿岸，已有小型农耕部落存在，他们种植豆类、葫芦、棉花、南瓜类、辣椒以及数种其他植物。部落非常小，且零星散布。除了这种初步的农艺外，他们也靠捕猎海洋动物和采集贝类来补充所需。因此，他们聚集在沿岸的河口附近。这个时期，只在河畔的潮湿地被耕种，没有人工灌溉的痕迹。许多主导安第斯文明发展的生产技术已被引进。玉米、木薯属等植物加入了作物的行列。开始使用洪水灌溉，后期发展出沟渠灌溉。对水源的有效控制进一步促进了农业的发展。人口随之增加，并从河口迁入内地的肥沃地带。

到加纳做生意

生活在撒哈拉以南的是黑人，所以撒哈拉以南的非洲又称为"黑非洲"。

在古代，黑非洲有一个加纳王国，以盛产黄金而闻名于世。为了赚取高额利润，很多阿拉伯商人不惜冒着生命危险，穿越茫茫的撒哈拉大沙漠，来这里做生意。

11 世纪的时候，一个叫贝克利的摩洛哥学者对这个黄金之国产生了浓厚的兴趣，正巧他的一位朋友要去加纳做生意，贝克利就随商队一起出发了。

无边无际的撒哈拉大沙漠，一眼望不到边，沙漠中没有一株植物，有的只是渴死的人和骆驼的白骨，令人不寒而栗。贝克利朋友的商队里有很多骆驼，除了货物之外，还驮着大量盛着清水的皮囊。经过了几个月的长途跋涉，一天早上，朋友指着南方的一片黑影对贝克利说："看！奥达格斯特到了。"朋友向贝克利解释，奥达格斯特是黄金之国加纳北方的一个边境城市，是北方的门户。所有来加纳做生意的阿拉伯商人都要经过这里，缴纳进口货物的税款。看到奥达格斯特，商队里的阿拉伯人顿时发出一阵欢呼，因为他们终于走出了撒哈拉大沙漠。大家振奋精神，赶着骆驼，很快来到了城下。

来到城门口，他们看到很多商队正在排队进城。城门口是加纳的税务官，负责征收进入加纳的货物的税款。按照规定，商人运进一驮（一头骆驼所驮的货物）食盐征收 1 个金币，运出一驮食盐要征收 2 个金币，一驮铜征收 5 个金币，一驮杂货则要征收 10 个金币。过了一会儿，轮到贝克利朋友的商队缴纳税款了。税务官仔细检查了他们所携带的货物，征收了金币后就让他们进城了。

货物交易的场所不在奥达格斯特，而在加纳的首都昆比（今马里共和国首都巴马科以北），所以商队稍事休息后，马不停蹄地向昆比赶去。

贝克利骑在骆驼上，仔细观赏加纳的风土人情。在通往昆比的大路两旁，有很多村庄，村庄里盖着一座座圆形的草房子。黑人男子都不留胡子，女子都不留头发，他们手持农具在田间地头辛勤地劳作着，庄稼长势喜人。在河边，有很多黑人正在淘金。向朋友打听之后贝克利才知道，原来在加纳，从山里开采出来的大块黄金都归国王所有，而平民只能得到从砂石里淘取的少量的黄金。国王拥有很多的黄金，最大的一块可以做拴马石。

经过几天的跋涉，商队终于来到昆比。昆比有 3 万人，是一个大城市，有宽阔的街道，高大的建筑。经朋友介绍，贝克利才知道，原来昆比分为两部分，一部分专供来加纳做生意的阿拉伯人居住；另一部分是加纳国王居住的地方，由高大豪华的宫殿和一些圆顶的官邸组成。

忽然贝克利听到一阵欢快的鼓声，街上的人们纷纷站在路旁，兴奋地望着鼓声传来的方向。"是国王巡游！"朋友一边拉着贝克利站到路边，一边对他说。

只见两排雄赳赳气昂昂的士兵手持长矛走在前面开道，命令百姓回避。国王骑着一匹高头大马，头上戴着一顶高大的黄金王冠，脖子上戴着金项链，手腕上带着金手镯，身上的衣服更是镶满了黄金。贝克利仔细一看，连马鞍都是黄金的！真不愧是"黄金之国"的国王啊！

第二天一大早，贝克利就和朋友来到市场做生意。市场是一片大空地，商人们把食盐、铜、布匹等物放在地上，然后离开。不一会儿，加纳人走上前，来到自己看中的货物前，放下一定数量的黄金，然后离开。这时阿拉伯人回到自己的货摊前，如果觉得满意，就拿起黄金离开；如果不满意，就退回去。加纳人又走过来，如果看

表现加纳人淘洗金沙的图画

见货物旁边的黄金被拿走了，就表示成交了，就把货物拿走。如果黄金没有拿走，就表示货物的主任嫌出价太低，要求加钱，这时加纳人就可以选择继续加钱或放弃购买。阿拉伯人把这种做生意的方式叫作"哑巴交易"。

贝克利的朋友对这次交易非常满意，过了几天，他们买了当地的象牙等物品后就回国了。回到国内，贝克利根据自己在黄金之国的所见所闻，写成了《非洲见闻》一书，成为对非洲古代文明较早的记载。

《自由大宪章》

在英国首都伦敦西北 30 千米处的泰晤士河畔耸立着一座温莎古堡。古堡周围绿草成茵，不远处是大片茂密的森林，宛如一个美妙的童话世界。

1215 年 6 月 15 日的早晨，一阵清脆的马蹄声打破了早晨的宁静，一群贵族骑着马来到温莎古堡外，摆上了一张桌子和几把椅子，然后站在那里静静等候。而他们身后的不远处的茂密森林里，隐藏着几千身穿重甲，手拿利剑的士兵。

上午 9 点，"吱呀"一声，厚重的古堡大门缓缓打开，英国国王约翰在教皇的使者、坎特伯雷大主教和卫士们的陪同下，缓缓来到桌子前。贵族们一起向约翰行礼，约翰漫不经心地下了马，坐到了一把椅子上。贵族们则坐到约翰的对面。一个贵族从怀里掏出一张羊皮纸，递给约翰，说："国王陛下，请您过目。"约翰接过来，漫不经心地看着，但越看越生气，脸色变得铁青。

"啪！"的一声，约翰把羊皮纸拍在桌子上，猛地站起身来，对贵族们大声

咆哮："我是你们的国王！难道我还要受到你们的限制吗？"

"国王陛下，我们是英国所有贵族的代表，这张羊皮纸上的要求是我们一致提出的。您必须接受，必须在上面签字，否则我们将不再承认您是我们的国王！"贵族们毫不退缩，针锋相对地说。这时，国王的侍卫长快步来到国王身边，在他耳边悄悄说了几句话。约翰的脸色"刷"地一下变得惨白，他的双眼恐惧地望着远处的森林，隐隐约约可以看见刀光剑影。冷汗一下子从他的额头冒了出来，再看看那些贵族们，似乎是有备而来。约翰一下子瘫坐在椅子上，叹了一口气说："好吧，我答应你们的条件，同意签字，只要你们承认我是你们的国王。"贵族们一听，欣喜万分，一个贵族快步走上前去，递给国王一根鹅毛笔。约翰接过笔，飞快地在羊皮纸上签了字，然后狠狠地把鹅毛笔摔在桌子上，站起身骑上马，头也不回地回温莎古堡去了。贵族们拿着羊皮纸，发出阵阵欢呼。

国王是一国之君，地位至高无上，怎么还有人敢向国王提出条件呢？这就要从头说起。英国国王亨利二世年老体弱，认为自己已经不可能再有儿子了，所以他就把自己的土地和财产分给了 5 个儿子。没想到 1167 年的圣诞夜，他的妻子竟然又给他生了一个儿子，老亨利惊喜万分。因为儿子和上帝的儿子耶稣同一天出生，所以老亨利非常溺爱他，给他取名约翰。由于老亨利已经将所有的土地和财产都分给了其他 5 个儿子，小约翰已经无地可封了，所以家人都叫他"无地王约翰"。

英国国王约翰像

亨利二世死后，他的第三个儿子狮心王理查继承王位。狮心王理查在位 10 年，绝大部分时间都在国外打仗，并于 1199 年战死。狮心王理查死后，英国王位出现两名继承人：约翰和他的侄子亚瑟。约翰用武力囚禁了亚瑟，顺利登上了王位。

约翰在位期间，为争夺诺曼底，同法国展开了一场大战，结果以惨败而告终。英国丧失了在欧洲大陆的全部领地。

在内政方面，约翰横征暴敛，引起了贵族、市民们的强烈不满，贵族们纷纷割据。英国大主教病死后，在继任的人选上，约翰和教皇英诺森三世又产生了激烈的冲突。为了教训一下约翰，教皇下令全英国的教士一律停止活动。在长达 6 年的时间里，英国的教堂全部关闭，死者不能安葬，而且不能举行最后的弥撒，人们认为他们死去的亲人没能进入天堂，而是进入了地狱，因此痛恨约翰。约翰陷入了众叛亲离的境地。

在约翰外出期间，贵族和教士秘密协商，要制定一项法律保护自己的权益。于是《自由大宪章》诞生了，并强迫约翰在上面签字。

《自由大宪章》开创了国王权力受法律约束的先例，成为人类历史上宪法的雏形。《自由大宪章》至今还陈列在大英博物馆中。

五代十国

公元 907 年，唐王朝土崩瓦解，朱温废唐称帝，中国历史进入分裂割据的五代十国时期。在以后的 50 余年中，相继统治黄河流域的后梁、后唐、后晋、后汉、后周五个朝代，史称五代。这一时期在南方和山西先后建立的吴、前蜀、吴越、楚、闽、南汉、南平、后蜀、南唐、北汉等 10 余个政权，史称十国。当时北方战乱频频，政局动荡；南方相对稳定，社会经济得以发展。后周建立后，进行了一系列政治、经济改革，对安定社会秩序、恢复经济起到了积极作用，从而为宋朝的统一奠定了基础。

北宋

宋朝分为北宋、南宋两朝，是中国封建社会承前启后的重要时期。宋朝延续了近 320 年，先后定都于汴梁（今河南开封）和临安（今浙江杭州），习惯上称公元 960 年由宋太祖赵匡胤建立而定都汴梁的宋朝为北宋，称公元 1127 ~ 1276年由宋高宗赵构重建并以临安为都城的宋朝为南宋。

两宋时期，经济重心转移到南方，社会经济获得新的发展。垦田面积扩大，粮食产量提高，水稻种植向北方推广。手工业规模扩大，产品日益商品化，行业分工更趋细密，矿冶、纺织、制瓷、造船、造纸、印刷等水平都超过前代。尤其是制瓷，无论质量还是生产规模及出口数量，都胜过前代。钧窑、汝窑、哥窑、官窑、定窑为当时五大名窑，烧制的瓷器享誉海内外。一批大中城市迅速崛起，商品经济非常活跃。海外贸易空前发展，广州、泉州、宁波成为对外贸易主要港口，贸易东达朝鲜半岛和日本，西至西亚和非洲。科学文化成就卓著，天文学、数学、医药学、机械学、火药、指南针、活字印刷、造船技术等硕果累累，有的雄居世界前列。文学、史学、哲学和艺术也发展到新的水平，涌现出众多著名的科学家、发明家、史学家、哲学家、文学家、画家和诗人，他们的一些名作是世界文化宝库中的瑰宝。

活字印刷

活字印刷是中国古代四大发明之一。庆历年间毕在雕版印刷普及的基础上，又发明了活字印刷。用胶泥刻字，使字画凸出，每字单独成为一印，用火烧硬，制成字印。另有铁板，上敷松脂、蜡和纸灰合制的药品。印刷时，将一个个字按顺序排列，镶嵌于铁板，以火烤之，药稍熔化，再用一平板压在字印上，使板面平整，药品凝固后，便可印刷。毕的发明，已具备制造活字、排版和印刷三道基本程序。印刷术对世界文化的传播、交流与发展起了巨大的推动作用，它首先传入朝鲜、日本、越南、琉球等东亚各国。9世纪在朝鲜雕版印刷了《大藏经》；8世纪日本首印《陀罗尼经》，11世纪又印成《唯识论》。印刷术向西传入阿拉伯等地。13世纪末波斯印刷了纸币，而采用中国和阿拉伯两种文字。此后又传入欧洲，14世纪末至15世纪初德国南部与意大利威尼斯各自用雕版印成纸牌和圣像。欧洲使用活字印刷术首推德国人谷腾堡，他于公元1456年印成《四十二行圣经》。

阿维农之囚

13世纪的时候，西欧的国家特别是法国崛起了。法国国王腓力四世凭借强大的武力，强行夺取了很多公爵的领地，进一步扩大了王权。腓力四世野心勃勃，想让整个法兰西只听从自己一个人的命令。但法国人都信仰天主教，很多传教士都只听从罗马教皇的命令，对腓力四世不屑一顾，这让腓力四世非常恼火。他决心凭借自己的强大实力，做一个真正意义上的法国国王！

由于连年发动战争，法国军费开支巨大。为了弥补军费开支，腓力四世决定向法国的教会征税。在以前，拥有大量土地和财产的教会是不向所在国的国王纳税的，他们只向教皇纳税，腓力四世的这个决定大大损害了教皇的利益。教皇卜尼法斯八世非常生气，下了一道命令，重申教会只向教皇纳税，各国国王无权向教会征税。

桀骜不驯的腓力四世立即针锋相对地发布了一道命令，没有国王的许可，严禁法国的金银、马匹、货物出口。命令虽然没有提到教皇，但实际上却切断了法国教会和贵族向教皇缴税的道路，断了教皇在法国的财源。卜尼法斯八世无可奈何，只好同意腓力四世向教会征税。

但卜尼法斯八世不甘心失败，他决心捍卫教皇的利益，而腓力四世也不满足自己取得利益，还想进一步扩大。于是，教皇的神权和国王的王权之间的斗争更加激烈。腓力四世准备制定一个法令，以限制教皇在法国境内的权力。卜尼法斯八世听说后，急忙派法国的大主教前去干涉。法国大主教仗着有教皇撑腰，狐假虎威，在腓力四世面前趾高气扬，不可一世。腓力四世刚开始默不作声，后来实在忍无可忍，下令士兵把大主教抓起来，投入了监狱，随后交给法庭审判。

听到这个消息后，卜尼法斯八世气得七窍生烟。他一连发了三道教皇令，指责腓力四世犯了严重错误，声称只有罗马教廷才有权力审判大主教，并宣布取消腓力四世向教会征税的特权。腓力四世也不甘示弱，他当众烧掉了教皇令，并向在场的所有人郑重宣布：从今以后，除了上帝，他和他的子孙决不屈服于任何外来的势力。

为了彻底让法国的教会势力服从于国王，1302年，腓力四世在巴黎圣母院召开了法国历史上第一次由贵族、教士和市民三个等级参加的会议。在会议上，腓力联合贵族和市民两个阶级，迫使教士们向国王效忠。

卜尼法斯八世气急败坏，立即下令开除腓力四世的教籍。不料，腓力四世根本不吃这一套，他列举了卜尼法斯八世的29条罪状，宣布要以法国国王的名义在法国审判教皇，并派军队去罗马逮捕教皇。

1303年9月的一天，卜尼法斯八世正在开会，准备对腓力四世进行惩罚。正在这时，一群法国士兵闯了进来。领头的法国军官说："奉法国国王的命令，我们要逮捕教皇卜尼

教皇格列高利一世的象牙雕像
公元590～604年，作为教皇，他的严厉施行宗教信条与政治上的敏锐极大地加强了罗马教皇的权力，他的传教热情使基督教信仰传遍西方文明世界的最远边界。其后的每一位教皇都力图使教权的影响力高于王权，在中世纪的欧洲，教权与王权从未停止过斗争。

法斯八世去法国受审！"整整三天，卜尼法斯八世脸色苍白，浑身颤抖，躺在床上不吃不喝，受尽了法国人的侮辱和戏弄。虽然后来他被营救出来了，但由于气愤、惊吓和刺激，75 岁高龄的卜尼法斯八世不久就死了。当时的人们这样评价他：爬上教皇位子的时候像只狐狸，行使职权的时候像头狮子，死的时候却像条狗。

在和教皇斗争中大获全胜的腓力四世并不满足，他把法国籍的一个大主教扶上教皇的位置，即克雷芒五世，从此教皇成了腓力四世的傀儡。克雷芒五世长期居住在法国而不回罗马，后来索性将罗马教廷迁到了法国南部的小城阿维农。从此，罗马教廷凌驾于国王之上的时代一去不复返了。历史学家把 70 多年里居住在阿维农的 7 位教皇称为"阿维农之囚"。

巴黎大学

中世纪的早期，欧洲的文化教育非常落后，不光老百姓都是文盲，很多贵族斗大的字也不识几个，甚至有些国王连自己的名字都写不好。当时各国的文化教育都被教会垄断，只有教会才可以开办学校，只有教士才掌握文化知识，但教会学校的教科书只有《圣经》。人们除了《圣经》之外，几乎不知道还有其他书籍。

后来随着城市的兴起，工商业日趋繁荣，人们需要更多更新的知识，于是城市中出现了学校。这些学校，就成为后来大学的基础。11 世纪末，意大利出现了第一所大学，此后欧洲相继出现了很多大学，如法国的巴黎大学，英国的牛津大学、剑桥大学等，其中以巴黎大学最为著名。

在 12 世纪早期，巴黎大学就初具雏形。1200 年，法国国王腓力二世正式批准成立巴黎大学。

巴黎大学位于法国首都巴黎，坐落在塞纳河畔。巴黎大学和欧洲其他的大学一样，使用当时通用的拉丁语授课，从成立之初，欧洲各国就有很多学子纷纷慕名前来求学，据说有 5 万人之多。

巴黎大学共设有 4 个学科：文学、医学、法律和神学。文学是普通学科，要学习语法（包括拉丁语和文学）、修辞（包括散文、诗歌的写作和法律知识）、辩证法（即逻辑学）、天文学（包括物理和化学）、几何（包括地理和自然历史）、数学和音乐，被称为"七艺"。修文学科的人数是最多的，通过毕业考试可以得到学士学位。另外 3 个学科是高级学科，只有修完普通学科、获得学士学位的学生有资格升入，修完之后可以获得硕士学位。获得硕士学位之后可以继续进修，攻读博士学位。只有取得了学位的人才可以在学校里教书，但并不是每个人都可以获得学位的，通常获得学士学位的人仅占学生总数的 1/3，获得硕士学位的占 1/16，而获得博士学位的则更少。尤其是神学博士，首先要用 8 年时间攻读神学硕士学位，然后再用 12 年的时间攻读博士学位，难度很大。

巴黎大学的成员不仅包括老师和学生，还包括为学校服务的书贩、邮差、药商、抄书人甚至旅店老板。学校雇佣有才能的老师，解雇那些平庸的或玩忽职守的老师，有时还对他们处以罚款。老师们根据各自的才能，教不同的科目，组成一个个的团体。现在大学中的"系"，就是从拉丁语中的"才能"一词转化而来的。老师团体中选出的"首席"或"执事"，相当于后来的"系主任"。

每天早晨，学生们早早起床，洗漱完毕，吃过早饭之后，先来到教堂做弥撒，然后再去教室上课。学校的教材大多是古代的一些名著，老师一边读，一边解释，而学生们则一边认真听讲，一边做笔记。学校很少做试验，就算是医学科，学生做实验的机会也很少，因为中世纪严禁人体解剖，所以很多解剖的知识都是学生们从翻译过来的阿拉伯医书上得到的。

巴黎大学规定，学生要想获得学位，就必须参加公开的辩论。因此，学校的老师很注重培养学生的口才，学生们在平时也非常注重锻炼辩论的技巧。巴黎大学在平时经常举行公开的辩论会，这些辩论会主要是本校的老师参加，有时也邀请一些外校的老师参加。辩论会的气氛是非常激烈紧张的，有的对手被对方驳得理屈词穷，恼羞成怒，冲上去和对方扭打起来的事也时有发生。

巴黎大学索邦神学院教堂
索邦教堂是巴黎大学里最古老的建筑之一，建于 1635 ~ 1642 年，教堂正面为典型的巴洛克风格。

巴黎大学吸引了不少当时欧洲著名的学者前来讲学，其中最有名的当数法国著名哲学家皮埃尔·阿贝拉尔。阿贝拉尔经常发表一些与众不同的言论和见解，大受学生们的欢迎，但却惹恼了法国政府，被禁止在法国领土上讲课。阿贝拉尔就爬到树上继续讲课，学生们围坐在地上专心致志地听讲。后来法国政府又禁止他在法国的天空讲课，阿贝拉尔就站在一条船上讲课，学生们则坐在岸边听讲。

成吉思汗

1162 年，铁木真出生在蒙古草原尼伦部贵族孛儿只斤氏家族。铁木真的父亲也速该因为作战英勇，被推举为尼伦诸部的领袖，后来在部落的仇杀中丧命，孛儿只斤家族败落，铁木真一家陷入困境。

铁木真的青少年时期是在动荡不安和极端艰苦的条件下度过的。当时，草原诸部混战不已，彼此相互仇杀。在这样的环境中，铁木真养成了坚毅、果敢的性格，并练就了强健的体魄、超群的武艺和过人的才智。1180 年，年轻的铁木真已经远近闻名。为了重振家业，铁木真去找父亲的安答（结义兄弟）、克烈部首领王罕。在王罕的庇护下，铁木真开始积聚力量，势力迅速壮大。

铁木真的崛起引起了乞颜部贵族扎木合的忌恨，虽然他曾与铁木真结为安答。1190 年，扎木合与泰赤乌等 13 部联合起来，组成 2 万多联军，进攻铁木真。铁木真探知消息，将部众集中起来，列成 13 翼，与扎木合联军决战，这就是著名的"十三翼之战"。一场激战过后，铁木真失利，退避于斡难河谷地。札木合领军返回本部后，将俘虏分为 70 大锅煮杀，引起了很多部落不满，不少人转而投奔铁木真。铁木真虽然战败，却得到民众拥护，兵力得以迅速壮大。

1196 年，铁木真联合王罕，配合金国军队，在斡里札河围歼了反叛金国的塔塔儿部，杀死了他们的首领，报了杀父之仇。战后，金国封王罕为王，任命铁木真为招讨使，铁木真名声大振。此后，他又战胜了篾儿乞等部，攻取呼伦贝尔草原。1202 年，铁木真彻底歼灭塔塔儿部，占领了西起斡难河，东到兴安岭的广大地区。

1203 年，和铁木真以父子相称的王罕开始进攻铁木真。铁木真与王罕大战于合兰真沙陀，这是铁木真生平最艰苦的一次战斗。结果铁木真大败，只带领 19 人落荒而逃。逃亡途中经过班朱尼河时，铁木真和伙伴们饮河水立誓："如果我建立大业，一定和追随我到此的兄弟同甘共苦，如果违背誓言，就像这河水一样。"这就是蒙古历史上著名的班朱尼河之誓。

1204 年，铁木真征服蒙古草原上唯一能和自己对抗的乃蛮部的首领太阳罕。1206 年，统一了西起阿尔泰山，东到兴安岭的整个蒙古草原。各部贵族在斡难河源头举行盛大集会，推举铁木真为大汗，称其为"成吉思汗"，建立了强大的蒙古帝国。

成吉思汗的黄金家族是蒙古国的最高统治集团，拥有全部的土地和百姓。他按照分配家产的方式，将百姓和土地分给自己的子弟亲族。成吉思汗推广了千户制度，将全蒙古的百姓划分为95千户，任命蒙古的开国功臣以及原来的各部贵族担任那颜（意为千户长），世袭管领。为了维护自己至高无上的统治地位，成吉

成吉思汗

思汗还建立了一支由大汗直接控制的人数达1万人的常备护卫军，这支强大的护卫军成为巩固蒙古帝国、进行对外战争的有力工具。

成吉思汗还根据畏兀儿文字创造了蒙古文字，用这种畏兀儿蒙古文发布命令，登记户口，编订法律，大大加强了统治，推进了蒙古文化的发展。

成吉思汗又任命自己的养子失吉忽秃忽为大断事官，负责分配民户，后来又让他掌管审讯刑狱等司法事务。成吉思汗还制定了蒙古法律"大札撒"，作为全部蒙古人民都要遵守的准则。法律的制定，对于安定社会，加强蒙古政权的统治起到了积极的作用。

蒙古汗国建立之后，成吉思汗开始向外扩张。他先后3次入侵西夏，迫使西夏称臣纳贡，并随同蒙古一同进攻金国。1211年，成吉思汗南下进攻金国，1215年，攻占了中都燕京。

1219年，成吉思汗踏上征讨花剌子模的万里西征之路。1221年，成吉思汗占领花剌子模全境后大军继续西进，1225年，持续7年的西征结束。

1226年，成吉思汗再次进攻西夏。1227年7月，成吉思汗病死军中。成吉思汗死后，他的子孙们继续他未竟的事业，攻灭西夏、金国、南宋，建立起一个空前庞大的大帝国。元朝建立后，追尊成吉思汗为元太祖。

蒙古帝国西征

1206年，蒙古各部落首领在斡难河畔召开大会，推举铁木真为大汗，尊称成吉思汗，建立了蒙古国家。蒙古国建立后，以成吉思汗为首的蒙古贵族不断发动

掠夺战争，用兵的主要方向是南下与西征，南下攻击的主要目标是金朝和南宋，西征则是征服中亚、东欧各国。

1219 年，为了剿灭乃蛮部的残余势力，征服西域强国花剌子模，成吉思汗带着 4 个儿子术赤、察合台、窝阔台、拖雷，以及大将速不台、哲别开始了西征。蒙古 20 万大军长驱直入，在额尔齐斯河流域分进合击，先后攻占布哈拉、花剌子模新都撒马尔罕、讹答剌与毡的城。花剌子模国王摩诃末西逃，成吉思汗令速不台、哲别等穷追不舍。后来，摩诃末病死在里海的一个小岛上，摩诃末的儿子札阑丁在呼罗珊一带继续抵抗。

为了剿灭札阑丁，1221 年，成吉思汗大军渡过阿姆河，占领塔里寒城。他以塔里寒城为根据地，派出两路大军，分别进攻呼罗珊、乌尔根奇。拖雷率兵进攻呼罗珊，相继攻陷尼沙不儿、也里城；察合台与窝阔台攻陷乌尔根奇。两路大军完成任务后，都回到塔里寒城与成吉思汗会师。然后，各路大军成吉思汗的率领下，继续追击札阑丁，在印度河击败其余众。札阑丁孤身一人逃跑，花剌子模灭亡。1223 年，蒙古大军在西追札阑丁的同时，还深入罗斯，大败敌军，罗斯诸王公几乎全部被杀。1225 年，成吉思汗凯旋东归，将本土及新征服所得的西域土地分封给自己的几个儿子。

1227 年，成吉思汗去世，成吉思汗的第三子窝阔台继任大汗。1234 年，窝阔台集结诸王大臣召开会议，商讨西征大事。窝阔台派兵分别攻打波斯（今伊朗）和钦察、不里阿耳等部，基本上征服了波斯全境。1235 年，由于进攻钦察的军队受阻，窝阔台派遣其兄术赤之子拔都，率 50 万大军增援。西征军一路势如破竹，很快就彻底消灭了花剌子模，杀死札阑丁。1237 年底，拔都又率大军，继续西进，大举进攻罗斯，相继攻陷莫斯科、基辅诸城。1240 年，拔都分兵数路继续向欧洲腹地挺进，进攻孛烈儿（今波兰）、马扎尔（今匈牙利）。1241 年，北路蒙军在波兰西南部的利格尼兹，大破波兰与日耳曼的联军；

多瑙河上的战斗
图中戴头盔的匈牙利人试图阻挡轻装上阵、以强弓为武器的蒙古军过河，1241 ～ 1242 年间，成吉思汗的子孙已将帝国疆域拓展到了欧洲的中部。

中路蒙军主力由拔都亲自率领,进击匈牙利,大获全胜,兵锋直指意大利的威尼斯。1241年年底,窝阔台驾崩的消息传到军中,拔都率军从巴尔干撤回到伏尔加河流域,以萨莱为都城,在伏尔加河畔建立了钦察汗国。

1251年,蒙哥即大汗位。1253年,蒙哥派弟弟旭烈兀率军发起了第三次西征。这次西征的目标是消灭西南亚地区的木剌夷国(今里海南岸的伊朗北部)。1257年,蒙军荡平木剌夷,挥师继续西进,直指黑衣大食首都巴格达。1257年冬,旭烈兀三路大军围攻巴格达,于第二年初攻陷该城,消灭了有500年历史的黑衣大食。此后旭烈兀又率兵攻陷阿拉伯的圣地麦加,攻占大马士革,其前锋部队曾渡海到达富浪(今地中海东部的塞浦路斯岛)。

后来由于蒙古军队被埃及军队打败,旭烈兀才被迫停止西进,留居帖必力思,建立了伊儿汗国。

成吉思汗和他的继承者以剽悍的武功征服了欧亚广大地区,以蒙古为中心,建立起由钦察汗国、察合台汗国、窝阔台汗国、伊儿汗国组成的横跨欧亚大陆的国家,形成世界历史上前所未有的大帝国。

四大汗国

经过三次西征,蒙古人占领了大片的土地,建立了4个汗国:钦察汗国、察合台汗国、窝阔台汗国和伊儿汗国。

钦察汗国,又称金帐汗国,是成吉思汗长子术赤的封地,疆域东起额尔齐斯河,南抵高加索山,西至多瑙河,北到北极圈,建都于伏尔加河下游的萨莱城(今俄罗斯阿斯特拉罕)。俄罗斯各公国必须向金帐汗进贡。金帐汗利用俄罗斯大公们之间的矛盾,经常挑拨离间,以巩固自己的统治。14世纪后期,汗国内部阶级矛盾和民族矛盾激化,再加上内讧不断,力量大大削弱。莫斯科大公底米特里·顿斯科伊和帖木儿又不断进攻。俄罗斯各城邦逐渐统一,力量大大增强,而金帐汗国却分裂成喀山汗国、克里米亚汗国、西伯利亚汗国、阿斯特拉罕汗国等几个小汗国。1502年后,这些小汗国相继被俄罗斯吞并,钦察汗国灭亡。

察合台汗国,是成吉思汗次子察合台封地,疆域主要在天山南北,最强盛时东起吐鲁番、罗布泊,南抵兴都库什山脉,西达阿姆河,北到塔尔巴哈台山,定都虎牙思(今新疆霍城县水定镇)。察合台汗国为了掠夺财富和占有牧场,与元

正在安营扎寨的蒙古人

朝和伊儿汗国发生了旷日持久的战争，结果被打败。1314年，怯伯成为察合台汗，他主动与元朝恢复了友好关系，从此两国使节来往不断。怯伯把国都迁到了撒马尔罕，他提倡农业，实行改革，而他哥哥也先不花汗则坚持游牧传统，于是察合台汗国分裂为东、西两部。东部以阿力麻里为中心，包括喀什、吐鲁番等地区；西部以撒马尔罕为中心，统治中亚地区。东察合台汗国从1348年建国，到1514年被叶尔羌汗国取代，立国166年。西察合台汗国在1370年被帖木尔汗国所灭。

窝阔台汗国，是成吉思汗第三个儿子窝阔台的封地，疆域包括有额尔齐斯河上游和巴尔喀什湖以东地区，定都叶密里（今新疆额敏县）。1229年，窝阔台继大汗位，将封地赐给他的儿子贵由。1251年，蒙哥汗即位后，窝阔台的后代因曾反对蒙哥，封地被分割。窝阔台的儿子合丹得到别失八里，灭里得到额尔齐斯河之地，窝阔台之孙脱脱分得叶密里，海都分得海押立之地。

1260年，忽必烈称帝后，海都与争夺汗位失败的阿里不哥联合，共同反对忽必烈。1301年，海都兵败，不久死去，他的儿子们为了争夺汗位而自相残杀，国势逐渐衰落。1309年，察合台汗也先不花击败窝阔汗察八儿，察八儿逃到元朝，窝阔台汗国并入察合台汗国。

伊儿汗国，又称伊利汗国，是成吉思汗幼子拖雷的儿子旭烈兀西征后建立的，疆域东起阿姆河，南至波斯湾，西临地中海，北到里海、黑海、高加索，包括今伊朗、伊拉克、阿塞拜疆、格鲁吉亚、亚美尼亚和土库曼斯坦等国，阿富汗西部的赫拉特王国和小亚细亚的罗姆苏丹国都是伊儿汗的属国，定都蔑刺哈。1265年，旭烈兀之子阿八哈继位，定都大不里士，以蔑刺哈为陪都。

在第七代伊儿汗合赞（1295～1304年）在位时，伊儿汗国的国势达到极盛。合赞汗死后不久，伊尔汗国就陷入混乱。在争权夺利的混战中，伊儿汗国境内出现了许多小国：贾拉尔国占有今伊拉克、阿塞拜疆、摩苏尔和迪亚巴克儿；克尔特国占有赫拉特和呼罗珊部分地区；穆扎法尔国占有法尔斯、克尔曼和库尔德斯坦；赛尔别达尔国占有呼罗珊北部。1380年以后，这些小国家先后被新兴的帖木儿帝国灭亡。

德里苏丹国的建立

12 世纪中期，古尔王朝兴起于阿富汗西部，定都赫拉特。经过历代君主的不断扩张，古尔王朝的苏丹成了阿富汗和西北印度的统治者。1192 年，古尔王朝苏丹穆伊兹·乌丁率领大军越过旁遮普，东征印度。印度的王公们联合起来，抵御穆伊兹大军。在塔拉罗里战役中，穆伊兹大军击败了印度联军，占领德里，随即征服了恒河与朱木拿河之间的广大地区。穆伊兹派手下大将巴克提亚·卡尔其继续东征，1200 年征服印度东北部，占领比哈尔和孟加拉。至此，印度德干高原以北地区都处于古尔王朝的统治之下。古尔王朝对印度的征服，为德里苏丹国的建立铺平了道路。

1206 年，古尔王朝苏丹穆伊兹遇刺身死。他没有儿子，古尔王朝发生分裂。统治北印度的总督、穆伊兹的部将顾特布·乌德·丁·艾贝克以德里为中心，自立为苏丹，建立了德里苏丹国。德里苏丹国是印度历史上一个比较稳固的政权，先后经历了 5 个王朝：奴隶王朝（1206 ～ 1290 年）、卡尔基王朝（1290 ～ 1320 年）、图格拉王朝（1320 ～ 1414 年）、赛义德王朝（1414 ～ 1451 年）和罗第王朝（1451 ～ 1526 年），最后被莫卧儿帝国所灭。

德里苏丹国的第二任苏丹伊杜米斯，被后世誉为德里苏丹国的真正奠基人。他先后平定了旁遮普和孟加拉的贵族以及拉其普特印度教王公的叛乱，征服了瓜廖尔和马尔瓦地区。到卡尔基王朝时期，苏丹阿拉·乌丁整顿财政，加强中央集权，建立起多达 47 万人的精锐骑兵部队。他派兵消灭了古吉拉特和拉其普特地区的印度教王公割据势力，然后率军越过文迪亚山，征服了那里信奉印度教的 4 个王国，使德干高原成为德里苏丹国的领土。

苏丹图格拉在位期间是德里苏丹国的鼎盛时期，他曾 4 次派大军远征南印度，一度占领科佛里河以南的大片地区，行省增加到 23 个，但由于他的横征暴敛，激起了当地人民的强烈反抗，德里苏丹国的军队被迫退到了科佛里河以北。德里苏丹国最强大时的疆域东起孟加拉，南达科佛里河，西抵印度河流域，北到克什米尔地区。

德里苏丹国时期精美的雕刻

德里苏丹国兴起之时，正值蒙古人扩张之际，两个强国之间的战争不可避免。1221年，成吉思汗率领蒙古军队出现于印度西北边境，并不断深入，进攻印度西北部，在信德和旁遮普地区大肆掳掠。但是来自寒冷干燥的蒙古高原的蒙古士兵非常不适应印度炎热潮湿的气候，蒙古军屡遭挫折，成吉思汗只好撤军。1279年和1285年，蒙古军队卷土重来，再次入侵印度西北部。卡尔基王朝苏丹阿拉·乌丁率军与蒙古人大战，终于击退入侵印度的蒙古军队。一部分被俘的蒙古战士在德里定居下来。

自古以来，外族不断从印度西北山口入侵，这些外族占领印度后，随着时间的推移大都与当地居民融合或被同化。但德里苏丹国的统治者没有被当地的印度教文化同化。德里苏丹国的统治阶级是突厥人、阿富汗人和波斯人组成的以"四十大家族"为核心军事贵族集团，他们占有大量的土地，并以大量的中亚外族雇佣军作为统治支柱。他们对被统治阶级——印度教封建主和广大居民采取歧视和迫害等高压统治政策，用强征人头税等手段刺激了印度人民的民族感情和宗教情绪。德里苏丹国的这些政策使国内民族、宗教和阶级矛盾十分尖锐，人民起义和宗教运动此起彼伏。

马木路克大战蒙古兵

马木路克在阿拉伯语中是"奴隶"的意思。从公元9世纪起，一些人贩子从高加索地区和中亚诱拐或绑架很多儿童，然后把他们送到巴格达、大马士革和开罗的奴隶市场贩卖。这些马木路克的买主主要是阿拉伯君主，他们买下身体强壮的孩子，把他们送入军事学校，经过严格训练后，组成骑兵部队，以保护自己或用于对外扩张。在这些小马木路克中，来自高加索的格鲁吉亚人和中亚的突厥人最受欢迎，因为他们身体强壮，好勇斗狠。据记载，当时格鲁吉亚每年被拐卖的孩子多达两万。

这些小马木路克进入军事学校后，首先要学习阿拉伯语，并被灌输对主人绝对忠诚的思想。到14岁开始进行军事训练，他们要熟练使用弯刀、长矛及骑射之术，其中骑马和射箭受到高度重视。

马木路克士兵的身份虽然是奴隶，但深受主人的器重，马木路克将领甚至可以担任高级官员。13世纪，萨拉丁在埃及建立阿尤布王朝，但他的子孙一代不如一代。1250年，马木路克将领、突厥人阿依巴克篡位，建立了埃及马木路克王朝。

1258 年，旭烈兀率领蒙古西征军占领了巴格达，阿拉伯帝国灭亡，埃及马木路克王朝成为阿拉伯世界抵抗蒙古人入侵的主力。不久，忽必烈和阿里不哥为争夺汗位而爆发战争，旭烈兀为了助忽必烈一臂之力，急忙率领大军赶回。临走时，他留下了大将怯的不花和两万军队镇守大马士革。

1260 年 8 月，埃及马木路克苏丹忽都思率领 12 万马木路克大军从埃及出发，与蒙古军队决一死战。9 月，忽都思率领

一位马木路克勇士在展示其坚不可摧的盾牌。

的马木路克大军和怯的不花率领的蒙古大军在巴勒斯坦北部的艾因贾鲁相遇。虽然人数比敌人少得多，但怯的不花却一点也不害怕。这么多年来，蒙古军队战必胜，攻必克，灭亡了很多国家，不知不觉间，变得骄傲轻敌起来。

经过的短暂交战后，马木路克骑兵开始迅速而有序地撤退。蒙古人不知道这是个计谋，以为敌人怯战，于是穷追不舍，企图速战速决。

不知不觉间，马木路克骑兵把蒙古人引到了一个山谷中，轻敌的蒙古人丝毫没有察觉到自己已经进入了敌人的包围圈。马木路克骑兵忽然停住脚步，排成一道长达 6 千米，中间厚两边薄的阵形，忽都思骑着马在中间指挥。这时，埋伏在山谷两侧的伏兵也蜂拥而出，对蒙古人形成了三面包围之势。

发现自己被包围后，蒙古军一阵慌乱。怯的不花不愧是久经沙场的老将，他立刻命令蒙古军兵分两路，进攻马木路克阵形薄弱的两翼，他自己亲率 1 万人冲向敌人的左翼。马木路克骑兵立即放箭，蒙古军死伤无数，损失惨重，但他们毫不畏惧，仍然冒着箭雨前进，不一会儿就冲到了敌军面前。马木路克骑兵被蒙古人视死如归的精神吓得魂飞魄散，再加上蒙古人极其勇猛，马木路克骑兵开始后退。

忽都思看到自己即将失败，他大吼一声，把头盔摔到地下，挥舞着大刀杀入蒙古军中，一连砍死好几个蒙古人。看到自己苏丹这样奋不顾身，马木路克骑兵缓过神来，他们也狂喊着上前与蒙古骑兵进行激烈厮杀。

这场混战一直从早晨打到下午，随着时间的推移，马木路克大军的人数优势发挥了作用，蒙古人渐渐不敌。怯的不花拒绝了随从劝他撤退的建议，亲率

自己的卫队发动反冲锋，结果被乱箭射死。失去主帅的蒙古军队斗志全无，开始夺路而逃。马木路克骑兵穷追不舍，最后将蒙古残军消灭。怯的不花大军覆灭的消息传到大马士革，留守的蒙古将士逃之夭夭，忽都思率领大军胜利开进大马士革。

1517 年，奥斯曼土耳其灭亡马木路克王朝，但马木路克军队依然占据帝国统治地位。

桑海王国

西非古国，又译松加依王国，发祥地在加奥南部的登迪，由桑海人在 7 世纪中叶前后所建。11 世纪迁都加奥。1325 年，马里攻占加奥，桑海王国遂沦为其属国。14 世纪中叶后，逐渐取得独立。1464 ~ 1492 年索尼·阿里在位时，改称大王，夺取廷巴克图、迭内等富庶的尼日尔河中游地区。1493 年，大将杜尔夺取王位，兴起阿斯基亚王朝。杜尔发展生产，厉行改革，统一度量衡，建立常备军，鼓励学术，

> **·奴隶贸易的扩展·**
>
> 在1300 ~ 1500年间，掠夺奴隶和奴隶贸易成为北非、埃塞俄比亚、东非沿岸和西非草原的一个基本特征。某些北非人自诩同时拥有5000名以上的奴隶。在大西洋奴隶贸易时代之前，奴隶主要由尼罗河流域和埃塞俄比亚高原输出到埃及、阿拉伯半岛和印度。自650 ~ 1500年，大致有700万人——主要是女性——被出卖，并穿过撒哈拉沙漠被运到北非，在闺房中服役和充当家仆。据估计，另有200万被带离东非，卖到了阿拉伯和印度市场。

使帝国达到极盛，其版图西到塞内加尔河下游，东至艾尔高原，北抵撒哈拉的塔加扎，南及塞古。农业、纺织业发达。农奴制度盛行。文化达到很高的水平，国内建有图书馆和大学。15 世纪末，桑海王国开始向封建社会过渡。16 世纪后发生内乱，国势渐衰，奴隶和农奴不断起义。1590 ~ 1591 年，摩洛哥大举入侵，桑海王国遂亡。

马里王国

塞内加尔河和尼日尔河上游的西非古国。马里意为"国王的驻地"，主要居民是曼丁哥族的马林凯人。曾长期臣服于加纳，11 世纪中叶独立，国王称苏丹。12 ~ 13 世纪又臣服于索索王国。松迪亚塔在位时向外扩张，打败索索王国，灭

加纳等，势力达到尼日尔河中游，迁都散卡曼尼河畔的尼阿尼。他的儿子始称曼萨（皇帝），穆萨·曼萨时（约1312～1337年）帝国极盛，版图西抵塞内加尔河下游，东至加奥，北到撒哈拉沙漠，南达今上沃尔特。农业发达，手工业和商业得到巨大发展，棉织品远销国外，大量黄金销往北非。14世纪，马里王国成为西非最富裕的国家。15世纪后，统治阶级为争夺王位而发生内乱，国势迅速衰落。1549年，桑海人攻占马里首都；1591年摩洛哥占领廷巴克图；1660年，马里王国被班巴拉人所灭。

刚果王国

非洲班图族刚果人建立的国家，约建于14世纪。15世纪末，国王恩赞加·库武大举扩张，领土东到刚果河，西至大西洋，南达洛热河，北抵刚果河北岸。王国有一套完整的中央和地方统治机构，王是最高统治者，下设首相和权力很大的六总督委员会。全国分6省，由总督治理。刚果以农业为主，生产稻、麦、高粱、香蕉、棕榈果和16世纪初从美洲传来的玉米、薯类，冶金、造船和棕榈叶编织比较发达。对冶金生产尤为重视。1448年，葡萄牙殖民者大量闯入，国王和部分贵族领先加入天主教，首都改名圣萨尔瓦多。殖民者使用欺骗和引诱伎俩，掠夺奴隶和财富，引起统治者与人民以及统治者内部的矛盾。16世纪中叶，国势衰落。1665年，王国取消葡萄牙人的采矿权，双方发生战争。国王战死，王国分裂为3个小国，1900年灭亡。

马可·波罗

1254年，马可·波罗出生在意大利威尼斯的一个商人家庭。他的父亲和叔叔都曾经到中国经商，在元大都（今北京）还见过忽必烈大汗。忽必烈写了一封信，让他们转交给罗马教皇。他们回来后，天天给小马可·波罗讲述东方的见闻，小马可·波罗简直听得入迷了。1271年，马可·波罗的父亲和叔叔拿着教皇的复信和给忽必烈的礼物准备再次去中国。马可·波罗缠着他们，非要和他们一起去中国。父亲和叔叔没办法，只好同意带上他。

马可·波罗等人乘船离开威尼斯，向南进入地中海，然后到达了伊拉克。本来他们想从波斯湾的出海口霍尔木兹乘船去中国的，但是一连几个月都没有遇上

马可·波罗像

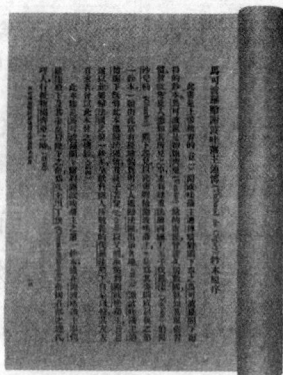

《马可·波罗游记》书影

一艘去中国的船，他们只好改为走陆路。马可·波罗等人向东穿越了广袤荒凉的伊朗大荒漠，翻过了冰天雪地的帕米尔高原，克服了疾病、饥饿，躲过了凶残的强盗和野兽，经过4年的长途跋涉，终于来到了中国新疆的喀什。

在喀什，马可·波罗看到了大片的葡萄园和果园，人们的生活非常丰裕，他当时觉得喀什就是世界上最富裕的城市。没过多久，他们便启程继续向东，先是来到了盛产美玉的和田，然后又穿越了塔克拉玛干大沙漠，来到了敦煌。在敦煌，马可·波罗欣赏到了精美绝伦的壁画和佛像雕刻。几天后，他们经过玉门关，看到了宏伟的万里长城，进入了河西走廊，来到了元上都（今内蒙古多伦县），见到了元世祖忽必烈。他们向元世祖献上了教皇的回信和礼物，并向元世祖介绍了马可·波罗，忽必烈热情地接待了他们。忽必烈对聪敏的马可·波罗非常赏识，邀请他来到宫中讲述一路上的见闻。不久，马可·波罗和父亲、叔叔和忽必烈一起返回了元大都。

当第一眼见到元大都时，马可·波罗简直惊呆了！在后来的《马可·波罗游记》中，他写道："我从来没有见过这么伟大的都城。"元大都城郭高大方正，城内街道笔直纵横，来来往往的人们川流不息，街上的店铺一个挨一个，叫卖声此起彼伏。每天全国、甚至全世界的货物都涌进这座城市，从日用百货到珍奇异宝无所不有，光是生丝每天就运进1000车！而在当时的西欧，生丝简直和黄金等价。

很快，马可·波罗就随忽必烈来到了皇宫。马可·波罗觉得皇宫简直举世无双：高大的宫殿、汉白玉砌成的栏杆、金碧辉煌的壁画、晶莹剔透的釉瓦……这简直是神仙住的地方！

由于忽必烈的赏识，马可·波罗留在元大都当了官。聪明的他很快就学会了蒙古语和汉语。除了大都，马可·波罗还游历了很多地方。涿州的绫罗绸缎、太原的军火、西安的工商业、成都的集市都给他留下了深刻的印象。最令马可·波罗震惊的是，在中国，丝绸随处可见，连老百姓都穿着丝绸做的衣服，这在欧洲简直是不可想象的。因为丝绸在欧洲非常昂贵，只有帝王、贵族和大商人才买得起。马可·波罗认为，中国是世界上最强大最富裕的国家，远远超过欧洲和世界其他国家。

在中国，马可·波罗还见到了许多欧洲没有的新鲜事物，其中他最为称赞的就是驿道。元朝时，从大都到全国各地，都有驿道相连，驿道边种植着树木，每隔二三十里就在路边设立一个驿站，有专人负责更换马匹和提供食宿。中央政府的命令和地方的紧急情况可以很快通过驿道传达和接到。让马可·波罗吃惊的是华北的中国人居然不用木柴生火做饭，而是使用"黑色的石头"（煤），中国人还使用纸币进行购物，这在欧洲也是不可想象的。

马可·波罗还到过江南地区，听到过"上有天堂，下有苏杭"这句话，他游览了杭州以后说："杭州是世界上最繁华最富裕的城市！"

1292 年，马可·波罗等人奉命护送公主去伊儿汗国结婚。这时他们已经离家 17 年了，马可·波罗表示想回国，忽必烈同意了，并赐给他们大量的金银珠宝。到了伊儿汗国完成了使命后，马可·波罗等人就启程回到威尼斯。后来威尼斯和热那亚发生了战争，马可·波罗捐钱制造了一艘战船，亲自担任船长参加战斗，结果不幸被俘，被关进了监狱。在狱中，马可·波罗遇见了一个作家，就把自己在东方的经历讲了出来，这位作家边听边记录，后来出版了《马可·波罗游记》。这本书在欧洲广为流传，激起了欧洲人对东方的向往，为新航路的开辟和新大陆的发现提供了动力。

四大民族史诗

中世纪后期出现的四部民族史诗的合称，分别是法国的《罗兰之歌》（约 1080 年）、西班牙的《熙德之歌》（约 1140 年）、德国的《尼伯龙根之歌》（约 1200 年）和俄罗斯的《伊戈尔远征记》（1185～1187 年）。其中，《罗兰之歌》是最有代表性的作品，叙述了查理曼大帝远征西班牙时期，大臣加奈隆与敌人勾结，在大军撤退时偷袭后卫部队的故事。断后的罗兰率军英勇奋战，终因众寡悬殊全军覆没。史诗的主题是爱国主义，查理曼大帝是一个理想的君主形象，罗兰则是一个保卫祖国的英雄。诗中多用重叠和对比手法，风格朴素。《熙德之歌》写熙德反抗外族侵略者的故事；《尼伯龙根之歌》写围绕尼伯龙根宝物所产生的争夺和流血冲突；《伊戈尔远征记》通过对俄罗斯王公伊戈尔远征波洛夫人失败的记叙，表达了强烈的爱国主义情怀。这 4 部史诗的内容和反映的主题都在不同程度上有封建制度形成后的特点。

素可泰王朝

泰族是古代"百越"系统的民族，11世纪～12世纪，在泰国中部和北部，泰族建立了一些小王国，如在北方以景线为中心的庸那迦国，以帕耀为中心的帕耀国，在中部以泰族为主体的差良国等。泰国东部的领土当时处于柬埔寨的吴哥王朝的统治下，公元1238年，乘吴哥王朝衰微，泰族首领膺它沙罗铁便领导泰族人民在素可泰举行起义，赶走吴哥王朝的太守，建立了素可泰王朝（中国史籍称之为暹罗国）。1275年，素可泰第三代君主蓝甘亨（1275～1317年在位）继承王位以后，加强军事力量，不断扩张领土，锐意经营，遂成为中南半岛上的强国。蓝甘亨王逝世以后，国内纷争不息，素可泰王朝便急剧衰落了，最后为阿瑜陀耶王朝所取代。

奥斯曼土耳其崛起

土耳其人是突厥人的一支，土耳其就是由突厥一词转变而来的。突厥人原来生活在中国北方的蒙古高原和中亚一带，后来被中国的唐朝击败，被迫西迁，来到中东地区，依附于塞尔柱突厥人建立的鲁姆苏丹国。鲁姆苏丹将一块贫瘠的位于西北边境的土地赏赐给他们，让他们为鲁姆苏丹国守卫边疆，抵抗拜占庭帝国。

1242年，鲁姆苏丹国在蒙古人的打击下瓦解，土耳其人趁机崛起。酋长埃尔托格鲁尔率领土耳其人东征西讨，打败了四周的部落，自称埃米尔（君主的意思）。1288年，埃尔托格鲁尔病死，他的儿子奥斯曼继位。

奥斯曼想娶长老谢赫艾德巴里的女儿为妻，但遭到了拒绝。一天，奥斯曼来到谢赫艾德巴里家，对他说："我昨天做了一个奇怪的梦，梦见我的腰部长出了一棵大树，所有的树叶都变成了利剑，指向拜占庭帝国的首都君士坦丁堡的方向。长老，你懂得解梦，我的这个梦是什么意思？"谢赫艾德巴里沉思了一会儿说："这个梦预示着你的子孙会占领君士坦丁堡，成为世界的统治者。"奥斯曼听后非常高兴，说："那我现在可以娶你女儿吗？"谢赫艾德巴里点头答应了。奥斯曼登基那天，谢赫艾德巴里赠送给他一把"胜利之剑"。后来，颁发"胜利之剑"成为奥斯曼土耳其苏丹即位的传统仪式之一。此后，奥斯曼手持"胜利之剑"四处征战，建立了一个庞大的帝国。

奥斯曼是个雄才大略的人，当时拜占庭帝国已经衰落，外强中干，在小亚

细亚的统治摇摇欲坠。奥斯曼
把部落的士兵组织起来，将掠
夺的土地分给他们，大大激发
了他们的战斗热情。他还吸收
了很多其他突厥部落的勇士，
壮大了自己的力量。有了强大
的军事实力，奥斯曼开始向拜
占庭帝国发起进攻。他攻占美
朗诺尔城后，将这里作为首都，
改名为卡加希沙尔。1300 年，

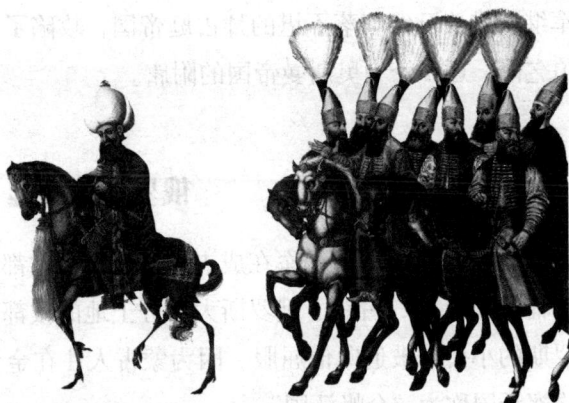

苏丹带领精锐部队的优秀将官列队出行。

奥斯曼自称为苏丹，并宣布他的国家是一个独立的公国。奥斯曼并没有就此满
足，1301 年，奥斯曼对拜占庭帝国发起了更大的进攻，占领了富庶的卑斯尼亚
平原，国力大增。1317 年，奥斯曼率领军队围攻拜占庭帝国在小亚细亚最重要
的城市布鲁沙城。拜占庭人凭借高大的城墙拼死抵抗，奥斯曼围攻了 9 年都没
有攻克。1326 年，实在无力抵抗的拜占庭人被迫宣布投降。这时候，奥斯曼已
经身染重病。奥斯曼去世后，他的遗体被安放在布鲁沙的大教堂内。奥斯曼死后，
他的儿子乌尔汗继任为苏丹，迁都布鲁沙城。此后，人们把奥斯曼创建的国家
称为奥斯曼帝国，也称奥斯曼土耳其。土耳其人也因此被称为奥斯曼人或奥斯
曼土耳其人。

　　乌尔汗和他父亲一样，是一个野心勃勃的人。他继续父亲没有完成的事业，
在不到 10 年的时间里，完全占领了拜占庭帝国在小亚细亚的领土。乌尔汗利用
塞尔维亚和拜占庭帝国的矛盾，开始插手欧洲事务。为了占领一个进攻欧洲的军
事基地，乌尔汗于 1354 年率军渡过达达尼尔海峡，占领了加里波里半岛上的格
利博卢城堡。由于城堡高大坚固，加上拜占庭人的拼死抵抗，土耳其人一时无法
攻克，乌尔汗一筹莫展。这时，乌尔汗的儿子苏莱曼自告奋勇，表示愿意前去攻
打格利博卢城堡。在征得父亲的同意后，他只率领 39 名勇士，夜里乘船偷偷渡
海来到城堡下。正在这时，此地突然发生大地震，城堡的城墙被震塌，城堡内的
士兵和居民惊慌失措，纷纷逃亡。苏莱曼等人一个个斗志昂扬，杀入城中，很快
占领了这座城堡。土耳其人急忙增兵 3000 人，巩固了胜利果实。后来，格利博
卢城堡成为奥斯曼土耳其进攻欧洲的桥头堡。

　　1359 年，乌尔汗去世，他的儿子穆拉德一世即位。穆拉德一世率领奥斯曼大军继续进攻已经衰落不堪的拜占庭帝国，攻陷了一座又一座名城，拜占庭帝国被迫乞降，逐步沦为奥斯曼帝国的附庸。

俄罗斯的崛起

1240 年，蒙古西征军在成吉思汗的孙子拔都的率领下攻占了基辅罗斯的首都基辅。1242 年，占领了俄罗斯大部分土地的拔都建立了庞大的钦察汗国，许多俄罗斯的小公国被迫向他屈服。因为蒙古人住在金色的大帐中，所以俄罗斯人又把钦察汗国称为"金帐汗国"。

金帐汗国中，蒙古人只占少数，俄罗斯人占大多数。为了有效统治俄罗斯，拔都就以册封全俄罗斯大公的封号为诱饵，挑拨离间，使各个小国之间不合，甚至互相攻打，借此铲除反抗蒙古的势力，巩固自己的统治。归顺的小国王公们接受金帐汗国的赦令，向金帐汗国缴税、服兵役。为了向金帐汗国缴税和满足自己的奢侈生活，大公们竭力搜刮老百姓，老百姓们苦不堪言。

1327 年的一天，一支蒙古军队来到伏尔加一带，这里是全俄罗斯大公亚历山大统治的地方。蒙古人一到这里就开始抢夺老百姓的财产，老百姓纷纷拿起武器抵抗。亚历山大也忍无可忍了，他亲自率领军队攻击蒙古人。蒙古人死伤惨重，狼狈逃走。金帐汗大怒，决定派军队讨伐亚历山大。

这时，莫斯科大公伊凡匆匆赶来求见。

"你来有什么事？"金帐汗问。

"无比尊敬的金帐汗，您千万不要为了亚历山大那个混蛋生气。为了表示我的忠心，我愿意率领我的军队和其他大公的军队为您讨伐他。此外这是孝敬您的礼物。"伊凡说完，献上了很多金银财宝。

金帐汗一看，非常高兴，说："好，打败了亚历山大，我就封你为全俄罗斯大公，让你替我收税！"

伊凡率领军队很快打败了亚历山大。亚历山大被处死后，伊凡如愿以偿地被封为全俄罗斯大公。从此，他利用手中掌握的收税权力中饱私囊，还帮助金帐汗去镇压别的小公国，同时扩大了自己的领土。到他死的时候，莫斯科公国已经成为俄罗斯最强大的公国了。到了伊凡的孙子季米特里·顿斯特伊担任大公的时候，莫斯科公国的势力又进一步发展，领土面积进一步扩大。这时的金帐汗国却四分五裂，蒙古王公们为了争夺大汗之位混战不止。季米特里决定趁金帐汗国内乱之

机举兵反抗，摆脱蒙古人的统治。他率兵
赶跑了莫斯科公国内的蒙古人，宣布独立。
金帐汗国的大汗马麦汗非常恼火，决定教
训教训季米特里。

1380年9月，马麦汗率领15万大军
大举进攻莫斯科公国，季米特里率领10
万大军迎战。两军在顿河南岸的库里可沃
平原相遇。战前季米特里仔细观察了一
下地形，库里可沃平原不大，中间是沼泽，
四周是山岗和森林，不利于蒙古骑兵发
挥优势。季米特里利用地形精心摆兵布
阵，他将军队一字排开，中间是主力，
两边是两翼，中间主力前面是先锋部队，
他还将一支精锐的骑兵埋伏在敌人后方
的森林里。

清晨的大雾刚刚散去，蒙古军队就
呐喊着向俄罗斯人杀过来。俄罗斯士兵
群情振奋，勇敢地冲向蒙古人。两军杀
在一起，难分难解。季米特里身穿厚厚
的铠甲，挥舞着大刀，奋勇杀敌。渐渐
地蒙古人占据了优势，击溃了俄罗斯人

这三幅图表现了16世纪上半期俄罗斯人民的生活
情景，他们或骑马，或乘雪橇，或坐四轮马车外
出旅行。

的两翼，并集中兵力向中间主力进攻。俄罗斯主力步步后退，将蒙古人引到了
沼泽地带。泥泞的沼泽大大延缓了蒙古人的攻势，季米特里趁机组织俄罗斯军
队反攻。

埋伏在森林中的俄罗斯骑兵看到蒙古人陷入沼泽，阵形有些混乱，俄罗斯骑
兵指挥官果断下令出击。蒙古人根本没有料到自己背后还有一支伏兵，顿时军心
大乱。在俄罗斯人的前后夹击下，蒙古人大败而逃，这场战役最终以俄罗斯人的
胜利而告终。库里可沃之战表明，俄罗斯人是可以战胜蒙古人的。到了15世纪，
莫斯科的伊凡三世统一了俄罗斯，并最终击败蒙古人，结束了金帐汗国对俄罗斯
长达两个半世纪的统治。16世纪，俄罗斯已成为欧洲的一个的强国。

明朝建立

1368 年，朱元璋推翻元朝统治，在应天（今南京）称帝，建立明朝，建元洪武。同年，攻陷元大都（今北京），元朝灭亡。

永乐十九年（1421 年），明成祖朱棣迁都北京。明朝建立后，朱元璋采取一系列措施，在政治上，对中央和地方政权机构进行全面改革，废除中书省，取消丞相制，军队按卫所编制，中央设立五军都督府，集军政大权于皇帝一人之身。加强对边疆地区的管理，使统一的多民族国家得到进一步发展，在社会经济上奖励农民耕织、开垦荒地，实施移民垦荒，开展军屯，兴修水利；对工匠实行匠班制，后又实行匠班银制，提高工匠的创造性、积极性，农业、手工业得以迅速发展。纺织、制瓷、冶金、造船等都有新的提高。明代中后期在江南的纺织行业中，一种新的资本主义生产方式萌生出柔弱的嫩芽。在外交上，积极拓展与周边国家的友好关系，七次遣郑和率领庞大舰队下"西洋"，极大地促进了中国与亚洲、非洲各国的友好往来。在哲学、科学、文学等领域，明代出现了思想家李贽，有《藏书》《焚书》传世。杰出的科学家李时珍、徐霞客、徐光启、宋应星分别写出《本草纲目》《徐霞客游记》《农政全书》《天工开物》等重要科学著作。文学在宋元话本的基础上发展为章回小说，罗贯中的《三国演义》、施耐庵的《水浒传》、吴承恩的《西游记》是其优秀代表。明朝的绘画和工艺技术成绩斐然，著名画家文徵明、沈周、唐寅开创了文人画的先河；掐丝珐琅（又名景泰蓝）是明代工艺品类中的精华。明朝官府组织以解缙为首的 3000 学者，历时 5 年，编纂成《永乐大典》。崇祯初年，陕北爆发农民起义，不久发展成为全国规模的农民战争。

崇祯十七年（1644 年），李自成起义军攻入北京，明思宗朱由检自杀，明朝灭亡。

李成桂建立李朝

1387 年，中国明朝决定收复原属中国的辽东领土。高丽王朝拒绝交还铁岭，并于 1388 年春组织近 4 万人的攻辽部队，由崔莹任总指挥、李成桂为前锋。反对出兵的李成桂实行兵变，驱逐国王，立国王幼子（昌王）为王，同时肃清崔莹和其他反对派。1389 年，又以昌王并非王姓为借口，予以驱逐，立其远亲恭让王为王，实权为李成桂所控制。之后，李成桂着手进行私田的整顿。1390 年废田柴科。1391 年 5 月颁行科田法，对两班官僚和其他封建贵族按等授田，使他们享有授田的收租权。李成桂在加强统治的基础上，于 1392 年驱逐恭让王，自立为王。次年，改国号为朝鲜，开始了李朝的统治时期（1392 ～ 1910 年），公元 1396 年迁都汉城。

英法议会政治

议会政治是指国会或类似的代议机构在一国的政治生活中居于重要地位。中世纪时期，英国、法国、尼德兰、卡斯提、阿拉冈以及卡斯提与阿拉冈联合后组成的西班牙，议会政治已开始存在。英国是实行封建议会政治的典型国家，它的议会政治源于《自由大宪章》和《牛津条例》的制定。

《自由大宪章》制定于 1215 年。国王约翰登上英国王位后与法国发生了战争，为了筹集战争军费，约翰向各封建主征收款项，规定不交或迟交即受罚款。这种专横的做法，引起了世俗贵族的不满。加上约翰一向专横暴戾，勒索无度，也触犯了中小贵族和市民的利益。大封建主利用人们对约翰的不满，在市民和骑士支持下组织武装，进攻伦敦，迫使约翰于 1215 年 6 月签署了《自由大宪章》。主要内容如下：保障教会教职人员的选举自由；保障贵族、骑士的领地继承权，未经"王国大会议"同意，国王不得向直属附庸征派补助金和盾牌钱；国王不得干预封建主法庭司法审判权；未经贵族的判决，国王不得任意逮捕或监禁自由人或没收他们的财产。同时，少数条款还确认城市已享有的权利、保护商业自由、统一度量衡等。还规定，国王如果违背宪章，贵族有权对国王使用武力。1258 年，英国大贵族们又在牛津开会，通过了进一步限制王权的决议——《牛津条例》。《自由大宪章》和《牛津条例》的制定，在英国历史上具有重大而深远的意义，它首次打破了法律高于王权的原则，初步提出了组成国会管理国家的思想，奠定了英国封建社会制税原则的基础，纳税主体有权决定纳税事宜。

正在举行加冕仪式的爱德华一世

· 《自由大宪章》 ·

《自由大宪章》是英国封建专制时期宪法性文件之一，也称《大宪章》，是1215年6月15日英国贵族胁迫约翰王在兰尼米德草原签署的文件。文件共63条，用拉丁文写成。多数条款维护贵族和教士的权利，主要内容有：保障教会选举教职人员的自由；保护贵族和骑士的领地继承权，国王不得违例征收领地继承税；未经由贵族、教士和骑士组成的"王国大会议"的同意，国王不得向直属附庸征派补助金和盾牌钱；取消国王干涉封建土地法庭从事司法审判的权利；未经同级贵族的判决，国王不得任意逮捕、监禁任何自由人或没收他们的财产。此外，少数条款涉及城市，如确认城市已享有的权利、保护商业自由、统一度量衡等。《自由大宪章》是对王权的限定，国王如违背之，由25名贵族组成委员会有权对国王使用武力。《自由大宪章》后来成为近代资产阶级建立法治的重要依据之一。

《自由大宪章》和《牛津条例》签署后，国王约翰和他的继任者都没有诚意遵守，人们于是继续进行斗争。1263年，勒斯特伯爵西蒙·孟福尔联合骑士和市民打败并俘虏了国王。1265年，英国召开了由封建贵族、主教以及各郡骑士代表和各大城市市民代表参加的封建主大会。1295年，英王爱德华一世为筹集军费召开国会，出席会议的社会成分和1265年会议完全一致。此后国会经常召开会议，并以1295年的国会为榜样。于是1295年的国会被称为"模范国会"。1297年国会正式获得了批准赋税征收的权力。14世纪初，国会又获得了颁布法律的权力，同时成为王国的最高法庭。英国国会从1341年起，又分为上、下两院。上议院由教俗贵族组成，下议院由地方骑士和市民代表组成。至此，等级代表会议与国王相结合的统治形式在英国正式确立。

法国中世纪的三级会议在存在形式和开会方式上与英国国会有所区别，但对王权的制衡作用也是相当明显的。

1302年，法王腓力四世与教皇发生冲突，为了寻求社会各阶层的支持，于是召开了法国历史上第一次三级会议。会议由高级僧侣、贵族和市民三个等级的代表组成，会议召开方式是由国王召集，三个等级分别开会，每个等级只有一票表决权。法国三级会议的职能是国王要征收新税，事先必须要经过三级会议同意；监督赋税的开支及国家有关和战等重大问题，都要交由三级会议讨论。

与英国、法国的代议机构相类似，尼德兰、卡斯提、阿拉冈以及从斐迪南到查理一世统治时期的西班牙的议会也有限制王权的作用。

总而言之，西欧各国大多自中世纪中期就形成了制约王权的议会政治，它们与东方集权专制国家在行政制度上的区别是非常明显的。

黑死病肆虐欧洲

1345年的一天，蒙古大军围攻克里米亚半岛的卡法城，城中的意大利商人和拜占庭军队凭借着高大的城墙拼命抵抗。整整一年过去了，蒙古人始终没有攻下。

后来卡法的守军发现蒙古人的进攻势头越来越弱，最后竟然停止了攻击。蒙古人在搞什么鬼？卡法守军百思不得其解。不过卡法守军丝毫不敢放松警惕，认为这很可能是蒙古人在为发动一场更猛烈的进攻做准备。

果然，没过几天，蒙古人再次对卡法城发动攻击。不过这次蒙古人没像以前几次那样爬上云梯攻城，而是在城下摆了好几排高大的投石机。

"发射！"随着蒙古将军一声令下，"嗖嗖嗖"一颗又一颗的炮弹，向卡法城飞来。卡法守军看到炮弹时非常吃惊，原来这些"炮弹"不是巨大的石头而是一具具发黑的死尸！不一会儿，卡法城里就堆满了很多发臭的死尸。

蒙古人发射完这些"炮弹"后，就迅速撤退了。这些腐烂的黑色尸体严重污染了卡法城的水源和空气，过了不久，很多人出现寒战、头痛等症状，再过一两天，病人便开始发热、昏迷，皮肤大面积出血，身上长了很多疮，呼吸越来越困难。患病的人快的两三天，慢的四五天就死了，死后皮肤呈黑紫色，因此这种可怕的疾病得名"黑死病"。当时的人们并不知道这是由老鼠传播的鼠疫——一种由鼠疫杆菌引起的烈性传染病。

卡法城变成了人间地狱，城中的大街小巷到处都有黑色的死尸，到处都是痛苦的呻吟和绝望的哭嚎。幸存的意大利商人披着黑纱，急忙乘船逃回意大利。但他们万万没有想到，一群携带黑死病菌的老鼠也爬上了船，躲在货舱里，跟随他们来到了意大利。

意大利人很快就知道了黑死病的事，因此拒绝他们的船靠岸。只有西西里岛的墨西拿港允许他们短暂停留，船上的老鼠跑到了岛上，黑死病首先在这里传播开来。因为墨西拿港是一个大港口，每天都有很多其他欧洲国家的商船靠岸，这些老鼠又登上这些船，来到欧洲各国。于是，一场大规模的黑死病开始在欧洲迅速传播。

其实，黑死病能在欧洲迅速传播，和当时欧洲人恶劣的生活条件是分不开的。那时，就连罗马、巴黎、伦敦这些大城市，也都是污水横流，垃圾、粪便和动物的死尸随意丢弃，臭气熏天，卫生状况非常差，这就为传染病的传播提供了有利条件。城市中除了贵族和有钱人外，绝大多数平民都生活在拥挤不堪、通风不畅

埋葬死于黑死病的人们

的狭小房间里，很多人挤在一张床上，甚至有的人家连床都没有。当时的人也很少洗澡，从贵族到农民，很多人的身上跳蚤、虱子乱蹦乱跳。

当时的医学水平根本无法治愈黑死病，一旦染病只能等死。人们把染病者关进屋子里，把门和窗全部钉死，让他们在里面饿死。有的人结成一个个的小社区，过与世隔绝的生活，拒绝听任何关于死亡与疾病的消息。有的人则认为反正是死，不如及时行乐。他们不舍昼夜地寻欢作乐，饮酒高歌，醉生梦死。有的人手拿香花、香草或香水到户外去散步，认为这些香味可以治疗疾病。也有一些人抛弃了他们的城市、家园、居所、亲戚、财产，独自逃到外国或乡下去避难。而罗马教皇则坐在熊熊烈火中间，以此来隔绝黑死病的侵袭。由于欧洲的犹太人懂得隔离传染病人的医学常识，所以死的人较少。

据统计，在14世纪的100年中，黑死病在欧洲共夺去了2500多万人的生命，再加上饥饿和战争，大约有2/3的欧洲人死亡。

英法百年战争

11世纪，威廉征服英国成为英国国王后，通过联姻和继承，英王在法国占有广阔的领地。12世纪以来，法国逐渐收回被英国占领的部分地区，力图把英国人从领土上驱逐出去，双方的矛盾越来越尖锐。富庶的佛兰德尔曾被法国夺回，但仍与英国保持密切的联系，对佛兰德尔的争夺成为双方斗争的焦点。1328年，没有儿子的法王查理四世去世，英王爱德华三世凭借自己是法王腓力四世外甥的身份要求法国王位继承权。这样，为争夺法国的王位继承权，双方开始出兵作战，拉开了英法百年战争的序幕。

1337年11月，英王爱德华三世率军入侵法国。对于岛国英国来讲，制海权是入侵法国成败的关键。1340年6月，爱德华三世率领250艘战舰、约1.5万人攻击斯鲁斯海里的法国舰队，法国舰队闻讯急忙出海迎战。拥有 380 艘战舰和 2.5 万人的法国舰队向英国舰队压过来。爱德华三世不敢硬碰，指挥舰队开始有条不紊地佯退。见敌船要逃，法国舰队急速追击，阵形开始紊乱。英军舰队突然调转船头，向法军冲去。虽然数量处于劣势，但英国海军却有更丰富的海战经验，法国舰船几乎全军覆没。英国夺得了制海权，为陆上战争解除了后顾之忧。

1346 年，丧失海军的法王腓力六世大怒，他将自己精锐的重装骑兵派到前线，想用强硬的马蹄把英军踏得粉身碎骨。而当时的英国以步兵为主，根本没有与之相抗衡的骑兵。号称 6 万余人的法国骑兵在克雷西与 2 万英军步兵相遇。英王爱德华三世命令部队放慢进攻速度，引诱敌人来攻。当两队尚有一定距离时，英军强弓手开弓放箭，箭雨向法国骑士飞去。原来，英军为对付身披铠甲的法国骑士，偷偷制造了一种秘密武器——大弓，这种弓箭射程远、射速快、精确度高，能在较远处射穿骑士的铠甲。法军被箭雨打乱了阵脚，溃不成军。英国步兵抓住时机猛攻上去，与敌人展开白刃格斗。身着笨重铠甲的法军陷入被动，很快被英军击败。英军控制了陆上进攻的主动权，一举占领了法国的门户诺曼底，不久又攻占了重要港口加莱。英国的弓箭让法军吃尽了苦头，从卢瓦尔河至比利牛斯山以南的领土都为英国人所有。

为抵抗英国的侵略，夺回丧失的土地，后来的法王查理五世改编军队，整顿税制，还任命迪盖克兰担任总司令。迪盖克兰指挥法军避开英军的锋芒，采用消耗、突袭和游击战术，发挥新组建的步兵、野战炮兵以及新舰队的威力，使英军节节败退，陷入困境。法国趁势夺回大片领土，并恢复了骑兵建制。

在战争中，法国内部矛盾日益加剧，贵族争权夺利，农民起义不断。刚登上

"百年战争"中发生在斯鲁斯港口外的大规模海战

英国王位的亨利五世乘机重燃战火，不久法国的半壁江山又沦入英军手中。英军继续向南推进，开始围攻通往法国南方的门户要塞奥尔良，法国贵族却没有一个敢去解围。

农民出身的少女贞德以神谕的救国天使名分，手持一把剑和一面旗帜带领法军冲进英军营中。贞德的勇气鼓舞着法军，他们顽强拼杀，一次次击败英军的进攻。法军击溃英军，被围困长达 7 个月之久的奥尔良城得救了。战争由此开始向有利于法军的方向发展，1453 年，法军夺回了所有被攻占的地区，英国被迫投降。

英法百年战争给法国人民带来深重灾难，但促进了法国民族意识的觉醒；同时使英国放弃了谋求大陆的企图，转而走向海洋扩张的道路。

"圣女"贞德

1428 年，英军联合法国的叛徒集团勃艮第党人向法国发动了大规模进攻，占领了法国北方的大片领土，并包围了法国南方的门户奥尔良城。当时的情况非常危急，一旦奥尔良失守，法国南方就有全部沦陷的危险。而法国以查理王子为首的统治集团却对此束手无策，只知道逃跑。

在这种情况下，法国姑娘贞德挺身而出。贞德是法国东部洛林地区杜米列村的一个普普通通的乡下姑娘。她没有上过学，从小就帮着家里干农活、放羊。在童年时代，贞德亲眼看见了英国侵略军的暴行，从小就树立了反抗侵略的信念，她还曾参加家乡的游击队，同英军英勇作战。

听说奥尔良被围后，贞德心急如焚，她决定去找查理王子。1429 年 4 月的一天，卫兵向正在喝闷酒的查理报告说有个乡下姑娘要见他。"不见不见！"查理不耐烦地摆摆手。过了一会儿，卫兵又来报告说那个姑娘非要见他不可，说她是为解奥尔良之围而来的。

"什么？一个乡下姑娘居然能解奥尔良之围？好，让她进来。"查理冷笑着说。不一会儿，贞德走了进来。"你叫什么名字？"查理问。

"我叫贞德。"贞德回答。

"你能解奥尔良之围？"

"是的，我能。"贞德坚定地说。

"你凭什么这么说？"查理疑惑地问道。

"凭殿下您、伟大的法国人民和我的爱国热情。"

当时查理的处境非常糟糕，贞德的到来给他带来了一丝希望，于是他就让贞德带领 6000 法军去奥尔良。

贞德身穿男子的服装，披着白色的铠甲，腰配长剑，骑着高头大马，率领大军浩浩荡荡地进军奥尔良。当时英国人已经在奥尔良城外修建了很多堡垒，将奥尔良围得水泄不通。看到这种情景，很多军官和士兵都有些泄气，觉得别说解围，就算冲进去都是不可能的。

看到这种情况，贞德鼓励大家说："大家不要灰心。堡垒是死的，人是活的。只要我们有信心，一定可以战胜敌人，攻克堡垒。"

查理七世的加冕礼　油画
画面中央便是率领军队于奥尔良大败英军的"圣女贞德"。

贞德随即率领法军向英军进攻。贞德左手拿着旗帜，右手拿着宝剑，身先士卒，杀入敌阵。在她的鼓舞和带领下，法军将士个个英勇杀敌，攻克了一个又一个的堡垒。一次，贞德率军攻打一个高大坚固的堡垒时，像往常一样冲在最前面，结果不幸被敌人射了一箭，贞德因失血过多而昏迷，部下急忙把她抬到后方。战斗一直从早晨持续到傍晚，法军伤亡很大，可仍然没有攻克堡垒。昏迷中的贞德听到战场上激烈的厮杀声，突然惊醒过来，她忍着伤痛，翻身上马，又呐喊着冲向堡垒。法军见贞德这样奋不顾身，士气大振，个个争先恐后，终于攻下了堡垒。英军见大势已去，只好灰溜溜地逃走了。

贞德率领大军雄赳赳气昂昂地进入奥尔良，城中的军民夹道欢迎，发出阵阵欢呼。城中教堂的钟声响彻云霄，人们整夜高唱赞美诗。奥尔良胜利的消息传出后，整个法国沸腾了，人们都亲切地称贞德为"奥尔良的女儿"。

奥尔良大捷后，贞德决定保护查理王子到兰斯城的教堂去登基，因为按照当时的规定，国王必须在那里登基才算合法。

贞德说出自己的计划后，查理和他的大臣们又一次惊呆了。因为当时兰斯城在英国人手中，去兰斯城无异于一场远征。在贞德的一再坚持下，查理只好勉强同意。贞德率领法军一路攻城略地，所向披靡，很快就攻占了兰斯城。查理在兰斯大教堂正式登基，成为法国国王，史称查理七世。

查理七世登基后，觉得自己的地位稳固了，又看到贞德在人民中的威信越来越高，渐渐地不再重用贞德了。同时查理七世手下的大臣们非常嫉妒贞德的功劳，害怕她夺走自己的地位，因此想方设法排挤她。

贞德要求率军收复巴黎，查理七世勉强同意，但只给了她很少的军队。因为敌众我寡，贞德在巴黎城下被打败，被迫撤退到巴黎南面的康边城。英军紧追不舍，在贞德准备退回康边城的时候，城中守军突然关上了城门，贞德被与英军勾结的勃艮第党人俘虏了。

勃艮第党人以 1 万金币的高价将贞德卖给了英国人，但查理七世却无动于衷，根本不去营救。被俘的贞德坚贞不屈，后来被英国人以女巫的罪名活活烧死。在贞德爱国精神的感召下，法国人民纷纷拿起武器，最终赶跑了英军，收复了全部国土。

君士坦丁堡的陷落

在奥斯曼帝国的残食下，拜占庭帝国只剩下一个城市，就是首都君士坦丁堡。

1453 年，野心勃勃的奥斯曼土耳其苏丹率领 20 万大军和数百艘战船围攻君士坦丁堡。君士坦丁堡位于欧洲大陆的东南端，北临金角湾，南靠马尔马拉海，东面与亚洲的小亚细亚半岛隔海相望，西面与陆地相连，地势十分险要。大敌当前，君士坦丁堡的军民更是尽一切力量加固首都防御工事，除了在西面筑了两条坚固的城墙外，还在城墙上每隔 100 米修建一个碉堡，墙下挖了很深的护城河。在城北金角湾的入口处，他们用粗大的铁索封住海面，使任何船只都无法进入，在城东、城南临海的地方，他们也修建了高大的城墙。

4 月 6 日，土耳其苏丹拒绝了拜占庭皇帝君士坦丁的求和，下令攻城。随着一阵阵震耳欲聋的巨响，一颗颗重达 500 公斤的巨石从土耳其人的大炮中发出，重重地砸在君士坦丁堡的城墙上，高大坚固的城墙顿时出现了一个个的大坑。"冲啊！"数万土耳其士兵肩扛粗大的木头，滚动着木桶，向护城河冲去，企图填平护城河，为大军攻城铺平道路。"射击！快射击！"城墙上的拜占庭军官不住地大声催促士兵反击。

拜占庭士兵趴在城墙上，躲在堡垒中，用毛瑟枪、火炮、投石机、标枪、弓箭等向城下密密麻麻的不断涌过来的土耳其人疯狂射击。没有任何防护措施的土耳其人惨叫着，纷纷倒地而亡，剩下的吓得急忙扔掉木头扭头逃回本阵。城墙下尸骨如山，血流成河，那些重伤躺在地上的土耳其人还在发出阵阵痛苦的呻吟，城墙上的拜占庭士兵一片欢腾。

看到这一幕，土耳其苏丹知道正面强攻是不行了，必须另想办法。于是他下令挖地道，准备潜入城中，打拜占庭人个措手不及。不料，地道还没有挖到城中，就被拜占庭人发觉，拜占庭人用炸药破坏了地道。

此后4艘拉丁船和1艘希腊船企图冲过土耳其人的封锁线，支援拜占庭。土耳其苏丹下令海军将他们击沉，土耳其人派出140多艘战舰前去拦截，结果反被击沉了很多艘，而敌军的5艘船却顺利地进入君士坦丁堡。城中军民见来了援兵和给养，士气大振。

土耳其苏丹把海军司令叫来，臭骂了一顿，并宣布把他撤职。海军司令一听，顿时慌了神，急忙说："尊敬的苏丹，千万别撤我的职，给我一个赎罪的机会，我知道怎么攻克君士坦丁堡！""怎么攻克？"苏丹问。"用海军从金角湾进去！""胡说八道！金角湾有铁索，怎么进？"苏丹非常生气。

"有办法，金角湾北边是由热那亚商人守卫的加拉太镇，与君士坦丁堡隔海相望。热那亚商人都是些见钱眼开的财迷，只要我们给他们大量的贿赂，就可以从加拉太镇进入金角湾。""好，就照你的主意办，先不撤你的职。"

土耳其人和热那亚人经过秘密协商，达成了协议，热那亚人同意土耳其人从加拉太镇经过。一天晚上，土耳其人的80艘战船来到加拉太镇。他们在岸上用木板铺设了一条道路，上面涂满了牛油羊油，以减少摩擦。经过一夜的努力，这些战船终于从陆路通过了加拉太镇，进入了金角湾。

第二天早晨，守卫君士坦丁堡北墙的士兵发现了土耳其人的战舰，大吃一惊。在苏丹的亲自指挥下，土耳其士兵在炮火的掩护下，一次接一次地冲锋。君士坦丁堡内的所有教堂的钟声都敲响了，拜占庭皇帝亲自登上城头，激励士兵拼死作战。可就在这时，一件不可思议的事情发生了。一群士兵从城墙上的小门出击，返回后忘了将门锁紧！土耳其人发现了拜占庭人这一致命疏忽，他们立即结集重兵，猛攻这个小门，终于攻进这座城市。

土耳其人进城后，疯狂地屠杀城中的居民，四处抢劫，很多豪华的建筑都被他们付之一炬。

攻陷君士坦丁堡的奥斯曼苏丹

不过土耳其苏丹并没有毁灭这个城市，抢掠过后，他把奥斯曼帝国的首都迁到这里，改名为伊斯坦布尔。

明成祖朱棣

明成祖朱棣是朱元璋第四子，在位22年，初封燕王，建藩北平（今北京），多次受命参与北方军事行动，两次率师北征。洪武二十三年（1390年），同晋王讨元将乃儿不花，获全胜。此后屡率将出征，威名大振。太祖死，继位的建文帝朱允实行削藩，朱棣恐祸及己，以"清君侧"为由，于建文元年（1399年）7月，举兵发动靖难之役。四年（1402年）6月破京师（今江苏南京），建文帝不知所终，朱棣即帝位。次年改元永乐。即位之初，提出"为治之首在宽猛适中"的原则，对于儒士，因才使用；继续实行朱元璋的富民政策，加强对豪强地主的控制。此后，尽解藩王兵权，巩固中央集权。永乐三年（1405年）派郑和出使南洋，远至东非。七年（1409年），设置奴尔干都司，多次亲征漠北，解除元朝残余复辟势力威胁。十九年（1421年），迁都北京，称北京为京师，以南京为留都。使解缙等编纂《永乐大典》，保存文化典籍。朱棣躬行节俭，每遇大旱，朝告夕赈，无有延误。知人善任。但重用宦官，开明代宦官干政之始。二十二年（1424年），北征返军途中，病死于榆木川（今内蒙古多伦西北）。葬于长陵（在今北京昌平）。

郑和下西洋

郑和本姓马，祖先是西域人，后来迁居昆明。明朝初年，郑和入宫做了内监，成为燕王朱棣的侍从。后因在"靖难之役"中立功，朱棣登基成为明成祖，赐他姓郑，并做了太监总管。

明成祖即位后，明朝成为当时生产力最发达、经济实力最雄厚的国家之一。为了树立和扩大明朝在海外的威望和影响，恢复和发展同海外各国的友好关系和贸易往来，明成祖决定派郑和率领船队远赴西洋。

1405年，郑和率领船队，带着大量的丝绸、瓷器、粮食等物资，开始了第一次远航。这次远航途经满剌加（今马六甲），最终到达印度半岛西南著名的大商港的古里（今卡利卡特）。在满剌加和古里，他受到了两地国王的欢迎，宣读了明朝皇帝的国书，向两位国王赠送了礼物，并分别在两国立碑纪念。郑和还在满刺加建立了仓库，存放货物，作为远航途中的一个中转站。

郑和回国途中路过三佛齐国时，遭到了当地恶霸酋长陈祖义的袭击，郑和一举消灭了陈祖义，为海上往来的客商除掉了一大祸害，使这一带的海域畅通无阻。1407 年，郑和结束了第一次远航，顺利回到南京。

同年，郑和船队从刘家港启航，开始了第二次下西洋。船队经过占城，到达爪哇国。当时，爪哇国西王和东王之间发生战争，郑和船队的人员上岸进行贸易时，被西王的士兵杀死了 170 多人，郑和立即

郑和像

率军登陆，保护船队成员和当地华侨。西王自知理亏，就派使臣随郑到明朝谢罪。此后，爪哇一直和明朝保持着友好往来。

离开爪哇之后，郑和又到了暹罗，然后前往柯枝国。柯枝是古代印度对外贸易的重要海港，和中国一直保持着友好关系。郑和船队的商人们用中国的丝绸、瓷器等和柯枝商人进行贸易，收购胡椒和各种珍宝。离开柯枝，郑和又率领船队南下来到了锡兰（今斯里兰卡）。郑和向锡兰王递交了国书，赠送了礼物，还在锡兰山立佛寺立了一块纪念石碑。1409 年夏，郑和结束了第二次远航，回到了南京。

1409 年秋，明成祖又派郑和三下西洋。郑和船队首先到达占城，离开占城后，郑和再次到达锡兰。

当时的锡兰国王极其凶残贪婪，他听说郑和船队携带大量珠宝财物，就想把船上的东西据为己有。他打算让自己的儿子找机会逮捕郑和等人，好向明朝政府敲诈勒索，同时派军队到海边去抢劫明朝的船队。但是，他的诡计被郑和识破，郑和巧妙地避开锡兰人的袭击，迅速带兵包围了锡兰王的王宫，俘虏了锡兰王，并押送回国。明成祖宽宏大量，又派人把他送了回去，两国重归于好。

1411 年，郑和第三次远洋归来，19 个国家的使节随同他一起到明朝来访问，明朝的对外关系达到了一个高潮。

郑和三下西洋基本打通了中国沿海通往印度半岛的航线，为了进一步打通去往波斯湾各国的航路，1413 年，明成祖又派郑和第四次远航，横渡印度洋，前往

波斯湾。郑和先到达占城，又访问了东南亚诸国，并到了苏门答腊。在苏门答腊，郑和帮助苏门答腊国王稳定了国内局势，原先所建的仓库也得到了保障。郑和船队在古里略加休整后，横渡印度洋，来到波斯湾口的忽鲁谟斯，受到国王和百姓的隆重欢迎。当地人奔走相告，争相用珊瑚、珍珠、宝石等交换中国的丝绸、瓷器。国王还派出使臣带了狮子、鸵鸟、长颈鹿等珍禽异兽和许多的珍宝，随同郑和一起回访中国，此后，两国的经济文化交流更加频繁了。回国途中，郑和还到了美丽的海岛国家溜山国（今马尔代夫）。

1426 年，郑和第六次下西洋，绕过了阿拉伯半岛，经红海岸边的阿丹国，又一直向南航行，到达了非洲东部海岸。郑和的船队经过东非红海沿岸的剌撒，绕过非洲东北角，继续南行，到了木骨都索（今索马里首都摩加迪沙）。

郑和到达麻林（今肯尼亚）之后，由于那里全是热带雨林，渺无人烟，最终放弃前行，从麻林启航回国。郑和回来时，有 16 个国家的使臣随他到中国访问。此后，明成祖又派郑和带着国书和大量的礼物，率领船队护送这些使臣回去。于是，郑和的船队再次来到非洲东海岸各国。郑和船队的两次到来，对这些国家产生了很大的影响，对增进中非人民的友谊，促进彼此之间的经济文化交流，都有着重要的意义。

明成祖病逝后，即位的明仁宗下令停止下西洋，明朝对西洋各国的政治影响也随之减弱，海外贸易开始衰落。1431 年，为了改变这种局面，明宣宗再次派已经 60 岁的郑和第七次下西洋。第七次下西洋，郑和几乎走遍了南海、北印度洋沿岸各国、阿拉伯半岛和非洲东岸的国家。1433 年，郑和船队在满剌加装载货物，返航回国。

郑和七下西洋是世界航海史上空前的壮举，他加强了海上丝绸之路，扩大了明朝对外的影响。他的足迹遍及今天的东南亚、印度洋沿岸和非洲东海岸的 30 多个国家和地区，扩大了中国和这些国家的贸易往来，促进了彼此之间的经济文化交流。

郑和的航线被绘制成《郑和航海图》，这是我国第一份远洋航海图，不仅丰富了我国人民的地理知识，对后世的航海事业也产生了很大的影响。郑和的随员写的《瀛涯胜览》《星槎胜览》《西洋番国志》等书，也成为世界航海史、地理学史以及中外交通史的重要文献。

文艺复兴时期

地理大发现促进了资本主义萌芽的成长，同时沟通了东西两半球及局部地区彼此的经济交往，世界市场开始形成，新兴资产阶级拥有了广阔的活动空间。文艺复兴所涌现出的资产阶级新文化思潮与地理大发现互相呼应，改变了人们的观念和生活方式，成为资本主义发展的精神动力。紧随着文艺复兴的是宗教改革，是一场规模更大、影响更广泛的新兴资产阶级的反封建斗争，宗教改革的烽火在整个西欧点燃。宗教改革进一步瓦解了中世纪的封建结构，确定了新兴资产阶级在政治上、经济上和思想上的统治地位。

葡萄牙王子亨利航海探险

1419 年，葡萄牙王子亨利网罗一批海员、测绘人员、天文学家，以及制造船舶和仪器的工匠，在萨格雷斯创办航海学校。在风闻西非海岸盛产金矿和象牙之后，1420 年亨利开始派遣船队向海外探险，侵占马德拉群岛。1434 年，获得垄断博哈多尔角以南航海事业的权利。1443 年侵入毛里塔尼亚的阿尔吉恩岛。1445 年到达塞内加尔河口，猎取黑人为奴，运往欧洲和葡萄牙在大西洋岛屿上的种植园，开始了贩卖奴隶的勾当。1448 年在阿尔吉恩岛建立了要塞和仓库，这是欧洲人在海外建立的第一个商站。1455～1456 年，为葡萄牙王室服务的威尼斯人卡达莫斯托侵入佛得角群岛。1460 年，戈麦斯航抵塞拉利昂，1462 年到达利比里亚沿海。已被探察到的海岸，都被宣布为葡萄牙王国的领地。亨利大力倡导远航探险、建造船队、改进测绘技术和推动海路贸易，为达·伽马直航印度的探险奠定了基础，从而获得了航海家的殊荣。

葡萄牙人向外扩张势力

葡萄牙当局热烈支持远航事业，往往不惜提供大量资金。因此，当时最杰出的航海家和地图绘制者，纷纷前来里斯本共襄盛举。葡萄牙人在沙格尔建立天文台、图书馆和航海学校。航海所需的仪器、图表及技术也日臻完善。有些地理概念在古代曾经盛行一时，后来由于教会将大批古代论著斥为异端邪说，以致 5 世纪起逐渐被人遗忘。直到 15 世纪，人们才又重拾这些古代的知识。例如：葡萄牙航海家麦哲伦的航海远征，证实了地球是球形的；其实早在 1500 年前，古希腊哲学家毕达哥拉斯就已提过这个概念。

由于古代知识的复兴，以及 12 世纪和 13 世纪的几次远洋探险，尤其是威尼斯人马可·波罗的中亚和中国之行，使欧洲的第一批海图应运而生。当时航海者已拥有新的重要仪器——罗盘，因此海图大抵都是罗盘海图，仅标明港口之间的距离，并不比天文学家托勒密在 2 世纪所绘的天体图精确。这些海图上有一块陌生的大洲，即古希腊哲学家眼中的"陌生之地"。

哥伦布发现新大陆

哥伦布（1451～1596年）出生于意大利的热那亚城，那里航海业发达，年轻的哥伦布热衷于航海和冒险，这些条件为其日后的远航打下了基础。

十五六世纪的欧洲，地圆学说已广为传播。人们相信从欧洲海岸出发一直向西，便可以到达东方。《马可·波罗游记》把东方描写为遍地是黄金和香料的天堂。当时的欧洲，随着商品经济的发展和资本主义萌芽的出现，发生了所谓的"货币危机"，即作为币材的黄金、白银严重匮乏。许多欧洲人狂热地想到东方去攫取黄金，以圆自己的发财梦，哥伦布便是其中的代表人物。

梦想归梦想，去东方在当时可不是一件容易的事。传统的东西之间陆上贸易通道已被崛起的奥斯曼土耳其帝国隔断，地中海上的通路又为阿拉伯人把持。欧洲人要圆自己的梦，必须开辟新船路。可喜的是此时中国的指南针业已传入欧洲，而欧洲的造船业也达到相当的水平。这时年富力强的哥伦布认为条件已经成熟，决定进行一次远航。

第一次航行并不顺利，首要的问题是找不到赞助支持者。1486年，哥伦布就向西班牙王室提出了自己的设想，直到1492年才获批准。在西班牙王室支持下，哥伦布于当年的8月3日率领3艘帆船和87名水手从巴罗士港出发，向正西驶去。经过两个多月的颠簸，哥伦布一行终于发现了一片陆地，草木葱茏。他们欣喜地上岸，并将其命名为圣萨尔瓦多，意为救世主。这个岛屿就是巴哈马群岛中的一个，现名为华特霖岛。这时哥伦布犯了一个错误，他以为已经到了印度，就没有再向西，而是转道向南，沿着海岸线，陆续到达了今天的古巴和海地。他称这一带的土著民族为印第安人（即印度人），并了解了他们的风土人情，只是没有找到大量的黄金。

虽然没有直接获取黄金，但哥伦布也不虚此行。他一上岸就与当地的土著进行欺诈性贸易，以各种废旧物品换取他们珍奇、贵重的财物。而善

哥伦布的航海船只复原模型
15世纪90年代哥伦布向西航行时，就乘坐这种航船，用直角索具把多桅帆船进行改造。船体中部竖立主桅，并在前桅挂一直角帆。必要时，主桅可向右重新挂起直角帆。

良的土著人待之如上宾，主动帮助他们适应当地的生活方式，如建筑房屋、采集和狩猎等。这些野心勃勃的殖民者却在站稳脚跟后，对当地人进行疯狂掠夺和残酷的压榨。临走的时候，还虏走了 10 名印第安人。就这样，哥伦布及其船队于 1493 年的 3 月 15 日回到出发地巴罗士港，向人们宣布他已找到去东方的新航路。哥伦布由此受到国王的嘉奖，平步青云地跻身贵族行列。

不久，尝到甜头的西班牙王室有意让哥伦布再度远航。第二次航行，哥伦布到达海地和多米尼加等地区。之后哥伦布又两次航行美洲，但最终也未能给西班牙王室带回可观的黄金，终于受到冷落。1506 年的 5 月 20 日，哥伦布在西班牙的瓦里阿多里城郁郁而终。

哥伦布发现了美洲新大陆，但到死都认为自己到了印度，今天的东印度群岛的名称即来源于此。美洲的发现开拓了人们的眼界，使世界逐步连为一体，对于扩大世界范围内的交流和推动人类文明进步有一定积极意义；同时也引发了欧洲大规模的殖民扩张，给当地的人民带来空前的灾难。

麦哲伦环球航行

费尔南多·麦哲伦，世界著名航海家，出身于葡萄牙贵族。10 岁左右时，他被父亲送入王宫服役，1492 年成为王后的侍从。16 岁时，他进入葡萄牙国家航海事务厅，因而熟悉了航海事务的各项工作。1505 年，麦哲伦参加了一支前往印度探险的远征队，不久因心理素质好、组织能力突出被推举为船长。此后，麦哲伦带领船员多次到东南亚一带探险和游历，积累了丰富的航海知识和航海经验。他根据古希腊人所提出的地球是圆形的说法，坚信穿过美洲东面的大洋就能到达东南亚，于是决定做一次环球航行。

麦哲伦先求助于葡萄牙王室，未果，转而向西班牙国王请求资助。西班牙国王查理虽然在口头上表示坚决支持麦哲伦的探险计划，但在实际行动中并不慷慨，只给了他少量资金。由于资金紧张，麦哲伦只购买了 5 艘破旧不堪的船只，最大的载重量只有 120 吨，最少的仅 75 吨。这些航船很难经受住大风浪的考验，被人们戏称为"漂浮的棺材"，但这些并没有破坏麦哲伦的计划。

麦哲伦率领一支由 5 艘帆船和来自 9 个国家的近 270 名水手组成的船队，于 1519 年 9 月 20 日从西班牙塞维利亚港出发，向西驶入大西洋。6 天以后到达特内里费岛，稍事休整，10 月 3 日继续向巴西远航，途中曾在几内亚海岸停靠，终于在 11 月 29 日驶抵圣奥古斯丁角西南方 27 里格处（里格，长度单位）。之后，船队继续向南，次年的 3 月到达阿根廷南部的圣朱利安港。当时的自然条件对航行极为不利，寒冷的天气使得缺衣少食的船员开始怀疑此行的价值，人心不稳，最终发生了 3 名船长叛乱事件。麦哲伦凭其卓越的领导才能，果断地平息了反乱，处死了肇事者。船队在圣朱利安港一直待到这一年的 8 月，为的是等待气候的好转。

香料之路

自从罗马时代以来，香料作为食品的调料以及药剂的原料一直为欧洲人所看重，它们出产于热带地区，从陆地上运送到西亚的港口，威尼斯人控制着向欧洲进口香料的贸易。16 世纪，欧洲人渴望直接获得香料，这刺激了他们在东方进行探险，葡萄牙开始从印度运走胡椒，从斯里兰卡运走肉桂，从摩鹿加群岛运走肉豆蔻和丁香，从中国运走姜。香料易于大规模运输且获利丰厚，为了更加降低运送到北欧的香料运输成本，葡萄牙人将主要的销售中心从里斯本转到了阿姆斯特丹与安特卫普，到 1530 年，安特卫普成为欧洲最为富庶的城市，其后进一步成为西班牙从秘鲁输入白银的中心。

根据麦哲伦等人的航海日志，船队于 1520 年 8 月 24 日离开圣朱利安港南下，10 月 21 日绕过了维尔京角进入了智利南端的一道海峡（后被命名为麦哲伦海峡）。由于该海峡水流湍急，麦哲伦的船队只得小心翼翼地探索前进，经过 20 多天他们才驶出海峡，在此期间有两条船沉没。10 月 28 日，麦哲伦等人出了海峡西口进入"南面的海"，有趣的是在这片海域的 110 天航行竟然没有遇上过巨浪，故而船员称之为"太平洋"。由于长时间的曝晒，船上的柏油融化，饮用水蒸发殆尽，食物也变质甚至生了蛆虫。船员无奈之下只得以牛皮绳和舱中的老鼠充饥。其艰难困苦可见一斑，但最危险的时刻还没有到来。

经过严重的减员之后，麦哲伦的船队于 1521 年 3 月抵达马里亚纳群岛中的关岛。在这里船员们获得梦寐以求的新鲜食物，他们感觉自己好像进入了天堂。他们停下来休整了一段时间以恢复体力，之后他们继续向西航行，到达了菲律宾群岛。

在登上菲律宾群岛的宿雾岛后不久，这些殖民者的本来面目就显露出来。麦哲伦妄图利用岛上两部落的矛盾来控制这块富饶的土地，不料在帮助其中一个部落进攻另一个部落时，被土著人杀死。

历时 3 年有余的环球航行，以铁的事实证明了地球是圆的，使天圆地方说不攻自破，同时也使世界的形势大大改观，宣布了一个新时代的到来。麦哲伦等人为世界航海史、科学史做出巨大贡献的同时，客观上也给殖民主义扩张开辟了广阔的道路。

达·伽马首航亚洲获得成功

1497 年 7 月 ~ 1499 年 5 月，达·伽马首航亚洲获得成功。达·伽马曾学习数学和航海。1497 年 7 月奉葡萄牙国王罗努埃尔之命，率船员从里斯本启航，循迪亚士航线经马德拉群岛和佛得角群岛，11 月绕过好望角沿非洲东海岸航行。翌年 3 月抵达非洲东岸莫桑比克，4 月至蒙巴萨和马林迪，沿着阿拉伯人早已熟悉的航线穿过印度洋，5 月 20 日抵达印度西部海岸的卡利库特港，开辟了欧洲人向往已久的通往亚洲的新航路。1499 年 9 月，船队满载香料、宝石、丝绸返回里斯本，葡王授予他"印度洋海军上将"和"阁下"称号。1502 ~ 1503 年，达·伽马第二次赴印度，炮轰卡利库特城，一度击溃阿拉伯船队。1524 年被任命为葡萄牙驻印度总督。在第三次东航时，因病死于印度柯钦。达·伽马的远航促进了欧亚之间航运和商业关系的发展，从此葡萄牙等欧洲国家开始了对东方的殖民征服与掠夺。

地理大发现带来的革命

地理大发现引发了"商业革命"和"价格革命"。

商业革命的主要内容是：形成世界市场，增加了商品种类和商品流通量，商路和商业中心的转移以及商业经营方式的发展。

地理大发现之后，随着西欧商人的贸易范围的进一步扩大，欧洲与亚洲、非洲、美洲之间建立了直接的商业联系，东西半球及其局部地区彼此隔绝、不相往来的状况得到根本改变。同时世界市场开始形成，从而为新兴资产阶级开辟了更广阔的活动空间。欧洲市场上汇集了来自各大洲的商品，如美洲的可可、烟草，非洲的象牙、咖啡，亚洲的茶叶、香料、丝绸。商品不仅种类繁多，而且流通量大增。

主要商路和国际贸易中心地中海商业城市逐渐衰落，与此同时，大西洋沿岸的里斯本、塞维利亚、安特卫普和伦敦取而代之。

此外，商业经营方式也发生了变化，股份公司、证券交易所、银行信贷业、保险业等相继兴起，使已经萌芽的资本主义得以迅速发展。

"价格革命"是指欧洲殖民主义者从殖民地特别是美洲掠夺了大量金银，使欧洲市场上的货币流通量剧增，从而导致物价上涨。据资料记载：在一个世纪内，西欧的黄金数量增加了117%，白银增加了206%；西欧各国的物价平均上涨2倍左右，西班牙则高达4.5倍。

地理大发现大大促进了欧洲与美洲乃至世界各地的贸易往来。

"价格革命"使新兴的工商业资产阶级以及与市场有联系的贵族牟取了暴利，赚得了巨额资本，而收取定额货币地租的封建贵族的实际收入则大大减少，经济地位每况愈下。"价格革命"是资本原始积累的因素之一，它加速了西欧封建制的衰落与资本主义的发展。

从整个人类历史的进程来看，地理大发现开辟了欧洲人的海上新时代，人类活动空间从大陆转向海洋，改变了东西两半球相对隔绝互不往来的格局。这样，由地理大发现引发的商业革命，通过以西欧为中心的世界贸易网把原先半封闭的地区性经济联系起来，形成资本主义的世界市场，在人类历史上第一次出现了东西两半球多种文明的汇合与全球一体化的新进程，从而使世界的发展逐渐形成一个全新的格局。

欧洲民族语言区域形成

欧洲天然地形的错综复杂，欧洲民族亦分歧繁异。语言是影响欧洲民族主义兴起的主要因素；其次是探讨许多显著的民族文化发展。另外一个方法在人类学上常用，就是将欧洲大陆划分为几个文化地区。

大部分的欧洲人都说印欧语系的语言，例如最早的拉丁文、希腊文、印度的梵文和波斯文等，这些语言均源自原始印欧语，从原始印欧语族分出的三支语系：日耳曼语系、拉丁语系和斯拉夫语系，构成分布于欧洲最广的语言，除了以上三种语系之外，另外仍有许多其他的印欧语言，以及非印欧语族的语言。

日耳曼语系：最早的日耳曼语是4世纪的哥德语部分圣经译本。三支语系：东日耳曼语、北日耳曼语和南日耳曼语。哥德语属日耳曼语系的一支，但现在的斯堪的那维亚语系的语言，如冰岛语、瑞典语、丹麦语、挪威语和法罗斯语等等，都是北日耳曼语系至今尚存的语言。使用西日耳曼语系各种语言的民族有：伦巴底人、巴伐利亚人、阿勒曼尼人、法兰克人、赫斯人、绍令吉人、布置格鲁人、撒克逊、朱特人及弗里西亚人等。西日耳曼语言则合并成高地日耳曼语，通行于德国、奥地利和瑞士德语区等地。

拉丁语系：拉丁语系或意大利语系主要源于搏下文。罗马帝国的中产阶级自正统拉丁文发展出一种"通俗搏下文"，自公元前 3 世纪、公元 1 世纪，一直到 6、7 世纪，通俗拉丁语言维持统一。拉丁语系的语言包括法文、意大利文、西班牙文、葡萄牙文和罗马尼亚文，如普罗文斯语（通行于法国南部）、瓦隆语（通行于比利时）、加泰隆语和加里西亚语（通行于西班牙）、萨丁尼亚语、西西里语、罗曼什语或里托洛曼语（通行于瑞士西南方和意大利东北方）以及其他地方性语言。

斯拉夫语系：斯拉夫语是印欧语系中最为一致的语系。直到 9 世纪，斯拉夫语仍维持统一。从 6 世纪～10 世纪，斯拉夫人向外移民，使这个语言遍布东欧和中欧，白俄罗斯、乌克兰和俄罗斯；分成南斯拉夫、斯洛文尼亚语、塞尔维亚—克罗西亚和保加利亚语。

阿兹特克文化

公元 9 世纪末 10 世纪初，正当玛雅文化转向衰落时，托尔特克族印第安人征服了墨西哥盆地，创造出引人注目的托尔特克文化，后起的阿兹特克人又吸收了托尔特克人的文化成分。

阿兹特克人原在墨西哥西部的海岛上居住，据传说战神辉齐波罗齐特利曾给他们这样的启示：如果看到一只鹰站在仙人掌上啄食一条蛇，那就是他们定居的地方。后来，祭司按照神意带领族人定居在墨西哥的特斯科科湖西岸，阿兹特克人称该地为"墨西哥"，意为战神指定的地方。现今，嘴里叼着蛇的雄鹰的图案成为墨西哥国徽。

1325 年，阿兹特克人在湖中的小岛上建立了都城——特诺奇蒂特兰城（今墨西哥城）。至孟特祖玛一世（1440～1469 年在位）时期，阿兹特克人已经控制了整个墨西哥盆地，形成了早期奴隶制国家。阿兹特克国家的权力机关是"最高会议"，由 20 名氏族首领组成，从中选出两名执政，一个管民事，一个管军事，后者权力较大，被视为神的化身。土地仍为村社公有，但土地私有和贫富分化现象已经出现，战俘和负债人沦为奴隶的现象普遍存在。阿兹特克人的文化受到玛雅文化的影响。农业是主要的经济形式，他们发展了一种独特的农业耕作法——"浮园耕作法"，即在用芦苇编成的芦筏上堆积泥土，浮在水面，然后在这新造的土地上种植作物和果树，利用树根来巩固这些人造浮动园圃。同时也利用湖边的土地种植玉米、豆类、南瓜、西红柿、甘薯、龙舌兰、无花果、可可、棉花、烟草和仙人掌等。狗是他们唯一的家畜，家禽主要是火鸡。

这是一本手稿的首页，它向我们讲述了特诺奇蒂特兰城是如何兴盛起来的。图案正中是阿兹特克的标志。

他们能冶炼金、银、铜、锡和青铜。阿兹特克人的制陶技术也很高明，他们制造的陶器是褐地黑纹，纹样多用复杂的几何图案和花鸟鱼虫等题材，质地精良，形状优美。在纺织和织品的图案艺术方面，尤其出色。阿兹特克人的羽绣，用羽毛镶嵌制成的羽毛饰物，精美异常。保存下来的几件作品，虽经数百年，但仍然光泽鲜艳，质地坚固，足见制作技术之精良。

阿兹特克人的历法和象形文字同玛雅人相似。他们将一年定为365.06天，分成18个月，每月20天，每周5天。每天都有特定的名称，如猴日、雨日、海兽日等。阿兹特克人的象形文字书籍与玛雅人几乎遭受同样的命运，多被西班牙殖民者焚毁，保存下来的只有两部"贡赋册"，它是了解阿兹特克人社会生活的宝贵资料。

首都特诺奇蒂特兰城集中体现了阿兹特克人的建筑艺术。城市建在两个小岛上，有3条宽阔的长堤与湖岸相连，其中一条长达11.2千米，长堤上架有可以阻敌的

·特奥地瓦坎城·

在墨西哥历史上被称为"帝王之都"的特奥地瓦坎城位于与墨西哥谷地相邻的特奥地瓦坎谷地。于公元前200年修建，占地20平方千米，它的前身是一个很大的村落。

城中一个南北方向的长方形广场被后人称为"亡者之路"。在其南边，太阳金字塔巍然屹立。太阳金字塔是6层台阶式的建筑，它的塔基是正方形的，全塔高63米，是墨西哥古代建筑中的最高者。它的北面有月亮金字塔，形式与它相差无几。在顶层，都建有神庙。这种金字塔上建"台庙"的形式，在玛雅、印加地区是很常见的。特奥地瓦坎城中，与太阳金字塔相媲美的还有羽蛇金字塔。雨水之神是古代印第安人幸福生活的源泉，也是他们的保护神。这座羽蛇金字塔建造于12世纪，是用石料敷设的，四层的梯级上，一排排羽蛇头像整齐罗列，336个蛇首神采飞扬。

吊桥。城内街道整齐，花园遍布，供水系统完备，居民超过 10 万人，比当时的伦敦、巴黎还要大。全城共建有金字塔神庙 40 座，富人住宅都涂成白色或红色，极为富丽壮观。西班牙殖民者科泰斯率军来侵时，由于各部落不能团结一致，又加上国王孟特祖玛动摇不定和叛徒内奸的叛卖活动，1521 年阿兹特克被西班牙征服。

印加帝国

南美洲安第斯高原是美洲古代文明的另一个发祥地。最早生活在这里的古代居民是奇楚亚、艾马拉以及其他语系的部落。公元前若干世纪，他们就创造了发展水平较高的农业文明。印加人是奇楚亚语系的部落之一。12 世纪，以库斯科（今秘鲁南部）为都城建立印加国家。

印加在 13 ~ 15 世纪时，还处在部落联盟阶段。1438 ~ 1533 年，印加逐步发展为统一而强大的奴隶制帝国，它的版图以秘鲁为中心，包括哥伦比亚、厄瓜多尔、玻利维亚、阿根廷和智利的一部分，人口达到 600 万以上。

印加帝国有着比较完备的奴隶制统治机构。国王被视为太阳之子，神的化身，权力至高无上；贵族和祭司享有特权，靠剥削农民和奴隶为生。全国分为 4 个区，每区下辖几个省。社会的基层单位是"艾柳"，即农村公社。村社土地分为 3 种："印加田"归国家所有，"太阳田"供祭司或宗教所用，"公社田"属村社所有。3 种土地都由农民耕种，除此之外，农民要向国家纳税、服劳役。

秘鲁印加文化遗迹——马丘比丘
"马丘比丘"的意思是"古老的山峰"，它坐落于安第斯山脉地区两座险峻的山峰之间，是印加帝国的都城遗址。这座建于西班牙人入侵前 100 年的城堡，现已成为传奇般的印加文明最著名的遗迹。

印加人对人类农业文明的发展做出过重大贡献。他们培植了大约 40 多种农作物，以玉米和马铃薯为主要粮食作物，此外还有南瓜、甘薯、西红柿、可可、菠萝、龙舌兰、木薯、花生和棉花等，这些作物大都是由印加传到其他大陆的。印加人为扩充耕地面积，在坡上筑起层层梯田，并建立了灌溉系统，把山涧溪流引进渠道，进行灌溉。畜牧业方面，主要驯养美洲驼和羊驼。驼和羊对古代印加人来说，具有特别重要的意义。因为古代印加人不知用轮车运输，而驼则是良好的驮畜。驼和羊的毛、皮、肉和油脂，还是解决衣食之需的重要物资。

印加人的采矿冶金、建筑工程、驿道交通、纺织技术、医药知识都达到较高的水平。很早就掌握了冶炼青铜技术，他们用铜、金、银、锡、铝等制造各种精美的器皿和装饰品。制陶工艺也十分精巧，陶盆和陶罐上雕有各种美观的图案。库斯科的太阳神庙宏伟壮丽，它是用黄金和宝石装饰成的巨大建筑，石块和石块之间，不施灰浆，严密合缝，甚至连刀片都插不进去。印加人修筑了两条纵贯全国的公路，一条沿海，一条穿山，全长2000多千米，沿途建有无数隧道和用藤蔓筑起的吊桥。棉、毛织品精美别致，工艺精湛。手工业者逐渐专业化，成为专门的手工工匠。

印加人已经掌握了相当丰富的科学知识。首都库斯科建有观象台，用以观测太阳的位置，来确定农业生产节气和祭祀时间。印加人崇拜天体，特别崇拜太阳，所以他们的天文知识多和宗教有关。在医药知识方面，印加人初步掌握了外科学、解剖学和麻醉学等知识。他们会做开颅手术，用一种从植物中提取的药物作麻醉剂。为了保存尸体，他们学会制作木乃伊。此外他们还认识了许多珍贵药物，如金鸡纳、吐根、藿香膏和番木鳖等。

印加人没有文字，用结绳记事。由于没有文字，印加国家众多的部落方言很难沟通。印加人以奇楚亚语为官方语言，并创办学校，教授奇楚亚语和结绳记事方法，以推广奇楚亚语的应用范围。

1531年，皮萨罗率领西班牙殖民者入侵印加帝国。第二年，他们诱捕了印加王阿塔瓦尔帕。在骗取了印第安人的大量赎金之后，1533年又残忍地杀害了他，印加帝国从此灭亡。

殖民掠夺

殖民主义者用征服、奴役甚至消灭殖民地人民的残酷手段积累了巨额财富。殖民掠夺给亚、非、拉人民带来了深重的灾难，严重阻碍了这些国家和地区的发展进程。

新航路开辟后，葡萄牙和西班牙这两个中央集权制的封建国家积极向外扩张，最早走上了殖民侵略之路。

从 15 世纪起，葡萄牙人就在非洲西海岸的几内亚、刚果、安哥拉等地设立了殖民侵略据点。16 世纪初期，葡萄牙殖民者又占领了东非海岸的莫桑比克、索法拉、基尔瓦、蒙巴萨和桑给巴尔等地，并将这些据点作为从西欧到东方这条漫长航线上的补给站。1506 年和 1508 年，葡萄牙先后占领了亚丁湾入口处的索科特拉岛和波斯湾入口处的霍尔木兹岛这两个海上交通要津，从而控制了连接红海和亚洲南部的海路。16 世纪初，葡萄牙确立了印度洋上的海上霸权。为了控制印度，夺取卡利卡特的企图虽然失败了，但葡萄牙于 1510 年攻占了果阿，建立了自己在东方的殖民总部。接着入侵了锡兰（今斯里兰卡）。1511 年，它夺去了马六甲，这是通往东南亚的交通咽喉。后来，葡萄牙人继续侵占了印度西海岸的第乌、达曼及孟买。此外，还在苏门答腊、爪哇、加里曼丹及摩鹿加群岛（今马鲁古群岛）建立商站。在中国又夺取了澳门，作为经营东亚贸易的中心。葡萄牙人还到达了日本，并于 1548 年在日本的九州设立了第一个欧洲人的商站。这样，葡萄牙就成为垄断欧亚之间及中国、日本和菲律宾之间贸易的霸主。

葡萄牙扩张的主要方向是非洲和亚洲诸国，但它也入侵了美洲新大陆。1500 年，葡萄牙一支远征队准备去印度，但在途中因赤道海流的冲击而偏离轨道，漂流到了南美洲的巴西。这样，巴西就成了葡萄牙的殖民地。

西班牙在海外建立的殖民地，要比葡萄牙的殖民地大得多，其主体部分在美洲新大陆。新大陆盛产金银，与东方香料有同等或更大的价值，因此西班牙便把主要注意力集中到这里。

哥伦布发现美洲，揭开了西班牙殖民者远征美洲的序幕。从 15 世纪末到 16 世纪初，西班牙人首先把加勒比海和西印度群岛纳入自己的势力范围，先后在海地、牙买加、波多黎各等地建立殖民据点，并以此为基地开始对中南美洲广大地区进行武力征服。1521 年，西班牙贵族科泰斯率军征服墨西哥，摧毁了印第安人古代文明的中心——"阿兹特克帝国"。1533 年，西班牙冒险家皮萨罗率军占领了印加人的首府库斯科，使印

这个非洲人制作的铜像，塑造了一个葡萄牙士兵正在用火绳枪射击的情景。从 16 世纪开始，葡萄牙人就将枪炮卖给西非海岸的国王们，然后换回黄金、象牙和奴隶。

第安人古代文明的另一中心"印加帝国"也惨遭涂炭,从此沦为西班牙的殖民地。此后,西班牙殖民者在不足 20 年的时间内,相继征服了厄瓜多尔、乌拉圭、玻利维亚、哥伦比亚、阿根廷等地。到 16 世纪中叶,除葡属巴西外,整个中南美洲几乎全部成为西班牙的殖民地,西班牙在中南美洲建立起庞大的殖民帝国。西班牙在当地设立殖民政府,委派总督治理,并向殖民地大量移民。贵族、商人、僧侣纷纷涌入美洲,大肆掠夺印第安人的土地和财富,建立封建的大地产制。

从早期殖民征服的目的来看,西、葡两国王室积极组织和支持海外探险活动,大肆进行殖民掠夺,主要是为了扩大封建统治范围。葡萄牙人早在沿着非洲西海岸探险时,就宣布西非为葡萄牙王室所有,并求得罗马教皇认可。自哥伦布首航之后,西班牙派出的所有远征队每到一地,就将该地宣布为西班牙王室的财产,这都是典型的封建殖民侵略。

从早期殖民征服导致的直接后果来说,在海外,葡萄牙沿亚非海岸线建立了一个个殖民据点,控制了东西方商路,进行封建性的掠夺贸易。而西班牙不仅在中南美洲建立了庞大的殖民帝国,还将本国的封建制度移植到殖民地,建立了封建的大地产制。在国内,两国在殖民征服过程中掠夺了大量财富,使本国封建统治阶级有牢固的物质基础,当西欧其他国家的封建制度日趋解体时,西班牙和葡萄牙的封建制度却一度得到加强。两国将掠夺所得的金银财富大量用于维持庞大的官僚机构和对外的征服战争中,同时,王室、贵族和商人将大量的钱财花在进口各种商品上,以满足其奢侈的生活享受。因此,这些钱财不仅没有在两国起到资本原始积累的作用,反而打击了本国工业,延缓了资本主义发展的进程,使其很快丧失了殖民优势。

莫卧儿王朝的建立

到了 15 世纪末,300 年间相继处于土耳其人、阿富汗人所建的一个又一个王朝统治下的德里苏丹国,国力已经大大衰落,日薄西山。16 世纪初,北印度沦于一个新的上升王朝的统治之下。这一王朝在印度建立了自 7 世纪戒日王统治时期以来最有效率的统治,同时开始了印度文明中最有成效的时期之一。该王朝在 17 世纪时达到极盛,被称为"莫卧儿"王朝。"莫卧儿"(Mughal)一词原为波斯文,意为"蒙古",不过这一王朝并非起源于蒙古。王朝的创立者巴布尔(1483 ~ 1530 年)是世界上两个最著名的征服者的后代:他的父亲是土耳其血统的帖木儿的后代，他的母亲则是蒙古人成吉思汗的后人。他自己的儿子和继承人是与一位波斯女子所生，更靠后的后嗣则具有印度皇族的部分血统。

奥斯曼土耳其帝国扩张

1514 年，奥斯曼土耳其帝国在布尔迪兰与波斯人的 8 万骑兵展开决战，结果奥斯曼土耳其帝国大获全胜，成为其势力扩张的一个里程碑。之后，奥斯曼土耳其帝国不断扩张，占领了土耳其的大部分领土，控制了安那托利亚高原。苏里曼一世时期（1520 ~ 1566 年），奥斯曼帝国进一步向匈牙利和奥地利发动进攻，并于 1529 年一度兵临维也纳，虽然不得不以撤退告终，但对欧洲形成了巨大威胁，并夺取了匈牙利大部分地区。1534 年，奥斯曼帝国进犯伊朗，占领巴格达和整个美索不达米亚。1536 年占领黎波里附近地区和阿尔及利亚，控制了北非大部分地区。1536 年，土耳其人还征服了阿拉伯半岛和也门。1538 年，奥斯曼帝国海军与西班牙、葡萄牙、威尼斯和教皇领地的联合舰队在靠近普雷佛扎的海上交战，奥斯曼帝国海军以其灵活的战术和勇猛的攻击，用 150 艘战舰击败了战舰达 300 余艘的联合舰队，从威尼斯夺取了摩利和达尔马提亚沿海要塞和部分岛屿，并获 30 万金币赔款，扩大了奥斯曼帝国在地中海东部的势力范围。为打破葡萄牙人对红海的封锁，苏里曼一世在苏伊士港建立了红海舰队，并于 1558 年驱除了葡萄牙人在红海的势力，占领了也门。1571 年，西方联合舰队在勒颁多海战中击败奥斯曼帝国海军，终于使奥斯曼帝国扩张的强劲势头受到遏制。15 世纪 ~ 16 世纪奥斯曼帝国的全面扩张，使其成为地跨欧、亚、非三洲的大帝国。

奴隶贸易

从 15 世纪中叶至 19 世纪末，非洲历史上出现了一次骇人听闻的大灾难，这就是马克思称之为"贩卖人类血肉"的奴隶贸易。西方殖民者一手制造了这场长达 4 个多世纪的历史悲剧。

15 世纪初，西方殖民者纷纷进行海外扩张。随着殖民扩张的发展，掠夺黑人作为奴隶的交易活动开始出现。到 15 世纪中叶，随着美洲被发现、种植园的创建、金银矿的开发，罪恶的奴隶贸易随之愈演愈烈。最早掠卖黑奴的是葡萄牙和西班牙殖民者，16世纪下半叶，荷兰、丹麦、法国、英国等国的殖民者相继加入其中。从17世纪中叶至18世纪下半叶，奴隶贸易发展到最猖獗的程度。17世纪中叶以后的150年间，奴隶贸易已经成为非洲与欧洲、美洲之间唯一的贸易活动。在贩奴活动的方式方面，除了存在"三角贸易"外，英法等国相继成立贸易公司，垄断对非洲的奴隶贸易。18世纪时，奴隶贸易成为世界最大的商业贸易之一。这时候，英国取得奴隶贸易的垄断权，利物浦成为奴隶中心市场。19世纪前半叶，美国殖民者也大肆从非洲劫掠黑人，高价卖给矿主和种植园主作为奴隶，牟取暴利。西方殖民者把黑人作为商品转卖到西印度群岛和南、北美洲大陆的种植园里，也有的被运到阿拉伯国家和亚洲其他国家。因此，奴隶贸易实际上涉及今天的欧、北美、亚、非和拉丁美洲五大洲。据统计，有2亿多非洲黑人惨遭此劫。他们有的在捕捉时被杀害，有的在贩运的路上被折磨致死，幸存下来的则被作为商品，多数被卖到了美洲种植园，过着牛马不如的生活。

奴隶贸易大致可分为三个阶段。15世纪中叶至16世纪80年代是初期阶段，以海盗式掠卖为主要特征；16世纪80年代到18世纪下半叶是以奴隶专卖组织垄断为中心的全盛时期；18世纪末到19世纪末是以奴隶走私为特点的"禁止"奴隶贸易时期。

奴隶贩子最典型的航线是三角形的。第一段航程是满载货物的船只从本国港口驶向非洲，货物有盐、布匹、火器、五金和念珠等；然后将这些货物换成由非洲当地人从内地运到沿海地区的奴隶，再把这些受害者装进条件恶劣的船舱，沿着所谓的"中央航路"运过大西洋，到达目的地新大陆；最后一段航程是船只满载种植园的产品，如糖、糖浆、烟草、稻米等返回本国。

在这个三角航程中，奴隶的待遇是：难以忍受的拥挤、令人窒息的炎热和少得可怜的食物。饮食标准为每24小时供给一次玉米和水。奴隶如果绝食，就会遭到鞭打。若鞭打不奏效，贩子就用烙铁强迫他们进食。由于奴隶通常处在肮脏的环境中，因此，当流行病爆发时，为了防止疾病

奴隶堡
位于塞内加尔戈雷岛东部，有两层楼高。上层住奴隶主，下层住奴隶。

贩奴船上的残暴行径

传播，生病的奴隶便被扔进海里淹死。奴隶不愿忍受痛苦而跳海的事情屡屡发生。

由于能获得巨额利润，即使在贩奴过程中黑人死亡率高达80%，利润仍高达10倍。各既得利益集团都坚决反对任何控制或废除奴隶贸易的建议。首先，所有的非洲酋长就反对，因为他们用一个强壮的奴隶可换得20到30英镑。非洲经纪人曾从这种贸易中获得巨额利润，他们也竭力反对所有废除这种贸易的建议。南北非洲的种植园主，尤其是18世纪在英国议会中拥有席位的巴巴多斯的种植园主，也支持奴隶贸易。

奴隶贸易为西方殖民国家聚敛了巨额财富，成为资本原始积累的重要来源。它对美洲的开发起了极大的促进作用，但对非洲却是一场深重的灾难。曾是人类文明发源地之一的非洲大陆因此失去大量人口，社会生产力遭到严重破坏。非洲人口占世界总人口的比重，由1500年的11%下降到1900年的6.8%。非洲各国或部落之间经常发生争夺奴隶的战争，许多村庄被劫，城镇衰落，生产力遭到严重破坏，非洲社会倒退了几百年。这是人类历史上最为黑暗、最为可耻的一页！

19世纪初，工业资本主义最发达的英国在世界范围内带头开始掀起了废除奴隶制的运动，从此，废奴运动在世界各地此起彼伏，形成一股不可阻挡的历史潮流。

1807年，英国通过一项法令规定船只不得参与奴隶贸易，并禁止向英国殖民地运送奴隶。1833年，议会通过了一项法令，在英国本土彻底废除奴隶制，并向蓄奴者提供2000万英镑赔偿费。英国进而说服欧洲其他国家以它为榜样，允许英国军舰捕捉挂别国国旗的贩奴船。

海地、美国和巴西分别于1803年、1863年和1888年废除奴隶制，古巴大约也在1888年废除奴隶制。此后还有一些别的国家相继废除奴隶制，广大被压迫的奴隶迎来了他们的新生。尽管如此，世界范围的贩奴运动并没有戛然而止，断断续续的贩奴活动又持续了近百年，直到19世纪末才基本结束。

文艺复兴

14世纪前后，意大利半岛出现了一些城市国家，比如佛罗伦萨、威尼斯和热那亚等。这些城市国家有发达的商业和手工工场，是欧洲经济最发达的地区，产生了商人和工场场主等新兴的资产阶级。他们渴望摆脱中世纪神学对人们精神的控制，要求以人为中心，而不是以神为中心，渴望享受世俗的快乐，追求人生的幸福。

14世纪末，奥斯曼帝国攻陷了东罗马帝国的首都君士坦丁堡，东罗马帝国灭亡。许多东罗马的学者带着大批的古希腊古罗马文学、历史、哲学等书籍和艺术品，逃往西欧避难，其中有很多人逃到了意大利。一些逃到佛罗伦萨的东罗马学者在当地开办了一所叫"希腊学院"的学校，专门讲授古希腊的辉煌文明和文化，这让当时只知道《圣经》的佛罗伦萨人耳目一新。后来意大利和欧洲其他地区也开办了很多类似的学校。欧洲人发现古希腊文明的一切竟然是那么美好，中世纪的一切是那么丑恶，因此许多学者呼吁复兴古希腊古罗马的文化艺术，得到了新兴资产阶级的支持，欧洲掀起了一场声势浩大的"希腊热"浪潮，当时的人们把这场运动称为"文艺复兴"。

文艺复兴之所以首先发生在意大利，是因为意大利在地理和文化上是古罗马的继承者，古罗马的文明在意大利保存得最多也最完整。古罗马人是意大利人的祖先，复兴祖先的文化艺术，对意大利人来说是一件非常光荣的事。

文艺复兴的先驱是但丁。但丁在他的长诗《神曲》中描写自己在古罗马诗人维吉尔和自己恋人的带领下游历了天堂、地狱和炼狱，在地狱里但丁看到了很多历史上的盗贼、暴君和恶人在这里受苦，甚至当时还活着的教皇也在这里有一个位置，而那些高尚的君主和圣贤则在天堂中享福。《神曲》将批判的矛头直指天主教会，表达了诗人对它厌恶，但丁因此被誉为中世纪最后一名诗人和新时代第一位诗人。

14世纪的一天，一个年轻人不顾修道士的阻挠，闯入罗马附近的一个修道院的藏书室中。这个修道院是在罗马帝国灭亡后不久建立起来的，它的藏书室中收藏了很多古罗马的书籍。但在漫长的中世纪，没有一个修道士对这些书感兴趣，所以也就没有人去翻阅它们。年轻人推开早已腐烂不堪的木头门，看见一屋子的珍贵书籍上落了厚厚的灰尘。他擦去这些灰尘，发现了很多珍贵的古书，甚至还有许多早已失传的书。看到这一切，年轻人兴奋得又哭又笑，随后赶来的修道士都觉得这个人的精神不正常。他顾不上那些修道士的抗议和呵斥，就开始埋头整理这些无价之宝。

蒙娜丽莎 达·芬奇
现藏于巴黎卢浮宫。

这个年轻人就是文艺复兴的著名代表之一、意大利小说家、佛罗伦萨人薄伽丘。当时佛罗伦萨是个城市共和国，它的工商业是欧洲最发达的。经济的发达也带动了文化的发达，佛罗伦萨第一个高举"文艺复兴"的大旗，开展了反教会反封建的新文化运动。薄伽丘满怀激情，投入到了这场轰轰烈烈的运动中。他创作的小说集《十日谈》以佛罗伦萨黑死病大流行为背景，讲的是 3 个女子和 7 个男子躲到一个乡间别墅，为了打发时间，每人每天讲一个故事，一共讲了 10 天。这些故事有的是薄伽丘自己的见闻，有的是各地的奇谈传说，对当时的国王、贵族、教会等势力的腐朽黑暗大加讽刺，揭露了他们的虚伪本质。因此薄伽丘备受教会势力的咒骂攻击，他一度想烧毁自己的著作，幸亏好朋友彼特拉克劝阻，才使《十日谈》得以保存下来。

薄伽丘的好朋友彼特拉克被称为"人文主义之父"，他提出了要在思想上摆脱封建主义的束缚，要一切以人为中心，要关心人、尊重人，给人以自由。彼特拉克强烈反对天主教会以神为中心的封建教义，反对人一生下来就有罪的说法，他认为人应该掌握自己的命运，人是伟大的，应该享受人生的快乐。彼特拉克第一次提出了以人为中心的"人文主义"进步思想。

文艺复兴预示中世纪"黑暗时代"的结束。后来，文艺复兴逐渐从意大利向欧洲其他国家扩展，文艺复兴的领域也由原来的文学扩展到美术、医学、天文学、航海等，极大地促进了欧洲的发展，使欧洲成为近代最发达的地区。

意大利贵族赞助艺术

意大利经济在 16 世纪比 14 世纪～15 世纪繁荣。这一事实意味着意大利比过去还要富裕，意大利作家和艺术家更愿意待在家里而不是到国外求职。在中世纪晚期的意大利，人们之所以异乎寻常地大量投资于文化事业，是因为城市荣誉感的增强和财富的集中。最富有的一些城市竞相创建辉煌的公共纪念性建筑并资助作家，这些作家的任务就是尽可能地利用文辞夸张的西塞罗风格的散文在文学作品和讲演中颂扬城市公共事务。但在 15 世纪的 100 年间，随着多数意大利城市国家屈从于王公家族的世袭统治，资助文化事业便为王公贵族所专擅。正是在那时，意大利的王公——米兰的维斯孔蒂家族和斯福扎家族，佛罗伦萨的梅迪奇家族，费拉拉的埃斯特家族，以及曼图亚的贡萨加家族——在其宫廷中资助艺术和文学创作，为自己贴金。稍小的贵族家族则在较低程度上模仿那些王公。在约 1450 ~ 1550 年，在这方面毫不逊色于意大利大王公的是罗马教皇，他们极力推行一种把其力量建立在对教皇国实行世俗统治的基础之上的政策。因而文艺复兴时期的最世俗的教皇——亚历山大六世、尤利乌斯二世、以及利奥十世（他是佛罗伦萨统治者洛伦佐·梅迪奇的儿子）——招揽了当时最伟大的艺术家为他们服务，在短短的 10 年间就使罗马成为西方世界无与伦比的艺术之都。

马基雅维利和《君主论》

14 ~ 16 世纪，随着资本主义的萌芽和发展，意大利出现了复兴古代希腊和罗马的思想和文化的运动，称为文艺复兴运动。这场运动以人文主义为指导思想，是资产阶级的思想解放运动。马基雅维利是文艺复兴时期著名的政治思想家。

马基雅维利于 1469 年出生于意大利佛罗伦萨一个世家大族。早在 13 世纪时，这个家族中就有许多人担任政府要职，马基雅维利的家庭属于这个家族中最贫寒的一支，他的父亲也曾担任政府公职，但因无力偿还债务而被罢免。

由于家境清寒，他从小就没有受过多少正规教育，但在父母的严格教育和家庭的熏陶下，他从少年时代起就阅读了大量的书籍，并养成了独立思考的习惯，以才识过人而备受称赞。

1494 年，佛罗伦萨爆发了反对美第奇家族专制统治的起义，25 岁的马基雅维利积极地参加这场斗争。起义胜利后，佛罗伦萨建立了共和国政府，29 岁的马基雅维利被任命为佛罗伦萨共和国最高行政机关"自由安全十人委员会"的国务秘书，主管外交和军事，负责起草政府文件等工作，并曾多次出使意大利各邦和法、德等国。1501 年，马基雅维利与玛丽特·考尔西尼结婚，生育了 5 个孩子。1502 年，马基雅维利担任佛罗伦萨共和国执政官索代里尼的助手，帮他整顿军队。1512 年，美第奇家族在西班牙的支持下重新掌权，共和国被推翻。作为索代里尼的亲信，马基雅维利遭到逮捕并被监禁，结束了政治生涯。不久后他获释，从此栖身于佛罗伦萨郊区的一座别墅里，开始著书立说。

马基雅维利于1513年完成了《君主论》。《君主论》是马基雅维利献给洛伦佐·美第奇的小册子。但是这本书的由来却与瓦伦丁公爵恺撒·博贾有关。1502年，马基雅维利以特使身份见到了名噪一时的瓦伦丁公爵恺撒·博贾。此人是一个精通政治权术的君主，为了一己私利，不惜残害亲骨肉，谋害亲兄弟。他用十分谦恭的礼节对待政敌，深藏自己的用意，一旦取得对方的信任，就无情地绞杀他们。当人民起来造反时，他派酷吏血腥镇压；而和平到来时，他又把派去镇压起义的官吏处死，以平民愤。恺撒·博贾给马基雅维利留下了深刻的印象，他认为只有这样的君主，才能实现意大利的统一，并把恺撒·博贾作为《君主论》中完美君主的典型。

《君主论》是马基雅维利对意大利数百年政治实践与激烈革命的总结，也是作者从政十多年经验教训的理论结晶。他认为共和政体是最好的国家形式，但又认为共和制度无力消除意大利四分五裂的局面，只有建立拥有无限权力的君主政体才能使臣民服从，抵御强敌入侵。他强调为达目的可以不择手段，诸如权术政治、残暴、欺诈、伪善、背信弃义等等，只要是有助于君主统治的就都是正当的。这一思想被后人称为"马基雅维利主义"。马基雅维利的学说奠定了现代政治哲学的基础。

《君主论》无疑是政治学领域中最有影响力的著作之一。

作为第一部政治禁书，《君主论》在人类思想史上一方面受着无情的诋毁，另一面又备受称道，在问世的400多年来，一直为政治家、谋略家、野心家们所关注。直到20世纪后期，人们才开始以科学的态度对待它，并认为它是人类有史以来对政治斗争技巧的最独到、最精辟、最诚实的"验尸报告"，而马基雅维利也被称为是第一位将政治学和伦理学分家的政治思想家。

1527年，佛罗伦萨再次发生起义，重新建立了共和国。马基雅维利试图东山再起，于是给新政府写信，希望获得职位。但他的要求遭到拒绝，在失望和苦闷中，马基雅维利郁郁而终。

文艺复兴美术三杰

16世纪，文艺复兴运动逐步走向繁荣，意大利涌现出很多著名的艺术家、文学家和科学家，其中达·芬奇、拉斐尔和米开朗琪罗被称为"文艺复兴美术三杰"。

达·芬奇是佛罗伦萨人，他学识渊博，多才多艺，被认为是世界上智商最高的人，他在多个领域都有所建树，但使他闻名于世的是他的绘画。

达·芬奇的代表作是为米兰的圣玛利亚修道院画的壁画《最后的晚餐》和肖像画《蒙娜丽莎》。《最后的晚餐》取材于《圣经》，描绘了耶稣在被捕前的一个晚上吃晚餐时，对12个门徒说："你们当中有人出卖了我。"12个门徒顿时震惊了，他们有的愤怒，有的怀疑，有的极力表示自己清白，有的询问，有的讨论，只有一个人紧握着钱袋，惊惶失措，身体后仰，他就是收了敌人银币后出卖耶稣的叛徒犹大。达·芬奇将这12个不同性格的人，描绘得惟妙惟肖，以艺术的手法谴责了叛徒犹大的卑鄙行为。这幅画是世界绘画史上的经典之作，1980年，《最后的晚餐》被列为世界文化遗产。相传在画这幅画时还有一个有趣的故事。达·芬奇为了画好耶稣，就去找了一个相貌端庄的模特，照着模特的样子画。画好以后，达·芬奇非常满意，就给了模特一大笔钱。几年后，达·芬奇要画犹大，就去找了一个相貌猥琐的乞丐，照他的样子画了犹大。没想到，乞丐放声大哭，对达·芬奇说："是你害了我！我就是以前的那个模特，你给了我一大笔钱后，我就开始过起奢侈的生活，但很快就把钱花光了，只好当了乞丐。"达·芬奇听了感慨不已。

有一天，一个富商请达·芬奇给他的妻子画像。这位贵妇人刚刚失去了小女儿，心里万分悲痛。达·芬奇为了让她微笑，特意请来一个喜剧演员，给她讲笑话，做各种滑稽的动作，这位贵妇人终于微微一笑。达·芬奇抓住这一刹那的微笑，一气呵成，终于画出了杰作《蒙娜丽莎》。

米开朗琪罗·波纳罗蒂出生于意大利的佛罗伦萨。他年轻的时候，有一次，一位公爵请他和

这是意大利文艺复兴时期艺术的最伟大的体现之一——西斯廷教堂，它位于罗马的梵蒂冈城，首先由教皇西克斯图斯四世于15世纪70年代开始建造，当时最出色的画家——包括贝罗津诺与波提切利——用壁画装饰了它的四壁。但最伟大的艺术杰作是由米开朗琪罗从1508年开始添加上的，尽管他经常与自己的赞助人——教皇朱利乌斯二世激烈争吵，但还是花费了4年时间完成了西斯廷教堂的天顶画。25年之后，新教皇重新将他召了回来，请他在祭坛之后的西墙上进行创作，从而诞生了另一杰作——《最后的审判》。

达·芬奇各自创作一幅古代佛罗伦萨人反抗外敌侵略的画。当时达·芬奇已经是非常有名的画家了，但米开朗琪罗的构思和创作还是获得人们的认可与好评。米开朗琪罗的画表现的是佛罗伦萨人正在河里洗澡，听见了军号声，他们匆忙上岸，穿上衣服，拿起武器奔向战场，表现了佛罗伦萨人奋不顾身保卫祖国的英雄气概。

米开朗琪罗还是个雕塑家，他的代表作是《大卫》。《大卫》取材于《圣经》，雕像雕塑了一个健壮的青年，目光炯炯有神，表现了战胜敌人的必胜信心。《大卫》像完成后，佛罗伦萨人将之树立在城中，作为保卫佛罗伦萨城的英雄象征。后来他还应罗马教皇之请，为西斯廷教堂绘制天顶画。

拉斐尔·桑乔出生在意大利东部的乌尔比诺城，他的父亲是一位画家，受父亲的影响，拉斐尔从小就非常喜欢画画。21岁的时候，拉斐尔来到佛罗伦萨，仔细观摩达·芬奇和米开朗琪罗等人的作品，进步很快。他的性情平和、文雅，他的画也一样。后来受教皇的聘请，拉斐尔为梵蒂冈创作了很多宗教画。以前的宗教画都非常呆板，拉斐尔别出心裁，将文艺复兴中的古典艺术思想注入宗教画中，使这些宗教画看上去充满了人文主义色彩。在他创作的名画《雅典学院》中，巨大建筑物的一重重拱门由近及远，柏拉图和亚里士多德边走边谈，周围是苏格拉底、阿基米德等人，象征着古希腊文明后继有人。拉斐尔37岁就去世了，但他的天才创作为他赢得了"画圣"的称号。

文艺复兴在欧洲的传播

15世纪后期至17世纪初，文艺复兴在德、法、英等国相继而起。人文主义作家、政治思想家、科学家、哲学家都从各自的领域向传统观念和宗教神学发起强劲的挑战。

在文学领域里，出生于鹿特丹的伊拉斯谟（1466～1536年）是阿尔卑斯山以北很有影响的人文主义者。他首次修订希腊文《圣经》中的许多错误，对教会解释教义的权威提出了挑战。伊拉斯谟的讽刺作品《愚人颂》（1509年），借"愚人"女子之口，嘲笑教皇、僧侣的贪婪、愚昧，谴责贵族的放荡、虚荣。他主张废除禁欲主义和形式主义的宗教仪式，建立合理教会，为马丁·路德的宗教改革开了先河。

拉伯雷（1494～1553年）是法国文艺复兴的代表人物。他出生在法国一个律师家庭。少年进修道院学习拉丁文和经院哲学。1520年左右当修士。他反感修士的生活，开始偷学希腊文，被查抄后离开修道院。从 1527 年开始，他两次游历全国，看清了当时法国的蒙昧。1530 年，他进入医学院学医，两个月后获学士学位，从此开始从医，同时他开始创作《巨人传》。两年后《巨人传》第一部出版了，但很快就被教会宣布为禁书。1545 年在国王的保护下，他以真名出版第三部。国王死后，小说又被列为禁书，出版商被烧死，他被迫外逃，直至 1550 年才获准回到法国。回国后担任了宗教职务，业余时间从医，后去学校教书。期间完成《巨人传》第四、第五部。《巨人传》以叙述高朗古杰、高康大和庞大固埃祖孙三代巨人国王的神奇事迹为主线，影射法国现实生活和社会矛盾，堪称讽刺文学的经典之作。拉伯雷嘲弄教士的愚昧和贵族的没落，痛斥经院哲学的虚伪，同时提出反映人文主义理想的政治和宗教主张，表达了新兴资产阶级要求个性解放的愿望。

　　莎士比亚（1564～1616 年）是文艺复兴时期英国杰出的戏剧家和诗人，一生著有 37 个剧本和 154 首十四行诗。他创作的戏剧有历史剧、喜剧和悲剧等多种体裁。历史剧以帝王将相为主角，描述了 13 至 15 世纪英国著名国王的生平事迹，充分反映了新兴资产阶级反对分裂、拥护王权的政治愿望。他的喜剧则充满乐观主义情调，赞美友谊与爱情，表达了人文主义的道德理想。莎士比亚于 17 世纪初写的四大悲剧，代表了他创作的最高成就。这些悲剧突出反映了资产阶级人文主义思想同封建邪恶势力之间的较量和冲突，并以先进力量的失败作为结局，控诉封建制度和封建贵族的罪恶行径。莎士比亚的作品语言生动活泼，很有感染力，在欧洲文坛上独树一帜。《哈姆雷特》代表莎士比亚戏剧的最高水平。故事主要讲述了丹麦王宫以哈姆雷特为首的人文主义派与以克劳迪斯为首的保守派之间的激烈冲突。《哈姆雷特》3 条线索并进，一是哈姆雷特为父亲复仇，二是老臣波洛涅斯的儿子为父亲和妹妹复仇，三是挪威王子福丁布拉斯为父亲复仇。这 3 条线索相互结合，使戏剧的冲突环环相扣，循序渐进。复杂而曲折的故事主体，个性生动的戏剧人物，还有强烈的悲怨交织，富有诗意的

画家笔下的堂·吉诃德
图为堂·吉诃德骑马而行，他荒诞而怪异的斗风车举动，其实是当时社会现实的写照，荒唐却富有正义感与人文精神。

语言台词，真实地反映出历史和人生。哈姆雷特富有哲理性的话，"生存还是毁灭，这是一个问题"，直至现在，还值得人们深思。

西班牙现实主义作家塞万提斯生于马德里附近一个穷医生家庭，读过几年中学。21 岁时因卷入一次争斗，被判砍右手的刑罚。为躲灾，他逃到意大利。后他参加了与土耳其人的战争。1571 年雷邦托海战，他左手致残，人称"雷邦托的独臂人"。1575 年回国时，被海盗俘虏，过了 5 年苦役生活，1580 年被赎回。回国后他当过军需官和纳税员，又几次被诬入狱。《堂·吉诃德》是他在监狱中孕育出的作品。1605 年《堂·吉诃德》上卷出版，风行西班牙。1614 年出现一部站在教会立场上的伪造的续篇，对他进行诽谤。塞万提斯立即完成了更加成熟的下卷，于 1615 年推出。塞万提斯以幽默、夸张的手法，融诙谐与严肃、伟大与庸俗于一体，将堂·吉诃德塑造成新旧交替时期复杂而矛盾的典型，使之具有复古主义和人文主义理想的双重性格。这部作品描绘了当时西班牙社会广阔图景。

在政治思想领域里，法国的博丹（1530 ~ 1596 年）在《国家论》一书中系统阐述了国家主权的理论，把国家主权作为一种游离于社会并凌驾在社会之上的统治力量，反映了欧洲民族国家正在形成的现实。英国的托马斯·莫尔（1478 ~ 1535 年）提出否定资本主义制度的政治主张。他在《乌托邦》一书中虚构了一个理想岛屿。在那里，实行每天六小时的工作制，那里的居民一有空闲和精力便从事文化思想的探究。其实，莫尔的"乌托邦"是针对现实中的不理想现象生发出来的，既抨击了英国现存社会制度的黑暗，又描绘了一种理想的社会制度：废除私有制，人人劳动，人人平等，按需分配等。这深刻地影响了以后的社会主义思潮，莫尔也因此成为西欧空想社会主义的奠基人。

印刷术在欧洲的出现

中世纪以前，欧洲的书或者是手抄的，或者是雕版印的，成本非常高，一般人根本买不起书。

大约在 12 ~ 13 世纪，来自中国的活字印刷术经过阿拉伯人传到了欧洲。15 世纪以后，欧洲就有人受中国印刷术的启发，研制印刷机，其中最为著名的人物是谷登堡。

谷登堡约于 1394 年到 1399 年间生于德意志的美因茨，早年当过金匠。

1428 年左右移居斯特拉斯堡。15 世纪 30 年代，他在这里与人合作从事印刷业务，并在此探索活字印刷技术。他的合伙人去世后，他返回美因茨。其后在一名富有律师的资助下，用活字印刷技术印成了《圣经》。谷登堡造出的活字印刷机使用合金活字，他还研制成功了油脂性印刷油墨，设计出了金属活字的铸字盒和冲压字模。

在今天的电脑排版出现之前，世界各国的铅字印刷基本上都是建立在谷登堡印刷机基础之上的。

科学的重大进展

文艺复兴时期，科学也得到了一些发展。率先提出地球和众行星绕太阳运行即日心说的科学家是尼古拉·哥白尼。在此之前，亚里士多德的地心说一直受到人们的推崇。犹如一颗石子扔进寂静的水里，日心说的推出，引起许多人的关注。

在哥白尼之前的新柏拉图主义者认为，圆是最完美的，运动比静止更接近神性。哥白尼从中得到灵感。1530 年，他完成了《天体运行》一书，1543 年出版。在书中，他指出，太阳和地球是运动的，静止只是相对的。他的这种观点，与圣经中的教义对立。因此，他的日心说得不到响应。

哥白尼的天文学理念，由伽利略和开普勒得以佐证。开普勒认为，因为与太阳距离的远近不同，行星的运行速度也随之变化，根据自己的定律计算，所有行星绕太阳运转是按照椭圆形的轨道进行的。这比哥白尼更前进了一步。后来，牛顿的万有引力定律，更为日心说宇宙观提供了有力的依据。

伽利略曾经采用自制的能放大 30 倍的望远镜观察太空，木星和它的卫星、土星与它的光环，甚至太阳中的黑子都被他发现了。伽利略说，除了太阳系，宇宙中还有更浩瀚的银河系。1632 年，

哥白尼像

哥白尼的名字意为"谦卑"。他的最大成就是以日心说否定统治 1000 多年的地心说。这是天文学上的一次伟大革命，使人类的宇宙观发生了根本变革，揭开了近代自然科学革命的序幕。

罗马宗教法庭起诉伽利略，要他必须承认自己的错误，否则判处终身监禁。伽利略无奈地口头上认错，但心里依旧坚持。

布鲁诺在宣传日心说时，对基督教的教义逐一进行了反驳和否认。他认为，神灵主宰世界的学说全是无稽之谈，宇宙空间绝对不存在神和上帝。因此，宗教裁判所判定布鲁诺为异端，犯下大逆不道之渎神罪，然后处以火刑，将布鲁诺活活烧死了。

这一时期，在物理学、数学和医学方面也有许多重大的发明、发现。伽利略的惯性定律、力作用独立定律；意大利数学家卡尔达诺（1501～1576年）的解三次方程公式，比利时医生维萨留斯（1514～1564年）的解剖学，英国医生哈维（1578～1657年）的人体血液循环理论等，都极大地推进了科学的发展。

在哲学思想领域，机械唯物论摆脱经院哲学的束缚发展起来。英国近代资产阶级唯物论哲学家弗兰西斯·培根（1561～1626年）出生在英国伦敦的一个贵族家庭，12岁入剑桥大学。培根非常反感那里的"经院哲学"的统治。他一生大部分时间在官场中度过，然而作为政客，他饱尝了仕途之艰辛。他著有《学术的进展》《新工具》《科学的价值与增长》等，提出的归纳法，成为研究自然科学的方法，并提出"知识就是力量"的名言，这反映了新兴资产阶级需要利用科学知识认识和改造自然，造福人类的要求。

文艺复兴运动持续了近300年，其重大历史意义在于它不仅创造了光辉灿烂的新文化，尤为重要的是改变了人们的观念，解放了人们的思想。它是资本主义时代到来的先声，也是资本主义发展的基础。

法国的君主专制制度

新的阶级关系的形成，为法国的专制王权提供了生存的土壤。地理大发现以后，受工商业发展和"价格革命"的影响贵族地主的固定地租收入减少，经济地位下降。但他们依旧保持着各种政治特权，这种特权需要强大的王权来维护封建秩序。新兴资产阶级靠购买公债、向政府贷款、充当纳税人等手段聚敛了大量财富，这是法国原始资本积累的主要特点。富有的资产阶级又通过购买破落贵族的爵位及其产业，步入贵族行列，从而在经济上和政治上与王权的联系更加紧密。他们出于维护自身利益的需要，也极力主张加强王权。这样，萌芽于路易十一统治时期（1461～1483年）的君主专制制度很快就建立和发展起来。到法兰西斯一世统治时期（1515～1547年），专制制度最终确立。法兰西斯一世铲除割据势力，停止召开三级会议，国家的一切重大问题都由他和少数近臣做出决策。同时逐渐脱离罗马教廷的控制，实现教会的民族化，并使

1572年8月23日，法国国王下令展开圣巴托罗缪日大屠杀，使南北矛盾更加尖锐。

法国教会成为专制统治的工具。

法兰西斯一世也制定施行了符合新兴资产阶级利益的工商业政策，如扶植本国毛纺织业，禁止进口外国呢绒，为本国商人取得在土耳其各港口贸易的特惠权等。这样，既使资产阶级得到了王权保护的好处，又巩固了王权的统治。此时，加尔文教在法国各地广泛传播，法国南部的封建贵族企图利用宗教改革来对抗专制君主，以图恢复其往日的独立地位。而北部的封建贵族则以"保卫王权，保护天主教"为口号，同南部形成对立的两派，最终于1562年爆发战争。加尔文教在法国称为胡格诺教，因此这场战争在历史上被称为"胡格诺战争"（1562～1594年）。1572年的圣巴托罗缪节（8月23日）之夜，天主教徒在王室支持下，大肆屠杀巴黎的胡格诺教徒，使南北矛盾更加尖锐，国家处于分裂状态。1589年，法王亨利三世在混乱中遇刺身亡，胡格诺集团的波旁·亨利即位，称亨利四世，从此开始了波旁王朝的统治。为了巩固王位以及取得北部贵族的支持，亨利四世皈依了天主教，并立天主教为国教，但同时也允许胡格诺教徒享有信仰自由及担任国家公职的权利。亨利四世还通过实行鼓励发展农业、扶植手工工场、发展海外贸易、保持关税等措施，逐渐巩固了王权。其子路易十三（1610～1643年）统治时期，任用首相黎塞留进行改革，改革的主要内容是逼迫教会缴纳巨额捐税；加强中央各部门的职能及中央对地方的控制；派监察官统揽各省行政、司法、财政大权，以此削弱地方贵族和各省总督的权力；同时实行重商主义政策。这一系列的改革使专制王权得到进一步加强，为资本主义的发展创造了有利条件。

凯瑟琳摄政

1560 年，法国国王法兰西斯二世去世，其弟查理九世继位。由于查理九世年方 10 岁，其母凯瑟琳宣布以查理九世的名义监国。在她丈夫亨利二世统治期间，亨利二世被其情妇黛安娜操纵，她无从插手。在其长子法兰西斯二世执政期间，由于法兰西斯二世正当年，她没有机会摄政。她监国后面临的第一个难题便是如何防止天主教徒和新教徒之间的激烈斗争，以免法国的分裂。为了缓和新旧两教派之间的斗争，停止了对新教徒的迫害，恢复了他们在宫廷中的影响。1562 年，温和派大臣霍斯皮托同意给予新教徒一定程度的宗教信仰自由。但这激怒了旧教徒，他们在贵族的带领下开始袭击胡格诺派教徒。3 月 1 日，介斯率军屠杀了一批正在谷仓里唱赞美诗的新教徒。新教徒奋起反击，他们摧毁天主教教堂，杀害牧师，强奸修女，天主教徒则对新教徒进行了更加残忍的屠杀。

英国伊丽莎白一世

1558 年，新教徒女王伊丽莎白一世即位，她任命中产阶级出身的官僚威廉·塞西尔为国王秘书长官，远离封建大贵族。在宗教问题上，英国国教会定下天主教同新教并存的中间路线。但担心掌握王位继承权的苏格兰的玛丽与天主教勾结威胁伊丽莎白的地位，将之处刑。在宗教和海上霸权争夺两方面与西班牙互相争执不让，1588 年西班牙的腓力二世向英国派遣无敌舰队，英国在英吉利海峡（多佛尔海峡）击败他们。之后，英国迎来黄金时代。

马丁·路德与宗教改革

马丁·路德是著名的宗教改革家。他出生于德国撒克逊州的埃斯勒本，两岁那年举家迁往曼斯费尔德。父亲汉斯·路德当矿工，靠租用领主的三座小熔炉起家。马丁·路德的父母都是虔诚的基督教徒，所以他从小就接受了严格的宗教教育。1501 年春，他进入当时德意志最著名的爱尔福特大学，在 1502 年秋获得文学学士学位，1505 年，又以优异成绩取得硕士学位。在大学期间，他开始受到反对罗马教皇的世俗思想的影响。

大学毕业后不久，22 岁的马丁·路德不顾亲友的反对，进入圣奥古斯丁修道院当修士，希望通过苦修让上帝赦免自己的罪行。1512 年，他获得维登堡大学的神学博士学位，并成为该校的一名教授。1512～1513 年，他逐步确立了自己"因信称义"的宗教学说。他认为一个人灵魂的获救只需靠个人虔诚的信仰，根本不需要外在的善功及教会的权威。这一学说一反天主教的救赎理论，从根本上否定了教会和僧侣阶层对社会的统治权。

德意志当时深受罗马教皇的盘剥，每年都要向教皇上缴 30 万古尔登（当时的一种货币单位）的宗教税。1517 年万圣节前夕，教皇又派人到德意志大量兜售"赎罪券"，宣称只要交钱购买，上帝就会免除其罪行。马丁·路德对教皇的做法非常不满，于是写了《九十五条论纲》，张贴在维登堡卡斯尔教堂的大门上。

在《论纲》中，他痛斥教皇兜售"赎罪券"的做法，提出"信仰耶稣即可得救"的原则，反对用金钱赎罪的方法。《论纲》引起了强烈反响，激发了人民对教权至高无上的怨愤和反对，点燃了德国宗教改革的火焰，使路德一时成为德意志民族的代言人。1519 年，罗马教会的神学家约翰·艾克同马丁·路德在莱比锡展开了大论战，这场大辩论，成为路德宗教改革生涯中的一次重大转机。1520 年，为了更加广泛地传播自己的思想，马丁·路德撰写了一系列文章和小册子，发表了被称为宗教改革三大论著的《致德意志贵族公开书》《教会被囚于巴比伦》《基督徒的自由》。这年 6 月 2 日，教皇颁布敕令，希望马丁·路德能在 60 天内撤回《九十五条论纲》中的 41 条，否则就开除他的教籍。路德不为所动，公开把教皇的敕令付之一炬。

1521 年，路德参加了德皇召集的沃姆斯帝国会议。之前，友人曾劝路德不要前往，担心他会惹来杀身之祸。但路德说："即使沃尔姆斯的魔鬼有如房顶上的瓦片那样多，我还是要坦然前往。"在 100 多名撒克逊贵族的伴随下，在沿路凯旋式的迎送行列中，路德到达了沃尔姆斯。他拒绝承认错误，义正词严地为自己申辩，得到沃尔姆斯全市人民的同情与支持。他在会上郑重宣称："我坚持己见，决不反悔！"与罗马教廷彻底决裂。德皇无计可施，只好放了路德，但代表教皇开除了路德的教籍。

为了避免遭到教会的迫害，路德隐居到瓦特堡，

马丁·路德

马丁·路德，德国宗教改革的发起者，新教的创始人。1517 年马丁·路德把他的《九十五条论纲》钉在德国维登堡一所教堂的门上，从而开始了基督教改革运动。他反对罗马天主教会干预国家政事，并于 1525 年因拒绝放弃其论点而被逐出了天主教，这也导致了众多新教教会的出现。

1530年，神圣罗马帝国皇帝试图与改革者和解的最后尝试，路德派教徒正在与罗马天主教教徒讨论一些有争议的论点。

从事《圣经》的德文翻译工作。

1525年，42岁的路德与一位叛逃的修女波拉结婚，以实际行动向天主教的禁欲主义发起了挑战。1543年，路德翻译的德文版《圣经》面世了，在书中，路德恢复了早期基督教民主、平等的精神，为人民提供了对抗天主教会的思想武器。他还把自己"信仰耶稣即可得救"的主张加入其中，成为基督新教的主要教义。此外，他翻译的《圣经》使用的是德国语言，这种统一的语言成为联系分裂的德意志各邦的重要纽带。

1546年2月，路德因病去世，被葬于维登堡大教堂墓地，享年63岁。他死后，他所创立的基督新教在欧洲各国传播开来，掀起一场轰轰烈烈的宗教改革运动。

闵采尔起义

16世纪初，德意志教会力量横行无忌，他们以出售神职为由，敲诈勒索，贪污受贿，过着奢侈糜烂的生活。他们巧立名目、中饱私囊，聚敛暴行引起社会的极大愤慨；而各封建主仗着自己的权势，强占土地，乱设高额税赋，掳掠民财，横行霸道，农民赖以生存的土地和财产逐渐集中到教会和封建贵族手中。穷困的生活和繁重的劳役引起农民的强烈不满和反抗，他们纷纷组织起来，掀起了农民反抗教会与封建主的起义高潮。

随着德意志内部矛盾的日益尖锐，燃烧着对宗教势力和封建主怒火的农民，在南部秘密成立了"鞋会"，他们以画着一只鞋子的旗帜为会旗，开始了对穿着长靴的贵族的对抗。他们每年都聚集到一起，杀贪官和贵族、砸教堂、均分财产和土地。但是，每一次都被封建主和教会残酷镇压了，这更激发了德意志农民对他们的仇视。

托马斯·闵采尔是一位下层的神父，他目睹了教会上层的腐败和堕落，坚决反对教皇的放任自流和奢侈，反对一切压迫和剥削。他积极传播自己的思想，信徒遍布许多城镇。1524年，封建主和教会对农民的奴役更为残暴，农民无法忍受非人的劳役，于是在托马斯·闵采尔的领导下，士瓦本南部的农民拒绝了贵族们的劳役，集结在一起，发动了大规模的起义。他们冲进封建主的庄园，占领和捣毁寺院与城堡，强迫封建主交出粮食和土地。他们以推翻封建制度为口号，提出了自己的纲领——《书简》。士瓦本贵族们对农民的起义极为恐慌，他们假意与农民谈判，暗地里却调集军队，镇压起义军。闵采尔知道上当后，立即拒绝了谈判，指挥起义军攻占城市，抢夺敌人的武器，杀富济贫。周边的农民及农奴闻讯纷纷来投，不久起义军席卷士瓦本地区，人数猛增至4万人。1525年3月，起义军领袖们在闵采尔的领导下，于梅明根集会，制定起义军的斗争纲领《十二条》。纲领规定收回贵族霸占的农民土地，恢复被压迫农奴的人身自由，限制地租和劳役等。这个纲领部分地反映了农民的利益要求。

闵采尔又来到图林根，在缪尔豪森城领导起义。起义军一举冲进贵族们的庭院，攻占了教堂、城市、城堡和修道院，焚烧封建主的建筑，分掉了贵族的土地和财物，推翻了缪尔豪森城内的贵族统治。闵采尔在这里建立了没有领主，财产公有，人人平等的"永久议会"。闵采尔被选为主席，缪尔豪森城成了德意志中部农民起义的中心。许多骑士开始加入起义军的队伍里，许多城市也倒向起义军。

封建主和教会见农民起义军的发展势头迅猛，极为惊慌，他们集结军队，在特鲁赫泽斯的率领下，开始对起义军进行围剿镇压。狡猾的特鲁赫泽斯看到起义军队伍分散，并且组成人员极复杂，于是他一面拉拢只想利用起义来实现自己利益、对起义态度

1524年，农民们再也忍受不了封建主和教会的残酷剥削，揭竿而起，许多城市的平民也参加了起义。图为农民们举着起义旗帜（上面画着一只系带的鞋子）将一个抓获的骑士围了起来。

不坚决的人，进行假谈判，争取时间；一面组织武力对付起义军。使起义军队伍人心涣散，战斗力大为削弱。特鲁赫泽斯抓住时机，采用突然袭击、各个击破的策略，向起义军发起了猛烈的攻击，本来思想动摇的士兵纷纷背叛起义。弗兰科尼亚等各地的起义被镇压。闵采尔率领 8000 余起义军于 1525 年 5 月在缪尔豪森和封建主 5 万大军展开最后的决战。

面对兵力处于绝对优势的敌人，闵采尔毫不畏惧，率领起义军一马当先向敌人冲去。由于起义军没经过系统训练，武器落后，最后寡不敌众，败于敌军。闵采尔被俘后被处以极刑，起义失败。

德意志农民起义，从根本上动摇了天主教在德意志的统治地位，促进了整个欧洲的宗教改革和文艺复兴运动的深入发展，推动了社会的前进。

"日内瓦的教皇" 加尔文

加尔文（1509 ~ 1564 年），出生于法国北部皮卡迪的努瓦容，父亲曾任主教秘书，是一所小教堂的辩护，颇有名望。母亲是一旅店主的女儿，不幸早逝。继母作风严厉，据说对加尔文忧郁个性的形成有很大影响。

1528 年，加尔文顺从父意，进入奥尔良大学学习法律。在大学里，加尔文迷上了神学，受到了路德宗思想的吸引。1531 年，父亲去世后，他决定去巴黎专攻神学。他在巴黎研究了希腊文、希伯来文和拉丁文《圣经》，要求按照古代基督教的面貌改造罗马教会，逐渐倾向于宗教改革，1534 年，加尔文成为路德宗教徒。

由于遭受巴黎当局的迫害，加尔文在 1534 年 10 月逃到了瑞士的巴塞尔，化名卢卡纽斯，继续研究路德宗的著作和《圣经》。1536 年，他的《基督教要义》出版，此书初版时仅有 6 章，到 1559 年最后修订版时达到 80 章，是加尔文毕生研究新教和在日内瓦从事宗教政治活动的全面总结，成为宗教改革时期一部影响最大的新教百科全书。1536 年，加尔文的足迹延伸到了日内瓦，这里成为他日后宗教改革大本营。

围绕加尔文的思想，形成了加尔文教。加尔文主张信仰得救，主张简化教会组织，规定教职人员只能从信徒中民主选举产生，从而彻底改革了教会组织。在加尔文教里，长老的地位十分突出，被称为是宗教改革的警察，因此加尔文教也称长老会。1541 年重回日内瓦后，加尔文开始了自己的改革。他首先把教会从罗马教皇的制约下解脱出来，使其不再受制于罗马教皇，也不再受制于诸侯。由长老、市议员和市政官等组成的宗教法庭成为日内瓦的最高行政机构。

加尔文本人虽然不是宗教法庭的正式成员，但他经常出席法庭例会，是法庭的实际负责人。以此为基础，日内瓦发生了根本性的转变，成了一个政教合一的神权共和国，国家法律和宗教纪律成为约束人们行为的两条准

这幅 16 世纪威尼斯画派的作品描绘的是一次特伦托会议。人们原本希望在这次罗马天主教大会上，达成与所有基督教徒的妥协，但这种希望很快就落空了。

绳，加尔文也成了日内瓦城高高在上的主宰。不论是城内的教会，还是行政当局都要拜伏在他的法杖之下。日内瓦成了新教的罗马，而加尔文也成了"日内瓦的教皇"。1540 年，加尔文和一位穷寡妇意勒蕾结婚，育有一子，但没有成年就夭亡了。1549 年，意勒蕾也死了，此后他没有再娶。

加尔文对自己的工作抱着一种苦修而不求安逸的精神。他一生都在不断地修订《基督教要义》，使其不断完善。从初版至最后修订版历时 20 多年，篇幅扩充了 15 倍之多。在最后的修正版，他把这部书修剪到各部分都配合得很好，如同一棵生长匀称的大树，枝叶繁茂，果实累累。他的勤勉让那些关心他的人都奇怪为什么"有如此坚强高贵心性的人会有如此脆弱的身体"。当他病症加重时，仍然没有人能劝他休息，即使不得不暂时放下工作，他也在家里给造访的人解答问题，而从不顾及自己的疲劳。

晚年的加尔文体弱多病，他在 1564 年 4 月 25 日立下遗嘱。在遗嘱中，对他能荣膺上帝拣选，得享永恒光荣这一点，充满了自信。在经过了多天的病痛折磨和无数次的祷告后，他于 5 月 27 日逝世，享年 56 岁。

苏莱曼一世的征战

苏莱曼是奥斯曼土耳其苏丹塞里姆一世的独生子。他出生于 1494 年，他本人是奥斯曼土耳其帝国的第 10 任君主，奥斯曼人都认为他必将成为一个伟大的君主，将会统治整个世界。

著名的土耳其禁卫军兵团由来自巴尔干的青年组成，他们有着严格的纪律。

1509 年，15 岁的苏莱曼奉父亲的命令，在知识渊博、经验丰富的大臣的陪同下，离开首都宫廷的舒适生活，到外省去做总督。在大臣们的精心辅佐下，苏莱曼学到了很多治国安邦的经验。父亲率军远征的时候，他就代替父亲管理国政。

1520 年，塞里姆一世去世，26 岁的苏莱曼即位为苏丹，后世称为苏莱曼一世。就在奥斯曼帝国的国势蒸蒸日上的时候，欧洲的基督教国家却是一片混乱。各国为了土地和财富，混战不休，自相残杀。这给了苏莱曼一个扬名立万的大好时机。

苏莱曼决定进攻欧洲的门户——贝尔格莱德。贝尔格莱德位于欧洲巴尔干半岛的中心位置，处于匈牙利人的统治之下。如果占领了贝尔格莱德，就可以向北进入欧洲的心脏地带，甚至占领整个欧洲。苏莱曼的前几任苏丹曾率兵攻打过贝尔格莱德，但都惨败而回。

1521 年 8 月，苏莱曼率领 10 万大军，动用了数万头马匹和骆驼，运载了大量的粮草、军械，大举进攻贝尔格莱德。匈牙利人躲在又高又厚的城墙后面，严阵以待。苏莱曼没有让士兵们一味硬攻，而是调集了数百门大炮，将贝尔格莱德团团围住，然后下令狂轰。霎时间，贝尔格莱德上空硝烟弥漫，炮声震耳欲聋。高大的城墙被打得千疮百孔，摇摇欲坠。匈牙利人实在抵挡不住了，只好弃城逃跑。就这样，苏莱曼占领了进攻欧洲的门户，贝尔格莱德之战也成为奥斯曼土耳其帝国扩张史上的骄傲之战。

第二年 6 月，苏莱曼又在小亚细亚结集了 10 万大军和 300 战舰，进攻地中海的罗德岛。罗德岛位于小亚细亚和奥斯曼帝国的领土埃及的航线之间，被信仰基督教的圣约翰骑士团占领，他们经常派战舰拦截奥斯曼帝国的航船。前几任苏丹也都曾攻打罗德岛，想拔掉这颗眼中钉、肉中刺，但由于罗德岛地势险要，圣约翰骑士团作战顽强，都无功而返。

罗德岛上有 600 名骑士，6000 名士兵，士兵又分为长矛兵和火枪兵。虽然他们人数较少，孤军奋战，没有援军和物资补给，但由于火炮配置合理，弹药充足，又有一支灵活机动、火力强大的海军，因此有恃无恐。1522 年 6 月，10万奥斯曼大军在罗德岛登陆。这支大军装备精良，训练有素，配有炮兵和工兵。奥斯曼军队首先向炮击罗德岛上的碉堡，罗德岛守军立即反击。由于罗德岛守军藏在坚固的碉堡中，所以伤亡很小，再加上守军战前已对火炮射程内的每个目标都进行了十分认真的测量，所以炮兵发射的每发炮弹都能准确命中目标，在旷野中没有掩护措施的奥斯曼人伤亡惨重。为了扭转不利的局面，奥斯曼军工兵开始挖掘地道，埋设地雷，企图炸塌城墙。8 月，奥斯曼工兵把城墙炸开了一个缺口，大军一拥而入，但遭到了守军的顽强抵抗，大败而回。随后的几个月里，奥斯曼军从城墙的缺口处多次攻入城中，被守军击退。但奥斯曼军在人数上占压倒性优势，而守军每伤亡一人，战斗力就减少一分，无法得到补充。随着士兵伤亡的增加，守军的压力越来越大，外面没有援军，内部人员、弹药的消耗也得不到补充，守军处境日益艰难。相反，奥斯曼的兵源和物资源源不断运抵罗德岛。在圣诞节前夕，经过谈判，圣约翰骑士团表示可以有条件的放下武器离开。由于奥斯曼伤亡人数已经达到了 5 万人，所以苏莱曼同意了。由此，罗德岛划入奥斯曼帝国的版图。

苏莱曼一生进行了 13 次亲征，在欧洲文献中，他被称为"苏莱曼大帝"。在他统治时期，奥斯曼帝国的国力达到了顶峰。

日本重建封建秩序

受中国文化影响颇深的日本自 12 世纪末开始，其政治制度有了重大的变化，形成了双重政府：一个是设在京都，以天皇为首的文官朝廷，没有任何实权，天皇仅是最高权力的象征；另一个是以将军为首的幕府，掌握着国家大权，是事实上的中央政府。自 15 世纪中叶起，由于将军的权力被削弱，各地守护大名形成强有力的割据势力，彼此混战，争城夺地，日本进入了"战国时代"（1467 ~ 1573 年）。

战国时代，守护大名在长期的混战中，势力消耗殆尽，出身于中小武士地主的"战国大名"随之崛起。他们为了增强自身的势力，积极发展农业生产，奖励工商业，废除关卡和座（行会），允许自由经商。16 世纪前期，日本涌现出许多自治城市，对外贸易日益繁荣，与亚洲许多国家有了频繁的贸易往来。16 世纪中叶，日本又与葡萄牙和西班牙建立了贸易关系。商品货币经济的发展，使各地区之间的经济联系得到了加强，国内统一市场开始形成，为政治统一奠定了经济基础。战国大名为维护自身的政治、经济利益，迫切需要结束封建割据状态，建立中央集权国家。这样，实现国内统一的条件逐渐成熟。

但是，由于城市经济完全从属于大名领国的军事和政治，工商业者的独立性极为有限，因此他们不能像西欧的工商业者那样成为实现国家统一的政治力量，以致统一运动必须由封建大名来完成。

在兼并战争中，尾张国的一个中等封建主织田信长（1534～1582年），通过鼓励工商业、提倡天主教、从葡萄牙购买枪炮、建立骑兵常备军等措施，势力日益强盛。他不断吞并割据势力，并于1573年推翻了室町幕府，成为全国最有势力的大名，奠定了统一日本的基础。

后来，织田信长因部下叛乱被迫自杀。其部下丰臣秀吉（1536～1598年）打着天皇的旗号，继续进行统一战争，到1590年，长达100多年的分裂局面宣告结束，日本的统一得以实现。

丰臣秀吉为了加强独裁统治，不许农民弃农迁居，将他们牢固地束缚在土地上。同时没收民间武器，防止农民起义。他还规定武士必须在城市居住，严禁他们转为农民或经商，从而确立了兵农分离和士农工商业者自由经营的局面；同时又对工商业者采取了严格的控制措施，取消城市自治，对外贸易实行特许制度。这样，将处于萌芽状态的市民自治运动扼杀了，已经动摇了的封建制度重新巩固起来。

阿克巴大帝

莫卧儿帝国的第三个帝王是阿克巴大帝。他是巴布尔的孙子，阿克巴是伟大的意思。阿克巴是印度历史上的一位伟大的君主，可以和阿育王相媲美。他在位期间不断扩张，到他去世时，莫卧儿帝国的版图东起布拉马普特拉河，南到哥达瓦利河上游，西起喀尔，北抵克什米尔，成为印度历史上一个空前庞大的帝国。

1566年，14岁的阿克巴即位后不久，前苏尔王朝的贵族阿迪尔沙和喜穆率军3万、战象1500头卷土重来，企图恢复苏尔王朝。莫卧儿军大败，重要城市阿格拉和德里相继失陷。阿克巴和宰相培拉姆汗不甘失败，立即率领2万骑兵反攻德里，两军展开了决战。刚开始时，喜穆依靠优势兵力和众多的战象占了上风，莫卧儿军节节败退。阿克巴和培拉姆汁立即调整战术，派人军迂回到敌人的两翼攻击，牵制敌人推进，同时率主力进行反攻，给敌人制造混乱。为了对付敌人的战象，阿克巴指挥战士们向战象发炮，令弓箭手射火箭。这战术果然有效，战象害怕火，见了炮火和火箭只有四处狂奔，根本不听指挥，敌人的阵势大乱。阿克巴趁机下令进攻，杀死了喜穆手下的两员大将。为了扭转不利战局，喜穆亲自上马率军反攻，阿克巴弯弓搭箭，"嗖"的一声，羽箭射中了喜穆的眼睛，喜穆惨叫一声，倒地而亡。苏尔军见主帅战死，顿时斗志全无，纷纷扔下兵器四散而逃，莫卧儿军乘胜追击，取得了最后的胜利。通过这场战役，莫卧儿人彻底战胜了苏尔人，莫卧儿帝国确立了对印度的统治，并开始了对外扩张。

阿克巴登基时才 14 岁，朝政大权完全掌握在宰相培拉姆汗手里。宰相认为阿克巴是一个小孩子，根本不把他放在眼里，利用手中的大权，任人唯亲，排斥异己，甚至连阿克巴的好友都处死，还企图篡位。

18 岁的时候，阿克巴对飞扬跋扈的培拉姆汗再也无法容忍了，下令将他处死，自己亲自掌握了朝政。

阿克巴亲政后，一些贵族很不满意，在各地发动叛乱，严重威胁了阿克巴的王位和国家的稳定。阿克巴亲自率兵镇压，终于平息了叛乱，巩固了自己的王位。为了警告叛乱者,他下令将两千多名叛乱者的头骨筑成了一座令人毛骨悚然的头骨塔，

印度是一个多宗教的国家,大多数平民信奉印度教,此外还有佛教、锡克教等。各个宗教之间冲突不断，经常发生流血冲突，阿克巴对此头痛不已。为了制止这类事件的发生,阿克巴宣布宗教自由,各个宗教平等,他任命了很多印度教徒做官,并娶了一位印度教贵族的女儿为王后。

为了根除宗教冲突，1581 年阿克巴自己创立了一个宗教——"圣教"。阿克巴是这个宗教的教主，圣教徒相遇后都高呼"阿克巴"。圣教没有寺庙，也不用祈祷，只是要求平时多做好事，爱护动物就可以了。这个宗教虽然没有流行，但却缓解了印度的宗教矛盾。

阿克巴对社会上的一些陈规陋习厌恶痛绝，屡次下令改正。当时印度有一种非常野蛮、非常残酷的风俗，就是丈夫死了，妻子必须跳入火中殉葬，这种风俗当然也在阿克巴禁止的范围之内。

这个葫芦形状的白玉酒杯，雕工细腻精美。据说它是阿克巴的孙子沙杰汉皇帝用过的酒器。下面是一只镶嵌了各种宝石的金勺，两者的做工均十分细腻精美。

·阿克巴改革·

莫卧儿帝国君主阿克巴（1556～1605年在位）是印度历史上最有作为的开明君主之一。他为了加强中央集权，调和阶级矛盾，进行了一系列政治改革。包括实行宗教宽容政策，取消征收人头税政策，实行新的税收制度，按土地的实际产量分等收税，规定税额为收成的1/3；取消包税制；发展经济，改革陋习。阿克巴改革使莫卧儿帝国进入了全盛时代。

一次，一个官员向他报告："启禀陛下，孟加拉已故总督的妻子明天要跳火殉葬！"阿克巴知道孟加拉总督的妻子是一位非常聪明能干的女人，她决不会主动要求跳火殉葬的，一定是有人在逼她。

第二天，阿克巴早早地带着侍卫来到了孟加拉总督的家。这时院子里已经燃起了熊熊大火，四周站满了人，一个穿着华丽衣服的女子正在哭泣。

阿克巴走到总督妻子面前，问道："你跳火殉葬，是自愿的吗？"总督妻子哭着连连摇头说："不是啊，陛下！是我丈夫的哥哥逼我殉葬的，他怕我分丈夫的财产！"

"哼！"阿克巴冷哼一声，瞪总督哥哥一眼，总督哥哥跪在地上吓得浑身打战。阿克巴大声对在场的人说："现在我下令，从今以后，谁再强迫寡妇跳火殉葬，一律处死！"在场的所有的人齐声附和，手忙脚乱地把火扑灭，扶着总督夫人进屋去了。

在英明的阿克巴统治下，莫卧儿帝国逐渐强盛。

莫卧儿帝国的文化

莫卧儿帝国时期，方言文学继续兴盛，图西尔·达斯用印地语改写了史诗《罗摩衍那》，人民乐于传诵。苏尔·达斯用西部印地语写成《苏尔诗集》。许多抒情诗人不用宫廷的波斯语，而用人民的语言创作，传播虔诚教派的反封建思想。绘画和建筑形成了中亚及波斯艺术与印度民族传统相结合的特点。工笔画汲取了波斯画的技巧，色调鲜明，结构严谨，描写了印度社会各种生活状况。陵园以阿格拉的泰姬陵最为著名，全部由白色大理石建筑，由尖塔、钟楼、殿堂、庭园、水池等构成，雕镂镶嵌，装饰内外，整体设计，配合和谐，它集合了印度、波斯和土耳其建筑师和工匠的技术之大成，既表现了劳动人民的伟大创造力，也说明了封建统治阶级的穷奢极侈。

戚继光抗倭

明世宗时期，中国东南沿海经常遭到日本海盗（即倭寇）的侵扰，再加上中国的土豪、奸商与之勾结，坑害百姓，使得沿海一带鸡犬不宁，陷入严重的倭患之中。

尤其有一年，中国海盗汪直、徐海勾结倭寇在浙江、江苏沿海登陆，竟然抢掠了几十个城市。明世宗很是发愁，他找来严嵩想办法，严嵩的同党赵文华却出了个馊主意——向东海祷告，求海神爷保佑。愚蠢的明世宗居然相信这种鬼话，真的派人到浙江去祭拜海神。

此法自然不会有什么效果，朝廷就派熟悉沿海防务的老将俞大猷去抗击倭寇。没想到，俞大猷打了几个胜仗后，竟被赵文华陷害坐了牢，倭寇又猖獗起来。1553 年，朝廷又委派新近提拔的都指挥金事戚继光，管理登州等三营及三营所辖 25 个卫所，负责山东全省的抗倭工作。

戚继光，字元敬，号南塘，晚号孟诸。祖籍河南卫辉，后迁居山东登州（今蓬莱）。他出身将门，自幼勤奋习武，立志效国。1544 年，17 岁的戚继光接任了父亲的职务，任登州卫指挥金事。次年，分管屯田，后率众戍守蓟门（今北京昌平西北），1548 年，戚继光调戍蓟门。1549 年，戚继光中武举，翌年，奉诏督防京城九门。

"封侯非我意，但愿海波平"。到了浙江以后，戚继光大力加强海防，在抗击倭寇方面取得了明显的成效。1555 年，还因足智多谋升任都司参将，镇守宁波、绍兴、台州三府，并在龙山、缙云、桐岭与倭寇三战中取得了胜利。但他没有被胜利冲昏头脑，而是意识到明军的腐败无能，难以担当抗倭重任，于是上书请求招募人马，训练新军。

1559 年，戚继光在义乌招募农民、矿工 3000 多人，按年龄和身材配发兵器，编组训练。他针对沿海地形多沼泽、倭寇分散，充分利用明军兵器多样的特点，创立攻防兼宜的"鸳鸯阵"，以 12 人为 1 队，长短兵器结合，攻守兼顾，因敌因地巧妙变换阵形，屡败倭寇。他训练的部队被老百姓亲切称为"戚家军"，威名大震。

1561 年，万余倭寇乘数百艘舰船侵扰浙东的象山、宁海、桃渚。戚继光沉着应战，确立"大创尽歼"的方略，集中兵力，各个击破，九战皆胜，斩杀、俘虏倭寇 4000 余人，史称"台州大捷"。

台州之战以后，浙江的倭患基本解除，但福建的倭患却日趋严重。戚继光不顾鞍马劳顿，旋即率精兵 6000 入闽抗倭。1562 年，他乘退潮的时机率将士携稻草盖淤泥，涉水奇袭横屿岛倭寇巢穴，斩杀倭寇 2600 余人，以得胜之兵攻占牛田。

倭寇胆战心惊，称之为"戚虎"。接着他又和福建总兵俞大猷、广东总兵刘显等人取得平海卫大捷、仙游大捷。1563 年，大量倭寇包围兴化，以平海卫为中心建立巢穴。戚继光再次赴义乌募兵 1 万人，奉命与俞大猷、刘显协同作战，攻克平海卫，斩杀倭寇 2200 余人，缴获器械 3900 余件，救出被掠男女 3000 余人。不久，戚继光升福建总兵，督理福建及浙江温州、金华两府的水陆军务。

到 1566 年，戚继光彻底肃清了中国东南沿海的倭寇，戚家军威震中国海疆，保证了福建和广东沿海一带的社会安宁，他也因此成为中国历史上杰出的民族英雄。

戚继光不仅是一位战功赫赫的爱国名将，同时还是一位杰出的兵器制造专家。他一生在军事上有不少创造发明。为了防止鞑靼和朵颜等的入侵，戚继光 53 岁时发明了埋在地下、不用人工点燃、让敌人自己踏上就会自动爆炸的新式杀伤武器，叫作"自犯钢轮火"。这就是世界上最早的地雷，比欧洲人发明地雷大约要早 300 年左右。

戚继光为保卫大明王朝的边疆奋斗了 40 多年，南征北战、出生入死，被称为我国"古来少有的一位常胜将军"。他智勇兼备，多谋善断，练兵有方。此外，他还著有《纪效新书》《练兵实纪》两部兵书，这是他多年选兵、练兵及指挥打仗的经验总结，是杰出的军事理论著作，为后世的兵家必读书目。

德川幕府

丰臣秀吉死后，他的儿子丰臣秀赖年纪还小，原来归顺丰臣秀吉的大名德川家康起了反叛之心。

1598 年丰臣秀吉死后，他的部下分裂为石田三成、小西行长为首的官僚派和加藤清正、福岛正则为首的武将派。实力最强的首席大老（辅佐丰臣秀赖的最高执政官）德川家康为取丰臣家而代之，利用两派不和迫使武将派归顺了自己，然后率领 10 万军队，于 1600 年六月进攻官僚派，石田三成和小西行长组成 8 万人的大军迎战。9 月，两军交战于关原（今日本岐阜县不破郡）。由于官僚派的大将小早川秀秋临阵倒戈，投降了德川家康，导致官僚派惨败，石田三成和小西行长被俘。德川家康把他们处以极刑，90 多个参加官僚派的大名的领地被没收，丰臣秀赖也被降为一般的大名，德川家康开始称霸全国。

1603 年，天皇封德川家康为"征夷大将军"，德川家康在江户（今日本东京）建立了幕府，成了日本实际的统治者。从此日本开始了德川幕府（又称江户幕府）

时代。

随着德川家康一天天衰老，丰臣秀赖一天天长大。德川家康为了自己家族的利益，决定消灭丰臣秀赖，永绝后患。丰臣秀赖也不甘示弱，为了击败德川家康，他招募了大量的武士，决心与德川家康决一雌雄。在关原之战中，很多参加官僚派的大名失去领地，很多武士失去了生活来源，因此他们非常憎恨德川家康。当丰臣秀赖在大坂发出招募武士的消息后，很快有10万名武士前来投奔。1615年夏天，德川家康率领大军进攻大阪，丰臣秀赖拼死抵抗，但最终大阪还是被攻陷，丰臣秀赖自杀。

德川家康为了巩固和强化自己的统治，建立了完整的幕藩体制。幕即是德川幕府，是中央政府机关，幕府将军是日本的最高统治者，统治着全国200多个藩国。天皇只是名义上的国家元首，没有任何实权，只是个傀儡。藩就是藩国，是幕府将军封给各地大名的土地和统治机构。藩国的统治者是大名，他们要绝对服从幕府将军和他颁布的各项法令，但在藩国内，他们享有很高的自治权，拥有政治、军事、司法和税收等大权，甚至还拥有自己的武装。日本实际上是由幕府和藩国共同构成的封建国家，这就是所谓的幕藩体制。

德川幕府把当时的日本人分成4个等级：士、农、工、商。士就是武士，是日本的统治阶级。农是农民，工是工匠，商是商人，他们都被统治阶级剥夺了一切政治权利。

德川幕府时期的主要的生产资料——土地，全部属于幕府和藩国所有。这些封建领主把土地分成很多份地让农民耕种，农民要向领主缴纳地租，地租约占他们全部收成的40%，此外还必须服各种多如牛毛的徭役。德川幕府建立后，日本结束了长期的战乱，国内一片和平景象，农业逐步恢复，工商业也开始快速发展，新兴城市不断出现，原有的许多城市的规模日益扩大，出现了繁荣景象。到了18世纪初，德川幕府的所在地江户的人口已达百万，大阪和京都的人口也超过了30万。城市中出现了一些主要为统治阶级服务的商业和金融机构，这时候一些大商人、高利贷者也相继涌现，并享有极大的特权，大阪的鸿池和江户的三井是当时全国最富有的高利贷者。

在对外关系上，德川幕府发布锁国令，实行锁国政策，禁止日本船只出海贸易，严格限制日本与海外交往，只同中国、朝鲜和西方的荷兰保持一定的贸易关系，并对到达日本的外国船只进行监视，严格控制它们的贸易活动。

德川幕府实行锁国政策主要是为了巩固自己的统治，防止沿海的藩国通过海外贸易获取大量的资金，用以购买武器；同时也为了防止西方殖民主义的渗透，维护日本的独立。锁国政策实行了 200 多年，使日本成为一个闭关自守的国家，几乎处于一种与世隔绝的状态，割断了日本经济同世界经济的联系，造成了日本的落后，严重阻碍了日本资本主义的发展，使日本被西方国家远远地抛到了后面。

日本的 "锁国政策"

16 世纪中叶，葡、西、荷、英等国已向日本传教和贸易，但在江户幕府时期，当政者为防止广大农民以天主教为掩护，进行起义活动，于 1613 年在全国下令禁止天主教。国家驱逐天主教神父，摧毁教堂，并对教徒实行残酷的迫害。同时，为了限制地方封建主通过海外贸易扩充势力破坏封建统一局面，防止商品经济的发展对封建社会的动摇，1633 ~ 1639 年，幕府颁布一系列禁令。规定严禁与外国通商，不许一切日本船和日本人出海，除允许中国和荷兰商人在长崎通商外，完全禁绝葡萄牙人、西班牙人前往日本通商。锁国政策实行了 200 多年，直到 1858 年，在美国、沙俄的武力的胁迫下，订立《安政条约》为止。锁国政策严重影响了日本萌芽中的资本主义生产关系的成长，延缓了封建经济的解体。

从养羊到圈地

15 世纪末 16 世纪初，随着新航路的开辟，海外贸易量逐渐增大，人们对呢绒的需求日益增加，使毛纺织业开始繁荣起来。随着毛纺织业的迅速发展，对羊毛的需求量越来越大，羊毛的价格飞涨。为了获取高额利润，越来越多的人开始养羊。

英国是位于大西洋上的一个岛国，气候湿润，雨量丰沛，草木茂盛，非常适合畜牧。一些英国贵族为了赚取利润，纷纷投资养羊。养羊需要大片的土地，贵族们先是把荒地、森林和沼泽的土地围起来当作牧场。当这些土地无法满足贵族们日益扩大的羊群时，他们又把原来租种他们土地的农民赶走，拆毁房屋，把整个村庄甚至所有能长草的土地都用篱笆把土地圈占起来，变成牧场养羊。在当时的英国，到处可以看到被木栅栏、篱笆、沟渠和围墙圈起来的一块块的草地。这就是历史上臭名昭著的圈地运动。

那些被赶出家园的农民，无家可归，只好到处流浪。他们找不到工作，无力养活家人，很多人铤而走险，变成了强盗，英国的社会秩序愈来愈乱。

圈地运动从 15 世纪 70 年代开始，一直持续到 18 世纪末，英国有一半以上的土地都变成了牧场。在圈地运动的发展过程中，为了维护社会秩序，虽然英国国王爱德华六世颁布了一些企图限制圈地程度的法令，但这些法令并没起多大的作用，圈地日益愈演愈烈。很多钱迷心窍的贵族置法律于不顾，根本不肯停手。

在限制圈地运动的同时，英国国王为了使被驱逐的农民很快安置，也颁布了限制流浪者的法令，其实是

圈地运动造成了"羊吃人"的悲惨结局。英格兰沿海的大亚茅斯周遭环绕着农田和牧场，这里是英国"圈地运动"的盛行地区。

想把那些流离失所的农民，都赶进工场做工。法律规定凡是有劳动能力的流浪者，如果在规定的时间内找不到工作，一律严惩。

后来英国国会又颁布了一个法令，凡是流浪一个月还没有找到工作的人，一旦抓住就要卖为奴隶，奴隶的主人可以让他干任何工作。如果奴隶逃亡，抓回来要判为终身的奴隶。第三次逃亡，抓回来后要判处死刑。任何人都有权将流浪者的孩子抓去当学徒，做苦力。

在亨利八世和伊丽莎白统治时期，大批流浪的农民被处死。圈地运动使英国失去土地的农民越来越多，农民为了活命不得不走进生产羊毛制品的手工工场或其他手工工场，成为资本家的廉价劳动力，忍受资本家的残酷剥削。在手工工场里，工人每天要工作十几个小时，但工资却很低。

忍无可忍的农民被迫揭竿而起。在英国各地爆发了很多反对圈地运动的起义，其中最大的是诺福克郡的农民罗伯特·凯特领导的起义。1549 年 6 月，农民凯特率领大批被夺去土地的农民发动了大规模的起义。起义军逼近诺福克郡的瑙威城，市政府吓得紧闭城门。凯特就把起义军驻扎在城外的森林中，附近的失去土地的农民和城中的破产农民纷纷前来投奔，起义军很快就发展到 2 万人。

凯特给市政府送去了一封信，要求立即停止圈地，恢复农民对土地的使用权。市政府一面假装答应，一面连夜去报告国王。国王听了，派人送来大赦令，要求农民回家，但并没有满足他们的要求，愤怒的农民占领了瑙威城。

国王得知瑙威城被农民占领后，立即派沃里克率 1.5 万军队前去镇压。起义军与政府军展开了浴血奋战，由于政府军装备精良，训练有素，在激战了两天后，起义军战败，凯特等 300 名农民被绞死。那些对凯特怀恨在心的贵族要求沃里克大规模屠杀农民，沃里克问：“杀光了农民，你们去种地吗？”这些贵族才肯罢休。凯特的起义虽然失败了，但在一定程度上遏制了圈地运动。

圈地运动为英国提供了大量的资金和廉价劳动力，使英国的资本主义很快发展起来。

“无敌舰队”的覆灭

自哥伦布发现新大陆后，西班牙凭借强大的海上势力，在美洲占领了广大地域，掠夺了大量财富，并将殖民势力扩展到欧、亚、非、美四大洲。此时，英国正处于资本主义发展阶段，急需大量的原料和财富，也开始积极推行殖民政策，向外扩张。西班牙是海上霸主，这给英国的对外扩张带来极大的阻碍，于是两国的矛盾冲突日益尖锐。

为和西班牙争夺海上的霸权，英王伊丽莎白采取各种措施加快海军的建设，同时利用海盗来抢劫西班牙从各地掠来的财物，从而威胁西班牙在海上的贸易垄断地位。西班牙对此极为恼火，怀着侵占英国的目的，就想把苏格兰女王玛丽扶上英国的王位。1587 年 3 月，伊丽莎白下令处决了玛丽。海上的不断侵扰和玛丽之死，使愤怒的西班牙国王腓力二世准备以武力征服英国。

1588 年 2 月，西班牙国王腓力二世命西多尼亚公爵为统帅，率领 130 余艘船、3 万余人、2431 门火炮组成庞大舰队远征英国。英国接到情报后，积极备战。伊丽莎白命霍华德勋爵为统帅，德雷克为副手，并对英国舰船船身、船楼、船体及炮台、火炮做了相应的改进。英舰船体矮且狭长，重心较低，目标小，灵活性强，速度快。船上装载的火炮数量多，射程比西班牙的重炮远。

7 月中旬，在一座座堡垒似的西班牙战舰上挤满了步兵，西多尼亚欲利用步兵数量上的优势，运用传统战法，冲撞敌舰，并钩住它们，然后登船与敌人进行肉搏战。但英军快速灵活，伺机攻击，始终保持敌炮射程范围之外的距离，利用自己炮火射程远的优势不断袭击敌船，消耗对方的火药，使他们时刻处于警备状态。当西班牙舰队到达尼德兰加莱附近时，并未得到计划好的帕尔马公爵的船只、人员及弹药的补给。

7月29日凌晨，英国在8艘旧船内装满硫黄柴草等易燃物品，船身涂满柏油。点燃后，8只火船像8条火龙顺风而下，向西班牙舰队急驰而去。在黎明的宁静中，西班牙哨兵发现几道火

画中描绘了1588年侵入英国的西班牙"无敌舰队"，在英国舰队的炮火轰击下慌张撤退的情景。

舌向他们冲来，立即发出警报。顿时，西班牙舰队乱作一团，一些木壳船已经被大火点燃。西多尼亚公爵忙命令各舰船砍断锚索，想到火船过去再占领这个投锚地。但恐慌的西班牙人乱成一片，他们只顾夺路奔逃，致使船只相互碰搏，甚至大打出手，而被砍断锚索的舰船只能随风沿着海岸向东北漂流。西多尼亚只好命旗舰圣马丁号起锚向漂流的船只追去。

德雷克、霍金斯等人继续全速向西班牙舰队追去。英军开始向敌人发火，许多船只纷纷中弹起火，而西班牙的重炮却很难击中目标，步兵和重炮无法充分发挥作用。英国凭借船身矮小，灵活自如，对敌船猛烈地轰击。他们巧妙配合，相互策应，使散开的西班牙战舰更为混乱。激烈的战斗持续了近一天，英军的损失极小，而西班牙舰队却受到严重的摧残，舰船被打得支离破碎，旗舰被击沉，损伤30余艘船只，16艘成了英军的战利品，剩余的伤兵残船在西多尼亚的领导下被迫退出英吉利海峡。

不甘心失败的西多尼亚带领残部决定再度控制英吉利海峡，但风向始终没有转向有利于他的方向，再加上没有船只、人员及弹药的供给，他只好放弃并绕道北海退回西班牙。途中他们又遭到风暴的袭击，1588年10月，当他们返回西班牙时，

· 海盗王德雷克 ·

德雷克本是奴隶贩子出身，但他发现直接抢劫比做生意来钱更快，于是就进入了海盗行列。由于胆大心细，德雷克在海盗界很快就闯出了名堂，成为伊丽莎白一世私人赞助的海盗，每次他抢劫回来，都会拿出10%的战利品孝敬女王。在对无敌舰队的战斗中，德雷克作为分舰队司令，为战争的胜利立下了大功。德雷克还是个成功的航海家，他于1580年继麦哲伦之后再次完成环球航行，而且沿途狠狠打击了西班牙人。德雷克的威名让西班牙人威风丧胆，对他又恨又怕。德雷克的海盗活动为英国建立海上霸权起了很大的推动作用。

仅剩 43 艘残破船只。

这场海战是历史上第一次全凭舰炮制胜的海战，舰船的机动性和火炮优势取代了传统的战法。同时英军的胜利使西班牙一蹶不振，英国成为新的海上霸主。

伊凡雷帝

1530 年 8 月 25 日，俄罗斯首都莫斯科克里姆林宫诞生了一位王子，取名伊凡。这时，天空突然想起了阵阵雷声，紧接着一道闪电击中了克里姆林宫。莫斯科人惊恐万分，俄罗斯大公瓦西里三世派人到俄罗斯东边的喀山汗国，请求喀山大汗解释这个天象。善解天象的喀山大汗的妻子说："沙皇已经出生，他生下来就有两排牙齿，一排用来吞食我们，一排用来吞食你们。"

1533 年，瓦西里三世去世，年仅 3 岁的伊凡登基，称伊凡四世。瓦西里三世的几个弟弟见伊凡四世年幼，根本不把他放在眼里，经常在他面前大吵大闹，甚至公开侮辱他。伊凡四世 8 岁时，这些大贵族又毒死了代他摄政的母亲，可怜的伊凡一下子成了孤儿，那些大贵族就更加肆无忌惮了。年幼的伊凡四世对那些贵族无可奈何，只好把怨气发泄到小动物身上。他经常残忍地拔掉小鸟的羽毛、挖掉小鸟的眼睛，看着它们痛苦地慢慢死去，而他却开心大笑。有时候伊凡四世抱着小猫、小狗，从塔楼上扔下去，看着它们摔死，从中寻找乐趣。

1547 年，伊凡 17 岁了，莫斯科克里姆林宫大教堂为他举行了隆重的加冕仪式，大主教马卡林把从东罗马帝国传下来的皇冠戴在他头上。为表明自己已拥有无限的权力，伊凡四世不再满足大公的称号，他自称"沙皇"。沙皇起源于古罗马帝国皇帝的称号"恺撒"（俄语里的"沙"是从拉丁文"恺撒"转音而来），沙皇也就是皇帝。伊凡四世成了俄国第一位沙皇。

伊凡四世虽然登基了，但朝政大权还掌握在他的舅舅、大贵族格林斯基手里。格林斯基专横独断，横征暴敛，弄得人们怨声载道。

伊凡四世登基半年后，莫斯科城内突然发生了一场大火，火势非常凶猛，烧毁了大半个城市。莫斯科人纷纷传说这是格林斯基放的火，愤怒的人民自发组织起来，冲进格林斯基的家，杀死了遇见的所有格林斯基的家人，并将他家洗劫一空。后来又冲进克里姆林宫，继续追杀格林斯基家的人。直到伊凡四世发话说要严惩格林斯基，人们才逐渐散去。

这件事把伊凡四世吓坏了，从那以后，伊凡四世得出了一个教训："今后再也不能把政权交给大贵族掌握了，必须由自己亲自掌握。"他积极拉拢中小贵族和商人，成立了属于自己的特辖军，疯狂地屠杀了4000名大贵族，加强了中央集权，同时颁布了《兵役条例》，增强了军事实力。

为了满足中小贵族和商人对土地和财富的渴望，伊凡四世发动了对喀山汗国的战争。喀山汗国是从金帐汗国分裂出来的一个小国，这里土地肥沃，物产丰富，商业繁荣，俄罗斯曾对其发动过很多次侵略战争，结果都失败了。伊凡曾经发动过3次侵略喀山汗国的战争，结果也是大败而回。这次，伊凡四世亲自率领15万大军，带着150大炮，杀气腾腾地来到喀山城下。

当时喀山只有3万守军，使用的是落后的火绳枪，更糟糕的是喀山城的城墙还是木头的。

伊凡四世仗着优势兵力，要喀山人投降，但被喀山人严词拒绝了。恼羞成怒的伊凡四世疯狂地命令炮兵们开炮。俄军的炮弹一颗接一颗落在喀山城的城墙上，城墙上顿时燃起了大火。喀山军民一面灭火一面继续向俄军射击，并派出游击队骚扰俄军。一个月过去了，喀山城依然耸立着。

伊凡四世令俄军抓了几百个喀山老百姓，押到喀山城下，声称要是不投降就将他们全部杀死，但又一次被喀山守军拒绝了。伊凡四世残忍地下令将几百个老百姓全部杀死，这不但没有吓倒喀山守军，反而激起了他们对侵略者更大的仇恨。

后来俄军挖了一条地道，一直通到喀山城墙下，然后放上炸药，将一段城墙炸塌，如狼似虎的俄军从坍塌的城墙处一拥而入，终于攻入了喀山城。喀山守军全部被杀，妇女、儿童被卖为奴隶，喀山居民的财产被洗劫一空。就这样，俄罗斯吞并了喀山汗国。

伊凡四世一生都在尔虞我诈、钩心斗角的宫廷政治中度过，因而养成了多疑、残暴的性格，动不动就大发雷霆，随意杀人，一次他在盛怒之下竟然打死了自己的儿子，所以历史上称他为"伊凡雷帝"。

尼德兰革命

随着欧洲文艺复兴和科学技术的发展，资产阶级慢慢登上历史舞台。1556年，包括荷兰、比利时、卢森堡和法国东北部的尼德兰地区，因王朝联姻和王位继承关系，归属了西班牙。西班牙对尼德兰推行封建专制制度，对尼德兰人民进行残酷奴役和剥削，造成手工工场倒闭、工人失业，极大地扼制了资本主义经济的发展。

西班牙专制还体现在教会迫害上：查理一世曾在尼德兰设立宗教裁判所，颁布"血腥诏令"，残酷迫害新教徒；腓力二世加强教会权力，命令尼德兰总督一切重大事务都要听从教会首领格伦维尔的意见，并且拒绝从尼德兰各地撤走西班牙军队。西班牙的专制行为引起尼德兰人民的极度不满和抗议。

面对西班牙的专制统治和宗教迫害，以宗教斗争为先导的尼德兰民众反封建斗争逐步高涨。激进的加尔文教教徒迅速增多，并不时地同当局和教会发生冲突。腓力二世只好表面答应群众的要求，但是暗地里却在秘密制订残酷镇压尼德兰革命势力的计划。1566年，尼德兰贵族也向西班牙国王请愿，要求废除宗教裁判所，缓和镇压异端的政策。在没有任何收获的情况下，贵族中的激进派加入加尔文教会和革命群众的行列，一场大的革命风暴即将来临。

1566年8月，一名叫马特的制帽工人，掀起了破坏圣像、圣徒遗骨和祭坛的运动，并得到广大人民群众的支持，安特卫普、瓦朗西安爆发了起义。1567年，腓力二世命阿尔法为总督，率军进驻尼德兰，开始了对异端派别和起义军的血腥镇压，一些贵族和资产阶级也被杀害。由工人、农民和革命资产阶级分子构成的起义军和激进的加尔文教徒转移到森林里和海上，组成"森林乞丐"和"海上乞丐"，展开游击战，神出鬼没地袭击西班牙军队，奏响了荷兰革命的交响曲。1568年，奥兰治亲王威廉从国外组织一支雇佣军，但终因势单力薄而被阿尔法击败。1572年4月，在森林乞丐和海上乞丐影响下，尼德兰北方各省均发生起义，致使阿尔法军力分散。海上乞丐趁机率领装有枪炮的轻便船猛攻泽兰省的布里尔，守卫的西班牙军遭受重创。起义军又一举将西班牙军从北部大部分地区驱逐出去，并占领了荷兰省和泽兰省，建立了自己的根据地，威廉被推选为执政。

阿尔法极为恼火，他开始集中兵力镇压北部起义军。1572年12月，阿尔法大军挺进到哈勒姆，几次强攻都以失败告终。于是阿尔法改变策略，包围哈勒姆，切断所有通道，封锁城池，断绝城内的一切供给，并不时进行佯攻，消耗城内的弹药，8个月后终于攻陷哈勒姆城。攻占了哈勒姆城后，阿尔法开

玛格丽特是查理五世的女儿，1559年，被弟弟西班牙国王腓力二世派到尼德兰做总督。

始攻打荷兰的莱顿城。莱顿城地势险要，防御工事坚固，易守难攻。阿尔法继续采用封锁战术。城民和起义军坚持了近一年，基本上到了弹尽粮绝的地步。阿尔法感觉时机成熟，开始发起总攻，但城内剩余的弹药仍使阿尔法惨败。于是阿尔法试图诱降起义军，遭到拒绝。

海上乞丐这时赶来救援，游击队在海坝上挖了16处缺口，海水顺势涌向莱顿城，莱顿城外一片汪洋，本来就伤亡惨重而士气低落的西班牙人在海水中仓皇撤退。

1576年9月4日，布鲁塞尔举行起义，起义军占领了国务委员会大厦，西班牙在尼德兰南部的统治被推翻了。

1576年11月，以威廉为代表的北方起义军和南方起义军签订协定，首先驱逐西班牙人，成立政府，再解决双方在宗教问题上的分歧。1581年，北方7省联合成立荷兰共和国，宣布废黜腓力二世。而坚持妥协的南方起义军却遭到西班牙军队的镇压而失败。1609年1月9日，西班牙国王和荷兰共和国签订协议，承认了荷兰的独立。

尼德兰革命建立了第一个资产阶级共和国，它使荷兰人民推翻了西班牙的专制统治，争取到民族独立。

三十年战争

16世纪后期到17世纪初，欧洲社会资产阶级势力抬头，资产阶级新贵族和封建专制相对立，各国都有政治经济矛盾冲突，封建王朝及诸侯的领土之争以及宗教派别的矛盾也日益尖锐。欧洲各国逐渐形成两大对立集团：哈布斯堡集团和反哈布斯堡集团。以宗教改革而形成的新教派联合在反哈布斯堡集团旗下，力图建立中央集权的天主教派联合在以德国皇室哈布斯堡家族为首的哈布斯堡集团旗下，两大集团矛盾日益激化。

1526年，捷克重新并入"神圣罗马帝国"，德皇（属哈布斯堡王朝）兼为捷克国王，但捷克有宗教自决、政治自治的自由。当马提亚继位以后，他指任斐迪南为捷克国王，并企图恢复天主教在捷克的统治地位，德皇的这一决定遭到了捷克人民的强烈反对。1618年，愤怒的捷克人冲进王宫，把国王的两个钦差从窗口扔了出去，这一"掷出窗外事件"引发了1618～1648年，哈布斯堡王朝同盟（天主教同盟）和反哈布斯堡王朝同盟（新教同盟）两个庞大的强国集团为争夺欧洲霸权而进行的第一次全欧性战争——三十年战争。

为了使战争有个领导核心，捷克议会选举新教同盟首领巴拉丁选帝侯腓特烈为国王。在腓特烈的带领下，捷克军队开始的进军比较顺利，到 6 月时已经打到了维也纳城下。惊慌失措的斐迪南不得不求救于天主教同盟。在蒂利伯爵的率领下，天主教同盟的 2.5 万人马于 1620 年 11 月 8 日开进捷克，并在布拉格附近的白山与捷克和巴拉丁联军交战。捷克和巴拉丁联军战败，腓特烈逃往荷兰，西班牙占领巴拉丁，捷克被并入了奥地利，德国则取得了 3/4 的封建主土地。

为了抑制天主教同盟的继续胜利，法国首相黎塞留于 1625 年倡议英国、荷兰、丹麦结成反哈布斯堡联盟。随后，丹麦国王利斯丁四世联合德国北部新教诸侯向德皇宣战，英国也出兵捷克。德皇任命捷克贵族华伦斯坦为总司令率军抵抗反哈布斯堡联盟。1626 年 4 月，华伦斯坦率军与英军在德绍交战，英军战败，丹麦军队被孤立。8 月，蒂利伯爵率军击败丹麦军，收复了被丹麦军占领的卢特城。华伦斯坦军和蒂利伯爵的军队会合，两军挺进丹麦日德兰半岛。丹麦国王于 1629 年在律贝克与德国签订和约，在和约中保证以后不再干涉德国内务。

德皇一直打算在波罗的海建立一支强大的舰队，而一旦这支舰队成立，直接受到威胁的就是瑞典。在法国的援助下，1630 年 7 月，瑞典国王古斯塔夫率军在奥得河口登陆，天主教联军受挫。1631 年 9 月 17 日，蒂利伯爵在布赖滕费尔德会战中被瑞典—撒克逊联军击败，联军直抵莱茵河畔，并于 1632 年初占领美因茨。在 1633 年春的莱希河会战中，蒂利伯爵被击毙。4 月，联军又攻陷了奥根斯堡和慕尼黑。11 月，在吕岑会战中，瑞典国王古斯塔夫阵亡，这使得一路胜利的瑞典军丧失了前进的势头。在 1634 年 9 月的诺德林根会战中，德军联合西班牙大败瑞典军，并一直乘胜追击到波罗的海沿岸。

1635 年 5 月，法国对西班牙宣战。法国的参战，给天主教同盟以重创。1643 年 5 月 19 日，法国的孔代亲王率法军和西班牙军在法国北部边境要地罗克鲁瓦遭遇，法军取得了决定性胜利，此时的瑞典军队也是捷报频传。1648 年 5 月，在楚斯马斯豪森会战中，法瑞联军大败天主教军队，早已疲于应付的哈布斯堡王朝无力再战。1643 年，丹麦由于嫉妒瑞典取得的胜利而袭击瑞典后方，经过 3 年战争，丹麦被迫求和。1648 年，交战双方签订了《威斯特伐利亚条约》，三十年战争至此结束。

战后的德国满目疮痍，分裂为 300 个大大小小的诸侯国，神圣罗马帝国事实上不再存在了；西班牙也失去一等强国的地位；法国从德国得到大片土地，成为欧洲霸主；瑞典也得到波罗的海沿岸地区，成为北欧强国；荷兰正式独立。新教得到承认，路德宗和卡尔文宗地位平等。

资产阶级革命时期

　　15　19世纪，资本主义来临，人类历史发生了重大转折。西欧社会经济、政治和文化各方面发生了质的变化。资本主义在欧美诸国的胜利和统治地位的确立，是通过一系列资产阶级革命和改革完成的。这场席卷欧美大陆的革命风暴，以排山倒海之势给封建专制统治以致命打击，欧美主要国家建立起了资本主义经济政治制度。资产阶级革命的胜利，为资本主义的发展扫清了道路，为工业革命的发生准备了条件。

查理一世的专制统治

14世纪时，契约租地农的出现标志着英国农业资本主义萌芽的产生。15世纪末，圈地运动的兴起，进一步促进了农业资本主义的发展。到17世纪初期，资本主义农牧场在英国东南部地区已相当普遍。农业资本主义的发展引发了农村社会结构的重大变化。贵族的分裂、乡绅的崛起和农民的分化，瓦解了封建社会的根基，传统社会关系的平衡被打破，为革命的爆发奠定了深厚的基础。

英国特有的议会传统为革命的爆发提供了有利的政治条件。议会原本是封建王权的御用工具，但从14世纪起，议会取得了参与立法、批准税收、监督国王政策等权力。到了16世纪末17世纪初，新兴革命力量以议会反对派的身份，利用议会的传统权力，与封建王权展开了斗争。

17世纪前期，尚未出现成熟的资产阶级政治理论，而宗教给英国革命以思想动力。16世纪60年代，加尔文教传入英国。加尔文教反对国教教士奢华腐败，主张勤劳和节俭，该教派在英国被称为"清教"。清教的教义反映了资产阶级的政治和经济愿望，越来越多的资产阶级、新贵族以及部分农民、手工业者、工人等成为清教徒，掀起了所谓的"清教运动"。清教运动实质是一场涂上宗教色彩的资产阶级运动。

与欧洲大陆各国相比，革命前的英国专制君主制存在许多薄弱的地方。首先，英国因是岛国，平时不需要强大的陆军保卫国土，所以英国没有常备军；其次，英国的官僚机器在都铎王朝时期虽有所加强，但其总体规模远比法国等大陆国家小得多；最后，英王的固定收入只有王室关税和领地收入两项，数量非常少，因此，政府不得不经常求助于议会补助金。封建专制王权的相对虚弱也是有利于革命较早发生的重要条件。

1603年，都铎王朝最后一位君主伊丽莎白一世死

查理一世

后无嗣,由苏格兰国王詹姆斯六世继承王位,即詹姆斯一世(1603～1625年在位),从此开始了斯图亚特王朝的统治。

詹姆斯一世极力鼓吹君权神授论,宣称国王是上帝派到世间的,具有至高无上的权威,理所当然地不受法律和国会的制约。以他的继承人查理一世为代表的封建贵族阶级和资产阶级新贵族之间的斗争更为激烈,斗争集中表现为国王和国会之间的冲突。

1625年6月,查理一世为征收新税而召开国会,国会对此坚决予以否决。查理一世怒不可遏,宣布解散国会。这样,英国在1629年到1640年期间没有国会,史称"无国会时期"。

到17世纪30年代末期,英国的阶级矛盾空前激化,国王与国会的冲突日益尖锐,城乡人民的斗争频繁发生,封建专制统治已陷入深刻的危机之中,革命形势已经成熟。

清教徒革命

1638年,苏格兰爆发了反对君主专制制度的起义。这次起义直接引发了英国革命。

苏格兰原是一个独立国家。1603年,詹姆斯一世身兼苏格兰和英国国王,但两国并未正式合并成一个国家。1637年,查理一世强令苏格兰接受英国国教,企图在那里推行专制制度,激起苏格兰人的反英起义。1638年,起义者组成特别委员会,制定了《民族圣约》,宣誓为保卫加尔文教而战。查理一世远征苏格兰,惨遭失败,只好暂时求和,以赢得时间,伺机再战。为了筹措军费,查理一世不得不于1640年4月重新召集已经停开了11年的国会。反对派约翰·皮姆等人强烈反对战争,并要求处死宠臣斯特拉福。查理一世无奈,又于5月解散国会。国会解散的第二天,伦敦市民奋起示威,广大农民的反圈地斗争向纵深发展。同年8月,苏格兰军再次发动进攻,占领了英国北部两郡,查理一世被迫两次召集国会。

国会开幕不久,在人民群众的呼声和压力下,国会两院通过逮捕斯特拉福和劳德大主教的提案,并同意将斯特拉福处以死刑。查理一世认为这是对王权的挑战,于是迟迟不批准国会的决议。1641年5月9日,伦敦市民数万人手持刀剑棍棒,连夜举行示威,并宣布要冲进王宫。查理一世只好签署了判决书。3天后,斯特拉福被送上断头台。4年后,劳德大主教也被处决。国会取得了首次胜利。

图中的查理一世正在寻找地球仪上的苏格兰。

不久，国会开始分为两派，两派的分野大致与清教运动中的两个派别吻合，也称为长老派和独立派，两派在一些问题上有重大分歧。

查理一世利用国会内部的分歧，待机反扑。他派军队进入伦敦，在各要塞安置大炮，并使用自己的卫队把守国会。1642 年 1 月 4 日，查理一世亲自带领士兵，到下院去逮捕皮姆等人，得悉这些人已被群众隐藏在商业区时，又在第二天带兵去商业区搜捕。结果遭到两千多武装市民的阻拦，白金汉郡的农民 5000 人也进入伦敦声援。查理一世在伦敦陷于孤立，不得不于 1 月 10 日逃离首都，到北部约克郡纠集反动武装，准备发动内战。国会也于 7 月 12 日通过决议，成立国会军队。至此，国王与国会的斗争达到动武的程度。1642 年 8 月 22 日，查理一世在诺丁汉向国会宣战，挑起了内战。

内战初期，双方的力量对比有利于国会。然而由于掌握革命领导权的长老派分子的动摇和妥协，国会节节败退。到 1643 年秋，王军不断取胜，占领了全国的四分之三的地区。

国会军中唯一保持不败的是奥利佛·克伦威尔率领的军队。克伦威尔（1599～1658 年）出身于中等乡绅家庭，是一个虔诚的清教徒。1628 年和 1640 年先后两次被选为下院议员，是国会中独立派的领袖。内战爆发后，他自己筹款组建了一支由自耕农和手工业者组成的骑兵队。他亲自组织 1.2 万人的东部盟军于 1644 年 6 月收复林肯郡大部分地区，又开始围攻约克城。这样两军首次大规模会战就在约克城西北的马其顿荒原上拉开了。鲁普特亲王率领的王军迅速占领了整个荒原。国会军当晚就发动进攻。克伦威尔重点布置左翼兵力，并让左翼骑兵首先冲下高地，直扑王军右翼，很快王军右翼一线二线被击得溃不成军，落荒而逃。但国会军中路步兵和右翼骑兵却被王军逼得节节后退，于是克伦威尔指挥胜利的左翼骑兵从王军中路步兵的右翼后侧进行猛攻。腹背受敌的王军不敢恋战，仓皇逃跑。这一战扭转了国会军连连失利的局面，也使克伦威尔的部队被誉为"铁骑军"。

1643 年 9 月，国会为挽回败局，同苏格兰国会订立《圣约》。1644 年初，苏格兰军队进入英国，与国会军协同作战，王军陷入南北受敌的困境。7月2日，在马斯顿草原展开会战，克伦威尔的铁骑军在这次战役中发挥了巨大的作用，最后战胜了王军。这次会战是内战的转折点。1645年1月，国会通过了接受克伦威尔提出的改组军队的议案，授权克伦威尔改组国会军。克伦威尔以自己的铁骑军为榜样，组建了一支主要由自耕农和手工业者、店员等组成的新军，并有良好的给养制度。实行民主，纪律严明，具有较强的战斗力，军官大部分来自下层社会，故被称为"新模范军"，是英国首次建立的常备军。从此，独立派掌握了军权，保证了内战的胜利。

1645年6月14日，刚刚组建的新模范军在纳西比同王军相遇，经过激烈的战斗，打垮了王军主力。此后，新模范军又攻克了王军控制的许多地区。1646年5月，国会军攻克牛津，查理一世逃到苏格兰，被苏格兰扣留。次年2月，英国国会用40万英镑把查理一世引渡到伦敦。第一次内战宣告结束。

克伦威尔

英国功名显赫的军事领袖，17世纪英国资产阶级革命中新贵族集团的代表人物、独立派的首领，也是英国议会民主制的奠基人。克伦威尔于1599年生于英国亨廷顿。他在两次国内战争中，先后率"铁骑军"和新模范军，击溃保皇党人的力量。1648年，他根除了国会中长老派的势力，于1649年处死国王查理一世，宣布成立共和国。同时，他还残酷地镇压了平等派和掘地派的民主运动以及爱尔兰的民族起义。从1653年到1658年，克伦威尔作为"护国公"进行军事独裁统治，自任"护国主"，还进行对外扩张和争夺海上霸权的战争。1658年，克伦威尔死于疟疾。克伦威尔最主要的贡献是使得议会民主制在英国得以确立和加强。1660年，反对势力打回英国，克伦威尔的尸体被掘出施以绞刑。

查理一世被推上断头台

英国的国会军战胜王军后，国会的反人民政策激化了社会矛盾，人民群众的反抗斗争不断爆发，尤其是农民运动更是蓬勃发展。1645年，西部和西南部农民掀起"棒民运动"，他们以棍棒、镰刀等武器，既反对王军，也反对国会军。"棒民运动"后来被克伦威尔统领的新模范军镇压了。对这一行动，军队中发生了分歧，此图描绘了查理一世被处死后，当刽子手拿着国王的头颅示众时，一位妇女当场昏厥的情景。

从而埋下了军队和国会决裂的种子。

国会军战士大多数都是穿上军装的城乡劳苦大众，他们对国会的政策非常不满。1647 年 3 月，国会通过了解散军队的决议。士兵们坚决抵制，军队中选出士兵和军官代表，组成全军委员会，领导了这场斗争。克伦威尔支持军队的要求，派兵把国王从国会的保护下夺取过来，在军队中监押。1647 年 8 月 6 日，军队开进伦敦，用武力迫使国会驱走与军队为敌的长老派议员，从此，独立派掌握了国会。

然而，军队内部也存在着矛盾，以独立派为核心的上层军官与以平等派为核心的下层军官和士兵的斗争在军队掌管国会后日益加深。

1647 年 10 月末到 11 月初，平等派和独立派在伦敦郊区的帕特尼会议上展开了激烈的争论。11 月 15 日，九个团队的平等派士兵把《人民公约》贴在帽子上，举行武装示威。克伦威尔派兵镇压了平等派的这次示威活动，取消了士兵在全军委员会中的代表，使之变成独立派军官控制的军官委员会。这种做法，使独立派在取得政权后开始背叛和抛弃自己的同盟者，站在了人民群众的对立面。

军队内部的分裂与斗争使革命力量大大削弱，为封建复辟势力的抬头提供了机会。1647 年 11 月，查理一世从监护所逃跑，后在威特岛被扣留。不久，苏格兰国会和英国长老派分别派代表到威特岛，与查理一世密谋复位问题。1648 年 2 月，王党在南威尔士发动叛乱，第二次内战爆发了。7 月，王党勾结的苏格兰反革命军队进入英国北部，支持查理一世复辟。

面对封建复辟势力的威胁，以克伦威尔为首的独立派不得不与平等派重新联合。1648 年 4 月 29 日，克伦威尔重新召开全军会议，并允诺在战后实现平等派的《人民公约》。两派决定团结起来一致对敌，消灭王党，并将国王交法庭审判。8 月，克伦威尔率军在普莱斯顿战役中击溃了苏格兰反动军队。9 月，攻占了苏格兰首都爱丁堡，苏格兰的政权转移到与英国国会结盟的长老派左翼手中。至此，第二次内战宣告结束。

为了防止王党势力死灰复燃，国会与军队共同组成特别法庭，审判查理一世。

1649 年 1 月 27 日，在人民群众的呼声压力下，查理一世被判处死刑。30 日，查理一世在成千上万群众的围观下，在白厅前广场被送上了断头台。

护国公制

共和国建立后，掌握政权的独立派面临着严重的社会经济问题。

由于内战的破坏，加之连年旱灾，农业歉收，粮价上涨，人民生活急剧下降。工业生产也遭受了巨大的破坏，英国主要工业部门均陷入萧条，城市工人失业严重，不少人死于贫困和饥饿。独立派政府不但没有采取改善人民生活状况的措施，反而变本加厉，不断增加税收，城乡人民的生活更加贫困。因此，英国广大人民群众的斗争又不断兴起。

由于独立派政府拒绝实现《人民公约》，平等派奋起抗争。1649 年 3 月，利尔本发表了题为《粉碎英国的新枷锁》的小册子，把共和国的统治者斥为新国王和新权贵，号召人民起来实现《人民公约》。5 月，利尔本等人在狱中起草了新的《人民公约》，提出资产阶级民主主义的政治纲领。新《人民公约》主张实行普选制，建立每年改选一次的一院制国会，提出法律面前人人平等。1649 年 5 ~ 6 月，英国各地爆发平等派士兵起义。然而，这些起义由于领导不力，组织涣散，最后都遭到克伦威尔的武力镇压。平等派运动从此逐渐消沉下去。

共和国成立后，英国又出现了比平等派更为激进的派别，其成员主要是农村贫民。因他们到处占领公地，开垦荒地，被称为"掘地派"，又称"真正平等派"。该派主张消灭土地私有制，平均地权，不纳捐税。掘地派不但要求普选权，而且提出平分土地的口号，它代表了广大贫苦农民的利益。掘地派的领袖和思想家是杰拉尔德·温斯坦莱（1609 ~ 1652 年）。他早年经商破产，后沦为雇农。他在《自由法典》这部代表作中提出，社会不平等的根源是土地私有制，主张人人都应拥有土地，享有平等的权利。温斯坦莱的思想带

克伦威尔

从 1653 年到 1658 年，克伦威尔作为"护国公"进行军事独裁统治。克伦威尔自任"护国公"，还进行对外扩张和争夺海上霸权战争。1658 年，克伦威尔死于疟疾。克伦威尔最主要的贡献是使得议会民主制在英国得以确立和加强。

·掘地派·

　　17世纪英国资产阶级革命时期的空想共产主义派别，又称真正平等派。他们代表贫雇农和一部分城市贫民的利益，领袖为温斯坦莱。该派主张把土地公有；要求社会政治平等，财产平均；反对使用暴力。在英国资产阶级革命的影响下，下层人民的政治积极性空前高涨。1649年共和国建立后，只颁布了有利于资产阶级和新贵族的土地政策，农民照例得向其缴纳地租，负担其他封建义务，对此，人民群众普遍不满，很多地方发生了下层群众运动。1649年4月，有二三十人在温斯坦莱和埃弗拉德领导下，集合于伦敦附近萨里郡的圣·乔治山，共同占有并开垦那里的荒地。几个月后，人数迅速增加，许多地方得到响应。但地主武装破坏他们的垦殖区，政府派军队驱散他们。1650年春，掘地派运动结束。1652年，温斯坦莱发表《自由法》，阐发了掘地派的思想。

有空想共产主义的色彩，反映了穷苦农民和城市贫民的要求，对推动英国革命有重大意义。

　　1649年共和国建立后，只颁布了有利于资产阶级和新贵族的土地政策，农民照例得向其缴纳地租，负担其他封建义务，对此，人民群众普遍不满，很多地方发生了下层群众运动。1649年4月，30多名掘地派分子在伦敦附近塞尔利郡的圣·乔治山集体掘地开荒，这一行动产生了很大影响。掘地运动很快蔓延到诺桑普特、肯特、白金汉、兰开夏和亨丁顿等郡。掘地派主张用和平手段实现自己的主张，并幻想得到国会的保护。结果，在克伦威尔的残酷镇压下惨遭失败。

　　平等派和掘地派被镇压后，共和国赖以存在的社会阶级基础受到严重削弱。随后，克伦威尔又发动了对爱尔兰和苏格兰的战争。战争中掠夺来的大量土地，大部分被高级军官占有，这使军队丧失了原来的革命精神，其性质也发生了变化，由革命的武装力量变为克伦威尔个人军事独裁的工具。

　　在共和国成立后的几年中，以克伦威尔为首的独立派在军事上、政治上取得不少胜利，但国内矛盾仍然错综交织，社会不满情绪有增无减。为了进一步巩固自己的统治地位，克伦威尔于1653年4月带领军队解散了存在13年之久的长期国会，宣布实行护国公制。12月16日在伦敦的盛大典礼中，克伦威尔就任英格兰、苏格兰、爱尔兰的护国公，兼任陆海军总司令，成为实际上的军事独裁者。1657年，英国国会呈递《恭顺的请愿建议书》，请克伦威尔就任英国国王。克伦威尔虽然婉言谢绝了这一请求，但却把护国公制改为世袭，成了英国实际上的无冕之王。然而，在护国公制的背后，共和国已名存实亡。

斯图亚特王朝复辟

护国政府建立后，克伦威尔为了巩固自己的专制统治，采取一系列加强独裁机构的措施。

1655年夏，他把全国划分为11个军区，各区派少将1名，统管全区的行政、军事、税收、治安等大权，直接对护国公负责。克伦威尔就是以这种军区制度对全国人民实行他的独裁统治。此外，护国政府还推行了一些维护教会和封建地主的政策，如确认地主的土地所有权、保护教会的什一税等。

护国政府的政策加剧了国内矛盾。1658年，新国会召开，共和派议员对护国政府发起猛烈攻击，因此国会被解散。此后，共和派和平等派在各地发动反政府暴动，农民起义也接连爆发。逃亡国外的查理二世开始积极准备策动叛乱。就在这危机四伏的时候，克伦威尔于1658年9月病逝，其子理查·克伦威尔继任护国公。理查懦弱无能，高级军官们趁机争权夺势，国内政局混乱不堪。理查被迫于1659年5月辞去护国公一职，护国政权遂告瓦解。

护国政权解体后，政权落到高级军官手里。他们迫于日益高涨的人民革命运动，不惜与长老派妥协言和，恢复了国会。但是国会恢复不久就通过决议，要求惩办1653年解散国会的军官，于是军官们再次解散国会，组成"安全委员会"，进行军事统治。然而，"安全委员会"受到各阶层人民的抵制和反对，各地方政权也拒绝接受委员会的领导，军官们只好于1659年底又重新恢复了国会。

由于政局不稳，人民革命又此起彼伏，共和派和平等派在各地举行集会，鼓吹成立共和政体。资产阶级和新贵族慑于人民的声威，但又对军官们感到失望，于是便转向昔日的敌人，同王党集团携手合作，密谋让查理二世复辟。复辟活动很快得到驻防苏格兰的英军司令蒙克将军的支持。1660年2月，蒙克率军开进伦敦，以武力控制了政府，召集了长老派和王党分子占优势的新国会，为复辟铺平了道路。同时，国会同查理二世举行了简单谈判。4月，查理二世在荷兰的布雷达发表宣言。《布雷达宣言》实质上是国王同资产阶级新贵族之间达成的协议。5月8日，国会通过决议，迎立查理二世为英国

该印章用来印在官方文件上，以证实其真实性。印章画面显示了1651年议长主持议会时的情景。

国王。5月29日，查理二世在伦敦登上王位，斯图亚特王朝最终复辟了。然而他的倒行逆施，不仅损害了人民的利益，也严重威胁到资产阶级和新贵族的利益。最后，他们被迫采用宫廷政变的方式，重新夺回权力并建立了君主立宪制。

君主立宪制

"光荣革命"打开了英国通往君主立宪制的大门。议会宣布詹姆斯二世"自行退位"之后，把王冠和早已拟好的《权力宣言》一起送给了威廉三世，此举暗示威廉不是靠无条件的世袭资格，而是靠有条件的议会拥戴才能得以登临大统。随后，议会通过了一系列宪法性法案，对王权进行了种种法律限制。又连续通过几个财政法案，剥夺了国王的正常财政来源。从此以后，离开议会的财政支持，国王将难以为继。"光荣革命"从根本上使英国的中央权力结构发生了改变，同时又没有割断历史超越传统。原有的君主制形式继承下来，国王继续享有决策权、行政权、大臣任免权等许多重要权力，但他的这些权力只能在议会广泛限制的范围内行使，一遇冲突，只要议会采取不妥协态度和动用财政手段，最终总能迫使国王屈服。国家主权的重心已无可挽回地从国王一边倒向议会一边。

"光荣革命"后，议会的召开与选举开始走上经常化和制度化的轨道。议会的地位稳步上升，王权日趋下降，国家权力结构的天平越来越倾向于议会一方。在立法上，国王虽然始终享有否决权，但这一权力自1708年起就变成一项有名无实的虚权，议会完全主宰了主权事务。在财政上，随着财政预算制度、专款专用制度和财政审查制度的建立，议会对政府财政的控制得以完善。在行政上，国王的权力也逐步被剥夺。这个变化是通过内阁制度的建立完成的。

内阁派生于枢密院，其最初萌芽是外交委员会。枢密院原是国王政府的中枢机构，因为其成员繁多，影响了效能的发挥，国王便在其中成立了一些专门委员会，分掌某一方面的具体工作。其中，成立于17世纪初的外交委员会权力最大，

威廉三世开启了英国君主立宪的大门。

凌驾于枢密院之上。该委员会由少数国王宠臣组成，经常秘密聚会于王宫内室，商定国家策略，所以人们称之为"内阁"。在以后很长时期内，内阁并不是一个合法机构，议会多次对其进行攻击。后来，随着内阁精干高效的优越性日益明显，人们才心照不宣地接受了它。"光荣革命"后，内阁慢慢疏离国王，开始依附于议会。从乔治一世起，国王退出了内阁，首相产生。此后，内阁逐渐脱离了国王的控制。

从 18 世纪 20 年代到 18 世纪末，随着两党政治结构的逐步形成，内阁制度的各种基本原则渐渐确立起来。而国王则真正变成有名无实的虚君，英国的君主立宪制得到完善。

科学家发明显微镜

15 世纪中叶，世界上出现了第一台显微镜，这只是一个短焦距会聚透镜的单显微镜。1590 年，荷兰人沙加里亚斯·詹森（1580～1638 年）发明了复式显微镜。但是，这些早期的显微镜存在放大倍数高时物体成像较模糊的缺点。1610 年，伽利略第一个把显微镜有目的地用于科学工作。而在这方面走得更远的则是荷兰显微镜学家安东尼·冯·列文虎克（1632～1732 年），他第一个用显微镜观察细菌和原生动物。1665 年，列文虎克制成了他的第一架单式显微镜。后来经过艰苦努力，他制成了最大放大倍数为 300 倍的显微镜。1675 年他第一个用显微镜发现了微生物世界，1680 年他发现了酵母，1684 年发现了红细胞。18 世纪末，荷兰出现了消色差透镜。1830 年英国业余光学家约瑟夫·杰克逊·斯蓁特（1786～1869

·发现细胞·

17 世纪显微镜发明后，人类对肉眼难以看到的微小物质存在的世界越来越感兴趣。1665 年，英国科学家罗伯特·胡克利用自行改制的放大倍数为 270 倍的复式显微镜观察很薄的软木切片。通过显微镜，胡克看到这块薄软木片上呈现出非常清晰的大量的规则排列的小孔，形如蜂巢。胡克就将这些小孔叫作"细胞"（其实是软木细胞的细胞壁），意为"空室"。1672 年，英国植物学家纳赫米奇·格鲁对豆科植物种子的结构研究后，发现了植物细胞的存在。尔后，意大利生物学家马瑟尔·马尔皮基首先提出了红细胞的概念。

紧接着荷兰显微学家冯·列文虎克从 1674 年开始对细菌和原生动物进行显微观察，近十年时间他利用观察结果描述了昆虫、狗和人等的精子；并准确地描述了血红细胞。18 世纪，由于当时显微镜制造技术的限制，对细胞的探讨没有大的进展，直到 19 世纪 30 年代末才开始系统地建立细胞学。

年）对消色差透镜的理论基础进行阐释。19 世纪末，德国物理学家阿贝尔系统地阐述了显微镜理论。20 世纪 30 年代德国出现世界上第一台放大倍数仅为 12 倍的电子显微镜，目前电子显微镜的放大倍数已经过 300 万倍，为人类认识微观世界、探索原子奥秘提供了捷径。

英国向北美殖民

17 世纪初，英国殖民者凭借雄厚的经济力量和先进的武器，开始向北美殖民。

在北美的殖民地中，由于地理条件的差异而存在着多种经济成分。在北部殖民地，资本主义工商业比较发达；中部殖民地，大量存在着半封建的租佃制；在南部殖民地，则正盛行黑人奴隶制。黑人奴隶在中北部地区也有，但数量比较少，大多是家内奴隶。另外，13 个殖民地中普遍存在白人契约奴。他们的地位略高于黑人奴隶，在 5 ~ 7 年期满后便能成为自由公民。

为统治和管理北美殖民地，英国建立了一整套统治机构。这是一套双重机构，一是在英国政府内部设置的管理殖民地事务的贸易司，二是派驻北美的总督及官员。

比起欧洲各国和西属拉美殖民地，英属北美殖民地在社会政治结构中存在较多的民主因素。首先，各殖民地均仿效英国，设有议会，而且选民比例较高，白人成年男子大多享有选举权。第二，在经济生活中，由于北美地广人稀，取得土地比较容易，因而小块土地所有者大量存在，无产者数量较少，贫富差别不像欧洲那样悬殊。第三，不存在封建特权和等级制度。北美虽然也有贵族，但他们的社会地位不是靠封建君主的封授和出身门第，而是靠个人的努力。他们虽占据了殖民地的各级官职，但主要是靠竞争选举上的，而不是靠世袭特权。第四，在北部诸殖民地盛行地方自治，当地人民通过参加市镇大会，享有一定限度的参政权。这些民主因素使英国在北美的统治基础不甚牢固，也使日后美国的独立战争成为可能。

英国政府希望殖民地成为英国工业的销售市场及廉价的原料供应地，因此一直对北美殖民地的资本主义工商业实行限制政策。不过，在 1763 年以前，由于英国忙于对法国的争霸战争，无暇严格执行这些限制政策。因此，18 世纪上半期，北美殖民地的资本主义工商业发展迅速，呈现空前繁荣的景象。手工工场数量增多，规模扩大，某些工业技术已达到欧洲先进水平。

随着经济的发展，原来处于隔绝状态的各殖民地之间的经济联系日益紧密。

到 18 世纪中叶，各殖民地之间建立起完善的邮政系统，许多桥梁、渡船和道路网把主要城市连接起来，经济往来和文化交流更加便利。北方以工业品供应南方，南方则以农产品供应北方，逐渐形成了统一的北美市场。在此基础上，北美人民形成了某些共同的文化观念和心理素质，民族意识开始觉醒。人们普遍感到自己是与旧大陆不同的"新人"。于是，一个新兴民族即美利坚民族诞生了。此外，这一时期欧洲启蒙思想的广泛传播，也给其民族民主意识的发展以巨大动力。

北美印第安人反英战争

自 1607 年英国在美丽富饶的印第安人居住地北美洲建立第一个殖民地，到 1733 年共建立了 13 个殖民地。从此，土著印第安人不断遭到他们的奴役、掠夺和杀戮。印第安人进行了不屈不挠的斗争。在整个殖民统治时期，多次发生印第安人的反侵略战争。1675 ~ 1677 年，新英格兰的潘诺格印第安人美塔科姆率领了几个部落的万余人，进行了一场保卫家园的反侵略战争，他们捣毁了许多殖民据点和村落，使殖民者受到很大损失。英国殖民者对美塔科姆非常畏惧，称他为"腓力普王"。这场战争最后被英国殖民统治者残酷镇压，美塔科姆被杀害，"腓力普王"之战最终失败了。但印第安人反殖民侵略的英勇不屈的斗争精神却永远留在了史册上。

印第安人为了打猎或节日庆祝，用在身上绘画的方式进行装饰。

郑成功收复台湾

明末政治腐败，武备废弛，台湾、澎湖的防卫力量逐渐削弱，给外敌窥伺造成可乘之机。自从通往东方的新航线被发现后，葡萄牙、西班牙、荷兰等西方殖民主义势力为争夺殖民地，纷纷东来。17 世纪初，荷兰东印度公司在巴达维亚（今印尼雅加达）成立后，加强了对中国的经济掠夺和武力侵略。1624 年，荷兰在台湾南部的台江登陆，1642 年，荷军在台湾北部击败西班牙殖民军，霸占了整个台湾。荷兰殖民者的残暴统治不断激起台湾人民的强烈反抗。而此时，以抗清为己任的郑成功已占据了长江口以南的广大海域。为了驱逐荷兰殖民者，建立稳固的

荷兰殖民者投降图

抗清基地，郑成功决意收复台湾。

从 1661 年初开始，郑成功开始储备粮饷，练兵造船，侦察敌情，在军事和经济上都做了周密充分的准备。而且他还制定了收复台湾的作战方针：首先攻打澎湖，作为前进基地，通过鹿耳门港，于台江实施登陆作战，切断台湾城与赤崁城两地荷军的联系，分别予以围歼，以收复台湾全岛。

1661 年 2 月，郑成功从厦门移驻金门，将出征舰队分两批出发。3 月 23 日，郑成功亲率 2.5 万人从金门出发，24 日到达澎湖，因荷军兵力薄弱，郑军很快占领了澎湖。30 日，郑成功留下 3000 兵力驻守澎湖，亲率舰队于 4 月 1 日抵鹿耳门港外。郑成功乘海潮大涨，率队进发，顺利通过鹿耳门狭窄的北航道，进入内海，将舰船分布在台江之中。荷兰军队来不及调整部署，只好仓促出动夹板船到海面阻击郑军，郑军水师冲过荷军防线，先在赤崁城以北的禾寮港登陆，接着在鹿耳门方向成功登陆。

荷兰殖民者在台湾岛上修筑了两个据点：赤崁城（今台南）和台湾城（今安平）。郑成功军队成功登陆禾寮港后，包围了赤崁城，并割断了赤崁城与台湾城之间的联系。当时，防守赤崁城的荷军司令官描难实叮自持装备优良，城堡坚固，根本没有把郑成功的军队放在眼里。虽然郑军武器装备落后，但却训练有素，士气高昂，十分英勇。

郑成功采用先弱后强、分割包围，各个击破的方针，首先对赤崁城发起猛攻。描难实叮命令荷军用大炮和洋枪回击，海上的荷兰战船也向郑成功的船队开火。台湾人民见郑军的大炮难以攻下赤崁城，便向郑成功献计：赤崁城中的水源只有一个，在城外的高山上，如果断其水源，城中乏水，人心动摇，那时再攻打就相当容易了。郑成功采纳了这一建议，果然，几日以后，描难实叮在走投无路的情况下，出城投降，赤崁城被郑军收复。

郑成功派描难实叮去台湾城招降荷兰总督揆一，但揆一拒不投降，并派人去巴达维亚请援军。郑成功率军攻城，荷军炮火猛烈，久攻不下，郑成功决定对台湾城实行围困战略，在城外修筑深沟高垒，使敌方炮火的威力难以发挥。同时，郑成功到台湾各地宣传收复台湾的宗旨，把带来的耕牛农具发给农民，台湾人民纷纷支持郑成功的爱国正义行动。

5月2日，第二批郑军6000人在黄安等将领的率领下，乘船抵达台湾，郑军的供给得到补充。7月，荷军分水、陆两路向郑军发起进攻。海上，荷舰企图迂回到郑军后侧，焚烧船只，却被郑军包围，双方展开激战，荷军战败，只有少数幸存舰船逃往巴达维亚。陆上，荷军的进攻同样遭到失败。此后，荷军再也不敢轻易与郑军交战。

几个月的围困，使台湾城缺粮缺水，仅死伤的荷军就有1600多人，余下的兵士也陷入饥荒和混乱之中，次年1月25日，郑成功命令发起总攻，揆一见大势已去，于2月1日宣布投降。盘踞台湾达38年之久的荷兰殖民者最后被驱逐出了中国的领土。

阿富汗独立

波斯国王纳狄尔在位期间，发动了大规模的兼并战争，先后侵占喀布尔、乌兹别克及阿富汗的城市。纳狄尔帝国没有长期存在的经济和政治基础，战争结束后，纳狄尔大多依靠被征服的各部落的上层分子，对人民进行横征暴敛，人民无法忍受。1743年，各地纷纷起义。1746年3月，在塞义斯坦爆发了反对纳狄尔统治的起义。纳狄尔亲往塞义斯坦镇压，但1747年6月的一天夜里，纳狄尔在呼罗珊城被手下人刺杀。纳狄尔王遇害以后，他的国家土崩瓦解。原先在纳狄尔王处供职的阿富汗阿布达里族世袭酋长阿赫麦德汗趁机率领阿富汗人洗劫了纳狄尔兵营，逃往坎大哈。不久他占领了赫拉特旁遮普与卡什马尔，宣告自己是独立的统治者。1747年成立了独立的阿富汗国。阿赫麦德汗即位的第一年，就征服了喀布尔、佩沙沃等阿富汗本土地区，阿富汗的范围进一步扩大。

英荷战争

17世纪上半叶，荷兰完成了资产阶级革命，实现了民族独立，经济得到迅速发展，海外扩张和贸易成效显著。当时荷兰拥有商船1.6万艘，占世界商船总吨位的3/4。荷兰人垄断了世界贸易，五大洲的各个角落都留下荷兰商人的足迹，

被誉为"海上马车夫。"不久，英国资产阶级革命
取得胜利，为掠夺资本，统治者迫切需要海外扩张，
扩大海上贸易。海上霸主荷兰就成为英国的最大威胁
和障碍，两国之间的利益冲突日益尖锐。

1649 年，克伦威尔政府加快海军建设，建
造安装 60 - 80 门炮的巨型战舰，并于
1651 年颁布《航海条例》，禁止荷兰
参与英国贸易，严重打击了荷兰利益。
1652 年 5 月，双方舰队发生冲突。7 月 8
日，英国舰队司令布桑克下令封锁多佛
尔海峡，切断荷兰在海上与外界的联系。

镶金蜗牛

荷兰国土面积虽然少，但它的国民四处探险，取得
无数财富，供国内的资产阶级玩乐。

荷兰对英国的行为极为愤怒，采用
强大军舰护送商船强行突围。8 月 26 日，荷兰商船在海军将领赖特率领的军舰掩
护下驶往英吉利海峡。40 余艘英国舰进行阻击，赖特命军舰分进合击，利用数量
优势重创英军，顺利通过英吉利海峡。封锁失利后，英军增加封锁兵力。1653 年
2 月，荷兰统帅特普罗率领 80 余艘战舰护送商船回国，行至波特兰海城，遭到
70 余艘英国战舰的袭击。双方势均力敌，展开对攻。一时间，海面上水花四溅，
硝烟弥漫。激烈的海战一直持续了三天，双方都付出了巨大的代价。特普罗虽然
突破了封锁，但制海权被英国海军夺走，对荷兰的封锁更为严密。

依靠殖民与海上贸易发展起来的荷兰，受到英国的严密封锁，经济开始陷入
瘫痪，这促使荷兰一定要与英国决一死战。1653 年 6 月，特普罗率领 104 艘荷兰
舰船试图打破英国封锁，布莱克组织 115 艘英舰应敌。战斗一开始，双方就展开
了混战，巨型的英舰虽在体型上优于敌人，但船体小而灵活的荷兰军舰在空隙中
穿梭，也没让英军占太多的便宜。时间一长，装有较先进火炮，且数量和质量都
优于对手的英国军舰慢慢占了上风。天黑时，英国舰队的援军赶到，损失惨重的
荷兰舰队被迫退到佛兰德浅海。英军舰船因体积巨大，吃水较深而无法追击。这
次海战的胜利，使英国对荷兰的封锁更加猖狂。不甘心失败的荷兰又调集舰队，
在特普罗的指挥下大举反扑英国舰队。8 月 10 日，激战开始，英国舰队充分发挥
先进火炮的威力，与荷兰军舰进行周旋。特普罗在激战中中弹身亡，荷兰军舰乱
作一团。英军抓住时机进行痛击，荷兰军队伤亡惨重。1654 年 4 月，荷兰被迫与
英国缔结和约，同意支付巨额赔款，承认英国海上霸主的地位。

取得制海权的英国开始对外殖民扩张，1664 年，英国攻占了荷兰在北美和西非的殖民地。1665 年 2 月，意欲复仇的荷兰向英国宣战。荷兰海军上将赖特率军很快夺回西非被英军占领的殖民地。但 6 月在洛斯托夫特海战中又被英国约克公爵击败。此时，法国、丹麦等国对英国的迅速扩张极为害怕，于是与荷兰结成反英同盟，提供各种支援。1666 年 6 月 11 日，赖特再次组织 84 艘战舰，装备较先进的大炮 4600 门和 2.2 万大军，向敌人反扑。在敦刻尔克海与蒙克和鲁珀特率领的英国舰队遭遇，双方展开对攻战。赖特凭借数量的优势包围了英军。英军四面受敌，伤亡和损失很大。荷兰乘胜追击，沿泰晤士河而上，攻打英国首都伦敦。1667 年 6 月，赖特乘黑夜利用涨潮之机冲入泰晤士河，炮轰伦敦，严密封锁泰晤士河口。英国人惊慌失措，被迫与荷兰和谈，在海上贸易权方面做出了让步。

1672 年，为了各自利益，英、法联合对荷兰宣战。荷兰人打开水坝，迫使法军撤兵，英国海军也被击败。随后两年里，英、法不能协调一致，英军陷入孤立。长期的战争使英、荷双方国力大减，无力再战，1674 年 2 月双方签订和约，恢复了战前状态。

三次英荷战争使荷兰实力削弱，"海上马车夫"由英国取而代之，英国成了海上霸主。这次战争，也使人们认识到海军的战略价值。

舰队列阵

17 世纪时，欧洲各国的海军在海上交战时主要阵形为横队列阵。这种阵法是：一旦在海上发现敌方舰队，己方舰队就立即一字排开，逼向敌军。等接近敌军后，一旦己方的旗舰开炮，每个战舰就立即向距离自己最近的敌方军舰发炮。通常这种阵形会在海上排 5 英里甚至更长，海战很快会陷入胶着状态，时间长达几天。

这一时期的战舰，因为配备了大炮，所以威力剧增。但是就连当时最大 32 磅重的炮弹也不能击沉敌方战舰，最多是在敌舰上炸开一个大洞，但对战舰的整体结构却没有太大损伤。只有因爆炸引起的大火才能焚毁军舰，或致使军舰操作失灵。所以，这一时期的海战，无非就是船多胜船少，船大胜船小，炮（射程）远胜炮近，炮多胜炮少。

1666 年 7 月 25 日，在英国肯特郡附近海域，英国 89 艘军舰与 88 艘荷兰军舰发生海战。双方都排成了一条超过 9 英里的战线，进行了激烈的炮战。

后来，战舰上侧舷炮威力逐渐强大，英国皇家海军开始采用线式队形，横队列阵的海战方式才逐渐没落。

清太宗皇太极

皇太极，姓爱新觉罗氏，努尔哈赤第八子。初为正白旗旗主贝勒，与大贝勒代善、二贝勒阿敏、三贝勒莽古尔泰合称"四大贝勒"，以年龄序称"四贝勒"。曾襄理国政，屡统兵征战，颇有战功。天命十一年（1626年），太祖卒后，被诸贝勒推为后金汗，年号天聪。即位后，大力加强中央集权，削弱三大贝勒权力，直接控制正黄、镶黄、正白三旗，设六部、内三院、都察院，以完善中央统治机构。设立以满汉知识分子组成的文馆，译汉文书籍，考试生员、举人，尽力笼络汉、蒙官员。对外断绝与明朝及朝鲜的盟好，曾两次进攻朝鲜，逼朝鲜国王纳贡。又出征察哈尔、蒙古，统一漠南，以扫除明朝北边屏障。屡次对明朝用兵，在辽西地区不断取胜，并4次遣兵入塞，攻城略地，扩大统一范围。天聪十年（1636年），改国号为清，改元崇德，受尊号为"宽温仁圣皇帝"。后又创立蒙古八旗和汉军八旗，统一女真各部，为入关灭明作好准备。崇德八年暴卒，葬盛京（今沈阳）昭陵。

《尼布楚条约》

黑龙江流域自古以来就是中国的固有领土。西周初年，居住在黑龙江中下游一带的肃慎族（满族人的祖先）就开始向周王进贡。唐朝时，黑龙江中下游属黑水。725年，唐朝在这里设立了黑水都督府，唐王朝直接任命人担任官员。792年，唐王朝为加强对这里的统治，又设立都督府。金朝时，这里属于上京路所辖的蒲峪路。元朝时属于辽阳行省。为沟通黑龙江流域与内地的联系，元朝政府又建立了许多驿站。明朝在这里设立了奴尔干都司，北方边城庙街（现在俄罗斯尼古拉耶夫斯克）还建造了庙宇，树立了石碑，在苦兀岛（库页岛）上树立了石碑，在海参崴（现俄罗斯符拉迪沃斯托克）的永宁寺树立了大明功德碑。为了便于管理和加强与内地的联系，明朝政府还在奴尔干都司所管辖的地区设立了"卫、所、站、面、寨"。

沙俄政府吞并了西伯利亚汗国后，开始向远东地区扩张。由于西伯利亚河流众多，沙俄军队乘着船，一路烧杀抢掠，来到了与中国接壤的远东地区。

1643年，沙俄驻雅库次克（今俄罗斯雅库次克）地区的长官戈洛文为了掠夺

中国黑龙江地区的物产和白银，派他
的手下波雅克夫拼凑了 132 名匪徒，
"远征"中国的黑龙江流域。这伙匪
徒沿着勒拿河南下，翻越外兴安岭，
进入中国境内筑营扎寨。住在当地的
中国居民是纯朴善良的达斡尔族，他
们没有认清这群土匪的真面目，给了
他们很多粮食，竭尽可能地帮助他们。
但不久波雅克夫却绑架了达斡尔人的
酋长，向他们勒索白银、貂皮、牲口
和粮食。达斡尔人终于认清了这群土

清朝"神威无敌大将军炮"
为收复雅克萨，打击沙俄侵略军，清军专门铸造了一批
红衣大炮，康熙帝把它们命为"神威无敌大将军"。这
种大炮在雅克萨之战中发挥了巨大威力。

匪的真面目，他们纷纷拿起武器，痛击侵略者。波雅克夫等人狼狈逃走，在逃跑
途中由于缺少粮食，他们竟然杀死中国居民吃肉充饥，当地的中国人都叫他们"吃
人恶魔"。

1650 年，俄国人哈巴罗夫领着一群匪徒来到黑龙江流域，强占了雅克萨城（今
俄罗斯阿尔巴金诺），并以此为据点，开始蚕食中国领土。

清政府在忍无可忍的情况下，决定派兵进攻俄国侵略者。1685 年，清政府命
令大将萨布素和彭春率领 3000 人，进攻雅克萨。在进攻雅克萨之前，清军将一
支箭射进雅克萨城，箭上有一封给雅克萨城俄军长官托尔布金的信。信用满、蒙、
俄三种文字写成，要求俄军立即撤出雅克萨城，离开中国领土，但遭到俄军的野
蛮拒绝。清军用大炮把雅克萨城团团围住，准备攻城。

这时，沙俄的援军乘着木筏来援，向清军阵地冲来，气焰十分嚣张。清军将
领雅勒泰率军迎战。清军跳上俄军木筏，与之展开了激烈的白刃战。俄军大败，
30 多人被杀，其余的被俘。当晚，清军大炮猛轰雅克萨城。第二天，清军在雅克
萨城下堆积了大量的干柴，准备放火烧城。托尔布金外无救兵，内无粮草、弹药，
只好向清军投降。清军将领允许他们把粮食、武器一起带走，托尔布金连声感谢，
并表示再也不来侵犯了。清军将雅克萨城拆毁后返回。

但两个月后，背信弃义的俄国人在托尔布金的带领下再次侵略中国，重建了
雅克萨城，并在上面安上了大炮。他们还在城中修建了粮仓和火药库，准备在这
里长期居住。他们经常出城，对中国人的村庄烧杀抢掠，无恶不作。

1686 年，萨布素率领 2000 名士兵再次来到雅克萨，命令托尔布金投降，但

遭到了拒绝。清军用大炮猛轰雅克萨城，俄军死伤无数，连俄军的指挥所都被炸塌，托尔布金被炸掉了一条腿，不久死去。随着冬天来临，俄军饥寒交迫，疾病流行，最后 800 多俄军只剩下 66 人。

1689 年，中俄两国在尼布楚（今俄罗斯涅尔琴斯克）进行了边界谈判，中国代表索额图和俄国代表戈洛文签订了《尼布楚条约》。《尼布楚条约》规定，中、俄两国以外兴安岭、额尔古纳河和格尔必齐河为界，从法律上肯定了黑龙江河乌苏里江流域，包括库页岛在内的广大地区是中国领土。中国做出了一些让步，同意将原属中国的尼布楚让给俄国。《尼布楚条约》为中国东北赢得了长期的和平。

清圣祖康熙

清圣祖玄烨（1654 ~ 1722 年）在位 61 年，顺治帝福临第三子，8 岁即位，年号康熙。初由贵族鳌拜等专权，三藩日益强大，逐渐形成割据势力。亲政后，于康熙八年（1669 年）逮捕鳌拜，革职拘禁。二十年平定三藩叛乱。两年后又攻灭台湾郑氏政权，统一全国。二十四年，驱逐盘踞黑龙江流域雅克萨的沙俄侵略军，二十八年订立《中俄尼布楚条约》，确定中俄之间东段边界。当时，准噶尔部首领里通外国，发动叛乱，进攻喀尔喀蒙古、西藏等地，康熙三次出兵亲征，晚年又派兵将准噶尔部的军队逐出西藏，加强多民族国家的统一。康熙帝十分注意恢复和发展生产，下令停止圈地弊政，招徕农民垦荒，实行更名田，使耕种藩田的农民成为自耕农。多次实行蠲免政策，五十一年，宣布"滋生人丁永不加赋"，减轻了农民负担。重视治理黄河，将"三藩"、河务、漕运列为三大要务。经过几十年的努力，全国垦田面积大大增加，人口迅速增长，是"康乾盛世"的开始。

牛顿的发现

1642 年圣诞节，牛顿降生于英格兰北部乌尔索普村的一户农家。父亲在牛顿还没出生时就去世了，母亲为了生存，改嫁给邻村的牧师巴顿，牛顿被留给了年迈的外祖母。不幸的童年使牛顿形成了沉默寡言、腼腆和孤僻的性格。但牛顿爱好思考，喜欢动手做木匠活，这无疑为以后从事实验研究工作打下了基础。

12 岁时，牛顿来到离家不远的格兰山镇上的金格斯中学，寄宿在克拉克的药店楼上。他用木箱和玻璃瓶做成水钟，控制时间，每天黎明时水钟按时滴水到他的脸上，把他叫醒。

牛顿的母亲原希望他成为一个农民，能赡养家庭，但牛顿本人却无意于此。14岁时的牛顿充满理想，不停地思考各种问题，他在自家的石墙上刻了太阳钟，争分夺秒地学习。有一次，他在暴风雨中跑来跑去测验风力，浇得浑身湿透。他的母亲怕他真的疯了，只好放弃了让他成为农民的念头，叫他继续读书。

牛顿

随着年岁增大，牛顿越发爱好读书、喜欢沉思、做科学小试验。牛顿在中学时代学习成绩并不出众，只是对自然现象有好奇心，他分门别类地记读书心得，又喜欢别出心裁地做些小工具、小试验。1661年，牛顿经过数年的勤奋学习，终于考入剑桥大学，并获"减费生"资格。1664年成为奖学金获得者，1665年获学士学位。一位叫巴罗的学者发现牛顿是个人才，举荐他为研究生，把牛顿引向了自然科学的王国，使其继续留在学校做研究。但刚过半年，伦敦就爆发了大规模的黑死病，剑桥全校暂时停课，牛顿回到了故乡。

1665～1666年，牛顿认真总结了前人的科学研究方法并加以运用，很快就研究出了二项式定理，制定出微积分，用三棱镜把白光分解成七色光并确定了每种颜色光的折射率，他还继承了笛卡儿把地上的力学应用于天体现象的想法来探索行星椭圆轨道问题，试图把苹果落地与月亮绕地联系起来。1667年，牛顿重返剑桥大学，在巴罗教授指导下继续从事科学研究。1669年，巴罗教授推荐他担任"卢卡斯数学讲座"教授，26岁的牛顿担任此职一直到53岁。1672年，他被接纳为伦敦皇家学会会员。1687年，《自然哲学的数学原理》这一划时代的著作问世，

· 英国皇家学会 ·

1660年，斯图亚特王朝复辟后，伦敦成为英国学术研究的中心。为了组织好学术研究，伦敦的科学家们在当年11月提出成立一个促进数学和物理研究的学院，推选约翰·威尔金斯为主席，并向查理二世递交了申请。不久查理二世批准了申请，并担任了该学会的保护人。该学会虽然经由皇家批准成立，但在组织上是一个独立自由的社团，在制定章程和吸收新会员时不受任何政府机构的干扰。英国皇家学会每年3月的第3个星期三召开选举年会。自1915年开始，该学会的会长均由诺贝尔奖获得者担任。英国皇家学会在英国起着国家科学院的作用，促进了英国自然科学的发展，享有极高的国际声誉。

该书以牛顿的三大运动定律和万有引力定律为基础，建立了完美的力学理论体系，说明了当时人们所能理解的一切力学现象，解决了行星运动、落体运动、振子运动、微粒运动、声音和波、潮涨潮落以及地球的扁圆形状等各式各样的问题。直到 20 世纪量子论和相对论的出现，才使力学的范畴扩大。

牛顿虽然在年轻时就成了享誉欧洲的大科学家，但在生活上并不富裕，一生中大部分时间是在贫困中度过的。1696 年，他的一位同学蒙格特担任英国财政大臣，任命牛顿为造币局的副局长。牛顿经过两三年努力，很快解决了英国的币制混乱问题，并在 1699 年升任造币局局长。此后他的生活有所改善，年薪 2000 英镑，是在剑桥当教授时的 10 倍。

1727 年 3 月，84 岁的牛顿出席了皇家学会例会后，这位一生不知疲倦的科学家突然发病，于 3 月 20 日拂晓前与世长辞。他的临终遗言是："我不知道世上的人对我怎样评价。我却这样认为：我好像是在海滨上玩耍的孩子，时而拾到几块莹洁的石子，时而拾到几块美丽的贝壳并为之欢欣。那浩瀚的真理的海洋仍展现在面前。"

牛顿的骨灰被安葬在威斯敏斯特教堂，威斯敏斯特教堂是英国历代君主举行加冕仪式的地方，牛顿是第一位以科学家身份安葬在此的人。

"太阳王" 路易十四

为什么路易十四被称为太阳王呢？那是因为成年后的路易十四，无论言行起居还是穿着服饰，都极其优雅而庄严。他好大喜功，喜欢人们叫他"大皇帝"（Grand Monarch）。他选择太阳为他本人特殊的标识，是因为太阳是天体中最明亮的。人们目睹路易十四高高坐在镀金的宝座上，光辉四射，又怎能不俯首帖耳，顶礼膜拜？

说到路易十四，还不由让人想起法国的香水，法国香水工业之所以那么发达，路易十四功不可没。

法国人原先不洗澡，就是国王也不例外。他们宁愿一天换几套衣服，也不愿意用香皂洗澡，因为他们认为多洗澡不好，认为香皂有毒。由此可想而知他们身上的味儿该有多难闻，路易十三就曾被称为"臭王"。到了路易十四时，他为了不让别人闻到自己身上的臭味，就大量地使用香水，还用混合了葡萄酒的水洗手和漱口，再用洒了香水的干布擦。在香水这方面，他很讲究，让人每天都配制出一种他喜欢的香水来。不仅自己用，他还命令他的臣民不擦香水就不许出入公共场合，还要不时地更换香水。就这样，法国的香水工业迅速地发展起来。

这个故事只不过是路易十四的一个逸闻趣事，和他的一生相比，实在是微不足道。由于父亲早逝，路易十四在 5 岁时就继承了王位。当时表面上由太后安娜执政，但实权却掌握在首相马扎然手中。年幼的路易十四曾经历了由法院贵族和资产阶级领导的反抗政府的"投石党运动"，跟随朝廷逃离巴黎，并遭到追捕。这个事件对他亲政后加强王权、削弱高等法院的权力和实行钳制贵族的政策有深刻的影响。

1661 年，强权首相马扎然死后，路易十四开始亲政。他事事躬亲，称自己为从事"国王的职业"。刚一上台，他就判处不可一世的财政总监福凯终身监禁，然后打击高等法院的权威，又把一切介于君主和庶民之间的承上启下的权力机构撇在一边，通过种种措施，空前加强了中央专制王权。在他亲政的 55 年（1661 ~ 1715 年）中，法国一度称霸欧洲，这一时期后来被伏尔泰称为"路易十四的世纪"。

在国内经济领域，路易十四推行科尔伯的重商主义政策，大力修建基础设施，降低税率，奖励工业生产，积极从事对外贸易，造就了法国经济的繁荣。路易十四拥有一支自罗马帝国以来欧洲人数最多、最强大的常备军，1672 年，陆军人数达到 12 万，1690 年超过 30 万，几乎相当于欧洲其他国家军队人数的总和。依靠这支军队，他打败了法国的传统敌人德意志和西班牙，与诸多的欧洲国家结成同盟关系，使法国处于优势地位，以至于没有任何障碍能够限制这个年轻国王的行动。当时似乎只有荷兰这个贸易强国可与法国匹敌，但它却由法国王室的支系支配着。在思想文化领域，他大力推行"君权神授"思想，宣称"朕即国家"，树立起无上的权威，在宫廷里被称为"太阳王"。同时，他对文学艺术和科学给予资助，先后成立了法兰西科学院、法兰西建筑科学院和法兰西喜剧院，兴建了华丽堂皇的凡尔赛宫。在他统治时期，古典主义的戏剧、美学、建筑、雕塑和绘画艺术都大放异彩，出现了像法国喜剧创始人莫里哀、古典主义美学家布瓦洛、

凡尔赛宫外景

寓言作家拉·封丹、建筑艺术家克洛德·贝洛等一大批艺术大师。

但是，路易十四的强权统治也造成了深刻的社会危机。他在 55 年中打了 32 年仗，连绵不断的对外战争和豪华无度的宫廷开支，使法国的人力和财力日趋枯竭，在他统治的后期，法国相继爆发了规模巨大的起义。1715 年，曾称雄一时的路易十四在人民群众的一片怨声中死去。

英国建立东印度公司

东印度公司的处女航竟会造就一次以印度次大陆为焦点的巨大的贸易网。公司发现次大陆多年以后，由于从英国进行遥控太过遥远，便要求在船舶途中停靠的较大港口设立工厂或商栈。在印度，工厂吸引了当地掮客、陆路及近海贸易者，以及来自内陆的纺织品商人和来自波斯湾的咖啡商。公司的代理人（即代理商）也为来自边远地区的货物定期送订立的合同，以确保无论公司的船队何时到达港口，都会有准备好的商品。这种订立合约的形式避免了在最后时刻还就价格与掮客讨价还价的问题。

英国的第一座印度工厂设立在西北海岸的苏拉特地区。后来南部的孟买最终取代苏拉特成为西海岸最主要的商贸中心。在东部沿海，马德拉斯和加尔各答的设防工厂作为最繁华的贸易中心出现。

最初，孟买、马德拉斯和加尔各答彼此之间都是在当地的总经理和资深商人委员会的指导下独立运行管理的。三位总经理也管理着周围地区的小工厂，并直接向伦敦报告。

到 1710 年，公司每年都会派遣 10 ~ 15 艘商船前往东方，有些远至中国，进行茶叶贸易，这是该公司最有利可图的进口产品之一。到印度的往返航行一般需要一年半的时间，其中包括装卸货物和等候顺风时所需要花费的时间。船队一般在秋季或冬季从英国出发，如果一切都顺利的话，大约六个月后也就是 6 月份雨季到来之前就可以到达印度。之后，为了能顺着信风前行，船会在新年的早些时候离开印度，绕过好望角，以免在冬天回到英国。

到了英国，船队在伦敦的东印度公司码头入坞，进口货物在此卸下并准备出售。公司官员举行定期安排的拍卖会，把商品出售给来自英国和欧洲各地的批发商。由零售商销往全国各地，这在很大程度上改变了英国人的饮食习惯和着装风格。

俄国农奴制的形成

早在 10 ~ 11 世纪，在基辅罗斯期间，俄国就出现了农奴制。基辅罗斯的王公、贵族、教会夺取村社的土地，建立大庄园，成为大土地所有者；与此同时，不少农民被迫处于依附地位，但同时也还存在着人数众多的自由农民。当时的农奴制还处在初步形成的过程中。

12 世纪基辅罗斯的分裂和 13 世纪蒙古人的入侵，一度延缓了俄国农奴制的发展。14 世纪，随着莫斯科公国政治和经济实力的增强，外来骚扰减少，俄国的封建经济重新出现较快的发展。15 世纪，封建主以取得月租为条件，把部分新获得的土地分交其臣属掌管。这样便出现了小封地占有者阶层，称为地主贵族或小贵族。地主贵族意识到，在服役期内要从封地上榨取最大收入，就必须有足够的劳动人手，因此都竭力把依附农民固定在土地上。他们规定农民只能在犹利节 (11 月 26 日) 前后一星期之内离开主人家到别的地方去谋生。

1497 年，伊凡三世把这项规定定为法律，推行到全国。到了近代，沙皇们多次制定法令，限制农民的迁徙，犹利节离开地主的权利也被取消了，地主有权在一定的限期内把逃亡的农民追寻回来。这个限期开始规定为 5 年，后来又逐渐延长到 15 年。1649 年，沙皇阿历克谢·米哈依洛维奇颁布《法典》，规定农民不论逃亡多久，只要被找到，就必须连同其家属和全部财产都归还原主。《法典》从法律上确立了俄国的农奴制度，标志着俄国农奴制的最终形成。

伊凡四世

伊凡四世 (1533 ~ 1584 年在位)，为伊凡三世之孙。1547 年，伊凡四世加冕后改称沙皇，开始亲理朝政。

为了加强专制王权，削弱大贵族的力量，1549 年，他进行了一系列改革：在中央设置"重臣会议"，用来辅佐沙皇；颁布军役法，规定世俗贵族均要为国家提供武装骑兵；建立沙皇特辖区，将那些土地肥沃、商业发达、战略地位重要的地区都置于沙皇的直接管辖之下；残酷地剪除许多贵族及其亲属。

1547 年，"恐怖的伊凡"接受加冕，成为沙皇，他在加冕仪式上所戴的皇冠，据说在 11 世纪时曾属拜占庭。

因此在历史上他又被称为"伊凡雷帝"。

1552 年，伊凡四世亲率俄军 15 万人征服喀山汗国。1556 年，又征服阿斯特拉罕汗国，逐渐使整个伏尔加河流域都并入了俄罗斯。但在争夺波罗的海出海口时遭到失败，被迫割让了一部分领土。伊凡四世在统治末期，又开始向东方扩张。1581 年，他占领了西伯利亚西部的失必川汗国的首都西伯尔。1584 年初，54 岁的伊凡四世得重病去世。

彼得大帝改革

彼得大帝是俄国历史上最杰出的沙皇之一，他为俄国夺得几代人梦寐以求的出海口，他的改革使贫穷落后的俄国走上近代化强国之路。

俄罗斯人普遍把胡须这种"上帝赐予的饰物"当作自豪的标志，有一把宽阔密实而且完整的大胡子被认为是威严和端庄的表征。可是，为了改变社会风气，彼得决定先从俄罗斯人的胡须开刀。他宣布剪胡子是全体居民的义务，并亲自动手剪掉了一些高级军官的胡须。但改革在民间却遇到很大阻力，于是，彼得设立了"胡须税"：留须权可以花钱购买，富商留胡须要付很大一笔钱，即每年 100 卢布；领主和官员每年要付 60 卢布；其他居民要付 30 卢布；农民每次进出城要付 1 戈比。有一种专门制造的金属小牌，作为缴纳胡须税的收条。留胡子的人把小牌挂在脖子上，它的正面画着短鬓和胡须的标记，同时写着"须税付讫"的字样。

这是彼得大帝改革中的一个插曲。

彼得出生于 1672 年，10 岁时，彼得被拥立为"第二沙皇"，与同父异母的哥哥伊凡共享皇位。彼得年幼，伊凡愚钝，异母姐姐索菲娅公主掌管朝政。彼得只得随母亲隐居到莫斯科的郊区，在那里和小伙伴们玩军事游戏，建立起两个童子军团，这两个军团后来成为他执政后近卫军的中坚力量。小彼得经常和外国侨民来往，向他们学习数学、航海等知识，受到了西欧文化的影响。1689 年，彼得同贵族之女叶多夫金·洛普辛娜结婚，1696 年又提出离婚，并把妻子送进了修道院。1712 年，彼得同女奴叶卡捷琳娜结婚，后者在彼得死后，成为俄国的第一个女皇。

1689 年，彼得夺取政权，他把国事交给母亲和舅舅等亲信管理，自己仍然操练童子军团，一直到 1694 年母亲去世后，他才开始亲政。彼得是一位野心勃勃的皇帝，1695年，他亲政不久就率3万大军进攻顿河河口的亚速，但由于没有海军而失败。第二年春天，不甘失败的彼得指挥一支仓促建立的舰队再围亚速，土耳其被迫投降。虽然占领了亚速，却暴露了俄国在军事上的落后。于是他在1697年派遣一个使团前往欧洲考察，学习航海、造船和外语。彼得自己也化名加入使团，他沿途参观工场、码头、大学，拜访过大科学家牛顿，还曾在荷兰的造船厂当学徒。第二年夏天，彼得担心国内发生叛乱而回国。1700年，彼得发动对瑞典的突然袭击，但由于俄国的落后，在纳尔瓦大战中被瑞典打得大败。

彼得大帝是18世纪初期俄罗斯的统治者，俄国历史上被尊为大帝的第一人。他全力以赴地将封闭保守的俄罗斯转变成一个真正的帝国。

为了实现富国强兵，彼得在经济、政治、军事、文化等方面推行了一系列欧化政策，使俄国迅速成为欧洲强国。

在经济方面，彼得大力发展工业，为俄国的强盛奠定了工业基础。他积极建造基础设施，建设通商口岸，发展国内贸易，并实行保护关税政策，奖励输出，限制输入。军事方面，他建立了一支由步、骑、炮、工组成的20万人的正规陆军和一支由48艘战舰、大批快艇和近3万名水兵组成的海军舰队。文化教育方面，他建立了众多培养专门人才的学校，并派遣留学生到西欧学习，规定贵族子弟必须接受教育，必须学会算术和一门外语。此外，他还建立了俄国的第一个印刷所、博物馆、图书馆以及剧院，创建了第一份全俄报纸《新闻报》，并亲任主编，又于1724年开始筹建俄罗斯科学院。政治上，他把宗教权控制在国家和自己手中，改革了行政管理制度，加强了中央集权。这些改革改变了俄国生产力水平低，工商业和文化不发达的局面，为俄国跻身于欧洲强国之列奠定了基础。

在国内改革的同时，彼得发动了连绵不断的战争，从东南西北各个方向拓展了俄国的领土，他在具有战略意义的涅瓦河口修建了彼得堡要塞，建造起木屋城堡，并在1713年把首都由莫斯科迁往彼得堡。1714年，俄军占领瑞典首都斯德哥尔摩。1721年，瑞典被迫与俄国签订和约，把波罗的海的里加湾、芬兰湾及沿岸的爱沙尼亚、拉脱维亚等地割让给俄国。在不到20年的时间里，彼得把彼得堡由几个小村庄变成了拥有7万人的大城市。

1725年1月28日，彼得大帝在彼得堡去世，享年53岁。

英法七年战争

18 世纪前期，英、法为争夺殖民地和制海权而矛盾重重；奥地利和普鲁士为争夺撒克逊、波兰等地区和德意志诸侯国的霸主地位，斗争日益激烈；俄罗斯先后战败瑞典和土耳其，成为欧洲强国，但普鲁士的强大成为俄进一步南下扩张的严重障碍；瑞典想从普鲁士手中夺取波美拉尼亚。在这种情况下，各国积极展开外交，寻求同盟，欧洲逐渐形成以英、普为首和以法、奥、俄为首的两大同盟集团，战争不可避免。

1756 年 7 月，法奥俄同盟反普呼声高涨。普鲁士国王腓特烈为防止反普势力联合，决定采取主动进攻，争取战争的主动权。他把军队分成 4 路，用 3 路大军防守和牵制俄国，他亲率第 4 路大军于 1756 年 8 月 28 日对撒克逊发动突然攻击，一举攻占了德累斯顿，封锁了皮尔那，迫使撒克逊投降。前来支援的奥军被普军在罗布西兹击溃，普军乘胜进攻布拉格。

普军入侵撒克逊，法、俄等国极为震怒。于是，法奥俄联盟决定出动 50 万大军围攻普军。面对联军的大举围攻，腓特烈并不害怕，他频频调动军队，抗击各路敌军。

11 月 5 日，普军和联军在罗斯巴赫附近相遇。联军统帅索拜斯凭借兵力优势，想迂回侧翼突击，力求速战。腓特烈识破敌方意图后，立即命令部队移师贾纳斯山上。索拜斯误以为普军在全面撤退，下令全面追击。联军的整个队形杂乱无序，盲目进攻，预备队也冲到前面，侧翼完全暴露出来，给普军的进攻提供了明确的目标。

负责监视的 4000 名普军骑兵在联军攻近时，如尖楔一般插入敌人的正面和右翼。贾纳斯山上的普军炮兵同时向联军发出猛烈的火力，撕开了联军的整个队形。在普军的攻击下，联军溃败，损失 8000 余人，普军仅伤亡 500 余人。

贾纳斯山大战结束后，腓特烈并没有宿营过冬，而是采取突袭策略，连连

普鲁士的腓特烈大帝

打击联军。12月4日，联军在鲁腾占领了一个较好的防御性阵地，沿着阵地，联军排列阵形长达8千米，兵力是普军的3倍。5日凌晨，对地形极为熟悉的腓特烈发现敌人阵地过长的弱点，于是派小股骑兵佯攻联军的右翼，把优势兵力隐蔽起来，以防止暴露作战意图。受到攻击的右翼联军误认为是普主力军，遂从预备队和左翼调兵支援，左翼兵力薄弱。腓特烈立即命主力军由4支纵队变为2支纵队，采用斜切战斗队形向敌人左翼发起突然袭击。局部人数占优的普军使联军阵形大乱，不久便溃不成军，普军骑兵趁势猛冲敌人阵地。双方激战至夜幕降临，联军全部崩溃，其中奥军遭到毁灭性的打击。随后的时间里，普军和联军互有胜负。

1759年8月12日，俄奥两军联合在普鲁士腹地库勒尔斯多夫与普军展开会战。仅有2.6万人的普军仍采用主动出击策略，向拥有7万余人的俄奥联军阵地发起长达3个小时的猛烈炮轰，随后以斜切队形发起进攻，顺利夺取了米尔山阵地，向联军中央阵地发起冲击。联军被迫顽强防守，猛烈的炮火阻击住普军精锐骑兵的进攻。接着，联军展开猛烈的反攻。已精疲力竭的普军抵挡不住敌人的冲击，纷纷逃离战场。

这次战役成为七年战争的转折点，从此，普军元气大伤，被迫转入战略防御。战争随后又拖了4年之久，双方各有胜负。同时，英、法的海上战争也十分激烈，各国之间争战不休，欧洲陷入一片混战之中。1762年，英国人背弃了普鲁士，率先与法国单独缔结停战协议，使普鲁士陷入孤立。交战各国这时都已精疲力尽，无心再战，遂相继签订停战协议，一场规模浩大、席卷欧洲的战争宣告结束。

七年战争使英国真正成为海上霸主；法国受到削弱；俄国加强了在欧洲强国地位；普鲁士的特殊地位在德意志得以巩固，欧洲格局发生了较大变化。

叶卡捷琳娜二世

叶卡捷琳娜二世本名叫索菲娅·奥古斯塔，是德意志一个小公爵的女儿。幼年时，索菲娅受到法国启蒙思想家的影响，经常给孟德斯鸠写信。这种书信往来持续了很长时间，后来她当女皇后仍是这样。1744年，15岁的索菲娅随母亲来到俄国，改名为叶卡捷琳娜·阿里克塞耶芙娜，并在第二年同后来的沙皇彼得三世结婚。

叶卡捷琳娜来到一个完全陌生的环境中，与丈夫彼得的关系又不好，因此常感到孤独寂寞。她把时间用在读书和了解俄国上，为自己积累了丰富的知识。同时她也处心积虑地积蓄力量，取得了俄国贵族和军队的支持。1762年，叶卡捷琳

叶卡捷琳娜每天大部分时间都在阅读、书写备忘录及信件或签署政令中度过。

娜在近卫军军官的支持下发动政变，囚禁了继位仅半年时间的丈夫彼得三世，三天后又将其杀害，自己登上了俄国沙皇的宝座。

叶卡捷琳娜即位后的国内形势很不稳定，反对她篡位的贵族大有人在，但她采取了一系列维护贵族特权、加强贵族专政、巩固农奴制度的措施，稳定了自己的政权基础。她把俄罗斯的农奴制度推广到乌克兰、白俄罗斯和波罗的海沿岸广大被征服的地区，并规定农奴是地主的私有财产，可以随意买卖。她还把大量国有农民连同土地赠送给贵族，这样到18世纪初，全国人口的49%已变成农奴，叶卡捷琳娜在位期间也是俄国农奴制高速发展时期。

同时，她改革了中央和地方的政权机关，建立起高度集中的专制制度，采取一系列措施鼓励工商业的发展，使俄罗斯帝国的国力在彼得一世后再次获得了迅速发展，进入了鼎盛时期。她还接受了法国启蒙思想家的"开明专制"的政治主张，和伏尔泰、狄德罗等法国思想家交往密切，在1767年夏天召集"新法典起草委员会"会议，宣扬了自己的君主专制、严厉的法治主义以及法律面前人人平等的思想。由于她的卓越才能和成就，她成为继彼得一世后第二个被俄国贵族授予"大帝"称号的沙皇。

巩固政权之后，叶卡捷琳娜二世继承彼得大帝的衣钵，开始大举对外扩张。她在1768～1774年和1781～1791年两次发动对土耳其的战争，夺取了亚速海及黑海沿岸地区，兼并克里米亚汗国，并取得黑海至地中海的航行权。她还3次参加瓜分波兰，为俄国取得第聂伯河以西的乌克兰、白俄罗斯、立陶宛等地。到18世纪末，俄国虽然在政治、经济、文化上仍大大落后于西方国家，可是由于广大的幅员与强大的军力，它却已跻身于欧洲列强之列了。

连续多年的对外战争，消耗了俄罗斯帝国大量的财力物力，而这些负担都转嫁到农民身上。在叶卡捷琳娜二世的纵容下，贵族们穷凶极恶地压榨农民，终于在1773年酿成俄国历史上最大规模的普加乔夫农民起义。叶卡捷琳娜二世利用起义军缺乏统一指挥、各自为战的弱点，用了两年多时间就镇压了这次起义。

叶卡捷琳娜二世无疑是俄国历史上最野心勃勃的皇帝之一。她在 48 岁时有了第一个孙子，取名为亚历山大，意思是希望孙子学习古代的亚历山大大帝，使俄国成为横跨亚、非、欧三大洲的大帝国；50 岁时有了第二个孙子，取名康斯坦丁，希望他成为君士坦丁堡的征服者。她甚至说："要是我能活到两百岁，整个欧洲都是俄国的。"叶卡捷琳娜二世晚年还念念不忘建立俄国的世界霸权，企图建立一个包括 6 个都城（彼得堡、莫斯科、柏林、维也纳、君士坦丁堡、阿斯特拉罕）的俄罗斯帝国，而且要侵入波斯、中国和印度。可是她的野心未能实现，1796 年 11 月 6 日，她因为中风去世，享年 67 岁。

对土耳其的战争

为了打开由黑海进入地中海的通道，叶卡捷琳娜二世先后对土耳其发动了两次战争。

第一次战争 (1768 ~ 1774 年)，俄国从土耳其手中夺得了第聂伯河河口和克里米亚一带，还获得了在博斯普鲁斯和达达尼尔海峡通航的权利。第二次战争 (1787 ~ 1791 年)，俄国又从土耳其那里得到了南布格河和德涅斯特河之间的大片土地，并把克里米亚正式并入俄国，从而巩固了在黑海北岸的地位。通过这两次战争，俄国最终获得了黑海出海口。

普加乔夫起义

18 世纪中后期，随着商品货币经济的发展，俄国资本主义生产关系日渐形成，专横的农奴封建体制由昔日的彼得盛世开始衰落。为维护沙皇统治和封建帝制，俄国的对外扩张始终没有停止，连绵的战争加重了人民的负担，挥霍无度的封建主加剧了对农民的剥削和压榨。土地慢慢被地主等贵族侵占，苛捐杂税和种种的劳役使农民群众处在水深火热之中，阶级矛盾尖锐，反压迫、反剥削的吼声越来越强烈。

普加乔夫出生在顿河流域的一个贫穷的哥萨克家庭。他在哥萨克军中任少尉，参加过俄波、俄土战争，因不满沙皇的统治，从部队中逃回家乡。1773 年 9 月 17 日，普加乔夫利用广大农民对沙皇的信仰，自称是被杀的彼得三世，并发布诏书、宣传檄文，集聚 80 人于 18 日开始攻打雅伊克城，掀起了普加乔夫起义的序幕。

1773 年 9 月普加乔夫率领群众起义。

起义军没有多少枪炮，面对设防坚固，重兵布防的雅伊克城，普加乔夫放弃攻城而绕道沿雅伊克河而上，直逼俄军在东南部的军政要地奥伦堡。一路上，农民、哥萨克、鞑靼人等非俄罗斯民族群众、逃亡士兵、厂矿工人纷纷加入起义军行列，起义队伍迅速壮大。9 月 21 日，起义军攻占了伊列克镇，缴获了大量火炮、弹药和粮食。沿路各要塞纷纷不战而降，起义军的声势越来越大。10 月 5 日，起义军进抵奥伦堡时，人数增至 2500 余人，还有了 20 门大炮。

奥伦堡是俄国的军政要地，有重兵把守，城池坚固，对于人数和武器均处于劣势的起义军来说，攻克它实非易事。强攻的失败使普加乔夫改变策略，实施围城打援，封锁奥伦堡。

女沙皇叶卡捷琳娜二世派卡尔率领 3500 名政府军前去镇压起义军，解围奥伦堡。政府军行至尤泽耶瓦村时遭到起义军伏击而惨败。沙俄当局急忙从西伯利亚等地调集军队，再次前往起义军地区，又遭到起义军的突袭而溃败。

1773 年 12 月，起义军扩大到 2.5 万人，火炮增至 86 门，势力扩展到俄东南部大部分地区。为更好地领导起义，行伍出身的普加乔夫按正规军编制起义军，成立军事委员会进行指挥。

寒冬来临时，普加乔夫命令少部分部队监视奥伦堡俄政府军的动向，主力军在别尔达休整。他放弃了进一步向伏尔加河流域进军的机会，从而失去了当地准备支持声援的群众，使起义范围仅限于俄东南一隅，为沙俄政府调集军队赢得了时间。

1773 年 12 月，俄政府派上将比比科夫率领 6500 余人、30 门大炮增援奥伦堡。忙于休整的普加乔夫对政府军的再次镇压并不重视，但政府军在比比科夫的率领下，凭借优势兵力，屡战屡胜，连克数镇，很快攻克了布坦卢克镇。普加乔夫这时才从主力中调集部分军力，前去截击，但为时已晚。1774 年 3 月 22 日，两军主力在塔季谢瓦要塞附近相遇，开始了起义军与政府军第一次大规模会战。

激战开始，勇敢的起义军和政府军用炮火对射。在炮火的掩护下，双方展开了短兵搏斗。在训练有素、纪律严明的政府军面前，起义军虽然顽强，但纪律涣散，相互不会策应，根本没有什么配合。经过 6 小时的激战，普加乔夫主力军损失惨重，火炮尽失，他带着 500 人冲出重围。

普加乔夫退到乌拉尔山，重新组织起义军，巧妙运用游击战术摆脱政府军，向伏尔加河进发。1774 年 7 月 12 日，普加乔夫强攻喀山，在阿尔斯克被政府军痛击，起义军几乎全军覆没，普加乔夫被迫逃往伏尔加河右岸。在这里他得到农奴和人民的支持，起义军直接威胁到莫斯科。这时俄土战争结束，俄军在苏沃洛夫的率领下追击南下的普加乔夫。1774 年 8 月 25 日，双方在索里津附近展开决战，起义军惨败，剩余不到 50 人。在溃退中，普加乔夫被叛徒捆绑交给政府军。

1775 年 1 月 10 日，普加乔夫在莫斯科被处决，起义失败。

这次农民起义震撼了沙俄的封建农奴制度，表现出人民群众非凡的勇气和果敢精神。起义虽然失败，但客观上它对俄国发展起到了促进作用。

瓜分波兰

波兰大诗人密茨凯维支在《给波兰母亲》一诗中写道："虽然一切民族、国家、教派都彼此相爱 / 虽然全世界都在高唱着和平 / 但你的孩子却只有殉难的死亡 / 只有不能获得光荣的战争。"这首诗反映了多灾多难的波兰人民在外国占领者的铁蹄下的悲惨命运和痛苦呻吟。

波兰人祖先是来赫人，属于西斯拉夫人的一支，居住在维斯瓦河与奥得河一带。9 世纪时，波兰建国，成立了皮亚斯特王朝。966 年，波兰人接受了基督教。1320 年，斡凯塔克一统波兰地区，加冕为波兰国王。1386 年，立陶宛与波兰合并，成为一个欧洲大国，定都华沙。1683 年，土耳其大军围攻维也纳，波兰国王索比斯基亲自率领波兰骑兵救援，与奥地利军队联合，大败土耳其人，拯救了整个欧洲。

但到了 17 世纪中叶，波兰开始衰落。国内农奴制盛行，严重制约了经济的发展。在政治上，波兰处于分裂、割据的状态，没有建立一个强有力的中央集权政府。波兰实行的是"自由选王制"（国王由议会选举产生，外国人也有资格参选），这导致波兰王位频繁更迭，很多外国人当上了波兰国王，在 1572 ~ 1795 年中的 11 位国王里竟有 7 名外国人！另外，波兰议会的"自由否决权"制度（议会决议只要有一人反对就不能通过）使波兰无法进行有效统治，很多会议根本达不成任

华沙古老的街道

华沙地处欧洲中部，既没有御敌的天然屏障，又夹在列强中间，自古以来不断受到侵略。拿破仑时代成立了华沙大公国，但不久大部分国土被俄国吞并。

何决议。混乱中的波兰日益衰落，成为强邻侵略的目标。

波兰西临普鲁士，南临奥地利，东面与沙皇俄国接壤。这一时期的三国国力蒸蒸日上，对土地和财富有着强烈的渴望，衰弱的波兰自然成为他们掠夺的对象。普鲁士、奥地利和沙俄联合起来，先后3次瓜分波兰。

第一次是在1772年。沙俄女皇叶卡捷琳娜二世把波兰视为沙俄通向西欧路上的障碍，总想除之而后快。普鲁士、奥地利两国也对波兰虎视眈眈。1763年10月，波兰国王奥古斯都三世去世，沙俄女皇叶卡捷琳娜二世强迫波兰议会选举亲俄大贵族波尼亚托夫斯基为新国王，以方便控制波兰。面对严重的民族危机，部分波兰爱国贵族掀起爱国革新运动，并于次年2月发动了反俄起义。沙俄趁机出兵，镇压了起义，大力扶植亲俄派贵族，普、奥也同时出兵入侵波兰。1772年8月，俄、普、奥三国在沙俄首都圣彼得堡签订瓜分波兰的条约。根据条约，沙俄得到了第聂伯河中游和西德维纳河以东的地区，普鲁士得到了西普鲁士省（但泽除外），奥地利得到了加里西亚地区（克拉科夫除外）。波兰丧失了35%的领土和33%的人口。

面对严峻的形势，部分爱国贵族主张进行改革，制定新宪法，废除"自由否决权"。这损害了很多亲俄大贵族的利益，引起了他们的不满。于是他们向沙俄求援，沙俄和普鲁士随即派兵侵入波兰，扼杀了这次改革。1793年，俄、普再次

·大诗人密茨凯维支·

　　密茨凯维支是波兰历史上最伟大的诗人。波兰的近代史就是一部屈辱史，密茨凯维支对此感到痛心疾首，他将满腔悲愤倾注在笔下，写成了一篇篇动人的诗篇。密茨凯维支在中学任教期间加入了波兰青年爱国组织"爱学社"，他的爱国活动引起了俄国的注意，于是被流放到俄国。在那里，他结识了很多俄国文学家。后来他定居巴黎，1848年意大利革命爆发后，密茨凯维支组织了一支小部队参战，但不幸失败。1855年不幸逝世。

瓜分波兰。沙俄得到了德涅斯特河上游以北、西德维纳河中游以南和第聂伯河以西的大片领土，普鲁士得到了但泽和波兹南等城市在内的土地。奥地利因正在和法国作战，所以没有参加。

在这种亡国灭种的危急时刻，1794年，在波兰民族英雄塔代乌士·科希秋什科和扬·基林斯基等人的领导下，克拉科夫地区的波兰人举行了大规模的武装起义，点燃了反抗外国侵略的第一把大火。起义军推翻了懦弱无能的国王，建立起临时政府。但随后俄普联军进攻波兰，镇压起义。起义军宁死不屈，同外国侵略者展开了殊死搏斗。在激战中，科希秋什科不幸坠马被俘，身负重伤的扬·基林斯基被起义者埋在堆积如山的尸体中，但也被敌人搜出，押解到圣彼得堡。其他的起义军被流放到冰天雪地的西伯利亚，遭受非人的折磨。

在镇压波兰起义后，1795年10月，俄、普、奥三国签订协定，对波兰进行了第三次瓜分，将波兰瓜分完毕。在瓜分波兰过程中，沙俄占领的土地最多，达46万平方千米，占原波兰领土的62%，普鲁士占领了14万平方千米，占原波兰领土的20%，奥地利占领了12万平方千米，占原波兰领土的18%。波兰从此在欧洲版图上消失了100多年，直到第一次世界大战后才复国。

俄土战争

俄国随着势力的增强，对外扩张的野心越来越大。1768～1774年的俄土战争，虽然使俄国取得了黑海的控制权，但进一步南下的野心并没就此而止。1777年4月，俄军又攻克了克里木，占领了整个库班地区，随后又向格鲁吉亚挺进。奥斯曼土耳其面对咄咄逼人的俄国也不甘示弱，强烈要求俄国归还其土地，并声明格鲁吉亚是土耳其的属地，还对进出海峡的俄国商船进行严格检查和限制。俄国并不理会，积极进行外交活动，准备对土耳其发动战争，土耳其也与瑞典结盟做好应战准备。

为赢得战争的主动权，土耳其舰队企图在金布恩登陆，攻击俄军。1787年9月2日，土耳其舰队向停泊在金布恩附近海域的俄国两艘巡逻舰发起袭击，俄舰队立即向敌人反击，在要塞炮兵积极配合下，击退了敌人的进攻。10月12日，5000名土耳其士兵在炮火的掩护下再次从金布恩强行登陆，准备攻占要塞。守城的苏沃洛夫是位杰出的军事指挥家，他率领防守军奋勇拼杀，击退敌人的进攻，并乘胜追击，几乎全歼敌人，给土耳其一记重创，打乱了土耳其的作战部署。

1788 年 1 月，按照和约，俄国盟国奥地利宣布对土开战。6 月，波将金指挥俄主力部队分水陆两路围攻战略要地奥恰科夫。7 月 14 日，双方舰队在费多尼亚岛遭遇，展开激战。俄军抢占上风，痛击敌舰，陆上继续对奥恰科夫进行围困。12 月 17 日俄军发起总攻，激战数小时，奥恰科夫被攻克。俄军围攻奥恰科夫之时，瑞典对俄宣战，准备从波罗的海进攻圣彼得堡，遭到俄舰队的阻击，虽未分胜负，但登陆计划被打乱。瑞典国王只好率 3.6 万人从陆上进攻彼得堡，但队内芬兰籍官兵拒绝越境作战，瑞典计划再次破产，只好带兵回国。

1789 年 7 月，俄、奥两军会师。8 月 1 日，在福克沙尼遭到土骑兵的袭击。土骑兵依托森林的掩护，与联军周旋。苏沃洛夫一面从正面牵制敌人，一面指挥联军向森林的两侧迂回，直扑敌人阵营。经过 10 小时的激战，消灭敌人 1500 余人。奥地利军队驻守福克沙尼，9 月，土耳其主力反扑而至，福克沙尼告急。18 日，苏沃洛夫率领 7000 余人隐蔽行军，与奥地利军会合，于 21 日夜偷渡雷姆纳河。次日凌晨向土军阵地发起突然袭击，雷姆尼克会战开始。土军虽然经过 12 小时的顽强抵抗，但最终放弃阵地溃退，土耳其的整个计划被打乱。俄军趁势一举攻克了宾杰拉，阿克尔曼城不战而降，俄军控制了整个摩尔多瓦。

1790 年，瑞典企图进攻圣彼得堡的计划破灭，双方海战势均力敌，不分胜负，便与俄签订和约。9 月，奥地利也因种种原因单独与土耳其签订停战和约。俄土双方都失去盟军后，战争也进入关键阶段。

10 月中旬，俄陆军向伊兹梅尔挺进。伊兹梅尔位于多瑙河左岸，防御工事坚固，它控制着多瑙河下游，直接威胁俄军的侧翼和后方，战略位置极为重要。12 月，苏沃洛夫指挥陆军 3.1 万余人开始了对伊兹梅尔的围攻。土耳其守兵有 3.5 万人，大炮 265 门，再加上坚固的防御，俄军连续强攻两次，都被敌人猛烈的炮火击退。苏沃洛夫对伊兹梅尔周围地形及敌人的防守情况进行详细侦察。18 日，苏沃洛夫给土耳其首领发一封劝降信，意欲从思想上动摇敌人，但遭到拒绝。于是他兵分三路，从东南西三个方向同时发起猛攻。南面防御较为薄弱，他把 2/3 的兵力和 3/4 的火炮集中在南路。22 日凌晨，俄军在黑暗和浓雾的掩护下开始排兵布阵，三路大军同时发起猛攻。守城土军主动出击，向俄军猛烈开火，但土军的被动局面始终未扭转。8 时许，城池被攻破，土耳其士兵顽强地与敌人展开激烈的巷战。16 时战斗结束，土耳其士兵死的死、降的降，全军覆没，俄军也付出 1 万人的惨重代价。

主力尽失的土耳其在随后的战斗中屡战屡败，被迫于 1792 年 1 月与俄签订《雅西和约》，土耳其承认沙俄兼并克里木，也放弃了格鲁吉亚。

俄土战争实现了沙俄称雄黑海的野心，从而为其进一步向巴尔干、地中海和中亚方向的侵略扩张创造了有利形势。

英国对北美的压制

1763 年，英国以财政亏空 1.4 亿英镑的代价打赢了七年战争。英国统治集团处心积虑要把战费支出转嫁到北美殖民地人民头上，同时企图通过高压政策加紧对殖民地的控制。

1763 年 10 月，为了限制殖民地扩大，以利于英国控制和征税，英国颁布英王敕令，禁止殖民地人民向阿巴拉契亚山脉以西移民。1764 年，颁布《食糖条例》，对许多进口商品征收高税，并严格管理糖和糖浆的贸易。同年还颁布《通货条例》，禁止北美殖民地发行纸币和用贬值的殖民地纸币偿还宗主国债权人的债务。

为镇压殖民地人民的反抗和保证关税收入，英国在北美殖民地驻扎了正规军 1 万人。而为了转嫁驻军的开支，1765 年又颁布《印花税条例》，规定北美殖民地的一切新闻报纸、小册子、执照、商业文件和合法文书，甚至毕业文凭，都必须加贴印花，也就是都必须付税，违者受罚。北美殖民地人民反抗印花税的高潮，是殖民地人民抗英斗争的转折点。"自由之子""通讯委员会"等反英群众组织先后在各地出现，人们抵制征税，捣毁税局，焚烧印花税券，将英国税吏游街示众。英国政府被迫废除了《印花税条例》。

从 1766 年起，英国统治集团又多次颁布《唐森德条列》，规定征收自英国输入殖民地的货物的入口税；规定英国关税税吏有权闯入殖民地任何民房、货栈、店铺，搜查违禁品及漏税的走私货物。波士顿商人领导了全殖民地的抵制英货运动，结果从 1766 ~ 1769 年，英国输入殖民地北部的贸易总额由 1363 万英镑降至 504 万英镑。英国政府于 1770 年被迫废除了《唐森德条例》。

波士顿倾茶事件

英国政府虽于 1770 年被迫废除了"唐森德条例"，但其中某些条例如征收茶叶税则未废除。北美人民对此异常愤怒，掀起了不饮茶的抗议运动。垄断茶叶贸易的东印度公司由于经营不善，濒于破产。

英国政府为了帮助东印度公司摆脱困境，卖掉积压的 1700 万磅茶叶，于 1773 年通过一项《茶叶税法》，准许东印度公司享有到北美倾销茶叶的专卖权，让东印度公司每磅茶叶缴纳 3 便士轻税后，就可以直接卖给零售商，同时禁止殖民地人民走私茶叶。英国政府的目的在于用低廉的茶价引诱北美人民饮用东印度公司的倾销茶。

北美人民拒绝饮用东印度公司的倾销茶，费城、纽约、查尔斯顿等港口的人民反对英国茶船卸货。12 月 16 日，波士顿 8000 市民集会，要求运茶船达特摩斯号离开港口。这一要求遭到英国殖民者的拒绝。当晚，由波士顿青年组织的波士顿茶党，化装成印第安人，夜间登上茶船，将船上 300 多箱茶叶倾入海中。英国于 1774 年下令封闭波士顿港。波士顿倾茶事件是北美人民以暴力反对殖民统治的开始。

第一届大陆会议

第一届大陆会议是英属北美 13 个殖民地的代表会议，独立战争期间的革命领导机构。1774 年，北美的革命形势已经成熟，为了使北美反殖民的力量团结起来，马萨诸塞州和弗吉尼亚州的议会建议于 9 月 5 日在费城召开第一届大陆会议。会议如期在费城召开。参加大会的各州代表共 55 名，主要为富商、银行家、种植园奴隶主。代表们多数主张采取"合法"行动，反对与英国决裂。会议通过了《权利宣言》，宣称美洲殖民地有生存、自由和享有财产的权利。会议决定向英国上请愿书，要求英国取消征税法及其他压迫政策，要求不经殖民地同意不得擅自向殖民地征税。请愿书表示愿意向英国效忠。会议还决定，在没实现上述要求之前，断绝一切与英国的商业关系。

莱克星顿枪声

从 16 世纪开始，北美洲逐渐成为欧洲列强的殖民地，各国都有移民移居北美。经过 100 余年的发展，美利坚民族渐渐形成。18 世纪中叶，英国在北美大西洋沿岸建立了 13 个殖民地，并阻止当地资本主义经济的发展，企图把这些殖民地变成英国工业品的销售市场和廉价原料的供应地，加大对殖民地的掠夺与压榨。英法七年战争结束后，英国在殖民地增加税收，控制出海权，把战争损失转嫁到北美人民的身上，双方矛盾日益激化。英国为独占西部，禁止向西移民，切断了北美人民的谋生之路，同时也限制了资产阶级对西部的开发，北美人民不断掀起反抗，从经济、政治斗争渐渐演变成武装冲突。

1774年9月5日，英属殖民地代表在费城成立"大陆会议"，并秘密组织民兵武装，在康科德备有军需物资库。这一消息被英殖民者麻省总督盖奇知道后，于1775年4月18日派史密斯上校带兵收缴。民兵在莱克星顿一役中，牺牲了18人。毁掉军需物资的英军在撤退时受到全莱克星顿人民武装的包围，英军且战且退，伤亡259人。

莱克星顿枪声是美国独立战争中的第一次战役，它震动了整个北美殖民地。民兵迅速集合起来，包围了波士顿。5月10日，大陆会议在费城召开第二次会议，决定成立一支真正的革命军队——大陆军，由华盛顿任总司令。

缺枪少弹的大陆军凭借满腔热情，攻占了加拿大的蒙特利尔，打退了波士顿的英军，击败了南部查尔斯顿的殖民者。1776年7月2日，大陆会议通过了《独立宣言》，大陆军成为合众国武装，整个北美殖民地人民情绪激昂。华盛顿率领军队接连取得胜利，迫使英军退出新泽西州中西部。

英军欲以加拿大为基地，先平定北部新英格兰和纽约的美军，再向中南部推进。伯戈因遂带领加拿大英军南下，计划与纽约豪的驻军会合。但豪改变计划南下，伯戈因失去接应，新英格兰境内的民兵不断阻击和骚扰，伯戈因无法获得充足的补给，行动迟缓。

9月19日，处于困境的伯戈因决定放弃交通线，破釜沉舟向南进发，在弗里曼农庄向美军发起进攻。美军的顽抗使英军损失惨重，伤亡600余人。10月7日，英军再次进攻，又遭到美军痛击，伯戈因被迫撤退。10月12日，退到萨

莱克星顿枪声

拉托加附近的伯戈因发现被追击的美军包围，只好投降。16日，与美签订《萨拉托加条约》。

萨拉托加的胜利，是美国独立战争的转折点。国际反英势力纷纷支援美国，法、西、荷等国相继对英宣战，英国在国际上处于孤立状态。

英军将战略重心转移到南方，先征服佐治亚州，又逼降查尔斯顿的美军，随后攻占了南卡罗来纳。1780年12月，华盛顿任命洛林为南部美军总司令。洛林将部队分散开来，展开游击战。1781年1月17日，在考彭斯歼灭英军1100人。3月15日，在吉尔福德重创英军。同时，法国舰队在海上与英军周旋，也大大牵制了英军的陆上攻势。

4月，美军在法、西、荷等国海上舰队的配合下，开始大规模反攻，迫使英军退守海岸线。8月，英统帅康沃利斯将南部主力集中在弗吉尼亚半岛上的约克敦，以便与纽约驻军相互策应。华盛顿率领美法联军1.6万余人，从水陆各方包围了约克敦，切断了英军与纽约驻军的联系。10月9日，联军发起总攻，分别从左右两方同时向约克敦发炮。火炮的巨大吼声持续了十八九个小时，英军逐渐支持不住。16日，试图从海上逃跑的英军又因暴风吹散了准备好的船只而无法撤离。17日，失去反攻能力的英军只好投降。

1783年11月3日，美英签订和约，英国承认美国独立。美国独立战争宣告结束。

美国独立战争打碎了英国的殖民统治，实现了美国独立，掀起了美洲殖民地人民谋求独立的革命浪潮，开创了资产阶级革命的新纪元。

美国《独立宣言》

1743年4月13日，杰弗逊出生于弗吉尼亚。杰弗逊接受了良好的教育，少年时就通晓拉丁文和希腊文，阅读了很多古典名作。1760年，杰弗逊考上了威廉·玛丽学院。在求学期间，他每天学习达15小时，浏览了很多启蒙运动时期英法大思想家、大哲学家的作品，视野日益开阔，思想日渐深刻，为他成为美国历史上出类拔萃的人物奠定了基础。1767年，杰弗逊取得了律师资格，后来又当选为弗吉尼亚议员，开始从政。

随着北美殖民地经济的快速发展和英国对殖民地剥削日益加重，北美人民和英国宗主国的矛盾日益尖锐。起初杰弗逊并没有产生独立的念头，后来他看了一本宣扬独立的小册子《常识》。《常识》的作者大声疾呼，北美殖民地的前途和命运在于摆脱英国的殖民统治宣告独立。当时殖民地人民反英斗争日益高涨，杰弗逊也投身于北美独立运动的洪流之中。

1776年6月7日，在费城举行的第二届大陆会议上，弗吉尼亚代表理查德·亨利·李提出了一个议案，要求解除对英国国王的一切效忠，争取外国政府的援助，殖民地成立一个独立自主的国家。经过简短的讨论，大会决定任命托马斯·杰弗逊、约翰·阿丹姆斯、本杰明·富兰克林、罗杰·谢尔曼和罗伯特·李文斯顿5人组成一个委员会，负责起草一份宣言，宣布与英国决裂。虽然其他几人都比杰弗逊年长，但大家都一致推举他为执笔人。

从6月11日到28日，在两个多星期的时间里，33岁的杰弗逊把自己关在屋子里，奋笔疾书。他绞尽脑汁，反复修改，仔细推敲，以求尽善尽美。在杰弗逊写《独立宣言》期间，他的母亲和一个孩子刚刚去世，妻子又卧病在床。杰弗逊强忍着内心的巨大痛苦，以坚强的毅力，完成了这一庄严、艰巨而又伟大的任务。7月4日，经过大陆会议短暂讨论和修改后，13块殖民地的56名代表在《独立宣言》上郑重签字，正式批准通过。

7月8日，在宾夕法尼亚州大会堂的院子里，大陆会议向群众宣读了《独立宣言》。群众纷纷将帽子、鲜花抛到空中，大声欢呼。广场上礼炮齐鸣，军队列队游行。教堂的钟声响了一整天，一直持续到深夜。

《独立宣言》第一部分深受启蒙运动中法国哲学家卢梭的"社会契约论"和英国哲学家洛克的"天赋人权说"的影响，阐述了人生而平等，造物主赋予人们固有的、不可转让的权力，包括生存权、自由权和追求幸福的权力。主权在民，人民根据契约组成国家。第二部分谴责了英国在殖民地的残暴统治和肆意掠夺，已经成为迫害人民的政府，阐述了殖民地人民要求独立的原因。它痛斥英王乔治三世的种种罪行："他拒绝批准对公共福利有用和必要的法律，屡次解散州议会；派遣大批官员和军队控制殖民地的人民，搜刮民脂民膏；任意向殖民地人民征税；掠夺殖民地的船舶，骚扰沿

起草《独立宣言》的委员会成员们站在主席约翰·汉考克面前，站立者中左数第四人为杰斐逊。

海地区，焚毁城镇和乡村，杀害人民。"第三部分，《独立宣言》向全世界庄严宣布："我们以善良的殖民地人民的名义，向全世界郑重宣布，我们这些联合起来的殖民地从此成为，而且名正言顺地成为独立自主的美利坚合众国。从今以后，取消一切向英国王室效忠的义务，断绝一切和大不列颠的政治关系。我们是自由独立的国家，拥有宣战、结盟、缔约、通商以及一切独立国家所拥有的权力。"

《独立宣言》的发表，对号召北美人民同英国殖民者进行斗争以获取独立起到了巨大作用，为独立战争提供了理论基础，充分表明了殖民地人民建立自己的独立国家的决心，是殖民地人民走向成熟的里程碑。《独立宣言》是资产阶级思想史上的重要文献，被马克思称为"世界上第一个人权宣言"。

华盛顿

在讲究礼节这方面，美国首任总统华盛顿是出了名的。少年时，他为了使自己显得温文尔雅，编写过非常周密详尽的《待人接物行为准则》。成年后，他对自己的形象更是严格要求。他的丝线长袜和带银扣的鞋子是从英国进口的，无论在什么情况下他总忘不了修饰头发。在总统任期内，他拒绝在办公室和别人握手，觉得这种亲热礼节有失总统的尊严。因此，他总是以点头来代替握手。

华盛顿 1732 年出生于弗吉尼亚，父亲早年去世，后由哥哥劳伦斯抚养长大。大约七八岁时，他的哥哥劳伦斯从英国学成归来，兄弟俩虽然年龄相差 14 岁，但感情相当融洽。学识过人、风度翩翩、富于男子气概的哥哥成了华盛顿心目中的偶像。后来哥哥整备行装，奔赴西印度群岛战场，他开始从哥哥的信中和其他来源了解到一些战斗故事，从那时起，华盛顿的一切游戏都带有了军事色彩，同学们成了士兵，自己则成了总司令。

华盛顿没有上过大学，但他勤奋上进，自学成才。16 岁时，华盛顿在哥哥的帮助下成为土地测量员。1752 年，劳伦斯去世，华盛顿继承了哥哥的遗产，成为大种植园主。同年，他担任了弗吉尼亚民兵少校副官长，开始了军旅生涯。1758 年，他当选为弗吉尼亚议员，翌年与富媚马撒·丹特里奇结婚，获得大批奴隶和大片土地。

1773 年，发生著名的波士顿倾茶事件，英国和北美大陆之间的矛盾冲突明了化。华盛顿果断地意识到，除了完全独立，北美大陆别无出路。1774 年 9 月 5 日，在费城召开了第一届大陆会议。华盛顿作为弗吉尼亚议会的代表，身着戎装出席了会议，在他的大力促成下，大会通过了不惜以武装抵抗作为最后手段的决议。当时的北美大陆没有海军，也没有像样的陆军，却要面对号称"日不落帝国"的世界霸主英国，做出这样的决定是需要相当的勇气的。

1775年4月18日，莱克星顿响起了枪声，美国独立战争开始。同年5月10日，第二届大陆会议在费城举行，大会决定成立由华盛顿任总司令的大陆军。

尽管大陆军在初期取得了一些胜利，但与英国军队相比，敌强我弱的形势显而易见。在保卫纽约的战役中，大陆军差点全军覆没。1776年冬天，大陆军陷入了异常艰难的局面。在危急时刻，华盛顿孤注一掷，率兵偷袭了特伦敦镇的普鲁士雇佣军，以2死3伤的代价歼敌千余，大振军威。1777年的秋天，在经历了众多的艰难困苦之后，萨拉托加战役打响。在哈得逊河西岸高地，英国名将伯戈因的8000余人部队受到了大陆军的两翼夹击，被迫投降。这次大捷促成了1778年2月的美法结盟，美国开始逐渐掌握了战争主动权。1781年10月9日，美国独立战争以美国的胜利而告终。

战争结束后，华盛顿拒绝了奖赏，回到了自己的庄园。但初生的美国离不开他，1787年，华盛顿再入政坛，主持召开了制宪会议，制定了沿用至今的美国宪法。1789年，华盛顿当选为美国第一任总统。在就任美国总统期间，他认为自己可以与世界上的任何一位国王相媲美，但又始终把自己看作是美国人民的"最恭顺的公仆"。

1796年9月17日，即将离任的华盛顿发表了著名的《告别辞》。《告别辞》呼吁全国要保持团结，珍视联邦，反对以一个党派的意志来代替国家意志，指出美国的外交政策应是"避免与国外世界的任何一部分永久结盟"。《告别辞》是华盛顿政治经验的总结，标志着"孤立主义"的开端，对美国以后历届政府的外交政策产生了深远影响。

在两届任期（1789～1797年）结束后，华盛顿坚决拒绝了再次连任。1799年，华盛顿因患喉头炎去世，享年67岁。他在神志清醒的最后时刻，说了这样一句话："我是在艰苦奋斗之后了此一生的。"

法国大革命的导火线

法国在18世纪末期，是欧洲大陆上典型的封建专制国家。农业占主导地位，但资本主义工商业已有较大发展，许多领域都在欧洲大陆各国中处于领先水平。然而，腐朽的封建专制制度严重阻碍了资本主义的发展。

资本主义工商业的发展，使法国阶级关系发生了变化，而新的生产力与旧的生产关系的尖锐矛盾，使阶级斗争日趋激化。革命前，波旁王朝的路易十六实行专制集权的残暴统治，等级制度森严，全国居民被分为三个等级：天主教僧侣（教士）为第一等级；封建贵族为第二等级；资产阶级、城市平民、工人和农民为第三等级。封建法律明文规定："僧侣以祷告为国王服务；贵族以宝剑为国王服务；第三等级以财产为国土服务。"第一、第二等级为特权等级，他们霸占了政府、军队和教会的重要职位，享有种种特权，不向国家缴纳赋税，过着骄奢淫逸的生活。

18世纪末，法国的统治阶级已非常腐朽，国王及王室成员穷奢极欲。国内政治腐败不堪，对外战争也屡遭失败。"七年战争"中，法国丢失了大片海外殖民地，国际地位一落千丈，政府财政陷入崩溃。后又因参与北美独立战争，军费剧增，财政危机进一步加剧。1787～1788年，法国国内发生经济危机，生产萎缩，粮价上涨，社会更加动荡不安。这一切都表明，法国的旧制度已陷入绝境，革命的爆发已不可避免。

迫于财政压力，路易十六决定召开已中断160多年的三级会议。1789年春，资产阶级利用这个机会，积极开展政治活动，尤其是在选举三级会议代表和起草《陈情书》的过程中，大造舆论。在巴黎及各地出版的许多传单和小册子中，西哀耶士的《什么是第三等级？》一书流传最广。各阶级向三级会议提交的《陈情书》中提出了各自的要求，会议的召开及其斗争，成为法国大革命的导火线。

1789年5月5日，三级会议在凡尔赛宫正式开幕。出席会议的代表1139人，其中第一等级291人，第二等级270人，第三等级578人。国王在开幕词中，要求与会代表商讨解决财政危机的方案，而只字不提政治改革问题。他还宣布按惯例，三个等级分别开会讨论，并以等级为单位进行表决（每个等级只有一票），以此来控制会议决定。第三等级的代表则坚决要求按代表人数进行表决，以便取得多数，实行有利于资产阶级的改革。

自5月初以来，法国人民一直密切注意着三级会议的动态。巴黎市民成群结队地来到凡尔赛，声援第三等级代表的斗争。在这一有利

在这幅18世纪的版画中，从各省运来的小麦、木材和干草正在从船上卸到塞纳河岸上。食品和燃料的短缺经常导致巴黎民心不稳。

形势下，第三等级的代表们于 6 月 17 日自行召开了国民会议，宣布自己是国民的使者，拒绝征收新税，要求政府偿付国债，宣布国王无权否决国民会议的决议。不久，参加三级会议的低级僧侣和自由派贵族开始转向第三等级，参加了国民会议。国王在局势失去控制的情况下，被迫同意三个等级的代表在一个会场开会。7 月 9 日，国民会议改为制宪议会，准备着手制定宪法。从三级会议到制宪议会，表明第三等级对国王的斗争获得了初步胜利。

攻占巴士底狱

在巴黎东南的圣安东街，有一座高大的城堡，它就是巴士底狱。巴士底狱建于 1382 年，起初是为了抵抗英国人而建的堡垒，后来由于巴黎的扩大逐渐成为巴黎市区的建筑，改为王家监狱。这座阴森恐怖的城堡有高高的石墙，城墙上有 8 座塔楼，每个塔楼的顶端都安放着一尊大炮，虎视眈眈地对着整个巴黎。巴士底狱四周有一条宽 25 米的壕沟环绕，只有通过吊桥才能进入。几百年来，法国的官吏和密探，可以不经任何法律就逮捕反对国王、反对贵族、反对专制主义的人，把他们投入巴士底狱。在法国人民眼里，巴士底狱就是封建专制的象征。

18 世纪的法国，国民分为三个等级，第一等级是教士，第二等级是贵族，第三等级是资产阶级、城市平民、工人和农民。第一、第二等级的人数只占全国人口的 1%，但他们有权有势，占有全国 1/3 的土地，却不用缴税。他们还利用他们手中的权力，提高税收，设置关卡，千方百计地剥削人民，引起了广大人民的不满。

1789 年 5 月，法国国王路易十六为了榨取更多的钱供他挥霍，召开了三级会议。第三等级的代表识破了他的诡计，趁机提出要求限制国王的权力，把三级会议变成国家的最高权力机关，这理所当然遭到了路易十六的拒绝。于是第三等级的代表宣布退出三级会议，成立国民大会，后来又改为制宪会议。听到这个消息后，路易十六暴跳如雷，秘密调集军队进入巴黎，准备逮捕第三等级的代表。

巴黎人民得知这一消息后，群情激愤，怒不可遏。1789 年 7 月 13 日，巴黎人民手拿大刀、长矛、火枪，举行了声势浩大的起义。起义军迅速占领了巴黎的军火库，夺取了好几万只火枪和几门大炮。惊惶失措的路易十六急忙派军队前去镇压，但被起义军打得大败。仅一天的时间，起义军就控制了全城，只剩下市东南的巴士底狱了。

表现巴黎人民攻占巴士底狱的图画

7月14日，巴黎群众高呼："到巴士底狱去！"起义军从四面八方赶来，包围了巴黎最后一座封建堡垒。巴士底狱守备司令德·洛纳被潮水一样涌来的起义军吓破了胆，急忙命令士兵绞起铁索，升起吊桥。为了减少伤亡，起义军派了几个代表，举着白旗，去同巴士底狱守备司令德·洛纳谈判，希望他投降。但丧心病狂德德·洛纳竟然命令巴士底狱的士兵向代表们开枪。巴黎人民被彻底激怒了，立即向巴士底狱发起了猛攻。巴士底狱的士兵从城墙上向起义军开火，并用塔楼上的大炮轰击。起义军冒着敌人的炮火前进，他们抬着云梯，越过壕沟，奋不顾身地攻城。但由于敌人的火力太猛，起义军损失惨重，被迫撤退。起义军从四周的街垒向巴士底狱射击，但由于距离太远，对守军构不成威胁。

"我们也要有大炮！"大家齐声说。很快，起义军找到了几门旧大炮，上面生满了铁锈。一个叫肖莱的酒商自告奋勇来当炮手。"轰轰轰"，一排排的炮弹带着起义军的怒火打在城墙上，人民发出阵阵欢呼。但旧大炮的威力太小了，只打掉了一些石屑，在厚厚的城墙面前，实在是微不足道。巴士底狱的守军大声嘲笑起义军。

有几个勇敢的人拿着铁锹、铁镐、火把和炸药，冒死冲到巴士底狱的城墙下，想在墙上挖个洞，然后用炸药炸塌城墙。但他们还没来得及行动，就被城墙上的士兵打死了。

·巴士底狱·

巴士底狱虽然是一个关押政治犯的监狱，但它的条件并没有想象中那么恶劣。其实巴士底狱的生活条件还是很不错的，囚犯之间可以互相串门，条件好的还可以带仆人进去，饮食也相当好，除了没有自由之外，什么都有。巴士底狱并不光关押些政治犯，很多头脑发热的贵族青年也常被送到里面去吸取些经验教训，比如伏尔泰就两次被关了进去。当然，巴士底狱也经常关押一些比较顽固的政治犯，那些人的待遇就差多了，经常有人被活活折磨得发疯，而且一关就是几十年甚至一辈子。谁也不知道巴士底狱里面关押了多少人，由于它的神秘，人们一直把它当成封建专制的象征。所以在法国大革命时期，人们把攻占巴士底狱看成是革命胜利的标志。

"我们需要真正的大炮和炮手！"大家又分头去找，过了一会儿，找来了一门威力巨大的大炮。炮手们调整好角度，把炮弹放到大炮里，点燃火绳，"轰"的一声，大炮发出一声怒吼，威力巨大的炮弹重重地撞在城墙上，发出震耳欲聋的爆炸，城墙一下子就掉了一大块。人们发出阵阵欢呼。"轰轰轰！"炮手们一刻也不停，继续发炮。"咣当"一声，一颗炮弹把铁索打断了，吊桥掉了下来。"冲啊！"起义军发起冲锋，踏着吊桥冲进了巴士底狱，城内的士兵见大势已去，纷纷投降，而德·洛纳被愤怒的起义军活活打死。

占领巴士底狱的消息传到全国后，各地的法国人民纷纷起义，夺取政权。后来7月14日被定为法国国庆日。

法国的《人权宣言》

1789年8月4日夜，法国制宪议会紧急召开会议，内容是讨论农民的土地问题。会上，手足无措的贵族和僧侣们纷纷表示放弃封建特权。8月5日至11日，制宪议会通过了关于解决农民土地问题的《八月法令》。法令规定：废除农民对地主的依附关系和劳役；废除特权等级和各种特权；废除教会的什一税。但是，《八月法令》却要求农民高价赎买土地；没收教会的土地也分成大块高价出售，结果大部分土地落入资产阶级手中。这表明该法令实质上没有解决农民的土地问题。

1789年8月26日，制宪议会通过了宪法的序言——《人权宣言》。《宣言》是以1776年北美《独立宣言》为蓝本，以启蒙思想家的政治理论为依据而制定的。《宣言》指出人生来是平等的。《宣言》还宣布取消等级差别，否定君权神授，"在法律面前，所有公民一律平等"，每个公民都享有人身、言论、信仰等自由，而且有反抗压迫的权利。《宣言》还规定了"财产是神圣不可侵犯的权利"。

《人权宣言》是资产阶级的纲领性文件，它的颁布具有重大进步意义。它以法律的形式，第一次把启蒙思想家所阐述的资产阶级政治主张固定下来。它提出的"在法律面前人人平等"和"主权在民"的原则，既沉重地打击了法国以至整个欧洲的封建专制制度，又调动了法国人民参加反封建斗争的积极性。

革命胜利后，路易十六在凡尔赛加紧策划反革命活动。他一面拒绝批准《八月法令》和《人权宣言》，一面又暗中向凡尔赛集结军队。革命领袖马拉主编的

《人权宣言》宣传画

《人民之友报》，揭露了国王的反革命阴谋，号召人民向凡尔赛进攻。当时，由于雹灾歉收而处于饥饿中的巴黎人民怒不可遏。1789年10月5日，成千上万的巴黎人民群众，在圣安东妇女的带领下，冒雨向凡尔赛进军，并包围了王宫，高呼着"要面包"的口号。10月6日清晨，国王卫队向群众开枪。愤怒的群众冲进王宫，逼迫国王批准了《八月法令》和《人权宣言》。群众把国王和王后从凡尔赛押到巴黎，置于人民群众的监督之下。不久，制宪议会迁到巴黎。这次事件，粉碎了国王的复辟阴谋，又一次挽救了制宪议会，把革命进一步向前推进。

　　1791年9月14日，制宪议会颁布新宪法，史称《1791年宪法》。新宪法规定法国为君主立宪政体国家，立法权属于由选举产生的一院制立法议会，立法议会是国家最高立法机构；国王是国家行政机构的首脑，但只能依据法律统治国家；司法权属于选举产生的法官，实行陪审裁判制。宪法宣布取消封建等级制；在选举制度上，凡年满25岁，有财产并能缴纳直接税的为"积极公民"，享有选举权；凡是不符合财产规定的为"消极公民"，被剥夺选举权与被选举权。

　　制宪议会实行了有利于资产阶级的改革：统一行政区，把全国划为83个郡，取消了内地的关卡和苛捐杂税；废除了工业法规和行会制度；取消了商品专卖权，实行粮食自由买卖；统一全国的度量衡和货币。这些措施加速了法国资本主义工商业的发展。制宪议会还宣布国家监督教会和神职人员；把教会地产收归国有，并分成大块高价出售。这些措施既打击了天主教会，又增加了政府收入，而且满足了大资产阶级和自由派贵族购买土地的要求。与此同时，制宪议会针对工人反饥饿的罢工斗争，于1791年6月通过了严禁工人集会、结社和罢工的《列霞不列埃法》。这表明资产阶级刚刚掌权就用政治手段把资本和劳动之间的斗争限制在对资本有利的范围内。

　　总之，制宪议会所通过的各项法令和政策虽具有一定进步意义，但改革的目的却在于巩固大资产阶级和自由派贵族的统治，为资本主义的发展开辟道路。

法国结束君主制

在法国革命深入发展的同时，大资产阶级与人民群众之间的矛盾也日益尖锐起来。1791年6月21日深夜，国王和王后企图逃亡国外，这一事件激起群众的极大愤慨。巴黎有近3万群众在民主派的领导下举行示威游行，撕毁国王肖像，要求废黜国王，建立共和国。然而，君主立宪派却把国王保护起来，还说国王是被"劫持"走的，并非主动逃亡。群众怒不可遏，纷纷到马尔斯校场集会，再次要求废黜国王，建立共和国。君主立宪派竟然派国民自卫军前去镇压，开枪打死50多人，伤几百人。这一流血事件，说明君主立宪派已经背叛了人民。从此，革命阵营内部分裂了。

革命阵营内部的分裂，促使革命俱乐部的重新组合和民主派的形成。自革命爆发以来，巴黎出现了许多政治俱乐部，其中影响最大的要数雅各宾俱乐部。革命初期，雅各宾俱乐部的成员极为复杂，其中有自由派贵族、工商业资产阶级和革命民主派。

7月17日流血事件后，君主立宪派公然退出雅各宾俱乐部，另组织了斐扬俱乐部，这是雅各宾俱乐部的第一次分裂。斐扬俱乐部主张君主立宪制，反对民主共和制。大革命初期一度当政，制定废除封建特权、没收和拍卖教会财产、废除贵族制度、取消行会等一系列反封建政策，制定君主立宪制的宪法。但斐扬派被国王收买，成了右翼保守势力。

然而雅各宾俱乐部内仍存在着左、右两派。右派是温和的共和主义者，代表吉伦特郡和西南部大工商业资产阶级的利益，称吉伦特派；左派是革命民主主义者，以罗伯斯庇尔为代表，称雅各宾派。

路易十六被押回巴黎后，迫于革命的声威，于1791年9月14日批准了宪法。9月30日，制宪议会宣布解散，由公民选出的立法议会于10月1日正式成立。当时，法国正面临着封建复辟势力的严重威胁。同时，欧洲各国的封建君主们惊恐万状，准备联合出兵，干涉法国革命。

奥地利率先派兵开赴法国边境。为保卫革命，立法议会对奥地利宣战。在抗击外国武装干涉的斗争中，路易十六的反革命面目充分暴露出来。掌权的君主立宪派也没能有效地组织战斗，致使法国在前线接连受挫。于是，巴黎人民于1792年8月9日再次举行起义，囚禁了国王，宣布废除《1791年宪法》，并将召开普选产生的国民公会。这次起义结束了法国君主制，推翻了君主立宪派的统治，使法国大革命迎来了一个新的高潮。

巴黎人民与王室卫兵队的激战

1792年，反法军队侵入法国，全法国开始总动员，人们纷纷加入义勇军，援救巴黎，保卫祖国。巴黎人民也行动起来开始起义，建立了自己的国民自卫队，打败了王宫卫队，占领了王宫。

8月9日起义后，代表工商业资产阶级利益的吉伦特派掌握了国家政权。在革命形势的推动之下，吉伦特派政府出台了一些社会经济改革措施。在通过的法令和决议中，满足了农民的一部分要求，这也是推翻君主制的直接成果。

1792年8月19日，10万普奥联军和1万逃亡贵族组成的反动军队越过边境，侵入法国领土。23日，隆维要塞司令不战而降，叛变投敌。9月1日，凡尔登陷落，通往巴黎的大门被打开，法国革命处在生死关头。在此时刻，吉伦特派竟怯懦动摇，准备放弃首都巴黎，向南方撤退；而雅各宾派却发出了战斗号召，动员公民同敌人战斗到底。当时巴黎征募了6万名志愿军。当整装待发的义勇军得知关押在监狱里的反革命分子准备阴谋暴乱时，就冲进监狱，处死了1000多名反革命分子，打击了敌人的气焰，巩固了后方。

迅速开赴前线的法国义勇军，士气高昂，与普鲁士军队在瓦尔密高地展开的战斗中，击退了布伦瑞克率领的联军，取得了战争以来的首次胜利。瓦尔密大捷沉重地打击了国内外反动势力，法军也开始由防御转入反攻，并迅速把敌人驱逐出国境。法国人民又一次挽救了革命。

法兰西第一共和国

1792年8月10日，巴黎人民发动第二次武装起义，推翻了君主统治。9月21日，国民公会开幕，次日，国民公会宣布成立法兰西共和国，史称第一共和国。

为了控制国民公会，吉伦特派极力排斥、打击雅各宾派。在国民公会中，两派就如何处置国王的问题展开了激烈的争论。雅各宾派要求把国王交给人民审判，以彻底粉碎国内外封建势力的复辟阴谋，而吉伦特派为了同反动势力妥协，极力袒护国王。

1792 年 11 月间，在王宫的一个秘密壁橱里，发现了国王路易十六同欧洲封建宫廷勾结的文件以及同逃亡贵族往来的大批信件。巴黎人民得知消息后，怒不可遏，坚决要求立即审判国王。吉伦特派在国民公会里还为国王开脱罪责，但经过激烈的辩论，大多数代表主张判处国王死刑。1793 年 1 月 21 日，路易十六作为"民族的叛徒""人类自由的敌人"被送上断头台。处死国王是革命人民的重大胜利，它不仅推动法国革命进一步前进，而且也打击了欧洲的封建秩序和君主的权威。

从 1792 年秋到 1793 年初，对外战争致使法国财政空虚，经济遭到严重破坏：工业衰落，商业萧条，农业减产。然而，吉伦特派控制的国民公会，对群众的疾苦置若罔闻，引起人民群众的不满。吉伦特派极端仇视忿激派的革命活动，诬蔑反映下层人民要求的忿激派是"疯人派"，并进行迫害。雅各宾派起初没有支持忿激派的要求。后来，出于战胜国内外封建势力的需要，便主动联合忿激派，共同反对吉伦特派。1793 年 5 月 4 日，在罗伯斯庇尔的提议下，国民公会终于通过了《粮食最高限价法案》。

法国在对外战争中的胜利和处决路易十六，使欧洲各国的君主极为恐慌，他们害怕自己的劲敌强盛而成为欧洲和海上霸主。不久，以英国为首的反法势力组成了由普鲁士、奥地利、荷兰、葡萄牙、西班牙、那不勒斯、撒丁等国参加的第一次反法联盟，对法国发动了新的进攻。

当时执政的吉伦特派，一心想镇压革命民主派和人民群众，不愿组织力量进行抵抗。因此，在反法联军的大举进攻之下，法军被迫退出比利时和德意志。随后，前线总司令、吉伦特派的将军杜木里埃叛变投敌。与此同时，国内的反革命分子

1792 年 8 月 10 日，巴黎人民打败了仍在保护皇室的瑞士卫兵队，攻占了杜伊勒里宫，一个月后法兰西共和国宣布成立。

也蠢蠢欲动，旺代、布列塔尼以及法国南部相继发生了王党暴动，法兰西共和国面临着严峻的考验。

在国内外反革命势力联合进攻的危急时刻，吉伦特派彻底暴露了他们的真面目。3月，吉伦特派勾结王党分子，杀害革命人士，破坏雅各宾派在各地的俱乐部。5月，吉伦特派又组成了"十二人委员会"，企图罗织罪名，迫害雅各宾派领导人。这说明了吉伦特派已经转变成革命的敌人。不推翻吉伦特派的统治，革命就有夭折的危险。

在内忧外患的紧急关头，雅各宾派领导人民开展了反对国内外敌人的斗争。4月，成立了以丹东为首的公安委员会，负责组织战争事宜。5月底，以罗伯斯庇尔为首的雅各宾派组成了巴黎各区联合起义指挥部，任命雅各宾派左翼分子安里奥为国民自卫军司令。

1793年5月31日凌晨，巴黎上空警钟响起，起义群众迅速包围了国民公会。冲进会议厅的巴黎公社代表们，坚决要求解散"十二人委员会"，逮捕最反动的吉伦特派议员，镇压反革命叛乱。国民公会只同意解散"十二人委员会"，而没有同意逮捕吉伦特派的首要分子。6月1日，巴黎获悉，里昂吉伦特分子勾结王党分子，杀害了800名雅各宾派人士，同时传来前线形势恶化的消息。当晚，愤怒的革命群众集会，示威游行。6月2日，起义的群众和国民自卫军10万人再次包围了国民公会，当场逮捕了29名反动的吉伦特派议员，后来，其中的大部分议员被送上了断头台。

巴黎革命推翻吉伦特派后，雅各宾派接掌政权。专政的最高权力机关是国民公会，执行机关是公安委员会，实际首脑是雅各宾派领袖罗伯斯庇尔。专政期间，建立革命政府，强化专政机构；颁布《土地法令》，废除封建土地所有制，摧毁封建制度；制定《1793年宪法》，取消积极和消极公民的区别以及选举的财产资格限制；通过《惩治嫌疑犯条例》，镇压反革命，并击退了外国武装干涉；实行限价政策，打击投机商，把法国资产阶级革命推向高潮。

吉伦特派

吉伦特派是法国大革命中代表工商业资产阶级利益的政治派别，因该派领袖人物布里索、维尔尼奥等多来自吉伦特省而得名。1792年8月10日起义后，吉伦特派执掌政权。吉伦特派主张废除君主制，于1792年9月宣布成立法兰西共和国，并把国王路易十六押上断头台。随着革命的深入，认为法国革命应当止步，恢复秩序，并竭力维护工商业资产阶级的利益。1793 年初法国局势恶化，前线紧张，粮食奇缺，物价飞涨，群众要求限制物价，打击投机倒把。吉伦特派则坚持经济自由原则，不愿对经济进行干涉和管制。1793 年 4 月，前线发生吉伦特派将领叛变事件，巴黎群众极为愤怒。

1793 年 5 月 31 日～6 月 2 日巴黎群众起义，逮捕吉伦特派议员及其首领，吉伦特派被推翻。1794 年 7 月 27 日热月政变后，该派又成为热月党的骨干。

雅各宾派

法国大革命时期参加雅各宾俱乐部的资产阶级激进派政治团体。1789 年常在雅各宾修道院集会，故名。开始时成分较复杂，1791 年 7 月和 1792 年 10 月，立宪派和吉伦特派先后分裂出去，雅各宾派成为以罗伯斯庇尔为代表的激进的资产阶级革命民主派。1793 年 6 月，推翻吉伦特派的统治，取得政权。在内忧外患异常严重的形势下，雅各宾派政府实行恐怖统治，组织爱国力量，严厉打击国内外反革命势力，限制资产阶级投机活动，规定物价的最高限额，消灭封建制度，赢得了革命的胜利。但雅各宾派内部意见不一。丹东派在 1793 年秋冬主张放松恐怖统治，埃贝尔派则主张更严厉地推行恐怖政策。罗伯斯庇尔在 1794 年 3～4 月间先后镇压了两派领导人。7 月 27 日的热月政变结束了雅各宾派政权。11 月，热月党封闭了雅各宾俱乐部。

"热月政变"和"雾月政变"

雅各宾派执政后，开始推行恐怖统治。恐怖统治本是在特殊条件下采用的一种非常手段，一旦危机被克服，就应立即停止。

然而，雅各宾派中的一些领导人在恐怖年代里养成了一种排他自保和权欲膨胀的心态，使得他们在局势好转之后不但没有调整，反而把恐怖统治变为铲除异己、维护自身权力的手段，最终导致雅各宾派内部发生分歧，分裂为三派，即埃贝尔派、丹东派和罗伯斯庇尔派。埃贝尔派一向激进，他们要求继续加强恐怖政策；丹东派主张放弃恐怖统治，实行宽容政策；而当权的罗伯斯庇尔派对以上两派则一律采用镇压政策。埃贝尔、丹东及其主要伙伴先后被送上断头台。

此后，罗伯斯庇尔派陷于孤立。反罗伯斯庇尔的各派力量联合在一起，于

1794 年 7 月 27 日（法国新历，共和二年热月九日）发动"热月政变"，罗伯斯庇尔及其集团的主要成员如圣茹斯特、丹东等被捕，并被送上了断头台，雅各宾派专政被推翻，建立以热月党人为代表的大资产阶级政权。"热月政变"是法国资产阶级革命的转折点。从此，革命高潮过去。

新上台的热月党人一方面取消了雅各宾派的恐怖政策和激进措施；另一方面努力保护革命成果，维护共和制，希望能重新建立资产阶级的正常统治秩序。1795 年，热月党人制定了新宪法，随后成立督政府。督政府懦弱无能，对内不能稳定政局，对外不能有效地抗击反法联军的进攻。经济投机活动恶性膨胀，货币贬值达到失控地步，下层人民

巴黎"无套裤汉"
这一名称来自百姓们不穿只有贵族才穿的短裤，而他们却是大革命的主力军。

起义和保王党叛乱频繁发生。政治、经济和军事上的混乱局面，说明缺乏效能的督政府已不可能有所作为。在这种形势下，1799 年 11 月 9 日（共和八年雾月十八日）发生了"雾月政变"，军事独裁者拿破仑·波拿巴应运而生，承担起建立强有力政权和稳定内外局势的历史使命。

法国大革命是一次规模宏大、斗争曲折复杂的资产阶级革命，其势如暴风骤雨，异常迅猛。在革命过程中，人民群众发挥了不可替代的作用。他们的革命行动，推动革命不断向前发展，并取得了一系列民主成果，因而这次革命是一次资产阶级民主革命。它不仅结束了法国的封建统治，而且从根本上动摇了欧洲的封建体系，有力地推动了欧洲资产阶级革命运动和拉丁美洲民族解放运动。

十二月党人起义

1825 年俄国具有自由主义思想的青年贵族军官领导的反对沙皇专制和农奴制的起义。因起义发生在俄历 12 月，故名。俄国一批年轻的贵族军官，受到法国启蒙思想和国内进步思想家拉吉舍夫等的影响，于 1816 年建立"救国协会"，不久瓦解；1818 年成立"幸福协会"，包括"南方协会"和"北方协会"，其宗

旨是推翻沙皇专制制度，消灭农奴制，建立资产阶级共和制或君主立宪制。南、北方协会计划于 1826 年秋举行起义。1825 年 11 月 19 日沙皇亚历山大一世猝然死去，俄国出现皇位虚悬局面。北方协会领导人决定利用 12 月 14 日军队向新沙皇宣誓之日提前起义，但遭到血腥镇压；南方协会获知消息后举行起义亦被镇压，起义失败。十二月党人坚持废除农奴制，为俄国资本主义发展开辟了道路；起义唤醒了新一代的革命家，促进了俄国民族解放运动。

拿破仑帝国

拿破仑帝国始终伴随着对外战争。战争初期具有保卫法国大革命的胜利成果，反对封建复辟，反对欧洲封建专制势力干涉的性质。但在战争后期，这场战争又逐渐变成了对外侵略、夺取欧洲霸权的战争。

拿破仑发动政变后，鉴于国内局势混乱，曾向英、俄、奥三国君主建议停战，但遭到拒绝，他转而采取了卓有成效的外交政策：首先稳住普鲁士的中立地位，接着争取俄国退出反法同盟，然后全力摧毁奥军，最后集中力量打击英国。

1800 年 6 月，拿破仑率领大军击溃驻意大利的奥军，进逼奥地利南部，迫使奥地利于 1801 年 2 月同法国签订了《吕内维尔和约》，承认法国对莱茵河左岸地区的占领以及对比利时和意大利北中部地区的占领。法国则同意奥地利继续占有威尼斯。法军战胜奥地利，促成了第二次反法同盟的解体。俄国此后退出了同盟，普鲁士保持中立。而且由于英国在海上实行的封锁政策损害了它们的利益，使它们同瑞典、丹麦共同组成了针对英国的保护商业同盟。

在这种孤立的背景下，英国不得不同法国进行和平谈判，结果于 1802 年 3 月签订了《亚眠和约》。和约规定：英国将近年来夺得的一部分殖民地交给法国及法国的盟国西班牙和荷兰。《亚眠和约》是英国外交上的一次失败，它承认了法国控制荷兰和整个莱茵河左岸。但是，没过多久，英、俄两国便于 1805 年 4 月在圣彼得堡签订同盟条约，奥地利、瑞典和那不勒斯也相继加入。于是，第三次反法同盟建立，欧洲战事再起。同年 10 月，法、西联合舰队在特拉法加海角与纳尔逊率领的英国舰队展开激战，结果法、西联合舰队几乎全军覆灭，这使拿破仑不得不放弃渡海进攻英国本土的计划。但在欧洲大陆战场上，拿破仑的军队却连战连捷。11 月，法军攻占了维也纳。12 月，法军与俄奥联军在奥斯特里茨进行大决战，俄奥联军受到重创。第三次反法同盟宣告失败。拿破仑迫使奥地利签订《普雷斯堡和约》，给法国大量赔款，并承认巴伐利亚、符腾堡和巴登地区独立。自此，奥地利在德意志原有的势力丧失殆尽，而法兰西第一帝国也成为远超出法国本土的强大帝国。

拿破仑在德意志的扩张和想取得欧洲霸权的图谋，使过去实行中立政策的普鲁士感到受到了严重的威胁。1806年9月，英、俄、普等国组成第四次反法同盟。10月，拿破仑率军出征，在耶拿战役中给普军主力以毁灭性打击，并攻占了柏林。1807年6月战胜俄军后，沙皇亚历山大一世和普鲁士王威廉一世分别与拿破仑签订了《提尔西特和约》。和约对普鲁士十分苛刻，除保留东普鲁士、波美拉尼亚、勃兰登堡和西里西亚外，普鲁士丧失了其余的大片领土，还要向法国赔款1亿法郎。条约使普鲁士统治的人口从1000万降到493万。《提尔西特和约》的签订，宣告了第四次反法同盟的失败。但是，它也表明拿破仑对外战争的性质已由保卫领土的自卫战完全演变成争夺欧洲霸权的非正义战争了。

打败了欧洲大陆上的敌手后，拿破仑全力以赴对付英国。1806年11月，拿破仑就已经宣布《大陆封锁令》，禁止大陆各国与英国通商。到了1807年10月，拿破仑在巴黎近郊枫丹白露行宫再次发布敕令，强化大陆封锁政策。

1809年，拿破仑又粉碎了英国与奥地利组成的第五次反法联盟，奥地利被迫与法国签订和约，向法国赔款割地。从1805年开始，拿破仑指挥的军队接连粉碎反法同盟的进攻，粉碎了复辟波旁王朝的阴谋，也从根本上动摇了欧洲大陆的封建秩序，沉重打击了各国的封建专制统治。但是，拿破仑战争也给欧洲各国人民带来了灾难，其侵略性质在战争后期愈发明显。法国每取得一次胜利，都要从战败国索取大量的赔款，并从占领地抢夺大量的金银财宝、艺术品运回法国。同时，法国还将被占领国家和地区变成自己的原料供给地和商品倾销市场，大大影响了被占领国家和地区的经济发展，欧洲各国人民均遭受了巨大的人力和物力损失。

1809年7月6日瓦格拉姆之役中的拿破仑。奥军在瓦格拉姆一战中退却，导致法奥于肖恩布鲁恩签订和约，奥地利又一次失去了众多人口及大面积土地，并负担了更多的战争赔款。

经过几年的战争，法国成为一个拥有

130 个省、7500 万人口的大帝国，并且拥有众多的附庸国和同盟国。拿破仑帝国进入鼎盛时期。

滑铁卢之战

拿破仑帝国虽然前后多次打败了反法同盟，但是，它的强盛是表面的，它面临着种种不可调和的矛盾。拿破仑从占领区掠夺大量财富运回法国，实行以战养战的政策，大部分军费和军用物资都从占领区收取，迫使当地居民充当炮灰，这就激化了法国同这些被占领区人民的矛盾。从 1808 年起，欧洲被压迫民族掀起了反拿破仑帝国的民族解放运动。西、葡人民顽强的游击战争牵制住拿破仑 20 万精锐部队。德意志地区和意大利半岛起义活动空前高涨，沉重地打击了拿破仑的统治。在《提尔西特和约》中蒙受屈辱的普鲁士，通过资本主义性质的改革，国力迅速增强。所有这些反抗运动都是拿破仑无法遏制的。

从另一方面来看，无休止的对外战争也给法国人民带来了深重的灾难。1800 ~ 1813 年，拿破仑征兵达 150 万人，致使田园荒芜，农业凋敝，激起了农民的强烈不满。大陆封锁政策的失败，又使得法国原料缺乏、工厂停产、工人失业、市场萎缩，严重地损害了法国资产阶级的利益。拿破仑在国内的威望日益下降，帝国的统治发生了危机。但是，迷信强权的拿破仑仍然一意孤行，他决定远征与大陆体系作对的俄国，以新的对外征服来巩固自己的统治。

1812 年 9 月，拿破仑大军长驱直入，开进莫斯科，但得到的却是一座空城。一个月后，他被迫下令撤军。撤退途中，拿破仑军队不断遭到俄国正规军和游击队的袭击，加上饥饿和严寒的威胁，损失惨重。到了退出俄领土时，原有的 70 万大军只剩 5 万余人。侵俄战争的失败，是帝国由盛到衰的转折点。

这幅画表现了 1815 年 6 月 18 日进行的滑铁卢战役中晚 8 时许的紧张情景。

1814年4月20日，拿破仑被流放前与近卫队告别。在右侧冷眼观看的是来自各战胜国的使节。

俄沙皇也想彻底歼灭拿破仑，于是1813年2月，俄国与普鲁士结盟，英国、西班牙、葡萄牙、瑞典和奥地利相继也加入行列中，范围更广的反法第六次联盟结成。面对这样巨大的变局，拿破仑迅速组建新军，做好对反法同盟作战准备。10月19日，拿破仑在莱比锡与反法联军进行了一场大会战，结果拿破仑遭到失败。1814年3月底，联军攻占了巴黎。几天之后，拿破仑被迫退位，并被囚禁到地中海上的厄尔巴岛。1814年9月，战胜国在维也纳召开会议，讨论欧洲秩序的重建问题。会上列强为了自身的利益发生了分歧。拿破仑得知消息后于1815年3月逃出厄尔巴岛，集结旧部并占领了巴黎。这使整个欧洲震惊，3月25日，因利益分配不均而争吵的联军又站在了一起，宣布成立第七次反法同盟，由英国的惠灵顿公爵任统帅，迅速集大军64.5万人，分头向法军进攻。拿破仑到5月底也召集了28.4万的正规陆军和22.2万人的补助兵力。

拿破仑意识到如果联军几大军团会合一处，后果就不堪设想。他根据比利时联军战线分布过长的情况，决定采取主动进攻、集中优势兵力各个击破。6月12日，拿破仑进至比利时，对驻守在利尼附近的英普联军实施突然袭击，普军大败。17日，拿破仑错误地让军队休息了一天，并决定18日同英军元帅惠灵顿指挥的英荷联军在滑铁卢（布鲁塞尔以南20千米）展开大决战。而惠灵顿指挥的英军早已修了坚固的工事，等待拿破仑。

6月18日，拿破仑指挥军队进攻，滑铁卢战役打响。拿破仑拥有270门大炮，但前一天晚上的大雨，使地面泥泞不堪，笨重的大炮只有一小部分进入阵地。11时，法炮兵首先发炮，接着双方对射，对峙到下午1时，拿破仑派兵佯攻英军右翼，以牵制敌人的主要兵力，使中央薄弱后加以主攻。但佯攻效果并不明显，拿破仑只好从中央发起总攻。双方僵持不下时，被击散的普军重新集结，出现在法军身后，拿破仑急命两军团堵截。惠灵顿精神大振，英军的士气猛涨。战至下午6时许，法军已疲惫不堪。8时许，惠灵顿下命反攻，在联军的夹击下，法军支持不住，全面溃败，拿破仑趁乱逃出战场。法军伤亡严重，损失3万余人。6月21日，拿破仑败退巴黎。7月7日，联军攻进巴黎，拿破仑被迫宣布退位，并被流放到南大西洋的圣赫勒拿岛。

"神圣同盟"

1815 年 7 月，拿破仑在滑铁卢战役失败后宣布退位，被囚禁到大西洋的圣赫勒拿岛，"百日王朝"灭亡。路易十六的弟弟路易十八在外国军队的保护下，返回巴黎，登上国王的宝座，波旁王朝复辟。

为了清除法国大革命对欧洲各国的影响，在奥地利首相兼外交大臣梅特涅的建议下，欧洲各国在奥地利首都召开了一次会议，史称"维也纳会议"。

当时欧洲所有参加对法国作战的国家都派代表参加了会议，除了奥地利、普鲁士、俄罗斯和英国外，西班牙、葡萄牙、瑞典等国也派代表参加，共有 200 多人。维也纳会议的东道主是奥地利皇帝弗兰西斯一世，会议由梅特涅主持。这 200 多人当然地位是不平等的，会议主要由梅特涅、俄国沙皇亚历山大一世、英国外交大臣卡斯尔瑞和普鲁士首相哈登堡操纵。另外法国外交大臣塔列朗也发挥了重要作用，他公开声称："我什么也不要，可我给你们带来了最重要的原则——正统原则！"正统原则被各大国接受，成了维也纳会议的指导原则。后来他也挤进了核心会议，维也纳会议由四国操纵变成了五国操纵。

维也纳会议其实就是一个分赃会议。四大国在打败拿破仑后，开始瓜分拿破仑帝国的领土，并着手恢复被法国大革命破坏的旧的欧洲封建秩序，使很多被拿破仑推翻的封建王朝复辟。此外，防止法国东山再起也是这次会议的目的之一。

在维也纳会议上，梅特涅纵横捭阖，多方周旋，出尽了风头，扩大了奥地利的影响，被人们称为"蝴蝶大使"。会议厅原来有 3 个门，为了笼络其他大国，梅特涅又叫人开了两个门，让五国首脑每人都能风风光光地进入会场。在大会上，五国代表为了自己的利益互不相让，争得面红耳赤。每当这时，梅特涅就站起来打圆场，让各国代表们去参加豪华的舞会、宴会和去郊外打猎，梅特涅趁机派特工去他们的住处翻阅他们的信件和文件。各国代表也不是傻瓜，他们玩归玩，但在谈判桌上一点也不退让。结果维也纳会议竟然开了 8 个月，被当时的欧洲人戏称为"老太婆会议"。

维也纳会议后，为了贯彻落实会议达成的各项协议，维护欧洲各封建王朝的反动秩序，早就想当欧洲宪兵的俄国沙皇亚历山大一世又提议建立"神圣同盟"。

神圣同盟实际决策者之一——梅特涅

所谓"神圣同盟"，就是在所谓神圣的宗教的崇高真理和正义的、基督教博爱与和平的箴言指导下，欧洲各国建立的一个同盟，在国内发生什么革命、暴动时，各国互相支援。亚历山大一世亲自起草了神圣同盟的有关文件和草案，并派人到欧洲各国广泛宣传。其实早在1804年和1812年，亚历山大一世就提出要在基督教的名义下把欧洲各国联合起来。打败拿破仑的百日王朝后，在巴黎又一次提了出来。一开始，各国的国王和大臣都不拿神圣同盟当回事，认为这只是一些空洞的漂亮话而已。英国外交大臣卡斯尔瑞对此不屑一顾，讽刺亚历山大一世是在妄想和胡言乱语。奥地利首相梅特涅也认为亚历山大一世不过是在唱高调，根本不具有可操作性。

但是后来，欧洲各国的君主和政治要人意识到亚历山大一世是多么的"伟大"，"神圣同盟"的建议是多么的"伟大"！神圣同盟可以维护他们的统治秩序，保障他们的利益，如果几个强大的国家联合起来，什么革命，什么暴动，都不用怕了，就算出10个拿破仑都不在话下。于是1815年9月，俄罗斯、奥地利和普鲁士三国在巴黎成立了"神圣同盟"，后来欧洲各国也相继加入，"神圣同盟"其实成了"所有的欧洲君主在沙皇的领导下压迫本国人民的一个大阴谋"。1815年，英国、俄罗斯、奥地利和普鲁士又签订了四国同盟条约，这其实是神圣同盟的一个补充。不久，法国又申请加入，四国同盟变成了五国同盟。梅特涅成了这两个组织的核心人物，他自任"扑灭革命之火的消防队长"，咒骂革命人民是"一条吞噬社会秩序的九头蛇"。他在德意志境内巡视时，像个高傲的皇帝。梅特涅狂妄地叫嚣："一切革命的乌合之众都将匍匐在我的脚下。"但30多年后，一场遍及欧洲的大革命就彻底摧毁了欧洲的封建旧秩序。

工业革命时期

　　工业革命首先开始于英国，之后又发展到欧亚其他地区，从而引起广泛而深刻的社会变革，对人类社会产生了极其深远的影响。工业革命首先是一场空前规模的技术革命，使社会生产力取得了惊人的发展。其次，工业革命促成了无产阶级的形成，使社会日益分裂成资产阶级和无产阶级两个对立的阶级。同时，工业革命也将原有的亚欧大陆农耕世界发展水平大体平衡的局面打破了，在工业革命的冲击下，世界各国各地区都卷入资本主义世界的经济体系中。

瓦特发明蒸汽机

提起蒸汽机，人人都知道那是瓦特发明的，但这并不等于在瓦特之前就没有使用蒸汽的机械。其实，蒸汽机的发明也经历了一个产生、发展和逐步完善的过程。

传说，古埃及早在公元前 2 世纪便出现了利用蒸汽驱动球体的机械装置，只是年代太过久远，具体情况已无从考证。又有记载说公元 1 世纪，古希腊发明家希罗曾用蒸汽做动力开动玩具，大画家达·芬奇也用画笔描绘过用蒸汽开动大炮的情景。

较为确切地使用蒸汽作动力还应是从近代开始。1698 年，英国工程师萨弗里发明了使用蒸汽驱动的抽水机。1712 年，英国的纽科门发明了效率更高的蒸汽机，可以用活塞把水和冷凝蒸汽隔开。事实上，瓦特发明蒸汽机就是从改进纽科门蒸汽机开始的。

纽科门蒸汽机在生产领域的广泛使用，激起了人们的关注，这其中当然也包括詹姆士·瓦特。机会只赋予有准备的人，而瓦特就是这样一个有准备的人。

瓦特式蒸汽机的核心部件是分离冷凝器（图中中间偏左的那个小圆筒汽缸），图中也展示了"太阳与行星齿轮"联动装置（位于最大的飞轮的中心），这一装置将振荡杆的上下运动转换为圆周运动，从而为其他机器提供动力输出。

詹姆士·瓦特，1736 年 1 月 19 日出生于苏格兰的格拉斯哥市附近的机械师家庭。他从小就迷恋机械制造。由于家道中落，瓦特中学刚毕业便去伦敦学习制造机械的手艺。他天资聪颖又勤奋刻苦，用 1 年时间学会了别人用 4 年才能学会的技艺。然后瓦特在家乡的格拉斯哥大学谋了一份仪器修理师的差事。

瓦特借修理教学仪器的机会结识了许多科学家，如布莱克教授和罗比逊等人，经常与他们一起探讨仪器、机械方面的问题。1764年的一天，格拉斯哥大学的一台纽科门蒸汽机模型送到瓦特这里要求修理。瓦特不但修好机器，还对机械的构造和工作原理产生极大的兴趣。他找到了布莱克教授，与之共同研究减少纽科门蒸汽机耗煤量，提高其效率的方案。后来瓦特发现纽科门蒸汽机的汽缸和冷凝器没有分开，造成了热能的极大浪费，找到了症结之后，瓦特便开始改造纽科门蒸汽机的试验。

他筹措了一些资金，租了一间实验室，开始试制具有冷热两个容器的蒸汽机。他想，这样一来负责做功的汽缸始终是热的，而蒸汽冷凝的过程在另一个容器中完成，如此便可避免同一汽缸反复冷热交替，节约了热能。经过多次实验，多次失败，瓦特最终完成了一台具有实用价值的单作用式蒸汽机，并申请了专利保护。

为了在更大范围内推广自己的新发明，瓦特用自己设计的蒸汽机与纽科门蒸汽机当众比赛抽水。结果用同样多的煤，瓦特蒸汽机抽水量是纽科门蒸汽机的5倍。人们看到了瓦特蒸汽机的优势，纷纷以它替代了纽科门蒸汽机。

瓦特没有就此罢手，而是吸收了德国科学家利用进排气阀使汽缸往复运动的原理，用飞轮和曲拐把活塞的往复运动变成圆周运动，可惜该技术已被皮卡德抢先申请了专利权。但他另谋出路，用行星齿轮结构把往复运动变成了圆周运动，终于1781年10月获得了双作用式蒸汽机的专利权。

瓦特再接再厉，1784年用飞轮解决了转动的稳定性问题，获得了蒸汽机方面的第三个专利，两年以后他又着手进行了蒸汽机配气结构，从而获得第四个专利。瓦特不间断地努力，还发明了压力表保证了机器运行的安全。最终于1794年彻底完成了双作用式蒸汽机的发明改造，因为这一年皮卡德专利期满，瓦特将行星齿轮结构改装为曲柄连杆结构，使蒸汽机达到比较完善的地步。

瓦特为了保护自己专利的收益权，多次与人对簿公堂。1781年，洪布劳尔发

·特列维迪克·

特列维迪克是一个机械师，他对机械发明很有兴趣。瓦特发明蒸汽机后，他就开始设想用蒸汽机为动力来推动马车行进，投身到这个发明之中。很快，他就试制出一辆蒸汽机车。但是这辆车的性能很差，不具备实用价值。当他第二次试制的时候，本来试验很成功，机车的性能提高了不少，但是当他把机车弄到仓库的时候忘了关开关，结果机车蒸汽机里的水被烧干后引起了一场大火，机车被烧坏了。后来特列维迪克又试制了几辆蒸汽机车，但性能都不如第二次的好，很快，他钱花光了，只好停止了试验，把实验资料和机车卖给了别人，黯然退出了火车发明者的行列。

明了"双筒蒸汽机",瓦特认为其中引用了自己的专利,就向法院提出控告,结果阻止了这一发明的推广。特列维迪克发明了"高压蒸汽机",瓦特也坚决反对,要求国会宣布其危险和非法。他的助手试验用蒸汽机来驱动客车,也得不到他的支持,直到晚年,瓦特都对蒸汽机车抱着敌视态度。

尽管如此,蒸汽机的发明,使工业革命迅速展开,并波及美、德、法等国。瓦特为人类进步事业作出了不可磨灭的贡献,国际单位制中以"瓦特"作为功率单位就是为了纪念这位发明家。

火车和轮船的发明

瓦特发明蒸汽机后,很多人想:"要是把蒸汽机用到交通工具上,大大提高速度,那该多好啊。"

1789年,一个叫富尔顿的美国年轻人抵达英国,登门拜访了蒸汽机的发明家瓦特,向他说了自己想把蒸汽机用的船上的想法。

1803年的一天,天气晴朗,万里无云,富尔顿决定在法国巴黎的塞纳河上进行试航。富尔顿的蒸汽轮船是一艘长约21米、宽约2.5米的大船,与别的船不同的是,它的上面装着一台8马力的蒸汽机。

刚开始,这艘大船在塞纳河上吐气冒烟,摇摇晃晃地走着,但过不长时间就不动了。在两岸围观的人大声嘲笑富尔顿,称这艘轮船为"富尔顿的蠢物"。第一次试航就在人们的哄笑声中结束了。

但富尔顿并没有因为一次失败而泄气。为了继续研究,他四处求援,甚至找到了拿破仑。结果拿破仑认为他是个骗子,把他轰了出去。最后富尔顿得到了美国政府和企业家的援助。有了资金的富尔顿,把自己的全部精力都投入到了研究之中。他在每一次失败之后,总是告诉自己:"一旦蒸汽动力船研制成功,将是世界船舶史上最伟大的发明之一。我一定能行!"

1807年,在美国纽约的哈得逊河上,富尔顿再次试航。这次的蒸汽轮船被命名为"克莱蒙特"号。这艘蒸汽轮船长45米、宽4米,没有橹、帆和桅杆,只有一根大烟囱,船体两侧各有一个大水车式的轮子。两岸围观的人们还依旧把它称为"富尔顿的蠢物"。

在两岸观众的目光下,"克莱蒙特"号冒着滚滚浓烟,以每小时9千米的速度飞快地离开了码头。观众看到"富尔顿的蠢物"以超过一般帆船的速度前进时,发出一片欢呼声。在船尾亲自操作的富尔顿看到这情景，激动地流下了热泪。

但不到一会儿，"克莱蒙特"号又不动了，满头大汗的富尔顿和助手们急急忙忙拿着工具，很快就修好了。"克莱蒙特"号的机器发出巨大的轰鸣声，这时岸上一位贵妇人惊叫起来："天哪，那蠢物又动了！"排除了小故障的"克莱蒙特"号又开始破浪前进。

在当时，从纽约到哈得逊河上游的小城阿尔巴巴，全程航行一共 240 千米。普通的帆船，即使是顺风，也要两天两夜，但"克莱蒙特号"无论是否顺风，只需要 32 小时。后来，富尔顿被人们称为"轮船之父"。

蒸汽轮船的成功航行，大大激发了人们的发明创造热情。蒸汽机可以用到船上，提高水上运输工具的速度，如果也能用到陆地的交通工具上，提高速度，那该多好啊！于是很多人开始研究如何将蒸汽机用在陆地工具上。

1781 年，乔治·斯蒂芬森出生在英国一个贫穷矿工家庭。14 岁的时候，斯蒂芬森当上了一名见习司炉工。他很喜欢这个工作，经常认真地擦洗机器，清洁零部件。经过多次拆装，他逐渐掌握了机器的结构和制图等方面的知识。忙碌了一天后，他还去上夜校，提高自己的文化知识。后来，斯蒂芬森也投入了蒸汽机车的研究中。

1814 年，斯蒂芬森制造出了在铁路上行驶的蒸汽机车。但这辆蒸汽机车构造简单、震动厉害、速度缓慢，有人驾着一辆马车和火车赛跑，讥笑斯蒂芬森："你的火车怎么还没马车跑得快呀？"附近的农民责怪他的火车声响又尖又大，把附近的牛都吓跑了，跟他吵架，找他算账。

面对这些困难，斯蒂芬森没有灰心，他进行了一系列改进，减小了机车发出的声音，增大了锅炉的火力，提高了机轮的运转速度。1825 年 9 月，他又进行试车表演了。又有一个人骑着一匹快马，要和斯蒂芬森比赛，他以为蒸汽机车根本比不上他的骏马。但蒸汽机车拖着 30 多节车厢，载着 400 多位乘客，以每小时 20 多千米的速度飞快前进，很快就把马车甩到了后面。由

火箭式发动机
斯蒂芬森著名的火箭式发动机是一个圆筒，在它的驱动下，轮子基本上能够与地平线保持一致，这一发明是如此实用，以至于很轻易地就夺得了 1829 年首届火车速度试验赛冠军。

于蒸汽机车在刚发明的时候是用煤做燃料，经常从烟囱中冒出火星，所以人们就把蒸汽机车叫作火车，这个名称一直沿用到今天。

人类实现第一次自由飞行

1782 年 11 月，一个偶然的机会，法国人米歇尔·蒙戈尔费埃发现放置在火上方的丝织容器被充热空气后自行升空。1783 年他和他的兄弟艾蒂安·蒙戈尔费埃用麻和纸制成了一个直径为 30 英尺，底部留一个开口的圆形气球。6 月 4 日他们将热空气灌入气球，气球升空了，并在空中停留了 10 分钟。9 月 19 日蒙戈尔费埃兄弟又做了一个实验，他们将装有羊、鸡、鸭各一只的筐子系在气球下，气球从凡尔赛宫的庭院升起，最高达 17.37 米，8 分钟后在相距 3.2 千米的地方安全降落。11 月 21 日法国物理学家德罗齐埃与伯爵 F·洛朗乘坐蒙戈尔费埃兄弟制作的热气球在巴黎上空实现了人类第一次自由飞行，历时 25 分钟，行程 8.85 千米。同年，法国物理学家克沙·查理斯与罗贝尔兄弟一起成功地研制了第一个氢气球，并乘气球进行了飞行。气球的发明使人类的活动领域从地面扩展到空中，人类从此开始了太空领域的探索，启发了后人研究出飞机、飞船等空间飞行器。

工业革命

工业革命是指欧洲资本主义的机器大工业代替个体手工业工场的革命，也称产业革命或第一次科技革命。它既是生产技术的革命，又是社会生产关系的重大变革，开始于 18 世纪 60 ~ 80 年代，结束于 19 世纪末。

工业革命首先发生在英国。当时的英国推翻了封建专制，建立了资产阶级政权，英国政府制定了一系列的法律来促进资本主义的发展。在国内，英国进行了圈地运动，大量的生产资料聚集在少数资本家手里，消灭了自给自足的小农经济，大批失去土地的农民被迫走进城市和工厂，成为工人，为资本家提供了充足的劳动力。

18 世纪中叶，英国战胜了西班牙、荷兰和法国，成为海上霸主，取得了大量的殖民地，为本国的资本主义发展提供了用之不竭的工业原料和广阔的工业品销售市场。英国人还通过贩卖黑人奴隶牟取了暴利，积攒了大量的资金。这一切，为工业革命的发展提供了充足的条件。

由于国内外市场的迅速扩大，对工业品的需求量大大超过了手工工场所能生产的数量，因此资本家们迫切需要生产技术变革。

首先进行技术变革的是棉纺织业。英国占领印度以后，大量的印度廉价棉布被贩卖到英国。为了生存，英国纺织工场的工场主们就开始想办法，改进生产技术，降低成本。当时英国的织布技术很落后，纺织工人一会儿拿着梭子从左手抛到右，一会儿又拿着梭子从右手抛到左，一天也织不了几尺布。1733 年，一个叫凯伊的工程师发明了飞梭，用绳子一拉，梭子很快就飞了过去，织布的速度一下子提高了好几倍。

织布的技术提高了，但纺纱还是原来的速度，棉纱一下子供不应求，英国的织布场都出现了"棉纱荒"。英国的"艺术与工业奖励协会"用高额奖金来奖励发明新型纺纱机的人。有个叫哈格里夫的织工，偶然发现他的妻子珍妮失手将手摇纺车打翻在地，可纺车仍然转个不停。哈格里夫大受启发，他想，纺车有这么大的力，为什么不让它带更多的纱锭？于是他设计了一个可以同时带动 8 个纱锭的纺车，纺纱的效率一下子提高了 8 倍。他把这项发明归功于自己的妻子珍妮，所以就给这个纺车起名为"珍妮纺纱机"。后来经过改进，珍妮纺纱机能纺出 80 ~ 130 根纱锭。但珍妮纺纱机是人工操作，很费力气，1769 年，凯伊发明了水力纺纱机。

棉纺织业的技术革命推动了其他行业的发展，其中最重要的是交通运输、钢铁、采矿和机器制造等部门的技术变革。

由于水力纺纱机要建在有水的地方，受到地域和气候的限制，这为瓦特发明蒸汽机创造了条件。瓦特在总结了前人科研成功的基础上改良了蒸汽机，并很快投入使用。1784 年，英国建成了第一个蒸汽机纺纱厂。蒸汽机的发明是科学史上划时代的成就，从此资本主义工业生产开始迅速发展起来。

18 世纪中叶以前，英国炼铁的燃料主要是木炭，这耗费了大量的木材，炼铁业受到很大的限制。1784 年，工程师科特发明了一种以煤为燃料的煤铁炉，使炼铁业的功率提高了 15 倍。1785 年，

1839 年，汽锤的发明使重工业革命化。

· 日不落的大英帝国 ·

英国本来只是一个盘踞在英伦三岛上的小国家，但是随着资本主义的发展，再加上地处海岛，本土很少受到外来侵略，所以国力越来越强。1588年，英国打败了无敌舰队，初步建立了海上霸权。随后英国又打败了荷兰和法国，抢夺了不少殖民地。英国开办的东印度公司通过各种卑鄙手段，最后终于完全控制了印度全境。英国是工业革命的先驱者，所以在工业革命中受益最多，国力也最强大。后来英国在各个大洲都拥有了自己的殖民地，不管在什么时候，太阳光总能照到英国殖民地的土地上，英国人因此骄傲地宣称：在大英帝国的土地上，太阳是永远不会落下来的。

英国建立了第一座近代化炼铁厂，英国近代钢铁工业建立起来了。炼铁业的发展，促使了采矿业的发展，蒸汽机也广泛用于采矿业。1815年，维纳发明了安全灯，使地下瓦斯爆炸的危险大大减小，煤的产量大大增加。

工业的发展开始促使运输业发展。1807年，富尔顿发明了轮船。1840年，英国第一个轮船航运公司成立。1814年，斯蒂芬森发明了火车，英国随即出现了修建铁路的狂潮，到了1850年，英国已经建成了数千千米的铁路。

工业革命使英国获得了"世界工厂"的称号，成为世界头号强国，加强了它的海上霸主地位。英国凭借强大的实力，加紧殖民扩张，攫取了大量的利益。

后来，工业革命从英国传到了欧洲大陆，19世纪的时候又传到北美地区，促进了这些地区的生产力的发展，帮助这里的新兴资产阶级打击封建势力，夺取了政权。但同时，西方资本主义国家凭借强大的势力，四处侵略扩张，给亚、非、拉人民带来了深重的灾难。

英国建立工厂制度

机器的广泛应用、工厂制度的逐步建立使英国社会的阶级结构发生了变化。大工业出现和发展的过程中，农民作为一个阶级被消灭了。手工业者在大工业的冲击下纷纷破产，不得不加入工人阶级队伍中来。资本主义社会中两大对立的阶级——工业资产阶级和工业无产阶级形成了。至工业革命完成时，英国已基本形成土地贵族、资产阶级、无产阶级3个基本阶级。

随着工厂制度的出现，不仅出现了工业资产阶级，更重要的是出现了工业无产阶级，那些因圈地运动而被迫与土地分离、不得不外出谋生的农村大批无产者是其最主要的来源，童工和失业破产的手工业工人也是其中重要的组成部分。工业无产阶级与手工工场时代的工场手工业工人不同。手工工场的工人大多与农村保持着较密切的联系，或拥有简单的生产工具，或租种小块土地，在工场劳动之余还可以进行耕种，以维持一般的生活，没有完全摆脱小生产劳动者的地位。而工业无产阶级则一无所有，完全成为被资本家雇佣的奴隶，被紧紧地束缚在机器上，集中到工厂里，在统一的管理下进行生产劳动。

工厂制度下形成的工业资产阶级与工业无产阶级间的生产关系是一种全新的劳资关系，这一关系的特征是劳动者向工厂主出卖劳动力、领取工资，劳动力变成了商品。劳动者在劳动中创造的价值远远超过了本人所得的工资，这部分被资本家剥削的利润就是剩余价值。这种不合理的占有关系必然引起二者之间的对立。因此，工业资产阶级与工业无产阶级两大阶级的对立成为资本主义社会的基本矛盾。

由于资本家盲目和贪婪地追求利润，不断扩大生产，资本主义的固有矛盾，即生产的社会化和生产资料私人占有制之间的矛盾日益激化，从而导致了经济危机的发生。19世纪早期，在英国工业革命即将完成的1825年，英国发生了第一次经济危机。危机期间，商品积压，工厂倒闭，工人失业，社会骚乱。以后大约每10年出现一次，而且一次比一次持续的时间长、损失大。它伴随着资本主义工业化的进程出现，成为资本主义工业化的一个特征。

工业革命使大量劳动力从农村涌向城市，开始了城市化进程，这是工业革命的又一社会后果。首先，它使人们的生活方式发生了巨大改变。由于从产品的制作、房屋的建筑到面包的烘烤、衣服的缝制都使用了机器，劳动者整日忙碌于机器周围，迫使他们随着机器的转动而加快生活节奏，成为机器的附庸。机器生产使工业与农业进一步分离，劳动分工更加明确，这又引起了一次人类历史上的消费变

这是约瑟夫·纳什的石版画。它展示了1851年世界博览会上英国展出的各种机器。

革。人们所需要的一切物品都依赖于商品市场，于是商品流通的范围更广、速度更快。工业革命把大批劳动力从狭小天地中解放出来，于是人们的视野大大开阔，人们的观念和习俗也随之发生了变化。随着工业革命中新发明的不断涌现、新领域的不断开辟，人们的思维空间也逐步开阔，其思想的共同特点是：重视人类自身的能力，极力追求财富的不断增值。工业革命的发展使这些思想逐渐变成资本主义社会的统治思想，它促使人们用新的眼光认识历史、解释现实和展望未来，同时，也不择手段地追求更多的财富、更舒适的生活。

万国博览会

1851 年，在伦敦举行的首届万国博览会是一个全面展示世界各领域成果的博览会，实际上，博览会侧重展示科学与技术成果，而一半以上的展品来自英国本土以及英殖民地帝国。

1843 年，维多利亚女王的丈夫阿尔伯特亲王（1819 ~ 1861 年）担任皇家艺术科学院主席。6 年后，他产生了举办一场博览会以展示所有国家的工业产品的想法。当时正处于工业革命末期，制造工业仍主要集中在曾被称为世界工厂的英国。维多利亚女王（1819 ~ 1901 年）第一个出面为该计划筹集资金，随后，各大工业厂商也纷纷解囊，于是很快便筹集了 8 万英镑用于建设博览会相关设施。

英国建筑工程及设计师约瑟夫·帕克斯顿（1801 ~ 1865 年）接受委托，在海德公园设计建造大型建筑以供博览会使用。为了展示当时的科技水平，帕克斯顿全部使用预制铁部件以及玻璃建造该建筑，该建筑因此得名水晶宫。帕克斯顿是农夫的儿子，他最初只是一名普通的园丁，后转而设计温室与花房。他所设计的水晶宫可以配得上宏伟一词，它长 563 米，宽 124 米，高 30.5 米，由 3 000 根铁柱、2 000 根横梁与 8.4 万平方米的玻璃组成——足以覆盖 17 个标准足球场。此后，欧洲许多主要火车站的设计均受到了该建筑设计风格的影响。

博览会共有约 1.4 万个参展商，展出的制成品达 10 万余件，几乎包括当时所有的工业产品，大到印刷机、铁路机车、水压机，小到餐具、珠宝。其中共有560 件展品来自美国，包括塞勒斯·麦考米克（1809 ~ 1884 年）的收割机、萨缪尔·柯尔特（1814 ~ 1862 年）的左轮手枪等。另外，嚼烟也作为美洲的代表性产品参展。同时法国也提供了展品。博览会共持续了 23 周，接待了超过 600 万名观众（大多数乘坐列车前来），当然万国博览会也为举办方获得了高额利润。

1851 年的万国博览会是 19 世纪举办的首次国际性博览会之一，欧洲以及北美的一些城市，如维也纳、巴黎、纽约、芝加哥等也举办了各种博览会，其中规模最为庞大的便是 1893 年 5 月 1 日至 10 月 30 日在芝加哥举行的万国博览会。该博览会期间恰逢哥伦布发

1851 年 5 月 1 日，英国维多利亚女王宣布万国博览会正式开幕。在这幅印刷品中，英国女王与英国的象征——雄狮位于图案边框上端，周围环绕的图案则象征着不列颠帝国统治的各个地区。

现美洲 400 周年纪念日，因此芝加哥博览会也叫世界哥伦布博览会。来自美国东海岸的建筑工程师们在博览会开始 3 年前便着手设计图纸，最终为博览会建造了 150 座展馆，因为所有的建筑正面均使用白色，所以又被称为"白城"。它们同被称为荣誉法庭的主展馆一起，沿着密歇根湖附近的一个人造环礁湖建造，并且主厅直通湖泊的道路两旁整齐地树立着两排高大的石柱。芝加哥万国博览会整齐划一的建筑风格开启了美国建筑的包豪斯艺术时代，在随后的 40 年间，该建筑理念极大地影响了美国各主要城市的建筑风格。

最初的水晶宫于 1852 年拆除，但又在伦敦南部城市西德纳姆附近山丘重建，并一直在博览会或其他展览时使用，1936 年毁于一场大火。现在，在当年水晶宫矗立的那块行政区被称为水晶宫区。

火车与铁路的出现

到 1850 年，火车与铁路的出现使工业革命又提升到一个新的高度。英国在 1825 年建成了世界上的第一条铁路。这段铁路起自斯托克顿的达拉姆煤田，到达滨海的达林顿城。在此之前，人们常用马拉煤车，主要用于短途运输。

英国人乔治·史蒂芬逊发明了世界上第一台蒸汽机车。他没有进过正规学校学习，17 岁时才开始自学读书作文。英国的第一条铁路就是在他的提议下建造的。用蒸汽机作动力的火车每小时可行走 15 英里。

铁路应运而生,对于资本家来说,往它身上投资是一本万利的,必须抢得先机。一些资本家开始经营铁路建造与运营业务。英国最著名的铁路商托马斯,在全球范围修建铁路。无论在美洲还是在欧洲,都有他的"杰作"诞生。

兴建铁路需要大量的劳动力,这就提供了宽阔的就业空间,英国的"挖土工"由底层百姓或乡村农民充任。他们的工作任务是为火车的运行提供更平坦的路基。他们四海为家,到处漂泊。在还没有高效的掘土机械问世时,挖土工是首选的低价劳动力。他们逢河架桥梁,逢山开隧道,其工程量浩大得惊人。而到了19世纪,开山机械的发明和运用,则令挖土工失去了生存空间。

"乐圣"贝多芬

贝多芬的童年很不幸,由于父亲酗酒,他常常从警察手里接过烂醉如泥的父亲,从未享受过家庭的温情。当父亲发现贝多芬有音乐天才时,就企图把他变成摇钱树,强迫幼小的贝多芬练习繁重的琴艺,而且常常在三更半夜醉酒回家后把贝多芬从床上拖起来练琴。8岁时,贝多芬被父亲拉着沿莱茵河卖艺,11岁就开始在剧院的乐队里工作。他的母亲在1787年去世后,父亲就更加放肆了,几乎每晚都烂醉归来,身为长子的贝多芬,只好挑起了养家的重担,抚养两个弟弟。他受聘为宫廷的古钢琴与风琴乐师,兼做钢琴家庭教师。

1792年,贝多芬前往维也纳,先后受教于音乐家海顿、作曲家申克、音乐理论大师布列希贝克以及作曲家萨里耶等名师。1795年,他在维也纳举行了第一次音乐会,弹奏了自己创作的《第二钢琴协奏曲》,折服了维也纳的贵族和市民。

正当贝多芬充满热情地为自己的理想而拼搏的时候,不幸却降临了。1796年,贝多芬听力开始下降。到32岁的时候,贝多芬已经完全失去了听力。这对于一个音乐家来说简直是致命的打击,贝多芬陷入了极度痛苦中。他消沉过,甚至曾经想结束自己的生命,但多年来在生活中磨炼出的坚毅倔强的性格和对于音乐的热爱,使贝多芬在不幸的命运面前挺了下来。他渐渐振作起来,开始

贝多芬

克服种种困难进行艰难创作。

　　由于听不到声音，他就用牙咬着根小棍，再把木棍支在乐器上，靠木棍的震动状况来感觉声音的大小。不能听到自己创作曲子的好坏，他就一遍遍地在钢琴前弹奏，通过琴键的跳动来感受音乐的曲谱。由于长时间弹钢琴，他的手指都起了水泡。他不知疲倦地进行创作，对自己的作品要求也十分高，一首曲子经常修改很多次，如我们今天听到的他为歌剧《菲德利奥》第二幕作的序曲，竟改写过18次；著名的《莱昂诺拉》序曲，也是经过十几次的修改才最后完成的。在贝多芬与病魔进行顽强斗争的过程中，他的音乐创作也最终趋于成熟，他摆脱了以前音乐创作中的许多框框，塑造了自己独特的艺术风格。贝多芬在后半生30年的无声世界创作了大量音乐史上不朽的作品，如著名的9部交响曲等。

　　1801年，他与一个17岁的少女朱丽叶塔·古奇阿蒂相恋，著名的钢琴奏鸣曲《月光》就是他们相恋的作品。但古奇阿蒂在两年后离开了他，嫁给了一位伯爵。1806年，贝多芬再次恋爱了，对方是丹兰斯，古奇阿蒂的表妹，两人在那一年订了婚，但这场爱情也只维持了4年，丹兰斯也离开了贝多芬。再次遭受失恋打击的贝多芬变得更加不修边幅，行为举止也更加放肆。1809年，拿破仑攻占维也纳，贝多芬的保护人和朋友纷纷逃难，他陷入了孤独与经济拮据的双重困境之中。但他还是完成了《庄严弥撒曲》和《第九交响曲》。尤其是后者演出的成功，为他带来了一生最大的荣耀与欢欣。

　　1827年3月26日，在维也纳的春雷骤雨中，贝多芬辞别了人世，享年57岁，约有两万多的维也纳市民参加了他的葬礼。

　　贝多芬还是一位民主人士。1803年，贝多芬完成了《第三交响曲》。这首曲子原本是写给拿破仑的，贝多芬在作品扉页上还写下了"献给拿破仑·波拿巴"几个大字。但是，就在作品完成的这一年，拿破仑抛弃共和制，当了皇帝。贝多芬一气之下，就把这首曲子改为了"英雄交响曲——纪念一位伟人！"

契诃夫

　　契诃夫(1860 ~ 1904年)是俄国作家、戏剧家。1860年1月生于塔甘罗格市一个小商人家庭。1879年进莫斯科大学医学系，次年开始用笔名给幽默杂志写短篇小说。

　　19世纪80年代中叶前，他写下大量诙谐幽默的小说，其中不乏优秀的作品，

契诃夫（左）与高尔基

如写大官僚飞扬跋扈和小人物的卑微可怜的《一个官员的死》，写见风使舵的小市民奴性心理的《变色龙》。19世纪80年代后半期，契诃夫的创作进入成熟阶段，写下了一系列杰出的短篇小说。《万卡》《苦恼》《渴睡》对于下层人民的穷苦悲哀寄予深切同情。1889年写出《套中人》，以讽刺手法描写了沙皇专制制度的忠实卫道士的典型形象。1890年他到库页岛考察苦役犯和当地居民的生活状况，进一步加深了对俄国专制制度的认识。此后不久，他写出了震撼人心的中篇小说《第六病室》。契诃夫的中、短篇小说共470多篇，其中大多数是短篇。作品题材多样，文笔精练。作为戏剧家，契诃夫写了5部多幕剧，有《万尼亚舅舅》《三姊妹》等，其中最著名的剧本是创作于1903～1904年的《樱桃园》。

莫泊桑

基·德·莫泊桑(1850～1893年)是19世纪下半期法国杰出的批判现实主义作家。他一生写了350多篇中短篇小说、6部长篇小说和3部游记。莫泊桑在短篇小说创作方面的成就尤为突出，被称为"世界短篇小说巨匠"。

莫泊桑于生于诺曼底一个破落的贵族家庭，他的童年是在乡间度过的。母亲出身于名门且富有文学修养，舅父是诗人与小说家，因此，莫泊桑从小就受到文学的熏陶。13岁时，他进伊佛修道院附属学校学习，因写诗讽刺教规被开除教籍。后到里昂中学学习，在著名诗人路易·布耶的指导下，开始了多种文体的习作。1870年莫泊桑去巴黎学习法律。

不久，普法战争爆发，莫泊桑应征入伍。这场战争时间虽短，却给他留下了极为深刻的印象，其后来写的不少小说都是以普法战争为题材的。战争结束后莫泊桑定居巴黎，从1872年起，先后在海军部和教育部任小职员。这段经历使他对小职员的生活状况及精神境界有了深刻的认识，成为他日后小说创作的重要主题。同时，他积极利用业余时间进行文学创作。自1873年开始，莫泊桑受教于福楼拜的门下，并因此结识了左拉、都德、龚古尔、屠格涅夫等著名作家。在福楼拜的严格要求和精心培养下，莫泊桑成长为一名优秀的作家。

莫泊桑的中短篇小说描绘了各色各样的生活场景，刻画了各个社会阶层各种职业的人物形象，从不同的角度和侧面反映了 1870 ~ 1890 年间法国社会生活的状况。

《羊脂球》是莫泊桑发表的第一篇小说，也是其短篇小说中的珍品。它写的是被敌军占领的里昂城里十名居民同乘一辆马车出逃的故事。居民中有贵族地主、资本家、暴发户以及他们各自的妻子，还有两位天主教的修女、一名自称"革命党"的假爱国者，一名外号为"羊脂球"的妓女。一辆马车就是一个社会的缩影。

莫泊桑一生中创作了 6 部长篇小说：《一生》《漂亮朋友》《温泉》《皮埃尔和若望》《像死一般强》《我们的心》。

莫泊桑二十多岁时就为疾病所折磨，在同疾病的顽强搏斗中，他依然坚持写作。1893 年不幸病逝，年仅 43 岁。

音乐的发展

在各种艺术门类中，音乐运用人声和乐器声音作为材料，它的表现手段如旋律、和声、配器、复调等，都是一种有组织的乐音，都是由声音构成的。音乐是凭借声波振动而存在，在时间中展现，通过人类的听觉器官而引起各种情绪反应和情感体验的艺术门类。因此，音乐是一种时间的艺术、表现的艺术和听觉的艺术。音乐艺术以它特有的方式去反映人们的社会生活并抒发其思想感情。

随着人类历史的发展进程，音乐也经历了长期的发展过程。欧洲音乐经历了"巴洛克时期""古典主义时期""浪漫主义时期"三个风格演变的历史阶段。17 世纪初至 18 世纪中的欧洲音乐是巴洛克音乐。这时期，音乐仍然被利用为教会和帝王服务。威严神圣的宗教精神与显赫富丽的宫廷气概，是巴洛克音乐风格的主流。18 世纪下半叶至 19 世纪 20 年代是欧洲的古典主义音乐时期。古典主义音乐主要是靠结构的力量来获得艺术魅力的。19 世纪 20 年代至 19 世纪末是欧洲的浪漫主义音乐时期。主观感受取代了客观现实，感情取代了理性，夸张激越的手法取代了严谨沉静的形式，鲜明的个性取代了共性，这些是浪漫主义音乐的主要特征。20 世纪初出现的象征主义音乐，则标志着欧洲近代音乐的终结和欧洲现代音乐的最初发展。

巴赫

德国古典作曲家。生于一个著名音乐世家，早年精通管风琴演奏。他先是任教堂管风琴师，后到魏玛，任宫廷管风琴师，直至宫廷乐长。38 岁起在莱比锡圣托马斯教堂任乐长，直至逝世。

巴赫笃信宗教，又深受启蒙思想影响，这使他的作品具有丰富的世俗情感和大胆的革新精神。他刻苦钻研，创作异常勤奋，流传下来的有 500 多首作品，主要有《马太受难曲》《约翰受难曲》《b 小调弥撒曲》和 200 余部康塔塔，以及古钢琴曲《法国组曲》《英国组曲》等等。巴赫在德国民族音乐的基础上，集 16 世纪以来各国音乐之大成，把巴洛克音乐发展到顶峰。其作品对近代音乐具有深远的影响，因此被称为"西方音乐之父"和"不可超越的大师"。

莫扎特

莫扎特，奥地利作曲家。1756 年出生于萨尔兹堡一个音乐世家，父亲是小提琴手。他 3 岁开始学弹钢琴，4 岁就能演奏，5 岁学作曲，6 岁在欧洲巡回演出，12 岁开始指挥乐队演奏自己的作品，轰动了欧洲，被人们誉为"音乐神童"。后由于他不能忍受上流社会对他人格的蔑视和侮辱，25 岁辞职，成为奥地利第一位不依附于贵族的自由作曲家。1786 年，他创作了歌剧《费加罗的婚礼》，取得极大的成功，达到事业的顶峰。他最后几年的生活极为困难，1791 年 12 月在写作《安魂曲》时逝世。莫扎特给人们留下了近 50 部交响曲、22 部歌剧、50 部各种形式的协奏曲，主要代表作品有歌剧《费加罗的婚礼》《魔笛》，交响乐《朱庇特交响曲》和协奏曲《D 大调小提琴协奏曲第四号》等。他为人类文化作出了重大贡献，在世界文化史上树立起不朽的丰碑。

约翰·施特劳斯

约翰·施特劳斯，奥地利小提琴家、指挥家、圆舞曲及维也纳轻音乐作曲家。做过银行职员，后自学小提琴与作曲。1844 年自建乐团，演奏自己创作的圆舞曲，并任指挥。1849 年带领乐团在欧美各国旅行演出。后在俄国圣彼得堡任音乐会指挥十年。1862～1863 年任奥地利宫廷舞会乐队指挥。1872 年在美国任纽约和波士顿音乐会指挥。1870 年起创作了一批轻歌剧，对欧洲轻歌剧的发展有深远影响。1899 年逝世。他有 500 余首作品，其中圆舞曲 400 余首，世称"维也纳圆舞曲"。最著名的有《蓝色多瑙河》《维也纳森林的故事》《春之声》《美酒、爱情和歌曲》等，《蓝色多瑙河》被誉为奥地利第二国歌。他的作品节奏自由，音乐语言真

施特劳斯在一年一度的哈布斯堡宫廷舞会上指挥乐队演奏。像往常一样，他用琴弓当指挥棒，一位观众以欣赏的口吻评价说："他就像天使一样指挥着一个纯粹的提琴乐队，观众们随着这神奇的琴弓沉思、旋转、摇摆。"

挚而自然，其维也纳圆舞曲风靡全欧，使他获得了"圆舞曲之王"的称誉。

近代建筑艺术

建筑是实用性的物质产品或实用艺术，它不可能像绘画那样再现生活，不可能提供具体事物的真实形象和生活现象的真实图画，因此它不是真正意义上的造型艺术，只能算作一种广义的造型艺术。建筑运用种种表现手段和装饰手段，构成一种意境，给人以联想，从而构成建筑的艺术形象。黑格尔认为，建筑是最原始的一种艺术，建筑所表达的艺术语言是"象征型"的。它的感情含义，它的爱憎，它的一切观念形态，都是十分朦胧的。然而在建筑艺术语言的朦胧中，却又清晰地透露出人的观念形态及其演变。这就是说，建筑艺术能以一种比较抽象的形式反映出一个时代的社会生活。

英国宪章运动

19 世纪 30 年代，英国完成了工业革命，社会日益分裂成资产阶级和无产阶级两大阶级。富有的资产阶级掌握了国家政权，为了维护自己的利益，他们制定了一系列的法律。而广大的无产阶级深受资产阶级的剥削，在政治上毫无权力，在经济上处于贫困状态。工人们每天要工作 16 ~ 18 个小时，资本家还大量雇佣低工资的女

工和童工。工人们居住的条件也非常恶劣，他们的房屋狭小、肮脏，居住区里卫生条件很差，伤寒、疟疾、肺病等疾病流行。一个英国政府官员在视察了格拉斯哥城的工人居住区后说："15～20个工人们挤在一间小屋子里，躺在地板上，他们的被子竟然是半腐烂的麦秸秆混着破布条"，"房屋肮脏、潮湿，马都不能拴到里面。"

为了摆脱悲惨的生活，从19世纪20年代开始，工人们就不断举行大规模的游行示威。1836年，英国伦敦一个叫洛维特的木匠，发起成立了"伦敦工人协会"，号召工人们争取选举权，选出能代表自己利益的人去做议员，为工人说话。"伦敦工人协会"提出了6点主张：第一，凡是年满21岁，身体健康、没有刑事犯罪记录的男子都应该拥有选举权；第二，选举时必须秘密投票；第三，全国各选区应该按照当地的居民人数排定，选区选出的议员名额也应当与人数相适应；第四，国会每年改选一次；第五，取消对候选人的财产资格限制；第六，如果议员当选，应该发薪金。宪章运动从此开始。

1838年，这6项主张以法案的形式公布，被命名为《人民宪章》。《人民宪章》一经公布，就受到了广大工人的热烈欢迎，宪章运动很快从伦敦扩展到全国各地。工人们在各地举行大规模的集会，经常有四五万人参加，有的集会甚至多达10万人。他们高举着火把，发表战斗性的演说，甚至高呼斗争口号："武装起来！"一个工人领袖在演说中说："普选权问题，归根到底是刀子和叉子的问题，是面包和乳酪的问题！"

1839年2月4日，第一届宪章运动代表大会在伦敦召开，定名为宪章派工会会议。会议一致决定在5月5日采取和平请愿的方法，向议会递交请愿书。有的代表提出，如果议会拒绝请愿书，和平请愿失败，那就举行武装暴动。当时在请愿书上签字的人超过了125万，请愿书重达300公斤，工人们把它放在装饰着彩旗的担架上，抬到了议会。7月12日，议会拒绝了请愿书提出的要求。政府随即派出了

·19世纪中期三大工人运动·

19世纪三四十年代的时候，由于工业革命的进一步发展，无产阶级的痛苦也进一步加深，爆发了三大工人运动。第一个是法国里昂工人起义，为了反抗七月王朝的反动统治，里昂工人先后于1831年11月和1834年4月自发举行起义。第二个运动就是英国的宪章运动，这次运动虽然以和平手段为主，但中间还是夹杂了流血事件。第三个运动是德国西里西亚织工起义，西里西亚是德国的纺织中心，当地工人除了要受资本家剥削之外，还要受封建地主的剥削，进入19世纪40年代后，工人工资被进一步压低，织工们不堪重负，最终毅然起义，但是由于寡不敌众，起义最终失败。

大量的军警对工人们进
行镇压。

和平请愿活动失败
后，愤怒的工人们举行
了武装暴动。1839 年 11
月，英国南威尔士 1000
多名矿工，手拿木棍、
长矛和短枪等简陋武器，
向南约克郡进军。政府
立即派出大量军警前去

这幅画表现的是 1842 年人们列队把有 300 多万人签名的宪章请愿书送
往国会的情景。

镇压。在达纽波特，军警向工人们疯狂射击，很多工人倒在了血泊中。工人们没有
被敌人的残暴吓倒，他们沉着迎战，顽强抵抗。20 多分钟后，由于寡不敌众而遭到
失败。政府以此为借口逮捕了宪章派领导人欧康纳，宪章派工会被迫解散。

3 年后，欧康纳出狱。在他的领导下，拥护《人民宪章》的工人们组成了一
个全国宪章派协会，入会者达 5 万多人。1842 年，他们再次向议会递交请愿书。
请愿书的内容除了以前的 6 条内容外，又增加了要求废除教会的"什一税"和"新
贫民法"的内容。请愿书有 300 万人签字（约占当时英国成年男子的一半），再
次要求把议会将《人民宪章》定为法律。请愿书指出："议会既不是由人民选出
来的，也不是由人民做主的。它只为少数人的利益服务，而对多数人的贫困、苦
难和愿望置之不理"，"英国的统治者穷奢极欲，被统治者饥寒交迫"。（当时
英国女王每天的收入是 164 镑 17 先令 60 便士，她的丈夫阿尔伯特亲王每天的收
入是 104 镑 20 先令，而广大普通工人每天每人的收入只有两便士。）但这次请
愿再次被议会否决。此后，英国各地罢工活动此起彼伏。

最终，宪章运动还是被镇压，但英国政府不得不颁布了一些改善工人劳动状
况的法令，在一定程度上缓解了英国社会的阶级矛盾。

席卷欧洲的革命

19 世纪 40 年代中期，随着工业革命的扩展，欧洲大陆的资本主义得到迅速
发展，新兴的工业资产阶级力量日益壮大，但在政治上他们仍然处于无权或少权
状态，政权被封建落后势力所把持，深受他们的压迫，这些封建势力成了资本主

义发展的绊脚石。另一方面，深受外族压迫的东南欧各国都希望推翻外国统治，取得民族独立。

1845 年，欧洲大陆普遍发生了马铃薯病虫害（当时马铃薯是欧洲人的主要口粮），各国相继出现了农业歉收，许多地方出现饥荒。1847 年，欧洲又发生了经济危机，很多工厂倒闭，大量的工人失业。广大人民群众的生活状况日趋恶化，社会动荡不安，欧洲大陆的阶级矛盾和民族矛盾迅速激化。

当时的意大利半岛分裂为许多封建小国，他们都直接或间接地受制于奥地利，这种分裂状态和外族统治严重阻碍了意大利资本主义的发展。1848 年 1 月，西西里岛首府巴勒莫的人民首先发动了起义，揭开了 1848 年欧洲革命的序幕。经过激战，起义者击败了国王的军队，建立了资产阶级临时政府。在巴勒莫起义的影响下，意大利的米兰、威尼斯等地也相继爆发了反对奥地利统治的起义。撒丁、那不勒斯、托斯卡纳的封建小国的统治者也向奥地利宣战，意大利半岛革命形势高涨。1849 年 2 月 9 日，以马志尼为首的罗马共和国宣告成立。7 月 3 日，法国、奥地利和两西西里王国出动军队，颠覆了罗马共和国。后来由于各小国封建统治者的背叛，革命形势急转直下。8 月 22 日，奥地利军队攻陷威尼斯，意大利革命失败。

在意大利的影响下，1848 年，欧洲各国相继爆发了大规模的革命。当时的法国处于代表金融资产阶级利益的七月王朝的统治之下，这引起了工业资产阶级的不满。于是工业资产阶级和广大人民联合起来，于 2 月 22 日在巴黎群众发动了起义。经过两昼夜的激烈战斗，起义军攻占王宫，法国国王路易·菲利浦出逃，起义军成立了临时政府，宣布废除君主制，建立共和国，史称法兰西第二共和国。但胜利果实被资产阶级篡取，他们下令解散国家工厂，并把工厂中的工人编入军队或驱赶到外省去做苦工。工人们忍无可忍，被迫举行了六月起义，但遭到了政府军的残酷镇压，起义失败。

德意志在 1848 年以前是一个由 35 个邦和 4 个自由市组成四分五裂的联邦国家，这种分裂的状况和意大利一样，严重地阻碍着资本主义的发展。德意志的巴登公国首先爆发革命，并迅速波及很多地区，纷纷成立了资产阶级政府。3 月 13 日，普鲁士王国首都柏林的工人、市民和大学生举行示威游行，并同普鲁士军队展开激烈战斗。普鲁士国王威廉四世调动大批军队，向起义军发起猛攻。经过激烈战斗，普鲁士军队被迫撤出柏林，威廉四世同意召开有资产阶级参加的议会。3 月 29 日，资产阶级首领康普豪森组阁，柏林三月革命的胜利果实落入资产阶级手中。

东南欧也爆发了反对外国统治的民族解放运动，其中以匈牙利的革命最为声势浩大。当时匈牙利处于奥地利的统治之下。1848年3月15日，佩斯人民在革命家裴多菲的领导下，强迫市长在实行资产阶级改革的政治纲领《十二条》上签字，不久革命群众控制了首都。革命者向奥地利皇帝提出建立匈牙利独立政府和废除封建制度的要求。奥皇非常敌视匈牙利革命，他调集了大批反革命军队进攻匈牙利，并于1849年1月5日攻陷匈牙利首都。匈牙利政府迁到德布勒森。不久，匈牙利起义军展开反攻，取得节节胜利。4月14日，匈牙利议会发表《独立宣言》，宣布匈牙利独立。5月21日，匈牙利起义军收复了布达佩斯。为了镇压匈牙利革命，奥地利勾结沙俄，共同出兵。沙俄出动了14万大军入侵匈牙利，20万奥地利军队也对匈牙利发起了猖獗的进攻，匈牙利处于腹背受敌的境地。由于双方军事力量相差悬殊，再加上匈牙利内部右翼分子叛变，匈牙利军队遭到惨败，匈牙利革命失败。

匈牙利革命的失败标志着欧洲1848年革命的结束。镇压了匈牙利革命后，沙俄又相继镇压了罗马尼亚、捷克等国的革命运动，成为欧洲宪兵和镇压东欧民族解放运动的刽子手。

德国纺织工人起义

19世纪40年代，德国爆发了西里西亚纺织工人起义。作为德国纺织工业中心之一的西里西亚，随着德国资本主义的发展，那里的工人所受的剥削日益严重，无产阶级和资产阶级的矛盾越来越尖锐。40年代初，企业主们为了增强同英国商品竞争的能力，拼命延长工时，大幅降低工资。工人们常年不能维持温饱，劳动条件十分恶劣，大批工人挣扎在死亡线上。在起义以前，西里西亚36000名工人中，有6000人死于饥饿。当时，工人们编了一首名为《血腥的屠杀》的歌谣，愤怒地控诉了工厂主和包买商的罪行。

1844年6月4日，一些工人唱着这支歌经过最残忍的企业主茨支兹格尔的住宅，竟遭到毒打和逮捕。工人们长期压抑的愤怒像火山一样爆发出来，当天就捣毁并焚烧了茨支兹格尔的住宅。次日，烈火蔓延至另一纺织重地——住有13000居民的朗根比劳。起义织工高唱自己编写的战歌，集中打击工人最痛恨的厂主，他们捣毁厂主住宅、厂房、机器，焚毁票据、账册。普鲁士当局调集军队镇压，起义群众与前来镇压的军警展开了肉搏战。6月6日，普鲁士政府调来大批军队西里西亚纺织工人起义虽然失败了，但其精神鼓舞了广大工人群众，标志着无产阶级已经形成独立政治力量登上了政治舞台，成为历史发展的伟大动力。

镇压起义。起义失败后，83名起义者被判重刑，数百名工人受到鞭笞和强迫劳役及其他惩罚。

这次西里西亚自发的纺织工人暴动，从一开始就一致把矛头指向了私有制，指向了资本剥削。它证明，德国工人阶级已经开始觉醒，带着本阶级独立的要求挺身而出，开始了反对资本主义剥削的英勇斗争。

在法国里昂工人起义、英国的宪章运动和德国的西里西亚纺织工人起义中，工人阶级已经提出了独立的政治要求，并为实现自己的政治要求进行不屈不挠的政治斗争。它标志着在资产阶级和封建主阶级争夺政权的斗争尚未结束之时，工人阶级已经作为一支独立的政治力量登上了历史舞台，成为推动历史前进的巨大动力。但是，三大工人运动都失败了。失败的最根本的原因是没有正确的革命理论作指导。当时，工人群众在思想上深受空想社会主义和各种小资产阶级社会主义的影响，他们对自己受剥削的根源、自己的历史使命和求得解放的途径等都缺乏科学的理解。空想社会主义除了无情地揭露了资本主义制度的矛盾和罪恶之外，对社会发展规律并没有清醒的认识，找不到实现理想社会的阶级力量，因而，不能给工人阶级指出一条真正的解放道路；小资产阶级社会主义流派则竭力鼓吹社会改良，诱使工人放弃政治斗争，力图把工人运动引向歧途。因此，创立科学共产主义理论并把它与工人运动相结合，就成了工人阶级反对资产阶级革命斗争的迫切需要。

正义者同盟

正义者同盟是1836年在巴黎成立的德意志工人秘密革命团体，后来有荷兰、匈牙利、捷克、俄国、瑞典、挪威等国工人参加，成为国际性工人组织。其口号是"四海之内皆兄弟"；其纲领是通过密谋手段发动少数人起义，建立财产公有的共产主义社会；组织结构是由5～10人组成基层支部，若干基层支部组成区部，各区部归同盟人民议事会领导。同盟章程规定了严格的纪律，凡泄露秘密者处以死刑。同盟与布朗基领导的"四季社"建立了联系，并参加其 1839 年发动的起义，但遭到失败，致使同盟在法国的活动陷于瘫痪。1848 年起活动中心由巴黎转到伦敦。在马克思和恩格斯的帮助下，同盟内部逐渐与冒牌的社会主义划清界限，愿意按照马克思和恩格斯的意见改组同盟。1847 年 6 月，正义者同盟在伦敦召开改组大会，正式改名为共产主义者同盟。

《共产党宣言》

随着欧洲工人运动的蓬勃发展，一种代表工人利益、科学指导工人争取解放的思想应运而生，它就是马克思、恩格斯创立的科学社会主义。

1847 年春季的一天，一位青年来到比利时首都布鲁塞尔的同盟街 5 号。他仔细看了一下门牌号，整理了一下衣服，走上前去，轻轻敲了下门。

过了一会儿，一个留着大胡子的人打开门，看见一个陌生人站在门外，他问答："请问您找哪位？"这个大胡子就是马克思。

"请允许自我介绍一下，我叫莫尔，是受正义者同盟的委托前来拜访您的。"那位青年说道。

"哦，欢迎，快请进。"马克思非常热情。

当时欧洲有很多工人团体和社会主义小组，正义者同盟是影响较大的一个国际组织，在欧洲各国都有会员。莫尔就是正义者同盟的领导人之一。

坐下之后，莫尔打开皮包，掏出一封信，对马克思说："马克思先生，这是我们全体正义者同盟领导人签名的委托书，想请您和恩格斯先生为我们写一个宣言。"

1847 年夏天，正义者同盟在英国首都伦敦召开了第一次代表大会，恩格斯出席了会议，而马克思由于经济原因没能出席会议。大会根据马克思和恩格斯的提议，将正义者同盟改为共产主义者同盟，并将原来的口号"人人皆兄弟"改为"全世界无产者联合起来"。恩格斯为同盟起草了新《章程》。新《章程》的第一条就明确规定了共产主义者同盟的目的：推翻资产阶级政府，建立无产阶级专政，消灭旧的阶级对立的资产阶级社会，建立没有阶级、没有私有制的新社会。从此，一个崭新的无产阶级政党——共产主义者同盟诞生了！

为了躲避反动的资产阶级政府的迫害，正义者同盟的活动都是在地下进行的。共产主义者同盟成立后，开始在工人中大力宣传，扩大影响。马克思、恩

马克思　　　　　　恩格斯

格斯在比利时首都布鲁塞尔组织了一个"工人教育协会"，并把《德意志—布鲁塞尔报》作为共产主义者同盟的宣传阵地，用来传播共产主义思想，教育广大的工人和群众。

1847年底，共产主义者同盟在伦敦召开了第二次代表大会。在大会上，代表们觉得应该用宣言的形式写一个纲领。大会结束后，马克思和恩格斯受代表们的委托，经过紧张的工作，合写了《共产党宣言》。

在《共产党宣言》中，第一，马克思和恩格斯用辩证唯物主义的科学理论阐述了资本主义必将灭亡和共产主义必将胜利的科学结论，指出生产关系一定要适应生产力的客观规律；第二，无产阶级的伟大使命是推翻资本主义，建立社会主义和共产主义，无产阶级是资本主义的掘墓人；第三，共产党是无产阶级的先锋队，没有共产党的领导，无产阶级不可能取得胜利；第四，批判了形形色色的假"社会主义"和假"共产主义"。在《共产党宣言》的最后，马克思、恩格斯用豪迈的口吻向全世界宣布："让统治阶级在共产主义者的革命面前发抖吧！无产者在这个革命中失去的只是锁链，他们获得的将是整个世界！"

1848年2月，《共产党宣言》在伦敦正式出版，并很快翻译成了多种文字在世界各国传播。《共产党宣言》是马克思、恩格斯的重要著作之一，是无产阶级革命政党的第一个完整理论，是共产主义运动的第一个纲领性文件。它的发表，标志着马克思主义的诞生。

门罗主义

维也纳会议之后，欧洲列强忙于重建统治秩序。与此同时，西半球经历着另一场巨变：年轻的美国在第二次对英国战争（1812～1814年）后，进入了一个新的历史时期。在经济上，美国启动了工业革命的进程；在政治上，资产阶级和种植园奴隶主的联合政权得到加强。美国外交政策的目标处在从争取和维护海上贸易自由权到维护大陆扩张"自由权"的转折时期。与此同时，拉丁美洲人民反对西班牙和葡萄牙殖民统治的民族解放运动一浪高过一浪。

为争夺新兴的拉美市场，英、美之间进行着激烈的经济争夺战。1822年8月，英国外交大臣乔治·坎宁从维护工商业资产阶级利益的立场出发，极力主张维持欧洲的均势，借以保持英国的优势地位。

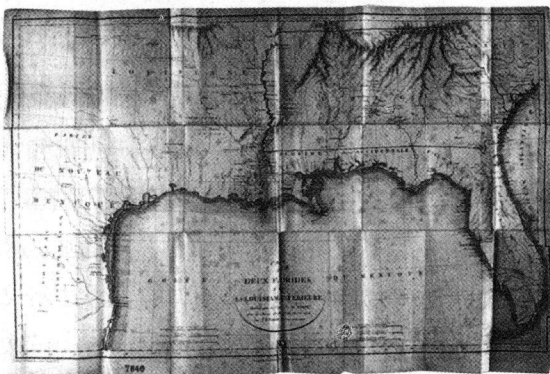

门罗主义使拉丁美洲各国独立得到巩固。

坎宁把均势体系的范围扩展到美洲，这便同美国自建国以来实行的孤立主义的外交政策形成了对立。

1823年8月，坎宁接见美国公使理查德·拉什，建议英美两国共同发表宣言，保证不侵占拉美的任何部分，不允许将原西属殖民地的任何部分向其他国家转让。接到拉什的报告后，从同年11月7日起，美国总统詹姆斯·门罗多次召开内阁会议，研究坎宁的建议和美国的对策。

1823年12月，门罗总统向国会发表国情咨文，较为全面地阐述了美国对拉丁美洲的政策。它主要包含三项基本原则："美洲体系原则""互不干涉原则"和"非殖民原则"。这三项原则是美国对拉美政策体系的概括，也体现了美国同欧洲列强之间的分歧。

门罗咨文宣称："神圣同盟各国的政治制度与美洲根本不同，这种不同产生于它们各自不相同的政体。"这实际上就是作为美国对拉美政策的理论基础的"美洲体系原则"。"美洲体系"表现在这几个方面：第一，除继续鼓吹美洲和欧洲在地理上的"天然隔绝"外，进一步强调二者在政体上的区别；第二，从追求美国一国的孤立，扩大为追求整个美洲的孤立，在美洲和欧洲之间建起藩篱；第三，不再只力求不介入欧洲事务，而是要将欧洲势力从美洲这个"集体孤立圈"中排斥出去。这个原则并不表明美洲国家在地理、政治和经济利益方面的共同利益，而是表现了美国一国的扩张利益。"美洲是美洲人的美洲"实际上意味着"美洲是美国人的美洲"。说到底，"美洲体系"不过是美国的殖民体系罢了。

门罗咨文发表后，并未引起国际社会的普遍重视，国内新闻媒体对它也没有特殊的关注。"门罗主义"在当时对于防止欧洲列强染指拉丁美洲起了一定的遏制作用，使拉丁美洲各国的独立得到巩固。

拉丁美洲的独立运动

拉丁美洲的独立运动于 1791 年 8 月爆发在加勒比海地区的海地。不足 2 万人的海地起义军在杜桑·卢维杜尔等杰出领袖的领导下，与广大黑人和混血人种一道，经过 12 年的浴血奋战，打败了法国、西班牙和英国三大欧洲侵略军，赢得了民族解放和独立，揭开了拉丁美洲独立运动的序幕。

1810 年 9 月 16 日，47 岁的教士伊达尔戈在墨西哥北部偏远的多洛雷斯村，率领几千名印第安人，高呼"独立万岁""美洲万岁""打倒坏政府"等口号，举起义旗。"多洛雷斯的呼声"从此传遍拉美的东南西北，北起墨西哥，南到阿根廷等广大地域的人民掀起独立战争的高潮。

1811 年 4 月，委内瑞拉宣告独立，成立第一共和国。但在 7 月 29 日被西班牙军队击败。失败的起义军在玻利瓦尔的领导下，转入新格拉纳达继续战斗。在人民的支持下，起义军再次攻进委内瑞拉，一举赶走殖民势力，第二共和国诞生。但势力较弱的起义军并没有保卫住自己的成果，1813 年 9 月，第二共和国再次失败。

拉美的反抗，使西班牙当局极为惊慌。国王斐迪南七世派莫里略率 1.6 万人增援美洲地区。起义军陷入了最艰苦的时期，各地起义纷纷遭到打击。从海上袭击敌人的起义军也遭到重创，起义军被迫展开游击战，他们从失败和挫折中总结经验，吸取教训。1816 年 12 月，玻利瓦尔率领新组织的力量又一次对委内瑞拉发动进攻，所到之处横扫殖民军队，委内瑞拉第三共和国宣告成立。1819 年 2 月，玻利瓦尔被选为总统。

委内瑞拉的胜利，鼓舞了起义军的士气，玻利瓦尔乘胜翻越安第斯山，远征新格拉纳达，在波耶加一举击败殖民军，直扑波哥大。1819 年 12 月，宣告了哥伦比亚共和国的独立。不甘心的西班牙殖民军调集军队，对起义军展开反扑，但是，屡战屡胜的起义军势不可挡。1821 年 6 月，西班牙殖民军进入起义军在卡拉沃沃平原的阵地，双方经过猛烈的炮轰和激烈的拼杀，殖民军受

玻利瓦尔

拉丁美洲北部地区独立运动的领袖，被委内瑞拉、波哥大、大哥伦比亚和厄瓜多尔 4 个国家尊称为"国父"。

到了重创，起义军趁势占领了加拉加斯。次年5月，起义军开始做解放基多城的准备，双方在皮钦查展开了大会战，凭借顽强的勇气和视死如归的斗志，起义军取得了决定性的胜利，6月，整个新格拉纳达地区全部解放。

北部起义军的节节胜利，鼓舞着南部起义军的士气。1818年4月5日，在圣·马丁的指挥下攻进智利首都圣地亚哥，赶跑殖民军，智利独立。殖民者退到秘鲁。1820年8月，圣·马丁经海上北上秘鲁，顺利攻占秘鲁总督区首府利马，秘鲁获得独立，圣马丁被共和国授予"护国公"。

"多洛雷斯的呼声"传遍拉美南北，但墨西哥的局势却相对平静，各地起义军以游击战为主。法国攻进西班牙首府，给起义军提供了良好的契机。1820年，教会势力代表、掌握着军权的伊图尔维德率军暴动，配合起义军反抗殖民军。次年就攻下了墨西哥城，至此墨西哥也宣告独立。

1822年7月，南北双方的起义领袖圣·马丁和玻利瓦尔在瓜亚基尔会面，双方对协同作战和战后安排未能形成一致意见后，圣·马丁隐退。玻利瓦尔于1823年9月进入尚未完全解放的秘鲁。次年8月，在胡宁平原痛击殖民军。12月，仍做垂死挣扎的殖民军拉塞尔纳集结9000余人准备与起义军决战，仅有5000余人的起义军在苏克雷的指挥下，在阿亚库乔和敌人相遇。苏克雷巧施妙计，歼灭敌军5000余人，殖民总督、众多将军和军官都未逃过此劫。1825年，秘鲁全境解放。1826年1月，起义军趁势攻克殖民地最后一个据点卡亚俄，拉美地区基本解放。

智利宣布正式独立

拉普拉塔地区独立战争的杰出领导人是圣·马丁（1778～1850年）。他出身于阿根廷土生白人船主家庭，曾在西班牙任职业军官，与留学西班牙的拉丁美洲革命人士有密切交往，参加秘密革命团体，立志献身于拉丁美洲独立解放事业。1812年他回到南美拉普拉塔地区，领导民族独立斗争。1814年，布宜诺斯艾利斯政府任命他担任北方军总指挥，负责解放上秘鲁的任务。1817年春，圣·马丁和智利的革命领导人沃伊金斯率领一支5000人的队伍翻越高达4000多米的安第斯山隘，出其不意地向智利的西班牙军队展开进攻,使敌军全面崩溃。1818年2月智利正式宣布独立，组织了以沃伊金斯为首的土生白人地主资产阶级政府。

西班牙美洲殖民地的独立战争

继海地革命成功之后，在西班牙美洲殖民地爆发了一场更大的争取民族独立的斗争，1808年，法国拿破仑军队侵入西班牙，国王查理四世全家被囚禁，拿破仑的哥哥约瑟夫登上西班牙王位。1810年，法国军队进一步占领了西班牙全境，西班牙中央政权实际上已不存在。这一消息成了西属美洲殖民地各地区发动起义的信号。各地人民相继起义，很快，一场西属拉丁美洲的独立战争就开始了。西属美洲殖民地独立战争主要有三个战场：第一是以委内瑞拉为中心的南美北部战场；第二是以拉普拉塔为中心的南美南部战场；第三是以墨西哥为中心的北美和中美战场。

埃及抗英斗争

19世纪时的埃及处于奥斯曼土耳其帝国的统治之下。1798年，为了打击英国人的势力，拿破仑率领法军进攻埃及，进而威胁英国的殖民地印度。奥斯曼帝国急忙派了一支阿尔巴尼亚军队前去增援。阿尔巴尼亚军团的首领叫阿里，是个阿尔巴尼亚人，出生在一个军官家庭。后来他参加军队，因为英勇善战，成为阿尔巴尼亚军团的首领。在埃及人民的支持下，阿尔巴尼亚军团英勇作战，终于击败了法国侵略者，阿里被任命为埃及总督。

但刚赶跑了法国人，埃及南方的前马木路克王朝的残余势力又开始兴风作浪，发动叛乱。阿里率领军队，离开首都开罗，南下平叛。见埃及北部兵力空虚，英国人觉得有机可乘，就派了1400多名士兵入侵埃及，占领了亚历山大港，并向埃及尼罗河入海处的腊西德城挺进，首都开罗一片混乱。富人们纷纷把值钱的东西装上车，逃到南方，而穷人只能忧心忡忡，不知该如何是好。

趾高气扬的英国军队仗着自己武器先进和人数众多，根本不把埃及人放在眼里。他们大摇大摆地开进了腊西德城。腊西德市长知道打不过英国人，早就率领着 300 名士兵撤退了。英军除了在进城时遇到了一些微弱抵抗外，基本上没有发生大的战斗，很快就占领了全城。

"埃及人全是一些胆小鬼，根本不敢和我们打！"英军士兵大声嘲笑埃及人。

埃及凯尔奈克神庙内古老的石柱，见证了欧洲殖民者的暴行。

"明天我们就能占领开罗，后天就能见到金字塔！"一些英国士兵大喊大叫。

腊西德城的英国副领事赶来迎接英军。"埃及军队早跑了！"副领事对英军将领说，"他们的主力在南方打仗，北方没有多少军队。"

"哈哈哈，就是有军队他们也不是我们的对手，我们英国人是天下无敌的，我们战无不胜。占领埃及，简直易如反掌。埃及就是印度第二！"英军将领狂妄地说。

"那是，那是。"副领事连忙点头，"我给大家准备了丰盛的酒席，给大家洗尘接风。"

"太好了，我们早就饿了。"英军士兵一拥而上，坐在桌子前大吃大喝起来。由于英国士兵很多，所以分成了好几部分，到不同的酒馆去吃饭喝酒。英军士兵在酒馆里大声喧哗，吵吵闹闹，很快就喝得东倒西歪，烂醉如泥了。

就在这时，突然从屋顶上、窗户里发出了许多子弹，很多英国士兵惨叫一声倒地而亡。"杀死侵略者！"许多埃及士兵高喊着，有的拿枪，有的挥舞着大刀，杀了进来。英军士兵有很多人根本来不及抵抗就成了俘虏。

有的英军士兵慌忙去拿枪，结果不是被当场打死，就是被砍掉了脑袋。原来，腊西德市长领着埃及军队又杀了回来，趁英国人不备，杀了他们个措手不及，连英国的将军和副领事都被当场打死。这一仗，埃及人大获全胜。

几天后，埃及人押着被俘的英国侵略者来到首都开罗游街示众。英军士兵一个个被捆得结结实实，垂头丧气地走在大街上。街道两旁围观的开罗市民大声欢呼着胜利口号，纷纷把臭鸡蛋扔到英国人的身上。大街上还有许多木笼子，里面装着许多砍下的英国士兵的血淋淋头颅。

在南方打仗的阿里迅速平定了叛乱，得知英国人即将再次入侵后，阿里动员广大人民，有钱出钱，有力出力。埃及军民同仇敌忾，团结一致，再次击败了英国侵略者，并乘胜进军，收复了亚历山大港，捍卫了国家的独立和领土的完整。

击败英国人的入侵后，阿里开始了大规模的建设，进行了各种改革。他消灭割据一方的马木路克势力，统一了全国，没收马木路克的全部土地，分给大臣或分成小块租给农民耕种。此外，为了促进农业的发展，他兴修水利，推广种植棉花等经济作物。为了发展工业，阿里从西欧进口了很多机器，聘请了很多工程师技师，并派遣大量的留学生，创办了很多企业。阿里还创办海军，大力发展陆军，使埃及成为地中海东部的强国。

为了摆脱土耳其人而独立，阿里发动了两次战争，击败了土耳其人，埃及成了一个地跨非、亚两洲的独立帝国，但不久，英国人卷土重来，埃及逐渐沦为英国的殖民地。

洋务运动

清政府中的一批封建官僚以"自强""求富"为宗旨，购买和仿制洋枪洋炮，史称洋务运动。洋务派的代表人物，在清政府中央有奕；在地方有曾国藩、李鸿章、左宗棠、张之洞等。洋务运动大致分为三个阶段：第一阶段从1864年太平天国革命失败到19世纪70年代初。洋务的重点集中在军事工业方面。这些军事工业从设计施工、机器装备、生产技术，一直到原料供应，完全依靠外国，生产成本十分昂贵。生产出来的武器、军舰，质量很低。第二阶段从19世纪70年代初期到1884年中法战争。这一时期外国侵略者加紧了对中国的进攻，洋务派为了应付局势，直接向外国购置枪炮，并先后向英、德、美、法购买大小舰艇数10艘，建立了北洋舰队。同时，为了筹集经费，培养洋务人才，还开办一些民用工业和教育机构。第三阶段是从中法战争到1894年中日甲午战争。这一阶段，洋务派把重点转为"求富"，大力投资民用工业、纺织、铁路、炼钢等工业部门。

鸦片战争

当英、美、法、日等列强进行如火如荼的资本主义革命时，清政府正闭关锁国，自以为"天朝上国"，不思改革，使中国在世界上落伍了。英国通过鸦片贸易从中国攫取了大量白银，同时使中国军民身衰体弱，统治阶级有识之士纷纷要求禁销鸦片。

1839 年，湖广总督、钦差大臣林则徐奉命于 1 月底到达广州，他一方面整顿海防，一方面宣布收缴鸦片。3 月，英国鸦片贩子被迫交出烟土 237 万余斤。6 月 3 日，林则徐下令把这些鸦片在虎门海滩当众销毁，以示中国政府禁烟的决心。

英国政府以此为借口向中国发动了战争，于 1840 年 1 月，以懿律和义律为正副全权代表，懿律为侵华英军总司令，出兵中国。5 月，英国舰船 40 余艘、士兵 4000 多名先后到达澳门附近海面，鸦片战争爆发。懿律率英军进犯广州海口，看到广州军民早已严密布防，遂转攻厦门，又被邓廷桢击退。6 月，英军北上攻占定海作为军事据点。道光帝慑于英军武力，又为投降派的劝说所动摇，遂改变态度，罢免了林则徐，改派直隶总督琦善为钦差大臣，去天津和英军谈判。而此时英军因夏秋换季，疾疫流行，遂放弃定海，于 8 月中旬南返，双方议定在广州谈判。琦善到广州后，一反林则徐所为，命令撤除海防水勇，镇压抗英群众，一心议和。1840 年 12 月，琦善与义律在广州开始谈判，英军趁中方海防松懈无备之际，于 1841 年 1 月 7 日发动突袭，攻陷了虎门附近的沙角、大角两炮台，并单方面宣布签订《穿鼻草约》，1 月 26 日，英军攻占了香港。

道光帝得知琦善开门揖盗，丢失两炮台后，下令锁拿琦善，并向英国宣战，派侍卫内大臣奕山为靖逆将军，调兵万余赴粤抗英。英军先发制人，出动海陆军攻虎门，广州提督关天培亲率清兵迎击，清军刀矛不敌英军坚枪利炮，关天培中弹牺牲。2 月 26 日，英军攻占虎门炮台，溯珠江直逼广州。4 月，奕山率大军抵广州，5 月 24 日英军进攻广州，一路占领城西南的商馆，一路由城西北登陆，包抄城北

签署《南京条约》时的情景

高地，不久攻占城东北各炮台，并炮击广州城。奕山执行"防民甚于防寇"的方针，对英军侵略消极抵抗，在英军迅猛攻势下，他与英人签订《广州和约》并征得道光帝批准，以缴600万元换得英军撤出广州地区。

与清政府妥协投降态度相反，广州三元里人民在广州北郊牛栏冈附近同窜入这里的千余英军勇作战，打死打伤英军数十人，并把四方炮台围得水泄不通，在广州知府的调停下，英军才得以解围。

英政府并不满意懿律和义律在中国获得的权益，改派璞鼎查（后来的首任港督）为全权代表来华，扩大侵略战争。1841年8月21日，璞鼎查率37艘舰船，陆军2500人离香港北上，攻破厦门，占据鼓浪屿；10月1日再次攻陷定海，定海总兵葛云飞英勇殉国。10日英军攻占镇海，钦差大臣、两江总督裕谦战死，英军旋占宁波城。道光帝闻讯大惊，忙派吏部尚书、大学士奕经调兵赴浙以收复失地。1842年3月，奕经在准备不充分的情况下全面反击，清军数战不利，撤回原地。

战败消息传到京师，朝野上下震动，道光帝无奈，只得派盛京将军耆英和伊里布赴浙向英军请和。璞鼎查不理会耆英的乞和，继续深入，1842年5月18日，英军攻取浙江平湖乍浦镇，6月16日攻吴淞口，吴淞炮台守将陈化成壮烈牺牲，宝山、上海沦陷。英军溯长江而上，于7月21日陷镇江，8月，英舰陆续到达南京下关江面。清政府已无心再战，遂接受英方停战的条件，29日，中英在英军舰"汉华丽"号上，耆英、伊里布与璞鼎查签订了中国近代史上第一个不平等条约《南京条约》，鸦片战争以清政府的惨败而告终。

鸦片战争标志着中国开始逐步陷入半殖民地半封建社会，打开了中国近代史的序幕，昭示了落后就要挨打的深刻道理。

印度反英大起义

19世纪初，伴随着工业革命，英国工业资本发展迅速，使得英国对殖民地的剥削与资本掠夺进一步加大。印度是英国统治下的一个半殖民半封建社会，殖民者把印度变成了倾销产品的市场和原料基地，使印度当地的手工业者破产失业，给广大农民和手工业者带来深重灾难，也直接影响到一些封建主的利益。

印度各阶层与英国殖民者之间的矛盾日益尖锐，全国到处弥漫着反英抗英的吼声，民族起义在秘密酝酿之中。

1857年初，殖民者不顾印度人的宗教信仰，用牛油、猪油涂在子弹上，士兵们满腔怒火。殖民者还不断降低士兵待遇，更激起了他们的仇视。5月10日，驻守在米鲁特的士兵杀死英国军官，首先起义。

当晚，米鲁特起义军向德里进发，在德里城内军民的响应下，11日起义军就攻占了德里。他们焚烧英国军营，严惩英国军官，袭击英国教堂。起义军在这里组建了起义政权，周围农民、手工业者等社会各阶层纷纷加入起义军，起义军人数增至4万余人。英殖民者急调军队，以旁遮普为后方基地，向德里发起进攻。4000余英军于6月8日对德里发起攻势。德里城墙坚固，环城有一条很深很宽的护城河。英军开始时缺少重炮、攻城炮，在起义军的英勇抗击下，英军的每次进攻均被击退。受到挫败的英军并没放弃，他们一面调集重炮，一面和混进起义军内部的封建主勾结，造成起义军内部发生矛盾，实力有所削弱。

9月14日，德里城在英殖民军重炮的轰击下被攻陷，起义军在街巷内与敌人展开肉搏战。经过6天的激战，起义军打死敌人5000余人，最终被迫退出德里城，向勒克瑙转移。英殖民者进驻德里后展开了疯狂报复，屠杀起义军2万余人。

1858年3月，勒克瑙成了起义中心，集结起义军20万人。英军获得消息后，立即调集9万大军和180门大炮，向勒克瑙逼近。面对枪炮装备精良的敌人，以马刀为主的起义军不畏强敌，与敌人展开英勇的斗争。在敌人猛烈炮火下，起义军坚守半月之久，终因伤亡惨重被迫放弃勒克瑙城。3月21日起义军主力开始撤离，随即英军攻陷了勒克瑙城。

3月25日，在休·罗斯爵士的率领下，英殖民军开始了进攻另一个起义中心詹西城。当日，英军对詹西城展开了激烈的炮轰。詹西女王是一位英勇而出色的指挥官，她亲临城头，与起义军并肩作战。在她的影响下，起义军更为顽强勇敢，英军的进攻屡屡受挫。

4月1日，2万起义军在坦提亚·多比的率领下，赶往詹西支援解围，但遭

这是一幅绘制于1830年的图画，描绘了南印度拉贾坦古拉王乘坐在一个豪华的象轿上，而一个不列颠公使骑着棕红色的马紧随其后，表明英国的殖民统治已愈演愈烈。

到英军的截击而溃败。4日，詹西城内投降主义者叛变，引英军从南门攻进城池。女王大怒，遂亲身挥动武器，带领士兵一起冲锋陷阵，与敌人展开白刃战。顽强的起义军们杀死敌人无数，但终因寡不敌众，大势已去，女王趁夜突出重围。

德里、勒克瑙和詹西三大起义中心相继沦陷，各地起义军先后转入游击战。他们充分利用地形，机动灵活地与英军周旋，在运动中寻找时机打击敌人。

1858年5月，坦提亚·多比和詹西女王分别率领起义军向卡尔皮集结，围攻了瓜廖尔。6月，起义军攻占瓜廖尔，在这里建立临时政权。英殖民者十分恐慌，立即从各地调集军队。6月17日，英军在罗斯的指挥下向瓜廖尔进攻。在城市的东南郊，詹西女王与敌人展开激战。詹西女王始终和士兵在一起奋战，多次对英军发动猛烈的攻击，但遭到敌人炮火的轰炸，起义军伤亡越来越多。最终起义军因腹背受敌而溃败，詹西女王英勇就义，坦提亚·多比率军撤出瓜廖尔。

在英军收买政策下，起义军内部出现叛变，1859年4月，坦提亚被出卖后遇难，印度民族起义最后失败。

这次起义是印度历史上的重要转折点，它沉重地打击了英殖民统治，也加速了印度资本主义的发展，这次民族大起义在亚洲近代史上也占有重要地位。

苏伊士运河

苏伊士运河位于埃及东北部的苏伊士地峡，作为亚、非两大洲的分界线，连接着地中海和红海，战略位置十分重要，拿破仑占领埃及时，就曾萌发开凿运河以沟通两个海域的想法。

1798年，拿破仑征服埃及。在仔细察看埃及的地理位置后，他认为开通一条运河，把地中海和红海连成一体十分必要。因为这样既可以直接攫取印度和远东的财富，又可以切断英国与东方殖民地的联系，削弱它的实力。为此他责成科学顾问对该地区进行勘测。结果这些人得出红海海面比地中海海面高几米的谬论，

巨轮通过苏伊士运河的情景

认为若是开通运河，整个埃及三角洲就会被淹没。无奈之下，拿破仑也只得作罢。

时过不久，拿破仑被纳尔逊领导的英国海军驱逐出这一地区，之后这块宝地也没有得到片刻的安宁。19世纪，被工业革命武装起来的西方列强把殖民魔爪伸向亚非拉的每一个角落。苏伊士地峡处在地中海与红海之间，如果在此开通运河，就可以大大缩短从大西洋到印度洋的航线，如此的经济、政治、军事战略重地早令殖民者垂涎三尺。

1854年，法国殖民者费迪南德·李赛普使用欺诈的手段，得到土耳其的埃及总督赛德帕的信任，与之签订了《关于修建和使用沟通地中海和红海的苏伊士运河及其附属建筑的租让合同》。合同规定，从运河通航之日起，租期99年，期满后归埃及所有；埃及无偿提供开掘运河所需的一切土、石、劳动力；运河是埃及的一部分，运河公司是埃及公司，受埃及法律和习惯所制约。这份合同生效后，1859年4月25日，李赛普组建的"国际苏伊士运河公司"正式开凿苏伊士运河。工程从北端的赛得港开始，沿苏伊士地峡向南推进，到1869年11月凿通了这条长达100多千米的运河。但代价是巨大的，10年间，由于高强度的劳动，低劣的食物，再加上监工的虐待，12万劳工累死在工地上。苏伊士运河中流淌的不仅是红海与地中海的海水，还有成千上万名埃及劳工的血泪。

这条运河开通后，总长达到190.25千米；深为22.5米；允许通过的船只最大吨位为21万吨；满载油轮限速13千米/小时，货舱船限速14千米/小时。

以上性能的这些数据使得它成为世界上最长的无船闸运河，而且航道极为安全，事故发生率几乎为零，并且可以昼夜通航。

如此性能优越的运河，并没有因为埃及人付出了惨重的代价就为他们带来福利，而是长期为西方殖民者所把持。从竣工之日起，运河公司股票的52%就控制在法国资本家手中。1875年，英国政府又巧取豪夺，占有了埃及掌握的15%的股票，控制了公司44%的股权，成为该运河的实际控制者，然后又在1882年派兵强占运河区，长达74年之久。直到1956年，埃及最终才把运河收归国有，这期间英国的船只从本土到海湾国家，航程缩短了46%，从而为以英国为代表的欧洲列强节约了大量费用，缩短了船只的航运周转期。这使得列强更快更多地从东方的殖民地攫取财富，更牢固地控制那里弱小的国家和民族。苏伊士运河因此一度被称为向西方殖民主义输血的主动脉。

1956年，埃及不但将运河收归国有，而且击败了英法和以色列的联合进攻，捍卫了运河主权。但到了1967年，西奈半岛被以色列占领，埃及被迫关闭运河。

6 年后，埃及收复了西奈部分领土，1975 年又重新开放运河。苏伊士运河历经沧桑，最终回到了埃及人手中。

法国 1848 年革命

19 世纪 40 年代后期，法国工农业下降，大批工人失业，社会矛盾激化。资产阶级反对派以"宴会"形式举办的政治性集会，得到广大人民群众的响应。基佐政府两次禁止预定于 1848 年 1 月和 2 月举行的"宴会"，引起群众不满。1848 年 2 月 22 日巴黎市民举行大规模的示威抗议活动，并同军警发生了冲突。次日，示威演变成武装起义，巴黎到处筑起了街垒，许多国民自卫军和正规士兵拒绝执行实行镇压的命令，倒向革命。国王路易·菲力普被迫罢免基佐，先后任命莫雷和梯也尔组阁，但愤怒的群众要求废除王政，建立共和国。2 月 24 日，起义群众几乎控制了巴黎，并开始向杜伊勒里宫进攻，国王路易·菲力普见大势已去，便带着眷属逃往英国。起义者占领了王宫，成立了以资产阶级共和派为主体的临时政府。次日，临时政府宣布成立共和国，这就是历史上的法兰西第二共和国。4 月 23 日选举制宪议会；5 月 9 日成立执行委员会；6 月 22 日代替临时政府的执行委员会下令解散"国家工厂"，引起工人不满，爆发六月起义。在血腥镇压了六月起义后，以卡芬雅克为首的共和党右翼控制了政权，执行打击无产阶级和小资产阶级的政策，削弱了其统治基础。11 月，制宪议会制定共和国宪法，确立立法和行政分立原则。由 750 名议员组成立法议会；参政院由议会任命；总统掌管行政权，任免部长与颁布法律，但无权解散或延长议会。在 12 月 10 日的选举中，拿破仑一世的侄子路易·波拿巴当选为总统。路易·波拿巴上台后，组成了代表大资产阶级和地主利益的秩序党，逐步夺取了共和派手中的权力。

曾先后担任法兰西第二共和国总统和第二帝国皇帝的路易·波拿巴

1851 年底，波拿巴又调集军队，解散了议会，把已成为他复辟君主制障碍的秩序党也推出门外。至此，共和国实际上已经寿终正寝。

1852 年 12 月 2 日，路易·波拿巴宣布法兰西为帝国，他自己登上皇位，被人们称为拿破仑三世，他的帝国被称为法兰西第二帝国。第二帝国代表金融资产阶级和大工业家的利益。拿破仑三世为了维护其反动统治，建立了庞大的军事警察官僚机构，对内实行军事独裁统治，对外推行侵略政策。第二帝国经历了一个由专制统治向自由主义、议会政治演变的过程，发展了资本主义工商业，完成了工业革命。为了争夺欧洲大陆优势和进行海外殖民侵略，帝国发动多次对外战争。1870 年普法战争中，法军战败，拿破仑三世在色当投降。9 月 4 日巴黎发生革命，第二帝国被推翻。

德国 1848 年革命

19 世纪中期，德意志仍处在分裂之中。虽然有一个德意志邦联，但是这个邦联非常松散，设在法兰克福的邦联议会形同虚设。

政治上的割据状态和德国的封建专制统治成为德国发展资本主义的严重障碍。1845 ~ 1846 年的农业歉收和 1847 年经济危机，使工人、农民和小资产阶级的处境严重恶化。实现全德的统一和消灭封建专制制度，成为摆在软弱的德国资产阶级和广大德国人民面前的主要任务。1848 年，法国二月革命的消息传入德国后，德国各地都掀起了声势浩大的游行和集会，农民运动也席卷德国，各邦的君主被迫妥协，先后任命资产阶级自由派组阁，并采取了一些自由主义措施。

1848 年 3 月，普鲁士首府柏林爆发革命，柏林人民同军警发生冲突。威廉四世看到武力镇压无法奏效，便许诺召集议会、制定宪法、建立德意志联邦国家。同时，在起义人民的压力下，还被迫下令把军队撤出柏林，改组政府。但新成立的资产阶级自由派政府害怕工人阶级会采取进一步的革命行动，因而同容克贵族妥协，这一行动预示了德国革命失败的命运。6 月 15 日，威廉四世重新调集军队进入柏林，镇压了人民的起义，又改组了政府，解散了议会，把自由派赶出政府机构，反革命政变成功。由于德国资产阶级自由派害怕无产阶级起来革命，与封建势力妥协，到 1848 年底，革命失败。奥地利恢复了君主专制，普鲁士成立了地主官僚政府，其他各邦反动统治也相继恢复。

1849 年 6 月，普鲁士政府又用武力解散了主张实现全德统一的法兰克福议会，保留了封建制度，德意志的统一事业宣告失败。革命虽然失败，但仍为德国统一创造了条件，并打击了封建势力。

克里米亚战争

克里米亚战争是沙俄与英、法等列强在近东的一场争霸战争，是列强为夺取黑海海峡而使矛盾激化的结果。在 1841 年《伦敦海峡公约》签订后，沙俄一直想重新确立自己在巴尔干和黑海地区的霸主地位。1848 年欧洲革命之后，沙皇尼古拉一世因充当了"欧洲宪兵"而身价倍增，于是自认为宰割土耳其、实现自己的扩张计划的机会已经来到。

1852 年 8 月，以天主教为国教的法国迫使苏丹政府将管辖权交给天主教，引起以东正教为国教的俄国的不满，强烈要求恢复东正教的权利。在英法的支持下，苏丹拒绝了俄的要求。于是俄以保护土耳其东正教徒的名义出兵土耳其。

1853 年 7 月，俄军渡过普鲁特河，迅速攻占了摩尔多瓦和瓦拉几亚等国。土耳其立即出兵应战。11 月 30 日，双方为争夺黑海制海权，在汤诺普海展开激战，土耳其几乎全军覆没。12 月，俄又先后攻占了阿哈尔齐赫和巴什卡德克拉尔两地区。

土耳其在战场上的节节失利，使英法联军坐立不安。1854 年初，英法对俄宣战，6 月，英法联军投入战争。

1854 年 9 月 14 日，英法联军在拉格伦和圣阿尔诺的率领下，从克里米亚岛的叶夫帕托里亚登陆后，直逼重要港口塞瓦斯托波尔城。塞瓦斯托波尔位于半岛的险要位置，西北两边都是宽广的港湾，海岸都是悬崖峭壁。俄军在科尔尼洛夫中将的指挥下，充分利用地理优势，加强防御工事，增加防御火炮。

10 月 17 日，联军迂回到防守较弱的南边，开始了对塞瓦斯托波尔的炮轰。俄军奋力还击，但旧式的火枪、火炮射程较近，很难击中对方。而英法经过工业革命，科学技术有了长足发展，火枪、火炮得到了较大的改进，射程和命中率大大提高，汽船的使用也增强了英法舰队的机动灵活性。俄军防御工事、炮台在震耳欲聋的联军炮火轰击下纷纷倒塌。但俄军凭借险峻的地势和顽强的抵抗，粉碎了英法联军速战速决的攻城计划，战争转入持久消耗战阶段。

为改变被动防守的局面，俄军于 10 月 25 日调集援军袭击联军的基地巴拉克拉瓦，但遭到失败。11 月 5 日，俄军 3 万余人向 1.4 万联军发起进攻。由于俄军内部协调不力，被联军痛击，损失 1 万余人。连连失利，使俄军陷入更为被动的境地。

冬天的严寒，给双方带来很大麻烦。联军只对俄军进行了几次炮轰。俄军于

1855 年 2 月对联军的进攻再次受挫。直到 1855 年 8 月 16 日，俄军为打破敌人的围攻，兵分两路，向法军阵地发动全面进攻。法军指挥官圣阿尔诺果断决策，以小股部队牵制住敌人的左路进攻，集中兵力形成局部优势迎击右路敌人。在法军猛烈的火力下，右路俄军很快被击溃。法军主力转而猛攻左路俄军，俄军伤亡极为惨重，损失 8000 余人，被迫撤到黑海对岸。8 月 17 日，联军又开始了新一轮的重炮轰击。

这幅用蒙太奇手法描绘的画面是克里米亚半岛的港口城市塞瓦斯托波尔保卫战的情景，这是 1855 年 9 月从俄国手中夺来的。

　　塞瓦斯托波尔在联军一轮接一轮的猛烈炮火的轰击下，防御设施被摧毁，险峻的地势不再显示出它的威慑力。俄军被迫通过浮桥渡海撤退。9 月 8 日，联军向几乎被炸成废墟的塞瓦斯托波尔发起强攻，很快拿下了制高点。俄军在 349 天的塞瓦斯托波尔战役中损失人员达 12.8 万人，英法联军也损失惨重。1856 年 3 月 30 日，交战各方签订了《巴黎和约》，俄国除了被剥夺在黑海拥有舰队和海军基地的权利之外，还把一部分领土割让给土耳其。

俄国 1861 年改革

　　19 世纪中期以前，沙皇俄国的资本主义经济虽然有所发展，但仍然是一个落后的农奴制国家。农奴的数量在这个国家占到 90%以上，世世代代饱受贵族地主的剥削和压迫。

　　1846 年，英国废除了《谷物法》。在利益的驱使下，俄国的地主拼命剥削农奴，把粮食贩卖到英国，赚取了大量金钱供他们挥霍。以前农奴都有自己的份地，地主们将农奴的份地抢走，实行月粮制，每月只发给他们仅能糊口的粮食，并强迫他们在土地上没日没夜地劳动。在月粮制下的农奴们的地位已经和奴隶差不多了，就连一个俄国大地主也不得不承认："月粮制介于农奴制和奴隶制之间，月粮制下的农奴们始终无法摆脱他们的处境，除了微薄的生活资料和劳动到死以外，没有任何前途。"在月粮制下的农奴受着地主们的残酷剥削，他们的劳动率越来越低。

由于地主们的残酷剥削，农奴们一贫如洗，根本无力购买工业制品，这对俄国资本主义的发展产生了严重的制约。另外，由于农奴们都被地主们束缚在土地上，自由劳动力很少，使得工厂严重缺乏劳动力。由于地主们可以任意剥削农奴，所以他们根本不去关心生产工具的改进。一个地主解释他为什么不使用打谷机时说："我为什么要使用打谷机？如果庄稼都在秋天打完了，那农奴们在冬天干什么？买打谷机还要花钱，还要维修、保养，而用农奴根本不用花一分钱！"这就严重阻碍了俄国生产率的提高和工业的进步。

尼古拉一世

落后的俄国在克里米亚战争中一败涂地，尼古拉一世服毒自杀，他的儿子亚历山大鉴于教训，推动了 1861 年改革。

1853～1856 年，为了争夺在奥斯曼土耳其的利益，俄国和英法两国之间爆发了战争。因为战场主要在俄国的克里米亚半岛，所以被称为克里米亚战争。在战争中，俄国农奴制的落后和英、法资本主义的先进形成了鲜明的对比。俄军使用的滑膛枪射程仅为英法军队使用的来复枪的 1/3；俄国海军的战舰还是木质帆船，而英、法军队的战舰则是先进的汽船；俄国南方没有修铁路，所有的军需品都要靠大车来运，前线士兵的弹药、粮食和药品严重不足，而英、法军队则在占领区迅速修建了铁路，弹药、粮食和药品供应充足、及时，后勤保障非常得力。加上俄国的军官腐败无能，侵吞军饷、贪污军需品，而英法联军则纪律严明。在战争中，俄军一败涂地，伤亡达 52 万多人，耗费了 5 亿卢布，俄国的财政到了崩溃的边缘，国际地位更是一落千丈。沙皇尼古拉一世服毒自杀，继任的沙皇亚历山大二世被迫向英法两国求和。

克里米亚战争使俄国统治者意识到，只有废除农奴制，加快资本主义的发展才能富国强兵。克里米亚战争加剧了俄国的阶级矛盾，耗费了大量的人力物力，农奴们纷纷起义。一些开明的知识分子秘密成立组织，密谋发动起义，准备推翻沙皇的统治。

为了巩固自己的统治，亚历山大二世在 1861 年 3 月 3 日签署了《关于脱离农奴依附关系的农民的一般法令》《关于脱离农奴依附关系的农民购买其宅地及政府协助农民购买耕地的法令》等一系列关于废除农奴制的法令。这些法令主要分为3个方面：一是宣布农奴人身自由，地主再也不能任意买卖农奴和干涉农奴的家庭生活。农奴可以从事工商业，成为市民和商人。二是规定土地仍然归地主所有，农奴必须购买。资金主要部分由政府以有息债券的形式付给地主，然后农民在49年内连本带息还给政府。事实上，农奴为了赎买土地而交纳的赎金大大高于地价，按照市场价格卖给农民的土地仅值5亿卢布，但实际上农奴交给政府的赎金却高达19亿卢布。三是为了有效地管理农奴，农奴要住在原来的村庄中。村中的官员由民主选举产生，但必须服从政府的命令。

除此以外，沙皇还废除了募兵制，实行义务兵制。在文化教育方面也推行了一些普及教育的措施。

1861年的改革是沙皇实行的一次自上而下的资产阶级性质的改革，是俄国历史上一次重要的转折点，使俄国的生产关系在一定程度上适应了生产力的发展，俄国从此走上了迅速发展资本主义的道路。但这次改革很不彻底，仍保留着大量的封建残余。

美国南北战争爆发

19世纪四五十年代，是美国资本主义经济迅猛发展的时期。北方的资本主义工业革命蓬勃发展，工业化进程也已经开始启动，西部资本主义农业随西进运动的进行而兴旺发达，南部的种植园经济由于植棉业的兴起而方兴未艾。在此背景下，美国掀起了大陆扩张的狂潮。1846年6月，美英签订了共同瓜分俄勒冈地区的条约，美国的版图正式达到太平洋沿岸。1848年，美国打败了墨西哥，夺取了原属墨西哥的得克萨斯、新墨西哥和加利福尼亚等地。从此，美国国力大增，成为在西半球能同欧洲抗衡的泱泱大国。

美国独立后，北方建立以雇佣劳动为基础的资本主义制度，而南方仍保留着以奴隶劳动为基础的种植园经济。在北方的资本主义工业迅速发展的同时，南方的种植园经济也因植棉业的繁荣而兴旺起来。到19世纪四五十年代，南北双方在土地问题上展开了尖锐的斗争。奴隶制度作为美国社会的一个"赘瘤"，严重地阻碍着美国资本主义在全国范围内的发展。

到了19世纪40年代末，南北双方在新侵占的墨西哥土地上建立何种制度的问题上看法不一致。1850年双方妥协，规定加利福尼亚以自由州身份加入联邦，

南方联军总司令罗伯特·李将军向格兰特投降。

新墨西哥和犹他州的奴隶制存废问题由当地居民投票决定。由于这两州白人奴隶主占多数，所以等于承认在两州建立蓄奴制。1854年，双方又达成新的妥协，规定新近申请加入联邦的堪萨斯和内布拉斯加两地的奴隶制问题也交由当地居民投票决定。至此，打破了1820年达成的把奴隶制限制在北纬36°30′以南的《密苏里妥协案》的规定，把整个西部向奴隶制开放。1854～1856年，堪萨斯的居民在投票时发生了武装冲突，表明南北两种社会制度的矛盾已到了兵戎相见的程度。

奴隶主的倒行逆施，引起了美国人民的愤慨。美国自18世纪末就开始了废奴运动，参加者有工人、农民、黑人、白人、妇女和部分资产阶级知识分子。到19世纪30年代，废奴主义组织了全国性的秘密团体，出版刊物、宣传废奴。他们组织了秘密通讯联络点，称为"地下铁路"，帮助南方黑奴逃往北方或加拿大，并支持黑人奴隶的反抗斗争。19世纪50年代，美国各地爆发的反对奴隶制的起义时有发生，其中影响最大的是约翰·布朗领导的武装暴动。约翰·布朗是美国的一位杰出的废奴主义者，他把毕生的精力都投入到解放奴隶的事业中。在长期的反对奴隶制的斗争实践中，他认识到使用武力废除奴隶制的必要性。1859年10月16日，布朗率领22人的小分队在弗吉尼亚的哈泼斯渡口举行起义。布朗率领起义者英勇地同前来镇压的军队作战，最后因寡不敌众，起义失败，布朗本人受伤被俘。布朗在就义前发出如下誓言："我，约翰·布朗，现在坚信只有用鲜血才能洗清这个罪恶深重的国家的滔天罪行。"布朗起义是美国内战爆发的导火线。

1860年11月，反对奴隶制的共和党在大选中获胜，林肯当选为美国第16任总统，南部扩展奴隶制度的梦想结束。为维护自身利益，南部奴隶主发动叛乱。12月20日，南卡罗米纳州宣布独立，佐治亚、亚拉巴马、密西西比、佛罗里达、路易斯安那和得克萨斯等州也纷纷跟随。1861年1月，南部各州组织"南方同盟"，2月在蒙奇马利成立临时政府，戴维斯当选总统。4月12日，南方同盟炮击北军要塞萨姆特堡。4月15日，林肯宣布南方各州叛乱，号召人民为恢复联邦的统一而战斗，并下令征召志愿军 7.5 万人。人民纷纷响应，很快就有 30 万人应征，开赴前线。内战不可避免地爆发了。

《解放黑人奴隶宣言》

美国内战之初，北方占据了人力、物力和政治方面的优势。但由于在解放奴隶的问题上态度不明确，对战争的艰巨性没做充分的估计，再加上军事指挥的失误，致使战争在开始阶段遭到重大挫折。林肯政府的保守政策和北军的屡次败北，引起了人民群众的不满。

总之，群众要求用革命的方法进行战争。到 1862 年夏秋之时，前线的失败和后方人民群众运动的高涨，迫使林肯政府改变了保守政策，采取了一系列革命措施。

1862 年 2 月 18 日，由众议院以 107 票赞成、16 票反对而通过；5 月 6 日，参议院以 33 票赞成、7 票反对予以通过。5 月 20 日，林肯总统予以签署。它规定：凡一家之长，或年龄已达 21 岁的合众国公民，或决定按照合众国入籍法的规定申请、愿意成为合众国公民，同时从未持械反对合众国政府或支持、帮助合众国政府的敌人的，从 1863 年 1 月 1 日起，只需交纳 10 美元手续费，就可以领得 60 英亩或 160 英亩以下尚未分配的国有土地；耕种 5 年后，便成为这块土地的所有者，发给证书或执照。还允许私人购买一定数量的公共土地。这一措施的出台，满足了广大农民长久以来的要求，它极大地鼓舞了农民参加反对奴隶制战争的斗志，同时也加快了开发西部的步伐，保证了北军的军粮供应。

1862 年 9 月 24 日清晨，林肯发表了震惊世界的《解放黑人奴隶宣言》，宣布从 1863 年 1 月 1 日这天起，凡叛乱诸州的奴隶，永远获得自由；政府和军队将承认和保障他们的自由；获得自由的人，除非必要，应避免使用任何暴力；合乎条件的人，可以参加联邦军队。对未参加过叛乱的蓄奴州，仍按 1862 年的国会决议，采取自愿的、逐步的、有赔偿的解放奴隶的措施；对逃跑的奴隶，则视其主人是否参加叛乱而定是否引渡。这一伟大举动是美国内战进入以革命方法进行战争的阶段的标志。从此，解放奴隶成为北方作战的重要目标。

不过，当时林肯的《解放黑人奴隶宣言》是作为战时措施颁布的，直到 1865 年 1 月在广大群众的压力下，国会才通过了宪法修正案，禁止各州使用奴隶，正式在全国范围内废除奴隶制度。《解放黑人奴隶宣言》发布之后，林肯又推行了武装黑人的政策。这个政策使大批黑人报名参军，编成特别团队，开赴前线投入战斗，此举大大增强了北军的战斗力。同时，林肯又采取了严厉镇压反革命的措施，撤换了指挥不力的将领，调整了军事领导机构，任命有卓越军事才能的格兰特指挥军队，使前线的形势大为改观。

南北战争结束

《解放黑人奴隶宣言》的发布和军事上的调整，大大激发了美国人民的革命热情，北方工人、农民及黑人积极参军参战；而南方黑人奴隶为支援北军、解放自己，不断举行起义，有力地打击了南方奴隶主，牵制了南军的作战力量。由于广大人民群众的革命积极性被充分调动起来，北方对南方的战争变成了一场群众性的战争，从而使战场上的形势立即发生了根本性的变化，为北方取胜奠定了良好的基础。

北军采取主动进攻、全面摧毁南军的战斗意志和经济基础的战略决策。1863年5月，北方波托马克军团13万人向里士满进军。轻敌的南军多次被击败，北军扭转了战争的被动局面。与此同时，西线的格兰特军团采取切断南军水上运输，从水陆同时实施进攻，打通密西西比河，向南军修筑在密西西比河上的重要堡垒维克斯堡发起总攻，把南军分割成东西两部分的策略。防御坚固的维克斯堡控制着整个河面。北军猛烈的炮轰持续了47天，几乎摧毁了要塞的所有防御工事。弹尽粮绝的守兵失去防御能力，于7月4日投降，2.9万俘虏创造了南北战争期间俘虏人数最多的纪录。7月8日攻占了哈得逊港，实现了分割南军的目标。9月9日，格兰特命坎伯兰军团向联邦政府的交通枢纽和工业中心查塔努加发起围攻，取得向南部进军的基地。

维克斯堡和查塔努加大捷，注定了南军败亡的最后命运。因为维克斯堡切断了东西方的联系，查塔努加是进入亚特兰大的道路，也是弗吉尼亚州李军团的后门。至此，南军的进攻力量被彻底摧毁，南军开始溃退。到1864年，南方已是财力空虚，兵源枯竭，陷入了山穷水尽的地步，而北方则是越战越勇。1864年春，北军最高统帅做了新的军事部署，决定在东、西两线同时展开强大的攻势。在东线，由格兰特将军亲自指挥部队向"南部各州同盟"首府里士满进攻；在西线，9月2日，谢尔曼将军率领6万大军从密苏里河攻入南部腹地，并把南方最大的军事工业城市亚特兰大拿了下来。

两个月后，开始了有名的"向海洋进军"，目标是萨凡纳。士兵们斗志高昂，于 12 月 21 日攻占了大西洋沿岸的重要港口萨凡纳。1865 年 2 月 1 日，谢尔曼大军从萨凡纳出发北上，准备和格兰特将军所率军队会师。1865 年 4 月 3 日，北军攻占了里士满。9 日，南军总司令李将军见大势已去，率残军 2.8 万人在弗吉尼亚的阿城马托克斯城向北军投降。至此，历时 4 年的美国内战以北方的最后胜利告终。美国恢复了统一。

美国内战是美国历史上第二次资产阶级革命。它摧毁了南方的奴隶制度，捍卫了联邦的统一，为美国资本主义在全国范围内的迅速发展铺平了道路。虽然内战后黑人仍没有得到真正彻底的解放，黑人问题仍然是长期影响美国社会发展的严重问题，但这次内战从根本上废除了奴隶制，具有非常伟大的历史意义。

美国内战的意义远远超出了美国本国范围。这次战争是 19 世纪五六十年代世界性民族民主运动的一个组成部分，它同英国人民争取扩大民主权利的斗争、意大利统一运动、德意志统一运动、俄国农奴制改革、日本的明治维新等一起合成一股强大的历史洪流，彻底扫除了仍然残留在欧美的封建主义的最后一个"赘瘤"，在世界范围内实现了资本主义的统一。从此，美国以大国的身份加入世界资本主义体系中。美国进一步介入世界事务，加快了向海外扩张的步伐，加入了瓜分世界的列强的行列，并提出"门户开放"的外交原则，把世界一体化进程推向新的历史时期。

领土扩张与西部开发

在北美，由于美国的领土扩张和西进运动，促使了资本主义的横向发展。

美国独立后，建立了资产阶级和种植园奴隶主阶级的联合政府，资产阶级希望获得更多的工业原料和扩大商品市场，以促进资本主义的发展。奴隶主阶级则希望获取更多的土地，来扩充种植园奴隶制经济。因此，独立的美国很快开始实行对外扩张的政策。18 世纪末 19 世纪初，美国利用欧洲国家同法国作战、双方均无暇顾及美洲的有利形势，通过购买、武装颠覆和发动战争等手段，夺取了交战国家在美洲的大片土地。1803 年，美国从法国手里购得面积达 200 多万平方千米的路易斯安那，使美国的领土扩展到墨西哥湾。1810 年，美国侵入西班牙所属的佛罗里达西部，并于同年出兵侵占佛罗里达东部，第二年出低价从西班牙手中强行购买了佛罗里达半岛。到了 19 世纪 30 年代，美国又发动侵略墨西哥的战争，西进运动引发了淘金热，许多东部移民为了自己的黄金梦而千里迢迢来到西部，从而把资本主义的洪流也进一步引向西部。

将墨西哥的大片领土掠夺过来。1846年，美国又以战争相威胁，从英国手中取得俄勒冈地区的一部分土地。最后，美国又在 1867 年从俄国手中购得阿拉斯加。这样，美国领土从大西洋沿岸延伸到了太平洋沿岸，占了北美大陆的一半土地。

美国领土扩张的同时，又兴起了大规模的西进运动。一批批的东部移民像洪水似地涌入西部地区，一望无际的西部荒原逐步得到开发。最先的移民在西部开荒种地，建立起居民点，开始发展农业，他们所需的生产资料及日用工业品则完全依赖于东部，这就为东部资本主义工业扩大了国内市场。从另一方面讲，西部新农业区的开辟，又为东部城市和工业人口提供了必需的粮食及原料。这种商品经济的性质，使得西部农民从一开始就处于急剧的两极分化之中。少数人成为富裕的农业资本家，多数贫苦农民则走向破产，不得不受雇于人，成为农业工人。农业资本主义沿着这条所谓的"美国式道路"在西部迅速发展起来了。西部垦殖区在原料、市场方面所拥有的得天独厚的优势，强烈地吸引着东部的资本主义工业逐步西移。从食品与木材加工、屠宰、罐头等轻工业到煤炭、钢铁、农机制造等重工业都陆续向西部地区扩散。随着西部工业的兴起，西部移民的开拓能力也大大增强，使得西进洪流有可能向更荒僻的"远西部"推进，从而把资本主义进一步引向西部边远地区，直至太平洋沿岸。

总而言之，美国的领土扩张和西进运动的过程，也就是资本主义在北美大陆的横向发展过程。

日本工场手工业的出现与发展

18 世纪中期，日本商业资本开始首先渗入农村的纺织业。商人以"换棉"（供给农民皮棉，让其在家纺成纱，再织成布，按成品数量支付工资）、"出机"（供给农民棉纱和织机，按成品多少支付工资）等方式逐步控制生产者。"出机"商人进一步设立自己经营的作坊，从穷苦农家招雇女工，形成以分工为基础的手工工场。

19 世纪前半期，手工工场从纺织业扩展到油、酒、纸、糖、陶瓷、蜡烛、采矿、海产加工等生产部门，数量也不断增加。到 1867 年，全国各生产部门的手工工场共约 400 多所。丝织业和棉织业仍是其中发展较快的生产部门。

日本手工工场的出现和发展，开始触动封建制度的基础，因而遭到代表旧生产关系的幕府和大名的抑制。但是，当时日本的工场手工业还未达到高度发展阶段，资产阶级也还没有成为独立的政治力量。

"开国"

1853 年 7 月，美国东印度洋舰队海军准将培里率领由 4 艘军舰组成的舰队，驶进江户湾的浦贺港，要求幕府派官阶相等的代表接受美国总统的国书。幕府答以军舰须先开赴长崎，才能进行谈判。培里悍然拒绝，宣称如日本不同意则诉诸武力。幕府唯恐引起战争，终于接受了美国总统的国书。培里通知日本政府，次年春天来听取答复。

1854 年 2 月，培里率 10 艘军舰在神奈川河口停泊，向日本政府提出最后通牒。幕府被迫接受美国要求，于 3 月在神奈川 (横滨) 签订《日美亲善条约》。该条约规定日本将下田、箱馆 (函馆) 开放，准许美国船只在此停靠。还规定日本如果对其他国家施加任何优惠时，也将同样优惠施加于美国，无须再另行谈判等。日本国门从此被打开，结束了 200 多年闭关自守的局面。不久，英、俄、荷等国也和日本政府签订了类似的条约。1858 年 7 月，美国驻日总领事哈里斯又强迫幕府签订《日美友好通商条约》。同年，荷、俄、英、法等国也都相继迫使日本政府缔结了类似条约。

日本倒幕运动

19 世纪中期以前，日本处于德川幕府的统治之下，实行锁国政策，只和中国、朝鲜和荷兰有贸易往来，对世界的变化一无所知。

1853 年 7 月 8 日，4 艘奇形怪状、黑黝黝的战船出现在日本的江户湾（今东京湾）。它们的烟囱冒着黑烟，发出震耳欲聋的汽笛声，黑洞洞的炮口似乎随时都要发射炮弹。在岸上巡逻的士兵从来没有见过这样的庞然大物，他们吓得禀报

明治天皇

上司。经过双方的接触，日本人才知道这是由美国人培里率领的一支舰队，他们来是要向日本递交国书，并要求日本开放通商口岸。日本幕府的官员知道这一消息后迫于美国舰队的军事压力，被迫同意。

在浦贺附近的久里滨，日本幕府的官员接受了培里递交的国书。在国书中美国人提出了很多要求，如美日缔结通商条约，日本向过往的美国船只提供淡水和煤炭，救助落水的船员等等。在美国强大武力的威胁下，日本不敢不同意。为了进一步炫耀美国国威，美国舰队来到江户湾进行了大规模的示威，弄得江户城内人心惶惶。随后，美国舰队扬长而去。

1854年3月，培里率领舰队再次来到日本。双方签订了不平等条约《日美修好条约》，又称《神奈川条约》，日本被迫向美国开放通商口岸和提供最惠国待遇。自从美国与日本签订了不平等条约后，西方国家纷纷前来，强迫日本签订不平等条约，日本逐渐沦为半殖民地。

随着西方势力的侵入，西方的大量廉价的纺织品也大量涌入，日本的传统手工工场纷纷倒闭，大量的农副产品和黄金外流。

面对这种严峻的局势，日本统治阶级出现了两个对立的集团：以幕府将军为首的保守派为了维护自己的利益，主张维持现状，反对改革；以萨摩和长州两藩为首的一些大名主张改革，推翻幕府统治，富国强兵，废除不平等条约。双方发生了激烈的冲突，倒幕派毒死了畏惧幕府的孝明天皇，扶植年幼的明治天皇上台。

1867年10月上旬的一天，在京都（当时天皇所在地）天皇宫中的一间书房里，倒幕派首领大久保利通、西乡隆盛等几个重要人物聚集在一起，商量如何对付幕府。其中一个人说："倒幕要名正言顺，必须取得天皇的支持。"其他人都点头表示同意。几个人商量好了，就派了一个人去向天皇报告。明治天皇虽然只有15岁，但他很有见识，早就对幕府把持朝政表示不满了。于是，他就和倒幕派联合起来共同反对幕府将军德川庆喜。他下了份密诏，密令讨伐德川幕府。大久保利通等人接到密诏，非常高兴。

不料，听到风声的德川庆喜假装辞去幕府将军的职位，主动要求把政权还给天皇。倒幕派看穿了德川庆喜的缓兵之计。他们准备先下手为强，打德川庆喜一个措手不及。

倒幕派连夜调兵遣将，把自己的部队调集到京都，发动了宫廷政变。1868 年 1 月 3 日，倒幕派率兵包围皇宫，解除德川幕府警卫队的武装。明治天皇和他们召开了御前会议，宣布"王政复古"，收回大权。明治天皇宣布建立由他领导的新政府，委派大久保利通等人主管政事。

气急败坏的德川庆喜连夜逃出京都，退到大阪。他不甘失败，调集忠于他的军队，打着"解救天皇，清除奸臣"的旗号，杀向京都。

大久保利通率领倒幕派的军队，毫不畏惧，沉着应战，在京都附近的鸟羽、伏见两地严阵以待。为了鼓舞士气，明治天皇还亲自到阵前督战。

到了半夜，毫无防备的幕府军刚到这里就遭到了倒幕军大炮的轰击，双方随即展开了厮杀。幕府军虽然人数多，但士气低落，而政府军却斗志旺盛，以一当十。不久，幕府军就败下阵来，纷纷逃跑。

倒幕军乘胜追击，包围德川庆喜的老巢江户。德川庆喜见大势已去，只好向倒幕军投降。至此，统治日本 200 多年的德川幕府倒台。

幕府彻底倒台以后，明治天皇进行了一系列有利于资本主义的改革，使日本很快走上了资本主义道路，史称"明治维新"。

福泽谕吉

福泽谕吉，日本启蒙思想家，被称为"日本的伏尔泰"。

1834 年，福泽谕吉出生于一个下级武士家庭。日本"开国"之后，他怀着振兴日本的抱负，先后到长崎、大阪、江户等地学习荷兰语和英语，在学习语言的同时，更多地学习了各种西方科学文化知识。从 1860 年作为日本使节团的翻译前往美国开始，他曾 3 次出国，历访英、法、荷、普、俄、美等国。出访期间，他购置了大批外文书籍，其中许多书籍被广泛采用为教科书。从 1862 年起，福泽谕吉连续发表了 60 多种著作，其中以《西洋事务》《劝学篇》《文明概略》最为盛名。在这些书里，他详细介绍了西方资本主义制度以及社会各方面的情况；他主张放开眼界，将东西方事物进行比较，信其可信，疑其可疑，取其可取，舍其可舍，取得真理；他排斥传统思想，宣传功利主义和进取精神；他把世界上多元文化归结为三种类型，即野蛮、半开化和文明，认为人类社会就是按照由野蛮到半开化到文明的次序向前发展的。

1868 年，他创办了"庆应义塾"，后来又不断扩充，建成为日本的第一所西式学校，为日本的维新改革事业培养了多方面的人才，他也因此被誉为"日本近代教育之父"。

福泽的启蒙思想在本质上是为日本资产阶级服务的思想工具。

明治维新

1868 年 4 月，日本新政府以天皇宣誓的形式发布施政纲领，在 60 年代末和 70 年代初，实行了一系列资产阶级性质的改革：

第一，废除封建领主制，建立中央集权的统一国家。1869 年实行版籍奉还，取消大名对领地和人民的统治权。大名被命名为藩知事，成为新政府的地方官。1871 年废藩置县，重划全国行政区。全国划为 3 府 72 县，由中央政府任命府、县知事管理。大名离开藩国，迁居东京，从国家领取俸禄。

第二，改革土地制度，实行新地税法。1871 年，取消种植商品作物的各种限令，允许作物栽培自由。1872 年，解除买卖禁令，承认土地私有和买卖自由，并颁发土地执照。1873 年，改革地税，废除根据土地收获量定税额和交纳实物的旧税制，实行按地价的 3%(后改 2.5%) 向土地所有者征收货币地租的新税法。

第三，引进西方技术，发展近代工业。1870 年设立工部省，聘请外国专家和技师，引进先进技术设备和管理方法，建立国营为主、铁路和矿业为重点的近代工矿企业，同时扶植、保护私人资本主义企业。

明治维新大搞"文明开化"，学习西方文化。图为东京音乐学院的学生穿戴上欧洲服饰在举行一场西洋音乐会。

第四，提倡文明开化，努力发展教育。提倡学习欧美资产阶级文明，吃西餐、穿燕尾服、理分发、跳交际舞、盖洋楼。1872 年颁发"学制令"，建立完整的小学、中学、大学的近代学校体制；规定送儿童入小学受教育是家长的义务，小学校的建立和维持费用由居民担负。

第五，改革封建军制，建立近代化军队。1873 年颁布征兵令，强征大批青年，建立常备军。这支军队称为"皇军"，强调效忠于天皇，并贯彻"武士道"精神。建立了警察制度。

明治维新使日本成为亚洲第一个走上近代化发展道路的国家。但是，由于保存了大量封建残余，日本的资本主义发展从一开始就带有鲜明的军事特征，并最终使得日本走上了军国主义道路。

《大日本帝国宪法》

日本以天皇名义颁布的第一部宪法。1889 年 2 月 11 日颁布，1947 年颁布新宪法后被废除。

它是在明治维新各项改革基本完成后，以德意志帝国宪法为蓝本制定的。由文告、发布宪法召敕以及文本三部分组成。宪法规定：天皇神圣不可侵犯，总揽任命内阁、立法、司法、行政、军事、财政、外交等权力；议会由贵族院和众议院组成，前者由皇族、华族及敕任议员组成，后者由公选议员组成，但有财产资格限制；设置枢密院，名为天皇咨询机构，实为凌驾于议会和内阁之上的最高决策机关。宪法还允许日本臣民在法律许可的范围内，享有言论、出版、集会和结社等自由，有服兵役和纳税的义务。帝国宪法的颁布和实施，确立了日本的君主立宪制，维护了地主、资产阶级联合专政的统治秩序，标志着以军部为核心的近代天皇制的形成。

伊藤博文

日本近代首相。1841 年，伊藤博文出生于一个农民家庭。伊藤博文四次就任日本首相，任期达 7 年零 7 个月。伊藤博文曾留学英国，接受了西方文明，积极主张日本走欧化道路，并推动了日本的明治维新改革，使日本走上迅速发展的道路。伊藤博文一生最重要的贡献，是于 1882 年赴欧洲各国进行立法调查，回国后亲手起草日本帝国宪法，成立帝国议会，为日本天皇制的确立奠定了基础。同时，伊藤博文还致力于官制改革，建立内阁制度。随着日本军国主义的发展，伊藤博文逐渐主张对外侵略，1894 年发动了侵略中国的甲午战争和侵略朝鲜的战争，给亚洲人民带来了深重灾难。1909 年，伊藤博文在中国被朝鲜爱国志士击毙。伊藤博文既是日本地主资产阶级的政治家，又是日本帝国主义和殖民主义对外侵略的策划者。

安政条约

安政条约是日本被迫先后同美、荷、俄、英、法五国签订的不平等的《友好通商条约》的总称，因签订于安政五年（1858 年），故名。1858 年 7 月 29 日，美国迫使日本签订了《日美友好通商条约》。主要内容为：日本开放箱馆、神奈川、长崎、新、兵库 5 个港口和江户、大阪为商埠；美国在江户驻外交代表，在各通商口岸派驻领事；美国可在江户、大阪两地及各通商口岸等设相当于租界的"居留地"；美国享有贸易自由和领事裁判权；美国的进出口货物实行协议关税。同年 8 ~ 10 月间，荷、俄、英、法相继迫使日本签订了内容类似的条约。这些条约进一步损害了日本的主权，彻底地打破了日本的锁国政策。从此日本陷入了沦为半殖民地的危机。条约由于未经天皇批准而签订，加剧了尊王攘夷的活动，导致了安政大狱，至 1911 年才完全恢复主权。

第二次鸦片战争

第二次鸦片战争是英法在美俄支持下发动的侵华战争。这次战争是为扩大鸦片战争的既得利益而发动的，史称"第二次鸦片战争"，又称"英法联军战争"。1856 年 10 月，英国以"亚罗号事件"为借口进攻广州，正式挑起战争。两广总督叶名琛不做抵抗，英军一度攻入广州城。1858 年 5 月 20 日，英军北上攻陷大沽炮台，进逼天津。清政府派大学士桂良、吏部尚书花沙纳赶往天津求和，被迫与英、法、美、俄四国分别签订了《天津条约》。后英法联军南撤。清政府随后于 11 月在上海又同英、法、美三国分别签订了《通商章程善后条约：海关税则》。沙俄乘机又以武力强迫黑龙江将军奕山签订了中俄《瑷珲条约》。1859 年 6 月，英法又以换约为借口，率舰队到大沽口外，向清廷施加压力，并于 6 月 25 日攻击大沽炮台，中国军队被迫自卫。1860 年 8 月，英法联军攻陷北塘、大沽，占领天津，进逼北京。9 月下旬，咸丰帝逃往热河，委派其弟恭亲王奕作为钦差大臣向侵略者投降求和。10 月，英法联军在焚烧圆明园后进入北京。清政府分别与英、法、俄签订了《北京条约》，第二次鸦片战争结束。

"铁血宰相"俾斯麦

一次，俾斯麦乘火车出差，下车后坐在椅子上休息。这时，另外一位旅客坐在了他旁边，并和他攀谈起来。那个旅客问俾斯麦是做什么生意的，当俾斯麦知道对方是皮革商后，也谎称自己是皮革商。临别时，俾斯麦微笑着对那人说："阁下如果以后来柏林，不妨来我的工厂参观，我的工厂在威廉街76号。"（威廉街76号是首相办公室）

那个皮革商打死也不会相信，面前这个和善的人就是有"铁血宰相"之称的俾斯麦。的确，在政治上俾斯麦可没这么温顺，他称得上是一个铁腕人物。

1815年，俾斯麦出生于德国普鲁士勃兰登堡的一个贵族家庭，父亲是政府官员，母亲出身于资产阶级家庭，受过良好的教育，是俾斯麦家族中第一个来自非贵族家庭的妇女。

俾斯麦天资聪颖，学习成绩不错，但常常喜欢和别人打架，蛮横的天性从小就暴露了出来。他在1832年进入哥廷根大学，一年半后转入柏林大学，主攻法律，对历史和外语尤其感兴趣。大学期间，与同学发生过28次决斗。1835年大学毕业后，他在柏林的法院当过见习书记官，但那种琐碎的工作根本不适合他野心的性格，他经常在工作时间骑马出去散心。1838年春天，俾斯麦爱上了一个牧师的女儿，爱得可谓如痴如狂，最后竟然追人家追到了瑞士，但是终究没有成功。后来，在母亲的劝说下，他转到波昂的法院工作，又投效了王家卫队，但是不到一年时间，他就因为冒犯长官而辞职。他在1839年返回故乡，和家人一起经营庄园。1847年，俾斯麦结婚了，夫人是一位虔诚的教徒，在夫人的影响下，俾斯麦逐渐改掉了过去的一些陋习，也成了一名忠实的信徒。

婚后不久，俾斯麦步入政坛，当选普鲁士联邦议会议员。之后，他逐渐形成了自己的政治信念：第一，最好的政府形式莫过于君主专制；第二，德意志必须在普鲁士的领导下完成统一。1859年，

普鲁士主要首脑

俾斯麦任驻俄公使，1861年改任驻法公使。1862年，他出任普鲁士宰相兼外交大臣，几天后，他发表了著名的"铁血演说"，宣称："当代的重大问题不是用说空话和多数派所能解决的，而必须用铁和血来解决。"俾斯麦"铁血宰相"的称号就是来源于这里。一言以蔽之，他决心用武力作为解决政治问题的最主要手段，在当时，这主要就是指排除奥地利，由普鲁士领导完成德意志的统一。

俾斯麦通过三次王朝战争实现了统一的目标。第一步，在1864年初挑起对丹麦的战争，把属于丹麦的石勒苏益格和荷尔施泰因两公国（居民多数为德意志人）并入德意志。第二步，在1866年挑起对奥地利的普奥战争。迫使奥地利退出德意志联邦，并建立起在普鲁士领导下的北德意志联邦，统一了德意志北部和中部。第三步，在1870年挑起普法战争，清除统一南德的障碍。这次战争是德国在欧洲崛起的重大转折，强大的法国在色当战役中被彻底击败，法皇拿破仑三世被俘，巴黎被普军占领。1871年1月18日，俾斯麦在法国的凡尔赛宫宣布统一的德意志帝国成立，普鲁士国王威廉一世成了德意志帝国的皇帝，俾斯麦出任帝国宰相，并被授予公爵封号，成为19世纪下半叶欧洲政治舞台上的风云人物。

德国统一后，俾斯麦就显得不那么顺利了，他在国内推行的强硬政策遭到人民的普遍反对，对外与英、法争夺海外殖民地也处处碰壁，又引起容克资产阶级的不满。1888年，威廉二世即位为德国皇帝。威廉二世不同于他的父亲，野心勃勃、刚愎自用，与俾斯麦在"政策谁做主"的问题上产生了摩擦。1890年3月，威廉二世命令俾斯麦递交辞呈书，俾斯麦在当政28年后下台。1898年3月18日，俾斯麦溘然长逝，享年83岁。

普法战争

19世纪上半期，德意志是一个由34个独立的国家和4个自由市组成的松散的联邦。这个联邦没有中央政府，没有统一的军队，各国都各自为政，严重阻碍了资本主义的发展。普鲁士和奥地利是德意志各国中最强大的两个国家。普鲁士击败了不愿意统一、只想维持自己在德意志内霸权的奥地利，统一了北德意志，举起了德意志统一的大旗。但当时南德意志的4个邦还处于法国的控制之下，为了德意志的统一，普鲁士首相俾斯麦决定和法国开战。

当时的法国在历史上叫法兰西第二帝国，他的皇帝拿破仑三世叫路易·拿破仑·波拿巴，是拿破仑的侄子。他是个狂妄自大的人，连拿破仑1%的军事才能都没有，但却经常对外发动战争。他公开说："德意志决不能统一，它应该被分成三部分！"当时法国国内阶级矛盾激化，社会问题多如牛毛，法国的资产阶级为了转移国内人民的注意力，夺取德意志的莱茵河西岸地区；而普鲁士方面视法国为德意志统一的绊脚石，它也企图夺取法国矿产丰富的洛林和阿尔萨斯地区。于是，一场大战不可避免了。

普法战争是法国与新统一的德国为了争夺北欧的主导权而进行的一场战争。这是一场一边倒的战争，俾斯麦的普鲁士军队在色当打败了拿破仑三世的军队，包围了巴黎。在后来的协议中，法国失去了阿尔萨斯与洛林两省，为德法关系留下了痛苦的遗产，这个问题一直延续到20世纪。

1870年7月19日，法国正式对普鲁士宣战。当时法国有40万军队，拿破仑三世以为凭借自己的强大的军事势力可以很快击败普鲁士。他狂妄地说："这场战争不过是到柏林的一次军事散步！"可实际情况并非如此。40万法军调到前线的只有20万，而且军队编制混乱，军官找不到士兵，士兵找不到军官，有的将军还远在非洲。狂妄自大的法国将军以为法军必将是在普鲁士境内作战，所以他们只带了普鲁士地图，而没有带本国的边境地图。本来按照原计划，法军在拿破仑三世抵达前线后的第二天就应该向普鲁士进军，但拿破仑三世看到法军装备、粮草严重缺乏，犹豫起来。普鲁士军队趁机结集了40万军队，完成了军事部署。到了宣战的第8天，法军的25万人才来到法普边境。

8月2日，法军攻入普鲁士境内，但立即遭到了普鲁士军队的迎头痛击。8月4日，普鲁士军开始全面反攻，法军全线崩溃，普鲁士攻入法国境内。拿破仑三世见大事不好，急忙把指挥权交给巴赞元帅，自己乘着一辆马车向西狂逃。巴赞在抵抗了一阵后，败退到麦茨要塞，随即被普军包围。法军的麦克马洪率领12万法军退到色当要塞，和早先到这里的拿破仑三世会合。不久，色当也被普军包围。

9月1日早晨，色当大战开始。法军龟缩在坚固的要塞中同普军对抗。普军占领了色当四周的高地，用700门大炮猛轰色当。一时间，色当上空炮声隆隆，炮弹像雨点一样落入色当城内，全城一片火光，到处都是残垣断壁，滚滚浓烟，法军死伤惨重，连麦克马洪元帅也被打伤。

拿破仑三世从来没有见过这种阵势，被普军的强大火力吓得魂飞魄散。他急忙换上一套士兵的服装，跑到麦克马洪的指挥所，战战兢兢地说："元帅，我们还能承受下去吗？"见到拿破仑三世身穿士兵的服装，麦克马洪心里就明白了一大半：皇帝要投降了。他叹了一口气说："陛下，我们孤军奋战。外面没有援军，我们的弹药又不多了，我已身负重伤，无法再继续指挥作战。您来决定吧。"

拿破仑三世说："在现在的情况下，我们已经没有取胜的希望。为了士兵们的生命，我决定同普军谈判。"

下午三点，拿破仑三世在城中的中央塔楼升起了一面白旗，同时派人向普鲁士国王送去了一封投降书。投降书是这样写的："我亲爱的兄弟，我没有死在我的军中，所以我把我的佩剑送给陛下，希望以后能继续做彼此的好兄弟。拿破仑。"

第二天，拿破仑三世正式签署了投降书，和麦克马洪元帅以及39名将军，10万名士兵做了俘虏，650门大炮和大批的武器辎重落入普军手中。这次战役在法国历史上被称为"色当惨败"。

色当兵败的消息传到巴黎后，愤怒的人民推翻了第二帝国，建立了法兰西第三共和国，结束了法国历史上的王朝统治时代。

巴黎公社

色当惨败后，普军继续深入法国，在不到20天时间里，包围了法国首都巴黎。巴黎人民发动大起义，推翻了帝国政府，成立了资产阶级临时政府。临时政府虽然口头上高喊要坚决抵抗，但他们却背地里同俾斯麦商量投降条件。

不久，资产阶级临时政府内阁总理梯也尔同俾斯麦签订了卖国条约，宣布普法战争结束。条约非常苛刻，普鲁士要求巴黎城外炮台移交给普军，法军还要交出2000门大炮和17万支步枪以及大量的弹药，被全面解除了武装。法国赔偿普鲁士50亿法郎，割让阿尔萨斯和洛林。

但英勇的巴黎人民却始终保持着高昂的战斗热情，他们对卖国的临时政府非常不满，于是组建了一支以工人为主体的国民自卫军，还筹款铸造了400门大炮。

为了巩固自己的反动统治，梯也尔决定夺取国民自卫队的大炮，消灭国民自卫军。

1871年3月18日凌晨，梯也尔命令巴黎卫戍司令维努亚带着一支军队鬼鬼

· 国际歌 ·

巴黎公社失败后，很多革命者被迫流亡国外，其中公社战士鲍狄埃在公社失败后的第二天就满怀悲愤地写下了一首动人的诗篇，这就是《国际歌》的歌词。但是由于反动敌人的迫害，这首诗一直拖到1887年才被收入到鲍狄埃的诗集中。一年后，工人作曲家狄盖特读了这首诗，激动万分，他花了整整一个晚上给它谱上了曲。后来他在6月23日这一天正式演出了这首歌，引起了轰动，随后便出版发行。《国际歌》出版不久，就因为它的政治内容而遭到迫害，但是禁令是禁不住它的，《国际歌》很快便唱遍了全球，成为每一个无产阶级喜爱的歌曲。

崇崇地来到摆放着大炮的蒙马特尔高地。他们先杀死了守卫在那里的几名自卫军战士，然后开始拖走大炮。

这时突然传来几声枪响，原来政府军在拖大炮的时候，被自卫军战士发现，急忙鸣枪报警。睡梦中的国民自卫军战士纷纷拿起武器，跑到蒙马特尔高地。

许多妇女、老人和儿童也纷纷赶到这里截住了他们。大家愤怒地质问政府军：

"你们想干什么？为什么偷我们的大炮？""你们自己投降卖国，交出你们自己的武器弹药还不够，还要偷我们大炮送给普鲁士人？""把我们的大炮放回原处！"

维努亚恼羞成怒，他大声说："这是政府的命令！"但大家根本不怕他，继续指责他。

维努亚大怒，命令政府军向群众开枪。

但这些士兵们都站着不动。维努亚气急败坏，抽出大刀大声下令："谁不听命令我就砍掉他的脑袋！"可是仍然没有人服从他的命令。

突然，一个士兵高喊："我们不能杀自己人！"其他士兵也高呼："对！不打自己人，枪口一致对外！打倒普鲁士人！"于是他们立刻逮捕了维努亚，加入了国民自卫军。

当天下午，国民自卫军中央委员会决定以武力还击反动政府。人们从四面八方攻入市中心，与反动政府展开了殊死搏斗。临时政府首脑梯也尔见大事不好，急忙跳上一辆马车，飞

1871年5月28日，巴黎公社社员在拉雪兹公墓英勇就义。

快地逃到巴黎西南的凡尔赛去了。其他的政府官员一见总理跑了，也都纷纷出逃。晚上10点左右，国民自卫军占领了空无一人的市政厅。两名身手矫捷的战士爬上市政厅大厦，升起一面鲜艳的红旗，巴黎人民的武装起义取得了胜利。

3月28日，20万巴黎民众聚集在巴黎市政厅前的广场上，欢呼巴黎公社——世界上第一个无产阶级政权成立。

巴黎公社发布法令，撤销旧军队、旧警察，由国民自卫军代替。立法、司法和行政权力由公社成立的10人委员会统一行使。巴黎公社宣布实行民主选举，实行政教分离、信仰自由的政策，将逃亡资本家的工厂交给工人管理。

梯也尔逃到凡尔赛后，手下只有两万残兵败将，根本无法与巴黎公社对抗。于是他秘密派代表去见俾斯麦，低三下四地祈求他释放俘虏来增强凡尔赛政府的力量。俾斯麦也非常敌视巴黎公社，他同意了凡尔赛政府的请求，释放了10万法军俘虏，并表示允许法军穿越普鲁士军的阵地，从北面进攻巴黎。

1871年5月20日，凡尔赛军向巴黎发起了猛攻。面对数倍于己的敌人，巴黎公社的勇士们毫不畏惧，奋起抵抗，越战越勇。但随着战争的继续，由于缺乏统一的指挥和防御的失误，形势对巴黎公社军越来越不利。

由于起义军战士的顽强抵抗，凡尔赛军不知虚实而不敢贸然入城。但第二天中午，一个叛徒偷偷跑出城去，向敌军报告了城中的情况。就这样大批凡尔赛士兵疯狂地冲进了巴黎。公社战士与敌人展开了激烈的巷战。他们发誓：人在街垒在，只要还有一口气，决不让敌人越过街垒！

经过5天的血战，在优势装备和数倍于己的敌人的疯狂进攻下，公社战士防守的各个街区相继失陷。5月28日，敌人占领了公社战士最后一道防线——拉雪兹公墓，200多名公社战士全部阵亡，存在了72天的巴黎公社失败了。

法拉第发现电磁感应

工业革命的迅速展开促使人类社会的发展进入快车道，在机械、能源等工业蓬勃发展之时，电气领域也在悄悄酝酿着一场革命。

先是1800年，丹麦的奥斯特发现电可以产生磁的效应，接着是法国人毕奥和萨伐尔毕发现奥—萨伐尔定律，然后有了德国物理学家欧姆在1825年发表的欧姆定律，揭示了导线中电流和电位差的正比关系。一系列重大发现为电磁感应铺平了道路，最终法拉第完成了这一历史使命。

　　法拉第，1791 年 9 月 22 日出生于英国的一个铁匠家庭，像与他同时代许多发明家、科学家一样少受教育。法拉第一生中，仅仅在 11 岁时上过一年小学。13 岁时，他到一家文具店打杂，因为做事认真，成了订书学徒。与众不同的是，这个只读过一年书、知识有限的孩子，却对读书有着浓厚的兴趣。他在工作之余，阅读了大量图书，而这也得到了老板热心的鼓励。法拉第在这家店里做了 7 年工，对化学的兴趣渐渐浓厚起来。

　　1812 年的一天，店里的一位顾客送给法拉第一张皇家学术演讲会的门票，主讲人是当时著名的科学家、伦敦皇家学院的化学教授戴维。在听完了戴维的演讲后，法拉第带着听演讲时做的笔记拜见了戴维，请求他给自己一份实验室的工作。不久，他被聘用为戴维的助手。1813 年，戴维夫妇去欧洲大陆游历，法拉第作为秘书随行。这次游历持续了 18 个月，法拉第遇见了许多著名的科学家，如安培、伏特等，深深受到了他们的影响。返回伦敦后，法拉第开始了自己的研究工作，他只要听完教授们的演讲，就马上实地实验，并分门别类地做了详细的实验笔记。到 1860 年前后法拉第的研究活动结束时，他的实验笔记已达到 1.6 万多条，他仔细地依次编号，分订成许多卷，这时他过去当装订工时学会的高超技能派上了用场，这些笔记以及其他在装订成书以前或以后的几百条笔记，都已编成书分卷出版，其中最著名的就是《电学实验研究》。

　　1821 年，法拉第与令自己一见倾心的沙娜结婚，两人生活得非常幸福。在大约 1830 年以前，法拉第主要是一位化学家，那时他已成为很有成就的专业分析化学和实验顾问，他把自己的丰富经验总结为一本 600 多页的巨著《化学操作》，于 1827 年出版。

　　受到奥斯特电可以产生磁的启发，法拉第从 1822 年就着手研究把磁转化为电的问题。他先设计

工作中的法拉第

法拉第将他的一生都贡献给了伦敦皇家研究院，正是在这里，他做出了那些举世闻名的重大发现。他曾经建造了一个巨大的钢铁笼子，带着他的实验器材走了进去，而他的助手再给这个笼子导上 10 万伏特的电流，电流产生的火花在笼子周围噼啪作响，但是法拉第知道他自己是安全的，因为电流只是在笼子的外表层。这种导电的安全的装置现在就被称为法拉第茧。

了如下实验装置：装置的两端中间以导线连接，并设置一个开关，左端为电源（伏打电池），右端为电流指示器。然后进行实验：接通电源（合上开关），电流指示器指针明显偏转，但很快又恢复到原位。断掉开关，切断电源指针也同样发生偏转，既而复原。实验表明，在"开""关"的时点，指针各发生一次偏转，但都不能保持。法拉第进而用永久磁铁加以验证。1821 年 10 月 17 日，他完成了一个具有决定意义的实验：取一圆纸筒，在上面绕 8 匝铜线圈，再接到安培计上。然后将一条形磁铁从线筒一端放入，发现安培计指针偏转，又将磁铁从另一端抽出，指针再次偏转，只是方向相反。这便是发电机的基本原理，今天各种复杂的发电机都是根据这一原理设计制造的。

在总结实验的基础上，法拉第进行了理论分析，他运用的磁力线概念对所谓的"电磁感应"进行解释——感应电流的产生是由导体切割磁力线所致，电流的方向则取决于磁力线被切割的方向。为了便于现实中的操作，法拉第还以左、右手拇指与其他四指的位置特点和依据设定了左手法则和右手法则，至今我们仍在使用。1838 年，法拉第又解释了从负电荷或正电荷发出的电力线的感应特点。

法拉第并不满足于已有的贡献，而是进一步将研究领域扩展到电解的规律。在这一过程中，他发现了两个重要的比例关系：由相同电量产生的不同电解产物间有当量关系，电解产物的数量与所耗电量成正比。这两个规律后来称为法拉第电解定律，在电学工业领域获得广泛应用。

法拉第发现电磁感应定律和电解定律之后，一时名扬四海，但他仍然孜孜以求，在物理学领域默默耕耘。他澄清了各种关于电的说法，发现贮存电的方法，继而发现法拉第效应。

法拉第发现的电磁感应原理，连同他的其他贡献共同构成了发电机、电动机发明的基础，使人类从蒸汽时代疾步跨入电气时代。

达尔文环球考察

达尔文，1809 年生于英国的一个医生家庭，8 岁时，进入教会学校读书。此时的他，不仅毫无过人之处，而且连日常的诵读都感到困难。他的爱好也与一般儿童不同，他喜欢收集邮票、画片、矿石、钱币等东西，对动植物也有很大的兴趣。9 岁时，他进入一所文法学校读书，学习成绩平平，但更专注于以前的兴趣，以至于老师甚至父母都认为他只是一个平庸的孩子。16 岁时，他被父亲送到爱丁堡大学学医，但他对于授课内容没有什么兴趣，在两年后转往剑桥大学学习神学，父亲希望他将来成为一个"尊贵的牧师"。可是，达尔文偏偏对生物感兴趣。有一次，达尔文在老树皮中发现了两只奇特的甲虫，他左右手各抓住一只，兴奋地观看起来。突然，树皮里又跳出一只甲虫，达尔文措手不及，就把一只甲虫放在嘴里，伸手又抓到了第三只。哪知嘴

"贝尔格"号的航行
1831～1836年，达尔文乘坐专门用于科学探险的"贝尔格"号环游世界，他利用船靠岸的机会研究各地的植物和动物，包括太平洋上的加拉帕戈斯群岛。他在各地挑选带回欧洲的物种的时候，已经开始形成他的进化论了。

里的那只甲虫突然吐出一股辛辣的汁液，把他的舌头蜇得又麻又痛，他这才把口中的虫了吐了出来。后来，人们为了纪念他首先发现的这种甲虫，就把它命名为"达尔文"。

在剑桥的三年里，达尔文与地质学教授塞奇威克和植物学教授亨斯罗结识，更加喜欢上了对自然界的观察和研究，而对神学的学习却没什么进展。当读了洪堡的《南美洲旅行记》和赫胥黎的《自然哲学导言》之后，他已经立志要投身于自然科学研究了。

1831年达尔文大学毕业，经亨斯罗的推荐，以博物学家的身份参加了英国政府组织的"贝尔格"号军舰的环球考察，开始了漫长而又艰苦的环球考察活动。达尔文每到一地总要进行认真的考察研究，采访当地的居民，采集矿物和动植物标本，挖掘生物化石，收集没有记载的新物种，积累了大量资料。

"贝尔格"号到达巴西后，达尔文攀登安第斯山进行科学考察。当爬到海拔4000多米的高度时，他意外地在山顶上发现了贝壳化石。达尔文非常吃惊："海底的贝壳怎么会跑到高山上了呢？"经过反复思索，他终于明白了地壳升降的道理。

达尔文还敏锐地觉察到了物种在不同地区的变化状况，逐渐对《圣经》中关于人类起源的说法产生了怀疑，并萌发了生物进化论的思想。

这次环球考察在1836年10月结束。结束了旅行，达尔文忙于整理带回来的标本和笔记资料，不经意间，他接触到了马尔萨斯的《人口论》一书。书中提到人口的增长速度要远远快于粮食的增加速度，只有依靠瘟疫和战争等灾难性因素

抑制人口过快增长，才能缓解人口与粮食之间的矛盾。这其实言明了种内竞争的必要性，为达尔文进化论思想形成提供了依据。

达尔文在"贝尔格"环球考察的基础上，又受到马尔萨斯人口论的影响，经过大量的科学推理和综合分析，关于生物进化思想逐渐成熟起来。终于在 1859 年发表《物种起源》一书，在学术界引起轩然大波。

达尔文的进化论思想可以概括为以下几个方面。首先是遗传和变异。他指出，遗传和变异普遍存在于各物种当中，进而推动各种生物进化或灭绝。而遗传和变异也相互作用，有的变异遗传给后代个体，而有的变异就不能，分别称为一定变异和不定变异。关于变异的诱因，达尔文认为是生存环境的变迁，器官的使用程度等。

其次是自然选择，即所谓物竞天择，适者生存。其实，"自然选择"概念是受了种畜场"人工选择"的影响而提出的，即人工选择是根据人的需要，而自然选择就是根据自然的需要。达尔文通过观察发现大多数生物繁殖过剩，而这些新生个体在残酷的生存竞争中，只能接受自然条件的选择，适者生存。

再次是性状分歧、种形成、绝灭和系统树生产。生活实践告诉人们，各种动植物可以从一个共同的原始祖先，经过人工选择，从而形成众多性状各异的品种。

在自然界中，这个道理依然适用，一个物种会由于生存条件的差异，形成许多变种、亚种和种。时间久了，同一物种内的亲缘关系，会像一株枝杈众多的大树，即称为系统树。

《物种起源》一书近乎完美地表述了达尔文的进化论思想，对日后的生物学发展具有重要意义，达尔文也因此享誉世界。剑桥大学授予他"法学博士"的称号，并为此举行了隆重的会议。1878 年，他被选为法国科学院植物学部通讯院士，同年又被选为柏林科学院的通讯院士。

1882 年 4 月 19 日，达尔文在家中去世，享年 73 岁。送葬时，著名科学家胡克、赫胥黎、华莱士，皇家学会主席拉卜克等人亲扶灵柩。他被安葬在威斯敏斯特大教堂，与牛顿等名人长眠在了一起。

巴斯德发现病菌

路易·巴斯德，1822 年出生在法国的多尔，是近代著名的化学家和微生物学的奠基人。巴斯德家境贫困，靠半工半读于 21 岁考入巴黎高等师范学院，专攻化学。早期一直致力于晶体结构方面的研究，并取得相当的成就。1854 年以后，巴斯德逐步转入微生物学领域。

人们很早就在日常生活中，发现做好的饭菜和奶制品等放久会变酸的现象，但不知到底是什么原因使其发生这样的变化。巴斯德于19世纪50年代投入这一问题的研究，他以牛奶为实验对象，准备一份鲜奶和一份变酸的奶，然后分别从中取出少量放到显微镜下观察，结果在两个样本中发现同一种微小的生物，即我们今天所谓的乳酸菌。区别仅在于所含细菌数目不同，鲜奶中的乳酸菌数量明显少于酸牛奶。接着，巴斯德又对新酿造的酒和放置一段时间已变酸的酒进行类似的实验，在两种酒中也发现同样的生物——酵母菌，而且前者所含细菌少于后者。他经过进一步分析、研究，最终确认无论是牛奶还是酒变酸都是因为细菌数量的增加和活动的加强所致。巴斯德把这类极小的生物称为"微生物"。并且以乳酸菌和酵母菌作为它们的代表，对其生活习性、营养状况、繁殖特征等方面进行了深入分析。1857年，巴斯德关于微生物的第一个成果《关于乳酸多酵的论文》正式发表。此文标志着一个新的生物学分支——微生物学诞生。

微生物学自诞生之日起，就立足于为生产实践服务。1863年，巴斯德发明防止葡萄酒变酸的高温密闭灭菌法，后来称之为"巴斯德灭菌法"。在研究解决丝蚕病的过程当中，他对致病菌有了进一步认识，从而在19世纪60年代末提出了病菌学理论，这引起了一些临床医学家的注意。英国名医李斯特用巴斯德灭菌法对手术器械和场所消毒灭菌，此举使其术后病人死亡率从45%骤降至15%。

进入19世纪70年代以后，达内恩医师受巴斯德灭菌法的启发，发明了碘酒消毒法，后来美国的霍尔斯特德和英国的亨特又开医学戴消毒手套和口罩的先河，这些灭菌法和防菌法至今仍在外科手术领域广泛应用。

巴斯德在开创微生物学之后，更大贡献在于免疫学方面的研究。病菌侵入人体就会使人产生抗体，那么要是让

巴斯德在实验室工作
巴斯德是个技术精湛的实验者，有着强烈的求知解难之心而又善于观察，他全心献身于科学和将科学应用于医学、农业和工业的事业上。

失去毒性的病菌进入人体，使之产生抗体以杀灭后来侵入的有毒病菌，不就可以达到免疫效果吗？

路易·巴斯德在这方面进行大量探索，其中最值得一提的是其培育的狂犬病疫苗。1880年，巴斯德收集了一名狂犬病患者的唾液，将其兑水后注射到一只健康的兔子身上。一天以后，兔子死去，他再把这只兔子的唾液接种给另外一只健康兔，它也很快死去。巴斯德在显微镜下观察死兔的体液，发现一种新的微生物，进而用营养液加以培养，再将菌液注射到兔和其他动物体内，毒性再次发作。他在观察这些染病动物的体液时发现了与培养液中相同的微生物，巴斯德初步确认是这种病菌（其实是病毒）导致狂犬病，于是对这类病菌用低温（0～12℃）的方法减毒，后又用干燥的方法再次加以减毒。过了一段时间后，经实验发现其毒性已不能使动物致病，可以用来免疫。1885年6月，巴斯德第一次使用减毒疫苗治愈了一名患狂犬病的男孩。从此，狂犬疫苗进入实用阶段。

在战胜了狂犬病之后，巴斯德被誉为与死神抗争的英雄。为了表彰其在微生物学领域的杰出贡献，巴黎建立了巴斯德学院，该学院后来为推进微生物学的发展起了重要作用。

诺贝尔与诺贝尔奖

诺贝尔，全名阿尔弗雷德·伯纳德·诺贝尔，1833年10月21日出生在瑞典首都斯德哥尔摩。幼年的诺贝尔家境贫苦，但受作为发明家的父亲的影响，热衷于发明创造。

在诺贝尔9岁的那一年，父亲带他去了俄国，并为其聘请了家庭教师，教授小诺贝尔数、理、化方面的基础知识，为他打下了基础。同时，诺贝尔在学习之余在父亲开的工厂里帮忙，这使他的动手能力进一步增强，并具备了生产和管理方面的知识和经验。

当时由于工业革命的开展和深入，刺激了能源、铁路等基础工业部门发展。为了提高挖掘铁、煤、土石的速度，工人频繁地使用炸药，但当时的炸药无论是威力，还是安全性能都不尽人意。意大利人索布雷罗于1846年合成了威力较大的硝化甘油的威力，可惜安全性太差。那时又盛传法国人也在研制性能优良的炸药，这一切促使诺贝尔的注意力转移到炸药上来。

1859年，在家庭教师西宁那里，诺贝尔第一次见识了硝化甘油，西宁把少许硝化甘油倒在铁砧上，再用铁锤一敲便诱发强烈的爆炸。诺贝尔对硝化甘油做了进一步分析，发现无论是高温加热还是重力冲击均可以导致其爆炸，他开始为寻求一种安全的引爆装置而努力。经过无数次实验，最后他发现若是把水银溶于浓硝酸中，再加入一定量的酒精，便可生成雷酸汞，这种物质的爆炸力和敏感度都很大，可以作为引爆硝化甘油的物质。

用雷酸汞制成的引爆装置装到硝化甘油的炸药实体上，诺贝尔亲自点燃导火索，只听"轰！"的一声巨响，实验室的各种器物到处乱飞，他本人已被炸得血肉模糊。从废墟中爬出来他用尽最后一点气力说："我成功了。"然后就昏死过去。科学的进程是如此悲壮！不管怎样，雷酸汞雷管发明成功，他在1864年申请了这项专利。很快，诺贝尔的发明传播开来，用于开矿、筑路等工程项目中，大大减轻了工人们的挖掘强度，工程进度也快了许多。但世界各地的爆炸事故层出不穷，有些国家的政府为此甚至禁止制造、运输和贮藏硝化甘油，这给诺贝尔的事业带来极大的困难。经过慎重考虑，诺贝尔决定赴美国加利福尼亚就地生产硝化甘油，并研制安全炸药。在试验中，他分析了一些物质的性质，认为用多孔蓬松的物质吸收硝化甘油，可以降低危险性，最后设定25%的硅藻土吸收75%的硝化甘油就可形成安全性很高的猛炸药。

威力强劲、使用安全的炸药的出现，使黑色火药逐步退出了历史舞台，堪称炸药史上的里程碑。诺贝尔在随后的几年里，又发明了威力更大、更安全的新型炸药——炸胶。1887年，燃烧充分，极少烟雾线硝的无烟炸药在诺贝尔实验室诞生了。

循着威力更大、更安全和更符合人的需要的原则，诺贝尔为人类的进步做出了杰出的贡献，受到后人的尊敬。

1896年12月10日，伟大的科学家诺贝尔去世。遵照其遗嘱，他的大部分遗产（约900万美元）作为设立诺贝尔奖奖金的基金，每年提取基金的利息，重奖为人类进步事业做出重大贡献的后人。诺贝尔在他的遗嘱中明确，获奖的唯一标准是其实际成就，而不得有任何国籍、民族、肤色、信仰等方面的歧视；奖金每年颁发一次，授予前一年中在物理学、化学、医学等3个领域里"对人类作出最大贡献的人"。该奖于1901年12月10日，即诺贝尔逝世5周年纪念日首次颁发，至今已有超过500人获此殊荣。后来还增加了文学、和平等奖项。诺贝尔临终设立此奖，是其对人类科学文化事业的进步的又一重大贡献，永远值得后人景仰。

"发明大王"爱迪生

爱迪生一生只接受过 3 个月的正规教育，他成功的秘诀就是勤奋和恒心。他为了发明电灯，先后试验了 6000 种纤维材料，找到了碳化竹丝做耐热材料，最后发展到钨丝灯，前后用了近 20 年的时间。

这位发明大王是人类最伟大的发明家之一，一个人有 1000 多项发明在人类历史上实属罕见。

爱迪生，1847 年 2 月 11 日出生在美国俄亥俄州的米兰镇，在家中是最小的孩子。父亲是木匠，母亲是教师，家境很差。

爱迪生在小学当了 3 个月的笨孩子之后，就被母亲带回家，开始了"半工半读"的生活，即白天跟父亲做木工活，晚上跟母亲学文化。爱迪生聪明勤奋，这样的培养方式一方面使他有一定的知识功底，另一方面还提高了动手能力。爱迪生小小年纪，就在自己家中的地窖里搞起各种小实验。

19 世纪 70 年代，第二次科技革命已经展开。各种发明创造层出不穷，但如何记录人类的声音呢？最后爱迪生解决了这个问题——留声机。启发爱迪生发明留声机的灵感源于他发明碳粒电话受话器的实验过程。在实验中，他偶尔发现随着人说话声的高低错落，接触在膜片上的金属针也跟着有规则地振颤。这时他突然想到把这一过程倒过来，就可以复制声音。于是爱迪生把锡箔纸卷在带螺纹的圆筒上，圆筒下有一层薄铁皮，铁皮中央装上一根短针。当他用钢针滑动锡箔纸，果然就发出了声音。爱迪生按这一原理设计制造了世界第一台"会说话的机器"，后来人们称之为留声机。

科学家是不容易满足的，爱迪生更是如此。就在留声机在博览会展出时，他又开始对另一问题着迷：用电照明。

虽说当时已出现了电弧灯，但它需要 2000 块伏打电池做电源，而且光线灼眼，照明时间也很短，不适于日常使用。于是，爱迪生开始了新一轮的攻坚战，他几乎把家搬到实验室，吃饭、睡觉都在那里。最后，

爱迪生

爱迪生是世界历史上最有成就和最伟大的发明家。他的 1000 多项发明几乎每一项都与人们的日常生活息息相关。他的发明彻底改变了人们的生活方式。今天，几乎在我们日常生活中所用的每一种电器都有爱迪生的影子。

他把注意力锁定在灯丝上。他先后试着将硼、钌、铬等金属和碳化的棉线做灯丝，由于氧化作用，这些灯丝均被烧断。爱迪生又实验了数千种材料做灯丝都归于失败。最后，他发现抽净灯泡中的空气以后，再用碳化竹丝做灯丝，可以维持40个小时。爱迪生终于在1879年10月21日发明家用电灯，电灯取代了煤气灯为广大民众所接受。

爱迪生发明电灯以后，一时声名鹊起，成了公众人物。他却不为所动，又开始考虑如何利用人的视觉暂留现象设计一种可以迅速连续拍照的摄影机，然后把这些照片依次迅速地展现在人的面前，给人的感觉就好像是在看运动的景物或物体。在这一思路指导下，爱迪生又利用他人发明的感光软片，很快制成了摄影机。之后，他又制成了可以连续播放胶片的放映机。至此，爱迪生又完成了他的另一发明"留影机"，电影也随之产生。

爱迪生一生的发明成果极其丰富，除了留声机、电灯、留影机之外，还有1000多项专利。爱迪生经过艰苦卓绝的努力，在发明领域做出巨大成就，为人类进步事业做出巨大贡献。

1929年10月21日，在电灯发明50周年的时候，人们为爱迪生举行了盛大的庆祝会，德国的爱因斯坦和法国的居里夫人等著名科学家纷纷向他表示祝贺。1931年10月18日，爱迪生因病逝世，享年84岁，就在他辞世之前，他还完成了苦心研究的人造橡皮。

五一国际劳动节

每年5月1日，全世界的劳动者都要纪念他们自己的节日——五一国际劳动节。

19世纪80年代，欧美各资本主义国家经济高速发展，随之而来的是资本家的残酷剥削。在美国，工人们每天要工作14～16个小时，有的甚至达到18个小时。工人们在长时间、高强度的劳动下，仍然无法达到温饱水平。忍无可忍的工人们联合起来，同资本家展开了坚决的斗争。工人们提出缩短劳动时间，改善工作环境的合理要求，并希望政府能够以立法的形式明确8小时工作制。但他们的合理要求遭到了政府的蛮横拒绝。当时的美国总统说："我不认为8小时工作制符合宪法，世界上没有一种力量能使我做出违反宪法的事。"

工人们被激怒了。1886年5月1日，芝加哥、纽约、波士顿、费城等城市的工人举行大罢工，纷纷走上街头抗议，大约有35万人参加了罢工示威活动。工

19世纪后半叶美国南北战争结束，经济上得到迅速发展，图为大西洋城海滨的热闹景象，然而这样的繁荣却是建立在对工人阶级的剥削的基础上。

人们举着红旗，高唱着《8小时的歌》：我们要把世界改变，我们厌倦了无休止的劳动，只能得到糊口的工资，没有时间让我们思考。我们要晒太阳，我们要闻花香。我们相信上帝也允许8小时工作制，我们从车间、农场和船坞，召集我们的队伍，争取8小时工作、8小时休息、8小时归我们自己。

"8小时工作、8小时休息、8小时归我们自己"成了当时一句响亮的口号，工人们抽着"8小时牌香烟"，购买"8小时牌皮鞋"。这句口号从美国传到了全世界，得到了世界人民的广泛支持。

5月3日，芝加哥麦考米克收割机厂的资本家雇用了300多名替工者准备进入工厂工作，与守在门口的1400名打工者发生了激烈冲突。警察在没有发出任何警告的情况下悍然对工人开枪射击，打死了4名工人，多人受伤。

当天晚上，3000多名工人聚集在芝加哥市的广场上举行大规模的示威，抗议警察的暴行，哀悼死难的工人兄弟。正在这时，一队全副武装的警察冲进会场，用武力驱赶工人，工人们奋起抗争，会场秩序一片混乱。就在这时，一个别有用心的人向人群中扔了一枚炸弹，炸死了1名警察、4名工人，另外有多人受伤。警察立即向群众开枪，打死打伤了200多名群众，并逮捕了很多工人。

在没有任何证据的情况下，芝加哥法院起诉8名工人领袖，判处7人死刑，1人15年徒刑。工人领袖斯庇斯在法庭上慷慨陈词："如果你们以为绞死了我们就可以扑灭工人运动，就可以平息那些在贫困和悲惨的劳动中千百万工人心中的怒火的话，那就绞死我们吧！你们可以扑灭一个火花，但在你们四周，会燃起更多的火花，这是来自地底的烈火，你们是无法将它们扑灭的！"

美国的很多知名人士和欧洲各国的很多要人都纷纷给伊利诺伊州州长写信和打电报。德国著名的工人运动领袖威廉·李卜克内西和马克思的女婿爱德华·爱威林都亲自到狱中探望被关押的工人领袖。世界各国的工人纷纷举行集会，向美国提出强烈抗议。在巨大的压力面前，州长被迫只判处其中 4 人死刑。

到了行刑的那天，工人领袖费希尔平静地说："今天你们让我们窒息，让我们的声音消失，但我们在坟墓中的沉默将会使更加雄辩的时刻即将到来。"几十万芝加哥工人参加了他们的隆重葬礼，他们高唱《马赛曲》，很多人流下了热泪。

这次事件之后，美国有十几万工人争取到了 8 小时工作制，其他工人的工作时间也大大缩短了。很多资本家被迫宣布星期天放假。

1889 年 7 月 14 日，在巴黎召开的世界各国社会主义者代表大会上，有的代表提出要把 1886 年 5 月 1 日定为斗争日，号召全世界的工人们在每年的 5 月 1 日都要举行大规模的示威游行，要求政府实行 8 小时工作制。

1890 年，在巴黎召开的第二国际成立大会上，通过了一项决议，规定从今以后每年 5 月 1 日各国工人都要举行示威游行活动。五一国际劳动节从此诞生，成为全世界劳动者的光辉节日。

《资本论》问世

德国人马克思经过 19 世纪 50 年代～60 年代辛勤劳动，创立了马克思主义政治经济学的科学体系，实现了政治经济学领域的伟大革命。1857 年 7 月～1858 年 5 月，马克思写了《政治经济学批判大纲（草稿）》，第一次提出了剩余价值理论，继唯物史观这一伟大发现之后完成了第二个伟大发现。1858 年初开始在这个手稿的基础上写《政治经济学批判》一书，后改名《资本论》。1867 年 9 月 14 日，《资本论》第一卷在汉堡问世。第二卷和第三卷由于他过早逝世未能最终完成，后经恩格斯整理和增补，分别在 1885 年和 1894 年出版。《资本论》具有划时代的意义，标志着马克思主义政治经济学科学体系的创立。

三国同盟

进入 19 世纪后期，第二次工业革命开始兴起，科学技术突飞猛进，社会生产力得到了极大的提高，人类进入了电气时代。欧洲各国的工业和经济再次跨上了一个台阶，逐渐形成了垄断资本主义，各国开始向帝国主义过渡。但它们之间的发展是不平衡的，英、法等老牌资本主义国家发展速度较慢，而新兴的美国、德国发展速度很快，成为世界排名第一、第二的资本主义工业大国。由于帝国主义国家之间的发展不平衡，它们之间的矛盾也在加剧。各国为了自己的利益，纷纷寻找对策。

普法战争后，为了防止法国东山再起，德国首相俾斯麦勒索了法国50亿法郎的巨额赔款，并且强行割走了矿藏丰富的阿尔萨斯和洛林地区，企图让法国"流尽血"。德国凭借着这些资源和资金，迅速跃升为世界第二工业大国。但出乎俾斯麦意料的是，法国人卧薪尝胆，奋发图强，不仅没有一蹶不振，反而恢复了元气。法国人为了报仇雪耻，在不断扩充军备的同时，还四处寻找盟友，共同对付德国。

面对法国咄咄逼人的复仇计划，惊恐万分的德国人没有坐以待毙，俾斯麦也开始四处拉拢盟友，对抗法国。

恰好这时，奥匈帝国和俄国在巴尔干问题上发生了争吵。原来两国都对巴尔干半岛上的波斯尼亚和黑塞哥维纳地区垂涎三尺，俄国凭借着强大的实力，四处宣扬"大斯拉夫主义"（波斯尼亚和黑塞哥维纳的居民和俄罗斯人同属斯拉夫人），企图把奥匈帝国的势力排挤出去，独占巴尔干半岛。德国不愿意看到俄国过于强大，害怕它威胁德国，再加上德国和奥匈帝国同属日耳曼民族，所以德国在巴尔干问题上支持奥匈帝国。两国联手，开始排挤俄国的势力，使俄国吞并波斯尼亚和黑塞哥维纳的计划落空。为此，俄国对德国怀恨在心。

1879年8~10月，德国首相俾斯麦与奥匈帝国的外交大臣安德拉西在维也纳秘密会谈，缔结秘密军事反俄条约——《德奥同盟条约》。这个条约的主要内容是如果德、奥两国中一国遭到俄国的进攻，那么另一国应以全部的军事力量进

结成同盟的三国君主画像

行帮助；如果其中一国遭到另一个国家（暗指法国）的进攻，那么另一缔约国应对其盟国采取中立。但如果进攻的国家得到俄国的支持，那么两国应动用全部的军事力量联合作战。如果遭到法国和俄国的联合攻击，那么双方则要共同作战。由此，德国和奥匈帝国正式结盟。

和奥匈帝国结盟后，俾斯麦还不放心，他总觉得力量还有些单薄，于是又把目光投向了意大

利。意大利自从 1870 年统一后，资本主义得到了迅速发展，国家的实力迅速增强。为了扩大自己国家的产品销售市场，意大利急于开拓海外殖民地，首先看上了和自己一海之隔的北非明珠突尼斯。但法国人也想占领突尼斯，两国争执不下。狡猾的俾斯麦看准了这一点，找上了意大利，表示在突尼斯问题上德国支持意大利。但紧接着他又找到法国，暗示德国不反对法国人占领突尼斯。法国人喜出望外，于 1881 年出兵占领了突尼斯。当时在突尼斯有很多家意大利企业和两万意大利侨民，意大利政府早已经把突尼斯当成了嘴中的肥肉，不料却被法国人占领了。可是法国的实力比意大利强大，单凭自己的力量，意大利讨不到什么便宜。这时俾斯麦伸出了橄榄枝，极力拉拢意大利。为了报复法国，丧失了地中海优势的意大利同德国的关系开始密切起来。

但意大利和奥匈帝国有领土争端，两国素来不和。在德国的调解下，两国终于坐到了一张谈判桌上。1882 年 5 月，德国、奥匈帝国和意大利三国在维也纳签订了同盟条约。条约规定，如果意大利遭到了法国的攻击，那么德国和奥匈帝国应以全部的军事力量援助；如果德国遭到了法国的进攻，那么意大利也应以全部的军事力量进行援助。如果缔约国中的一国或两国遭到了两个或两个以上的国家（暗指法国和俄国）的进攻，那么三国要动用全部的军事力量协同作战。但意大利还有一个附加条件：如果英国进攻德国或意大利，意大利则不予援助。就这样，三国同盟正式形成。

印度国大党

印度国大党全称为印度国民大会党，是印度第一个全国性的和最大的民族主义政党。

1885 年 12 月 28 日，国大党的成立大会在孟买举行。出席大会的大多是民族资产阶级的上层分子、资产阶级知识分子的富裕阶层和农村地主，也有英属印度各省的代表，当然更少不了英籍印度文官休谟，休谟是国大党的创办者之一。

在国大党的开幕式上，大会主席伍梅士·钱德拉·彭纳吉致开幕词，他以极为虔诚的语气说："英国对印度造福无穷，全国都为此对英国表示感激。英国给了我们秩序，给予我们铁路，而最重要的是给了我们欧洲教育的无价之宝……"彭纳吉还提出了国大党在当前的任务：增进各地民族主义人士的友谊和团结，收集受过教育的印度人对重要而迫切的社会政治问题的意见，等等。

1876 ~ 1878 年西印度饥荒中的饥民。在英国殖民者的残酷压榨下，数百万印度人丧失生命。

倾听的人们群起响应，他们都同意这一与英国保持友好的论调，这也正是休谟成立国大党的目的，他想使国大党成为英国殖民者在印度的统治工具。因为印度远离英国本土，如果能有一个效忠于英政府的政党来统治印度，对英国而言极为方便。

成立大会上，各阶层的代表都上台发了言，也无非是一些如何如何感谢大英帝国的话。当然，国大党也有自己的奋斗目标，只不过他们的目标不是独立，而是获得参政权。

第一届国大党大会通过了 9 项决议，内容包括成立英国皇家调查委员会，调查印度的行政工作，委员会中应有足够的印度代表，扩大地方和最高立法委员会，削减军费等等。

初建的国大党只是一个温和的改良主义政党。1890 年，国大党主席罗梅希·杜德曾在一次讲话中说："印度人民不喜欢突然的变化和革命。"从建党之初起，国大党的活动即被限制了，只能是在报刊上宣传鼓动一下争取民族平等权的言论，向英国议会呈递请愿书或是召开例行年会等。早期的国大党的主要活动家有达达拜·瑙罗吉、苏伦德罗纳特·班纳吉、戈巴尔·克里希纳·郭克雷、马塔瓦·戈温德·伦纳德等。休谟作为第一任秘书长，在国大党内工作了 22 年。

在国大党成立后的 20 年间，它所坚持的始终是第一次大会上通过的那些要求，它虽然揭露了不少殖民统治的弊端，但却宣称会效忠于英帝国。

国大党成立不久，一批出身于小资产阶级、富农或是小地主家庭的激进主义者参加进来。这些激进主义者认为英国的殖民奴役是印度落后的根源，斥责国大党的领导人对英国采取的妥协政策，主张和英国殖民者做坚决斗争。这些小资产阶级刚一进入国大党便把自己与那些妥协主义者划清界限，称自己为过激派或极端派。

过激派以巴尔·甘格达尔·提拉克为代表人物，提拉克曾公开向印度人民发表群情激昂的讲话，认为"没有一个帝国由于统治者对被统治者自由地给些让步而衰亡"，"自治就是自己统治，要把全部管理权拿在自己手里"，所以，提拉克除获得了小资产阶级各阶层的热烈拥护外，也获得了广大印度平民的支持。到19世纪末20世纪初，提拉克已经成为印度资产阶级民族运动的代表人物。

由于有了过激派的加入，国大党与人民群众的距离开始越缩越短，越来越表现出反对殖民制度的立场。看到国大党的这一转变，英国政府开始变得惊慌起来，攻击国大党"背信弃义"，甚至对国大党成员进行迫害。其实，就算是没有国大党内的过激派，英国殖民者还是不能容忍国大党的存在，因为它毕竟不断地对英殖民主义提出过批评和正当要求。

不管怎么说，在印度国大党的坚持下，英国政府还是做出了一些让步，通过了扩大立法会议的法令，对印度立法委员会的组成、权力和职能重新做出规定，等等。1892年，瑙罗吉参加议会竞选成功，进入了英国下院。

随着形势的发展，国大党也不得不改变路线，提出较为深刻的变革方案，这时候，国大党的领导权便真正地落入到激进派的手中。

祖鲁战争

1652年，荷兰人开始入侵南非，在开普敦建立移民定居点，并以此为中心，逐步向外扩大殖民地。随着欧洲列强的入侵，18世纪末，南非原始社会渐渐瓦解，部落联盟兴起。祖鲁人作为南非土著居民的一支，在恰卞的率领下，把3000多个分散部落统一起来，建立了祖鲁王国。祖鲁人与殖民者之间的矛盾加剧，殖民者之间也相互争斗，英国人两次将荷兰后裔布尔人赶出开普敦，占据了整个南非。布尔人被迫逃亡，对于祖鲁人来讲，却是布尔人的一次掠夺性入侵。

布尔人所到之处，不仅祖鲁的土地被抢占，人们还成为布尔人的奴隶。祖鲁人反抗的吼声愈来愈强烈，1838年2月，祖鲁国王于干为惩治布尔人野蛮残酷的行径，下令四处搜寻并袭击逮捕布尔人，处死300余人。

布尔人立即请英国殖民军援助，两支其他地方的布尔人队伍也赶来支援。愤怒而英勇的祖鲁人各个击破。援兵遭到重创，势力大为削弱，四散逃窜。

被赶跑的布尔人残部不甘心就此罢手，遂重新聚集。1838年11月20日，布尔人组织一支500人、57辆牛车和2门火炮组成的军队，在比勒陀利乌斯的带领下对祖鲁人宣战。

当时，祖鲁人的武器装备还很落后，主要是以矛和盾为兵器，战斗队形以传统的密集方阵、两翼迂回敌人后方围击为战术。他们擅长白刃格斗，在几次的失在南部非洲的祖鲁战争中，进攻的英军用军刀开路，刺穿祖鲁士兵。

败中，布尔人比勒陀利乌斯就深有感受。于是他把队伍布置在恩康姆河平阔的河套上，57辆牛车组成一个环形的车阵，枪炮手位于阵内，牛车的防御使敌人的长矛很难刺入。

凌晨时分，排着密集队形，手持长矛、盾牌的祖鲁人向布尔人发起进攻。握有先进的火枪、火炮等武器的布尔人向人群射击，祖鲁人大片大片地倒下。祖鲁人并未被吓倒，他们一次次冲锋，一次次被猛烈的火力击退。于干下令两翼迂回从背后袭击，但环形的牛车阵使他们无法与敌人短兵相接，在敌人的枪炮下纷纷倒地。祖鲁人伤亡达3000余人，损失惨重，鲜血染红了恩康姆河。悲壮而英勇的祖鲁人终因武器的落后不得不撤退，随后遭受连连失败。

1839年1月，于干被迫议和。在布尔人的离间下，于干的弟弟姆潘达发动政变，成为祖鲁国王，他把除纳塔尔最北部外的土地全部让给布尔人。

1843年，英殖民者吞并了布尔人从祖鲁人手中夺过的土地。

祖鲁人民强烈要求国家的独立和民族尊严。姆潘达之子克特奇瓦约经过政变登上王位，立志改变现状。他首先改变军队的武器装备，利用各种途径购买枪支弹药，并聘请英国专家帮助训练军队，建立骑兵和炮兵。不久，一支强大的、装备可与殖民军抗衡的军队建立起来。

祖鲁国军备的强大，使英殖民者惊恐不安，他们立即要求祖鲁国王解散军队。强硬的克特奇瓦约断然拒绝这一无理要求。英殖民者于1879年1月11日开始对祖鲁国发起进攻，1.3万余殖民军在切尔姆福德勋爵的率领下渡过图格拉河，逼近祖鲁王国。

1月22日，克特奇瓦约率领部队在夜色的掩护下，包围了驻守在伊桑德尔瓦纳山的殖民军。祖鲁人冲进敌营，展开肉搏战。英军因准备不足，人数处于劣势而溃败，祖鲁人趁势收复大片土地。失利的英军调集2万人和大量枪炮支援，7月4日在乌隆迪附近与祖鲁人展开决战。这是一片开阔而平坦的战场，殖民军猛烈的炮火和弹雨使祖鲁人无法形成冲锋，一批批的士兵在枪林弹雨中倒在血泊里，阵形被炮火轰得七零八落。英军骑兵发动猛攻，祖鲁人招架不住，惨败而退，不久后，祖鲁王国被英军攻占。

祖鲁战争给殖民者以沉重打击，在非洲近代历史上和世界人民反殖民主义斗争中都谱写了光辉的篇章。战争虽然失败，但祖鲁人所呈现出的英勇顽强、前仆后继的大无畏精神赢得全世界人民的赞誉。

近东危机

1875 年 7 月，巴尔干半岛的黑塞哥维那和波斯尼亚的斯拉夫民族发起了反对土耳其奥斯曼帝国统治的起义。

俄国在巴尔干和黑海海峡有着巨大的利益，它企图利用与巴尔干的斯拉夫人同宗同族的特殊关系，在"泛斯拉夫主义"的口号下，以支持巴尔干人民反土斗争为借口，想实现自己在克里米亚战争中严重受挫的扩张计划。

1875 年 8 月，俄国外交大臣哥尔查科夫向奥国建议给波黑自治权，遭到奥国的拒绝。

此时，保加利亚也爆发了反土起义，巴尔干局势又趋紧张。1876 年 6 月底，已获得自治地位的塞尔维亚和门的内哥罗向土耳其宣战。俄奥为协调局势，于 7 月 8 日在捷克的莱希斯塔特会谈，并达成口头协议：若土耳其获胜，则不协助其成立大斯拉夫国家。显然俄国作出了让步。

1877 年 4 月 24 日，俄国对土宣战，俄土战争爆发。俄军很快攻入土耳其本土，并于第二年 1 月 20 日占领亚得里亚堡，直逼土耳其首都君士坦丁堡。奥匈帝国这时则担心俄国独占巴尔干，也改变立场，反对俄军进一步扩大战果。俄国迫于形势只好停止军事行为。1878 年 3 月 3 日，俄土双方在君士坦丁堡附近的圣斯特法诺签订和约。

《圣斯特法诺和约》引起各国的反对，俄国陷于孤立，被迫让步。1878 年 6 月 13 日，在德国的建议下，俄、奥、英、德、法、意、土以及巴尔干各国代表在柏林集会，经过一个月的激烈争吵，于 7 月 13 日签订《柏林条约》，取代原来的俄土《圣斯特法诺和约》。《柏林条约》仍承认塞尔维亚、门的内哥罗、罗马尼亚的独立，承认俄国对土耳其和罗马尼亚部分领土的兼并；保加利亚的疆域被缩小到巴尔干山脉以北，山南的东鲁米利亚作为奥斯曼帝国的自治省，弗拉加和马其顿仍划归土耳其所有；奥匈帝国占有波黑（名义上仍附属于土耳其）；英国从土耳其手中得到了塞浦路斯岛。

柏林会议暂时解除了"近东危机"。但是，巴尔干各族人民民族解放的要求还没有彻底解决，土耳其的民族奴役还没有根除，而一些地区，如保加利亚，在"沙皇式解放"以后又沦为俄国的附庸。近东危机进一步加深了列强之间的矛盾，俄国同德、奥的关系更加恶化，而德奥关系则日益密切，"三皇同盟"走向分裂。

马赫迪反英大起义

19世纪时，非洲成为欧洲列强瓜分殖民地的目标。19世纪70年代，名义上归属奥斯曼帝国的埃及开始受到英国的渗透，1882年成为英国殖民地。为向非洲内陆实施武力扩张，苏丹成为英国占领埃及后的首选目标。当时，苏丹处在埃及的统治之下，英殖民者以埃及政府驻苏丹官员的名义，在苏丹实施政治控制，加紧对苏丹的经济侵略。苏丹人民受着埃及和英国殖民统治者的双重压迫，民族矛盾日益激化。

1881年，马赫迪发动了反英起义。他以救世主的名义宣传"建立普遍平等、处处公正的美好社会，要消灭不平等，消灭邪恶势力。宁拼千条命，不纳一文税"。处于社会下层、出身贫寒的人民纷纷响应。

马赫迪宣传抗英的消息传到英殖民者耳中，他们便派军队去镇压，遭到起义军的强烈反抗，在阿巴岛之战中，英军被打死100余名士兵。这次胜利使起义军的影响迅速扩大，队伍很快发展到近5000人。富有军事才能的马赫迪知道自己部队装备差，没有作战经验，就决定以地势险峻的卡迪尔山为根据地，凭借复杂的地形优势与英军周旋。

1881年12月，苏丹总督派拉希德率领1500名士兵尾随起义军至卡迪尔山区，追剿起义军。马赫迪设伏围歼，堵死英军进退的路口，将其全部歼灭。次年4月，英军派出第二支围剿部队。马赫迪以逸待劳，趁英军长途疲惫，立足未稳，进行夜间偷袭，再次歼灭3500人。

接二连三的反围剿胜利，使马赫迪巩固了卡迪尔根据地，起义军迅速扩大到3万余人，缴获了大批武器，军事装备大大提高，士兵抗英信心十足。

其后马赫迪率领部队走出山区，向苏丹第二大城市乌拜依德发起进攻，一举攻占该城，震惊了全苏丹。国内的反英斗争形势高涨，英统治者感到危机。英殖民调集1.2万余远征军、14门大炮、6挺机枪、500匹战马，在希克斯的率领下向乌拜依德进军。

苏丹人民奋勇反抗殖民入侵的画面

　　马赫迪采取坚壁清野的战术，以疲惫敌人、阻滞敌人的前进。在乌拜依德的南面，有片希甘森林，森林中间正好有块空地，马赫迪决定在那里消灭敌人。他把部队分成三路，将主力和重武器都埋伏在希甘森林空地的四周，然后派一路小部队迎击英军，诱敌深入，另一路部队在诱敌途中负责迂回敌人后方，以夺取敌人的辎重。

　　11月4日，希克斯部队接近乌拜依德地区，他企图对起义军实施突袭，于是命令部队在黑暗的掩护下，连夜隐蔽行军。次日凌晨，希克斯远征军攻至乌拜依德城下，胸有成竹的马赫迪命部队按计划进行。负责诱敌的起义军开始向英军开火，英军迅速组织还击。在英军的猛攻下，起义军溃败，希克斯命部队追击。当英军追至希甘森林空地时，起义军却不见了踪迹。长途跋涉再加上紧张的追赶，使英军疲惫不堪，正要停下喘息，忽然听到四周枪炮齐鸣。希克斯知道中计，但这时他们已被起义军团团围住，以逸待劳的起义军向英军发起猛攻。希克斯在战斗中被打死，全军被歼，与大部队脱节的辎重也被起义军截获。

　　希甘战役的胜利，促进了苏丹各阶层人民反抗殖民统治运动的发展，起义军实力进一步扩大。1884年3月，起义军包围了苏丹首都喀土穆，并于次年8月26日攻占该城。英国当局紧急调集大批军队镇压，由于起义军内部分化，1890年，英军镇压了起义，马赫迪起义失败。

　　马赫迪起义虽然失败，但它给予英殖民者以沉重的打击，使苏丹人民觉醒，促进了国内民族民主联合阵线的形成，为非洲人民反抗帝国主义殖民统治提供了丰富的经验。

泛美同盟

长期以来，英国控制着拉美的经济命脉。英国主要是通过贸易、贷款和投资等方式，向拉美各国进行经济渗透活动，然后攫取各种特权，尤其是 19 世纪 60 年代法国势力从拉美撤出后，英国加强了对拉美的投资，这些资金大多用于修建铁路和港口、开辟轮船航线、收购土地、开发矿山等等。通过这些方式，英国资本逐渐控制了拉美各国的农副产品加工业、采矿业以及公路、铁路和港口等。1870 年，英国对拉美投资总额为 8500 万英镑，到第一次世界大战前夕上升为 10 亿英镑，成为拉美的主要投资者和债主。

美国是英国在拉美的主要竞争对手。美国在拉美的战略是将拉美构筑在"门罗主义"保护下的由美国领导的美洲体系，以此把拉美变成美国独霸的势力范围。美国内战结束后，国内的垄断资本占据了统治地位，使得寻找海外贸易和投资市场成为迫切的要求。1873 年，美国发生经济危机，为了渡过危机，美国各地开始泛滥向海外扩张的思潮，向海外扩张的目标中就包括拉美在内。

1889 年 10 月 2 日至 1890 年 4 月 19 日，美国邀集拉美各国在华盛顿召开泛美会议。当时美国对拉美的贸易由于受到英国的排挤而出现逆差。因此，扩大美国在拉美的市场和维持有利于美国的贸易平衡，成为美国召开这次会议的主要目标。另外，从长远看，美国想打出泛美主义的旗帜，把拉美各国操纵在美国手里。会议的中心议题是建立美洲关税联盟和美洲仲裁法庭。会后，成立了"美洲共和国国际联盟"（后改称"泛美同盟"），由美国国务卿任永久主席。

从此，美国以泛美主义为武器，向拉美进行政治干涉和经济渗透活动。

三国协约的缔结

1890 年 3 月，俾斯麦辞职后，德皇威廉二世放弃了俾斯麦的拉拢俄国以孤立法国的策略，结果把俄国推向了法国的怀抱。

法、俄两国在政治上有着共同的利益，他们都担心德国势力过于强大，法国希望在德法战争中能够得到俄国在东线的支援，而俄国也希望法国能策应它同奥国争夺巴尔干。两国在经济上往来也日益密切。自 1888 年以来，法国连续向俄国提供贷款，到 1889 年底，俄已欠法国贷款达 26 亿法郎，而此时德国却拒绝向俄提供任何贷款。这样，俄国在财政上对法国的依赖加深了。

1890 年 7 月，德、英签订《赫尔果兰条约》，在东非问题上达成妥协。这个条约使法国感到孤立，于是加速了同俄结盟的步伐。1891 年 5 月，德、奥、意第三次续订三国同盟。6 月，意大利首相在宣布三国同盟续订的消息时，提到英、意、奥的《地中海协定》，法国因此怀疑英国也参加了三国同盟，于是决定采取外交行动。8 月，法、俄以外交信函的形式，订立了《政治协定》，确定在有可能受到攻击的情况下，两国应就形势和所采取的措施"互致谅解"。第二年 8 月 17 日，法、俄又签订了秘密的《军事协定》。协定规定：如果奥国或意大利在德

德皇威廉二世肖像，完成于 1890 年。就在这一年，他迫使俾斯麦辞职。

国支持下进攻法国，俄国应全力进攻德国；如果德国或奥国在德国支持下进攻俄国，法国应全力进攻德国；如果三国同盟国家动员其军队，法、俄两国无须协商便立即动员其全部军队开赴边境；法国用于对付德国的军队应为 130 万人，俄国用于对付德国的军队应为 70 ~ 80 万人；双方不得单独媾和，不得泄露协定秘密；协定的有效期与三国同盟条约的有效期相同。

与此同时，出于对德国势力日益膨胀的畏惧，英国感到自己的地位受到越来越大的威胁，它决定放弃传统的"光荣孤立"政策，开始向法俄靠拢。1904 年 4 月，英国和法国签订了瓜分殖民地的协约。这个协约的主要内容是：法国不干涉英国在埃及的行动，英国承认法国在摩洛哥有维护安宁和协助改革的权利；划定两国在暹罗（即今天的泰国）的势力范围：以湄公河为界，西半部是英国的势力范围，东半部是法国的势力范围；法国放弃在纽芬兰独占的捕鱼权，英国则让给法国西非一些殖民地。同时，秘密条款还规定，双方政府之一如为"情势所迫"，也可变更埃及或摩洛哥的现状。但是自由贸易、自由通行苏伊士运河、直布罗陀海峡南岸禁止设防等原则仍继续维持。通过协约，英法两国的矛盾解决，双方利益趋向一致。

此后，英俄为了对付共同的对手德国，也开始调整相互之间的关系，1907 年 8 月，英国和俄国在彼得堡签订了分割殖民地的协定。这个协定的主要内容是：划定波斯（即今天的伊朗）东南部为英国的势力范围，北部为俄国的势力范围，

两者之间是一个中立地带，对英俄两国平等开放；俄国承认阿富汗在自己势力范围之外，并承允英国代替阿富汗的外交。英国则声明不变更这个国家的政治地位。《英俄协约》虽然没有明确规定军事同盟义务，甚至还打着"维护和平"的幌子，但实际上也是为了加强掠夺殖民地和准备帝国主义战争而签订的。在《俄法协约》和《英法协约》的基础上，1907 年《英俄协约》的签订，标志着和三国同盟对抗的另一个帝国主义军事集团——英、法、俄三国协约的最后形成。

"三国同盟"与"三国协约"形成之后，两大集团之间互相竞争，最终导致了第一次世界大战的爆发。

东学党起义

19 世纪 70 年代，日本用武力强迫朝鲜政府签订条约，使朝鲜沦为日本的半殖民地。为了满足日本殖民者的欲望，朝鲜政府加紧了对人民的剥削。朝鲜政府的这一做法使朝鲜国内民怨四起，人民的处境越来越悲惨。当时，朝鲜民间流传着这样一首诗歌："金樽美酒千人血，玉盘佳肴万姓膏。烛泪落时民泪落，歌声高处怨声高。"这首诗歌在朝鲜各地广为传唱，是社会境况的真实写照。

1893 年，朝鲜发生了饥荒，人们流离失所，挣扎在死亡线上。但是，朝鲜的统治阶级丝毫没有减轻对人民的搜刮，甚至变本加厉。在全罗道的古阜郡，农民因被政府征收水税和杂捐过重，派出代表向郡守请愿。郡守非但没有解决这一问题，还对请愿代表施以酷刑。

农民们愤怒了，他们决定举行起义，当起义的首领被抓住处以死刑后，农民更加愤怒了。

1894 年是旧历甲午年，这年年初，古阜一带的农民在全琫准的率领下发动了武装起义，因为这次起义的农民大多是东学党的成员，所以这次甲午农民起义也被叫作东学党起义。起义军打开古阜谷仓，把粮食分给农民，夺取兵器库中的武器，并发布了"辅国安民，逐灭倭夷，灭尽权贵"等斗争纲领。

其实，东学党并不是全琫准创立的，而是由崔济愚在 1860 年创立。创立之初，东学党宣传人人平等的思想，在朝鲜沦为日本的半殖民地后，又向朝鲜人民宣传反帝反封建的思想。1874 年，小官吏出身的全琫准加入东学党，并很快成为东学党的首领。

1894 年三月底，朝鲜农民军在白山建立了大本营，全琫准向全国人民发表檄文，号召人民拿起武器推翻朝鲜腐朽政府的统治，把日本侵略军赶出朝鲜。

朝鲜人民纷纷响应，很快，起义队伍就发展到七八千人。起义者头缠白布，以古老的竹枪为武器，在自任总大将的全琫准和总管领

表现日本军队侵略朝鲜的版画

金开南的率领下冲下白山，给朝鲜政府军和日本侵略军以出其不意地打击。

虽然朝鲜政府对日本侵略军甘愿屈服，但对本国人民的起义可是想尽了办法镇压。然而起义军如破竹之势，政府军哪里镇压得下去？只能是白白殒命而已。起义军每到一处，都开仓放粮，严惩当地贪官污吏，所以越来越多的人加入其中。

在攻占了南方重镇全州后，全琫准制定了攻打汉城（现改称首尔）的计划。

闻听起义军要攻打汉城，朝鲜国王慌忙召开紧急会议商量对策。

"眼下的情况，我们只能采用缓兵之计，一面假意与起义军谈判，一面去请求清国援助。"一名狡猾的老臣向国王建议。

"也只好这么办了。"于是，国王一面派专员去与全准进行谈判，一面派使臣去中国请求清政府的援助。

全琫准本来不打算与政府和解，但以崔时亨为首的一派坚决反对攻打汉城，而且当时是农忙时节，起义军内大部分的农民归乡心切，在军心动摇的情况下，全琫准只能与政府签订了和约。朝鲜政府表面上接受了起义军平分土地、取消债务的要求，条件是起义军撤出全州。

起义军撤出全州之后，政府请来的清军开进了朝鲜。日本侵略军正找不到进一步占领朝鲜的借口，看到中国军队进驻朝鲜，便也以镇压起义军为由进入朝鲜。

当时，起义军已发展到 10 万人，而且控制了全国 3/5 的土地，如果一鼓作气肯定能横扫朝鲜全境，但是，以崔时亨为首的一派人又反对北上，遭到全琫准的驳斥后，崔时亨竟公开分裂起义军，带领一队人马脱离起义军，使起义军的力量

朝鲜王朝中期，随着官僚阶层的增多，以元老旧臣为首的勋旧派和通过科举考试上台的士林派之间的矛盾日益加剧，两个官僚集团党争不断，严重削弱了朝鲜王朝的实力。不仅这两个派别互相争斗，士林派内部也矛盾重重，先后分裂出大大小小几十个派别，闹得不可开交。整个朝鲜王朝的中后期都是在党争中度过的，即使到了日本侵略时期，党争仍然没有停止。

减弱。

10月，全琫准率领起义军攻打汉城，路过公州时遭到了日军的反击，由于武器装备相差悬殊，起义军损失惨重。为了保存力量，全琫准率领残部后撤，以等待时机继续作战。不料两个月后，由于叛徒出卖，全琫准和其他的起义军领导人被朝鲜政府军和日本侵略军抓获。

1895年农历三月，全琫准以大逆不道罪被判处死刑。在宣判时，全琫准指着参加审判的日本领事怒斥道："你们是朝鲜人民最大的敌人，虽然你们处死了我，但朝鲜的爱国农民已经团结到一起，他们会同你们斗争到底的。"轰轰烈烈的东学党起义就这样被镇压下去了。

甲午战争

日本明治维新后，开始大力发展资本主义，建立近代化国家。明治天皇具有极强的对外扩张欲望，极力鼓吹军国主义，并将侵略矛头首先指向其近邻朝鲜和中国。1874年日本侵略中国的台湾，虽未得逞，但却尝到了甜头，特别是中法战争造成的中国"不败而败"的结局，更加刺激了日本侵略中国的野心，于是伺机对中国发动大规模战争。

1894年，朝鲜南部农民起义军占领全罗南道首府全州，朝鲜政府请求清政府派兵协助镇压。日本以清军入朝为借口，大批调遣日军赴朝，迅速抢占从仁川至汉城一带的战略要地，同时设立战时大本营，作为指挥侵略战争的最高机构。

8月上旬，卫汝贵、马玉、左宝贵和丰升阿等四部援朝清军万余人先后抵达平壤。8月中旬，日本大本营除已派第5师余部赴朝外，又增遣第3师参战，两师合编为第1集团军。同时，日方决定组建第2集团军，待机攻占中国的辽东半岛。9月15日，日军分三路进攻平壤，清军分路抗拒，左宝贵中炮牺牲，玄武门失守。叶志超指挥无方，见北门不守，即下令撤军，弃平壤逃走，渡过鸭绿江退入国境，日军轻易地占领了全部朝鲜。

日军在平壤得手后，寻机在海上消灭清政府的北洋舰队。9月17日，北洋舰

队在完成护航任务后正准备由大东沟口外
返航，遭到了日军联合舰队的拦截，随即
爆发了著名的黄海海战。战斗历时 5 个多
小时，北洋舰队沉毁 5 舰、伤 4 舰，日本
联合舰队伤 5 舰。北洋海军虽然受到重创，
但实力还是相当强大，但李鸿章却令北洋
舰队躲在威海港中，不许出战，使日本联
合舰队控制了黄海制海权，造成以后中国
海军被动挨打的局面。

中日甲午海战图

平壤之战和黄海海战后，由于对日军
主攻方向判断失误，清廷集重兵于鸭绿江
一线和奉天、辽阳之间。同时，为保卫北京，
又在各省抽调兵力，驻守山海关至秦皇岛
之间，以及天津、大沽、通州等地。这种
部署使地处渤海门户正面的辽东半岛兵力不足，防御极其空虚。

日军第 1 集团军在九连城上游的安平河口突破成功，继而攻克虎山。其他各
部清军闻虎山失陷，不战而逃。日军未遇抵抗即占领九连城和安东（今丹东），
清军鸭绿江防线崩溃。与此同时，日军第 2 集团军开始在旅顺的花园口登陆，意
在夺取旅顺口和大连湾。

11 月 6 日，日军攻占金州（今属大连）。7 日，日军分三路向大连湾进攻，
大连湾守军不战而逃，日军占领大连湾。18 日，日军前锋进犯旅顺口附近的土城
子，除徐邦道率部奋勇抗击外，旅顺各守将毫无斗志，对徐邦道不加援助。22 日，
日军陷旅顺口，血洗全城。

日军攻占旅顺后，以陆军第 2 集团军为基础组建"山东作战军"，又令联合
舰队协同山东作战军作战，并以陆军第 1 集团军在辽东战场进行佯攻，继续吸引
清军主力。清廷对日军主攻方向又一次判断失误，以重兵驻守奉天、辽阳及天津
至山海关一线，北洋舰队则根据李鸿章"水陆相依"的防御方针，躲藏在威海卫
港内。

1895 年 1 月 20 日，日"山东作战军"在荣成龙须岛登陆，占领荣成。30 日，
南帮炮台在日军的合围下陷落，遂即北帮炮台也为日军占领。此后，日军水陆配合，
攻击刘公岛和港内北洋舰队。北洋舰队提督丁汝昌、总兵刘步蟾等先后自杀殉国。

17日，威海卫海军基地陷落，北洋舰队覆灭。

2月28日，日军从海城分路出击，3月4日进攻牛庄（今海城西北），牛庄为清军后方根本，守军却极少，守军奋勇苦战，死伤被俘3000多人，牛庄失陷。7日，日军攻克营口。9日，清军在田庄台大败。至此，日军占领了辽东、辽南地区。

早在日军占领辽东半岛后，清廷便开始通过外交途径向日本请和，威海卫失陷后，清廷求和之心更切。在美国安排下，李鸿章以头等全权大臣的身份，在美国顾问科士达陪同下赴日议和。4月17日，李鸿章在中日《马关条约》上签字，甲午战争结束。

八国联军侵略中国

19世纪末，帝国主义列强不仅在政治、经济、文化上加紧侵华，而且不断瓜分中国领土。在民族危机日益加深的情况下，中国北方山东、直隶（今河北省）一带农村爆发了群众性反帝爱国的义和团运动。1900年夏，京、津地区义和团的声势越来越大，引起了西方列强的恐惧。4月23日，英、法、德、美等国公使以外交团名义照会清政府，要求严禁团民纠党练拳，惩处办团不力人员，甚至限令清政府短期内将义和团"剿除净灭"。

5月底，各国驻华使团通知清政府总理衙门，言称要调兵入京"保护使馆"，清政府被迫同意。随后，英、俄、法、日、美、意、德、奥八国联军400余人分批进入北京。帝国主义的侵略行径，使得以慈禧太后为首的后党集团对义和团的态度发生转变，企图"用拳灭洋"，以维护其统治地位，以端王载漪为首的排外势力在清政府内占据上风。各国公使眼看清政府已无法控制形势，总理衙门也"无力说服朝廷采取严厉的镇压措施"，便策划直接出兵干涉。

6月11日晚，八国联军乘火车抵达东大桥。2000名手持刀矛棍棒的义和团拳民，从铁路两侧的树丛中呐喊着杀向侵略军。义和拳民冒着枪林弹雨，勇往直前，与侵略者展开肉搏战，八国联军慌忙窜回列车。12日，八国联军头子西摩尔率军强占高点万喜煤栈，构筑"美少年炮台"。义和团拳民在倪赞清等将领率领下扑向侵略者。义和团拳民前仆后继，终于逼近八国联军，冲到炮台之下点燃煤栈木料杂物，侵略军又纷纷窜回列车。义和团拳民又用火枪、火铳等武器向敌人射击，侵略者组织密集的火力反扑。义和团拳民虽然死伤惨重，但是却把洋人军队围在车站达两天之久。

13 日晨，蜗行到距廊坊车站 8 千米的东辛庄村的联军被迫停车，原来前方铁轨已被扒毁，洋军只得下车抢修铁路。这时，在东辛庄潜伏的大队义和团拳民和百姓突然杀出，联军猝不及防，狼狈逃走。6 月 18 日，清将董福祥率武卫后军 2000 余人，奉清廷命令进驻京津铁路沿线，和义和团一起阻击八国联军向北京推进。在廊坊车站，清军骑兵从侧翼包抄攻击侵略军，步兵和义和团民从正面冲杀。西摩尔获悉廊坊战事吃紧的消息后，急派英军、奥军、意军折返廊坊。8 月 4 日，八国联军约 1.8 万人自天津沿运河两岸向北京进发，5 日凌晨抵北仓。驻守在这里的清军进行顽强抵抗，清军和义和团共打死打伤敌人数百名。无奈弹药用尽，只好撤退，北仓失陷，联军继续进犯。6 日，清军在杨村被联军击败，清军宋庆率残部逃至通州，直隶总督裕禄自杀。

慈禧把最后的赌注压在了李秉衡身上。8 月 8 日，李秉衡率"勤王师"共 1.5 万人抵河西御敌，终因武器落后，又无补给而被打败。突围出来的李秉衡含恨自杀，北京已无险可守。13 日，联军攻占通州。俄军不待休整，便于晚间向东便门发起进攻，翌日凌晨 2 时占领东便门。俄军又攻建国门，遭到董福祥军猛烈抵抗，伤亡甚众。14 日下午，俄军攻入内城。

日军也不甘落后，于 14 日晨攻打朝阳门，直到黄昏才夺取朝阳门。英军乘虚攻破广渠门，抄小道进入东交民巷使馆区。法、美军队也于 14 日晚窜入城区。清军与义和团拳民坚守不退，与侵略军展开了两天的巷战，毙敌 400 余人，而清军和义和团也战死 600 多人。

8 月 15 日，八国联军进攻皇城东华门，慈禧太后携光绪帝仓皇逃往山西。联军入城后，解除了义和团对东交民巷和西什库教堂的围攻，义和团被迫退出北京，转往外地坚持抗击侵略者。慈禧太后在流亡途中，命李鸿章为与列强议和全权代表，发布彻底铲除义和团的命令，轰轰烈烈的义和团运动被中外反动势力联合扼杀了。

八国联军占领北京后，派兵四处攻城略地，扩大侵略。9 月，俄军在侵占秦皇岛、山海关同时，集中强大兵力，分 5 路对东北地区实行军事占领。10 月中旬，德军统帅瓦德西率兵 3 万来华，攻占保定、张家口等地。1901 年 9 月 7 日，庆亲王和李鸿章代表清政府同英、法、德、俄、美、日、意、奥及荷、比、西等 11 国在北京签订了丧权辱国的《辛丑条约》。从此，中国半殖民地化程度进一步加深，民族危机更加严重。

美西战争

19世纪末，美国完成对西部的开发，走向了帝国主义时期。垄断财团对原材料的需求和寻找新的市场投资场所等，迫切要求美国向海外扩张。为建立向拉丁美洲和远东及亚洲扩张的基地，美国将矛头指向西班牙。当时的西班牙是一个已衰落的殖民帝国，在国际中处于孤立的境地。古巴、波多黎各和亚洲的菲律宾均为西班牙殖民地。美国选择西班牙，欲夺取其殖民地，用来满足其对拉丁美洲和亚洲进一步扩张的战略部署。1895年2月，古巴发生反对西班牙统治的武装起义，美国借机意欲干涉，遭到西班牙的拒绝，双方矛盾激化。

美国当局加紧做好战前准备，一方面广泛地进行外交活动，一方面加强军事装备，扩建军队。为加强海军力量，美国建造了许多大型巡洋舰和战列舰。1898年2月，西班牙驻美公使攻击美国总统的信件被公开，激起了美国内部反西班牙的情绪。2月15日，以友好访问为名的美舰"缅因号"突然在古巴哈瓦那港爆炸沉没，造成美官兵260余人死亡，美国怀疑西班牙是事件的制造者。美国当局下令封锁古巴港口，并在周围海域布设水雷。4月24日，被逼无奈的西班牙只好对美宣战。次日，美国对西班牙宣战，美西战争全面爆发。

美军的作战目标极为明确：依靠强大的海军力量，先突袭菲律宾的马尼拉海湾，再打击古巴的西军，从而占领拉丁美洲及亚洲的西属殖民地。

5月1日凌晨，美海军上将乔治·杜威率领舰队，凭借良好的航海技术，乘着黎明前黑暗的掩护，率领舰队突然驶进马尼拉湾。西班牙要塞哨兵发现后开炮轰击，但均未命中。美军随即进行还击，停泊在港湾的西班牙舰队在慌乱中组织反击，但有的舰船还未起锚就被击沉。要塞上的炮火虽然猛烈，命中率却低得可怜。杜威命令美舰队火力集中向西班牙的旗舰猛攻，7时许，旗舰被击沉。失去指挥的西班牙舰队更是乱作一团，只有被动挨打。中午，西班牙舰队遭到全歼，马尼拉湾被美军封锁，西班牙在太平洋的制海权落入美军手中。

在美西战争中，美国以其强大的海军力量在马尼拉湾重创西班牙舰队，登上了争霸世界的舞台。

马尼拉突袭成功，极大地鼓舞

了美军。6月，美国打着"帮助古巴独立"的旗号，计划从圣地亚哥港登陆。此时的古巴，反西民族革命全面爆发。

为迫使西军接受海战，美军决定海军陆战队从港口东面不远的关塔那摩湾强行登陆，从陆上对圣地亚哥港形成包围之势。6月10日，600名海军陆战队队员出发。虽然关塔那摩湾防守相对较弱，但仍遭到西军的顽强阻击，美军伤亡重大。但防线最终被突破，美军成功登陆。7月1日，美陆战队先后攻占了圣地亚哥港东北部和东部的据点埃尔卡纳和圣胡安，形成了对圣地亚哥港的包围之势。7月17日，圣地亚哥守兵投降。8月12日，美军趁势攻占了波多黎各岛。8月13日，在菲律宾人民起义军的配合下，美陆军攻占了马尼拉市，西班牙在殖民地的力量被美军彻底歼灭。

1898年12月10日，双方签订《巴黎和约》，美国如愿得到了古巴、波多黎各和菲律宾，西班牙仅得到美国给付的作为割让菲律宾补偿的2000万美元。

这场战争使美国走向对外扩张，标志着美国进入帝国主义时代；开始了帝国主义重新瓜分世界领土的新时期；而西班牙对拉美及太平洋殖民地的丧失，使其从帝国主义争霸的政治舞台中退却。

英德在南非的冲突

为实现"2C计划"，英国继占有开普敦和纳塔尔之后，又图谋布尔人建立的奥兰治自由邦和德兰士瓦共和国。但是，英国在南非却遭到德国的挑战。1884年，德国夺取了西南非洲（今纳米比亚）和非洲中部的多哥、喀麦隆。1885年，又占领了坦噶尼喀（德属东非）。不久，又相继占领了卢旺达、布隆迪。德国企图沿赤道占领东西非洲，这样一来，就与英国的计划发生了冲突。1890年德、英签订条约，双方划分了在东南非的势力范围，德国取得坦噶尼喀；英国获得肯尼亚和乌干达。但条约并未最终制止两国的争夺。90年代初，英国占领了贝专纳（今博茨瓦纳），并支持殖民主义分子罗得斯组成远征军侵占了尼亚萨兰（今马拉维）、赞比亚和罗得西亚（今津巴布韦）。德国则同德兰士瓦签订商约，控制了该国的全部对外贸易。

1894年德兰士瓦又准许德国在该国境内修筑铁路。1895年1月，两艘德国军舰进入莫桑比克的德拉戈阿湾向英国示威，德国政府公开表示要充当布尔人的保护人，支持德兰士瓦对英采取强硬态度。这年年底，800名英军入侵德兰士瓦，但被布尔人击退。德皇威廉二世立即向德兰士瓦总统克鲁格致电，表示祝贺。英国认为德皇这一举动是一种挑衅行为，英、德关系骤然紧张。1898 年，英、德签订了分割葡属非洲的条约，两国关系才告缓和。由于德国中断了对布尔人的支持，英国才得以在 1899 年发动了对德兰士瓦的"英布战争"。

"门户开放"

19 世纪末，尤其是在 1895 年中日甲午战争之后，远东的政治格局急剧变化，列强在中国的均势被打破，从而掀起了瓜分中国的狂潮。其中，俄国独占了中国东北；日本取得台湾和澎湖之后，又把福建置于它的势力范围之内；德国强占了胶州湾，把山东变为其势力范围；法国强行租借了广州湾，其势力范围遍及滇、粤、川等地；英国租借了九龙和威海卫，并宣布长江流域为它的势力范围。列强们瓜分中国的狂潮无法止步，中国面临亡国的危险，而列强之间的矛盾也越演越烈。

西方各国在各自的势力范围内大都实行排他性殖民政策，这严重损害了因忙于美、西战争而未能在中国占有一席之地的美国的商业利益。尤其是俄国封锁了中国东北市场，不准美国商品和资本进入，为此美国耿耿于怀。虽然当时美国的对中国贸易总额并不是很大，但垄断财团早就看中了中国市场的潜在价值，它们向政府施加了强大压力，要求政府采取行动。当时，英国出于自身利益，也向美国建议以"门户开放"原则来规范各国的对中国贸易，协调各国在中国的商业利益。在这种背景下，美国国务卿约翰·海于 1899 年 9 月 6 日向英、法、德、俄、日、意等国递交了一份照会，美国承认各国在中国的"势力范围"和夺得的特权；同时要求在各国的租借地和势力范围内，美国享有均等的贸易机会；要求中国内地全部开放，使帝国主义国家都享有投资权力。美国提出该政策的目的是企图通过"机会均等、利益均沾"手段，缓和列强争

执行"门户开放"政策的美国总统威廉·麦金莱，他于 1901 年被刺身亡。

夺中国的矛盾，防止列强瓜分中国，以使整个中国市场对美国商品自由开放，从而渗透其侵略势力。

第二年7月3日，美国又发出第二封照会，除重申"平等公平贸易"原则外，还提出要"保全"中国的领土和行政完整。两次照会组成了美国对外政策的"门户开放"原则，这个原则的内容与旧殖民主义的根本区别在于：①反对以武力征服的方式从空间上对殖民地实行独占，主张建立"无边界"的殖民体系；②反对对殖民地实行直接统治，而提倡保留殖民地原有的行政实体，实行间接统治；③反对垄断式的保护主义，主张"门户开放"，实行"公平"的自由贸易竞争。

这样，"门户开放"原则实质上全盘否定了旧殖民主义赖以存在的基础，构筑了新殖民主义的框架体系。英国首先支持美国该政策，其他国家也先后表示同意。第二次世界大战后，美国在中国的独占地位已经形成，才放弃此政策。

英国对印度的殖民统治

19世纪末，随着英国对世界工业垄断地位的丧失，英国殖民者对其最大的殖民地印度的殖民掠夺更加疯狂了。这一时期，英国殖民者除了继续依靠军事政治权力对印度人无情搜刮、扩大商品倾销、加紧掠夺粮食原料之外，资本输出已逐渐成为主要的剥削手段。

在农业方面，英商经营着各种水利工程和茶叶、橡胶等种植园。由于殖民政府的强制和英商的操纵，印度的农业生产商品化有所发展，很多地区变成了单一种植区。与此同时，英国殖民者还利用封建土地关系加强对农民的剥削。19世纪60年代以后，殖民政府颁布一系列田赋法案，巩固了柴明达尔地主的地位，从而进一步保障了地主、商人、高利贷者对农民的剥削权。这一时期，英国从印度掠夺的粮食和原料与日俱增。

英国资本输出的增长、近代工业的出现——特别是铁路网的修建，在客观上促进了印度民族工业的发展。但是，印度资产阶级和英国资产阶级之间仍存在着难以调和的矛盾。英国资本家依仗殖民政权，采取经济的和非经济的手段阻挠民族资本发展。殖民政府根据垄断资本家的利益，制定关税政策，进一步加强英国商品在印度市场的竞争能力。直到19世纪末，印度资本主义工业仍然是半封建殖民地经济大海中的一个小岛。

随着近代工业的产生，印度出现了第一批产业工人。最早的近代工人是在英国资本家工厂做工。19世纪末，印度已有50多万的产业工人，他们大部分来自破产农民和手工业者。他们的工资微薄，劳动繁重，工作日长达14～15小时，根本没有假日。沉重的劳动严重损害了印度工人的健康，很多人被折磨致死。这一时期，印度无产阶级人数不多，政治上也不成熟，但却与先进的生产方式相联系，是一个不断发展的、组织性和革命性极强的阶级。随着殖民掠夺和封建剥削不断加强，各种社会矛盾，尤其是印度人民和英国殖民主义的矛盾日益尖锐。印度各地开展了轰轰烈烈的农民运动和工人罢工，同时兴起的还有资产阶级改良运动。19世纪六七十年代，资产阶级改良主义运动发展迅速，并且出现了各种地方性的改良主义政治组织。他们反对英国殖民束缚，要求实行自下而上的社会改革，普及欧式教育，发展民族工业，改革税制，实施司法平等制度，建立陪审制度，实现在英帝国范围内的自治。

工人运动、农民起义和资产阶级改良主义运动三者同时进行，这种形势引起了英国殖民者极大的恐惧。英国殖民者为了防止工农运动和资产阶级运动相结合，极力拉拢地主资产阶级上层分子，力图把资产阶级改良主义运动纳入合法的轨道，以便加以操纵和控制。于是，他们便支持资产阶级的代表建立全国性的改良主义政党。

1885年12月28日，在英国殖民官吏休谟的操纵下，印度国民大会党（简称国大党）在孟买举行成立大会。出席大会的代表中半数是资产阶级知识分子，半数是地主商人和高利贷者。大会的中心议题是要求民权和自治。

国大党成立不久，收容了一批激进主义者，很快使国大党内部分成两派。以苏伦德拉·纳特·巴纳吉为首的温和派掌握领导权，代表地主和上层资产阶级的利益，主张和英国妥协合作。以巴尔·甘格达尔·提拉克为首的激进派，代表小资产阶级、富农、小地主和自由职业者的利益，他们极力反对温和派的妥协合作路线，认为英国殖民奴役是印度贫穷落后的根源，主张联合人民群众的力量，运用各种不同的斗争形式——包括暴力来推翻英国殖民统治，实现民族独立。英国殖民当局把提拉克视为死敌，1897年将他监禁起来，但在印度人民的抗议下，殖民当局被迫把他释放了。提拉克在印度人民中的威望日益增长，到19世纪末20世纪初，他成为印度资产阶级民族运动的代表人物。

建立布尔什维克党

由于沙皇专制和封建残渣的存在，也由于垄断资本对国内外人民的剥削和侵略，沙俄帝国内不仅存在着无产阶级同沙皇专制和垄断资本的矛盾、农民阶级同贵族地主和沙皇专制的矛盾、国内各少数民族同沙皇政府的矛盾，还存在着俄国帝国主义同西方帝国主义、殖民地半殖民地人民的矛盾。

深受封建主义和资本主义双重压迫的俄国工人阶级，不断发起反抗斗争。但在俄国当时的历史背景下，俄国无产阶级革命的任务比任何国家无产阶级革命的任务更艰巨。俄国的无产阶级渴望有自己的革命政党和革命理论的指导，这是列宁主义产生的客观要求，也是俄国无产阶级革命斗争的需要。

1883 年 9 月，普列汉诺夫在日内瓦创建了俄国第一个马克思主义团体——劳动解放社，为俄国传播马克思主义做了大量工作，并从思想上沉重地打击了民粹主义。但他们的理论学习和宣传活动还未与本国工人运动相结合，列宁出色地完成了这个任务。

列宁原名弗拉基米尔·伊里奇·乌里扬诺夫，参加革命后化名列宁。5 岁时，他在母亲的教育下开始读书，9 岁时上了中学。1887 年，他随全家迁到喀山，同年进入喀山大学法律系学习。

列宁在喀山大学结识了一批有革命思想的同学。不久，他就因为参加学生运动而被捕、流放。1888 年，列宁从流放地回到喀山，但当局不准他再回到大学。他潜心研读马克思主义，并参加了马克思主义小组。1889 年，列宁随全家移居到萨马拉，他在那里埋头读了四年半的书，学了几门外语，并组织了当地第一个马克思主义小组。

1895 年，列宁把圣彼得堡的 20 个马克思主义小组联合成工人阶级解放斗争协会，在俄国第一次实现了社会主义运动和工人运动的结合。当年 12 月，列宁被捕，并被流放到西伯利亚。

1900 年，列宁从流放地到了国外，同年年底创办了《火星报》。通过报纸，促进了各地小组间的联系，并组织培养党的骨干，为建党作了组织上的准备。

为了建立真正的工人政党，列宁发表了大量文章，把科学社会主义思想灌输到工人运动中，并宣传马克思主义，批判各种错误思潮。1894 年，他写了《什么是"人民之友"以及他们如何攻击社会主义民主主义者？》一书，以大量事实批判了民粹派否认俄国资本主义发展、否认无产阶级领导地位的错误观点。同时列宁写文章，对"合法马克思主义者"关于资本主义的自由本质的观点进行了揭露和批判。他又撰写了《怎么办？》一书，严厉批判了经济派只搞经济斗争、不要政治斗争的谬论，并指出经济派的基本错误是崇拜工人运动的自发性，而自发的工人运动是没有力量推翻资本主义制度的。因此，只有把科学社会主义灌输到工人运动中去，只有建立无产阶级政党，才能最终取得无产阶级革命的胜利。

列宁这些批判民粹派、"合法马克思主义者"及经济派的著述，为建立新型的工人阶级政党奠定了思想基础。1903 年 7 ~ 8 月，俄国社会民主工党第二次代表大会先在布鲁塞尔，后移至伦敦秘密举行。大会通过了列宁领导制定的党纲。这个党纲是当时世界上唯一把无产阶级专政作为斗争目标的工人阶级政党的纲领。在大会讨论党章时，会议代表产生了严重分歧。列宁主张建立一个集中统一、组织严密、有纪律的党，要求每个党员必须承认党纲，在物质上帮助党，并参加党的组织。马尔托夫反对把参加党的组织作为党员必备的条件，实质上是要建立一个没有纪律、组织涣散的团体。经过激烈争论，最后马尔托夫的主张得以通过。在选举党的中央机关时，拥护列宁的人占了多数，称为"布尔什维克"，反对派称为"孟什维克"。

布尔什维克党的诞生，意味着一个新型的、真正的马克思主义政党的出现，标志着列宁主义的诞生。列宁主义是马克思主义同俄国革命实践相结合的产物。

表现列宁在演讲的绘画
列宁在 1920 年的演讲。虽然俄国的大部分地区都遭受到战争的蹂躏，但布尔什维克领袖的决心和力量极大地促进了革命的发展。

它的诞生，不仅给俄国无产阶级以强大的组织力量和思想武器，也给全世界无产阶级和被压迫人民以强大的思想武器，它标志着一个亘古未有的世界无产阶级革命高潮即将到来。

西北非的反侵略斗争

1871 年春，阿尔及利亚发生民族起义，一度把法军从东部地区赶了出去。随后，斗争的烈火燃遍阿尔及利亚全境。起义坚持到 1872 年才被法国镇压下去。起义失败后，法国把阿尔及利亚变成为法国的一个省，法国殖民当局剥夺了阿尔及利亚人民的各种权利，并大规模移民，企图"同化"阿尔及利亚。

突尼斯是法国继占领阿尔及利亚之后的又一目标。1878 年的柏林会议上，法国在突尼斯问题上得到英、德的支持。1881 年 4 月，法国派兵入侵突尼斯，迫使突尼斯在接受法国保护的条约上签字。此后，突尼斯人民立即举行全国性起义，顽强抗击入侵的法军。1883 年，起义遭到血腥镇压。7 月，法国又强迫突尼斯签订新的条约，突尼斯正式接受法国的"保护"，虽然突尼斯政权仍然保留着，但国家权力已完全操纵在法国人手中。

到 19 世纪末，北非只有摩洛哥还保持着独立，但由于国内改革运动的失败，摩洛哥失去了抵御帝国主义入侵的实力。20 世纪初，摩洛哥最终沦为法国的"保护国"。

从 19 世纪初开始，英国就企图侵略西非阿散蒂人的国家，但均遭失败，仅在黄金海岸建立了一些分散的殖民据点。1873 年春，英军 4000 余人向阿散蒂发动进攻，双方激战到次年 2 月，阿散蒂人被迫从首都库马西撤出。3 月 14 日，阿散蒂被迫同英国签订了和约，放弃了沿海地区的主权。1896 年 1 月，英军再次占领了库马西，宣布阿散蒂为英国的"保护国"。阿散蒂人民掀起抗英

对非洲的殖民激发了欧洲开发商的想象力，他们为孩子设计了一种棋盘游戏，其图画背景即取自欧洲人踏上非洲土地时的情景。

斗争。起义一直坚持到 1901 年底才告以结束。阿散蒂从此被英国吞并，成为英国的直辖殖民地。

第二次工业革命

从 19 世纪 70 年代到 20 世纪初，科学技术飞速发展，人类历史上又发生了一次新的工业革命，被称为"第二次工业革命"。

第一次工业革命和资本主义的迅速发展，使得自然科学在 19 世纪取得重大突破。在物理学方面，法拉第证明了电磁感应现象，伦琴发现了放射现象；在化学方面，分子—原子结构学说确立，门捷列夫制定了化学元素周期表；在生物学方面，细胞学说建立，达尔文创立了生物进化论学说。这些重大突破，为自然科学与生产技术相结合，把科学原理转化为技术，直接运用到生产中去，创造了有利的条件。而世界市场的出现和资本主义世界体系的基本形成，又推动了商品的生产。因此，人们追求更高的生产效率，渴望有更好的机器和更强大的动力。这些条件，使第二次工业革命的发生成为可能。

第二次工业革命最主要的表现是电力的广泛应用。1866 年，德国人西门子制成发电机。4 年后，比利时的格拉姆发明了电动机。于是，电力作为一种新能源开始用来带动机器。此后，以电为能源的产品迅速被发明出来，如电灯、电车、电报、电话以及电焊技术等。电的广泛使用，造成对电力的需求大增。于是有了法国人马·德普勒关于远距离送电技术的发明，美国发明家爱迪生建成了第一座火力发电站，将输电线路结成了网络。制造发电、输电和配电设备的电力工业纷纷建立和发展起来。

这次工业革命的另一个重要表现是内燃机的发明和应用。从 19 世纪 70 年代到 90 年代，德国人奥托、戴姆、狄塞尔先后发明了以煤气为燃料的四冲程内燃机、以汽油为燃料的内燃机和柴油机。这就解决了交通工具的发动机问题，引起了这一领域的革命性变革。80 年代，汽车诞生；90 年代，许多国家建立起汽车工业，并牵动了内燃机车、远洋轮船、拖拉机和装甲车、飞机等的制造和使用，也促使石油开采与炼制业迅速发展起来。

化学工业也在这一时期兴起。无机化学工业、有机化学工业都相继建立和发展起来。纯碱、硫酸的生产，煤焦油的综合利用，促成了一系列新发明和新产品的出现。如化肥、化学药品、人造染料、人造丝和人造纤维等。炸药工业更成为化学工业的重要部门，瑞典人诺贝尔因发明火药和无烟火药而成为世界名人。

第二次工业革命在规模、深度和影响上都远远超过第一次工业革命，出现了不少新的特点。

第一，它有坚实的科学基础。所有成果都是科学技术运用于生产实践而创造出来的。没有热力学、电磁学、化学等的突破性成就，绝不可能出现新的工业革命。科学技术是第一生产力的原理得到了充分体现。

第二，它侧重于基础工业、重工业、化学工业、能源工业等部门，具有更强的经济改造能力和社会改造能力，使主要资本主义国家首先实现工业化。城市人口远远超过了农村人口。

第三，它是在几个先进大国同时起步，相互促进下进行的。其中，德国人贡献尤多，其次是美国人，英国与法国也有一些重要的发明。而且，某一国的重大发明，很快就被别国所吸收。你追我赶，经济发展迅速。到1900年，美、德、英、法四国的工业产值，已占全世界工业产值的72%。

第二次工业革命极大地促进了生产力的发展，人类社会进入电气时代。它改变了资本主义的工业结构，新兴工业部门，如电力工业、石油开采业、石油化工业、汽车制造业等重工业迅速发展起来，重工业逐渐取代轻工业在资本主义工业体系中占据主导地位。随着生产力的发展，生产和资本高度集中，引起了生产关系的变化，产生了垄断组织，垄断经济逐渐成为整个国民经济的基石，世界主要资本主义国家开始进入帝国主义阶段。垄断还进一步造成资本主义经济发展的不平衡。老牌国家英国和法国，经济发展相对缓慢。新兴的美国和德国经济发展相当快，工业总产值超过英、法而位居世界第一和第二。俄国和日本经济也迅速发展。这就刺激了帝国主义列强对世界霸权和殖民地的掠夺，加深了列强之间的矛盾，造成国际局势的紧张，最终酿成第一次世界大战。

英布战争

继美西战争之后，英、布殖民者为重新划分南部非洲而挑起争端。

19世纪末，英国对非洲的侵略进入一个新的阶段。它企图把长期以来在非洲夺取的殖民地连成一片，实现《开普－开罗计划》。而这一计划的实现，还存在着障碍，那就是荷兰殖民者后裔——布尔人在非洲南部建立的德兰士瓦和奥兰治两个共和国。这两地是世界上最大的黄金和金刚石产地，英国为夺取这两块宝地，实现其侵略计划，准备与布尔人打一场战争。为此，英国人在军事上和外交上做

武装起来的布尔人

在这次战争中，所有年满14岁的布尔人都要投入战斗。虽然他们没有受过专业训练，也没有精良的装备，但他们坚信自己所从事的事业是正义的。

好了准备，并寻找借口挑起事端。

1899年，英国借口两个共和国对移民的选举权限制过严等，派大军到德兰士瓦边境驻扎，双方矛盾激化。英国拒绝了布尔人让英军撤离边境的要求，同年10月11日，布尔军向英军发起进攻，英布战争爆发。

1899年10月，英军调集大批援军，企图从开普沿铁路线向奥兰治和德兰士瓦进军，一举占领其首都。布尔人却计划在英援军到达前占领纳塔尔，向英殖民地开普进攻。10月12日，布尔总司令约伯特率领军队向纳塔尔发起攻势。约伯特采用散开队形，充分利用地形筑建野战工事，进行伪装前进，使英军分不清主力目标的准确位置，增加了英军的攻击点。英军采用密集队形，既不实施机动、也不进行伪装，战术呆板。布尔军队士气高昂，装备先进，使英军遭到重创，伤亡惨重。布尔人攻下纳塔尔后，又一举占领了埃兰兹纳各特，趁势将万余名英军包围在莱迪史密斯、马弗金、金伯利。接着，约伯特采用围城打援的策略，连续击退增援英军，英军损失近3000人。

1900年1月，不甘失败的英军频频调兵，从印度、加拿大、新西兰和澳大利亚调集25万大军支援南非。英军调整军事将领，更换新式武器，在总司令罗伯茨的率领下，重新部署兵力，改变进攻策略。布尔军由于围攻的城市较多，牵制了众多兵力，进攻力量被大大削弱。罗伯茨于是将战略重心从纳塔尔转移到易于攻击的奥兰治河流域。

2月，英军在奥兰治河的北岸，分东北两路向奥兰治发起进攻，英军采用迂回战术，顺利从后面绕过防御坚固的克罗里埃，直扑金伯利。围城的布尔军仍以散形队形顽强抵抗。战斗极为激烈，英军伤亡较重，但终因人数优势击败布尔军，切断其后退之路。27日，布尔军被迫投降。东路英军于27日经4次激烈的进攻，冲破图盖拉防线，围困莱迪史密斯的布尔军面临腹背受敌的境地。28日，布尔军被迫撤围。几个城市的围困解除，英布战争转向有利于英军的方向发展。

3月，英军乘胜追击，依靠人数的绝对优势分进合击，两翼包抄，迫使布尔人退出坚固的防御阵地。英军顺势占领了奥兰治首都布隆方丹。5月31日，攻克约翰内斯堡。6月5日，德兰士瓦首都比勒陀利亚失陷。德兰士瓦、奥兰治被英国吞并。

1900年9月，处于绝对劣势的布尔军队退出城市，在博塔和德韦特的领导下，分成若干小纵队，开始了旷日持久的游击战，对英军进行顽强的运动突袭。他们破坏交通线，抢截英军辎重，使英军不得安宁，遭受到更大的损失。为挫败布尔人的游击战，英军被迫将军队增至45万人，并对乡村实行"焦土"政策，大肆烧杀抢掠。同时采用集中营的办法，拘禁大批群众，企图断绝布尔军的供给。另外，还广泛建立碉堡，秘密监视布尔军动向。

1902年4月，双方均感觉消耗巨大，无力再战，决定和谈。5月31日，双方签订《费雷尼条约》。条约规定：德兰士瓦和奥兰治划归英国；英国付给布尔人300万英镑作为"补偿"。1910年，英国将德兰士瓦和奥兰治等合并，组成南非联邦，使其成为英国的一个自治领地。

英布战争是帝国主义形成初期的又一次帝国主义战争。英布战争使英国在外交上陷入困境，不得不做外交政策上的重大调整，向结盟的国家靠拢。

日俄战争

英布战争结束后不久，1904年又爆发了沙俄和日本争夺东亚霸权的战争。

明治维新后，日本对外扩张的主要对象是朝鲜和中国，以建立太平洋霸权。甲午战争是实现这一计划的第一步。这场战争不仅给中国带来了深重的民族灾难，而且也损害了俄、法、德在远东的利益。沙俄联合法、德迫使日本退还辽东半岛，致使日、俄矛盾加剧。此后，日本为同俄国一战，积极扩军备战。

俄国在迫使日本将辽东半岛归还中国后，其势力在中国东北迅速扩展。通过1896年《中俄密约》以及1898年强租旅顺、大连等，中国东北全境实际上已沦为俄国的势力范围。1900年，八国联军镇压义和团运动后，俄国独吞东北的野心不仅激化了日俄矛盾，也触犯了其他列强在中国的利益。1902年，英、日结成同盟，日本更敢于对俄国发动战争了。1903年8月，日俄双方就重新瓜分中国东北和朝鲜进行谈判。已完成扩军备战的日本态度强硬，致使谈判破裂。1904年2月6日，日本断绝与俄国的外交关系。8月，日本不宣而战，海军舰队用鱼雷偷袭旅顺俄

反映日俄海战的版画

日本舰队对旅顺港实施闭塞和严密封锁，给躲在旅顺港内的沙俄太平洋分舰队出海作战造成威胁，迫使俄军向海参崴突围。双方在黄海海面上展开了激战，俄军惨败。黄海海战后，日军取得了海上主动权。

国舰队。几艘舰船被击沉后，俄舰队被迫退到港内，日军遂将旅顺港口封锁。

俄军面临着两个问题：一方面，陆上的支援和补给要经过西伯利亚铁路，从莫斯科到旅顺港约有6000英里，距离较远。并且贝加尔湖切断了西伯利亚铁路，所有运输物资在湖的一面必须卸下，运到对岸后再装列车，通常把一个营的兵力运到旅顺，需要一个多月的时间。另一方面，俄在东北有海参崴和旅顺两个港口，而冬季海参崴港口因封冻而不能使用，只有旅顺为不冻港，可作为海军基地。基于此，俄陆军司令克鲁泡特金建议主力撤出辽东半岛，在哈尔滨集结，等候从莫斯科来的援兵，再进行反攻，击退日本军队，解救孤军死守的旅顺俄军。但由于俄军指挥层意见分歧，于是将主力军集结点改为辽阳，然后把兵力向旅顺推进。

此时，日本也在考虑作战计划，他们认清了作战的关键是海军，但如果陆上不给俄军以决定性的打击，是无法把俄势力赶出中国东北的；对于日本来说，朝鲜半岛是一条比较安全的补给线，是进退自如的便利基地；来自俄军的海上威胁就是驻旅顺港的俄舰队，他们足以切断日本的海上交通，制海权对日本是极为重要的。针对这些情况，日本一面引诱俄舰队接受会战，否则就封锁旅顺港口。一方面日陆军在舰队的保护下，从仁川登陆，控制朝鲜半岛，建立稳固基地后，用3个军团的兵力从朝鲜湾的北岸登陆向中国东北的辽阳进军，以阻止俄南下支援旅顺。第四军团则围攻旅顺港，攻克后北上与前3个军团会合，在俄陆军增援未到前击败俄军。

1904年5月初，日本在朝鲜站稳脚跟，便从朝鲜湾登陆中国东北。25日，日军攻入金州，次日，攻下南山高地，占领了大连。旅顺港完全处于日军的包围中。

旅顺港有三道防御工事，依托地势，人工构建了堡垒和碉堡，并用高压有刺铁丝网包围，防御强度极高。日本连续发动两次总攻，采用坑道战、地雷战、炮轰战等均被顽强的俄军抑制住，日军损失惨重，但也攻占了周边一些关键性的阵地。俄军全部防御体系的总枢纽203高地仍控制在俄军手中。11月26日，日军向203高地发起第3次总攻。火力轰炸连续数天，日军付出1.1万人的血本，终于在12月5日登上203高地，旅顺港内的船只从这里尽收眼底。7日，俄舰船被全部击毁。1905年1月4日，日军占领旅顺，俄军投降。日军按计划北上与元帅大山会合，投入对俄主力的进攻。2月23日，日军30万大军与俄31万大军在奉天展开最大规模的会战。双方正面都挖有堑壕、筑建有野战工事，交战极为激烈，直到3月10日，日军才攻克奉天，俄军向哈尔滨撤退。5月9日，俄军波罗的海舰队缓缓进入中国海域赶来支援。27日在对马海峡被日舰队全部歼灭。对马之战的失败，使俄国国内的人民忍无可忍，大多数城市爆发革命，沙皇专制制度接近崩溃边缘。9月5日，在美国的调停下，日、俄签订了《朴次茅斯和约》，规定俄国承认日本在朝鲜的独占利益，俄国将辽东半岛的租借权和库页岛南部及附近岛屿让予日本等。

日俄战争是日、俄为争夺远东霸权而发生的又一次帝国主义战争。俄国战败，加速了俄国革命的到来。日本取胜，使其跻身于世界强国之列，进一步增强了它称霸东亚的野心。

巴尔干战争

欧洲两大军事集团形成以后，列强们在重新瓜分世界问题上展开了激烈的争斗，主要表现为两次摩洛哥危机的发生。随着矛盾的发展，巴尔干成了欧洲的火药桶。

巴尔干半岛位于欧、亚、非三洲会合处，是各种势力斗争的交合处。1912年3月，保加利亚和塞尔维亚签订了军事同盟条约;5月，保加利亚又和希腊签订了同盟条约;8月，门的内哥罗加入此同盟，从而形成巴尔干同盟。1911～1912年的意土战争削弱了土耳其的实力，巴尔干同盟各国趁机向土耳其宣战。1912年10月9日，门的内哥罗首先对土耳其宣战。接着，保加利亚、塞尔维亚和希腊相继对土耳其宣战，第一次巴尔干战争全面爆发。战争爆发后，土耳其军队连连失利，它在巴尔干的领土几乎丧失殆尽，后被迫求和，并请求列强调停。1913年5月，土耳其与巴尔干同盟签订和约，巴尔干同盟四国获得了大片领土，土耳其在欧洲的领土几乎丧失殆尽，仅保存了伊斯坦布尔及海峡以北的狭小地区。至此，第一次巴尔干战争使原来受土耳其奴役的国家的人民获得了解放。

奥斯曼土耳其的士兵在伊斯坦布尔待命出征。

巴尔干同盟虽然取得了对土耳其战争的胜利，但由于分赃不均，联盟内部产生了严重分歧。1913 年 6 月 1 日，塞尔维亚和希腊结成反保同盟，罗马尼亚随后加入，并准备对保作战。在奥匈帝国的纵容下，保加利亚先发制人，于 6 月 29 日向塞尔维亚和希腊宣战，罗马尼亚、门的内哥罗和土耳其也向保加利亚发动进攻，第二次巴尔干战争爆发。一个月后，保加利亚战败求和，第二次巴尔干战争宣告结束。

经过两次巴尔干战争，这一地区的人民基本上摆脱了土耳其的民族压迫，同时也推动了奥匈帝国统治下的被压迫民族的解放战争。由于波斯尼亚和黑塞哥维那人民要求摆脱奥匈帝国统治，与塞尔维亚合并，建立一个大塞尔维亚国家，致使奥、塞之间矛盾加剧。奥匈不仅极力阻止塞尔维亚的扩张，而且企图消灭年轻的塞尔维亚国家；俄国为了对抗奥匈，竭力支持塞尔维亚；德国则支持奥匈帝国。这就进一步加剧了两大帝国主义集团对巴尔干的争夺，使其成为各种矛盾的焦点和第一次世界大战前最敏感的战争火药库。

量子物理学诞生

历史上极为罕见，恰与年代划分同时发生的事件之一是：新世纪的开端成为传统物理学与现代物理学之间的明确分界线。1900 年之前，传统物理学总是假定原子不断地且均匀地释放能量。直到 1900 年，德国物理学家马克斯·普朗克发现基态中的原子是以肉眼看不见的定量爆发或以量子的方式发射和吸收光能。普朗克的量子理论为该领域带来了革命性的变化，并为爱因斯坦 1905 年光电子效应的解释和波尔 1913 年的原子结构学说等理论发展打下了基础。在过去物理学家多次失败的基础上，普朗克发明一种方法：利用一个完全吸收体（所谓的"黑体"）来测量热辐射的分布量；并经由计算光的非持续发射或吸收，确定出一个数字。

这个常数——6.63×1034 焦耳 / 秒（以字母 h 表示）——是物理学上最著名常数之 ，称为普朗克常数。丁是，能量透过与原子的关系更加确定——换言之，能量变成了一件大事。普朗克于 1918 年获得诺贝尔奖。他的一生几乎都在柏林度过。由于他在那里与爱因斯坦共同进行实验研究，柏林因此有幸成为第一次世界大战前后全球理论物理学的中心。

孟德尔遗传理论获得认可

格雷戈尔·孟德尔对生物两代间遗传方法的破解，迟至 1900 年才获得世人认可。孟德尔的真知灼见于 1866 年发表在一家名不见经传的刊物上，其后的 34 年，这些发现无人问津。直到 1900 年，3 名生物学家分别发表了植物遗传实验报告，引用并证实了孟德尔的成果。孟德尔从一名奥地利农家子弟成为奥古斯丁修士后，在摩拉维亚修道院中的小花园进行他的实验。他在那里培育豌豆苗。孟德尔让圆形及有皱纹的两个不同品种的豌豆杂交，第一代杂交品种长出的只是圆豌豆。自行授粉后，每个皱形豌豆苗上都结出了圆豌豆。孟德尔得出这样的结论：圆豌豆品种为"显性"，而皱形豌豆品种为"隐性"。对颜色和形状各不相同的品种进行杂交后，他发现：决定两种不同特征的父母系遗传基因并不一定同时遗传给下一代；相反的，在所有可能的组合方式中，这些基因各自配对或重新排列。他最初发现的"遗传透过基因传递"仍是生物学中的根本原则。

莱特兄弟造飞机

美国的莱特兄弟梦想着像鸟儿一样飞上天空。从古至今，想飞的人绝不只他们两个，但是他们兄弟二人第一次圆了人类想飞的梦。

莱特兄弟出生在美国俄亥俄州的代顿市。哥哥威尔伯·莱特生于 1867 年 4 月 16 日，弟弟奥维尔·莱特生于 1871 年 8 月 19 日。他们的父亲密尔顿·莱特是一名牧师，收入微薄，但为人正派，心地善良，而且知识丰富。兄弟二人从小受父亲的熏陶，喜欢读书和思考问题，动手能力也很强。

一次，父亲从欧洲回来，给兄弟俩带回一件直升机玩具，可把他们乐坏了。他们除了读书学习和帮助母亲干活外，便一起拿着玩具飞机来到一片开阔地上玩了起来。飞机是用陀螺制作的，以橡皮筋作为动力。一般总是弟弟把飞机稳稳托在手中，哥哥则拧紧橡皮筋，然后猛地一松手，小飞机便"噗噗啦啦"地飞过头顶，向远方滑翔过去。久而久之，兄弟二人对玩具本身丧失了兴趣，而是把它拆散，两人凑在一处观察它的构造。然后不约而同地到做木匠的爷爷那里找一些边角余料和斧凿等工具，自己动手做起了玩具飞机，一架，两架……一个多月过去了，沙地上整整齐齐摆了一排"直升飞机"。

谁也没想到，从此兄弟二人与飞机结下了缘分。在他们生活的时代，已经出现热气球和飞艇等飞行工具，但都不是很理想。因为气球升空后飞行速度、方向完全取决于风力、风向；而飞艇自身虽然有动力和方向控制装置，但其体积过于庞大（有时它长达数百米，直径也在几十米），控制起来极为不便。于是人们开始研究新的飞行器。

当时在德国已有李林塔尔制造出滑翔机。消息传到美国，莱特兄弟终于按捺不住内心的激动，他们首先通过报纸、杂志和图书资料广泛搜罗有关飞机的情况，同时也学习一些空气动力学方面的知识。一段时间后，他们尝试着造了一架双翼滑翔机。这架飞机能飞到180米的高度，还可以在空中转变方向。

莱特兄弟不会满足于先进的滑翔机，他们开始考虑给这架飞机加上发动机。可是经测定，兄弟二人发现它最多能载重90公斤，而当时通用的发动机最轻也得140公斤。为了克服这一难题，他们找到机械师狄拉，三人一起设计制造了一台重70公斤的发动机，该发动机具有12马力的功率。莱特兄弟把这台发动机安装在自己的飞机上，并且赶制了两叶推进式螺旋桨，在发动机与螺旋桨之间以链条相连。人类历史上第一架飞机初步完成。

1903年12月17日，莱特兄弟的首架飞机"飞行者 I 号"试航。这天早上，他们先把飞机拖到了海滩，进行了全面的检查。然后由奥维尔登上飞机，启动了发动机。

莱特兄弟的第一个飞行器
莱特兄能成功的一个秘密是他们发明了一种方法以阻止飞机左右摇晃——这被证明是许多早期的飞机失败的原因。他们的飞行器有金属线能将两翼向左或向右拉，这意味着它能在空中保持平衡。

在马达的轰鸣声中，飞机向前冲去，飞机的滑行速度越来越快。终于在众人的欢呼中飞离了地面，升到空中约3米的高度，12秒钟以后，"飞行者Ⅰ号"安全着陆，飞行距离超过30米。时间太短了，距离太短了，但它标志着一个崭新时代的到来。稍后，兄弟两人又轮番驾驶"飞行者Ⅰ号"试飞了几次。其中滞空时间最长为59秒，飞行距离为260米。1904年，莱特兄弟制出了改进的"飞行者Ⅱ号"。它的滞空时间延长到5分钟，可连续飞行5千米。其后，他们在"飞行者Ⅱ号"的基础上推出"飞行者Ⅲ号"。它可以在空中连续飞行半小时，飞出40千米的距离。

莱特兄弟发明的飞机连创佳绩，逐步引起了美国军方的兴趣。军方组织了巨大的人力物力在他们的基础上研制军用飞机。其他国家也纷纷仿效，飞机的发展步入快车道。第一次世界大战前，飞机时速已达76千米，飞行距离已增加到186千米，具备实用价值。

莱特兄弟一生效力于飞行事业，甚至都未曾结婚，为人类运输工具发展作出了巨大贡献。

爱因斯坦提出相对论

一提起爱因斯坦，人们不自觉地就会想起他的那幅照片：花白的头发，像触了电似的根根向上竖着。相信凡是看过这幅照片的人一定会说：爱因斯坦一定是一个不修边幅的人，因为在人们的印象中，大科学家们多是这样。

现实中的爱因斯坦的确如此，据说爱因斯坦移民美国后不久，一天，他在纽约的街上遇到了一个朋友。那位朋友看到他穿着一件破旧的大衣，不由得提醒道："你似乎有必要添置一件新大衣了，瞧你身上这件多旧啊。"

爱因斯坦笑笑，做出无所谓的表情："这有什么关系？反正在纽约谁也不认识我。"

几年以后，爱因斯坦已经誉满天下了，一天，他在街上又遇到了那位朋友，那位朋友见他还穿着几年前那件破旧的大衣，不禁又建议他去买件新大衣："现在你可是位名人了，应该去买件新衣服了吧。"

爱因斯坦又笑笑："这又何必呢？反正这儿的每一个都已经认识我了。"

这就是爱因斯坦，20世纪最伟大的科学家，却是一个人如此不注重自己仪表的人。

除了不修边幅，爱因斯坦还是一个风趣幽默的人，这和人们印象中的科学家

学术讨论

1933年爱因斯坦提出能量聚集的新理论，并邀请科学界的精英与记者一起参加他的学术论坛。

的古板大相径庭。有一次，一帮青年人问爱因斯坦什么叫相对论，爱因斯坦回答说："当你和一位漂亮的姑娘坐在一起待上两个小时，你以为只有1分钟，可是当你在一个烧热的火炉上坐上1分钟时，你却以为是两小时。这就是相对论。"

在爱因斯坦创建了相对论之后，科学界褒贬不一，1930年，德国出版了一本批判相对论的书《一百位教授出面证明爱因斯坦错了》。爱因斯坦知道后，禁不住哈哈大笑："100位，没必要这么多人吧？只要能证明我真的错了，哪怕一个人出面就足够了。"

爱因斯坦不但取得的伟大成就值得我们佩服，他的人品也是让人尊重的。这个曾经被视为孤僻、迟钝、表达不清的傻孩子竟然成了千年风云人物。

1879年3月14日，阿尔伯特·爱因斯坦在德国南部乌尔姆城的一个犹太居民家中呱呱坠地。这是一个温馨、和睦的家庭，父亲精通数学，以经营电器为业，母亲温雅贤淑，倾心于艺术。小爱因斯坦的出世为全家带来喜悦和幸福，但很快又给这个幸福之家笼罩了一层忧郁。因为他与同龄的孩子比较起来，智力发育好像有些迟缓。

别家的孩子1岁多时就会说话了，缠着母亲问这问那，而小爱因斯坦只会偎依在母亲怀里呆呆地望着周围的一切，一点学说话的迹象都没有。邻居见此情形，不无担心对他母亲说："这孩子怎么不说话呀？"母亲内心一阵酸楚，却又自我安慰："他在思考，将来我们的小爱因斯坦一定会成为教授。"一旁的邻居也不好多说什么，倒生出一丝恻隐之情。

爱因斯坦的父母确实是非常优秀的父母，深知旁人对他抱有偏见，自己不能再伤害他。他们发现儿子虽然不苟言笑，却对万事万物表现出强烈的兴趣，于是就买回许多新奇、结构复杂的玩具给他玩，小爱因斯坦更多的时间都用来"研究"这些玩具。

时光匆匆流过，爱因斯坦进入了小学，除了数学之外，其他功课平平甚至不及格，这种状况一直持续到中学。中学时他的兴趣科目多了一门物理，他不喜欢体育，更讨厌军训。由于严重偏科，爱因斯坦中学毕业都没拿到文凭。以至于为了上大学，他又补习一年才进入联邦工业大学师范系，攻读数学和物理。最后，他为自己选定了终生努力的方向：理论物理。4年之后，爱因斯坦大学毕业，尽管专业成绩异常突出，却因为性格缺陷谋不到一份差使。待业期间，爱因斯坦曾做家教、代课，有时帮人清理账目。最困难的时候，他甚至以拉小提琴卖艺为生，此中疾苦，可想而知。

终于在1902年，经朋友的大力推介，爱因斯坦在瑞士专利局找到一份技术员的工作，其职责是审核一份份专利申请。这使他大开眼界，同时他夜以继日地钻研物理学，终于在1905年有所成就。那年，爱因斯坦在德国《物理学年鉴》上发表《论运动物体的电动力学》，从而创立了狭义相对论，开始解释牛顿经典力学所不能解释的现象。

尽管当时极少有人理解爱因斯坦的理论，但他坚信自己理论的正确性，并且将其进一步发展成为广义相对论。1916年，他发表了《广义相对论的基础》一文。这一旷世之作标志着他的研究水平已达20世纪理论物理的顶峰。爱因斯坦曾就相对论解释说："狭义相对论适用于引力之外的物理现象，广义相对论则提供了引力定律以及它与自然界其他力之间的关系。"

几乎是同时，爱因斯坦又做出了涉及光学和天文学的三大预言，这些预言日后一一应验。鉴于他的相对论和预言，人们赋予他极高的荣誉，如"20世纪的牛顿""人类历史上有头等光辉的巨星"等。但爱因斯坦淡泊名利，尽量回避吹捧他的公众集会。

1955年4月18日，爱因斯坦在美国的普林斯顿悄然而逝，并留下一份颇为特殊的遗嘱：不发布告，不举行葬礼，不建坟墓，不立纪念碑。作为20世纪最伟大的科学家如此谦逊，闻者无不肃然起敬。

"汽车大王"福特

亨利·福特曾经是一个修车工人，那时候的薪水很少，他很想去一家高级餐厅吃饭，但却一直没有如愿。

一次，福特手拿着刚发下来的薪水来到这家餐厅，他坐在餐厅里等服务员过来招呼他，但他足足坐了15分钟还不见一个人来。最后，一个服务生勉强走到桌边，粗鲁地丢给他一张菜单。

福特刚打开菜单，服务员就用轻蔑的语气指着右边的那部分说："你只适合看这部分（价格），左边的部分你就不必去看了！"

福特惊愕地抬起头来，看到服务生满脸不屑的表情，他虽然很生气，但转念一想，也不能全怪这个服务员，自己本来就是没有钱的人，怎么能吃得起那么昂贵的大餐呢？最后，福特只点了一个汉堡。

从那以后，福特立志一定要成为社会中顶尖的人物。

1863年，福特出生在美国密歇根州的一个农场主家庭。父亲希望他将来当一个老实本分的农民，以便继承家业，所以没让他读多少书。小学毕业后，福特开始帮父亲干农活。但他对从事农业颇有怨言，对摆弄机械却充满了浓厚的兴趣，立志要成为一个出色的机械工程师。

17岁那年，为了实现自己的理想，福特与家人不辞而别，独自一人来到底特律市闯荡。他在底特律的工厂找到了工作，工作之余，他悉心研究机器，很快就成了娴熟的技术工人。后来，福特在杂志上读到了有关汽车发明的报道，这引起了他很大的兴趣。几番努力后，他造出了一部汽油引擎，只是造得太简陋，一经试用就失败了。但他并没有灰心，经过仔细研究，他发现失败的主要原因是汽油点火的方法不对，他决定使用电气点火。为了学习电气知识，他进入了底特律的爱迪生电气公司。1893年，福特成功地试制成了一辆汽车。1896年，他又制造了3辆性能更先进的汽车，他因此而在当地被公认是这一领域的杰出人物。

1899年，福特与几个资本家合伙开办了底特律汽车公司，他担任公司的经理兼首席技师。但由于和股东们意见不合，福特不久后退出这个公司。1903年6月6日，福特汽车公司成立。公司创立初期，只是一家小规模的机器厂，除制造汽车外还进行赛车的改进和汽车的维修。但福特的目标非常远大："我要生产大量的汽车，为的是足供每个家庭使用，人人都有能驾驶和修理……价格呢？要低得凡是中等收入的人都能买一辆……"不久后，福特对汽车进行改进，研制出一种被命名为A型车的新产品，获得了很好的销路。随后他又推出了N型、K型和S型等车型。1908年，福特成功地设计出世界上第一辆家庭型汽车——T型车，使汽车普及到普通百姓家庭成为可能，汽车工业革命由此开始。1913年，福特开发出世界上第一条总装流水线，93分钟就可组装一辆汽车，这一创举使福特公司每天能生产出9000多辆T型车，创下了历史纪录。

福特的成功不仅在于他对汽车制造技术的不断改进上，还在于他独特的企业经营策略，如5美元工作日方案、提高工人福利、大力提拔有贡献的技术工人、

福特的工厂

1913 年，亨利·福特在底特律的海兰园建立了一个工厂，它的规模极为惊人。福特保证了工厂的一切——从钢铁到工作空间——都是以较低的价格批量购入，他还设计了流水线生产流程。每一辆正在制造中的汽车在工厂里面缓慢移动，被指定的工人以严格的次序将各个部件添加上去，在每一个新的汽车底盘经过的时候，工人们完成同样的重复性的工作。由于劳动力非常充足，所以它的价格很便宜：工人们必须按照他们所要完成的任务各自接受训练，他们不需要有关生产全程的经验以及先前的工匠们所拥有的技能。由于福特的巨型工厂本身较为经济以及大规模生产的优势，他的制造方法使得成品的价格显著下降。最后，T 型车将以约 300 美元的价格零售，中等收入的美国人都能够支付得起这一数额。

给予工人发言权、出奇制胜的营销措施等等。这些措施极大激发了员工的生产能力，反过来又降低了公司的生产成本。例如，实行 5 美元工作制后的 1914 年，福特公司以不足 1.3 万人生产了 73 万辆汽车，获利 3000 万美元。他自己也被尊为"给世界装上轮了的人"。

1947 年 4 月，福特在迪尔伯恩的家中去世，享年 83 岁。半个世纪后，《财富》杂志将他评为"21 世纪商业巨人"，以表彰他对汽车工业发展所做出的杰出贡献。

卡尔·本茨与内燃机汽车

卡尔·本茨 (1884 ~ 1929 年) 是现代汽车工业的先驱者之一，他的发明标志着现代汽车的诞生，他也因此被尊称为"汽车之父"。

1844 年，本茨以遗腹子的身份出生于德国，父亲原是一位火车司机，但在他出世前的 1843 年因发生事故去世了。从中学时期，本茨就对自然科学产生了浓厚的兴趣。1860 年，他进入卡尔·斯鲁厄综合科技学校学习。在这所学校，他较为系统地学习了机械构造、机械原理、发动机制造、机械制造、经济核算等课程，为他日后的发展打下了良好基础。他于 1872 年组建了"本茨铁器铸造公司和机械工场"，专门生产建筑机械。由于当时建筑业不景气，本茨的工场经营困难，面临倒闭危险，他决定制造发动机获取高额利润以摆脱困境。于是，他领来了生产奥托四冲程煤气发动机的营业执照，经过一年多的设计与试制，在 1879 年 12 月 37 日制造出第一台单缸煤气发动机，转速为 200 转 / 分，功率约为 0.7 千瓦。不过，这台发动机并没有使本茨摆脱经济困境。

卡尔·本茨决定将奥托四冲程发动机进行改装，1886 年 1 月 29 日，在经历无数次试验之后，本茨发明的世界第一辆三轮汽车获得了"汽车制造专利权"。这种汽车在汽车史上第一次采用了一台单缸发动机。他在进气口前装了一个滑动阀以及采用高压点火线圈的火花塞，利用表面化油器产生混合气，而把调速器置于进气管上。本茨的单缸发动机排量为 0.954 升，转速为 250 转 / 分，输出功率为 0.49 千瓦。同年 6 月，这辆汽车开始在曼海姆市的街道上奔驰。本茨这辆车的车速为 5 千米 / 小时，车子靠皮带把动力传到驱动轮，把皮带套在不同大小的滑轮间滑动，可改变车速。车上最早使用伞形差速齿轮，用来补偿因转弯引起的两个驱动轮距离的差异。汽车车架用钢管制造，车轮采用钢丝辐条，外形美观大方。

1893 年，本茨研制成功了性能先进的"维克托得亚"牌汽车。它采用本茨专利的 3 升发动机，方向盘安装在汽车中部。尽管该车性能先进，但由于价格高达 3875 马克，因而很少有人购买得起，成为公司的滞销品。这样，这种在技术上为本茨带来了极高荣誉的汽车，经济上却没有给他带来多大的好处。后来，本茨听从了商人的建议，1894 年开发生产了便宜的"自行车"（定价 2000 马克）。这种"自行车"销路很好，在一年时间内就销出了 125 辆。由于是世界上第一种批量生产的机动车，因而给本茨带来了较高的利润。后来，本茨又对前期生产的"维克托得亚"牌汽车进行了改进，将车厢座位设计成面对面的 18 个，它因此成了世界上第一辆公共汽车。

弗莱明

弗莱明，英国细菌学家，青霉素的发现者，1881 年出生于苏格兰洛克菲尔德一个穷苦的农民家庭。他从伦敦圣玛利亚医院医科学校毕业后，一直从事免疫学研究。一战爆发后，他作为一名军医，深切体会到人们迫切需要一种对细菌有害而对人体无害的药物。1922 年，他从某种植物和动物的分泌液中发现了一种能杀灭细菌的物质，称之为溶菌酶。1928 年又发现在培养葡萄球菌的器皿中，被青霉菌污染的周围没有葡萄球菌菌落，这证明青霉菌能分泌一种杀灭葡萄球菌或防止葡萄球菌生长的物质。他把这种物质称为青霉素。后来英国病理学家佛罗理和德国生物化学家钱恩肯定了它的治疗价值，三人共同获得 1945 年诺贝尔生物或医学奖。弗莱明曾担任伦敦大学细菌学教授和瑞特－弗莱明研究所所长，著有《青霉素——它的实际应用》等。他于 1955 年逝世，享年 74 岁，被后人尊称为"青霉素之父"。

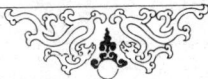

一战二战时期

20世纪初，欧洲各主要资本主义国家相继进入了帝国主义阶段。由于资本主义的政治、经济发展不平衡，欧洲出现了两大军事集团，双方于1914 1918年进行了一场世界大战，以协约国的胜利而告终。1919年，巴黎和会召开，建立了"凡尔赛体系"，但各国依然是矛盾重重。帝国主义战争引发了革命。1917年11月，俄国爆发十月革命，无产阶级夺取了政权。随后，在欧洲和亚洲发生了一系列革命运动。20世纪30年代后期，法西斯势力猖獗一时。1939年9月1日，德国进攻波兰，引发了第二次世界大战，英、法、苏、美、中、日等世界许多国家相继参战。1945年8月，战争结束。

三国协约

随着德、意、奥三国关系日益密切，英、法、俄也随之走到了一起。

当新兴资本主义国家迅速崛起的时候，老牌资本主义国家也奋力争夺地盘，尤其是英、法两国，与德国之间的摩擦与日俱增，为此，英法两国都开始在世界范围内寻找可以并肩作战的战友。

其实，明眼人都能看出，三国同盟的主要针对对象是法国，看到三个国家的矛头直指自己，法国怎么能不着急呢？于是，心急如焚的法国开始把眼光盯上了德国的邻邦俄国。

1879年，为了对付俄国在巴尔干地区的扩张，德国与奥匈帝国在维也纳签订《德奥同盟条约》。俄国本来就对德国相当仇恨，看到德国公开与己为敌，自然气愤得很。这一切都被法国看在眼里，法国认为拥有广阔疆土的俄国足以使自己单薄的力量增加不少，于是开始对俄国进行拉拢。

1888年，法国向俄国贷款5亿法郎，次年又向俄国贷款19亿法郎，此后，又相继向俄国贷款数次。到1893年双方签订条约时止，法国已累计向俄国贷款100多亿法郎。

位于巴黎以沙俄亚历山大三世的名字命名的大桥，成为19世纪后半叶俄、法关系密切的历史见证。

看到法国对自己如此仗义，俄国感激涕零，俄国也早想找一些同伴与自己一起承担德、意、奥三国联合带来的危险。在这种情况下，法、俄两国军事首领于1892年签订了秘密的军事协定，这一协定在1893年12月15日和1894年1月4日分别得到了两国政府的批准。协约规定，如果意大利或奥匈帝国在德国支持下进攻俄国，法国应与俄国并肩作战。

虽然与俄国签订了军事协定，但法国还是觉得没有安全感，于是，又开始寻找战友。找来找去，法国觉得只有英国才算得上是一个好帮手。虽然此时的英国已经没有了昔日的辉煌，但依然是世界上数一数二的强国。而这时，英国也正遭受着来自德国的威胁。

迫于形势，不久之后，英国就对法国的拉拢做出了反应。1903年春，英王爱德华七世访法，这次访问是英、法亲善的开端。同年7月，礼尚往来，法国总统回访英国。1904年4月，英法两国在伦敦签订了一项瓜分殖民地的协约，协约规定，英国承认法国在摩洛哥有维护安全和协助改革的权力，法国也不干涉英国在埃及的行动；英国把西非的一些殖民地让给法国，法国则放弃在纽芬兰的捕鱼权。协约中，英、法两国还划定了在暹罗（今泰国）的势力范围。通过协约，英、法两国的矛盾基本解决，双方利益开始趋向一致。

法国同英国签订条约以后，想到英国与俄国之间有着很深的矛盾，怎么才能使他们两国尽释前嫌呢？没料到，不等法国出面，英国便调节了与俄国之间的关系。因为日俄战争和1905年革命，俄国在财政上越来越依赖英、法两国，虽然当时俄国在近东、中亚和远东地区都与英国有利益冲突，但要比起与德国的矛盾，就显得微不足道了。1907年8月，英俄两国在圣彼得堡签订了分割殖民地的协定，协定规定，俄国承认阿富汗在自己的势力范围之外，并承认英国代管阿富汗的外交；波斯（今伊朗）东南部划为英国势力范围，北部为俄国势力范围，等等。

英、法协约和英、俄协约，加上法俄同盟，标志着三国协约正式形成。三国协约没有像三国同盟那样签订一项共同条约，俄、法两国是负有军事义务的同盟国，但英国则无须承担这种军事义务。

三国同盟和三国协约两大帝国主义军事集团形成以后，扩军备战成了他们的当务之急。复杂的国际关系日趋紧张，局部战争接连发生，最后终于导致了1914年第一次世界大战的爆发。

1918年一战结束，德国投降后，同盟国瓦解，美、英、法、日等帝国主义国家曾以协约国的名义向苏俄发动了三次武装干涉。随着各帝国主义国家之间矛盾地不断加深，协约国也逐步瓦解。

青年土耳其党

奥斯曼土耳其在中世纪曾是称霸一时的泱泱大国，但到了19世纪末20世纪初，昔日不可一世的奥斯曼帝国逐渐沦为了西方列强的殖民地，内政、外交、经济、军事被控制在英、法、意等国手里。为排除内忧外患，土耳其各族人民进行了频繁的反抗独裁专制统治的斗争。

奥斯曼帝国苏丹哈米德二世的统治年代被称为暴政时期，养尊处优的哈米德二世根本不会想到他的人民的疾苦。他在位时，强化君权与神权相结合的极权专制，扩大地主土地所有制，加深了对人民的压迫。哈米德二世甚至命人把"民主""自由"等词从字典里删了出去。虽然哈米德二世反对自由和宪政，但他并不完全反对改革和西化，这使得古老的帝国与西方的关系越来越密切。这个时候，土耳其已经债台高筑，英、法、意、德、奥等国组成了"奥斯曼国债管理处"，控制了土耳其的经济命脉。

1889年5月，在易卜拉欣-特莫领导下，伊斯坦布尔医学院学生秘密成立了"奥斯曼统一协会"。1894年，各地秘密组织又联合成立了"奥斯曼统一与进步协会"，土耳其人民亲切地把该协会称为"青年土耳其党"。青年土耳其党以恢复1876年宪法为宗旨，反对苏丹的专制统治，主张建立君主立宪制。除了在国内进行宣传斗争外，青年土耳其党还在国外建立了许多组织并出版了自由报刊。

19世纪末20世纪初，在哈米德二世的压制之下，青年土耳其党曾一度消沉。1905年，在俄国革命的影响下，土耳其境内和属地的民族起义、工农运动、士兵暴动频繁发生，青年土耳其党也随之活跃，并得到了迅速发展。

1908年7月4日，青年土耳其党人尼亚齐中尉率部在马其顿的雷士那举行起义。

巴尔干战争中，土耳其正在攻击陷入包围的希腊军队。

"同胞们，可恶的苏丹已经把我们逼到了绝路上，我们不能再坐以待毙了。"尼亚齐站在雷士那的广场上，高声对看台底下的人民大声喊道，人们高举双手，振臂高呼。

"所以，我们一定要推翻苏丹的专制统治，把属于我们的所有权力都从帝国手里夺过来。"尼亚齐的演说得到了当地农民游击队和士兵的支持。

7月23日，尼亚齐率领起义军向萨洛尼卡进发。哈米德二世见起义军来势汹汹，先前的嚣张气焰早已经没有了。哈米德二世知道人民力量的强大，他也害怕被这种力量所伤，所以，在人民聚积的力量还不足以把他的统治掀翻时，狡猾的哈米德二世就宣布恢复1876年宪法，进行国会选举。

革命取得了初步胜利。在长期暴政压抑下的土耳其像解冻了的冰河，迎来了政治生活中的早春季节。曾经势不两立的派别、民族互相握手言欢，以尼亚齐为首的资产阶级在哈米德的糖衣炮弹下很快就屈服了。

1908年8月，青年土耳其党向土耳其政府提出实行劳工立法、分配土地、取消什一税的政治主张，政府在一定程度上给予了满足。当年12月，青年土耳其党的领袖里扎被选为新国会议长。此时的青年土耳其党早已经没有当初成立之时的雄心壮志，看到自己的利益得到了满足，他们再也不像以前那样为了广大人民的利益抛头露面了。青年土耳其党除保留哈米德二世的王位外，甚至还对昔日的同盟者——工农群众的民主运动进行镇压。

虽然哈米德二世的王位被保留下来，但他已经不再掌握实权。骄横的哈米德不甘心他的专制政体就这样退出历史舞台，1909年4月12日，在哈米德二世的秘密指挥之下，效忠于哈米德二世的商业买办阶级"自由联盟"发动政变。哈米德二世宣布废除宪法，解散议会，改换资产阶级内阁。紧急关头，青年土耳其党在凯末尔的率领下建立行动军，平息了反动军队的叛乱。自作孽的哈米德二世终于被废黜，穆罕默德五世被立为新苏丹，而实际上，土耳其的政权已掌握在青年土耳其党人的手中。

在第一次世界大战中，青年土耳其党执政下的土耳其加入德奥同盟，投入到帝国主义战争中，战败后被迫与协约国签订丧权辱国的《摩得洛司停战协定》。1918年11月4日，青年土耳其党举行非常大会，宣布自行解散。

"大棒政策"与"金元外交"

西奥多·罗斯福为人熟悉的不仅仅是因为他曾是美国总统（1901～1909年），更因为他推行的"大棒政策"。

"大棒政策"源于罗斯福在下野后的一段公开演讲，在那次演讲中，他说："我在任美国总统期间，对付他国的办法是'说话要好听点，但手里要拿着大棒'。""大棒政策"由此得名。

其实，"大棒政策"最早提出时，西奥多·罗斯福还没有当选为美国总统。1900年，罗斯福任纽约州州长，他在给朋友的一封中，有一段关于美国外交政策的话："我非常喜欢西非的一句格言：说话温和，手握大棒，将所向无阻。"从这句话就不难理解"大棒政策"的深义。

罗斯福是一位热衷政治、崇尚权力的总统，他曾说过这么一句话："和平的胜利，不如战争的胜利伟大。"不需多言，从这句话中就能看出罗斯福的秉性。

美西战争爆发前夕，当时的罗斯福任美国助理海军部长，战争爆发后，罗斯福辞去职务，与伍德组成志愿军骑兵团，在古巴圣胡安山之役中击败西班牙军，为美国的胜利奠定了基础。此后，罗斯福声名大噪，他率领过的骑兵也因此被称为"铁骑"。

就任总统后，罗斯福主张以武力为后盾，迫使拉丁美洲国家"循规蹈矩"，听命于美国，主张凭借强大的经济军事力量，积极推行向外扩张计划，特别是对加勒比海地区的侵略，这些都是罗斯福推行"大棒政策"的表现。

罗斯福曾毫不掩饰地说："任何一个美洲国家行为不端时，美国不能保证其不受惩罚。""在西半球，美国对于门罗主义的信念可能迫使美国履行国际警察力量的义务。"占领巴拿马运河区，是西奥多·罗斯福"大棒政策"的典型事例。

巴拿马原是哥伦比亚的一部分，美国曾向哥伦比亚提出要开凿巴拿马运河的要求，但遭到了哥伦比亚方面的拒绝。看到自己的开凿巴拿马运河的计划没有成功，美国遂于1903年11月支持巴拿马脱离哥伦比亚而独立，成立了巴拿马共和国。巴拿马共和国成立后不久，便与美国签订了完全按照美国的意图拟订的条约。条约规定，巴拿马将运河区16千米宽的地带交给美国永久使用、占领和控制，美国甚至有权在运河区使用警察、陆军和海军等。1914年，巴拿马运河通航后，这片运河区长期由美国控制，成了"国中之国"，直到20世纪末巴拿马才收回了运河区的权利。罗斯福把开凿巴拿马运河看作是他任美国总统时期的最大成就，他在自传中说道："没同内阁商量，我就拿下了巴拿马。"

当然，美国推行大棒政策的地区并不限于拉丁美洲，在解决阿拉斯加与加拿大的边界纠纷中，美国同样对英国和加拿大施加了压力。1906年，罗斯福因调停日俄战争获得了诺贝尔和平奖，其实，罗斯福调停日俄战争完全是出于美国自身的利益：如果俄国战胜，将会打乱亚洲的实力平衡；日本战胜，对维持亚洲地区的正常秩序也非常不利，只有维持两国在东亚地区的均衡，美国的利益才不至于受到威胁。

1909 年，塔夫脱继西奥多·罗斯福就任美国第 27 任总统。塔夫脱上台后，美国的对外政策开始变为"用美元代替枪弹"，即以资本输出作为对外侵略、扩张的重要手段，利用经济渗透，控制拉美各国的经济和政治，以此适应美国垄断资本主义对外扩张的需要，这种外交政策称作"金元外交"。到 20 世纪 30 年代左右，20 个拉美国家中已有 14 个被美国资本所控制，由此可见"金元外交"的厉害。金元外交的推行，表明美国在掌握世界经济霸权的同时，力图在国际政治中占据首席地位。

无论是"金元外交"还是"大棒政策"，在美国建立霸权的道路上都起到了举足轻重的作用。

萨拉热窝事件

1914 年 6 月下旬，奥匈帝国的军队在波斯尼亚首府萨拉热窝附近举行军事演习，以支持当地的亲帝国分子，压制斯拉夫人的民族解放运动，并想以此威吓邻近波斯尼亚的塞尔维亚，企图把它也纳入奥匈帝国的版图。

6 月 28 日，这天是个晴朗的星期天，萨拉热窝热闹非凡。原来，奥匈帝国的皇储弗朗茨·斐迪南大公夫妇要来这里访问。斐迪南是个极端军国主义分子，军事演习就是他亲自指挥的，这次访问萨拉热窝也是他计划中的一部分。

28 日上午 10 时左右，一列豪华专车驶入萨拉热窝车站。由奥匈帝国的近百名士兵组成的仪仗队分成两队，分列在车站两侧。当斐迪南及妻子索菲女公爵坐上一辆敞篷汽车后，队伍开始缓缓向萨拉热窝市政府行进。

斐迪南心里非常清楚塞尔维亚民族对奥匈帝国的仇恨，所以这次访问他只带了这部分仪仗兵，并没有带过多的军事部队，想以此博得一些被统治民族的好感。

波斯尼亚在几年前被奥匈帝国吞

描绘斐迪南被刺场面的图画

并，萨拉热窝市政府为了讨好奥匈帝国的皇位继承人，把这次欢迎仪式搞得相当隆重。

此时的斐迪南夫妇正坐在敞篷汽车里，看着眼前繁华热闹的街市，不由得沾沾自喜。斐迪南从敞篷汽车里频频向路边的波斯尼亚人举手示意，时不时地露出趾高气扬的神情。路旁的人们带着愤怒，但碍于政府警察挡在前方维护，只能眼巴巴地看着斐迪南对塞尔维亚人进行挑衅。

正当斐迪南大公等人游行的时候，一批埋伏在人群里的暗杀者正欲行动。这批人属于一个军人团体，当他们听说奥匈帝国的大公要访问波斯尼亚时，便制定了一个周密的暗杀计划。当斐迪南的豪华汽车从车站出来时，7个暗杀者便混入了人群之中，并随着人流一步步地向斐迪南的汽车靠近。

虽然波斯尼亚当局在街道上派置了很多警察，但由于街上的人太多，根本无从维护，有的警察甚至躲到了角落里去闲聊，这无疑是个实行暗杀计划的好机会。

斐迪南车队缓缓地向市政厅的方向行驶着，离隐没在人群中的第一个暗杀者越来越近。这个塞尔维亚青年心跳加快，双手甚至颤抖起来。

"镇静，镇静，一定拿稳枪，整个民族的希望可就掌握在我手里了啊。"尽管他一再地安慰自己，但心跳的加快还是使他的眼神忽闪不定。正当这个暗杀者将要采取行动时，一个警察不偏不倚地走到了他的面前。

"你在这里鬼鬼祟祟地干什么？没看过奥匈帝国的大人物吗？"警察并不知道他是一个暗杀者。

"长官，我只是想临近看看，眼神不是太好，我这就回家。"第一个暗杀者不得不远离了斐迪南的车队。

车队又向前行驶，不一会儿便到了市中心，这里埋伏着第二个暗杀者。这个塞尔维亚人一刻也没有考虑，在手脚发抖之前便向行驶在车队中间的斐迪南大公的汽车扔出了一颗炸弹。炸弹偏移了方向，在斐迪南随从的车前爆炸了，碎片击伤了几个随从。车队很快逃到了市政厅门口的广场上，这里有一大批波斯尼亚警察在等候，应该不会再有危险了。

斐迪南非常愤怒，但也为自己躲过这场劫难而庆幸。

"总督先生，难道你们就是用这种方式来欢迎我的吗？"他从车上站了起来，怒视着邻座的波斯尼亚总督。

"不是的，殿下，你没发现刚才那个人是个精神病人吗？你大可以按着原计划进行访问，我保证不会再发生这样的事了。"总督唯唯诺诺地弓着腰。

"好吧，不过在这之前，我得先去医院看看我的随从。"斐迪南想以此来表现一下他的仁慈。

于是，司机调转车头，向医院方向开去。萨拉热窝市长和波斯尼亚总督又派了一大批宪兵和警察保护在斐迪南大公的汽车旁。

前面是一个十字路口，过了这个路口就是萨拉热窝市医院了。正在这时，斐迪南只听得身后的士兵惊叫起来，回过头一看，一个年轻人举枪直奔而来。

"有刺客！"斐迪南满以为逃过了一劫不会再出现危险了，哪里会料到这里还有仇恨他的人在等着他，不由得魂飞魄散，待在那里一动不动。

这个暗杀者叫加夫里洛·普林齐普，只有19岁，是这次暗杀行动中最坚决最勇敢的一个。看到在场的所有人都惊慌失措，普林齐普乘机跃到斐迪南大公车的正前方，扣动了扳机，"砰砰"两声之后，斐迪南大公夫妇都被击中要害，双双死于血泊之中。

斐迪南夫妇的被刺，给奥匈帝国制造了一个吞并塞尔维亚的借口。随即，奥匈帝国向塞尔维亚政府发出通牒，以反恐怖组织的名义，要对塞尔维亚采取军事行动。德国皇帝威廉也竭力唆使奥国向塞尔维亚全面开战。

此后，奥匈帝国正式向塞尔维亚宣战，第一次世界大战由此爆发。

"施蒂芬计划"

萨拉热窝事件后，第一次世界大战全面爆发。其实，早在1905年时，德国就制定了大战的作战计划。这一计划由德国的总参谋长施蒂芬提出并制定，所以在历史上被称为"施蒂芬计划"。由此可见，德国发动大战是蓄谋已久的。

"施蒂芬计划"制定以后，受到了德皇的重视，后来又经过反复论证、补充、修改，遂成了德国发动大战的基本蓝本。施蒂芬在这一方案上可谓是下了一番功夫，"施蒂芬计划"把德国的作战分为东西两线，战略重点放在了西欧，即西线，因此西方大国，如英、法等国成了德国的假想敌。在西线，采取先发制人的手段，集中优势兵力进行"闪电战"，经比利时突袭法国，然后再迂回到东线，集中力量对付俄国。按照"施蒂芬计划"，如果一切顺利的话，赢得这场战争只需要三四个月时间。但是，施蒂芬可能忘了一句话：计划赶不上变化。他所计划的一切，不久之后就成了泡影。

毛奇作为继任的参谋总长，按"施蒂芬计划"部署了整个战争。当然，毛奇

临时组织起来的比利时军队，等待他们的是近在咫尺的战争。

也和德皇一样，认为施蒂芬这一计划简直是上天给德国的一个机会。

1914年8月4日早晨，在埃米希将军的率领下，德国第一、第二两个集团军迅速越过比利时国境，向纵深方向挺进。"施蒂芬计划"开始实施了。

德军攻打比利时的第一站是列日要塞。这里地势险要，易守难攻，比利时派了4万人在这里驻守。比利时是一个小国，从建国以来就没有打过仗，埃米希将军自恃着强大的军队，相信比利时军一定会缴械投降的，便派了一个使者去见比利时指挥官勒芒将军。

"勒芒将军，我奉德国埃米希将军的命令来督促贵国投降。如果你们让我军通过贵国，德国将给贵国最高的荣耀。否则，我军将会踏平比利时。"使者满以为自己的一番话能恐吓住勒芒将军，可他错了。

"是吗？比利时是中立国家，你们竟敢违背国际公法来侵略我国，不要以为比利时国小势弱就会怕了你们，我们誓死要守住要塞。"勒芒将军慷慨激昂地对傲慢的使者说道。

临走前，使者恶狠狠地对视着勒芒将军："好吧，那你们就等着大炮和飞机的袭击吧。"

·克虏伯家族·

　　德国之所以能够成为20世纪中期以前的军事强国，和克虏伯家族是分不开的。克虏伯家族是德国的军火商家族，其创始人是阿尔弗雷德·克虏伯。他在19世纪中叶的时候发迹，向普鲁士政府提供改进后的大炮。第一次世界大战时期，克虏伯家族的工厂是德国军队军火的主要来源，其中最有名的是克虏伯大炮。第一次世界大战结束后，克虏伯家族受到压制，曾一度沉寂。后来小克虏伯加入了纳粹党，1936年，他被任命为重整军备的副经理，1939年，他成为克虏伯家族的领袖。第二次世界大战期间，克虏伯家族为德国军队制造坦克、大炮等各种武器。由于工人都入伍上了前线，克虏伯家族开始使用战俘为他们工作，许多战俘都被活活折磨死。第二次世界大战结束后，小克虏伯作为战犯被判处12年监禁。但仅仅关押了4年后，他又被放出来重新创业。但是由于竞争激烈，克虏伯家族的辉煌已经一去不复返，20世纪70年代，克虏伯家族的企业破产。

　　使者回到德军驻地，把勒芒将军的态度对埃米希陈述了一番，埃米希顿时火冒三丈，立即命德军大炮轰击列日要塞的炮台，并派飞机在列日要塞上方投下了十几颗炸弹。接着，德陆军像潮水一样冲向了列日炮台。但是，在比利时军队的反击之下，德军没有攻下一个列日炮台，只是白白地葬送了几千人的兵力。

　　最后，德军不得不调来一门巨型攻城榴弹炮，这是当时威力比较大的炮，口径要比协约国的大炮宽。随着爆炸声四起，列日要塞上的炮台顿时化为一片瓦砾。埃米希立即命令德军穿过列日要塞，向法国北部挺进。

　　根据"施蒂芬计划"，毛奇还在阿尔萨斯、洛林地区筑起深壕，布置少数德兵，按兵不动，以逸待劳，借以吸引法国部队，迷惑法军。别看这是虚的一招，但它可是"施蒂芬计划"中的关键步骤。施蒂芬当时想出了很多应急改变战略部署的方案，唯独没有改变这里的部署，甚至在他临死时还再三嘱咐不要削弱他的右翼纵队。

　　不过，毛奇虽然在右翼部署了兵力，却把原本70个师兵力的设想削弱了很多，这也是"施蒂芬计划"最后破产的一个关键因素。

　　法军总司令霞飞将军接到德国主力向法国北部扑去的消息后，忙率法军主力从东北出击，直取阿尔萨斯和洛林地区。正当法军为收回40多年前割让给德国的土地而沾沾自喜时，英军和法第三、四集团军败退的消息传来。

　　按当时表面上的情况看，"施蒂芬计划"的确是像要马上成功了，但实际上，法军也正因为躲开了德军而保存了主力。毛奇将军看到眼前巨大的胜利不由得得意忘形起来，把主力分为几路进攻法国，还调出两个军去东线对付俄国，这无疑是给法军可乘之机。霞飞将军把法军主力调到左翼，造成对德军的夹击之势。

　　9月5日，德、法两军在马恩河遭遇，进行了为期近5天的"马恩河"大会战。此后，双方进入了对峙阶段。正是"马恩河"会战粉碎了德军速战速决的作战计划，使得"施蒂芬计划"彻底破产。

加利波利半岛的冒险

　　在第一次世界大战以前，英国人是很少光顾加利波利地区的，甚至不知道这一地区属于哪一国。1915年，当收到俄国请求英军出兵土耳其的信后，英国陆军才对这一地区加以注意。早在1914年11月，土耳其奥斯曼帝国就参加了同盟国作战，这使得俄国不但要在东线对付德奥军队，还得抽出兵力对付土耳其，为了面对日渐衰弱的土耳其，波斯尼亚－黑塞哥维那成了奥地利的附属国，保加利亚也宣布独立。这是反映当时政局的一幅漫画。

减轻压力，俄国向协约方英国提出出兵援助的请求。当然，俄国完全有权利要求英国进攻土耳其，俄国在东线出动了近80万的兵力，就是为了减少英、法在西线的压力，礼尚往来，英国没有不出兵的理由。

当时，丘吉尔任英国海军大臣，英国海军部很快就决定接受俄军的请求，与法军共同采取军事行动。

经过众资本主义国家的掠夺，奥斯曼帝国已经摇摇欲坠，再加上达达尼尔的防御非常陈旧，如果此时攻打土耳其将易如反掌，但是，英国并没有抓住战机，就连在协约国战舰近距离平射火力之下的两座兵工厂，英军也没有加以摧毁。

1915年2月19日，18艘英国主力舰、4艘法国战列舰以及各种辅助舰组成的联合舰队驶进了达达尼尔海峡的入口处，并准备在海峡欧洲一边的加利波利半岛登陆。

加利波利半岛是一条呈条状的地带，虽然荒芜，但却是良好的防御阵地。海滨的山脊和陡坡保卫着达达尼尔海峡的欧洲一边，另一边也是一人当关、万夫莫开的险境。不过，英法两国是当时世界上最强大的两个国家，法国的大炮虽然在德军的炮火下处于下风，但应付土耳其这个日渐没落的国家还是绰绰有余，土耳其的外炮台很快被打成了一片瓦砾。正当英法联军顺着加利波利半岛行进的时候，遭到了隐蔽在悬崖后面的土耳其军的反击。

指挥英法联合舰队的是英国海军上将卡登，卡登一直认为，只要英法强大的舰队一出现在达达尼尔海峡的入口处，土耳其的军队便会土崩瓦解，所以这次冒险行动没有进行飞机定位。当遭到土耳其军的反击后，英军只能盲目地向对方射击，慌忙后撤。

3月11日，卡登又率兵进行第二次进攻。这次，他吸取了上次的教训，打算把英国的重型舰只驶进达达尼尔海峡，然后再轰击加利波利半岛岸边的炮群。但是，他突然患病，不得不留在岸上，把指挥权交给了助手约翰·德罗贝克。虽然德罗贝克确信扫雷艇已经扫除了海峡中的水雷，但百密一疏，还是有一艘法舰被漏网的水雷击中，联合舰队不得不再次退出了海峡。

两次海上进攻均遭失败，英国决定起用在布尔战争期间屡获战功的伊恩·汉密尔顿来指挥加利波利半岛战役。

汉密尔顿接到指示后，急急忙忙赶往东地中海，此时的他只知道是去指挥一支远征军入侵加利波利和消灭土耳其军，别的一无所知。在快要到达加利波利半岛时，他甚至还不太清楚加利波利半岛的具体位置，更不用说选定在半岛的登陆地点了。

到达地中海的埃及后，汉密尔顿命令士兵们准备了很多气囊似的东西，命令附近的军用工厂马上生产一些急用的军用设施。心中急躁的汉密顿尔把周围的气氛也搞得相当紧张：驻地上沸沸扬扬，当地的驴子也被赶来充当交通运输工具。万幸的是，士兵们对这次作战热情高涨，多少弥补了一些由于匆忙带来的不足。

4月25日，英国海军抵达加利波利半岛，开始对半岛进行冒险进攻。这时的汉密尔顿还没有对登陆做周密的打算，而是让现场指挥官自行做决定。这种权力的下放使得这次进攻显得混乱无章。

这次参加作战的英军中，有大部分是澳大利亚和新西兰人。澳、新军趁着昏暗的夜色，用一艘运煤船改装的陆艇把1.6万名士兵运到对岸。这些澳、新军虽然登了陆，但他们只能在较低的斜坡和山脊里待着，一旦他们出现在高地，就会成为土耳其人攻击的对象。双方就这样僵持着过了数日。

加利波利的5月已经相当炎热了，疟疾和痢疾开始在双方阵营传播，使双方死亡的人数极速增加。看到战友一个接一个地倒下，英方和土方的指挥官心急如焚。最后，双方约定，实行9个小时的安葬休战。双方士兵来到战场上，抬起死去的战友，与相遇的敌人点头致意，有的甚至帮助敌方把尸体抬回阵地，这9个小时是多么和平的9小时啊！当安葬休战结束后，战场上再次响起了密集的枪炮声。

战争持续了几个月，但没有丝毫进展。11月间，加利波利半岛上的气候更加恶劣起来，先是下了一天一夜的倾盆大雨，然后又下了暴风雪，英军的行军变得举步维艰。经过商议，英国陆军总部决定撤回在加利波利的部队。虽然这场进攻加利波利半岛的战争是失败的，但撤退却是成功的，整个撤退过程足足用了20天，但却无一人伤亡。

"凡尔登绞肉机"

1916 年初，随着"施蒂芬计划"的破产，德国不敢贸然深入俄国，就将战略重点转移到法国。此时，法国军队已苦战一年半，军事力量已到极限。位于马斯交通要道上的凡尔登是法国前线中最大的交通枢纽，也是法军重要的军事要塞，德军决定在这里给法军以突然打击。这是德军新任参谋总长法金汉提出来的战略方针，他说："在这场战役中我们要让法国人把血流尽！"他认为凡尔登是法国绝不敢也不愿放弃的一个重要军事基地，对它施以攻击，法国就会向那里投入全部兵力，这样，德国才有机会使法国在军事上崩溃，从而迫使其投降。

此时的法国总司令霞飞因备战索姆河战役而无暇顾及凡尔登要塞，驻守要塞的兵力只有 4 个师 10 万人，270 门大炮。凡尔登要塞的防御工事异常坚固，由 4 道防御阵地组成，其中前 3 道是战壕、掩体、土木障碍和铁丝网等野战防御工事，第 4 道防御阵地则由永久工事和两个堡垒地带构成。

德国总参谋长法金汉意识到负责进攻凡尔登的德国皇太子不可能仅通过一次奇袭就能攻取要塞。于是法金汉准备在凡尔登与法军进行一场消耗战，用一场规模空前的炮轰，以最小的代价取得实质性的初步胜利，以挫败法军士气，进而剿杀法军的一切反攻。

1916 年 2 月 21 日早晨，法金汉调集 10 个师 27 万兵力，近千门大炮和 5000 多个掷雷器，以数量和力量均压倒法军的优势分布在 12 千米长的前沿阵地上。7 时许，德国炮兵开始实施强大的炮火攻击。铺天盖地的炮弹倾泻在法军的野战防御阵地上。德国的新式武器——大口径的攻城榴弹炮将一颗颗重磅炮弹射向坚固的工事；掷雷器发射的装有 100 多磅炸药和金属碎片的榴霰弹，使法军堑壕成为平地；小口径高射炮使法军惊慌失措；喷火器

法军在战争后期对德军进行大反击

凡尔登会战是典型的阵地战、消耗战，双方参战兵力众多、伤亡惨重。战役中，法军野战工事与永备工事相结合组织防御的经验，成为大战后各国修建要塞工事的依据。

把法军前沿阵地变成火海。持续了 8 个半小时，200 万发炮弹的轰炸，把要塞附近三角地带的战壕完全摧毁、森林烧光、山头削平，法军前沿完全暴露出来。炮火刚息，德军步兵便以纵深战斗队形以散兵线分梯队向法军防线冲击。虽然士气高昂的法军凭借剩余工事奋勇抵抗，击退了德军的一次次进攻，第一道阵地还是被德军占领。德军随后又进行了 4 天的轰炸，攻占了法军外围据点之一的杜奥蒙特堡，但德军的伤亡也远超过他们的预料。

杜奥蒙特的失守，使法军统帅霞飞如梦初醒，他一面命令守军不惜一切代价死守阵地，一面命令最优秀的将领贝当增援凡尔登。

贝当在马斯河左岸加强法军的炮火力量，用法国的新式武器轻机枪和 400 毫米超级重炮装备部队，重振士气。并在前沿阵地划定一条督战线，后退者格杀不论。

整个凡尔登会战成了屠杀场，枪炮、喷火器、毒气弹成了残酷的屠夫。德军的伤亡也达到了极限，前沿阵地堆满尸体。7 月份时，双方仍相持不下，德军仅前进了七八千米，但已攻下沃克斯堡。

眼看凡尔登被攻破，此时，俄军突破奥地利防线，英法联军在索姆河战役中击败德军，这迫使法金汉分兵火速去救援。

1916 年 10 月 24 日，法军开始反攻。他们采用小纵队分散指挥的战术，迅速收回了杜奥蒙特和沃克斯堡，德军被迫撤退出凡尔登。

凡尔登战役，法军几乎投入了全部军力，德军也有 44 个师加入战斗，双方伤亡人数超过 70 万人，被称为战争史上的"绞肉机"。法金汉不仅使法国流尽了血，而且也使德国把血流尽了，回国后便辞去参谋总长的职务。

凡尔登战役是第一次世界大战中具有决定性的一次战役，虽说德军达到了消耗法军的目的，但自己也遭到无法弥补的人力、物力上的巨大损失。德军士气从此低落，各条战线的困境日益加重。这次战役中，德法双方竞相使用新武器。但德军的正面突击战术并没有攻破野外堑壕等防御工事，这也更使人们认识到炮兵越来越重要。

日德兰大海战

第一次世界大战期间，英国凭借着强大的海军优势对德国进行海上封锁，保护协约国的海上交通，制止德国对英国的入侵，并企图在有利的条件下与德国海军主力决战来消灭敌人。1916 年 4 月 25 日，德国海军袭击了英国的大亚茅斯和洛斯托夫特港口，英国对德国的封锁更为严密。为摆脱英国海军封锁带的困境，德国海军决心与英舰队决战。

1914 年至 1916 年初，面对英国的海军优势，德海军采取保存舰队力量，避免重大损失，同时不断制造机会削弱英舰队力量的策略。运用诱使英军部分兵力出海，集中优势力量给予沉重打击的战术，不断袭击英军，但并没有解除英国的封锁。

1916 年 5 月 30 日，英军截获了德军无线电报，破译密码后才知道德海军对英舰队有行动。原来新上任的德国大洋舰队司令冯·舍尔仍以诱敌深入的策略，意图将英舰队引至日德兰西海域，并在此设伏袭击英舰队。

英海军上将约翰·杰利科勋爵认为这是歼灭德海军主力的好机会。于是他派贝蒂率领一支诱敌舰队驶离苏格兰罗塞斯港口，自己亲率主力埋伏在奥克尼群岛斯卡帕弗洛海军基地的东南海域。

5 月 31 日，英诱敌舰队发现德诱敌舰队，双方开始了火力轰击。英舰队利用其战舰速度快而灵活的特点，急速前进。企图插入德诱敌舰队的后方，截断其后路。殊不知德海军主力尾随在其后不远的海域，英舰队陷入了德军的南北夹击之中，英诱敌舰队急发无线电报求救。

德军舰艇采用了新式全舰统一方位射击指挥系统。所有炮火一齐发射，炮弹攻击点分布范围小，精确度高，给英舰队造成了很大麻烦，两艘英舰船相继被击沉。战势对英诱敌舰队越来越不利，加上德军主力也扑了上来，英舰队急忙后撤。

危在旦夕之际，接到求救电报的英主力舰队先后赶到。德驱逐舰分别出击迎敌，英驱逐舰为保护战列舰也冲在前面，双方轻型舰展开了搏斗，英军被动局面逐渐改变。德国凭借舰船的水密结构设计和炮塔防护的坚固防御，频频向英军发起猛攻。英军也不示弱，利用航速快的优势，从容躲过德军鱼雷的攻击，并切入德舰队和赫尔戈兰湾之间，切断德军退路，对德舰队形成包围之势。

31 日深夜，英军调集大批驱逐舰和鱼雷艇对德舰队进行夜袭。为躲避英军鱼雷的攻击，德舰队全部熄灯，并不停地移动位置。在四周小艇的保护下，战列舰和驱逐舰在黑暗中向英舰队发炮。

英舰队仍陆续向日德兰海域集结援军，德国海军上将舍尔认识到，如果夜间不能突围，天明后德军会遭到毁灭性打击。于是他利用灯光和无线电密码发出突围命令，率领舰队突破英舰队炮火和鱼雷的封锁，向赫尔戈兰湾撤退，疯狂的英舰队紧追不舍。当接近赫尔戈兰湾时，前面的战舰误入水雷区，再不敢贸然向前追击，杰利科只好下令返航。

这次海战是第一次世界大战中规模最大的海战。英军损失战舰 14 艘，德国损失 11 艘。事后双方都声称自己是胜利者，但德国舰队仍被封锁在港内，英海军继续控制着北海，掌握着制海权。

日德兰海战也是历史上最大的海战之一，是大舰巨炮主义的高潮。未打破英军封锁的德国舰队不敢出海作战，名存实亡，英国进一步巩固了其在北海海域的霸主地位。这次海战也送走了铁甲舰队海战的旧时代，同时揭开了人类海战史上的新篇章。

日德兰海战使各国认识到只有注重生存力的战舰才能在海战中存活，各国军舰开始吸取德国设计的水密结构和炮塔防护等优点，研发新型海上工具武器和探索新的战术战法。日德兰海战可以说是铁甲舰队的最后一次大决战。

无限制潜艇战

1916 年年底，保罗·冯·兴登堡任德国总参谋部总参谋长。在凡尔登战役中的失败使德国兵力损失严重，为了扭转这一惨状，兴登堡决定寻找一条可以弥补损失的途径。

所有的该用上的武器都用上了，还有什么可以利用的呢？为此，兴登堡大伤脑筋。

"参谋长，依我看，我军只能动用潜艇了。英国的商队已经被削弱，说不定我们能在潜艇上给它重创。"德国军事分析家向兴登堡提议。

不久，在一次军情分析会议上，德国海军上将亨宁·冯·霍尔岑多夫发表了他的观点："我们必须把中立国的船队从英国赶走，如果单靠英国的商船运粮的话是很难供应英国军队的，就算美国依然给英国援助，但也如杯水车薪，根本解决不了问题。"

停顿了一下，霍尔岑多夫接着说："如果我们在 1917 年 2 月取消对潜艇的限制，并且能击沉 60 万吨位的商船，那么 5 个月后英国人就得投降了。"

"但是，如果英国人组织军舰护航，我们怎能应付得了呢？"一些人提出了他们心中的疑虑。

霍尔岑多夫笑着并且信心十足地说："难道英国人是在等我军行动了再组织吗？这证明他们根本就没有此计划。而且，我军潜艇的性能足以克服协约国在反

控制鳍

控制舱

潜望镜

水上划艇

艇员休息舱

声波定位仪

螺旋推进器

双涡轮增压"赫多莫拉"式汽油发动机

电子控制舱

鱼雷

汽油动力反潜潜艇

一艘汽油动力反潜潜艇。汽油发动机是一种声音很小的动力机。随着技术的发展，潜艇的科技含量越来越高，在战争中发挥了很大的作用。

潜战上的任何改进。"德军其他的高级军官纷纷被霍尔岑多夫说服了，频频地点着头。

由此，德国破坏了国际公约，开展了不分国别，不分军用还是民用的无限制潜艇战。

1917年，德军派潜艇通过水雷密布的英吉利海峡进入英国西部水域，由于当时的英国防范措施不是太严，德军的这一冒险成功了。第一步计划得逞之后，兴登堡又派其他潜艇到英吉利海峡和北海作战。潜艇投入战争不久便取得了战果，被击商船的数量直线上升，如果按着这种沉船速度继续下去，英国的确会像霍尔岑多夫说的那样被迫投降。但是，这场战争的继续发展使情况发生了变化，美国不久后对德宣战，美国的参战成了一战中同盟国战败的主要原因。

到底是什么迫使美国人对德宣战的呢？美国在战争之初不是保持中立的吗？这还得源自德军潜艇的一次"失误"。

U-2潜艇的艇长瓦尔特很早前就接到了上级的命令，通知他在1915年2月18日对在英国和爱尔兰领海发现的敌国和中立国商船予以击毁。对于这种任务，瓦尔特认为终于可以大显身手了，不禁有些欣喜若狂。

快到中午的时候，U-2潜艇又像往常一样在爱尔兰海域巡游。在这之前，这艘潜艇已经击沉过两艘英国轮船和一只帆船。

瓦尔特举着望远镜的两臂向高抬了抬，大笑着对船员们说："我们的猎物出现了，一艘英国轮船在西南方向，我们又可以拿到奖赏了。"

说完，瓦尔特大声命令船员："潜到 13 的深度，以最高速度向前行驶。"

远方出现的这艘英国轮船叫"卢西塔尼亚"号，长约 240 米，它的速度比一般潜艇要快上两倍。但是，船上的所有人员对德国潜艇的伏击都没有觉察。望着表面平静的海面，船上的人员甚至欣赏起美丽的景色来。

当 U–2 潜艇来到距英船约 800 米的地方，瓦尔特命令道："选定一个适当位置，瞄准英船的右舷中部施放鱼雷。"

瓦尔特的话音刚落，只听到"嗖"的一声，鱼雷在水面下朝着英船飞去，海面上激起了一道泡沫。"卢西塔尼亚"号上的人马上从悠闲的气氛中回过神来，但已经来不及了。轮船的右舷发出了一阵巨大的爆炸声，轮船摇摆了几下，船首很快沉了下去。十几分钟后，庞大的"卢西塔尼亚"号消失在茫茫的大海中，刚才还熙熙攘攘的人们被无情的大海吞食了。

在"卢西塔尼亚"号上丧生的 1100 多人中，有 128 名美国人。尽管德国政府把这一事件解释为"事先未发出警告并且未救出人命"，发动攻击是因为该商船企图逃脱或抵抗，美国人还是非常气愤。碰上了美国这个硬钉子，德国只能选择退让，于是，德潜艇对此后的攻击方法做了改变：先迫使商船停驶，把船员救上救生艇，掠夺完船上的物品后再予以击沉。

"阿芙乐尔"号的炮声

第一次世界大战爆发后，俄国爆发了第二次资产阶级民主革命，即 1917 年的二月革命。二月革命推翻了沙皇的统治，但却出现了资产阶级临时政府和士兵代表苏维埃两个政权并立的局面。资产阶级临时政府成立后，指派了一名上尉军官任"阿芙乐尔号"巡洋舰的舰长。为了防止水兵起义，临时政府加紧了对"阿芙乐尔"的监察。但是，"阿芙乐尔"巡洋舰上的领导权还是落到了布尔什维克手里，因为军舰委员会主席别雷舍夫正是布尔什维克党人。

1917 年 4 月，列宁回到俄国，向俄国人民发表了《四月提纲》，提出了从资产阶级民主革命过渡到社会主义革命的任务。经过布尔什维克党人的宣传，革命形势在九十月份趋于成熟，革命运动空前高涨起来。

临时政府发觉了布尔什维克人的"阴谋"，便企图先发制人。同年 11 月 2 日（俄历 10 月 20 日），临时政府派士官生占领了彼得格勒最重要的据点，到处搜捕布

冬宫前的广场及凯旋门
十月革命前，俄国临时政府的驻地即在冬宫。

尔什维克党的领导人，密令彼得格勒军分区司令派兵进攻革命军事委员会所在地斯莫尔尼宫。

11月5日，别雷舍夫来到斯莫尔尼宫。

"别雷舍夫，革命军事委员会有非常艰巨的任务交给你。"布尔什维克领导人之一的斯维尔德洛夫对别雷舍夫说道。

"能为俄国的革命出一份力，我感到很高兴，我保证出色地完成党交给我的任务，哪怕是付出生命。"别雷舍夫坚决地回答。

"好样的，按照列宁的指示，'阿芙乐尔'在这次革命中的任务非同寻常……"斯维尔德洛夫向别雷舍夫仔细地讲解了"阿芙乐尔"号在这次革命中的任务。

11月6日，临时政府封闭了布尔什维克党中央的机关报，形势越来越严峻。根据列宁的指示，武装起义被提前到这一天举行。别雷舍夫赶紧把"阿芙乐尔"的全舰人员集合起来，阻止喧嚷着要进城参加起义的水兵，号召大家服从革命纪律，静候革命军事委员会的命令，做好充分的战前准备。

午夜时分，别雷舍夫收到了从布尔什维克党人从斯莫尔尼宫传来的命令，要求"阿芙乐尔"号驶往尼古拉桥方向，使那里被敌人扰乱的交通得到恢复。

但是，"阿芙乐尔"舰长却对布尔什维克党人的命令百般推托，他所听命的是临时政府，怎么能听布尔什维克的命令呢？迫不得已，别雷舍夫决定单独指挥这艘军舰。

当"阿芙乐尔"号抵达尼古拉桥时，守卫大桥的士官生早已经被倒戈的巨大巡洋舰吓得逃跑了。别雷舍夫马上命令舰上的舵手们把断开的桥梁修复好。桥刚一被修好，几千赤卫队员和士兵欢呼着跨上桥面，向冬宫冲去。

到7日上午9时许，工人赤卫队和革命士兵在布尔什维克党的领导下迅速占领了彼得格勒的主要桥梁、火车站、邮电局、国家银行和政府机关等战略要地，还占领了通往冬宫的要道。临时政府总理克伦斯基乘坐美国大使馆的汽车灰溜溜地逃跑了。

"别雷舍夫同志，列宁同志要求'阿芙乐尔'号发表这份《告俄国公民书》。"快11时的时候，别雷舍夫接到了通信兵拿来的一份文件。别雷舍夫一刻不敢耽搁，立即用"阿芙乐尔"号上的无线电向全世界进行了广播。《告俄国公民书》的大致内容是这样的：临时政府已经被推翻，国家政权已转到彼得格勒苏维埃革命军事委员会手中。听到广播的俄国人民热血沸腾，纷纷奔向街头，欢呼雀跃，有些甚至加入起义的队伍中去。

下午5时左右，起义的工人和士兵包围了冬宫。但资产阶级临时政府不肯善罢甘休，进行着垂死挣扎，他们发出了一个又一个的求助命令，指望着能从前线调回军队，但这个希望很快就落空了，援军没有到来，起义军却捷足先登。革命军事委员会命令"阿芙乐尔"号在9点45分时发射空弹信号，那是革命军事委员会对临时政府发出通牒的最后期限。

9时45分，传来了临时政府拒绝投降的消息，别雷舍夫命令"阿芙乐尔"号巡洋舰以空炮射击，发出了开始向冬宫总攻的信号。

第二天凌晨，冬宫被赤卫队革命士兵攻占，临时政府的16名部长全部被抓获，十月革命获得了成功。

车厢里的停战协定

当第一次世界大战进入第三个年头时，无论是同盟国方面还是协约国方面，都已经处于非常困难的境地了。在凡尔登战役之后，德、奥两国深感力量不足。1916年底，德奥集团在各条战线上连连战败，只能采取守势。德国的"无限制潜艇战"虽然为德奥扳回了些胜利的希望，但是却招来了美国的参战，使德国速战速决的希望又泡了汤。美国参战后，派遣军队开赴欧洲战场，牵制了德国很大一部分的兵力。

1917年，俄国成立了苏维埃共和国。不久，列宁便向参加第一次世界大战的各交战国提出了不割地、不赔款的和平建议。列宁的建议遭到了英、法等国的拒绝，而德国竟欣然同意与俄国举行和平谈判。难道德国真的想就此停战吗？不是的，德国只不过是想通过与俄国的停战来减轻压力，以集中兵力对付英、法等国，再者，德国想迫使还没有巩固的苏维埃政权接受屈辱的和约，从中捞取好处。1918年3月3日，德国与苏维埃共和国签订了《布列斯特和约》，俄国退出了帝国主义战争。

作为德国停战代表团成员，埃尔茨贝格尔只能屈服于协约国的要求，这样可以把他的部队从被歼灭的危险中拯救出来。

德国虽然减轻了东线的压力，但是，德国国内人民的反战运动却给德国统治者带来了更大的压力。1918 年 3 月 7 日，德国统治者决定在西线发动最后攻势，虽然取得了一些进展，却未能取得决定性胜利。7 月，协约国联军在美国大量物资的援助下，开始向德军进行反击。9 月，英法美联军突破了兴登堡防线。10 月下旬，奥匈帝国瓦解，捷克斯洛伐克和匈牙利宣布独立，

为了在战后国际政治中处于领导地位，也为了限制英、法，美国总统威尔逊在 1918 年 1 月 8 日的国会中发表演说，提出公开外交、海上自由、贸易自由、裁减军备、民族自决、成立国际联合机构等被称为"世界和平纲领"的"十四点"要求，呼吁德国政府投降。

内外交困的德国政府不得以进行了政府改组。10 月，德国新任首相巴登亲王马克斯请求与协约国签订停战协定。11 月 4 日，德国基尔爆发了水兵起义，起义军占领了基尔、汉堡、不来梅等重要城市。在基尔水兵起义的带动下，德国各地掀起了革命风潮，资产阶级政权摇摇欲坠，这更加坚定了资产阶级想要与协约国谈判的决心。

11 月 7 日的傍晚，一辆汽车越过德法两军交战阵地向法国方向行驶，这辆汽车上插着白旗，车里坐着以德国外交大臣为首的代表团，他们正去协约国联军司令部请求和谈。

次日，汽车到达了巴黎东北贡比涅森林的雷通车站，此时，联军总司令福煦乘坐的火车也正好路过雷通车站。为了更有利于谈判，德国外交大臣登上车厢会见福煦。

"尊敬的福煦将军，很高兴在这里提前见到您。"德国外交大臣满脸堆笑地迎上前去。

福煦见到敌方的官员如此卑躬屈膝，竟然没一点反应："谈判的时间还没到，

你们来见我干什么？"

面对福煦的质问，德国外交大臣脸上显出一丝惊恐："噢，是这样的，我们希望听听您对停战提出的建议。"

"建议？好啊，你们拿去看看吧，这里写得很清楚，如果你们想议和的话，3天后在这里签字就可以了，其实，我们很愿意继续打下去的。"福煦一边说着，一边拿出一份早已写好停战条件的文件。

德国外交大臣接过一看，顿时傻了眼，那是多么苛刻的条件啊，其中包括：德军14天内撤出占领的法国、比利时、卢森堡的领土，甚至连德国莱茵河东西各30千米的领土都交由联军管理。如果在稍早一些时候，德国绝对不会答应这样的条件，但今非昔比，国内的革命形势正在进一步扩大，如果不签订这一协定，德国政府将很快会走下历史舞台。左右衡量之后，德国政府决定签订这一协定。

11月11日，德国政府代表埃尔茨贝格尔走上福煦乘坐的火车，与福煦签订了《贡比涅森林停战协定》。6小时后，双方停火，第一次世界大战结束。

"一切为了东线"

苏维埃俄国的建立严重地威胁着西方各国的利益。1918年初，英、法、美、日等协约国帝国主义国家为扼杀苏维埃政权派遣干涉军进犯苏俄。

3月9日，英军在苏俄北部的摩尔曼斯克登陆，揭开了帝国主义武装干涉苏俄的序幕。接着，法、美等国也效仿英国。在协约国的支持下，哥萨克统领克拉斯诺夫在顿河发动叛乱，白军南俄军司令邓尼金在北高加索组织"志愿军"讨伐苏维埃政权，不过，对苏维埃政权造成最大威胁的还是捷克斯洛伐克军团的叛乱。国内外反革命的联合势力使刚刚成立的苏维埃政权岌岌可危，大约3/4的领土落到了国内外敌人手中。

在这种情况下，苏维埃政府提出了"一切为了前线"的口号，实行战时共产主义政策，集中全国的财力物力对敌作战。10月，

反击的红军

高尔察克和邓尼金率领的两支白军，一直不断从东线和南线挺进，造成战线过长，力量分散。1919年4月起，红军抓住时机，果断出击，开始进行全线反攻。

英勇的苏俄红军把捷克军团和邓尼金率领的白军赶到了乌拉尔山区，解放了喀山、辛比尔斯克等城市，并粉碎了南线和东线白军实现会合的企图。随着一战的结束，苏俄也收复了被德军占领的土地。但是，由于没有德国的牵绊，协约国更加关注于对苏俄的武装干涉。到1918年底，在协约国支持下，干涉军达到了30万人。

1919年春，协约国把盘踞在西伯利亚的高尔察克的25万军队作为进攻的主力从东部进攻苏俄。配合进攻的还有南部的邓尼金，西部的波兰白军，北部的英、法、美干涉军，彼得格勒附近的尤登尼奇等。

高尔察克曾参加过1905年的日俄战争，但却成了日军的俘虏。获释回国后，他参加了北极探险，并于1906年发表了学术著作《科拉海和西伯利亚海积冰层研究》，因此荣获了俄国皇家地理学会最高奖赏——大君士坦丁金质奖章。后来，人们还按照他绘制的地图和航海图志开辟了北冰洋航道。一战中，身为波罗的海舰队军官的高尔察克阻止了德军向彼得格勒的进攻。由于高尔察克屡立战功，1916年被晋升为海军中将，并出任黑海舰队司令。如果不是十月革命，高尔察克或许能成为一名不错的沙俄海军指挥官，正是十月革命的爆发使他的这一梦想破灭了。十月革命后，高尔察克被迫流亡伊朗。不久，在协约国的支持下，高尔察克返抵西伯利亚的鄂木斯克，出任反苏维埃的"西伯利亚政府"部长，高尔察克本人沾沾自喜，自认为终于找到了可以让自己翻身的靠山。11月18日，高尔察克发动政变，建立军事独裁政权，自任"俄国最高执政"和陆海军总司令。

1919年3月，高尔察克军全线出击，迅速向西推进100多千米，一度占领了西伯利亚、乌拉尔和伏尔加河一带。随后，高尔察克军与南部和北部的干涉军、白军会合，向莫斯科进军，准备控制伏尔加河流域。苏维埃政权处于生死存亡的紧急关头。

面对东线告急，列宁在《真理报》上发出"一切为了东线""必须全力粉碎高尔察克"的号召。大批党团员积极响应，奔赴前线，奋起保卫工农政权；大批工农加入红军支援东线，莫斯科—喀山铁路段的工人还发起了星期六义务劳动来支援前线。4月，苏俄东线司令加米涅夫指挥红军开始反攻，白军节节溃败，被赶出了乌拉尔地区。7月，红军又打退了高尔察克军，解放了乌拉尔。年底，红军已经解放了西伯利亚，并开进了高尔察克的老巢鄂木斯克。

看到败局已定，高尔察克气急败坏，即便协约国有通天之力，也不能帮他扭转这一败局了。眼望着鄂木斯克也将落入红军之手，高尔察克除了兴叹没有他法，他吩咐部下稍事准备，就前往远东避难，目标锁定了中国哈尔滨。

天网恢恢，疏而不漏。当高尔察克一行人乘坐的火车抵达伊尔库茨克时，被在这里起义的工农兵抓获。1920 年 1 月，高尔察克被转交给布尔什维克伊尔库茨克革命委员会，由莫斯科"契卡"（全俄肃反委员会）主持的革命法庭对其进行审判。2 月 5 日，革命法庭对高尔察克判处死刑。

随后，高尔察克的残部也全部被歼灭。以高尔察克为主力的协约国组织对苏维埃俄国的武装干涉彻底失败。

此前，红军还击退了尤登尼奇对彼得格勒的进攻。1920 年底，图哈切夫斯基指挥东南战线红军攻入北高加索，消灭了邓尼金主力。1922 年 10 月，红军在苏俄远东地区把最后一批干涉军赶出了国门。

基尔水兵起义

第一次世界大战后期，德国面临着严重的经济、政治危机，国内的社会矛盾进一步加深了。垄断资产阶级在战争中大发横财，而劳动人民却遭到了空前未有的灾难。由于战时大批的工人被征召开赴前线，加上原材料和燃料奇缺，导致工厂、企业纷纷倒闭，德国国内的不满和反战情绪不断增长。在 1917 年一年时间里，德国就发生了 561 次罢工，参加人数达 146 万多人，以柏林 30 万工人和莱比锡 5 万工人举行的四月大罢工影响最为深远。罢工者提出了立即结束战争、迅速改善劳动人民生活等要求，但统治者只顾与协约国的交战，根本不管百姓的死活。

与此同时，德军军队也展开了反战运动，不满情绪以海军最为强烈。1917 年 8 月，威廉港 12 艘军舰上的水兵爆发起义，起义遭到了反动政府的残酷镇压，许多水兵被捕，起义领导人马克斯·来希斯比奇和阿尔宾·科比斯被判处死刑。德国人民愤怒了，此时俄国社会主义革命的胜利成了推动德国革命运动向纵深发展的催化剂。

1918 年，德国统治者已经到了山穷水尽的地步，但他们却不甘心就这样退出历史舞台，而是

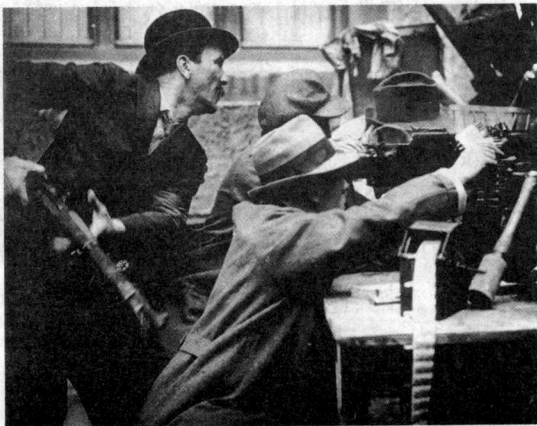

斯巴达克派士兵正与艾伯特反动政府激烈交战。

做着垂死挣扎。3 月，德军在西线集结了 205 个师向联军发动了 4 次攻势，结果却是损失惨重。9 月，联军全线出击，德军不得不节节败退。军事上的失败，促使国内反战运动进一步发展，德国处在了风雨飘摇之中。

9 月 30 日，德皇威廉二世下达诏书，改组政府，实行国会制，并授命巴登亲王组阁。但是，这些都已无法阻止德国革命的爆发，更挽救不了反动统治的失败。

在代表德国工人阶级和德意志民族利益的斯巴达克派的号召下，德国境内的革命运动汹涌澎湃。

10 月，德国统治者决定孤注一掷，做最后一搏：把一切鱼雷艇、小型巡洋舰、战斗舰，甚至连出了毛病的军舰都集中起来，出海同英军作战。统治者自有统治者的想法：如果这一战打胜了，可以名正言顺地来消除德国工人群众日益增长的不满情绪，而如果战争打败了，水兵们也算实现了"光荣的沉没"，水兵骚动带来的威胁也算是清除了。

当月 25 日，德国海军司令部下令基尔港的德国远洋舰队出海。基尔港的 8 万水兵本来就对政府极其不满，这一命令刚一下达，水兵们便识破了这个冒险计谋的用意：这是让他们去白白送死啊。10 月 29 日晚，基尔港水兵熄灭炉火、拒绝起锚。任由海军司令部许下什么诺言，水兵们就是不出海。被迫无奈，海军司令部只能放弃了这个计划，但为了杀一儆百，司令部逮捕了几百名水兵，还在军事法庭上对被捕的水兵进行了审判。海军司令部的这一做法只能激起水兵们更强烈的反抗，11 月 1 日和 2 日，基尔港的水兵继续集会，要求当局释放被捕水兵，但遭到了拒绝。

11 月 3 日，基尔港的水兵在军舰的桅杆上系上了一面面红旗，在自己的军装上佩戴上红绸带，在帽子上别上红色的徽章，然后走下战舰，拥上基尔城街头，举行大规模的示威游行。水兵们高喊着革命口号，强烈要求当局释放被捕者。游行示威很快发展成为武装起义。在水兵们的带领下，基尔城的工人也行动起来。起义队伍解除了军官的武装，迅速占领了战略要地。不久，工人代表苏维埃和士兵代表苏维埃在基尔成立了。5 日，基尔工人实行全城总罢工，以此来支持水兵起义。

德国反动政府刚一得到基尔水兵起义的消息，便被吓得惊魂落魄，忙从外地调来了 4 个步兵连对其进行镇压。他们万万没有想到，步兵连中的 3 个倒戈相向，另一个也迅速被起义军解除了武装。几天后，整个基尔城已为工兵代表苏维埃所掌握。

基尔水兵起义胜利的消息像一声春雷，冲破了反动政府的封锁，迅速传遍全国，革命火焰蔓延到各个城市。从 11 月 3 日到 8 日，短短的一个星期内，各个邦的君主先后被赶下台，几乎所有的城市都建立了工人士兵苏维埃。

基尔水兵起义是德国 11 月革命的起点，同时也导致了德国被迫停战，第一次世界大战结束。

巴黎分赃会议

1919 年 1 月 18 日，巴黎和会——一场分赃的丑剧——在法国巴黎附近的凡尔赛宫镜厅内举行。

"法国是这次战争最大的受害者，所以我们理所当然地应该拿更多的战利品。"法国总理克列孟梭对表现出不满的其他国代表说道。

"但我们英国为这次战争出的力可不比你们法国少啊。"英国首相劳合·乔治站了起来，几乎是怒视着克列孟梭。虽然战后的法国已不如前，但大部分国家的代表还是慑于法国的力量，只有英国敢与之争锋。

克列孟梭虽然已经快 80 岁，但他"老虎总理"的作风依然不减当年，他怎么能让德国巨额的赔款外落到他国之手呢？

"你们英国一直都是在我们法国土地上作战，你们本土损失了多少呢？而你瞧瞧我们的国土，遍体鳞伤……"克列孟梭激动得似乎有些说不下去了。

劳合·乔治也不甘示弱："可我们只要赔款的 30% 啊，这不过分吧，如果没有英国，法国单枪匹马能战胜德国吗？"

正当英、法两方争得不可开交的时候，美国总统威尔逊出来打圆场："我们美国可是一分钱也不要，我们的那一份就分给其他国家吧。依我看，你们两国互相让一点儿。你们看这样行不行，法国得 56%，英国得 28%，利益均沾嘛。"

在美国的调停下，德国赔款的 7.14 亿美元被瓜分完毕。

巴黎和会上的各国代表

克列孟梭见在赔款方面没有占到太多便宜，便又把目光转向割地上，他指着地图："阿尔萨斯本来就是法国的，但我们希望以莱茵河为法德边界，阿尔萨斯旁边的萨尔区归法国所有。"

"绝对不行。"威尔逊与劳合·乔治异口同声地嚷道。如果把萨尔区割让给法国，法国无疑就是欧洲的霸主了，萨尔区可是重要的军事工业区啊。

"难道你不知道德国的反战情绪正在高涨吗？难道你愿意看到德国也像俄国一样建立起苏维埃吗？"劳合·乔治警告克列孟梭。

"随便你们怎么说，如果不给法国萨尔，我们将退出和会。"克列孟梭像一只野兽一样咆哮着。

但是，威尔逊与劳合·乔治丝毫没有退让。最后，法国只好同意暂时把萨尔区交给国际联盟代管。此外，巴黎和会还要求德国在莱茵河以东50千米不准驻军，莱茵河以西由联军占领15年，同时，德国只能保留10万陆军，禁止生产军用飞机、重炮、坦克和潜艇等武器，等等。

在巴黎和会上，除了对德国的苛刻处置和勒索外，还包括其他几项议程，其中就有扼杀新生的苏维埃俄国和筹组国际联盟。

根据美国总统威尔逊的提议，和会决定对苏俄实行经济封锁，保留德国在东线的军队，并对反苏武装进行干涉。威尔逊还竭力主张建立一个"国际联盟"。

等惩罚德国的协议都准备好时，和会已经开到了5月份。5月7日，德国代表终于被召进会场，这个主要围绕德国问题召开的和会，德国竟然没有一点发言的权利，不能不说是一种讽刺。

"这就是我们拟定的各份协议，你们必须在这份文件上签字。"克列孟梭指着分赃条约草案对德国代表说。

"为什么非得要我们承认德国是战争的唯一祸首呢？这是不公平的，我怎能在这种文件上签字呢？"德国代表看到条约上苛刻的条件后站起来申诉。

但是，作为战败国，在英、法、美等国的一再威胁下，德国代表最终还是在和约上签了字。

6月28日，战胜国也在和约上签了字。作为战胜国的中国，因和会没能解决山东问题而拒绝签字。

巴黎和会表面上是协约国对同盟国制订和约，实际上却是英、法、美和日本等国借以从战败国中夺取领土、殖民地和榨取大量赔款的分赃会议。这次会议并没有解决帝国主义之间的矛盾，反而为第二次世界大战埋下了复仇的种子。

十月革命

第一次世界大战进行到 1917 年时，饱受压迫奴役之苦的俄国人民不堪战争的重负，为了获得土地、和平和面包，他们再次掀起革命斗争的高潮。

1917 年 3 月 15 日（俄历 2 月 27 日），工人和革命士兵在彼得格勒发动武装起义，推翻了沙皇政府，统治俄国 300 多年的罗曼诺夫王朝垮台了。这次革命史称"二月革命"。

二月革命以后，俄国出现了两个政权并存的局面，一个是资产阶级临时政府，它掌握着各级权力机构；另一个是工人士兵代表苏维埃，它得到工农的支持，拥有实权，但它只是辅助性政权。两个政权并存的局面不可能长久维持下去，随着形势的发展，其中一个必然要化为乌有。

在这种复杂的形势下，1917 年 4 月，长期流亡国外的列宁回到了彼得格勒。他在党的会议上作了被称为《四月提纲》的报告。列宁指出，俄国革命必须从资产阶级民主革命向无产阶级社会主义革命过渡；无产阶级和贫苦农民必须夺取政权，建立苏维埃共和国。列宁还号召布尔什维克党积极准备新的革命。《四月提纲》指明了俄国革命的方向。

1917 年 7 月，俄军在前线的进攻遭到惨败。消息传到彼得格勒以后，工人和士兵满腔怒火。他们走上街头，举行示威，要求全部权力归苏维埃，游行遭到临时政府派的血腥镇压，史称"七月革命"。两个政权并存的局面不复存在，临时政府掌握了全部权力，开始大肆逮捕布尔什维克和革命群众。布尔什维克党的活动转入地下。

8 月，布尔什维克党召开代表大会，确定了武装起义的方针。9 月，俄军最高总司令科尔尼洛夫下令向彼得格勒推进，企图武力镇压革命力量，建立军事独裁政权。在布尔什维克党的领导下，科尔尼洛夫的叛乱被粉碎。国内阶级的力量对比发生巨大变化。临时政府的支柱——军队瓦解。布尔什维克党的威信空前提高，革命形势日趋成熟。

1917 年俄历 10 月 7 日，列宁秘密回到彼得格勒，筹备武装起义。10 月 10 日，党中央开会讨论武装起义问题。会上讨论了列宁的报告，最后，列宁的主张以 10 票对 2 票获得通过。会议宣布："武装起义是不可避免的，并且业已完全成熟。"尽管季诺维也夫、加米涅夫在会上投了反对票，但会议仍然同意他们参加由列宁、托洛茨基、斯大林等组成的七人政治局，负责武装起义的政治领导工作。

1917 年俄历 10 月 18 日，孟什维克左翼的《新生活报》刊登了季诺维也夫和加米涅夫关于反对发动武装起义的文章，从而泄露了武装起义的机密。列宁称之为"叛变活动"，随即加紧了起义的具体准备工作。

布尔什维克党面对急剧变化的革命形势，决定提前起义。俄历10月24日上午，军事革命委员会向刚刚组建的卫戍部队发出战斗命令。当晚又下令波罗的海舰队的水兵开赴首都参加战斗，赤卫队受命守卫工厂和设备以及斯莫尔尼宫。起义的发动工作进行得十分顺利，起义者在24日上午就按计划占领了事先规定的地点。当晚，列宁来到斯莫尔尼宫，亲自指挥起义。从24日晚到25日晨，卫戍部队、赤卫队和水兵采取联合行动，夺取了主要桥梁、火车站、邮政总局、政府机关、中央发电厂等战略据点，只剩下临时政府所在地冬宫、军区司令部大楼和预备国会所在地玛丽娅宫尚未被攻克，彼得格勒武装起义取得了初步胜利。

俄历10月25日上午10日，彼得格勒苏维埃军事革命委员会发布了列宁起草的《告俄国公民书》，下午6时，约2万名起义者包围了冬宫。龟缩在冬宫的临时政府妄图负隅顽抗，拒绝接受战地指挥部发出的令其20分钟内投降的最后通牒。晚9时40分，彼得保罗要塞的大炮开始向冬宫轰击，停泊在涅瓦河畔的"阿芙乐尔"号巡洋舰也响起了炮声。接着，起义者向冬宫发起进攻，并很快就突破了冬宫的外围防线。俄历10月26日凌晨2时10分，攻下了冬宫。2时35分，彼得格勒苏维埃在斯莫尔尼宫召开紧急会议，列宁在会上郑重宣布：权力归军事革命委员会为代表的苏维埃。至此，彼得格勒武装起义取得了决定性的胜利，社会主义的曙光在彼得格勒的上空闪耀。彼得格勒胜利是通过暴力革命取得的胜利，也是十月社会主义革命进程中最为重要的一笔。

1917年俄历10月25日晚10点40分，第一届中央执行委员会代理主席、孟什维克党人唐恩宣布大会开幕。当10月26日凌晨，起义队伍攻下冬宫和逮捕临时政府成员的消息传到会场时，全场顿时沸腾起来。接着，卢那察尔斯基宣读了列宁起草的《告俄国工人、士兵和农民书》，选出了由101人组成的全俄中央执行委员会。至此，世界上第一个无产阶级专政国家诞生了。

苏联建国

苏维埃社会主义共和国联盟，简称苏联。它是在俄国十月革命胜利的基础上建立起来的。

十月革命胜利以后，俄国各地区的被压迫民族纷纷建立起自己的民族国家和民族政权组织。从 1917 年底至 1921 年，乌克兰、白俄罗斯、立陶宛、拉脱维亚、爱沙尼亚、阿塞拜疆、亚美尼亚、格鲁吉亚等宣布成立独立的民族国家，建立了苏维埃政权。在外国帝国主义武装干涉和国内反革命武装叛乱的严峻形势下，它们建立了密切的军事、经济和外交方面的联系，签订了相互合作条约。为了打破帝国主义的包围和封锁，尽快恢复被战争破坏的国民经济，进一步巩固和壮大无产阶级政权，联合各民族人民共同走上社会主义道路，各苏维埃共和国需要建立更加紧密的合作关系。

1922 年 8 月，俄共（布）中央政治局成立专门委员会，由斯大林主持工作。负责讨论各苏维埃共和国联合的问题，9 月，委员会通过了斯大林提出的《关于俄罗斯苏维埃联邦共和国同各独立苏维埃共和国的相互关系的决议草案》。这个"自治化"方案严重削弱了各苏维埃共和国的独立自主权。各苏维埃共和国在讨论这个决议草案时产生了严重分歧，少数赞成，多数反对。

列宁严厉批评了斯大林的"自治化"方案。他认为各苏维埃共和国必须保持平等的地位，联合成为新的民主联盟国家，建立平等的、民主的苏维埃社会主义共和国联盟国家。他坚持俄罗斯联邦、乌克兰、白俄罗斯、南高加索联邦（包括阿塞拜疆、亚美尼亚、格鲁吉亚 3 个苏维埃共和国）必须按照自愿和平等的原则加入新的联邦制国家，建立新的全联盟中央机构。根据列宁的建议，委员会重新制定了联合决议草案，确认乌克兰、白俄罗斯、南高加索联邦共和国同俄罗斯联邦共和国必须缔结关于组成新的联邦制国家的条约，选举新的全联盟中央执行委员会，作为统一联邦制国家的最高权力机关。

1922 年 12 月 30 日，苏联第一次苏维埃代表大会在莫斯科举行。大会批准了《苏维埃社会主义共和国联盟成立宣言》和《苏维埃社会主义共和国联盟成立条约》，宣告苏维埃社会主义共和国联盟正式成立。1924 年 1 月，苏联通过了第一部宪法，把苏维埃共和国联盟的形式固定下来。

苏联成立宣言和苏联成立条约、1924 年苏联宪法及其他立法对联邦制国家的运行做出了一些原则规定：苏联是由各个平等的苏维埃共和国自愿联合组成的社会主义联邦制国家；各加盟共和国享有主权国家地位，在苏联宪法规定的分权范围内独立行使自己的国家权力；各加盟共和国享有自由退出联盟的权利。联盟国家最高权力机关为联盟苏维埃代表大会，苏维埃代表大会闭会期间联盟中央执行委员会为最高权力机关。

1922 年 12 月成立时，苏联由俄罗斯联邦、南高加索联邦、乌克兰、白俄罗斯四个苏维埃共和国组成。此后，1924～1936年，中亚地区先后成立了乌兹别克斯坦、塔吉克斯坦、土库曼斯坦、哈萨克斯坦、吉尔吉斯斯坦5个苏维埃共和国，它们作为主权共和国加入了苏联。1936年12月初，将南高加索联邦划分成阿塞拜疆、亚美尼亚、格鲁吉亚3个主权苏维埃共和国并加入了苏联。1940年6月，苏联政府派兵进驻波罗的海地区的立陶宛、拉脱维亚、爱沙尼亚三国。8月，苏联以武力强行改组三国政府，将三国变为苏维埃共和国并入苏联。到1940年，先后有15个加盟共和国加入苏联。苏联成为一个统一的、多民族的社会主义联邦制国家。

德国革命爆发

19世纪中后期，普鲁士经过3次王朝战争，统一了德国，并确立了容克资产阶级在德国的统治，使德国走上了发展资本主义的道路。德国资本主义保留了浓厚的封建残余：政治上，保留了半专制主义的君主制度，容克地主在政治生活中占据很高的地位，人民很少有自由民主权利；经济上，封建容克土地所有制占优势，容克地主与垄断资本紧密勾结，对广大人民实行残酷的剥削。第一次世界大战爆发后，德国经济濒临崩溃，劳动人民陷入困境，国内阶级矛盾进一步加剧。

1918年初，德国各地爆发了工人罢工运动，并在罢工过程中建立了工人代表苏维埃。1918年秋，德军在前线接连不断地失利，败局已定，士兵的厌战情绪日益高涨，革命形势日益成熟。11月3日，基尔的水兵、士兵和工人举行起义，到5日时，苏维埃掌握了基尔的全部政权。基尔起义吹响了德国十一月革命的号角，革命迅速向全国蔓延。11月9日，柏林数十万工人和士兵举行了总罢工和武装起义，推翻了霍亨索伦统治的王朝。同一天，德国社会民主党领导人谢德曼和斯巴达克派领导人李卜克内西分别宣布德国为"德意志共和国"和"自由社会主义共和国"。

1918年11月10日，德国社会民主党和独立社会民主党联合组成了以艾伯特为首的资产阶级性质的

德国工人阶级组织起来举行游行示威，直接促成了德国共产党的成立。

临时政府——人民委员会。临时政府成立后，人民委员会实行了一些资产阶级民主性质的改革，但保留了原有的国家机器，解散了工人武装，实行敌视苏俄的外交政策，反对革命继续发展。德国革命有停留在资产阶级民主革命阶段的危险。

为了推动革命继续前进，斯巴达克派积极进行活动。1918年11月11日，斯巴达克派进行了改组，更名为"斯巴达克同盟"。12月29日，斯巴达克同盟举行了全国代表大会,决定与独立社会民主党彻底决裂,成立德国共产党。12月30日，德国共产党宣告诞生。

为防止德共领导革命向前发展，艾伯特政府寻机对德共进行镇压。1919年1月4日，艾伯特政府宣布解除独立社会民主党人埃希霍恩的柏林警察总监职务，这一决定激起了柏林工人的极大愤怒。1月5日，柏林15万工人举行了声势浩大的示威游行，结果遭到了艾伯特政府的血腥镇压，德国工人阶级的杰出领袖卡尔·李卜克内西和罗莎·卢森堡被杀害。在镇压柏林一月起义的恐怖气氛中，德国国民议会于1919年2月在魏玛召开，制定了资产阶级民主性质的《魏玛宪法》，这部宪法宣布德国是共和国，同时宣布私有财产不可侵犯，并规定了资产阶级的民主自由权利。根据三权分立的原则，宪法规定在德国实行议会民主制，并给予总统以广泛的权力。宪法中也包括一些有利于劳动者的内容，如规定国家为了公共福利可以实行社会化政策；职工在名义上可以和雇主在工资、劳动条件等方面有"共同决定权"；成立工人委员会，保护工人和雇员的社会经济利益。这样，《魏玛宪法》在维护资产阶级和容克地主利益的基础上，也确认了人民经过革命争得的一部分民主权利。宪法全文共181条，是德意志共和国的基本组织法。《魏玛宪法》实施后，德国进入魏玛共和国时期。

魏玛共和国在政治上加强垄断资本的政治统治，削弱工人民主权利；在经济

·斯巴达克团·

德国社会民主党左派成立的革命组织。第一次世界大战前，德国社会民主党即已分成左、中、右三派。大战爆发后，以卡尔·李卜克内西、罗莎·卢森堡等人为首的左派坚持马克思主义，反对帝国主义战争，主张重建工人阶级的国际组织。1916年1月在柏林召开的全国代表会议通过了《国际社会党人的任务提纲》，坚持阶级斗争和无产阶级的国际团结，主张反帝反战，清除资产阶级民族主义对无产阶级的影响，决定出版刊物《政治书信》，后改为《斯巴达克书信》，左派即称"斯巴达克团"，一月会议为其成立标志。斯巴达克团广泛开展革命宣传活动，组织领导工人斗争和反战运动，领导和推动德国十一月革命，提出建立苏维埃政权，实现社会主义革命的目标。1918年11月改组为斯巴达克同盟，12月全国代表会议决定成立独立的德国共产党。

上大力扶植垄断资本，借助外国资本的流入发展经济，使德国工业生产 1929 年跃居资本主义世界第二位。1925 年加入国际联盟并任常任理事国，重新取得欧洲大国的地位。1929 年，受到世界经济危机严重打击，国内矛盾激化，革命形势高涨，政局动荡。垄断资本遂支持希特勒于 1933 年上台，建立法西斯政权，魏玛共和国宣告解体。

第三国际

第三国际又名共产国际，是世界无产阶级第四个联合组织。在第一次世界大战和十月革命的影响和推动下，资本主义世界掀起了无产阶级革命斗争的高潮，许多国家建立自己的革命政党——共产党。但是，由于各国新生的共产党缺乏斗争经验，还没有彻底摆脱社会民主党的影响，而且有的国家尚无自己的革命政党，这使得无产阶级无法很好地完成历史使命。

第二国际破产后，列宁等革命左派在思想上划清了与第二国际机会主义的界限，在组织上加强了国际合作，为共产国际的建立奠定了组织基础。到 1918 年底，成立共产国际的思想已为许多国际的左翼代表所接受。

经过酝酿和准备，第三国际成立大会于 1919 年 3 月 2 日至 6 日在莫斯科举行，30 个国家的共产党和左翼组织的 54 名代表和观察员参加了这次会议。大会通过了《共产国际行动纲领》，选出了执行委员会和执行局。这样，共产国际正式建立起来了。

共产国际的建立，标志着第二国际机会主义在工人运动中的统治彻底结束，同时，世界无产阶级有了团结的核心和革命的司令部。共产国际继承和发展了第一国际的革命原则，承接了第二国际的成果，提出了无产阶级的新的革命原则和任务，推动了国际共产主义运动的进一步发展。

共产国际的组织原则具有高度的集中性。共产国际"二大"上通过的《共产国际章程》规定：共产国际必须是一个高度集中的组织，必须是一个全世界的统一的共产党，各国共产党是它的支部，受共产国际的领导；共产国际执行委员会有权修改各国支部的决议，有权开除违反国际原则和决议的支部，有权派代表参加支部的一切会议，各支部召开会议需经国际批准，等等。这样，共产国际就确立了高度集中的组织制度。1919 ~ 1923 年，为其活动的初期。"二大"阐明反对机会主义的必要性和艰巨性；"三大"和"四大"先后发出"到群众中去"的号召和建立具有广泛统一战线基础的"工人政府"的口号。这一时期对各国共产党的建立和成长起到了促进作用，但也犯有对革命形势估计脱离实际的错误。中期为 20 世纪 20 年代中期到 30 年代初期，先后召开了"五大"和"六大"。这一时期"左倾"思想严重，妨碍了统一战线工作的开展，给反法西斯斗争带来了不利影响。

在共产国际成立大会上，列宁、斯大林（第二排左三和左二）与大会代表在一起。

1943 年 6 月 8 日，共产国际执委会主席团召开了最后一次会议，决定自 6 月 10 日起撤销共产国际所属的一切机构。至此，共产国际在完成了历史使命后，自行解散。

"土耳其之父"

凯末尔原名穆斯塔法·凯末尔，后来又有了一个新名字凯末尔·阿塔土耳克。"阿塔土耳克"是土耳其的大国民议会为了表彰他的不朽功勋而特意授予他的姓，是"土耳其国父"的意思。在各国历史上，把本国的杰出革命领袖推崇为国父的并不少见，而能把国父当作自己的姓的政治家，恐怕也就只有凯末尔了。

凯末尔于 1881 年出生于巴尔干半岛的萨洛尼卡，他父亲是位富裕的木材商。他的祖国是历史上赫赫有名的奥斯曼帝国，但当时这个帝国已经败落，几乎沦为了欧洲强国的殖民地。凯末尔从小的愿望就是做一名军人，每当看到街上有军人走过时，他心中就充满了羡慕。他在 12 岁时就进入了军事预备学校，18 岁时进入伊斯坦布尔军事学院学习。毕业后他曾在总参谋部任职，后任第三军团参谋长，并加入了青年土耳其党。

第一次世界大战爆发后，土耳其加入了德国一方的同盟国，向英、法一方的协约国宣战。凯末尔虽然竭力反对土耳其参战，但是作为军人的使命感和责任感还是使他走上了战场。1915 年，他指挥部队在达达尼尔海峡战役中粉碎了英法联军的优势进攻，为祖国赢得了第一次世界大战中唯一的一次战役胜利。凯末尔也因此名声大振，在 1916 年晋升为少将。1918 年，土耳其向协约国投降，其领土

穆斯塔法·凯末尔

被帝国主义国家的军队分割占领。就在国家处于生死存亡的危急关头，凯末尔毅然辞去军职，竖起了民族独立的大旗。他统一了土耳其各地的护权协会，号召人民奋起斗争，捍卫祖国的独立和荣誉。1920年，土耳其苏丹政府召开帝国会议，在凯末尔等人的努力下，通过了《国民公约》，确立了保护国家领土完整和民族独立的基本纲领。革命派的斗争引起了帝国主义国家的不满，这年3月，协约国军队开到了伊斯坦布尔，开始了对革命派的打击，而土耳其的军事法庭也缺席审判凯末尔等人死刑。

面对严峻的国内外形势，凯末尔在安卡拉召开新议会，成立了临时政府，凯末尔任临时总统。同时，他建立国民军，并任总司令。1920年8月，协约国强迫土耳其签订了不平等的《色佛尔条约》。根据该条约，土耳其的所有领土都被帝国主义国家分割占领，而且它的军事和财政也要受英、法、意三国委员会的监督。凯末尔领导的临时政府拒不承认这一条约。1920年，希腊国王纠集10万大军迅速向土耳其内地推进，凯末尔动员全国的一切力量，又争取到了苏俄的支持和援助，运用机智灵活的战术，终于在1922年赢得了战争的胜利。战争的胜利迫使帝国主义国家放弃了瓜分土耳其的企图，1922年，有英、法、美、希等国参加的洛桑和平会议召开，并在1923年签订了《洛桑和约》。和约重新确定了土耳其的领土范围——几乎包括了今天整个土耳其共和国的领土，并废除了原来强加于土耳其身上的不平等条款。这样，在凯末尔的领导下，土耳其成为第一次世界大战战败国中唯一靠自己的力量恢复了主权完整的国家。

1923年，土耳其国民议会正式宣布废除君主制，建立共和国，并选举凯末尔为第一任总统。

为了实现土耳其的民族复兴之路，凯末尔在任期内进行了一系列改革。政治上，实行政教分离，废除哈里发制度，推行世俗化；经济上，借鉴苏联工业化的经验，用国家力量促进经济发展；文化上，培育土耳其民族精神。凯末尔的改革逐步使土耳其走上现代化之路。

1938年11月10日，凯末尔在连任了三届总统后病逝，享年57岁。土耳其人民为他举行了最高规格葬礼，以表彰他对土耳其做出的杰出贡献。

"非暴力不合作运动"

印度的"非暴力不合作运动"有 3 次，第一次发生在 1920 ~ 1922 年，第二次发生在 1930 ~ 1934 年，第三次发生在 1942 年。

第一次世界大战期间，印度人民同英殖民统治者间的民族矛盾日益激化。战后，为缓和印度人民的反抗情绪，巩固殖民统治地位，英国殖民当局采取了镇压与怀柔两手政策。1918 年 7 月，英国通过了《孟太古—蔡姆斯福改革方案》，次年 3 月又颁布了《罗拉特法案》。英国殖民当局以为印度人会屈辱接受，谁料到《罗拉特法案》刚一出台，就激起了印度人民的强烈反对，各地集会、示威和罢工活动连续不断。

这一时期，领导国大党的是莫汉达斯·卡尔姆昌德·甘地。

甘地在英国受过高等教育，曾经因为在国外领导印度侨民反对种族歧视而享有盛名。回到国内后，甘地看到印度的革命情形，认为印度必须独立。甘地虽然有进步的思想，但他却主张必须以和平方式进行反英斗争，这种斗争方式被称为"非暴力不合作运动"。"不合作"的内容包括：印度人辞去英国殖民者授予的公职，学生退出英办学校，提倡国货，抵制英货，使用土布等等。非暴力不合作运动得到了印度各阶层人民的广泛响应。1921 年，国大党领导的不合作运动同工农运动交织在一起，形成了民族斗争的高潮。

1922 年 2 月 4 日，印度联合省曹里曹拉村农民突破了非暴力的限制，烧毁警察所，破坏铁路，并杀死向群众开枪的警察。曹里曹拉事件突破了甘地非暴力不合作运动范畴，被甘地认为是"不道德行为"。2 月 11 日，国大党在巴多利召开紧急会议，通过了在全国无限期地停止不合作运动的决议，第一次非暴力不合作运动宣告失败。

从 1929 年开始，资本主义经济危机在世界范围内爆发，英国为了减少经济危机带来的损失，加紧了对殖民地的掠夺，印度人民反英斗争重新高涨起来。1929 年 12 月，国大党通过了"争取印度完全独立"的决议，当甘地向印度总督提出这一要求后，遭到了严厉拒绝。1930 年，英国殖民当局为了加紧对印度人民的剥削，制定了《食盐专营法》，严格控制食盐生产，这一法律的实施更加引起了印度人民的不满。

1930 年 3 月的一大，甘地带领 78 名印度人在印度西北部阿默达巴德城的修道院门前，对着大海的方向宣誓。

"英国人竟然以'食盐专营法'来逼迫我们，如果他们不加以修改，我们将离开这里。"甘地情绪激昂地说。

"我们宣誓，我们宣誓……"其他的人纷纷响应。

这就是历史上著名的"食盐进军"运动。甘地带领这些人从阿默达巴德出发，徒步行走，沿路号召人民参加"非暴力不合作运动"。4 月初，甘地一行人到达丹地海滨。这时候，跟随甘地的队伍已经有了上千人。当天晚上，这上千人的队伍开始绝食祈祷，第二天上午，甘地又带领这些人到海边取海水煮盐。从这天起，甘地每天都带领这些人到海边煮盐，一直坚持了 3 个星期。

"食盐进军"点燃了全印抗英斗争的浪潮，标志着第二次非暴力不合作运动开始。

和第一次非暴力不合作运动一样，甘地极力主张把群众运动限定在和平范围内，但是，英国殖民当局并不讲什么"非暴力"，他们逮捕甘地和国大党的其他领导人，并下令取缔国大党。英国殖民当局的这些做法使印度人民再一次冲破了非暴力的限制，示威游行、罢工、抗税斗争不断发生，有的地方还爆发了武装起义。

印度人民掀起的革命风暴把英国人吓坏了，他们急忙到监狱与甘地会谈，撤销了取缔国大党的命令，想以此来平息印度人民的斗争烈火。1931 年 3 月，受英国殖民当局蒙骗的甘地与英国驻印度总督欧文签订了《甘地—欧文协定》。此后，印度的群众斗争转向低谷。1934 年 5 月，国大党再一次宣布无条件终止不合作运动。第二次非暴力不合作运动失败了。第三次非暴力不合作运动爆发于 1942 年，可惜还没有发展起来就流产了。

华盛顿会议

"废除英日同盟？我看没有那个必要吧，不如美国也参加到这个同盟中来，以三边协定来代替英日同盟。"英国外交大臣贝尔福带有商量的语气对美国国务卿休斯说。

休斯的口气更是毋庸置疑："我反对这个建议，如果法国也能加入这个协议中来，我将对这一建议予以考虑。"

"好吧，希望这一同盟能改变各国之间的关系。"贝尔福拿起笔，在四国协定上签了字。

这一幕发生在 1921 年 11 月 12 日召开的华盛顿会议上，其实，英日同盟问题并没有被列为大会议程，但是，迅速崛起的美国很想通过调整列强在远东的相互关系来加强自己的地位。同时，英、日也畏惧于美国雄厚的军事实力，就这样，美、英、法日四国签订了同盟条约。

参加华盛顿会议的各国代表在《限制海军军备条约》上签字。

美国是这次华盛顿会议的发起者，第一次世界大战结束后，各帝国主义国家掀起了一场海军军备竞赛，其中以美、英、日最为突出。美国仰仗急速膨胀的工业和金融实力，向海上霸主英国发出了挑战，当时的美国海军部长丹尼尔斯曾宣称将在几年时间里建成一支世界上最强最优秀的海军。而美国如果要与老牌的英国和后起之秀日本争锋，就必须限制他国的海军军备，于是，以此为主要议题的华盛顿会议召开了。这次会议适应了各国人民要求裁军的呼声，为美国赢得了"捍卫和平"的美名，同时，还使美国在限制各方的过程中争夺自己的利益。

在讨论限制海军军备问题时，与会各国争执不休。

"我们不能再进行无止境的军备竞赛了，我提议，英、美、日主力军舰吨位比例为 10：10：6，你们觉得怎么样？"休斯又提出了他的建议。

贝尔福从座位上站起，面红耳赤："坚决反对，大英帝国一直是海上霸主，号称'日不落帝国'，怎么能随便把海上的霸权拱手相让呢？"

休斯干笑了两声："海上的安全是离不开强大的美国的。我们拥有足够的经济和军事实力来防御海洋，如果诸位不同意我的建议的话，就请继续军备竞赛吧，我国将奉陪到底。"

法国外长白里安也有点沉不住气了："你们想把法国排除在外吗？我们可也是为世界和平出了不少力啊。"

日本海军大臣加藤友三郎更是嚣张："我坚持美、英、日三国主力舰吨位比例为 10：10：7。"

"好啊，如果日本坚持这种比例，那么，日本每造一艘军舰，美国就造 4 艘。"

休斯威胁道。

最后，经过激烈的争吵，美、英、日、法、意签订了《限制海军军备条约》，规定5国海军主力舰吨位的比例为5：5：3：1.75：1.75。美国取得了与英国相等的制海权，从此美、英两国并驾齐驱。

在限制潜水艇问题上5国更是吵得一团糟。英、美拥有大量商船，由于在一战中深受潜水战之苦，所以主张完全销毁潜水艇，在限制军备竞赛中没有占上风的法国却坚决反对。所以华盛顿会议并没有就潜水艇问题达成协议。

中国问题也是这次会议的一项重要议题。出席华盛顿会议的中国代表慑于中国人民反帝斗争的压力，在会上提出了一系列正当要求，如取消凡尔赛条约中关于山东的条款，日本放弃"二十一条"，撤销列强在中国的治外法权和"势力范围"，等等。而日本企图把中日之间的各种问题一笔勾销，提出华盛顿会议只限于一般问题的讨论，想把中日之间的这些具体问题留到会外与中国代表"直接交涉"。美、英为了打击日本在华势力，支持中国收回山东。迫于形势，日本不得不将山东的主权退还给中国。

1922年2月6日，与会代表签订了《九国公约》，这个公约表面上宣称尊重中国的主权和独立及领土与行政的完整，实际上只是打破了日本独占中国的局面，使中国又回到了列强共同宰割的局面中。

斯大林模式

托洛茨基在列宁逝世后，重新提出了他的"不断革命论"，这一论调严重违背了列宁的新经济政策。托洛茨基声称：在俄国这样一个农民占绝大多数的落后国家里，苏维埃政权所面临的问题，只有在国际范围内，即在无产阶级世界革命的舞台上，才能得到根本的解决，新经济政策只是等待欧洲革命爆发的权宜之计。本来，包括斯大林在内的党内绝大多数人都持这种观点，但在苏联的党内斗争过程中，斯大林改变了以前的观点，认为苏联一国可以依靠自身力量建设社会主义，并与托洛茨基的"不断革命论"展开了斗争。

斯大林在与反对派的斗争过程中，逐渐完善了关于一国建成社会主义的理论。他在1925年4月召开的党的十四次代表会议上明确指出，苏联一国建成社会主义是完全有可能的。在1925年12月召开的党的第十四次代表大会上，系统地阐述了一国建成社会主义的理论。斯大林认为苏联一国建成社会主义的条件已经具备。政治上，无产阶级已经夺取了政权，尽管工、农之间存在着矛盾，但他们的根本利益相同，农民可以在工人阶级的领导下进行社会主义改造，走上社会主义道路。经济上，无产阶级专政国家能够依靠本国人民的力量，战胜资产阶级，建立社会主义的经济基础。国际上，由

宣传斯大林领导苏联人民建设社会主义的海报

于帝国主义政治经济发展不平衡，帝国主义阵营内部的冲突必然加剧，世界资本主义力量将被削弱，而在各国掀起的革命运动，也牵制了帝国主义的力量。这一切，都使苏联一国可以建成社会主义。

斯大林指出，一国建成社会主义，并不是社会主义最终获得胜利，应该把两者区别开来。无产阶级专政的国家存在两类矛盾：一是国内矛盾，二是无产阶级专政国家与资本主义各国的矛盾。前者能够依靠工农联盟的力量来克服；但后者无法靠一国的力量来克服，解决这一矛盾有待于无产阶级世界革命的胜利。斯大林的这一理论为党所接受，从而也战胜了托洛茨基反对派和新反对派。

斯大林关于"一国建成社会主义"的论述，极大地鼓舞了苏联人民建设社会主义的热情，成为苏联进行社会主义建设的指导思想。从 1926 年起苏联人民开始为实现社会主义工业化而斗争。其指导思想是：优先发展重工业，实行统一计划，集中管理，实行高积累、高速度，迅速消灭非社会主义经济成分。

1927 年 12 月，联共（布）第"十五大"通过"关于制定国民经济五年计划的指示"的决议，指出计划应注意消除国民经济中的不平衡现象，正确处理工业与农业、重工业与轻工业、积累与消费等比例关系，但强调高速发展重工业。并起草了两个"一五"计划的方案，即最高方案和最低方案。

斯大林与布哈林从 1928 年开始，就如何建设社会主义的问题进行了激烈的争论和斗争。1929 年 4 月召开的中央全会批判了布哈林的观点，并撤销了其《真理报》主编和共产国际的领导职务，1930 年 12 月召开的中央全会撤销了支持布哈林的其他领导人的职务，斯大林又战胜了布哈林反对派。至此，斯大林在建设社会主义的途径和方式问题上的主张完全为党所接受，苏联开始朝着"斯大林模

式"的社会主义方向前进。

经过两个五年计划的建设，苏联基本上完成了国民经济的技术改造，形成了一个门类比较齐全的工业体系，消灭了工业中的非社会主义成分，其工业总产值跃居为世界第二位和欧洲第一位。

《非战公约》

20 世纪是个战争的年代，局部战争和世界性的大战不断发生。伴随着战争的，是和平主义运动在欧美兴起，各种和平方案层出不穷。

1927 年 3 月，美国非战运动的代表人物肖特威尔访问法国，并与法国外长白里安举行会谈，提出了非战的和平方案。4 月 6 日，是美国参加第一次世界大战纪念日，法国趁此机会在巴黎召开了纪念大会，数千名参加过一战的美国军人参加了纪念大会。白里安做了大会发言，在发言中，白里安建议法美两国缔结条约，永恒友好，互不作战，想以此同美国建立类似军事同盟的关系，借机加强法国在欧洲大陆的地位。6 月 20 日，白里安又向美国驻法大使递交照会，正式提出双边条约草案，提出两点建议：放弃以战争作为执行国家政策的工具；和平解决两国间的一切争端。

对于法国的单方面的热情，美国政府并没有及时给予答复。迫于社会团体的压力，美国对白里安的草案还是进行了研究。半年后，美国决定采用白里安的草案。12 月底，美国国务卿凯洛格向法国发出照会，提出非战公约不应只限于美法两国，而应由世界 6 大强国——美、法、英、德、意、日共同签署，然后邀请世界其他国家参加。美国的目的是想通过多边非战公约的缔结使美国居于领导地位，降低英、法操纵的国际联盟的作用。

美国的多边和平建议使法国的计划落空了。白里安虽然心里极其不满，但慑于美国势力的强大又不好拒绝。1928 年 1～3 月，法美两国多次互换照会，但始终未能就签订多边条约还是双边条约达成一致意见。

4 月，美国向英、德、意、日政府发出照会，并附上白里安关于签订非战公约的草案，争取这些国家的支持。不久，德国政府率先表示支持多边公约，并反对法国的保留意见。随即，英国也做出反应，支持多边公约，但坚持只有在不损害英国利益的基础上才接受公约。但此时的英、法两国根本不可能再像以前那样无视美国和其他各国的存在，因此，在美国的压力下，经过多次谈判后，英、法终于同意在条约上签字。

1928 年 8 月 27 日，美、英、法、德、比、意、日、波、捷克斯洛伐克等 15 国的代表在巴黎签订《关于废弃以战争作为推行国家政策的工具的一般条约》，这一条约也被称为《凯洛格—白里安公约》或《非战公约》，于 1929 年 7 月 25 日正式生效。《非战公约》包括序言和正文，正文的主要内容是：废弃以战争作为推行国家政策的工具，反对用战争来解决国际争端；不论国际争端或冲突性质或起因如何，都只能用和平方法解决。公约规定，世界所有其他国家都可加入该公约。

签约的同一天，美国将签约照会送交除苏联以外的世界其他国家，邀请各国参加。法国则负责去邀请苏联。9 月，苏联宣布正式加入这一公约，但同时也对公约里没有包含关于裁军义务的内容表示遗憾。中国于 1929 年在公约上签了字。截至 1934 年 5 月，加入《非战公约》的国家增加到了 64 个。当时全世界只有 68 个主权国家，只有阿根廷、玻利维亚、萨尔瓦多和乌拉圭 4 个拉丁美洲国家没有加入这一公约。也就是说，世界上的绝大多数国家都希望废除战争，但是，各国在加入《非战公约》时都先后发表备忘录或声明，对公约提出保留条件，声称有权根据实际情况决定是否"诉诸战争"，所以公约提出的"废除战争"只能是一纸空谈，既不能解决任何国际纠纷，更不能废除帝国主义战争。但该公约在国际关系中对反对帝国主义战争的斗争有一定的作用，对国际法产生了一定影响。

美国爆发经济危机

资本主义从 1924 年起，进入了相对稳定时期。经过几年的恢复和发展，资本主义世界出现了繁荣景象，各主要资本主义国家的工业生产总值均大大超过战前的水平。经济的短暂繁荣，使资产阶级忘乎所以，声称资本主义已消灭了贫困，进入了"永久繁荣"阶段。然而，正当资产阶级扬扬得意之时，一场空前的大危机突然降临。

1929 年 10 月，以纽约股票市场的崩溃为标志，美国爆发了一场资本主义生产过剩危机。它很快由美国向欧洲、加拿大、日本等主要资本主义国家蔓延，并波及许多殖民地、半殖民地国家和地区，席卷了整个资本主义世界。这次危机前后持续了 4 年，使整个资本主义世界经济损失 2500 亿美元，比第一次世界大战的物质损耗还多 800 亿。它是资本主义世界较为严重的一次经济危机。

正当资本主义世界陶醉于数年来的繁荣之时，"黑色星期五"悄然降临。危机来临，许多美国人只能靠领救济金为生。

20世纪20年代中期，对西方资本主义国家来说，是经济繁荣的大好时光。股票投机成风，人们似乎从不怀疑这个市场有朝一日会突然崩溃。1929年10月24日，这一天突然乌云密布，股市暴跌，被西方世界称作"黑色星期五"。纽约股票市场开盘后一个小时内就抛出了1300万股，超出正常标准的100万股以上。虽然花旗银行、大通银行和其他两个大银行的总裁们在摩根公司大厦策划买进2.4亿美元进行干预，仍然无济于事。10月29日这一天更糟，总共抛出股票1650万股。到12月底，纽约市场股票价值总共下跌了450亿美元左右。1929～1932年间，由于跌价而造成的证券贬值，美国为840亿美元。股市风波迅速席卷金融、工业、农业等各个领域，一场空前的世界经济大危机开始了。

在整个大危机期间，金融货币、信用和财政陷入全面危机。股票价格指数下降的幅度，美国为51%，德国为32%，日本为45%。1931年5月11日，奥地利最大的信用银行倒闭，各国随即引起向银行挤兑存款风潮，国际货币体系和传统金本位制面临严峻挑战。1931年7月13日，德国达姆塔特国民银行宣告破产。1931年9月21日，英国宣布放弃金本位，禁止黄金出口，英镑贬值近1/3。随后，日本等56个国家纷纷宣布放弃金本位，货币贬值。此后，资本主义世界货币体系四分五裂，分裂成若干个区域性的货币体系。它造成了国际支付体系的普遍受阻、资本输出几乎停止和对外贸易的大萧条。1929至1933年，美国破产的银行共10500家，占银行总数的49%。美国的进出口在1930年为10.1亿美元，而1933年只有10万美元。英、法、德、日的进出口总额都减少了61%以上。

大危机使工业生产大幅度下降，大量企业倒闭，无数工人失业。1932年的工业生产总值与1929年相比，美国下降了46.2%，德国下降了40.2%，日本下降了37.4%，意大利下降了33.2%，法国下降了31.9%，英国下降了20%。危机使资本主义世界的工业大约倒退了20年。重工业损失尤为严重。美国的机床制造业下降了 80%，生铁下降了 79.4%，钢铁下降了 75.8%（倒退了 28 年），汽车下降了 74.6%，采煤下降了 40.9%。大危机使失业人数达到有史以来的最高纪录。美国的失业率高达 24.9%，德国为 26.3%，英国 21.3%。

大危机的蔓延造成了世界农业危机，涉及粮食种植业、畜牧业、林业等技术作业部门，造成生产的大破坏，农民收入大幅度减少，大量农民破产。在大危机的打击下，资本主义各国的国民收入大幅度下降，人民生活严重恶化。

伴随着资本世界的经济大危机，整个西方世界出现了社会大动荡，法西斯主义思潮泛滥，社会主义运动兴起，大规模的反饥饿运动和工人罢工运动高涨，各国面临严重的政治危机。

这次大危机的明显特点是持续时间长、危害程度深、渗透各个领域，涉及全世界，影响深远。在大危机的谷底过后并未出现繁荣，而是持续萧条，到1937 年又发生了短暂的经济危机。由于第二次世界大战的爆发，各国的经济才逐渐好转。

这次大危机是资本主义社会的周期性生产过剩危机。在某种意义上，这次大危机是第一次世界大战前后，资本主义世界潜在的经济问题和自由放任政策恶性发展相结合的产物。

20 世纪 30 年代经济大危机使得传统的自由放任的庸俗经济学发生危机，也使人们对现代资本主义发生信任危机。资产阶级为了摆脱危机，维护本国的统治，分别走上了不同的道路。美国实行罗斯福新政，在资本主义民主的范围内，强化国家对资本的干预；德、意、日则疯狂对外侵略扩张，最终导致了第二次世界大战的爆发。

帝国主义国家的经济战

为了减轻经济危机的打击，各个帝国主义国家为了自身的利益，相互间展开了激烈的贸易战、关税战和货币战，破坏了世界经济关系，加剧了列强之间的矛盾。

1930 年 6 月 17 日，美国总统胡佛签署了美国国会通过的《霍利－斯穆特关税法》，提高了 75 种农产品和 925 种工业品的关税率，使整个关税的平均税率由 33% 增加到 40%。这样，美国率先挑起了资本主义国家之间的关税战。对此，其他资本主义国家表示出极大的愤慨，33 个国家对美国提出了抗议，继而纷纷采取了报复措施。到 1931 年底，有 25 个国家相应提高了关税。1932 年 4 月，提高

20世纪30年代美国的一家罐头厂，随着关税战的展开，食品出口愈发困难。

关税的国家增加到76个，资本主义世界的关税大战愈演愈烈。

在进行关税战的同时，资本主义国家之间还展开了激烈的贸易战。1932年8月，为限制美国商品进入英国，英国召集加拿大及澳大利亚、新西兰等自治领土和殖民地在渥太华开会，缔结了帝国特惠协定，对来自帝国外部的商品征收高关税。为了与英国的贸易集团相抗衡，美国打着反对贸易歧视和"机会均等"的旗子进行反击，并组建自己的贸易集团。

1933年底，美国召集了"泛美会议"，在与会国相互妥协的基础上通过了《泛美非战公约》，约定相互间降低关税。法国也采取了限额输入的办法，以保护本国的商品市场。这样，各国间又展开了贸易战。

在各国争相抬高关税的情况下，为了提高本国商品的竞争力，用本国廉价的商品攻破别国的关税壁垒，各国纷纷宣布货币贬值，降低本国货币与外币的比价，从而导致了激烈的货币战。本来，在经济危机前，大多数国家都采取金本位制，这种货币制度被认为是对国际贸易比较有利而又相对稳定的。但在1931年，第一个实行金本位制的英国，却又首先放弃了金本位制，使英镑贬值1/3。英镑贬值之后，又有20多个国家放弃金本位制。资本主义国家纷纷放弃金本位制和英镑的贬值，大大削弱了英镑作为国际货币的作用，伦敦也有丧失国际金融中心地位的危险，英国对此采取了应急措施。从1931年11月起，英国和英联邦的其他成员国陆续联合起来，组成了英镑集团。英镑集团约定成员国间的贸易都使用英镑结算，各国货币与英镑保持固定汇率。在货币战浪潮中，经济实力雄厚的美国也于1933年4月正式放弃金本位制，宣布禁止黄金出口。1934年，美国又联合菲律宾、加拿大及大多数拉美国家等组成了美元集团。截至1935年止，资本主义世界被分裂为5个货币集团，主要是英镑区、美元区、黄金本位区，还有日元区和德国统治下的外汇控制区。在各个国家和不同集团之间的激烈斗争中，帝国主义各国间重新进行了组合，为以后两大政治军事集团的形成创造了条件。在资本主义各国为了摆脱危机而在国际上进行激烈的关税战、贸易战和货币战的同时，它们在国内也对经济进行了调整。许多民主国家都不同程度地加强了国家对经济生活的干预，使本国经济朝着国家垄断资本主义的方向发展，并通过国家干预以及对经济的内部调整逐渐摆脱了经济危机。

《拉巴洛条约》

苏维埃俄国和德国政府于 1922 年 4 月 16 日签订的双边协定，全称《德国和俄罗斯苏维埃联邦社会主义共和国协定》。因在意大利热那亚近郊拉巴洛签订，故名。在热那亚会议期间，苏俄代表团遵照列宁指示，充分利用德国与协约国的矛盾，选择有利时机，建议举行苏、德谈判。4 月 16 日，苏、德两国代表团会谈，签订了《拉巴洛条约》。条约规定：两国彼此放弃对战争费用及因战争损失而要求赔偿的权利；德国放弃它因在俄国的公私财产被苏维埃政府收归国有而产生的要求，但以苏俄不得满足其他国家的类似要求为条件；立即恢复两国的外交和领事关系；两国按最惠国原则发展彼此的经济和贸易关系。条约的缔结突破了帝国主义妄图孤立、封锁苏俄的联合阵线，为苏维埃国家和不同社会制度国家间的和平共处与合作树立了一个典范。

中国近代第一次国内革命战争

中国共产党成立后，即投身于反帝反封建的革命斗争。1923 年 6 月，中国共产党第三次全国代表大会确定与中国国民党建立革命统一战线的方针。1924 年 1 月，孙中山在中国共产党的帮助下召开国民党第一次全国代表大会，确定联俄、联共、扶助农工的三大政策，重新解释三民主义，改组国民党，实现国共合作，并创办黄埔军校，组织革命军队。同年发生第二次直奉战争和北京政变。直系冯玉祥倾向革命，奉系张作霖控制北京中央政权，吴佩孚败后再起，孙传芳控制东南五省。张作霖、吴佩孚、孙传芳成为革命的主要对象。1925 年中国共产党领导五卅运动和省港大罢工，全国掀起群众性的革命高潮。在工农群众支持下，国民革命军进行东征、南征，肃清广东境内的军阀势力，统一和巩固广东革命根据地，为北伐创造了条件。1927 年蒋介石发动"四·一二"反革命政变，4 月 18 日在南京成立国民政府。武汉国民政府也转向反动，"七·一五"汪精卫叛变，至此，轰轰烈烈的大革命失败。

罗斯福新政

1929 年 10 月 24 日，美国纽约证券交易所的股票指数开盘后便一路狂跌，尽管股民们发疯似的抛售各种股票，但还是有无数的股民顷刻间倾家荡产。这一天，有 1300 多万股票易手，创美国历史上的最高纪录。突然发生的这一切又有谁会想到呢？在这之前的几个月里，美国通用汽车公司、钢铁公司的股票都有过大幅度的上升。就在前一个月，美国财政部长还信誓旦旦地向公众保证"这一繁荣的景象还将继续下去"。但是，一夜之间，股票从顶巅跌入深渊，而且一跌再跌。10 月 24 日是星期四，所以这一天被称为"黑色星期四"。

纽约股票市场的崩溃宣告了一场席卷资本主义世界的经济危机的到来。第一次世界大战后，美国聚集了大量财富，但它并没有能逃离经济危机的泥沼，以前蒸蒸日上的繁荣景象逐步被存货如山、工人失业、商店关门的凄凉景象所代替，千百万美国人多年的辛苦积蓄付诸东流：8 万多家企业破产，5000 多家银行倒闭，失业人数由 150 万猛升到 1700 多万，大量的牛奶倒入大海，粮食、棉花当众焚毁。

富兰克林·罗斯福就是在这种情况下当选为美国第 32 届总统，取代了焦头烂额的胡佛。富兰克林·罗斯福是西奥多·罗斯福的侄子，40 岁时患脊髓灰质炎造成下肢瘫痪，成了一个残疾人。但是，罗斯福并没有被残酷的命运吓倒，正如他在总统就职演说时说的那样："我们唯一恐惧的只是恐惧本身，一种丧失理智的、毫无道理的恐惧心理……"

面对这场严重的经济危机，罗斯福决心领导美国人冲出低谷。他针对当时的实际情况，顺应广大人民群众的意志，大刀阔斧地实施了一系列旨在克服危机的政策措施。

由于经济危机是由金融危机触发的，所以罗斯福决定从整顿金融入手。1932 年 3 月 6 日，罗斯福发布总统令，要求国会于 3 月 9 日举行特别会议审议《紧急银行法》，3 月 9 日，国会通过《紧急银行法》，决定立即

罗斯福

罗斯福是美国历史上一位伟大的总统，也是美国历史上唯一一位坐在轮椅上的、唯一一位连任四届的总统。他推行新政，帮助国家克服了经济大萧条；他领导美国参加反法西斯的战争，并为第二次世界大战的胜利作出了巨大的贡献。

关闭所有的银行。罗斯福的这一行动犹如"黑沉沉的天空中出现的一道闪电"，对收拾残局、稳定人心起到了巨大作用。美国历史上的罗斯福新政轰轰烈烈地开始了。

在整顿银行的同时，罗斯福还采取了加强美国对外经济地位的行动。

1933 年 3 月 10 日，罗斯福宣布停止黄金的对外出口，禁止私人储存黄金和黄金证券，禁止使用美钞兑换黄金，废除以黄金偿付公私债务。这些措施，对稳定局势、疏导经济生活的血液循环产生了重要的作用。

在农业方面，政府与农场主签订减耕合同，限制农作物种植面积和农产品产量，维持农产品价格，避免农场主破产。

在工业方面，政府颁布《全国工业复兴法》，要求资本家们遵守"公平竞争"的规则，规定工人最高工时和最低工资，订出各企业生产的规模、价格、销售范围，以便限制垄断，减少和缓和了紧张的阶级矛盾。

新政的另一项重要内容是救济工作。1933 年 5 月，国会通过《联邦紧急救济法》，成立联邦紧急救济署，合理划分联邦政府和各州之间的救济款使用比例，制定优惠政策鼓励地方政府用来直接救济贫民和失业者，给失业者提供从事公共事业的机会。到第二次世界大战前夕，美国政府支出的种种工程费用及数目较小的直接救济费用达 180 亿美元，修建的飞机场、运动场、学校、医院等更是不计其数，是迄今为止美国政府承担执行的最宏大、最成功的救济计划。

正是在罗斯福的带领下，美国人民才度过了 20 世纪 30 年代那段最为严重的经济危机，为美国投入第二次世界大战及战后的快速崛起奠定了坚实的基础，因此罗斯福也成为继亚伯拉罕·林肯以来最受美国和世界公众欢迎的总统。1936 年，罗斯福以压倒多数的票数再度当选为美国总统，1940 年、1944 年又两次击败竞争对手，成为美国历史上唯一一位连任四届的总统。

纳粹党上台

啤酒馆暴动被镇压后，魏玛政府宣布取缔纳粹党，巴伐利亚当局以阴谋推翻政府罪逮捕了希特勒和鲁登道夫等人。1924 年 4 月 1 日，希特勒被判处 5 年徒刑，鲁登道夫、罗姆等人则被无罪释放。

在狱中，希特勒口授了《我的奋斗》一书。希特勒打着反对民族压迫的幌子，进行复仇主义的宣传，叫嚣要对外扩张，以求得生存空间。虽然书中的内容极其反动，但在希特勒等人的掩盖下，还是有一大部分不明真相的德国人对书中的希特勒佩服得五体投地，希特勒也因此有了更多追随者。

1924年底，希特勒假释出狱。此时的希特勒更加狡猾了，他一再向巴伐利亚政府保证，以后一定循规蹈矩，不再进行政治活动。其实，他正在策划重组纳粹党，再建冲锋队。

1929年，整个资本主义世界爆发了经济危机，德国也受到了沉重的打击。战败后的经济已经给德国人蒙上了阴影，更禁不起如此打击。经济危机刚一爆发，德国就有约800万工人失业，无数家中小企业倒闭。魏玛政府为了把危机造成的后果转嫁到劳动人民身上，采取了增加税收、削减失业救济金等措施。国内的阶级矛盾顿时被激化了。1932年，仅两个月全德就爆发了900多次罢工。内外交困的统治阶级感到，"只有剑才是德国的经济政策"，于是，一种对内镇压人民革命，对外用大炮、坦克去夺取殖民地的政府的成立成了许多人的幻想。

希特勒抓住了这一有利时机，开始在德国到处进行鼓动和宣传。他吸取了啤酒馆暴动失败的教训，决定在努力扩大纳粹党的群众基础的同时，全力争取权力集团，即垄断资产阶级、军官团和容克的支持，走合法斗争的道路。

1932年1月，希特勒在垄断资本家的会议上发表了长篇演说，宣扬纳粹的法西斯纲领，博得了资本家们的一致喝彩。希特勒还到全国各地进行"飞行演说"，他滔滔不绝地大谈人民的苦难、民族的仇恨，并向人民许下种种美妙的诺言。在他的欺骗宣传下，处于绝望状态下的失业工人、农民和学生纷纷加入纳粹党，不久之后，纳粹党成了全国第一大党，而纳粹党的冲锋队也发展到10万余人，比当时德国政府的国防军还要庞大。

1932年2月25日，德国总统兴登堡收到了容克地主代表阿尔尼姆伯爵写来的信，阿尔尼姆伯爵在信中阐述了希特勒和纳粹党对德国的重要性，表示支持希特勒出任政府总理。1932年11月中旬，17名工业界和银行界巨头联合向兴登堡总统递交请愿书，要求任命希特勒为总理。1933年1月下旬，国防军第一军区司令勃洛姆贝格及其参谋长莱斯瑙也在兴登堡总统面前力荐希特勒为民族阵线政府总理。1月30日，经过希特勒的一番策划，才执政57天的施莱彻尔内阁倒台，兴登堡总统正式任命希特勒为总理。此后，德国陷入了法西斯的统治之下。

1933年2月27日，坐落在德国柏林共和广场旁的国会大厦突然间燃起了熊熊大火，转眼间，这座柏林城内的宏伟建筑变为灰烬。事发以后，希特勒断言这场火灾是共产党反对新政府的罪行。于是，一场搜捕共产党的运动在德国开始了。

希特勒命令早已进入高度战备状态的冲锋队立即行动，根据事先拟好的名单抓获了4000多名共产党员和许多左派进步人士。德国共产党国会议员托尔格列尔，保加利亚共产党主席、共产国际西欧局领导人季米特洛夫等也同时被捕。

9月21日，纳粹法西斯在莱比锡公开审理了这起"国会纵火案"。在国际舆论的声援下，莱比锡法庭不得不宣布季米特洛夫无罪。"国会纵火案"的失败，不但没有使希特勒醒悟，反而使希特勒更加仇恨共产党，德国共产党则不屈不挠地同法西斯进行着斗争。

1934年8月，兴登堡总统去世，没有了约束的希特勒立即宣布废除总统制，自任国家元首兼总理，独揽了全部大权，由此掀开了德国历史上"第三帝国"的篇章。

希特勒掌权以后，马上撕下伪装的嘴脸，对内进行独裁统治，对外进行侵略扩张，特别是对犹太人实行的种族灭绝政策，使得600万犹太人惨遭屠杀。

"九一八"事变

自从日本明治维新后，日本很快成为一个新崛起的帝国主义国家。但日本国土狭小，资源匮乏，严重限制了日本资本主义经济的发展，于是实行军国主义政策，走上了侵略扩张的道路。1874年，日本出兵侵犯中国的领土台湾。1894年甲午战争中，日本在朝鲜半岛和中国东北击败了清朝，将朝鲜半岛和中国的台湾、澎湖变成了它的殖民地，并强迫中国赔款2.3亿两白银。1900年八国联军入侵中国时，它也派兵参加，并且出兵最多。在日俄战争中，日本击败了沙皇俄国，开始独霸东北。

1927年6月27日，日本内阁首相田中义一在东京召开以解决"满蒙（满洲和蒙古，即中国的东北和蒙古地区）问题"为中心的"东方会议"，确立了以占领"满蒙"，进一步吞并中国和征服世界的狂妄

日军发动"九一八"事变，进攻中国沈阳。

计划。

第一次世界大战以后，日本与同样想在东亚扩张的美国、俄国发生了激烈的冲突，因此日本把美俄两国列为头号假想敌。但是，日本是一个国土狭小、资源匮乏的小国，要想与两个强国竞争、作战，必须有充足的资源。而资源丰富的"满蒙"地区就成为日本的垂涎的首选目标。日本关东军高级参谋板垣征四郎说："在对俄作战上，满蒙是主要战场；在对美作战上，满蒙是补给的源泉。"可见，"满蒙"在日本侵略者心目中是何等的"重要"。

1928年，资本主义世界爆发了经济危机，严重打击了国内市场狭小的日本经济，激化了国内矛盾。为了转移国内矛盾，日本加紧了对外侵略的步伐。

1931年，板垣征四郎与日本关东军开始策划在中国东北制造事端，并以此为借口侵占东北。在他们的指使下，1931年9月18日夜10点20分，日本关东军岛本大队川岛中队的河本末守中尉带领它手下的几个士兵，来到沈阳北郊距中国东北军驻地北大营800多米远的柳条湖附近的南满铁路上，点燃炸药，炸毁了一段铁路和两根枕木。随即，河本末守等人立即将穿有中国士兵服装的3具尸体和几支中国士兵使用的枪支摆在爆炸现场，作为诬陷中国军队炸毁铁路的"证据"。这一切做完后，河本末守立即拿出随身携带的电话机与日本关东军总部和沈阳的日本特务机关通报。这时早已埋伏在铁路爆炸以北40里的日本独立守务队步兵第2大队第3中队立即炮击北大营。

当时东北边防司令长官张学良正在北平协和医院养病，得知九一八事变后立即向南京国民政府请示。蒋介石奉行不抵抗政策，让张学良"力避冲突，以免事态扩大，一切对日交涉，听候中央处理"。他把制止日本侵略的希望完全寄托于由英、法操纵的国际联盟，但国联根本无力阻止日本侵略。就这样，二十几万东北军未组织有效抵抗就撤到了关内。当晚，日军攻占北大营，19日占领了沈阳。接着，日军向辽宁、吉林和黑龙江的广大地区进攻，东北军不战自溃。1932年1月3日，日军占领锦州；2月5日，占领了哈尔滨，东北三省全部沦陷。在短短几个月的时间里，100多万平方千米的大好河山沦于敌手，3000万同胞沦为亡国奴。

1932年，日本扶植清废帝溥仪在长春建立"伪满洲国"，长春改称"新京"，东北成了日本的殖民地。1934年，改称"满洲帝国"，溥仪任"皇帝"。

在日本统治东北的14年里，"伪满洲国"成了人间地狱。日本侵略者大肆掠夺东北的财富和资源，野蛮地残害中国人民，甚至拿活人进行细菌实验，东北人民受尽了苦难。

田中奏折

　　1914～1918 年第一次世界大战期间，日本趁西方列强在欧洲鏖战之机，对外进行经济扩张，攫取资源和钱财，以增强国力。1919 年底，日本黄金储备超过 20 亿日元。此外，日本还乘机出兵中国山东，占领了青岛，同时得到了太平洋上原由德国霸占的若干岛屿。日本在亚洲和太平洋的扩张，打破了远东的均势，威胁到英美的利益。英美自然不会容忍日本的扩张。1921 年 7 月，在华盛顿召开的会议上，与会国通过了海军公约，规定英国、美国、日本的海军，其战列舰吨位的比例分别为 5：5：3。日本的海军力量得到英美的承认，其既定政策是独占中国，把英美势力排挤出亚洲和太平洋。1927 年，日本田中内阁召开了"东方会议"，讨论和制定侵略中国的计划。这个臭名昭著的"田中奏折"，赤裸裸地暴露了日本帝国主义妄图吞并中国争霸世界的狂妄野心。

西安事变

　　在西北担负"剿"共任务的东北军与西北军厌恶内战，两军领导人张学良、杨虎城与共产党及红军联系，初步奠定三方团结抗日的政治基础。蒋介石 1936 年 12 月 4 日飞抵西安，张、杨力劝蒋介石联共抗日，次日凌晨，张学良的卫队进抵蒋介石驻地临潼华清池，与蒋的卫队交火。蒋被张学良的卫队搜索发现后捕获。张、杨于当日立即宣布取消"西北剿匪总部"，成立抗日联军西北临时军事委员会，致电中共中央，要求派代表到西安共商团结抗日大计。16 日，何应钦就任"讨逆军"总司令，派飞机轰炸西安邻近地区。中共中央从民族根本利益出发，确定了和平解决事变的方针。17 日，以周恩来为首的中共代表团到达西安，与张、杨恳切会谈，坚决主张和平解决事变。25 日下午，张学良护送蒋介石飞离西安。蒋介石背信弃义，使张学良遭长期监禁，杨虎城惨遭杀害。

南京大屠杀

　　抗日战争时期日本侵略者屠杀中国人民的暴行之一。1937 年 11 月，上海沦陷后，日军直扑南京，仅用 10 多天，就突破南京三道防线。11 月 19 日，南京政府宣布迁都重庆。12 月 13 日，日军攻占南京。在日军华中派遣军司令官松井石根和第六师团长谷寿夫指挥下，侵略军进行了长达6周的惨绝人寰的大屠杀，对中国军民犯下了滔天罪行。南京居民和中国士兵被集体杀害并焚尸灭迹的有19万多人，被零散屠杀的尸体经慈善团体掩埋的有15万多人，总共有30多万人丧生。在南京城及郊区，侵略军大肆洗劫机关、仓库、商店、民宅、村舍，全市1/3的建筑物被日军完全烧毁。

绥靖政策

绥靖政策也称姑息政策，是一种对侵略不加抵制、姑息纵容、退让屈服，以牺牲别国为代价，同侵略者勾结和妥协的政策。第一次世界大战后，各国人民革命的兴起和社会主义苏联的出现，引起了西方帝国主义国家的恐惧和仇视。他们在争夺世界霸权的斗争中，既想削弱和击败竞争对手，又想联合起来反对社会主义、镇压人民革命，这一矛盾心理处处都能得到体现。

1929～1933年的世界经济大危机使各帝国主义实力此消彼长，英、法雄霸欧洲的局面一去不复返。随着德国法西斯的崛起，英法两国已经丧失了协调欧洲格局的外交主动权。1934年10月，法国强硬外交的代表人物——法国外交部长巴尔都在马赛遇刺身亡，标志着法国绥靖政策的开始。而在英国，张伯伦则是这一政策的代表人物。

张伯伦于1937年5月28日出任英国首相，当时正是法西斯国家疯狂扩张的时候，国际环境恶劣。张伯伦自知英国已无力改变国际形势，便决定发展其前任麦克唐纳和鲍尔温一贯推行的绥靖政策。

20世纪30年代以前，英、法、美的绥靖政策主要表现为扶植战败的德国、

·道威斯计划·

第一次世界大战结束后，战胜国在巴黎和会上制定了德国的赔偿计划，但是已经被战争打得精疲力竭的德国根本没办法偿还债务，再加上各个战胜国争夺赔款的矛盾，世界政坛一片混乱。为了解决这个问题，协约国赔款委员会于1923年11月设立委员会研究德国赔款问题，由美国银行家道威斯担任主席。1924年4月9日，道威斯拿出了"道威斯计划"，这个计划很快就获得了通过，其中心内容是用恢复德国经济的方法来保证德国能够及时偿付赔款。因为赔款总额并没有定下来，所以规定德国第一年偿付10亿金马克，此后逐年增加，到第五年增加到25亿金马克。1924年8月16日，道威斯计划开始实行，此后5年时间，德国偿还了110亿金马克的赔款，但却获得了210亿金马克的贷款，为德国经济的复兴和发展起了重要作用。1928年，德国借口财政问题，拒绝继续执行该计划，1930年，杨格计划将其取代。

支持日本充当防范苏联的屏障和镇压人民革命的打手。从凡尔赛——华盛顿体系和道威斯计划、杨格计划、《洛迦诺公约》中都能找到绥靖政策的影子。1937 年的经济危机再一次给英国造成了经济困境和社会动荡，与此同时，苏联正逐渐强大起来，时刻威胁着英、法等大国的利益。英、法一直希望能找到一种能遏制苏联的势力。

面对德国希特勒的强硬，张伯伦企图以退让来稳定形势，以便重整军备来确保英国在欧洲乃至整个世界的霸权地位。以丘吉尔为代表的少数人反对张伯伦这种一面寻求妥协，一面重整军备的双重政策，但遭到了张伯伦的排斥。

在张伯伦的积极"努力"下，英国制定了"欧洲总解决的绥靖政策总计划"，并派大臣哈利法克斯伯爵于 1937 年 11 月 17 日访德，向希特勒详细介绍了英国的政策，以使希特勒进攻苏联有恃无恐，妄图早日把祸水引向苏联，坐收渔翁之利。张伯伦政府还承认了意大利对埃塞俄比亚的侵占，并与法、美一起对西班牙内战实行"不干涉政策"。1937 年，英、法、美对日本发动全面侵华战争视而不见，在此后的太平洋国际会议上，阴谋出卖中国，同日本妥协。

1938 年 3 月，德军开进奥地利，张伯伦政府给予了默许。当希特勒挑起捷克境内的苏台德危机时，英国虽象征性地对德施加了压力，但依然没有放弃既定的绥靖政策。而慕尼黑会议和《慕尼黑协定》则是绥靖政策最典型的体现。1938 年 9 月 29 日，英、法、德、意四国首脑在慕尼黑举行会议，四国正式签订了《关于捷克斯洛伐克割让苏台德领土给德国的协定》，即《慕尼黑协定》。会上，英、德还签订了《英德互不侵犯宣言》。捷克政府在德国的军事威胁和英、法、意的压力下，被迫接受了这个协定。英、法及幕后支持的美国，妄图以牺牲捷克斯洛伐克为代价，来求得"一代人的和平"，并将"祸水东引"。但事与愿违，绥靖政策不但没有给欧洲带来张伯伦所谓的"和平新时代"，反而加速了战争的到来。当希特勒以闪电战占领捷克斯洛伐克时，张伯伦开始有些坐不住了，他一边威胁德国，一边与德国进行秘密谈判，毫无意义的谈判更加坚定了希特勒发动战争的决心。

第二次世界大战爆发后，西线出现了"奇怪战争"，英、法的"不战不和"战略使希特勒在侵略欧洲小国时忘乎所以，野心越来越大，以至于最后直取法国，进逼英国。

历史证明，绥靖政策不但无法满足法西斯国家的侵略野心，反而加速了第二次世界大战的爆发。

二二六兵变

当希特勒在德国建立起法西斯专政，并形成世界大战的欧洲策源地的时候，亚洲日本的法西斯势力也开始蠢蠢欲动。

在第一次世界大战中，日本和美国一样大发战争财，战后成为债权国，就经济形势这一点来说，要比德国好得多。但日本走上资本主义道路比较晚，原有的经济基础比较薄弱，在政府的大力推动下，日本才得以走向帝国主义阶段。同时，由于日本是个岛国，国土范围比较小，所以经济的发展有着先天性的缺陷：国内市场狭小，资源极度贫乏，必须依赖海外的原材料市场和商品市场才能维持生存。因此，经济危机的爆发和世界各国提高关税，对日本来说是个沉重的打击。为了转嫁经济危机，日本资本家大量裁减工人，降低工人工资，使日本国内的阶级矛盾日趋尖锐，经济危机逐渐演变成了政治危机。

1929 年底和 1930 年 4 月，东京的电车和公共汽车工人举行大罢工，与之相呼应，大阪、横滨的电车、公共汽车工人与资本家发生了劳资纠纷。据统计，1931 年日本国内的罢工次数比 1928 年增加了 1.5 倍。在这种情况下，日本统治阶级惶恐不安，亟须建立强权政治。

日本军部是日本统治集团内部庞大的军事官僚机构，它独立于政府、议会之外，包括政府中的陆军省、海军省、陆军最高指挥参谋本部、海军最高指挥军令部等部门。日本法西斯要求在日本天皇的名义下建立法西斯独裁政权，实行对外侵略扩张。1931 年，在日本军部的策划下，爆发"九一八"事变，日本霸占中国东北，随后便进一步向中国内陆渗透。

和德、意法西斯一样，日本法西斯也公开反共，并在"防止赤化"的口号下，摧残一切进步力量。此外，还制造了一连串暗杀事件，对那些政见不合的统治集团中的个别首脑进行暗杀。于是，日本一步步走上了对内独裁、对外扩张的道路。

1936 年 2 月 26 日凌晨，日本东京一片沸腾，一队士兵组成的队伍浩浩荡荡地向日本政府首脑的官邸行进。这些士兵一边走，

法西斯军国主义与传统的武士道相结合，形成日本军人畸形而毒戾的作风，图为 1932 年在上海的几名日军军官。

一边挥动着手里的大字标语，高喊口号，路旁看热闹的群众不知道发生了什么事，被手中端着枪的士兵们吓坏了，忙躲进角落里，大气都不敢出。

这次兵变约有 1400 名士兵参加，由皇道派军官安藤辉三、村中孝次和栗原安秀等率领。在皇道派军官的鼓动下，士兵们冲入政府首脑官邸，杀死内阁大臣斋藤实、大藏大臣高桥是清和教育总监渡边锭太郎，占领陆军省、参谋本部、国会和总理大臣官邸、警视厅及附近地区，要求任命荒木贞夫为关东军司令官，并罢免统制派军官。

为了平息皇道派军官的叛乱，日本陆军当局颁布《戒严令》。2 月 29 日，日本陆军部下达镇压命令，大部分叛军头目被逮捕，参加叛乱的士兵被迫回到各自的营房。

"二二六"兵变虽然因为军阀集团的内讧而未能得逞，但却使得原内阁辞职，使老牌法西斯分子广田弘毅上台组阁。广田弘毅上台后，首先恢复了军部大臣的现役武官制，规定内阁中陆、海军大臣必须由现役中将级以上的军人担任，以加强军部左右日本政局的能力。广田弘毅还以镇压叛乱、稳定时局为名，对内禁止工人罢工，限制人民的各种自由，并加紧对舆论及宣传机关的控制和收集情报的活动。此外，广田弘毅还制订了《基本国策纲要》，公开表明，不仅要继续扩大侵华战争，而且还要对亚洲、太平洋地区其他国家进行侵略扩张。与这一国策相适应，日本加紧了扩军备战，陆军提出了 6 年内增建 41 个师团、142 个航空中队的计划，海军提出了 5 年内增建各种军舰 66 艘的计划。

这样，以广田弘毅上台组阁为标志，天皇和军部为核心的法西斯专政在日本建立起来了，世界大战的亚洲策源地就此形成。

希腊国民代表宣布成立共和国

1924 年 3 月 25 日，希腊成为共和国，国王乔治二世已被废黜。除非即将来临的公民表决出现意外的结果，否则古希腊人熟悉的国王称号将成为过去，雅典一派节日景象，人们挥舞着写有"共和与和解"的小旗。议会大厅挤满了人。会议通过了废黜国王和他的格卢克斯伯格王朝并禁止他们以后的继承权的议案，该议案"宣布希腊为共和国，条件是由公民投票来决定"。议案还批准没收原属于被废黜王朝的财产。海军上将杜利奥蒂斯在共和政体的宪法形成前，继续行使他目前的权力。这位上将充当摄政者，任命他为临时执政官的计划因外交原因而改变。这样，正如拥护共和政体者所希望的那样，希腊近代史的磨难结束了。

洛迦诺会议

1925年10月5～16日，欧洲的一些资本主义国家在瑞士的洛迦诺举行会议，讨论调整相互关系问题。参加这次会议的有英国外交大臣奥斯丁·张伯伦、法国外长白里安、德国总理路德和外长斯特莱斯曼，以及比利时外交大臣、波兰外长、捷克斯洛伐克外长和意大利驻国际联盟代表等。会议签订了《洛迦诺公约》。公约内容包括：德、比、英、法、意相互保证维护《凡尔赛和约》所规定的德法和德比边界现状；德国分别同比、法、波、捷签订仲裁条约，相约凡外交上所不能解决的争端应提交仲裁法庭和国际法院裁决；法国同波、捷分别签订了防备德国进攻的相互保证条约。《洛迦诺公约》签订后，德国的国际政治地位提高，不久参加了国际联盟，并取得了国联行政院常任理事的席位。

《白里安—凯洛格非战公约》

裁军问题是20世纪20年代重要的国际问题之一。随着战后资本主义国家的生产增长和商品流通的恢复，他们为争夺销售市场、原料产地和势力范围的斗争也不断加剧。为此，西方各主要大国竞相发展各自的军事力量，新一轮的军备竞赛开始了。各国人民对帝国主义国家之间的军备竞赛深感忧虑，强烈要求裁减军备。

国联成立以后，对裁军问题倾注了很大的精力，从1922～1933年的12年中，裁军问题一直是国联活动的中心议题。1925年12月15日，为召开民办裁军会议，国联决定成立裁军会议筹备委员会。

1927年4月6日，即美国参加第一次世界大战十周年纪念日，就有几千名曾在西线作战的美国志愿兵为纪念这个日子在巴黎聚会。法国外长白里安利用这个机会，于6月30日正式照会美国国务卿凯洛格，建议缔结一项双边永恒友好条约。但美国既不愿意因单独与法国缔结条约而卷入欧洲冲突，也不愿意直接拒绝法国的建议。于是经过精心策划，凯洛格于同年12月28日回复法国政府，建议由美、法共同倡议，先由美、英、法、德、意、日六大国签署白里安提出的"非战公约"。美国这样做的目的，是想建立一个由美国为主导的新的国际组织，与英、法控制的国联相抗衡，以达到称霸世界的目的。

对于美国有违法国初衷的复文，法国非常失望，便在 1928 年 3 月 26 日，向美国提出了想使公约不了了之的 4 个保留条件。在这种情况下，美国抛开法国，于 4 月 3 日单方面向英、德、意、日首先表示赞同。英、意、日等国也在原则上表示支持。经过反复磋商，六国终于达成了一致意见。1928 年 8 月 27 日，美、英、法、德、意、日等 15 国在巴黎签署了《关于废弃战争作为执行国家政策工具的一般条约》，即《白里安—凯洛格非战公约》。公约规定：各缔约国在相互关系方面，放弃战争作为执行国家政策的工具；在处理各国之间的争端或冲突时，不论其性质如何、起因如何，只能采取和平的方法来解决。1929 年 7 月 25 日，公约生效。截至 1932 年，在《白里安—凯洛格非战公约》上签字的国家共有 64 个。

《白里安—凯洛格非战公约》是第一次世界大战后，在全世界人民反对战争、渴望和平的压力下签订的。它既反映了帝国主义国家之间错综复杂的矛盾，也反映了当时资本主义国家中高涨的和平主义倾向。它是帝国主义在维护和平口号下进行争夺的产物，但具有包含和平解决国际争端这个国际关系和国际法准则的积极意义，具有反战号召力。

然而，公约没有明确规定制裁侵略的具体措施，也没有要求各国对此要作出任何实际的牺牲，这在很大程度上削弱了公约的作用。由于自身存在着严重缺陷，使得公约没有任何约束力，变成一纸空文。

世界裁军大会

1932 年 2 月 ~ 1934 年 6 月国际联盟在日内瓦主持召开的裁减军备会议。第一次世界大战后，各帝国主义国家为限制对手的军备，掩盖自己扩军备战事实，纷纷提出裁军口号。国际联盟盟约亦规定会员国应将军备减少到最低限度。根据国联决定成立的国际裁军会议筹备委员会自 1926 年 5 月在日内瓦举行会议。会上帝国主义斗争激烈，经过六次会议才于 1930 年通过裁军方案最后报告书。1932 年 2 月 2 日，裁军会议在日内瓦正式开幕，共有包括非国联成员国美、苏在内的六十余国参加。会上各大国都提出自己的方案，力图加强自己，削弱对方的军事实力。至 1933 年 6 月，会议才接受英国提出的《麦克唐纳计划》作为未来裁军协定的基础。会议进行期间，德、日已走上法西斯化道路，1933 年 10 月，德国退出裁军会议。1934 年 6 月，裁军会议未取得任何实质性成果而宣告结束。

苏联的建设与宪法的确立

列宁逝世后，苏联的社会主义建设主要在斯大林的领导下进行。

1925 年 12 月，联共（十四大后，俄共改称为联共）十四大召开。大会通过了社会主义工业化的总方针，决定把苏联从农业国变为工业国。这次会议的召开标志着有计划、大规模实现社会主义工业化时期的开始。

苏联的社会主义建设在国际上受到了帝国主义的包围和威胁，加上国内原有的经济文化和技术基础十分落后，资金短缺，而社会主义建设是史无前例的，没有成功的经验可供借鉴，所以苏联人民只能自己进行摸索。1927 年末，苏联的工业生产超过了一战前的最高水平。然而，以落后小农经济为基础的农业并不能适应工业的迅速发展。1927 年 12 月，联共召开十五大，确立了农业集体化的方针，规定党在农村的基本任务是把个体小农经济联合并改造为大规模集体经济。从 1928 年起，苏联开始了有条不紊地进行经济建设，新经济政策被取消了。

1928 年初，苏联发生了粮食收购危机，虽然农业丰收，但国家收上来的粮食却比上年减少了近 200 万吨。斯大林认为，粮食收不上来是富农反抗造成的。于是，苏联政府采取强制措施，强迫富农把粮食卖给国家，同时推行农业集体化的政策。在经济建设之初，农业集体化进展的速度并不快。但 1929 年 4 月以后，集体化运动大规模开展起来，并出现了全盘集体化的趋势，即某些村、乡的农民一起加入集体农庄。斯大林过高地估计了富农的觉悟程度，要求全国迅速实现全盘集体化。

在开展全盘集体化运动的过程中，苏联改变了对富农的政策，从限制和排挤富农阶级转变为消灭富农阶级。农业集体化虽然暂时有利于工业的发展，但它违背了农民自愿加入的意愿，与当时生产力发展水平低下的状况不相适应，使农业生产力得到了破坏，严重阻碍了苏联经济的发展。

随着国家工业化和农业集体化的实现，苏

手握镰刀斧头的苏联男女雕像

联社会发生了重大变化：社会主义经济成分在国家经济中占据着绝对的主导地位；工商业中的私营经济被消灭了；农村中的富农经济被消灭了；个体小农经济也被集体所有制经济取代，国家所有制和集体所有制成了苏联社会的经济基础。这些变化都是苏联社会主义建设和改造取得的巨大成就，有必要以法律的形式肯定下来。

根据苏维埃第七次代表大会所做的决议，为了适应社会和经济等方面发生的变化，苏联宪法需要进行修改和补充。会后组成了宪法委员会，负责起草苏联宪法的修改草案，斯大林任委员会主席。

1935年12月，宪法委员会把拟好的宪法草案在报刊中公布，让苏联人民都参与到宪法草案的讨论中来。

1936年11月26日，苏维埃第八次非常代表大会在莫斯科召开。斯大林在会上做了《关于苏联宪法草案》的报告，斯大林在报告中列举了上一部宪法制定以来苏联社会的变化，归纳出新宪法草案的一些特点，并对新宪法的意义进行了总结。12月1日，新宪法草案得到大会代表的一致通过。

12月5日，大会批准了宪法的最后文本，通过了《苏维埃社会主义共和国联盟宪法》。由于该宪法是在斯大林参加和指导下制定的，所以又被称为《斯大林宪法》，也称《1936年宪法》。苏联新宪法含13章146条，规定苏联是工农社会主义国家，其全部权力属于城乡劳动者，由劳动者代表苏维埃行使，苏联的经济基础为"社会主义经济体系及生产工具与生产资料社会主义所有制"，实行"各尽所能，按劳分配"的原则，凡苏联公民，不论民族和性别，一律平等，享有言论、出版、集社、劳动等自由。

新宪法颁布实施后，苏联党和人民立即转入按新宪法进行苏联最高苏维埃选举的准备工作，并于1937年12月12日进行了苏联最高苏维埃第一次选举。苏联《1936年宪法》是一部胜利建成社会主义的宪法，在无产阶级宪法史上具有重要的意义。

法西斯独裁统治

1929～1933年的经济危机沉重打击了本已外债累累、民生凋敝的战败国德国。面对空前严重的危机，软弱无力的魏玛共和国政府回天乏术。1928～1933年先后更换4届政府，各届政府都无法克服财政困难和各统治集团之间的矛盾，社会动荡不安。在危机深重的非常时刻，在德国这个民主传统较为薄弱的国家，脆弱

登上权力之巅

兴登堡死后，希特勒将各种权力集于一身，自称元首。图为希特勒在军队的支持下登上纳粹德国的最高统治宝座。

的民主体制失去了自我调节的弹性和能力。议会民主的政治体制在危机的冲击下，摇摇欲坠。

正是在这种特殊的社会历史环境下，德国法西斯势力兴起。德国的法西斯政党全称是德意志民族社会主义工人党，简称纳粹党，其首领希特勒利用德国人民对凡尔赛—华盛顿体系对德国制裁的不满情绪以及这场空前的经济危机给德国造成的更为困难的处境，四处鼓吹"生存空间论"、种族优劣论，提倡"领袖原则"的独裁统治，肆意攻击社会主义，大力宣扬重塑德国的昔日辉煌，不但蒙蔽了多数德国人民，并且逐渐取得了德国垄断资产阶级的支持。

纳粹党不断发展壮大，在1930年9月的选举中成为国内第二大政党。1932年，纳粹党认为夺取政权的时机已经成熟，便出动参加竞选。一些处于绝望中的小资产阶级、公务员、大学生，以及一部分农民和失业工人被他蛊惑。在1932年7月的国会选举中，纳粹党竟获得了130个席位，成为国会中的第一大党。同年11月，纳粹党最终在垄断资产阶级的鼎力帮助下获得权力。1933年1月，德国法西斯政党——纳粹党的党魁希特勒被任命为总理，开始在德国建立法西斯独裁专制统治。

希特勒出任总理后，很快组建了内阁，即所谓的民族团结政府，纳粹党在其中仅占有几个职位。希特勒并没有满足于登上总理的宝座，他的目标是将其他政党排挤出政府，建立独裁统治。

1933年2月，兴登堡宣布解散国会，并决定于3月5日进行新一轮国会选举。为了使纳粹党在选举中获胜，希特勒开始利用职权打击其他政党，并首先把矛头指向了在群众中影响日益扩大的德国共产党。2月27日，纳粹党制造了"国会纵火案"，借此掀起了反共风潮。大批德共党员被逮捕，德共报纸被查封，德共被迫转入地下。次日，政府颁布了《保护人民和国家法》，取消了公民自由的基本权利。国会大选在法西斯的白色恐怖之下如期举行，但纳粹党只获得了选票的 43.9%，并没有取得绝大多数。

为了取得修改宪法需要的 2/3 以上的席位，希特勒于 3 月 14 日宣布取缔德国共产党，得到了德共的 81 个席位。随后，希特勒又软硬兼施，争得了天主教中央党等资产阶级政党的支持。3 月 23 日，在纳粹党的胁迫下，国会以 2/3 的多数票通过了《消除人民和国家痛苦法》即《授权法》。希特勒据此获得了在 4 年任期内的立法权，有权不经国会同意制定法律、与外国签订条约。至此，国会名存实亡，立法权和行政权都控制在希特勒一人手中，资产阶级议会民主制被取消。

为了实行纳粹党一党独裁，希特勒解散了除纳粹党之外的所有政党，国会成为由纳粹党员组成的清一色国会。1933 年 12 月，希特勒颁布了《保证党和国家统一法》，将纳粹主义确立为德国国家思想的支柱，宣布党和国家统一。这样，希特勒就在德国建立了纳粹党的一党专政。

1934 年 8 月，兴登堡总统去世。内阁立即宣布一项法律，规定总统职务与总理职务合二为一，取消总统职务。自此，希特勒攫取了总理兼国家元首的桂冠，并掌握了国防军的最高统帅权，成为不受任何法律约束的独裁者，法西斯独裁政治体制在德国正式确立起来。

为了制止侵略、维护本国安全，苏联开始争取与法国等国缔结双边互助条约。1935 年 5 月 2 日，《苏法互助条约》在巴黎签字，两国相约定在遭受欧洲国家侵略时相互援助。作为欧洲大陆上的两个大国，苏、法两国的合作原本可以阻止德国的侵略，但是法国只想把条约作为与德国打交道的筹码，根本无意履行，而且拒绝为条约加入军事内容。结果，条约成为一种形式，没能发挥应有的作用。

尽管苏联为建立欧洲集体安全体系做了一系列的努力，但是，由于英、法两国的妥协政策，这些努力都遭受了挫折，欧洲集体安全体系最终没能建立起来。

20 世纪 30 年代末，苏联在战争一触即发的情况下，为了本国的利益，放弃了安全不可分的原则，改变了原来致力于欧洲集体安全体系的做法，于 1939 年 8 月与德国签订了《苏德互不侵犯条约》，为德国发动世界大战提供了便利条件。

马德里保卫战

1936 年 2 月，西班牙举行国会选举。出人意料的是，由共产党、社会党和其他进步力量组成的人民阵线在这次选举中大获全胜。接着，人民阵线成立了以左翼共和党人为首的共和国政府。

西班牙是个工业比较落后的国家，受 1929 年开始的资本主义世界经济危机的影响，国内的工农业生产陷入混乱状态。1931 年 4 月，资产阶级民主共和国成立。但是，西班牙的政局并没有因此而改观，由资产阶级共和党和社会党组成的联合政府只是实行了一些极为有限的改革，根本性的问题还是没能得到解决。在这种情况下，人民阵线得以胜出。

新政府一组成，立即实施了一系列有利于人民的民主措施：释放政治犯，因政治原因而失业的工人的工作得以恢复；实行养老金和工人休假制度，宣布西班牙各族人民拥有自决权；实行部分土地改革，禁止强制农民迁离他们租佃的土地等。这些措施一出台，很快就得到了人民群众的拥护。

正当西班牙人民表示支持新政府的同时，与德、意等国法西斯早有勾结的西班牙法西斯却开始秘密行动起来。西班牙法西斯早已经对西班牙共产党恨之入骨，看到仇人登上了统治地位，法西斯党徒们心里当然不是滋味。

7 月的一天，西班牙驻摩洛哥军司令佛朗哥纠集了一小撮法西斯军官，指挥着摩洛哥军团从南向北进攻，发动了反共和国的叛乱。与此相呼应，另一叛军将领莫拉率领队伍由北向南，与佛朗哥叛军夹击西班牙首都马德里，企图一举扼杀共和国。

这两股叛军人数众多，装备精良，而刚刚成立的共和国虽然进行了部分改革，但还处在千疮百孔之中。在叛军的步步进逼之下，西班牙南部大片土地失陷，叛军兵临马德里城下。

国难当头之际，西班牙共产党号召全体西班牙人民团结起来，与叛军斗争到底。成千上万痛恨封建君主制度和法西斯主义的人参加到这场保卫马德里的战争中。虽然他们没有先进的武器，只有旧式步枪、猎枪、手枪、刀、手榴弹等，但共和军正因为有他们的参与而充满着生机。

不久，佛朗哥向马德里发动了第一次进攻。"决不让法西斯在马德里前进一步！"西班牙军民高喊着斗志昂扬的战斗口号，守卫在马德里的各大要塞。在共和国军民的奋勇反击下，佛朗哥

1936 年，佛朗哥宣誓成为西班牙国家最高元首。

叛军的第一次进攻被打败了。

1937年1月，佛朗哥对马德里发动了第二次进攻，再一次遭到了西班牙军民的有力回击，一次又一次的冲锋被打退，马德里依旧安然屹立。2月6日，不甘心失败的佛朗哥对马德里又发动了第三次进攻，但依然没有多大进展。

正当佛朗哥濒临失败之际，意大利、德国法西斯对西班牙进行了公开的武装干涉，他们派出大量运输机帮助运送叛军，还运输坦克、飞机等武器支援叛军，甚至还派出正规军直接进攻马德里。

3月8日，佛朗哥和德、意干涉军的4个纵队对马德里发动了第四次进攻。但是，由于西班牙军民的顽强抵抗，德、意法西斯和佛朗哥的阴谋还是没能得逞。

马德里保卫战得到了世界各国进步力量的支援。来自苏联、中国、法国、意大利等54个国家的志愿者组成了国际纵队，与西班牙军民一起投入到反法西斯的战斗中。

1939年2月27日，表面上保持沉默的英、法等国宣布承认佛朗哥政权，并与西班牙共和国断绝外交关系，这无疑是支持法西斯的表现，于是，德、意法西斯对西班牙内战的干涉更加猖獗了。

3月5日，人民阵线中的右翼投降分子在德、意法西斯的配合和马德里市内间谍分子的策划下发动政变，共和国军队开始瓦解。3月28日，由于内奸的出卖，马德里失陷，共和国政府被颠覆。此后，西班牙建立起了以佛朗哥为首的法西斯政权。

轴心国的形成

第一次世界大战后，帝国主义国家按国力的强弱重新划分了势力范围。在这次划分中，英、美、法是最大的受益者，这当然会招来德、意、日等国的不满。德、意、日等国都有着很强的军国主义和扩张主义的历史传统，尤其是战后刚刚崛起的日本，雄心勃勃地想占领整个东南亚，而美国却强行加以干涉，于是，这三国都妄想着有一天能以自己的意志重新瓜分世界。

在战后的巴黎和会上，作为战败国，德国的殖民地全部被瓜分，武装被解除，军备得到了限制，本国的领土也被划出一部分归国际联盟代管。在魏玛共和国时，这些还暂时可以容忍，而对于野心极大的希特勒来说，这些都是绝对不能忍受的。

希特勒上台执政后，一直把称雄世界作为自己的目标，为此，他还制订了一份计划：先占领东欧、中欧等有日耳曼人居住的欧洲大陆，然后向海洋发展，战胜英、

强大的舆论工具和谎言，使得法西斯主义在德国迅速蔓延开来，图为纳粹高官们正向人群挥手致意，而最后端的便是希特勒的得力助手——新闻部长戈培尔。

美……最后夺取世界霸权。

为了消除美、英等国对德国的防范，希特勒极力主张反共，尤其是苏联。1933 年 10 月，希特勒以"苏联威胁"，德国军备不足难以防御为借口，先后退出了裁军会议和国际联盟。两年后，希特勒宣布实行义务兵役制，重建空军。在疯狂扩军的同时，希特勒一再向英、美等国保证：德国只是出于对自身的安全考虑，绝对不会威胁到除苏联以外的其他国家。

英、美等国其实早已经看出了希特勒的野心，但出于遏制苏联的考虑，还是睁一只眼闭一只眼任其发展。

1936 年 3 月，希特勒宣布不再遵守《凡尔赛条约》的各项条款，随后，又出兵占领了战后被分出去的莱茵非工业区。见这些行动并没有引起英、美等国的注意，希特勒的胆子越来越大了。在进行军事备战的同时，希特勒开始寻找"志同道合"的战友。

此时的日本在亚洲也是"踌躇满志"。自 1931 年把中国东北纳为殖民地后，一直想占领中国全土。日本的这种行为与英、美等国在华利益产生了矛盾。日本是亚洲的一个小国，虽然自明治维新后得到了迅猛发展，但单以自身的力量很难与强大的英、美等国抗衡，而此时的唯一出路就是寻找同盟者。于是，德、日两国开始频繁接触。

1936 年 12 月，德、日两国的代表就反共问题达成了一致意见，并签订了《德日关于反共产国际协定》。在与日本结成联盟后，德、意关系也得到了调节：德国扩大对意大利的出口，支持意大利向非洲扩张；意大利在中欧、巴尔干和多瑙河流域不再与德国争夺，等等。1936 年 10 月，德、意两国签订议定书。12 月，意大利又与日本签订了议定书。次年 11 月，意大利加入了《反共产国际协定》。

此时，德、意、日三国的关系只建立在《反共产国际协定》的基础上，这还远远不够。要发动世界性的战争，还必须进一步加强三国之间的关系。

当意大利侵占阿尔巴尼亚时，与英法两国发生了冲突，意大利急需德国的支持，于是，德、意两国于 1939 年 5 月 22 日在柏林签订了《德意钢铁同盟》。按希特勒的计划，德军西线向法、英两国进攻，东线则向苏联进军，但这种计划却很容易造成两线受敌。于是，德国需要意大利和日本从东西两方面对敌国进行牵制，而意大利和日本也同样需要德国对己方的敌国进行牵制。1940 年 9 月，德、意、日在柏林签订了《三国同盟条约》。至此，以柏林、罗马、东京为轴心的三国同盟正式形成。

慕尼黑阴谋

1938 年初，希特勒吞并了奥地利以后，把侵略矛头指向了捷克斯洛伐克。希特勒的计划是，先占领德捷边境的苏台德区，然后再吞并整个捷克斯洛伐克。一旦德军占领了捷克斯洛伐克，欧洲的大门就等于敞开了：向东既可以进攻苏联，向西又可以进攻英、法。

苏台德区虽然属捷克领土，但却居住着 250 万日耳曼人。希特勒上台后，极力鼓吹日耳曼人是优等民族，并拉拢苏台德地区的日耳曼人，通过他的代理人、被称为"小希特勒"的汉莱因组织了一个苏台德日耳曼人党。在希特勒的授意下，汉莱因在捷克斯洛伐克不断制造事端，要求苏台德区"自治"，以摆脱捷克斯洛伐克的统治，其实，希特勒是想以这种方式把苏台德区并入德国。捷克斯洛伐克政府早已经看出了希特勒的诡计，断然拒绝了汉莱因要求"自治"的要求。希特勒大肆叫嚣要对捷克发动战争，并向边境调集军队。

英、法两国一直对社会主义国家苏联的建立耿耿于怀。当看到德国法西斯壮大起来后，他们一直希望把德国这股祸水引向苏联。当开始注意到德国明目张胆地侵略他们的盟国捷克斯洛伐克时，感到非常不安：一旦德国侵略捷克，根据英、法与捷克订定的盟约，英、法也必须对德宣战。法国首相达拉第是个害怕战争的人，当德军集结在德捷边境时，

1938 年 9 月，英、法、德、意在慕尼黑举行会议，签订阴谋瓜分捷克斯洛伐克的《慕尼黑协定》，图为希特勒（左二）与张伯伦（左一）在一起。

达拉第就打电话给英国首相张伯伦，让张伯伦马上去与希特勒谈判，以"尽可能地取得最好的效果"。其实，张伯伦也不希望爆发战争，于是，他冒雨赶到慕尼黑。

希特勒与张伯伦谈判时，希特勒口若悬河，根本不给张伯伦插话的机会。

"依德军的能力是绝对能拿下苏台德区的，但考虑到邻国的感受，我们才迟迟没有动手，谁知捷克政府反倒认为我们不敢发动战争。本来我们只是支持苏台德区自治，现在看来已不只是自治的问题，而是把这一地区割让给德国的问题了，不知首相大人有没有决定权，捷克政府是否已答应把苏台德区割让给德国呢？"

希特勒的这个问题并没有出乎张伯伦的意料。在来慕尼黑之前，达拉第早就向他表达了法国的意思：同意牺牲捷克利益来换取法国的安宁。

"我个人的意思是同意苏台德区脱离捷克，但这还需要回国后做进一步的商议，我相信我的同事们也会支持我的想法的。"张伯伦回答道。

9月22日，张伯伦带着装有英法两国方案的公文包再一次来到了慕尼黑，他向希特勒转交了捷克政府签订的把苏台德区割让给德国的协议。这次的谈判出乎张伯伦的意料，希特勒已不再满足获得一个苏台德区。

"由于形势的发展，苏台德区对我来说已经没有多大用处了，我希望每一个说德语的国家都能回归德国。"

张伯伦顿时慌了手脚，但看到希特勒一副高高在上的样子，知道自己再怎么哀求也无济于事，于是只好返回英国。

9月29日，张伯伦第三次来到慕尼黑，参加英、法、德、意4国会谈。当天夜里，张伯伦、达拉第、希特勒、墨索里尼在慕尼黑的"元首宫"里举行会谈。4国于第二天凌晨签订了《慕尼黑协定》，根据协定，捷克斯洛伐克必须在从10月1日开始的10天内，把苏台德区及其附属的一切设备无偿交给德国。

在签订《慕尼黑协定》之后，张伯伦又同希特勒签订了《英德声明》，宣布"彼此不进行战争"，"要共同维护世界和平"。正是英法两国这种姑息养奸的绥靖政策使得法西斯的贪欲越来越强，从侧面加速了第二次世界大战爆发的步伐。

闪击波兰

作为欧洲交通枢纽的波兰，一直以来，法西斯德国对其垂涎三尺，因为占领波兰，不但能获得大量的军事经济资源，还能消除进攻英、法的后顾之忧，并建立起袭击苏联的基地。这对于法西斯德国来说，实际是在战略地位上得到了改善。

于是，在吞并奥地利和捷克斯洛伐克后，德国便把波兰定为下一步的侵略目标。

1939年3月21日，德国先向波兰提出了一系列无理要求——把但泽"归还"给德国，并将在"波兰走廊"建筑公路、铁路的权利也转让给德国，这遭到了波兰政府的拒绝。与此同时，英、法两国表态支持波兰，波兰态度更加坚决。见此情形，1939年4月3日，希特勒命令德国部队于9月1日前完成对波兰作战的准备工作。希特勒在代号为"白色方案"的秘密指令中强调："一切努力和准备工作，必须集中于发动巨大的突然袭击"。

为了赢得德国民众的支持，在闪击波兰前，希特勒政府先在报纸、广播大肆鼓噪，为德国侵略波兰制造借口：波兰扰乱了欧洲和平，以武装入侵威胁德国。《柏林日报》的大字标题警告："当心波兰！"《领袖日报》的标题："华沙扬言将轰炸但泽——极端疯狂的波兰人发动了令人难以置信的挑衅！"甚至"波兰军队推进到德国边境！""波兰全境处于战争狂热中！"等惊人的头条特大通栏标题出现在德国各大报纸上，给公众造成波兰即将进攻德国的错觉。

为了闪击成功，德国还做了另一项准备，即于8月23日与苏联签订了《苏德互不侵犯条约》，并达成了共同瓜分波兰的秘密议定书。希特勒此举目的非常明显，位于欧洲中部的德国是万不敢同时在东线和西线展开军事打击的。

一切准备停当，再无后顾之忧，希特勒下令于26日凌晨4时30分对波兰发起攻击。但在，前一天夜里希特勒又取消了攻击令，原来英、波两国于25日正式签订了互助协定，而意大利拒绝站在德国一边参加战争。希特勒之所以收回进攻令，是要对局势进行重新考虑。

想不出什么好对策的希特勒决心破釜沉舟，于8月31日下达了"第一号作战指令"，命令德军于9月1日凌晨发起攻击。

1939年8月31日晚，希特勒派遣一支身穿波兰军装的德国党卫军，冒充波军，袭击了德国边境的格莱维茨电台，在广播里用波兰语辱骂德国，并丢下几具穿波兰军服、实际上是德国囚犯的尸体。接着，全德各电台都广播了"德国遭到了波兰突然袭击"的消息。

1939年9月1日凌晨4时45分，德军轰炸机群向波兰境内飞去，波兰的部队、军火库、机场、铁路、公路和桥梁立即遭到毁灭性的打击。几分钟后，德陆军万炮齐鸣，炮弹呼啸着穿过德波边境倾泻到波军阵地上。1小时后，德军地面部队发起了全线进攻，从北、西、西南三面一起向波军开进。与此同时，在但泽港外的德国战舰"霍尔斯坦"号撕去友好访问的伪装也向波军基地开炮。

对于德国的闪击，波军基本上没什么准备，部队陷入一片混乱。德军趁势以装甲部队和摩托化部队为前导，很快从几个主要地段突破了波军防线。上午 10 时，希特勒兴奋地向国会宣布，帝国军队已攻入波兰。

而此时的波军统帅部却表现出了过分的自信，他们一方面认为自己有足够的实力对抗德国，一方面认为在关键时刻肯定会得到英、法的援助，于是，便把部队全部部署在德波边境。这样的部署毫无进退伸缩的弹性，使波军在德军高速度大纵深的推进下不是被歼灭就是被分割包围，成了德军后面的孤军。波军统帅预先设计的只要坚决抵抗就能取得胜利的梦想被德军打碎了。

其实，此时德国的西线也存在着致命弱点，在那里他们只有 23 个师的兵力，而在西线马其诺防线背后的英、法联军却有 110 个师。可惜的是，英、法两国在盟国受到侵袭的时候，竟然宣而不战，致使波军完全陷入了被动挨打的境地。英国军事史家富勒曾就此著文写道："当波兰正被消灭之时，西线也正发生了一场令人惊奇的冲突。它很快就被称为'奇怪的战争'，而更好的名称是'静坐战'。"

1 个月后即 10 月 5 日，拥有 3400 万人口，30.9 万平方千米的波兰便被彻底击败了。波兰上空的滚滚硝烟，揭开了第二次世界大战的序幕。

法国沦陷

1939 年 9 月 1 日，在希特勒的策划下，德军以闪电般的速度占领了邻国波兰。波兰被德国占领后，英、法根据法波盟约和英法互助条约，宣布对德宣战，但英、法两国并没有采取任何实际行动，这种纵容使德国更加肆无忌惮起来。

在法德边境，有一条"马其诺防线"，这条防线长达 200 千米，可以称之为现代化防御工事，如果法军充分利用这道防线，第二次世界大战的历史说不定会改写。但是，当德军入侵波兰时，法军却躲在防线后按兵不动。

1940 年，德军向中立的比利时、荷兰、卢森堡进军，西线战争正式打响。1940 年 5 月，德国突破马其诺防线，向法国发动猛攻。一心等待希特勒向东进攻苏联的英法联军没有料到德国率先把矛头指向自己，遂在毫无准备的情况下仓促后撤。

看到溃不成军的英法联军，希特勒命令德军摧毁法国临时布置的索姆河防线，直捣巴黎，5 月 14 日，德军未发一弹便占领了巴黎，随后向法国内陆挺进。10 日的时候，意大利军队从南方也进入法国，并于 15 日占领凡尔登。16 日，卖国贼贝当组成新内阁，新政府不但没有组织军队抵抗德、意军队，反而准备向德意军队投降。这时，法国国防部副部长戴高乐看到贝当政府已无心抵抗，遂毅然乘飞机飞往伦敦。

戴高乐到达伦敦以后，在英国首相丘吉尔的支持下，于 6 月 18 日在英国广播电台向法国人民发表了具有历史意义的广播讲话。

"勇敢的法国人民，虽然法西斯已经占领了我们的大片土地，并有可能占领法国全境，但是，他们并没有取得最后胜利。"

"我对法国的胜利充满信心，你们也应该和我一样，相信法国一定会转败为胜。而且，不列颠英国将会永远与我们并肩作战……"

1940 年 6 月 14 日，巴黎失陷，德国纳粹几乎没有发过一枪一弹。图为德军在击鼓声中列队走过凯旋门。

戴高乐将军的讲话通过电波传遍了法兰西的每一个角落，法国人民备受鼓舞，有一群学生甚至打着两根渔竿列队在凯旋门集会，表示他们对戴高乐号召的热烈拥护和响应。

但是，虽然法国人民做着抗敌的一切准备，贝当政府还是于 6 月 22 日正式与德国签订了投降书，贝当政府同意把法国北部及沿大西洋海岸由德国占领，法国首都由巴黎迁往维希。

贝当政府的这种投降行为遭到了戴高乐的严厉斥责。为了与贝当政府划清界限，戴高乐正式宣布成立"自由法国运动"。对于戴高乐的这种"分裂祖国"的行径，贝当政府和德国希特勒政府恨之入骨。不久，贝当的军事法庭对戴高乐进行了缺席审判，在德国当局的坚持下，戴高乐被判处死刑。

戴高乐并不理会贝当政府对自己的审判，继续以顽强的毅力宣传"自由法国运动"。戴高乐并不是孤立的，自从他发表广播讲话后，已经有数百人从法国来到英国，参加到"自由法国"的旗帜之下。到 7 月底，已经有 7000 人志愿拿起武器为"自由法国"而战。

7 月 21 日，戴高乐组织首批"自由法国"飞行员参加了对鲁尔区的轰炸，由

于将士们斗志昂扬，这次轰炸取得了胜利。随后，戴高乐又在非洲建立了一个作战基地和一个精干的行政机构，并且开始出版"自由法国"的报纸。

1941 年 9 月，戴高乐正式成立"自由法国"的政府机构——法兰西民族委员会，很快，这个组织便得到了英、苏等大国的承认。不久，"法兰西民族解放委员会"成立，戴高乐任主席。1944 年 6 月，"法兰西民族解放委员会"改为法兰西共和国临时政府。之后，戴高乐带领部队随英美军队返回法国与德军作战，并迅速解放了大片国土。8 月 25 日，巴黎解放。临时政府成立后，戴高乐任总理兼国防部长。戴高乐以其顽强的毅力和极大的热情，为反法西斯侵略和法兰西民族独立作出了杰出贡献。

《苏德互不侵犯条约》

1939 年 3 月 10 日，斯大林在联共（布）第十八次代表大会的总结报告中，认真分析了国际形势。斯大林对英、法的绥靖政策进行了无情的抨击，而对法西斯国家的批评却很少，并表示苏联将把"保持谨慎态度，不让那些善于从中渔利的战争挑拨者把我国卷入冲突中去"作为今后主要的对外政策之一。这表明苏联已开始把谋求自保作为外交的重点。

1939 年初，苏联开始与德国进行接触，这种接触在 1939 年 4 月 ~ 8 月的英、法、苏三国谈判期间也没有停止。三国谈判前期，由于英、法对德国采取绥靖政策，因而在谈判中采取了消极应付的做法，并拒绝了苏联提出的制止战争所必需的一些条件，这使苏联失去了对三国谈判的信心。到 1939 年 8 月，尽管英、法在战争日益逼近的形势下开始尽量满足苏联的要求，但苏、德的接触这时已有了很大进展。德国为了摆脱两线作战的处境，几乎对苏联提出的一切要求都予以满足。德国不仅答应让苏联置身于未来的战争之外，而且同意了苏联划分东欧势力范围的要求，并

1939 年 8 月，苏德在莫斯科签订《互不侵犯条约》，图为斯大林（右二）与德国外长冯·里宾特洛甫（右三）在条约签订仪式上。

许诺发挥自己的影响来改善苏联与日本的关系。在这种情况下，苏联抛弃了安全不可分的原则，把苏、德之间的谅解放在其外交决策的首位。8 月 21 日，斯大林同意了希特勒提出的德国外长访苏的要求，并于 8 月 23 日在莫斯科签署了《苏德互不侵犯条约》。正文主要有以下几点：双方保证彼此间不进行任何武力行动、任何侵略行为或任何攻击；通过和平方法解决两国间的纠纷；如果缔约一方成为第三国敌对行为的对象时，缔约另一方将不给予第三国任何支持；缔约任何一方将不加入直接或间接旨在反对另一方的任何国家集团；条约有效期为 10 年。第二次世界大战后，双方又公布了该条约附加秘密协定书，主要内容为划分两国在东欧的势力范围。

《苏德互不侵犯条约》签订后，英、法、苏三国谈判宣告破裂，而德国则得以摆脱两线作战的困境，敢于放手发动第二次世界大战。《苏德互不侵犯条约》签订后的第九天，德国就发动了入侵波兰的战争，欧洲的全面战争爆发。

苏联不仅在欧洲对德外交中采取了绥靖政策，而且在亚洲对日外交中也奉行绥靖政策。

《苏德互不侵犯条约》的签订，为苏联赢得一个短暂和平时期进行反侵略战争准备，然而它使德国避免两线作战的危险，为发动世界大战创造了有利条件，同时条约也暴露了苏联大国主义的倾向。

1931 年"九一八"事变后，苏联宣布对中日冲突奉行"严格的不干涉政策"。1932 年初，苏联答应了日本关东军使用中东铁路的要求，而且只收一半的运费。当国际联盟邀请苏联协助"李顿调查团"解决东北事变时，苏联不仅不主持正义，还拒绝调查团取道苏联直达中国东北。1935 年 3 月，苏联不顾中国政府的强烈反对，根据日本的意见，把中东铁路低价卖给了日本的傀儡政权伪"满洲国"。苏联的这些做法，纵容了日本法西斯对中国的侵略行径，助长了日本的侵略气焰。

1935 年 5 月开始，日本在中蒙边境不断向苏联进行大规模的军事挑衅。苏联为了自保，加强了对华援助。但是，为避免与日本的正面冲突，这种援助都是在秘密状态下和日本势力所不能及的地方进行的。1941 年 4 月 13 日，苏联为了避免把自己推到与日本法西斯斗争的第一线，在与日本进行了 9 个月的讨价还价之后，签订了《苏日中立条约》。这样，苏联就在法律上正式承认了日本在中国东北建立的傀儡政权。苏联又一次拿别国的领土和主权作交易，换取了自己的和平。《苏日中立条约》把苏联的对日绥靖推到顶峰，使日本敢于放手发动对东南亚的进攻。

不列颠之战

德国闪击西欧，法国投降后，整个西欧海岸线都被德国所控制，英国不列颠群岛陷入德军三面包围的境地。但包括希特勒在内的德国人都把对法国的胜利作为战争的结束，希特勒认为，如果打败英国，其殖民地将会落入美、日和苏联手中，而对德不利，为对付苏联应避免两面作战，希特勒提出原与英国在瓜分世界的基础上和谈，得到美国支援承诺的英国首相丘吉尔断然拒绝。于是，诱和未遂的希特勒准备武力侵入不列颠。

1940年7月16日，希特勒发出对英登陆的"海狮作战"计划的训令。该计划以奇袭为基础，准备用39个师的兵力，在不列颠的拉姆斯盖特登陆，抵达怀特岛。其中13个师作为第一批登陆部队，并在海峡港口集结大量的各种船只，一切准备要求于8月中旬完成。

德空军集结2400架战机，欲对英伦进行大规模空袭。德军一方面想从精神和意志上摧毁英国，迫使其接受和谈，另一方面为"海狮作战"的海军渡海夺取制空权，为登陆创造有利条件。

7月10日，德军开始了对英护航船队和波特兰、多佛尔等港口、军港进行空袭，以引诱英战机出战，从而查明英空军的部署、防空能力及检验自身的突防能力。

纳粹德国的空军

从8月13日到9月6日，德国空军大规模地轰炸英军机场、雷达站、飞机工厂和补给设施。从8月24日起，德军每天出动1000多架次飞机，战事进入了决定性的阶段。

德国空军在形势上处于不利地位，他们必须在海上和英国领空上作战。而英空军可以获得地面高射炮的支援，英军的喷火式飞机爬升速度要快于德战斗机，并且以防御战为主的英军还有雷达网的引导。更重要的是，英军掌握了德军无线情报的破译密码，使得德国多数战略情报被英所掌握。

8月13日，德军480余架战机升空，开始对英国雷达站等军事目标进行轰炸。15日又出动1780架飞机，使英军一些军事基地和飞机制造厂遭到摧毁。英军统帅道丁公爵也迅速命令 7 个"喷火式"和"旋风式"战斗机中队升空迎敌。在雷达的准确制导下，他们在德国机群中进行有效地穿插分割，将德军机群分割成若干小队，利用飞机速度快的优势实施各个击破，这是双方第一次大规模空战。德军付出了 75 架飞机的代价，英机只损失 34 架。德军"空中闪击战"一开始就未奏效。

8 月 24 日至 9 月 6 日，德空军不分昼夜，每日出动千余架次飞机，对英西南部的机场及海峡商船进行高强度空袭，虽然德机被击落 380 架，但英机也损失 186 架。

9 月 7 日，希特勒为了报复 8 月 25 日到 26 日夜袭柏林的英国，开始了对伦敦的狂轰滥炸。企图瓦解英国人民的斗志，动摇民心。但这给了英空军以喘息之机，英军以战斗机、高射炮、雷达、探照灯和拦阻气球组成完备的防空系统。虽说大规模的轰炸使伦敦多处起火、王宫中弹、居民伤亡惨重，但在 9 月 15 日，英军抢占先机，德机还没有进入伦敦上空，就遭到数百架英战斗机的截击。英战斗机猛冲德轰炸机，失去保护的德轰炸机除少数逃跑外，其余均被击落。英战机转而围攻德战机，凶狠的英机使德战机招架不住，转头而逃。英战机紧追不放，又击落了多架德军战机。这时，英国轰炸机开始行动，对德国集结在海峡对岸的舰队、地面部队、港口码头进行了猛烈轰炸。德国损失惨重，共损失 185 架飞机，而英军仅损失 26 架。

德军不但未击败英国空军，反而使英空军活动更频繁。希特勒感到无法取胜，被迫下令不定期推迟实施"海狮作战"计划，最终"海狮作战"计划不了了之。

不列颠空袭和反空袭之战中，德军共损失飞机 1733 架，英损失 915 架，双方飞行员损失约为 6：1。空战受阻后，希特勒开始对英国实施封锁。

这场空战是第二次世界大战史上历时最长、规模最大的空战，它使希特勒的侵略计划第一次未能得逞，为国际反法西斯同盟鼓舞了士气。这场空战也是人类战争史上首次空战，它揭开了人类战争史上新的一页，同时也证明了大规模空袭、夺取制空权在战争中的重要性及防空的战略意义。

"巴巴罗莎"计划

1940 年 12 月，希特勒秘密地制定了一份代号为"巴巴罗莎"的进攻苏联的作战计划。"巴巴罗莎"是神圣罗马帝国皇帝腓特烈一世的绰号，意为"红胡子"。腓特烈一世曾 6 次侵入意大利，希特勒把进攻苏联的这一计划起名为"巴巴罗莎"，就是想效仿腓特烈一世，妄图以闪电战的方式击溃苏联。

"巴巴罗莎"计划于 1941 年 6 月 22 日执行。当 5 月下旬，德军向德苏边境调集了大批兵力时，苏联方面就已经料到了德军的攻击对象可能轮到自己了。但是，为了麻痹苏联，德军散布谣言，把德军的东移说是为了进攻英国，甚至还故意制定了代号为"鲨鱼"和"渔叉"的在英国登陆的作战计划。当时苏联情报局一直认为德国和苏联一样，始终遵守着《苏德互不侵犯条约》，连当时的苏联最高领导人斯大林也对德国表现出来的假友好深信不疑，一直到苏德战争爆发的前一晚，斯大林还在命令苏联红军"在没有接到特殊命令之前不得采取任何其他措施"。

6 月 21 日，希特勒来到东普鲁士拉斯登堡附近的指挥所里。

"报告长官，苏联阵地上没有任何异常情况，看来他们一点准备都没有。我军将士正集结待命。"一名军官向希特勒报告。

"很好，明天一开炮，苏联方面会有什么反应呢？相信不只苏联人，全世界人都会大惊失色吧。"紧接着，希特勒一阵狂笑。

苏联方面，也早有哨兵向统帅部报告了军情。

"德军方面发动机的声音突然增高了，德军还砍去了布列斯特西北边境上自己设置的铁丝网……"

但是，以斯大林为首的苏联领导人对德国法西斯的整个战略方针和部署依然估计不足，缺乏足够的认识，他们认为希特勒只不过是想以这种手段迫使苏联主动破坏互不侵犯条约，以寻找进攻苏联的借口，所以并没有命令前线部队进入全面战斗准备。

6 月 22 日凌晨，炮弹声划破夜空，两千多架德军轰炸机飞向东方，苏联大地上尘土飞扬，炮声隆隆，苏联边防顿时陷入一片混乱。

"以前我们习惯用明码拍电报，现在不是早禁止了吗？为什么不用密码？"一位远在莫斯科的长官正训斥着前线拍电报的士兵。

"长官，德军已经登上我们的领土了，成千上万的士兵已经被德军的大炮炸死，这已经不是什么秘密了。前线的将士们正集结待命呢，您快下达反击的命令吧。"

"不许我方的大炮开火，这就是命令。"

虽然前线的苏军一个个摩拳擦掌，但没有莫斯科的命令，他们只能坐以待毙。就这样，苏军从一开始就陷入了被动。

到 22 日中午为止，德军坦克已深入苏联境内 50 多千米。傍晚时分，莫斯科才对苏联面临的形势做了认真分析。

"莫斯科命令，我方陆军、空军火速向德军开火。"

莫斯科下达反击命令时，苏联空军已基本上没有执行命令的能力了。面对强大的德国空军，虽然苏军在中将科佩兹将军的率领下奋起回击，但还是损失了1200余架飞机，其中的800多架飞机是尚未起飞就被击毁的。

"巴巴罗莎"计划的初步胜利使希特勒欣喜若狂，希特勒忙命令德军执行下一步计划：北路攻打苏联波罗的海沿岸和列宁格勒，中路攻打莫斯科，南路攻打乌克兰。希特勒扬言：要在一个半月或两个月的时间里攻下苏联，在冬季之前结束战争。但是，希特勒的希望很快就落空了。

1941年7月3日，斯大林向全苏联人民发表了"为了祖国自由而战"的广播演说，全苏联人民积极响应斯大林的号召，纷纷举起手中的武器，投入到了反法西斯的卫国战争中去。

偷袭珍珠港

1941年12月7日凌晨，北太平洋上波涛汹涌，一支庞大的舰队向南飞速驶去，溅起的浪花飞落到船头的甲板上。这支舰队里有6艘航空母舰和14艘战舰，当这一舰队接近美国在太平洋上的海军基地珍珠港时，航空母舰上的数艘飞机带着巨型炸弹腾空而起，先是紧贴海面飞行，然后冲入港内，炸弹和鱼雷立即倾泻下来，对排列在港内的美太平洋舰队进行轰炸。

这一幕正是日本军国主义对珍珠港发动的偷袭，这次偷袭标志着太平洋战争拉开了序幕。

对珍珠港的偷袭是日本军国主义策划已久的事。早在苏德战争爆发后，日本内阁就认为建立"大东亚共荣圈"的时机已到，于是加紧了对东亚各国的侵略。日本咄咄逼人的攻势，直接威胁到美国在太平洋的利益。从1941年夏天开始，美、英等国联合对日本实行了石油禁运，即不再供给日本石油及其他原料。日本是

日本海军偷袭珍珠港

一个岛国，资源紧缺，对于美英两国的这一做法，日本暂时选择了妥协，与美国举行谈判，但是谈判并没有达成协议。

日本贮备的石油一天比一天减少，如果真的没有了石油，别说是建立"大东亚共荣圈"，恐怕连走出本土都相当困难。为此，日本"御前会议"决定暂时停止攻打苏联，改把占领印度支那和南洋诸国作为主要目标，以夺取石油资源。

为了扫清南进道路上的障碍，日本天皇授意日本联合舰队司令山本五十六，秘密制定远渡重洋偷袭珍珠港的计划，南云中将则是这一任务的指挥者。

在偷袭珍珠港之前，日本大使来栖三郎到美国继续与美方谈判，鼓吹"要以最大的努力来防止不幸的战争"，借以掩盖日本南进的意图。对于日本军国主义者的意图，美国总统罗斯福仍以为印度支那和东南亚是其主攻对象，并没有料到日本会把矛头首先指向珍珠港。美、日这种"和平"谈判一直持续到偷袭珍珠港的第一发炮弹爆炸之前。

11月26日，日本舰队沿着寒冷多雾的北方航线隐蔽前进，在海上秘密航行了12天，居然一直没有被发现。在距珍珠港以北230海里处，舰队停了下来。12月2日，南云中将接到了山本五十六的密电：按原定计划袭击珍珠港。于是，便出现了前面惊天动地的那一幕。

12月7日是个星期天，美国人在这一天有做礼拜的习惯。美国军舰像往常一样平静，整齐地泊在港内，飞机也密密麻麻地排在瓦胡岛的飞机场上。一部分士兵正在吃早饭，一部分则上岸度假去了，珍珠港沉浸在一片平静的假日气氛之中。

"快看，那里有两架飞机。"一个哨兵发现雷达屏上出现了异常，慌忙向上级长官报告。"别大惊小怪了，那是我们自己的飞机，你们对此还不熟悉吗？"一位军官把这个新来的哨兵嘲笑了一番，然后接着开始欣赏收音机里的音乐。

港内的其他美国士兵，甚至美军司令部也没有意识到这是一场真实的战争，而以为是一次"特殊的演习"。就这样，日本的轰炸机从美军眼皮底下溜进了珍珠港。

突然间，随着一阵飞机的轰鸣声，炸弹从天而降。直到发现自己的舰只起火，美国太平洋舰队司令部才发出备战的特急电报。但是，什么准备都来不及了，刹那间，珍珠港成了一片火海，港内升起一道道的冲天水柱。几分钟内，希凯姆机场、惠列尔机场、埃瓦机场和卡内欧黑机场已被炸得一片狼藉，几百架美机在没有起飞之前就被击毁。

偷袭持续了95分钟，美军损失了约40多艘舰艇、300多架飞机，另外还有

3500 多人死亡。美国太平洋舰队除航空母舰出港外，几乎全军覆灭。

日本偷袭珍珠港的第二天，美国宣布对日本处于战争状态，太平洋战争全面爆发。

世界反法西斯同盟建立

第一次世界大战结束后，严重的经济危机席卷了整个资本主义社会。借着这一契机，法西斯头子希特勒和墨索里尼分别在德、意上台掌政，日本则建立起天皇制军事法西斯专政。法西斯独裁者对内实行独裁统治，对外扩张侵略，以谋取世界霸权。基于相同的目的与需求，德、日、意在侵略扩张的同时相互勾结，结成了法西斯轴心国同盟。

1939 年 9 月，德国进攻波兰，第二次世界大战爆发，英、法不得不对德宣战。半年后，法国沦陷，在德军的强大攻势下，英法联军只能退守英伦三岛，英、法两国终于尝到了绥靖政策带来的苦果。

1941 年 6 月，德国终于像英、美期待的那样大举进攻苏联，使苏联成为世界反法西斯战争的主要战场。苏德战争的突然爆发并没有使英国首相丘吉尔如释重负，虽然此前他曾一度希望德国能尽快把侵略矛头指向苏联，但此时他感到的竟是无形的恐惧。经过反复的思考之后，丘吉尔发表了慷慨激昂的广播演说："过去 25 年来，没有谁比我更彻底地反对共产主义……进攻苏联，只不过是企图进攻不列颠诸岛的前奏。因此，苏联的危难就是我们的危难，也是美国的危难。"与丘吉尔的反应一样，当德军入侵苏联的消息传到美国时，身患重病的国务卿赫尔向美国政府建议，"全力以赴支援苏联"。美国政府同时发表声明，指出"今天的希特勒军队是美洲大陆的主要危险……" 6 月 24 日，美国总统罗斯福

烧焦的哥特式塔尖耸立在英国城市考文垂，德国发动的不列颠之战，使英国人民蒙受了巨大痛苦。

·《大西洋宪章》·

　　1941年6月22日，德军向苏联发动突然袭击，苏联毫无防备，数百万苏军被俘虏，德军很快就打到了莫斯科城下，虽然被苏军击退，但德军在苏联仍然占有优势。

　　美国见德国势力越来越庞大，已经开始威胁到自己的利益，于是逐渐改变了中立的立场，开始援助英国等国，同时也秘密对苏联提供支援。1941年秋，罗斯福和丘吉尔在大西洋上的一条军舰上会晤，代表两国发表联合宣言，提出尊重各国领土完整，两国不追求领土或其他方面的扩张，促成一切国家的友好合作，在打败法西斯后确立世界和平等原则。历史上把这个联合宣言称为《大西洋宪章》，这个宪章是世界反法西斯同盟宣言的前身。

在举行的记者招待会上宣布美国将尽力援助苏联。至此，美、英等国才放弃了先前的绥靖政策与中立政策，并改变了对社会主义苏联的态度。

　　此时的苏联也正希望得到英、美的援助。1941年7月12日，苏联和英国在莫斯科签署了《苏英对德作战联合行动协定》。双方保证，彼此给予各种援助和支持，不单独同敌国谈判和媾和。紧接着，两国又签订了《贸易、贷款和支付协定》，英国在协定中同意给予苏联1000万英镑的贷款。苏联在与英国改善关系的同时，也加强了与美国的接触。

　　8月10日，大西洋纽芬兰的阿金夏港笼罩在一股严肃的气氛之中。原来，美国总统罗斯福与英国首相丘吉尔正在这里举行战时会晤，以商讨国际形势及联合反对德国法西斯的政策。4天后，《大西洋宪章》的发表成为英美两国政治联盟的标志。

　　为了进一步确定反法西斯政策，9月29日，苏、美、英三国代表在莫斯科召开会议。在这次会议上，三国签署了一个议定书。议定书规定：从1941年10月1日到1942年6月30日，英、美每月向苏联提供400架飞机、500辆坦克及其他武器、物资，苏联则向英美提供原料。莫斯科会议标志着苏、美、英三国反法西斯联盟的初步确立。

　　太平洋战争爆发后，美国对日本宣战，德、美之间也相互宣战，美国正式加入第二次世界大战。不久，英、澳、荷、加、波等国也相继对日本宣战。至此，世界主要国家都被卷入战争旋涡中来。

　　随着德、意、日法西斯的不断扩张，国际反法西斯同盟也进一步得到壮大和发展。

　　1942年1月1日，华盛顿热闹非凡，这里聚集着美、苏、英、中等26个国家代表。虽然各国代表都维护本国的利益，但在对待德、意、日法西斯的问题上却是意见一致。经过磋商，26 国代表共同签署了一项《联合国家宣言》，宣言规定，各签字国家相互合作，不准与法西斯各轴心国议和和单独交涉，并保证运用军事和经济的全部资源同与之处于战争状态的轴心国及其仆从国家作战。《联合国家宣言》的发表，标志着国际反法西斯联盟的正式确立，并为以后联合国组织的建立奠定了基础。

斯大林格勒保卫战

第二次世界大战中，德军在莫斯科战役中遭到惨败，被迫放弃了全面攻势。德军在各地战场面积的扩大和大规模的战役，使石油的补给量成为制约其战争进程的严重问题。若没有新的石油补给，战争将难免崩溃，希特勒遂决定获取苏联高加索油田。德军统帅部趁欧洲尚未开辟第二战场的有利时机，继续增强东线苏联境内的军事力量。1942 年夏季，改为在南线实施重点进攻，企图迅速占领石油资源丰富的高加索和粮食充足的斯大林格勒。

1942 年 7 月 17 日，德军精锐部队第 6 集团军 27 万人在鲍罗斯将军的指挥下，向斯大林格勒进逼。

斯大林格勒位于伏尔加河下游西岸，是连接苏联欧洲部分南北水陆的交通枢纽，也是重要的军事工业基地。该城一旦失守，将会切断莫斯科和高加索地区的联系，进而威胁到巴库的石油和库班的粮食产地。还可北上迂回莫斯科，南下切断英、美支援苏军的供给线，并染指中东和印度洋，打通日、德联系通道，它的得失将会影响到整个战局。因此，苏联决定死守该城，并在奇尔河、齐姆拉河一线布置了顽强的防御部队，迟滞德军的推进速度。

7 月 24 日，德军接近斯大林格勒西面的顿河河岸大弯曲部，并企图对苏军进行两翼突击合围，进而从近道直逼该城。但是由于燃料和弹药的缺乏，以及第 4 装甲军团调往高加索战场，进攻斯大林格勒的德军只能停在卡拉赤正面的顿河岸上。30 日，希特勒开始调集部队增援鲍罗斯，第 4 装甲军团又被调回，从西南向斯大林格勒进攻。8 月 3 日攻占了科特尼可夫，9 日，德军遭到苏军的激烈抵抗而被迫转入防御。这时鲍罗斯在苏军的顽强阻击中攻占了顿河上的一个据点，并占领卡拉赤。23 日占领了斯大林格勒城北面近郊，计划从北面沿伏尔加河实施突击作战，夺取该城。他派出 2000 架次飞机昼夜对城区进行狂轰滥炸，使整个城市变成一片火海。苏空军及防御兵也对德军进行激烈反击，击落敌机 120 架。苏统帅部急调预备部队对德军实施侧翼反击。德军继续增加兵力，9月底，德军已达80多个师，进攻苏联的主力都转移到斯大林格勒会战之中。

9月15日，德军全面进攻斯大林格勒。在飞机、大炮及装甲坦克的配合下，德军于23日突入城市中心，勇敢的苏军与敌人展开了巷战。一座房子，一条街道，常常是几经易手。夜以继日的激战使斯大林格勒变成了第二个凡尔登。希特勒命令变换战术，用炮火和飞机把该城变为废墟。直到11月12日，德军从该城的南部冲过伏尔加河，却付出了70万人的惨重代价。迅速攻占该城的企图及整个战局计划被打破，苏军的疲惫消耗战为统帅部组织反击争取了时间。

9月份，两军鏖战正激之时，苏军朱可夫元帅开始组织策划反击，并隐蔽调集110万兵力集中在顿河以北的森林中，准备伺机大反攻。朱可夫兵分两路，一路以德中央集团军群为目标，以阻止其向顿河战线增援；一路则与斯大林格勒以南的攻击配合，从北面攻击德军。

11月19日，苏军反攻开始，南北两侧强大的钳形进攻包围了德军第6军团等30万人，并一举攻占了德军交通瓶颈罗斯托夫。鲍罗斯的处境艰难，储备物资早已枯竭，补给也基本中断。为解救被围德军，希特勒将全部预备部队投向斯大林格勒，但苏军的顽强阻击使解围计划破产。12月21日，欲突围的鲍罗斯却因燃料不足而无法实施机动，希特勒仍下令死守斯大林格勒。

1943年1月底，德军在顿河上的全部正面军被苏军击溃。包围圈越缩越小，苏军南北对进，将德军分割成多个孤立的集团。31日，德军开始整团整师地陆续投降。2月2日，包括鲍罗斯在内的24位将官、2000名校级以下军官和9万残存士兵全部投降，斯大林格勒保卫战结束。

这次会战为苏德战争乃至整个第二次世界大战的根本转折，苏军从德军手中夺取了战略主动权，转入战略进攻，极大地鼓舞了世界反法西斯同盟。

中途岛海战

"报告长官，我们截获了一份日军密码电报，据破解，日本的水上飞机可能要到中途岛上加油。"译电员向美国海军司令部报告着。

美国太平洋舰队司令尼米兹是在日本偷袭珍珠港之后临危受命的，他托着腮思索片刻："我们最好能将计就计，设下陷阱，让日本海军自投罗网。"

中途岛位于太平洋中部，是北美和亚洲之间的海上和空中交通要道。在日本偷袭珍珠港后不久，日本就利用海、空军优势，向美、英、荷在东南亚和西南太平洋的属地发动猛烈攻势，控制了东起中途岛，西至太平洋，南起澳大利亚，北至阿留申岛的广大地区。

但是，在珍珠港一战中幸免被歼的美国航空母舰的存在却成了日本法西斯的一大隐患。因此，日本决定集中优势兵力，彻底歼灭美国航空母舰。日本联合舰队总司令山本五十六制定了一个夺取中途岛的计划，山本认为，只要拿下中途岛，对美国的航空母舰围而歼之就有希望，而且也

在第二次世界大战中，美国与英国以及苏联等国联合了起来，共同打击希特勒统治下的德国、墨索里尼统治下的意大利以及日本的军国主义政府。1943 年，盟军在北非战场取得了胜利，随后，他们又解放了意大利（1943 ~ 1944 年），在 1944 年 6 月 6 日之后，盟军又从法国直逼德国（1944 ~ 1945 年）。在太平洋战场上，日本在最初的时候获得了相当的利益，但是，它的军队随后步步后退，本图所示的就是 1945 年 2 月，美国的旗帜插在硫磺岛上的情形。

可以把中途岛作为向中太平洋和西南太平洋扩张的基地。为了这场战争，山本五十六调集了 8 艘航空母舰、22 艘巡洋舰、11 艘战列舰、66 艘驱逐舰，组成了一支空前庞大的舰队。

1942 年 6 月 2 日凌晨，太平洋上升起的大雾使海面上的能见度很差，但由南云中将率领的日本突击舰队还是在浓雾中起航了。这支舰队没有安装雷达系统，只能以缓慢的速度在太平洋上摸索前进。上午 10 点左右，大雾散去，南云中将急令日本军舰全速前行。两天后，这支突击舰队和其余 8 支协同作战的舰队都已驶入了预定位置。

"全体注意，开始起飞。"南云中将直盯着前方的中途岛，用扩音广播向航空母舰上的所有飞行员命令。转瞬间，排列在"赤城""加贺""飞龙""苍龙"4 艘航空母舰甲板上的 108 架飞机腾空而起，拉出一条白烟后向中途岛方向飞去。

"第二批做好准备。"南云中将继续命令着，然后等待着第一批飞机的归来。

此时，中途岛的美军在总指挥官尼米兹上将的率领下早已经做好了应战的准备。当日本轰炸机距离中途岛还有 30 英里的时候，遭到了美军 25 架"野猫式"战斗机的拦截。在激烈的空战中，"野猫式"有 17 架被击落，7 架被击伤。

南云中将正在指挥室里准备发出第二道命令，但是他却有些犹豫，第一批轰

炸机并没有达到轰炸的预期目的，也就是说，中途岛的美军并不是像山本五十六预料的那样没有任何准备，而第二批轰炸机能否顺利完成任务呢？

正当南云中将举棋不定的时候，6架美国鱼雷轰炸机和4架B—26轰炸机出现在"赤城"号航空母舰的右舷，南云中将忙命令高射炮迎战。在猛烈的炮火下，美机呼啸着朝"赤城"号扑来，但却闯入了高射炮的射程，然后落入到太平洋里。

当美军的最后3架轰炸机遍体鳞伤地朝中途岛方向飞去以后，南云中将终于下令第二批飞机在5分钟内起飞。然而就是这短短的5分钟，战局发生了根本性的变化。

3架美国"无畏式"轰炸机正从空中向"赤城"号俯冲下来。而日舰上的所有反击都不再起作用，一颗颗黑色的炸弹从空中降落，"赤城"号则只有"拥抱"炮弹的能力。很快，巨大的航空母舰成了一片火海，"赤城"号已经完全失去了作战能力。

在"赤城"号被袭击的同时，"加贺"号和"苍龙"号也遭到了袭击，最后，连同"飞龙"号在内的这4艘一直让山本五十六引以为荣的航空母舰都沉入了海底。

在几百海里外指挥作战的山本五十六得知4艘航空母舰被击沉的消息后，悲痛不已：这次战争已经以日本的失败而结束了，如果硬着头皮与美军抗争到底，只会徒劳地增加失败的成分。最后，山本五十六只得下达了撤销中途岛作战的命令。

中途岛战役是第二次世界大战太平洋战争的分水岭，之后，日本海军一蹶不振，被迫从战略进攻转入战略防御。

击溃"沙漠之狐"

第二次世界大战的北非战场，处于沙漠地带，连水都要靠后方供应，后勤保障成为胜败的关键因素。制空权又是控制地中海等海陆交通的决定因素，这就使交战双方不能离开港口和交通线，同时需要掌握制空权。1942年6月，德、意非洲军在昔兰尼加战争中取胜后，乘势追击，直抵埃及境内，到达距英地中海舰队基地亚历山大港仅110千米的阿拉曼。阿拉曼是保护埃及腹地的屏障，非洲军的攻击，无疑似一把尖刀顶住英国人的胸膛。

1942年8月初，丘吉尔亲自前往开罗，调兵遣将，加强北非英军第8集团军的力量，美国支援的300辆新式薛曼式战车和100门机械炮将陆续运到，同时任

命个性活跃、自信心强的蒙哥马利为第 8 集
团军司令。

蒙哥马利上任后，开始组建一支精兵，
把陆军和空军联合在一起。为了加强阿拉曼
的防御能力，他在险要的地形前面布满浓密
的雷阵。以厚密的雷阵配合，对阿兰哈法岭
以重兵据守，敌人从任何地方进入，都可以
从侧面加以反击。

8 月 30 日，德、意非洲军在有"沙漠之狐"
之称的隆美尔的指挥下对防线发起攻击。他
从北中南三面同时展开攻势，北部只作佯攻，
中部也只是牵制性的进攻，他把主力放在南
面，试图攻下阿兰哈法岭。对隆美尔的进攻，

隆美尔（中）是非洲战役的德军统帅。他受
命指挥北非的两个机械化师，稳定对英战线。

蒙哥马利采用坚强的守势，派飞机、大炮对非洲军阵地不间断地轰炸，消耗对方
实力。对于缺乏补给且武器落后的隆美尔来说，阿兰哈法岭之战是孤注一掷。英
军的坚固防御和空中攻击的猛烈，打破了隆美尔的企图。9 月 1 日，非洲军被迫
放弃大规模进攻。两天内 3 艘补给油船被英军击沉，严重缺乏燃料的隆美尔不得
不加强防御。他在前方阵地埋下 50 万颗地雷、炸弹和炮弹，只用前哨据点扼守，
在雷区后做防御战准备。

随后隆美尔因病情严重，将指挥交给斯徒美将军后，于 9 月 22 日返回德国
就医。蒙哥马利这时正积极准备着反击工作，他把主力的打击摆在北面，派一个
装甲师盯死阵地南端，分散敌人的注意力，用 13 军牵制敌人右翼的辅助性进攻。
从 10 月 6 日到 23 日的夜间，英空军加紧对敌人的交通线及运输工具的轰炸，阻
断其供给。为掩盖其作战意图，隐蔽各部分兵力，诱骗敌人对于攻击日期和方向
作错误的预测，蒙哥马利实施了一个用假帐幕、仓库、战车、车辆、炮位、水塔
和油管做伪装的大规模掩蔽计划。

10 月 23 日，在满月的光辉下，英军发起反攻，1000 门火炮同时向德、意军
阵地进行 20 分钟的狂轰滥炸后，英军分别从北南两个方向发起进攻。北部第 30
军攻占了敌人前进防御阵地后遇到了顽强抵抗，进展缓慢，南线的 13 军受到德
军火力拦阻而受挫。但德、意军内部也乱作一团，交通网被摧毁，斯徒美将军因
心脏病突发死于沙漠，燃料的缺乏使机械化部队基本丧失了运动攻击能力。

紧急返回的隆美尔命令部队进行坚决的防御。他准确地判断出英军的主攻方向，着手向北调集军队，南部只留意大利军防守。激烈的战斗持续到 29 日晨，隆美尔指挥部队有效地遏止了英军的进攻。

鉴于德军主力向北集中，蒙哥马利改变进攻计划，决定在德意两军的接合处，发起"增压作战"的进攻。11 月 2 日，在猛烈炮击和轰炸机支援下，英军开始进攻，飞机和炮兵转向轰击德军防御阵地，美式薛曼式战车可远距离发炮，德军火炮却不能击毁它。隆美尔调集全部的坦克，拼命抵抗。虽然阻止住英军的长驱直入，但战车仅剩下 35 辆。11 月 4 日，英军突破德意防线，意军全军覆没，知道失去交通线和制空权而无法补给，最终会输掉这场战争的隆美尔下令撤退。

然而，蒙哥马利用兵过于谨慎，没能及时察觉隆美尔的撤退行动，失去了全歼敌人的良机。9 日，隆美尔退回利比亚。

阿拉曼的胜利，是反法西斯同盟在北非战场上的转折点，盟军从此掌握战略主动权，为英美联军登陆非洲奠定了基础。

山本五十六的覆灭

1942 年 4 月 18 日清晨，神气十足的山本五十六穿着白色的海军礼服，登上了他的专用飞机。6 时整，飞机腾空而起，在天空呼啸几声后飞向了远方。山本五十六究竟要去哪里呢？原来，自从中途岛战役后，美日两国又为争夺瓜岛而进行了长达半年之久的交战，最后，还是以日本的失败告终。作为日本联合舰队总司令的山本五十六调集了 300 多架飞机，准备对瓜岛和新几内亚的美国舰艇进行报复性的轰炸。为了提高日军的士气，山本决定到前线亲临观察。

"报告长官，后方发来密电，山本总司令将于 4 月 18 日前往巴拉尔岛、肖特兰岛和布因基地视察，请各方做好迎接准备。"译电员向前线的第 11 航空战队司令城岛高次海军少将报告。

"他简直是疯了，如果这封电报被美军截获，后果将不堪设想啊。"城岛高次接到电报后有些大惊失色。但城岛高次深知山本的脾气，他认准了的事决不会再加以更改，而且这时候再加以劝告已经来不及了。

"希望我的担心是多余的。"城岛高次在心中不由得祷告起来。

美国太平洋舰队的情报局里，情报专家正在破译一份来自日方的秘密电报。这封电报正是刚刚截获的山本发给城岛的那份。

"电报被破译出来了，4月18日，山本五十六将会乘座机飞往卡希里湾视察，具体日程是这样安排的……"

美国海军部长尼米兹将军得知山本五十六的行踪后喜出望外。山本五十六是日本军方精明能干的指挥官，他曾参加过日俄战争和第一次世界大战，并指挥日军成功偷袭了珍珠港，如果能除掉

为激励士气，山本五十六赴前线进行军事视察，图为山本在登机前的例行准备。

这个人，日本举国上下一定会慌乱不已，而且还能对他偷袭珍珠港这一事件进行报复。尼米兹将军虽然对自己的这一想法很快加以了肯定，但他还是把这一文件放进了总统罗斯福的办公室，以求得总统的指示。

"马上截击山本五十六座机，并不惜一切代价击落它。"罗斯福总统非常赞同尼米兹将军的想法，下达了截击的命令，并命尼米兹制订具体的行动计划。

山本五十六哪里会想到，他的这次视察之行竟成了他的死亡之行。

4月18日凌晨7时左右，由18架美国闪电式战斗机组成的机群从瓜岛起飞了。半个小时后，山本的机群出现在美军雷达的视野里。

"准备，狙击机与掩护机各就各位。"领队的驾驶员约翰·米切尔少校和小汤玛斯·兰菲尔少校向机组的飞行员发出命令。接到命令后，担任引诱任务的12架美机迅速飞上6000米的高空，暴露在日本机群的视野里，其余6架担任狙击的飞机则低空飞行，躲过了日机的注意。

日本担任护航的战斗机看到12架美机前来袭击山本的座机，忙一窝蜂似的朝着飞在高空的12架美机追了过去。这个时候，6架狙击美机从隐蔽的位置冲了出来，全力追逐山本的座机，并不断向山本座机猛烈开火。当看到又有6架战斗机出现在山本座机的周围时，日本护航机才知道上了美军的当，于是加大油门，全速俯冲下来，企图掩护山本的座机。但为时已晚，山本座机发出了一声长长的呼啸声，朝着卡希里湾方向栽了下去。紧追其后的美机从机身的两翼施放出一排子弹，正中这座大型轰炸机的机身。转眼间，坠落的机身在离山本的目的地卡希里不远的荆棘中爆炸了。策划和发动太平洋战争的罪魁祸首终于得到了应得的下场。

山本五十六死后，日本天皇失去了一个得力助手，虽然接替山本的古贺峰一海军大将也足智多谋，但还是无法扭转日本海军每况愈下的趋势，日本联合舰队也逐渐走向了覆灭。

德黑兰会议

美英两国本来极其痛恨社会主义国家苏联的，但是自从德国法西斯进攻苏联和日本偷袭珍珠港以后，美英两国与苏联的关系由敌对暂时转为合作：美英两国同苏联结成了反法西斯同盟，共同对德国作战。1942 年 1 月《联合国家宣言》的发表，标志着世界反法西斯统一战线的形成。

随着盟国在各条战线上的顺利进军，苏、美、英三国首脑觉得有必要尽快召开高峰会议，以解决协调行动、共同作战等迫切需要解决的问题。尤其是斯大林格勒会战取得胜利以后，这一要求更加迫切了。关于会议的地点，斯大林坚持在伊朗首都德黑兰举行，因为他要亲自指挥红军作战，不能离国境太远。而且，苏、美、英三国在伊朗当时都驻有军队，安全有保障。

1943 年 11 月下旬，罗斯福、丘吉尔和斯大林来到德黑兰。当时的德黑兰是近东的一个间谍中心，为了防止意外，盟军情报人员建议三国首脑下榻在各自的使馆内。由于美国的使馆离苏、英使馆较远，罗斯福受斯大林的邀请下榻在苏联的使馆内。

11 月 28 日下午 3 点左右，三国首脑举行正式会晤前一个小时，斯大林走进了罗斯福总统的别墅，进行礼节性的会晤。

"很高兴见到你，早就想同你见面了，今天才终于如愿以偿。"斯大林走上前去，热情地同坐在轮椅上的罗斯福握手。

罗斯福的脸上洋溢着刚毅的笑容："同你的心情一样，我也盼望着同你就当前的形势谈谈看法。"

在斯大林与罗斯福的这次会晤中，双方谈到了法国的戴高乐将军。

"虽然我很敬佩戴高乐将军的勇猛，但是，我个人认为，法国在战争结束后不应该再回到印度支那了。他们应该为与法西斯合作付出代价。"斯大林严肃地谈道。

第二次世界大战时的斯大林

"我非常同意你的观点，在前些日子的开罗会议上，我同中国的蒋介石曾讨论过印度支那托管的可能性。我想提醒你，我们最好不要同丘吉尔首相谈及印度问题，据我所知，他还没有就这一问题想出可行的办法。"

下午4时，三国领导人会议正式开始了。罗斯福主持了第一次会议。

"今天是苏联人、英国人和美国人第一次为了共同的目标相聚一堂。我们的目标就是要赢得这次战争的胜利。我们共同的敌人法西斯已经成了强弩之末，但却在负隅顽抗。我希望通过这次会议能使我们的合作作战更加协调，我也相信不久的将来盟军就会取得胜利。"罗斯福做了热情洋溢的开幕词。

丘吉尔看了老朋友一眼，意味深长地说："这次会议是史无前例的空前大聚会。刚坐到会议桌前那一瞬，我似乎感觉到人类的幸福和命运完全掌握在我们手中。"

斯大林对罗斯福和丘吉尔的讲话表示同意，并把英国国王通过丘吉尔转交给他的宝剑视为珍宝。三国首脑的第一次会议在友好的气氛中结束了。

但是，当讨论到具体问题——如何尽快开辟欧洲第二战场的时候，三国之间产生了分歧。当时，苏联是抗击德军的主要力量，迫切需要美、英在欧洲西部开辟另一条战线，以牵制德军，缩短战争时间。其实，早在1941年，斯大林就曾向英国要求开辟第二战场，但遭到了丘吉尔的拒绝。后来，随着形势的发展，美英两国看到开辟另一条战线势在必行，才制定了代号为"霸王"的战役计划，准备在1944年从法国诺曼底登陆。

斯大林刚一提及第二战场的问题，丘吉尔马上又提出"柔软的下腹部"战略，觉得应该把重点放在地中海战役上。而斯大林则认为，意大利离德国心脏很远，对德国威胁不大，难以减轻苏军的压力，而从法国攻入德国本土则是最快也是最有效的战略。

"如果两路并进是不是更好呢？"丘吉尔思索了一会儿，算是做出了让步，但实际上丘吉尔担心的是，如果按斯大林的建议进行，苏联红军可能会进入奥地利、罗马尼亚和匈牙利，而这些对英国战后的利益将是多么不利啊。

罗斯福早就看出了丘吉尔的心思，他对丘吉尔说："难道你想把战争向后推迟几个月吗？那样将给世界带来多么大的威胁啊。如果你坚持要这么做，我将单独执行'霸王'战役。"

最后，经过反复争论，三国达成了一致协议：1944年5月，英、美将实行"霸王"战役，并进攻法国的南部。斯大林也答应同时发动攻势，阻止东线德军西调。斯大林还明确表示，在击溃德国法西斯后，苏联将参加对日作战，不过条件是苏联要得到库页岛和千岛群岛。

1943 年 12 月 1 日，斯大林、罗斯福和丘吉尔签订了《苏美英三国德黑兰宣言》和《苏美英三国德黑兰总协定》（后者作为秘密文件，当时没有公布）。

德黑兰会议公报的最后写着："我们怀着希望和决心来到这里。我们作为事实上的朋友而在这里分手。"

诺曼底登陆

苏德战争爆发后，斯大林便向丘吉尔提出在欧洲开辟第二战场的要求。丘吉尔担心斯大林会代替希特勒而未置可否。美国参战后，苏、英、美三国政府多次协商攻击法西斯的战略问题。但各方就时间和地点发生分歧，各国间不同的利益与苏和英、美两种不同的社会制度交织在一起，错综复杂，争论不休。但是法西斯的扩张，又使他们不得不相互妥协。几经周折，各方求同存异，在 1943 年 11 月的德黑兰会议上，三方最终达成开辟第二战场的协议。

1943 年 12 月 6 日，美国的艾森豪威尔将军被选定为联军总统帅，近 300 万盟军陆海空将士在英伦三岛集结，准备横跨英吉利海峡，登上欧洲大陆，和东线苏联红军配合，夹击德军。这个大规模的作战计划代号为"霸王"行动。

1944 年 1 月 21 日，艾森豪威尔及其参谋部结合各种条件，决定在法国西北部的诺曼底登陆。计划从卡昂到奥尔尼河之间占领一个立足点，并攻占不列塔尼的各港口，英第 2 军团在卡昂地区进行突破，吸引敌人预备队。美第一军团趁势登陆，从西面侧翼实施突破，一直向南前进到卢瓦尔河上。联军正面以卡昂为轴旋转，使右翼向东前进到塞纳河上。

诺曼底登陆场面

1944 年 3 月 30 日开始，联军对德阵地实施不间断的战略性轰炸，对铁路、公路、桥梁、车场、海防工事、雷达站、飞机场等设施进行大规模的摧毁，不仅造成德军指挥体系的瘫痪，交通运输补给线路的中断，而且最大限度地孤立联军登陆区和塞纳河与卢瓦尔河之间整个联军前进作战区的德军。

英美联军对登陆的突然性特别重视，他们制订了一个伟大的骗敌计划。在英国东南部建造了假总司令部、假铁路、假电厂、假油站、假船只等大规模的系统假象，暗示敌人联军会在英吉利海峡最窄处的加来港登陆，而且时间会更晚些。

1944 年 6 月 6 日，天气条件不好，艾森豪威尔果敢决定实行登陆计划，早已做好充分准备的联军开始发动渡海攻击。海军扫除德军水雷阻碍线，并用重炮轰击敌人阵地。两个空降集团分别在圣梅尔艾格里斯和卡昂东北部地区降落，担负保卫登陆部队的任务。在舰队重炮和空军猛烈火力的配合和空降师的策应下，登陆联军在 5 个登陆区开始登陆。

这些突然攻击使因天气恶劣而防备松懈的德军惊恐。联军对交通线路的战略轰炸，使德军处于"铁路沙漠"之中；对制空权的绝对控制，使德军防御工事遭到摧残，联军的登陆极为顺利。凭借大西洋长城的防御，德军仍顽强抵抗，夜幕低垂时，联军终于突破防线。

6 日下午，希特勒仍然认为联军的攻击只是佯攻，目的是掩护在加莱方向主力的攻击，于是德军只是用步兵封锁住美军的渗透，用一个装甲军在卡昂地区与英军周旋，而精锐部队第 15 军团仍部署在安特卫普与奥尔尼河之间。

6 月 12 日，联军登陆区连成一片，开始向诺曼底中部推进。但在德军的顽强抵抗下，联军进展缓慢，直到 7 月 25 日，才推进到卡昂、科蒙、圣洛以南地带。艾森豪威尔决定发动全面进攻，部队开始向法国心脏进攻。8 月 15 日，美第 7 军团侵入法国南部，对德军造成钳形阵势。此时苏联反攻，牵制住德军的大股部队，没有预备队的德军遭到联军的痛击，损失惨重。8 月 19 日，巴黎被联军攻占，诺曼底登陆以联军的胜利而结束。

诺曼底登陆是战争史上最大的登陆战役，它突破了希特勒所吹嘘的"大西洋铁壁"，使战争进入反法西战争的最后决战阶段，加快了欧洲解放和第二次世界大战结束的进程。

雅尔塔会议

1945 年初，法西斯的失败已成定局：一个月前，德军在西线发动的最后孤注一掷的攻势被击退；苏联红军占领了波兰和东欧，并从东线向德国逼近；美国部队解放了马尼拉，并从空中轰炸日本。但是，德黑兰会议上没有解决的问题必须

战后主宰世界格局的三巨头（左起）：丘吉尔、罗斯福、斯大林，在雅尔塔会议上留下了这张难得的照片。

在战争结束之前得到解决，这些问题包括：如何处置德国、波兰的疆界问题、其他东欧国家的地位、联合国组织和远东问题，等等。

1945年2月4日，斯大林、罗斯福、丘吉尔在黑海海滨雅尔塔举行会议。

罗斯福看了看斯大林和丘吉尔，说道："我们三人已经成了老朋友，而且我们三个国家之间的了解也在不断加深。大家都想尽快结束战争，也都赞成持久和平，所以，我觉得我们可以随时进行非正式会谈，以达成共同的目标。"

在罗斯福的感染下，会场的气氛很活跃。首先，苏联副总参谋长阿列克赛·安东诺夫将军和美国将军马歇尔分别就东线和西线战势做了汇报：苏军已占领了波兰波兹南，打开了通向柏林的大门，西线的盟军则向德国的莱茵河防线进攻，空军正对德国全境的军事目标进行轰炸，德军已经组织不起像样的撤退。

看到胜利在即，其他人也纷纷就当前的形势发表了自己的看法。最后，三方首脑就目前军事配合交换了意见。

第二天，会议就如何处置德国的问题进行了讨论。早在德黑兰会议上，三巨头曾就这个问题交换过意见，会后，成立了欧洲咨询委员会，专门研究分割德国的问题。根据英国的提议，战后的德军被划分为3个占领区，由美、苏、英分别占领，柏林由三国共同占领。而在这次会议上，罗斯福却建议道："在管制和占领战败的德国问题上，我认为应该统一化，不宜瓜分为各个占领区。不仅在最高层机构中行政管理应该统一，各级机构均应联合统一。"但是，罗斯福的这一建议却招致斯大林和丘吉尔的一致反对，只能作罢。随后，丘吉尔又提出了让法国在德国占领一个区的提议。斯大林表示了强烈反对，他认为法国在打败法西斯德国的战争中并没有起到多大作用。而丘吉尔坚持己见，他认为法国在未来的欧洲将起到重要的作用，对管制德国也会有很大帮助。

正当双方争执不休的时候，罗斯福过来打圆场："美国在战后不会长久地在欧洲驻军，考虑到法国也曾为大战做出过不少贡献，丘吉尔首相提议的让法国协助英国来压制德国的提议还是可行的，阁下不如考虑一下。"斯大林看罗斯福同意了丘吉尔的提议，只好勉强表示同意。

当天下午，战败国赔款问题又引起一场激烈的争吵。斯大林说："在反法西斯特别是德国法西斯的战争中，苏联人民作出了巨大贡献，单独与德军抗衡了两年之久，死亡人的人数超过了两千万，这是一个多么庞大的数字啊。我认为德国的赔款总数不应该低于 200 亿美元，其中一半应该归苏联所有。如果德国没有能力偿还，可以用实物抵偿，如粮食、工厂、矿山等。"丘吉尔对斯大林关于赔款问题的这一提议表示了反对："我认为巨大数额的赔款只会招致更大的麻烦，一战后的德国就是个典型例子。"但是，在斯大林的坚持下，罗斯福和丘吉尔最后还是同意了这一赔款方案。

雅尔塔会议中，由于本身的实力和在打败法西斯中的作用，美、苏成为大会的主宰，英国则不得不处于陪衬地位。在讨论对日作战的问题时，斯大林和罗斯福并没有邀请丘吉尔参加，而是用私人讨论的形式完成的。斯大林同意在打败德国法西斯后两三个月内对日作战。总之，雅尔塔会议虽然争执四起，但也基本解决了战后德国的处理问题，并划定了波兰的疆界。

雅尔塔会议对战后世界格局的形成和发展产生了较大的影响。

墨索里尼的末日

1943 年 7 月 17 日上午，一阵巨大的轰鸣声从罗马的上空传来，惊恐万分的人们纷纷四处躲藏。出乎意料的是，这次，盟国轰炸机并没有投下炸弹，而是撒下了几百万份传单，传单是美国总统罗斯福与英国首相丘吉尔联名签署的致意大利人民的《公告》。《公告》如一声惊雷，给意大利人民指明了方向，在意大利

· 自由志愿军 ·

1943 年，德军入侵意大利，将墨索里尼重新扶上台。这种行为严重损害了意大利的主权，爱国者们纷纷组织起游击队，共产党组织了加里波第旅，行动党组织了正义与自由游击队，这是两支主要的武装力量。随着第二次世界大战战局的变化，越来越多的人加入了游击队，到 1944 年 6 月，游击队的兵力已达 8 万多人。为了更好地斗争，在共产党的提议下，各个游击队于 1944 年 6 月 9 日合并为自由志愿军，由北意大利民族解放委员会领导。游击队在意大利牵制了 20 多万法西斯军队，为盟军减轻了不少压力。从 1944 年 6 月到 1945 年 3 月，自由志愿军牺牲 7 万多人，歼灭德军数十万，为意大利的解放作出了巨大的贡献。

引起了极大的震动，罢工与游行此起彼伏，墨索里尼政府像站在了火山口。当墨索里尼内外交困的时候，法西斯集团也开始对他失去了信心，最后，连一直支持他的国王埃努尔三世也对他疏远了。7月25日，埃努尔三世下令把墨索里尼囚禁起来。

墨索里尼被监禁后，几经迁徙被藏匿在亚平宁山脉顶峰上的一座饭店里。9月12日，希特勒指派德国的特种部队"弗里登"突击队把墨索里尼从囚禁地救了出来。两天以后，在希特勒的扶植下，墨索里尼在德军占领的意大利北部地区成立了"意大利社会共和国"。

这个傀儡共和国注定了是短命的。1945年初，德国防线一一被摧毁，墨索里尼预感到末日即将来临。4月24日，他收到希特勒的一份电报：苏联军队已经攻入柏林，美英军队也在迅速地向柏林推进……墨索里尼知道大势已去，绝望地瘫倒在座椅上。

4月25日，意大利的反法西斯抵抗运动举行了全国总起义，并成立了最高领导机构"北意大利民族解放委员会"。反法西斯组织命令墨索里尼在两个小时内投降，墨索里尼不甘心就这样束手就擒，而且他深知，如果自己投降，同样会受到人民的审判。于是，他打算逃离罗马。

深夜，一支由30辆汽车组成的德国和意大利法西斯分子的车队正在意大利瑞士边境公路疾驶。昔日威风凛凛的墨索里尼缩在汽车里，他用一床破旧的毛毯裹住身体，用大衣领子和帽子盖住自己的脸，不想别人看到他落到今天这个下场。

"停车，我们要例行检查。"突然，道路上出现了全副武装的意大利游击队员。

前面的几辆德国军车停了下来，后面意大利的军车则开始逃窜，有的掉过车头往回开，有的钻进了旁边崎岖的小路。游击队员立即分头追击。逃跑的人全部落网，并被关进了附近的一所学校里。

"报告长官，听说墨索里尼就在德军这个车队里。"一个满脸大胡子的中年士兵走到游击队队长奈里身旁低声说。

奈里眼睛一亮，然后走近德军军队，他一辆车一辆车检查着，最后，他在一辆卡车上发现了一个人蜷缩在驾驶室里。

"他是谁？"

"噢，长官，他刚刚喝醉，你瞧，他可是一个醉鬼啊。"一个德国兵慌忙答道。

"是吗？不过他的腿上怎么穿着高级军官才有的镶着金色条纹的法西斯军裤？我看他不会是一个简单人物吧。"奈里一边说着一边看了看已六神无主的

"醉鬼"。

"看好了，别让这辆车开走。"奈里悄悄对身旁的一个游击队员说，随后，走向指挥部去报告他发现的可疑人物。

不大一会儿，游击队副队长拉扎罗拉走了过来，他摘掉那个人的帽子，拉下他的衣服领子。

"去报告队长，他就是意大利法西斯党魁墨索里尼。早前我曾经和他有过一面之缘，我肯定没有认错。"然后，拉扎罗拉庄严地对早已经吓得面无血色的"醉鬼"说："我以意大利的名义逮捕你。"

"醉鬼"没有答话，只是慢慢地站了起来，举起双手，弯着腰下了车。经审讯，这个"醉鬼"的确是罪大恶极的墨索里尼。和墨索里尼一起被捕的还有法西斯其他几个头目，其中还包括墨索里尼的情妇佩塔奇。

听说墨索里尼被抓住了，人们激动万分。4月28日，意大利人民举国欢庆。这天下午，游击队总参谋部派瓦莱里奥上校来到东戈，瓦莱里奥将代表总参谋部对墨索里尼和其他几个法西斯头目进行就地处决。

傍晚时分，游击队员将墨索里尼和佩塔奇押上汽车，把车开到贝尔蒙蒂的公馆大门前。游击队员把墨索里尼和佩塔奇拉下车，让他们站到别墅的大铁栅栏旁边，然后荷枪实弹地守卫在四周。

看到这阵势，墨索里尼明白自己的末日来到了，吓得发起抖来。

"我以人民法庭的名义宣布：本尼托·墨索里尼，死刑！克拉拉·佩塔奇，死刑！"瓦莱里奥宣布道。"呼呼"两声枪响过，墨索里尼和佩塔奇双双倒在地上。第二天，墨索里尼的尸体被运到米兰的洛雷托广场，吊在一个废弃加油站的钢梁上供人指责唾骂。

攻克柏林

1945年初，德国法西斯的失败已成定局。4月16日，苏军元帅朱可夫到达库斯特林附近奥得河岸的第8司令部。凌晨5时，朱可夫下达了进攻德国首都柏林的命令。

得到元帅下达的命令，苏军的几千门大炮齐吼起来。此时的德国已经没有还击之力，经过半个小时的轰击，敌军阵地上先前的几声抵抗的枪声消失了，变得死一般的沉寂。

攻克柏林——苏联红军将自己的旗帜插在了柏林的废墟之上。

突然，数千枚信号弹升上了天空，燃起了五彩缤纷的火花。顿时，地面上的140多部强力探照灯齐放光芒，一同照向德军阵地。在探照灯的指引下，苏联红军的步兵在坦克的协同下向柏林发起了冲锋。与此同时，苏联的轰炸机也对德军阵地进行了轮番轰炸。苏军很快突破了敌人的第一道防线，但是，在进抵德军的第二道防线时，苏军却遇到了阻碍。尽管朱可夫一而再，再而三地集结大量兵力和坦克进攻第二道防线——泽劳弗高地，却屡屡失败。

斯大林在得知苏军进展缓慢时，忙致电朱可夫，协助他调整了战略部署。终于，苏军攻占了泽劳弗高地。

4月25日，苏联红军完成了对柏林的包围，并与美、英联军会师，随即红军突入市区，开始了激烈的巷战。

但是，苏军对胜利即将到来的憧憬又一次落空了。在柏林城高大的砖砌楼房和各类建筑物之间，残酷的最后战争开始了。苏联人的坦克开进了柏林，这些坦克对摧毁德军工事的确起到了很大作用，但是，在狭窄的市区，这些重型武器就显得笨拙多了。在苏联红军"像辛勤园丁在花园里洒水般"倾泻炮弹的时候，德国士兵已经躲到了地下室里。而炮击一停止，他们就会爬到地面上，依托每一条街道和每一座楼房向苏军射击。在碎石垃圾成堆的柏林街道里，只要有一辆苏联坦克被击中，道路就会被堵塞，这时，德国人会用反坦克火箭弹逐个从侧面消灭敌人。德国人利用机动兵力，往往出现在苏军的背后给苏军以意想不到的打击。

但是，德国法西斯毕竟已经成了强弩之末，再多的抵抗也只不过是垂死挣扎而已。

27日，柏林的争夺战已经向市中心一带转移。在隆隆的炮声中，柏林总理府已经是一片废墟。希特勒再也没有了以前的嚣张气焰，此时的他已经成了孤家寡人，几天前，他的得力助手、空军总司令戈林挟大量的金银财宝逃到了萨尔斯堡，并声称接管帝国的全部领导权。

"快来柏林解围，你们难道没有听说苏军已经到了柏林了吗？海因里希和温克的军队都在哪里？"希特勒在离地面几十米的地下室里对着话筒狂叫着，他哪里知道，他所求助的这些部队早已经被苏联红军消灭了，柏林之围是解不了了。

又打了几个没头没脑的电话后，希特勒已经筋疲力尽，他躺在沙发上，想休息一会儿，但从地面上传来的轰鸣声却使他更加烦躁不安。

头顶上的炮弹声越来越近了，夹杂着坦克碾过地面的声音。

"看来我的末日是临近了。"希特勒默默地对自己说。

坐在沙发上，他眼前浮现出墨索里尼被暴尸街头的场面，不由得打了个寒战。他转身对卫队长格林说："我和爱娃将会在这里自杀。你去准备两条羊毛毯子和足够焚烧两具尸体的汽油。我们死后，你把我们裹着抬到花园里烧掉……"格林吓了一跳，而希特勒却是相当平静。

4月29日，希特勒命人把还留在柏林的德国官员请到总理府的地下室，虽然来的人寥寥无几，但他还是摆出一副非常庄重的表情。

"很高兴各位能在大敌当前来到这里，今天我有两件事宣布。一是，海军元帅邓尼茨将完成我没有完成的任务，二是我的私事，我将与爱娃在今天夜里举行婚礼。"爱娃是希特勒的情妇。

当天夜里，希特勒与爱娃的婚礼在地下室的地图室举行，柏林市政府参议员瓦格纳主持了婚礼。

4月30日，希特勒坐在总理办公室的沙发上，爱娃蜷缩在他的脚边。他环视着四周，看了爱娃最后一眼，然后拿起预先准备好的手枪朝着自己的右太阳穴开了一枪。希特勒死后，爱娃也挣扎了片刻就停止了呼吸，她早已经服下了剧毒药品氰化钾。

也就在这一天，苏军攻占了德国国会大厦。5月2日，苏军占领了整个柏林。

波茨坦会议

随着1945年5月8日德国的无条件投降，处置战后德国和欧洲的问题提上了议事日程。为此，1945年7月17日至8月2日，苏、美、英三国政府首脑和外长在柏林西南的波茨坦举行会议。出席这次会议的有苏联的斯大林、莫洛托夫，美国的杜鲁门、贝尔纳斯，英国的丘吉尔、艾登(后期是艾德礼和贝文)，以及三国的参谋长和顾问。

会议对许多问题发生了激烈争论，但对若干基本问题仍达成了协议。8 月 1 日，三国政府首脑在柏林签署了《柏林会议公报》和《柏林会议议定书》。议定书载明的三国首脑的主要协议是：举行苏、美、英、中、法五国外长会议进行缔结和约的准备工作，讨论盟国管制德国的原则，德国赔偿和领土边界的划定，惩办战犯以及奥地利和波兰等问题。议定书重申"德国军国主义和纳粹主义将予以根除"；奥得河和尼斯河以东的领土，以及东普鲁士的一部分和但泽归波兰，东普鲁士北部和哥尼斯堡"让予"苏联；等等。会议期间的 1945 年 7 月 26 日，中、美、英三国发表了敦促日本投降的《波茨坦公告》。公告重申"开罗宣言之条件必须实施"。8 月 8 日，苏联对日宣战，同时宣布在波茨坦公告上签字。

波茨坦会议维持了苏、美、英三大同盟国之间的关系，对大战结束时出现的一系列迫切问题基本上达成了协议，为建立战后世界的新秩序奠定了基础。

第一颗原子弹

1939 年 8 月的一天，一封由著名科学家爱因斯坦签名的信放在了美国总统罗斯福的办公室桌上：

"总统阁下：

我读到了费米和西拉德近来的研究工作手稿。这使我预计到，元素铀在最近的将来，将成为一种新的、重要的能源……

为此，我建议……和有关人士及企业界实验室建立接触，来促使实验工作加速进行……

据我所知，目前德国已停止出售它侵占的捷克铀矿的矿石。如果注意到德国外交部次长的儿子在柏林威廉皇帝研究所工作，该所目前正在进行和美国相同的对铀的研究，就不难理解德国何以会有此举了。"

罗斯福坐在轮椅上，默默地读完了这封信，开始了激烈的思想斗争：爱因斯坦是个正直的科学家，由于纳粹的迫害，爱因斯坦和一批科学家逃离德国迁居美国。1939 年夏，有消息称德国正在进行一项秘密工程，即试图利用原子科学的成果，制造一种毁灭性很强的新式武器，万一德国法西斯抢先制造出原子弹，人类的命运将不堪设想。但是，这种谁也没有见过的原子弹是否真的能制造出来呢？如果美国要赶在德国之前制造出这种武器，那经费从哪里来呢？如果不慎爆炸怎么办？

罗斯福想了许久，还是理不出头绪来。

"您是否还记得，拿破仑就是因为没有采用富尔顿利用蒸汽船的建议而未能横渡英吉利海峡的。而一旦德国的研制成功，美国将会是第一批受害者。"罗斯福的科学顾问萨克斯及时提醒了他。

原子弹
代号"小男孩"的原子弹，1945年8月6日被投放到广岛。它的威力相当于2万吨TNT炸药，造成78150名人员丧失，方圆10平方千米的城市毁于一旦。

为了慎重起见，罗斯福与美国一些官员进行了反复地研究。

10月19日，罗斯福终于对爱因斯坦的信做了肯定的回答。按照罗斯福的指令，一个以"S-11"为代号的特别委员会成立了，这个委员会将负责核试验的研究。

1941年12月6日，美国成立了一个庞大的工程机构——曼哈顿工程管理处，它的使命就是负责设计制造原子弹。与此同时，纳粹德国也在加紧研究制造原子弹。为了不让德国制造成原子弹，英美两国想尽了一切办法来爆毁挪威的重水工厂，以切断德国的重水来源。第一次突击失败以后，英国突击队又在1943年2月17日进行了第二次突击，这就是著名的"重水之战"。这次爆破的胜利，使纳粹德国丧失了建立原子反应堆必不可少的重水，制造原子弹的计划不得不向后推迟。

1942年8月，美国陆军工程兵团建筑部副主任格罗夫斯将军主持了"S-11"委员会、高级管理人员会议，制定了一个名为"曼哈顿"的新计划。"曼哈顿"计划规定，研究工作所有指挥权都集中在曼哈顿工程管理处，设在新墨西哥州荒原上的原子实验室由著名科学家罗伯特·奥本海姆主持，奥本海姆则每天都与坐镇华盛顿"曼哈顿"总部的格罗夫斯将军汇报情况。这项工作具有高度保密性，就连副总统杜鲁门也是在1945年4月，罗斯福去世后接任总统时才知道这一机密的。

为了能抢在德国人之前造出第一颗原子弹，美国还向欧洲战场派出了名叫"阿尔索斯"的行动小组，专门搜捕德国科学家和收集德国制造原子弹的情报。

1945年7月16日凌晨，美国新墨西哥州阿拉英戈多沙漠里正在进行着试验原子弹的准备工作。5点30分，随着一声巨响，一团巨大的火球从地面升腾而起，窜上8000米的高空。火球升起的一刹那，沙漠上尘土飞扬，大地被震得颤动起来。美国政府集资25亿美元，动用40万科技人员和工人，经过3年研制出来的世界上第一颗原子弹终于爆炸成功了。

第一批原子弹共有 3 颗，被试验爆炸的一颗命名为"瘦子"，另外两颗被命名为"胖子"和"小男孩"。

第一颗原子弹爆炸成功的时候，杜鲁门正在德国波茨坦参加会议。为了对付日本和抑制苏联，杜鲁门在 8 月 2 日的回国途中决定对日本投掷原子弹。

8 月 6 日和 8 日，美军先后在日本的广岛和长崎投下了两颗原子弹，加速了日本投降的进程。

日本投降

1945 年 7 月 26 日，中、美、英三国发表了《波茨坦公告》，公告的主要内容是督促日本必须立即无条件投降。

8 月 6 日，美军第 509 混合大队奉命向日本广岛投掷了一颗原子弹，原子弹爆炸的威力造成了广岛 6 万多建筑物被毁，9 万多人死亡，3.7 万多人负伤，13 万人患上了放射病。第二天，美国总统杜鲁门向全世界发表声明，敦促日本政府赶快投降，否则就将遭到"来自空中的毁灭"。在美国广播之后，日本的海军统帅部才接到设在广岛的日本第二军总司令部的报告："美军使用了一种破坏力极强的炸弹，据推断可能是原子弹。"但是，广岛的悲剧并没有使日本立即同意接受《波茨坦公告》的最后通牒，而是把希望寄托在苏联的调停上。

8 月 8 日，苏联向日本宣战，并出兵中国东北，盘踞在此的关东军土崩瓦解。同时，美国又在长崎投下了第二颗原子弹，长崎全城的 27 万人中，有 6 万在当日就死去了。中国、朝鲜、越南、菲律宾、马来亚、泰国、印度尼西亚等许多国家的军民也对日军发起了最后反攻，日本侵略者被打得焦头烂额。

就在日本法西斯四面楚歌、陷入绝境之际，一群日本军政要人聚集在防空洞里就是否接受《波茨坦公告》展开了激烈的争论。

"盟国正在督促我国投降，我想听听大家的意见。"铃木首相一副疲惫的样子，把身子靠在沙发上，等着听其他军政要人的意见。

"从现在的情况来看，我们只能投降了，我想盟国会同意我们维护国体、保存天皇制度的。"外相东乡茂德垂头丧气地说，显然，他已经没有其他的办法了。

海军司令部总长丰田副武似乎有些不甘心："投降可以，但除了维护国体外，盟国还必须答应我们三个条件：我们要自行处理战犯，自主地解除武装，最重要的是我们不能让盟国占领日本本土。"

"大日本帝国怎么能尤条件投降呢？不如我们实行本土决战，说不定我们可以击退敌军呢。"陆相阿南惟几一直是个顽固的抵抗派。

在争论半天毫无结果的情况下，铃木首相决定上奏天皇。此时的天皇裕仁早已经没有刚开战时的锐气，他有气无力地说："这几天的情况大家也看到了，即使我们有足够的精神去重新投入战争，但胜利的希望已经没有了。依我看，还是接受《波茨坦公告》吧。"

8月10日，日本接受《波茨坦公告》的广播传到美国，美国总统杜鲁门征询了英、苏、中三方的意见，向日本政府发出了一道复文："自投降之时起，日本天皇必须听命于美国最高司令官……日本政府之最后形式，将依日本人民自身表示之意愿确定之。"

两天后，美国飞机越过太平洋飞抵日本东京上空，从飞机上向下散发日语传单，其中包括日本政府接受《波茨坦公告》的电文和同盟国复文。8月14日，日本又召开了御前会议。会上，陆相阿南惟几再恳请天皇向盟国提出照会：如果盟国不允许保护天皇制，那日本只有背水一战。阿南惟几的请求并没有使天皇无条件投降的决心改变，天皇不但下令起草了无条件投降的诏书，还将诏书录了音。阿南惟几声泪俱下地离开了会场。

8月15日，日本天皇以广播"停战诏书"的形式，向盟国宣布无条件投降。28日，美国空军在东京降落，接着，大批的盟军在日本登陆。

9月2日，是日本向盟国举行签降仪式的日子。这天上午，停泊在东京湾的美国战列舰"密苏里"号见证了这一历史性的时刻。日本新任外相重光葵和参谋总长梅津美治郎首先在投降书上签了字，接着，同盟国代表、盟军最高统帅麦克阿瑟，美国代表尼米茨，中国代表徐永昌，英国代表福莱塞，苏联代表杰列维亚科等也依次在投降书上签了字。

至此，日本帝国主义15年的侵略战争以彻底失败告终。

奥斯维辛集中营

奥斯维辛是波兰南部的一个小村庄。1939年德国占领波兰以后，在奥斯维辛建立起了一座杀人工厂。从此，原本宁静的小村庄布满了恐怖：四周布满了铁丝网，里面设有专供杀人的毒气室、焚尸场和化验室。

在奥斯维辛集中营里，每天都有成千上万的犹太人被惨无人道的德国法西斯

德国纳粹集中营中饱受折磨的囚犯

屠杀。在这里看守集中营的多是些极端残暴的法西斯党卫军分子，他们的残暴从他们的装扮中也能看出几分：领章和军帽上戴着象征他们所执行使命的标志，墨底上一个骷髅头和两根交叉的骨头。

希特勒痛恨除日耳曼民族以外的所有民族，尤其是犹太民族，希特勒认为除日耳曼人以外的所有民族都是劣等民族，而企图把这些民族全部杀光。1940 年 6 月以后，奥斯维辛每天都会有成百上千的战俘和无辜平民运进来。这些人一进入奥斯维辛集中营，马上会被送进消毒站。等他们从消毒站里出来时，头上的头发没有了，带来的所有物品被没收了，而且每个人都穿上了同款式的囚衣。为了区分这些"犯人"罪行的性质，纳粹法西斯们在每个人的左臂上编上号码，再把带有同样号码的三角布缝在左袖上和裤子上，这些三角布的颜色即代表"犯人"罪行的不同，如戴有红色三角布的是政治犯，黑色的是拒绝劳动的人，黄色的是犹太人等。

这些"犯人"对纳粹法西斯来说并不是没有任何用处的，那些比较强壮的"犯人"一般会分配到工地上去做苦工，而那些失去劳动能力的"犯人"则往往会被送到毒气室里成批地杀掉。

纳粹法西斯对被毒气毒死的"犯人"也不放过，他们检查完"犯人"的尸体以后，把他们嘴里的金牙敲下来熔成金块，头发用来编制地毯，脂肪做成肥皂，连尸体烧剩下的骨渣也会运到工厂磨成粉末，当肥料。

其实，活下来的"犯人"也是生不如死，他们被迫从事非常繁重的劳动，如果稍有犯规行为或是没有完成任务就会受到各种残酷的刑罚。法西斯党卫军会用皮鞭和钢索把"犯人"抽得皮开肉绽。而且，在被抽打的过程中，"犯人"还要不停地报数，如果因为疼痛忘记报了或是报错了，那这个"犯人"则要重新被抽打。

对于逃跑的"犯人"，党卫队对他们的惩罚则更为残酷，往往是死刑，而这种死刑又必须是在活着的"犯人"面前进行的，以用于警告活着的人打消逃跑的念头。

在奥斯维辛集中营里，还有一所医院。单从外表看，这所医院和普通的医院没有什么两样：医院外面长满了鲜花绿草，让人有一种温馨的感觉，而且，出出入入的人络绎不绝，和平常的人也没有什么大的区别。但是，这所医院并不是真正给"犯人"们看病的，这里的医生是一群杀人不眨眼的刽子手，如果他们认为某个"病人"无法医治或是这个"病人"不规矩，就会给"病人"注射一种毒液，使"病人"在几秒钟或是几分钟之内死亡。此外，这所医院还是党卫军进行细菌武器研究的地方，而这些细菌武器的研究都是用抓来的"犯人"做实验。党卫军会把抓来的"犯人"先带到毒气室里毒死甚至直接用活人做实验，一旦一种细菌武器研制成功，"犯人"也自然成了他们最先毒害的对象。这所医院曾经从事过双子生物学的"科学研究"，党卫军到所占领的地区去寻找双胞胎，如果双胞胎之一死于某种异常病症，那么另一个则马上被送进实验室。一般情况下，是没有人能够活着走出实验室的。

从1940年第一批"犯人"被运进奥斯维辛到1945年苏联红军解放这里为止，共有400多万人惨遭杀害，其中，这里曾创下了一天死亡6000人的记录。

正义的审判

第二次世界大战后，如何处理战败的德国和日本的问题，成为国际关系中一个重要的问题。为了彻底肃清法西斯势力，实现民主化和非军国主义化，防止军国主义和法西斯主义死灰复燃，维护世界和平，盟国对德、日法西斯战犯进行了审判，这就是纽伦堡审判和东京审判。

1943年10月，苏、美、英三国《莫斯科宣言》规定，战争结束后，将对战争罪犯进行审判。1945年8月，上述三国和法国在伦敦签订协定，拟定欧洲国际军事法庭宪章，规定由四国指派检察官组成委员会进行起诉，由四国指派的法官组成国际军事法庭进行审判。1945年10月18日，国际军事法庭第一次审判在柏林举行。

从11月20日开始，审判移至德国南部城市纽伦堡举行，至1946年10月1日结束，历时近一年。包括纳粹第二、三号人物戈林、赫斯和外长里宾特洛甫在内的20多名战犯被提起公诉。法庭进行了403次公审，以大量确凿的证据揭露了德国法西斯的种种滔天罪行。法庭根据四条罪行对战犯进行起诉和定罪：策划、准备、发动、进行战争罪；参与实施战争的共同计划罪；战争罪（指违反战争法规或战争惯例）；违反人道罪（指对平民的屠杀、灭绝和奴役等）。前两条合起

战后的纽伦堡审判

来称为破坏和平罪。1946年10月1日，法庭做出了最后判决，判处戈林等12人绞刑，3人无期徒刑，4人有期徒刑。

死刑判决于1946年10月16日执行，戈林在处决前一天服毒自杀。与此同时，法庭还宣布了4个犯罪组织，它们是：纳粹党领导机构、秘密警察（盖世太保）、保安处和党卫队。对这几个犯罪组织的成员，各国可以判以参与犯罪组织罪直接判处死刑。此后，在美、英、法、苏各个占领区以及后来的联邦德国和民主德国各法庭，又对众多的战争期间的犯罪分子进行了后续审判，他们大多是法西斯医生、法官、工业家、外交人员、国防军最高司令部人员、军事骨干以及党卫军高级干部等。

纽伦堡审判基本上是一次公正的审判，是人类有史以来对侵略战争发动者的第一次法律制裁，有利于防止历史悲剧的重演。它为以后对破坏和平罪的审判奠定了基础，标志着国际法的重大发展。

在第二次世界大战进行之时，盟国就认为，日本战犯也应受到与德国战犯同样的处理。1945年12月16日至26日，苏、美、英外长决定实施《波茨坦公告》中的日本投降条文，包括惩办日本战犯。根据《波茨坦公告》、日本投降书、盟国的《特别通告》以及《远东国际军事法庭宪章》，盟国决定在东京设立法庭审判日本战犯。

根据宪章规定，法庭将审判及惩罚被控以个人身份或团体成员身份犯有以下三种罪行的战犯：破坏和平罪（策划、准备、发动或进行侵略战争）；战争罪（违反战争法规或战争惯例）；违反人道罪（对平民进行杀害、奴役和放逐，或以政治、种族和宗教为理由对平民进行迫害的行为）。

盟军最高统帅麦克阿瑟于1946年2月18日任命澳大利亚的韦伯为首席法官，中国、苏联、美国、英国、法国、荷兰、菲律宾、加拿大、新西兰和印度10国各派一名代表为法官，美国的约瑟夫·B·凯南为首席检察官。

1946年4月29日，东条英机等28名战犯正式被起诉。1946年5月3日，远东国际军事法庭正式开庭。首席检察官历数了28名战犯在战争中的罪行，列举了55项罪状，指控他们犯有破坏和平罪、战争罪、违反人道罪。

1948年11月4日，法庭宣读判决书，对25名出庭战犯判决如下：判处东条英机等7人绞刑；16人被判处无期徒刑；其余判处有期徒刑。

1948年11月12日，远东国际军事法庭闭庭。1948年12月23日，东条英机等7名战犯在东京巢鸭监狱被绞死，尸体被火化。其余战犯入狱服刑。

对日本战犯做出的严正判决，受到了世界舆论的欢迎。这次审判，使全世界人民进一步了解了日本帝国主义从"九一八事变"到太平洋战争期间的侵略真相和罪恶的事实，是对日本法西斯分子的一次全面清算和重大打击。但是，一些应该受到审判的战犯并未成为被告，一些罪大恶极的战犯并未受到严惩，给深受其害的各国人民留下了不良的印象。

联合国建立

1945年4月25日，美国旧金山市中心的大歌剧院里一片沸腾，来自世界各国的人们兴奋地谈论着即将开幕的大会。是什么重要的大会让世界各国的人们聚集到了一起呢？原来，今天在这里举行的大会将要讨论联合国的成立，并制定《联合国宪章》。

下午4点左右，美、中、英、苏4个发起国和其他国家的代表先后走入歌剧院。紧接着，1800多名各国记者也进入会场，他们将成为这一历史性时刻的见证人。

联合国是在第二次世界大战期间开始筹备创立的，它是世界人民渴望和平的产物。第二次世界大战的战火燃烧到世界60多个国家和地区，有近20亿人被卷入战争，其中有5000万人死亡，全部交战国直接战费总额计11540亿美元。蒙受战争苦难的世界各国人民是多么渴望实现持久的和平啊。早在1941年英美两国发表的《大西洋宪章》里，两国首脑就提出了要在战争结束后建立一个"广泛而永久的普遍安全制度"，道出了饱受战争之苦的人们的心声。

1943年10月，中、美、英、苏代表在莫斯科举行会议，并签订了《四国关于普遍安全的宣言》，这是呼吁建立国际安全机构的开端。

1943年11月的开罗会议中，中、美、英三国代表商讨了战胜日本及战后的共同策略。不久，美、英、苏又在德黑兰举行会议，在这次会议期间，罗斯福与斯大林提出了战后成立联合国的建议，但这次会议并没有提出建立联合国的各个细节，这些细节是在一年后提出来的。1944 年 8 月至 10 月，苏、美、英三国代表和中、美、英三国代表分别举行会议，讨论并拟定了《关于建立普遍性国际组织建议》，在这个《建议》中，规定了联合国的宗旨、原则和各机构的组成。

尽管世界各国在维护世界和平方面的宗旨一致，但却也存在着很大的分歧，尤其是美国和苏联。作为两种社会制度的代表，美国和苏联永远都是针锋相对。美国的目标是想建立一个战后世界各国的协调机构，而苏联却以防止德、日法西斯侵略力量的再起为目标。此外，苏联代表提出的苏、美、中、英、法五大国享有否决权的问题也遭到了美、英的反对。在 1945 年 2 月召开的雅尔塔会议上，罗斯福和丘吉尔终于与斯大林达成了协议，接受了苏联关于联合国的组织方案，同意五大国拥有否决权，并把乌克兰和白俄罗斯列为联合国会员国。于是，几个大国才在举行制定联合国宪章的会议问题上取得了一致意见，并决定"制宪会议"在旧金山召开。

大会的开幕式上，美国代表发表了简短的讲话，接着是新继任的美国总统杜鲁门的讲话，杜鲁门在讲话中强调了联合国对世界和平与人类发展的意义，并一再强调"和平"与"合作"是此次大会的两大主题。开幕式洋溢在一种和谐友好的气氛中。

"制宪会议"持续了整整两个月，这时的会员国已增至到 51 个。各国代表都先后在大会上发了言，研讨了会议的组织工作，并确定了英、俄、法、汉和西班牙语为大会正式工作语言。6 月 26 日，大会一致通过了《联合国宪章》，51 个国家的代表在《宪章》上签了字。为了纪念《宪章》的签订，6 月 26 日这天又被称为"宪章日"。

1945 年 10 月 24 日，联合国正式宣布成立，并把总部设在美国东海岸纽约市的曼哈顿区。

冷战时期

---※---

　　第二次世界大战结束后，美苏双方冲突不断，美国于1947年推出了"杜鲁门主义"，"冷战"开始。为了进一步控制欧洲，1949年4月，在美国的主导下，成立了北大西洋公约组织。1955年，苏联与一些东欧国家建立了华沙条约组织。这两大集团在欧洲尖锐对立。20世纪50年代，美国卷入了朝鲜战争；60年代到70年代初，美国又发动了越南战争，惨败而归。

中华人民共和国成立

开国大典 油画

1949 年 4 月，中国人民解放军解放南京，同年 9 月，中国人民政治协商会议在北京举行，选举组成以毛泽东为主席的中央人民政府。10 月 1 日，中华人民共和国正式宣告成立。定都北平，改名北京。新中国成立后，中国人民在中国共产党的领导下，探索开辟建设社会主义的前进道路，创建人民民主专政的新国家。在政治、经济、文化、科技、外交等各方面都发生了天翻地覆的变化，取得了举世瞩目的成就。

旧金山和约

1951 年 9 月 8 日，在美国操纵下部分国家与日本签订的片面和约。1951 年 9 月 4～8 日，在旧金山召开包括日本在内的 52 个国家参加的对日媾和会议。美国未邀请中国、朝鲜参加。印度、缅甸、南斯拉夫虽被邀请，但未派代表出席。参加会议的苏、波、捷拒绝在和约上签字。条约共 7 章 27 条，主要内容有：日本放弃对台湾、澎湖列岛、南库页岛、千岛群岛的一切权利、权利根据与要求；日本承认朝鲜独立；日本同意将琉球群岛和小笠原群岛等交美国"托管"；各盟国承认日本是一个主权国家；盟国占领军应尽早撤出日本，但外国武装部队可依照同日本缔结的双边或多边协定，在日本领土上驻扎或驻留。1952 年 4 月 28 日条约生效。条约宣告了美国对日本全面军事占领时期结束，日本取得主权国家地位，确立起以军事同盟为基础的日、美特殊关系。

丘吉尔的"铁幕"演说

1946年3月，美国密苏里州富尔顿城里的威斯敏斯特学院热闹非凡。学院门口车水马龙，院内的草坪上密密麻麻地排列着座椅，3000多名观众陆陆续续地进场，并不断地兴奋高昂地讨论着。原来，英国前首相丘吉尔将在这里进行一次演讲。

在众人的注目之下，美国总统杜鲁门走上了讲台，他首先对丘吉尔来美访问致了欢迎辞。紧接着，丘吉尔在一片掌声中走上了讲台，他满面微笑，向听众们挥动着手里白色的礼帽，发表了题为《和平砥柱》的演讲。

在演讲中，丘吉尔首先对美国大肆赞扬，称其为"正高踞在世界权力的顶峰"，随即话锋一转，提醒听众新的战争和暴政正日益威胁着世界，而根源就是苏联和国际共产主义运动。

为了表示他本人对世界和平的担忧，丘吉尔沉默了许久，然后带着激动的声音说道："从波罗的海边的海斯德丁到亚得里亚海边的的里雅斯特，已经拉下了一幅巨大的铁幕。这张铁幕后面坐落着中欧、东欧古老国家的城市——华沙、柏林、布达佩斯、布拉格、维也纳、贝尔格莱德、布加勒斯特等。这些著名的都市和居民都处于苏联势力范围之内了。这些都市不是以这样就是以那样的形式屈服于苏联的势力范围，而且越来越强烈地受到来自莫斯科的高压控制。

"在这张铁幕外面，共产党的'第五纵队'遍布各国，刚被盟国的胜利照亮的大地，又被罩上了阴影，到处构成对基督教文明的日益严重的挑衅和危险。没有人知道，苏联和它的共产主义国际组织打算在最近的将来干些什么……

"如果我们不趁现在还来得及的时候正视这些事实，而任苏联继续扩大它的势力范围，那么我们的危险会越来越大，所以，现在是我们该做出决定的时候了……"

丘吉尔呼吁英美联合起来，建立"特殊关系"，推动西方民主国家"团结一致"。并建议在军事上"继续保持密切的联系，以便共同研究潜在的危险"，用实力反对苏联。

坐在台下的杜鲁门带头鼓起了掌，他与丘吉尔的想法是非常一致

1946年3月，丘吉尔在杜鲁门陪同下，在富尔顿的威斯敏斯特学院发表了"铁幕"演说。

的。自从他接任总统后，马上就表示要对苏联采取强硬政策。尤其是日本投降后，他公开宣称"已厌倦了笼络苏联人"，开始推行一种以苏联为主要对手，以欧洲为重点，以谋求世界霸权为目标的战略。

而苏联也不甘示弱，在波兰、罗马尼亚、匈牙利、保加利亚等国建立了人民民主政权，同美国进行直接对峙。1946 年 2 月 9 日，斯大林发表演说时指出"战争是现代垄断资本主义发展的必然结果"。

杜鲁门正为找不到反击苏联的理由而苦恼，于是，马上把这篇演说称为"第三次世界大战的宣言"，并表示赞成美国驻苏联大使馆代办乔治·凯南提出的必须对苏联采取"遏制"政策的建议。

当时国际国内舆论对苏联普遍持有好感，如果一意孤行对苏联采取"遏制"政策，肯定会招来不必要的麻烦，于是，杜鲁门开始寻找志同道合的反共斗士，他首先把目标锁定在英国前首相丘吉尔身上。

丘吉尔发表如此言辞激烈的演说也并非一时心血来潮，而是当时国际形势与英国的利益使然。第二次世界大战后，昔日的日不落帝国不再风光，美、苏转而成为世界强国，美国始终是维护资本主义国家利益的，而作为社会主义国家代表的苏联却也位居其上，很是让英国不服气。于是，丘吉尔在杜鲁门的邀请下欣然来到美国访问，并发表了旨在反苏反共的这一演讲。

丘吉尔的"铁幕"演说是第二次世界大战之后西方政界一位最有身份的人对苏联进行的最公开、最大胆的指责，也是美国发出的对以苏联为首的社会主义阵营开始"冷战"的最初信号。1947 年 3 月 12 日，美国提出了要求遏制苏联和共产主义的杜鲁门主义，冷战正式开始。

"铁幕"一词不是丘吉尔的首创，但自从丘吉尔这次演说后，"铁幕"便成了战后国际关系中有关东西方对抗的专有名词。

杜鲁门主义

1947 年 3 月 12 日，美国总统杜鲁门在致国会的关于援助希腊和土耳其的咨文中，提出了以"遏制共产主义"为核心的对外政策的指导思想，这一咨文被称为"杜鲁门主义"。

第二次世界大战后，德、意、日 3 个国家遭到重创，英、法的力量也严重削弱，美国却依仗在战争中发展起来的雄厚的经济、军事实力，在资本主义世界取得了统治地位。1947年2月21日，英国照会美国国务院，声称由于国内经济困难，无法再给希腊和土耳其以经济和军事的援助，希望美国继续给予援助。

希腊和土耳其扼东地中海，地处国际交通要道的汇合点，具有重要的战略地位，尤其黑海海峡，是黑海通往地中海、大西洋的门户，历来为大国必争之地。第二次世界大战前，希腊和土耳其一直是英国的势力范围。战后，由于英国实力的全面衰退，美苏在这一地区的争夺异常激烈。1945年6月，苏联向土耳其提出缔结新条约的要求，包括把1921年割让给土耳其的土卡尔斯和阿尔汉达两地归还苏联，苏联在达达尼尔海峡建立陆海空军基地等。

土耳其拒绝了苏联的要求，两国关系顿时紧张起来。美国乘机向土耳其提出开放和联合管制达达尼尔海峡的要求，并提供贷款，全面支持土耳其，美国在海峡地区的影响不断扩大。战后，希腊的人民武装力量蓬勃发展。1946年秋，希腊共产党领导人民掀起了武装斗争，不断取得胜利，希腊政府处于风雨飘摇之中。在这种情况下，希腊向英国提出加紧援助的要求。但英国已经难以收拾希腊的局面。1947年2月21日，英国照会美国，表示"由于军事和战略上的原因，不应该允许希腊和土耳其落入苏联控制之下"，要求美国挑起全面援助希、土的担子。"希、土危机"不仅为美国提供了取代英国、夺取东地中海控制权的可能，而且为美国提出全球性扩张的纲领、抛出冷战政策提供了契机。

在咨文中，杜鲁门指出希腊遭到由共产党人领导的"恐怖主义活动的威胁"，一旦它作为独立国家"陷落"，不但将危及土耳其和整个中东地区，而且将给欧洲一些"力争维持其自由和独立地位"的国家带来"灾难性"的影响。

他把"希、土危机"比喻为希特勒和第二次世界大战的再现，宣称世界已分为两个敌对营垒，一边是"自由制度"，一边是"极权政体"，每个国家都面临着两种不同生活方式的抉择，美国负有领导"自由世界"的使命，以抗拒共产主义。声称美国的政策必须是支持各国"自由人民"抵抗少数武装分子或外来压力所施行的征服活动；必须帮助各国人民以他们自己的方式去解决有关他们各自命

美国总统杜鲁门

杜鲁门主义是美国旨在遏制共产主义在欧洲发展的重要政策之一，是冷战的宣言书，是美国全球扩张的标志。

运的问题。他要求"立即采取果断的行动……在 1948 年 6 月 30 日截止的期间向希腊和土耳其提供 4 亿美元的援助",并要求选派文职和军事人员前往增援。杜鲁门在解释这篇咨文时说:"这就是美国对共产主义暴君扩张浪潮的回答",是"向全世界说明,美国在这个新的极权主义的挑战面前所持的立场";"我相信,这是美国外交政策的转折点,它现在宣布,不论什么地方,不论直接或间接侵略威胁了和平,都与美国的安全有关"。由此可见,杜鲁门主义远不止是援助希、土,而是美国在全世界范围内扩张的宣言,是对苏联发动全面"冷战"的宣战书。它是美国对外政策转变的完成,标志着美国对外政策已彻底摆脱了孤立主义的影响,开始由局部扩张转变为全球扩张。1947 年 5 月 22 日,杜鲁门正式签署《援助希、土法案》。1947 年到 1950 年,美国援助希、土两国 6.59 亿美元。1949 年,希腊革命被扑灭。

杜鲁门主义是美国对外政策的重大转折点。它与马歇尔计划共同构成美国对外政策的基础,标志着美苏两国由战时的盟国变为战后的敌国,美苏之间的"冷战"正式开始。

欧洲复兴计划

每年的哈佛大学毕业典礼上,都会有一位政界要人或是工商巨子来到学校对即将离开学校的学子们发表演讲。1947 年 6 月 5 日,又是哈佛每年一度的毕业典礼的日子,今年请来的知名人士会是谁呢?

随着学生们的一片喧哗声,美国国务卿乔治·马歇尔走上了讲台,他频频挥手,向台下的同学们致意,然后用他富有感染力的声音开始了演讲。在这次演讲中,马歇尔描绘了欧洲面临的困难局面,提出了美国对欧洲进行援助的计划,即"欧洲复兴计划"。马歇尔说:"在以后的几年中,欧洲的需要大大超过了它的支持能力,而美国应尽最大努力帮助恢复世界正常的经济繁荣……我们的目的就是恢复世界上行之有效的经济制度,从而使自由制度赖以生存的政治和社会条件能够出现……"

马歇尔用 15 分钟就把这一计划叙述得淋漓尽致,他非常投入,台下的学生们也听得入了神。其实,马歇尔计划是当时美国对外政策的一个重要组成部分,也是自杜鲁门主义出笼以来的第一次大规模运用。

第二次世界大战期间,由于美国在战争中本土没有受到攻击,工业基础未遭到破坏，生产力继续提高，使其战后成为西方最强大的国家。美国一方面为英、法、德等资本主义殖民国家的没落而暗自高兴，一边又怕动荡不安的西欧落入到当时以苏联为首的社会主义阵营的势力范围当中。于是，美国政府认为在经济、政治、军事上全面控制西欧的时机到来了，而必须找一个时机恰如其分地抛出所谓的"欧洲复兴计划"，以作为美国全面控制西欧、抗衡苏联的战略的一个部分。哈佛大学是世界上知名学府，在这个学府发表演讲就是美国政府认为最恰当的时机。

在这幅广告画中，"马歇尔计划"成为新欧洲发展的有力夹板。

"欧洲复兴计划"虽然是马歇尔正式提出来的，但在马歇尔提出之前，美国政府早已经把这一计划的雏形进行了多次宣传。

1947年2月22日，马歇尔刚刚上任，便在普林斯顿大学发表了对外政策演说，强调鉴于西欧各国经济处于困难，美国应给予各国强有力的援助。3月6日，美国总统杜鲁门在得克萨斯州贝纳大学发表演说时，声称美国将决定世界经济关系的格局。5月8日，受杜鲁门的委托，美国副国务卿艾奇逊在克利夫兰一个集会上发表了对外政策演说，强调欧洲重建要作为一个整体来考虑，要通过贷款或赠予方式解决，以此来保持欧洲的繁荣。艾奇逊的演说其实是马歇尔这次"欧洲复兴计划"的序幕。

·欧洲国家经济的恢复发展·

第二次世界大战给欧洲带来了重大灾难，战后初期，无论是英法等战胜国，还是德意等战败国，到处一片瓦砾，经济恢复困难重重。

战后初期，欧洲各国的工业水平只相当于战前的1/3～1/2。

第二次世界大战后，美国为了对付苏联，对欧洲资本主义各国给予大量援助。欧洲资本主义国家利用美国的援助，发挥本国良好的经济技术基础优势，采用最新的科学技术成果，发奋图强。到20世纪50年代，各国的工业生产已经大体达到甚至超过了战前水平。此后，各国经济更是步入高速发展时期。其中，联邦德国的发展尤其迅速，成为欧洲经济实力最强的资本主义国家。

马歇尔在哈佛大学的演讲刚一发表，立即在世界范围内引起关注。英、法两国率先响应，6月17日至18日，英、法就"欧洲复兴计划"问题在巴黎举行会谈，19日两国发表公报，对这一计划表示欢迎，并按照美国政府的意思，邀请苏联外长莫洛托夫前来参加讨论。6月27日，苏联派遣了庞大的代表团参加了在巴黎召开的讨论"欧洲复兴计划"的会议。英、法建议欧洲各国就各自的经济资源提出报告，然后拟出欧洲国家统一的经济复兴大纲，这一要求遭到了苏联代表的拒绝。7月2日，莫洛托夫发表声明表示欢迎基于民主的国际合作，但谴责西方各国的做法将导致某些国家对另一些国家内部事务的干涉，并宣布退出会谈。7月12日，英、法等西欧16国在巴黎继续举行会议，决定成立"欧洲经济合作委员会"。实际上，"欧洲复兴计划"应该叫作"西欧复兴计划"。

"欧洲复兴计划"在西欧得到热烈欢迎后，美国加紧将该计划的各项准备工作予以落实。首先，成立了直属总统的对外援助委员会，并制定了具体的方针、政策。作为复兴欧洲的有机组成部分，美国于6月20日给予希腊3亿美元援助，8月14日停止对意大利在美财产的冻结，等等。

1948年4月3日，杜鲁门正式签署了国会通过的《对外援助法》。该法案规定各个参加"欧洲复兴计划"的受援国必须与美国就援助条件签订双边条约，并相对削减同社会主义国家的贸易额。为此，美国还特别成立了经济合作署，开始正式实施"欧洲复兴计划"。

1951年12月31日，"欧洲复兴计划"执行完毕。在这一计划中，美国共向西欧各国援助了131.5亿美元，欧洲16个受援国分别都不同程度地获得了援助。

"欧洲复兴计划"稳定了资本主义社会的秩序，推动了欧洲经济的一体化。然而，这一计划不但没有遏制住苏联，反而进一步加剧了冷战。

柏林危机

1948年2月，美、英、法、荷、比利时、卢森堡6国在伦敦召开外长级会议。在这次会议上，美国代表提议在德国西方占领区建立德意志国家。由于美国在德国问题上的主导地位，他的这一主张得到了其他5国的赞同。这次会议完全是在美国的操控之下进行的，持续了近4个月。6月7日，伦敦会议才告一段落，参会的国家在会后发表公告，决定在德国西区拟定"基本法"，召开"制宪会议"，把美、英、法等国的占领区合并成统一的德意志国家，在建立的"西德"进行币制改革，"西德"的工业生产由6国组成的国际管理机构进行管理，等等。伦敦会议为什么没有苏联参加呢？原来，美国召开这次伦敦会议的主要目的就是想排斥苏联在德国问题上的发言权，试图单独解决德国问题，在德国西部建立一个国家，以此为反苏的前沿阵地。

德国分裂，柏林被一分为二，驻守在柏林墙两侧的士兵只能隔墙相对。

在第二次世界大战前夕的雅尔塔会议和波茨坦会议上，众参会国达成了在战争结束后由苏、美、英、法4国分管德国的协议。德国投降后，苏、美、英、法将德国领土分区占领：苏联占据东区，英国占据西北区，美国占据西南区，法国占据西区，而首都柏林由4个国家共同管理。1945年以后，4国曾举行过数次外长会议。但是，4国在各自的占领区内实行军事管制，只按照本国政府的政策行事，对本国政府负责，所以各国之间出现的分歧越来越多，很难就同一个问题取得一致的意见，这就使得盟国管制委员会形同虚设。

1946年底，美、英签订了双方对德国占领区合并的协定。第二年初，苏、美、英、法4国外长在莫斯科讨论德国问题，苏联代表在会上提出的建立德国临时中央政府的主张遭到了其他3国的反对。同一年，美国开始推行杜鲁门主义和马歇尔计划，加紧了对西欧的控制。尤其是在1948年的伦敦会议之后，美国蓄意分裂德国的意图越来越明显。

1948年3月20日，对美国行为极度不满的苏联宣布退出盟国管制委员会。6月19日，苏联针对美国宣布将于20日在德国西区进行币制改革的消息发表了政府声明，指出柏林是苏占区的一部分，并警告西方国家，如果其对苏占区货币流通进行破坏，苏联将采取措施加强管理，进一步控制西方国家进入柏林的通道。柏林危机由此开始。

美国对苏联的警告置之不理。6月21日，在美国的坚持下，美、英、法3国在德境西占区实行了单独的币制改革，发行了新的德国马克。苏联对美、英等国的上述活动一再提出抗议和反对，美国依然我行我素。

22日，苏、美、英、法4国代表在柏林召开会议，讨论柏林货币问题。针对德国西区的情况，苏联代表在会上宣布：苏联决定在柏林发行新货币，并拒绝了美国提出的西方 3 国管理柏林货币的要求。由于柏林是由 4 国分管的，美、苏关于柏林货币的问题一时争执不下，双方都声称有权在柏林推行新的货币政策。最后，柏林当局采取了折中方案，允许美国在西柏林执行其货币政策，在东柏林则执行苏联的货币政策。

柏林是苏联红军最先占领的，在攻克柏林的战役中，无论是从兵力还是财力上，苏联的损失都是巨大的。而用这么大代价换来的成果却白白地被美国占去了一半，苏联不能不为之恼火。24 日，苏联封锁了柏林，中断了西柏林与西方占领区之间的水陆交通。美、英则对苏占区实行交通和贸易限制，并向西柏林空运物资。此时，柏林苏占区和德境西区关系非常紧张，市政管理陷入混乱之中，战争一触即发。

尽管柏林局势非常紧张，但美、苏双方都不愿最先使用武力。1949 年 1 月 31 日，斯大林表示，如果美、英、法 3 国同意把建立单独的西德国家推迟到研究整个德国问题的外长会议召开时，苏联将会取消对柏林的交通管制。经过谈判，双方于 5 月 12 日解除了对德国各占领区和柏林之间的交通限制。双方还决定于 5 月 23 日在巴黎召开 4 国外长会议，继续就德国问题进行讨论。

5 月 23 日，德意志联邦共和国在西占区宣布成立，10 月 7 日，德意志民主共和国在苏占区也宣布成立。至此，德国被分裂成两个国家。

北大西洋公约组织

第二次世界大战结束后，以美国为首的西方资本主义国家极力遏制社会主义国家苏联。美国在欧洲复兴过程中，不断向外扩张势力。冷战开始后，国际政治出现了新一轮分化，分别形成了以美国为首的西方阵营和以苏联为首的东方阵营。自此，这两大阵营开始在政治、经济、军事和文化等方面都展开了对峙。

1948 年 2 月，捷克斯洛伐克宣布退出西方阵营，加入东方的社会主义阵营中。英国外交大臣贝文的呼吁表现了整个资本主义社会的心声：西欧面临被苏联倾覆的危险，西欧各国应该联合起来，建立一个能保卫西欧的联盟。很快，这一呼吁便表现在了行动上。

1948 年 3 月，美国、加拿大、英国 3 国代表在华盛顿举行会谈，通过了美国草拟的《五角大楼文件》。随后，英国、法国、比利时、荷兰、卢森堡 5 国在比利时首都布鲁塞尔签署了《经济、社会、文化合作和集体防御条约》，这一条约简称《布鲁塞尔条约》。

但是，西欧各国的不安并没有随着《布鲁塞尔条约》的签署而减轻，反而越来越重了。其实，西欧各国的担心也并不是多余的。当时，苏联与东欧已连成一片，拥有210个师的大军，而整个西欧只有14个师的兵力，其中还包括美国的两个师。西欧各国都意识到，单凭自己的这点力量是很难与苏联抗衡的，所以他们急需寻找一个能与苏联相对峙的力量加入他们的队伍中来，而在西欧各国眼中，只有给予他们援助的美国才有这个能力。同样，美国也正寻找着具有相同利益的伙伴与其联盟。1948年6月，柏林危机爆发，美国和西欧各国联合的决心更加坚定了。

1948年7月6日，美国、英国、法国、加拿大、比利时、荷兰、卢森堡7国在华盛顿举行会议，讨论建立北大西洋安全体系问题。虽然各国的最终目的一致，但他们在会议中还是为了多为己国争得一些利益而争吵不休。最后，参会各国通过了《北大西洋公约》，这一公约除了序言外，还包括14项条款。为了吸引更多的国家参加到这个公约中来，各国并没有在这一公约上签字。

1949年4月，在美国的提议下，美、英、法、意、比、荷、卢、丹、挪、加、葡和冰岛在内的12国外长在华盛顿再次集会，签订了《北大西洋公约》。公约规定：各国"进行集体防御"，当一国遭到"武装进攻"时，其他缔约国应"采取视为必要之行动，包括武力之使用，协助被攻击之一国或数国以恢复并维持北大西洋区域之安全"。西方各国还根据《北大西洋公约》成立了北大西洋公约组织，该组织有统一的军队，司令部设在比利时的布鲁塞尔，首届司令官由美国将军艾森豪威尔担任。北约的最高权力机构是北约理事会，由成员国国家元首、外长或是国防部长组成。此外，北约的主要组织机构还有防务计划委员会、常设代表理事会、军事委员会、国际秘书处等。

北约是一个政治联盟，最终的目的是遏制苏联。而美国总统杜鲁门在出席签字仪式上的讲话却把这一组织的建立形容成是"一种反侵略的盾牌"，甚至美其名曰"希望用它来防止第三次世界大战，如果在1914年和1939年有这样的公约存在，那么曾把世界推入两次战争浩劫的侵略行为就不会发生了"。

北大西洋公约组织成立后，西方一些国家又相继加入，其中，希腊、土耳其于1952年，联邦德国、西班牙分别于1955年、1982年加入北约。1999年，波兰、捷克、匈牙利3国也加入北约。

北约就重大国际问题进行磋商合作，协调立场，加强集体防务，每年举行各种联合军事演习。北约拥有大量核武器和常规部队，是西方的重要军事力量。这是资本主义阵营在军事上实现战略同盟的标志，是马歇尔计划的发展，使美国得以控制欧洲的防务体系。

华沙条约

北约组织使苏联感到自身面临着严重的威胁。1949 年 1 月 29 日，苏联外交部针对美国国务院的声明进行严厉谴责，把北约称作"美国和英国统治集团推行侵略政策的主要工具"。此后，苏联在各种场合都猛烈地抨击北约组织，并向联合国大会上诉。1954 年 10 月 23 日，西方国家签订了《巴黎协定》，允许联邦德国建立正规军，并加入北大西洋公约组织，公开重新武装德国。11 月 13 日，苏联政府立即向以美国为首的西方国家发布照会，要求他们不要批准《巴黎协定》，并建议召开全欧洲会议，讨论防止德国军国主义的复活问题，但遭到西方国家拒绝。11 月 29 日~12 月 2 日，苏联召集阿尔巴尼亚、保加利亚、匈牙利、波兰、民主德国、捷克斯洛伐克和罗马尼亚等东欧七国政府代表在莫斯科汇聚，警告西方国家，一旦《巴黎协定》被批准，苏联与东欧国家将采取共同措施，组建联合武装。但西方国家对苏联的警告置若罔闻。1955 年 5 月 5 日，《巴黎协定》正式生效。5 月 14 日，苏联与东欧七国在波兰华沙签订了友好互助合作条约，称为《华沙条约》，简称"华约"。

华沙条约组织具有军事同盟的性质。条约规定：当缔约国之一遇到武装威胁时，其他缔约国应采取一切必要的方式给予援助；设立统一的武装部队司令部和政治协商委员会；缔约国不参加与华约相反的任何联盟或同盟，不缔结与华约相反的任何协定。华约还欢迎一切赞同该条约的国家参加。华约组织的主要机构有政治协商委员会和联合武装部队司令部。前者由缔约国各派一名政府成员或一名特派代表参加，负责审议一切重要的政治、军事问题。从 1960 年以后，政治协

France　Germany　United Kingdom　United States

1954 年 10 月，西方大国签订《巴黎协定》，允许联邦德国加入北约，图为法德英美四国首脑举行联合记者招待会。

商委员会一般由各缔约国执政党的第一书记或总书记以及政府首脑、外交部长、国防部长和华约联合武装部队总司令参加。联合武装部队司令部负责统率根据缔约国各方协议拨归其指挥的各国武装部队。上述两机构总部均设在莫斯科。

图为 1957 年赫鲁晓夫出访捷克斯洛伐克时的场面。

华约的建立使东、西方最终形成了两个对立的军事集团，使两大阵营带有强烈的军事对抗色彩，从而使冷战的气氛更加凝重。

欧洲共同体

欧洲共同体是一个联合的政治和经济集团，包括欧洲煤钢共同体、欧洲经济共同体和欧洲原子能共同体，其中以欧洲经济共同体最为重要。

20 世纪 50 年代中期，资本主义经济迅速发展，美国与西欧国家的力量对比发生了变化：西欧一些国家利用"美援"和美资，进行了大规模经济重建工作，使经济迅速恢复和发展起来，而此时美国的经济则开始衰退。

自第二次世界大战后，美国一直把西欧作为主要销售市场，西欧国家经济恢复和发展后，力求摆脱美国控制，维护自己的市场。要实现这种目的，建立一个排他性经济集团势在必行。大垄断集团之间也相互结合，彼此渗透，建立起了一些跨国垄断组织。同时，它们也要求各国资本、劳动力和技术互相流通，打破国界，扩大市场。应这种形势的要求，欧洲共同体得以建立。

1950 年 5 月 9 日，法国外长舒曼主张把法国和联邦德国的煤炭与钢铁工业置于一个"超国家"机构领导下，形成一个一体化国际组织，即建立欧洲煤钢共同体，还欢迎欧洲其他国家加入该组织。舒曼的倡议很快得到了联邦德国和西欧一些国家的响应。1951 年 4 月 18 日，法国、联邦德国、意大利、荷兰、比利时、卢森堡 6 国外长在巴黎签订《欧洲煤钢共同体条约》，条约规定，建立 6 国煤钢共同市场，取消各种关税限制，调整各类煤、铁及钢的生产和销售。《欧洲煤钢共同体条约》于 1952 年 7 月 25 日生效，有效期 50 年。随着《欧洲煤钢共同体条约》

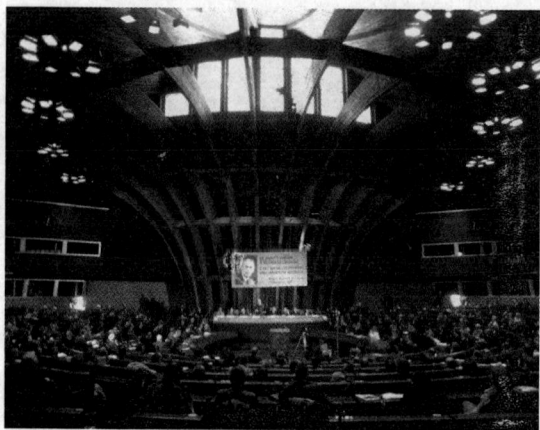

20 世纪 70 年代前期，有更多的国家加入欧洲共同体。

的生效，欧洲煤钢共同体问世了。

欧洲煤钢共同体建立后，建立一个更为完整和广泛的经济共同体被提上了议事日程。1956 年 10 月 21 日，欧洲煤钢共同体 6 个成员国外长再一次齐聚巴黎，讨论成立"欧洲原子能共同体"和建立欧洲"共同市场"等问题。1957 年 3 月 25 日，6 国外长在意大利罗马签订《欧洲原子能共同体条约》和《欧洲经济共同体条约》。这两款条约于 1958 年 1 月 1 日生效，同时，欧洲经济共同体和欧洲原子能共同体成立。《欧洲经济共同体条约》的主要内容包括：各成员国间建立关税同盟，逐步建立起统一的对外关税率和贸易政策；制定共同竞争规则，消除各种限制和歧视竞争的协定和制度；实现共同市场内部商品、劳动力和资本的自由流通，等等。条约还规定设立欧洲投资银行，设立欧洲社会基金。

1965 年 4 月 8 日，上述 6 国在布鲁塞尔召开会议，签订了《布鲁塞尔条约》，决定将欧洲煤钢共同体、欧洲原子能共同体和欧洲经济共同体合并为统一的机构，统称欧洲共同体。

欧洲共同体的总部设在比利时首都布鲁塞尔，欧洲议会秘书处和欧洲法院设在卢森堡。欧洲共同体的主要机构有：部长理事会、欧洲理事会、欧洲议会、执行委员会、欧洲共同体法院、审计院、经济社会委员会、欧洲投资银行等。其中，部长理事会是最高的决策机构，欧洲议会是监督和咨询机构。

欧洲共同体成立后，于 1973 年接纳英国、爱尔兰、丹麦为正式成员国，1981 年和 1986 年又接纳了希腊和西班牙、葡萄牙为正式成员国，1995 年，瑞典、奥地利和芬兰也加入欧洲共同体。此后，又相继有欧洲国家加入。

欧洲共同体作为一个经济、政治实体，同世界上 130 多个国家和地区建立了正式关系。在不少国家和国际组织中派驻了代表团，各国也派遣外交官驻欧洲共同体。中国与欧洲共同体于 1983 年 11 月全面建立正式关系，并派驻了大使。

欧洲共同体已经成为当代国际关系中一支重要的经济、政治力量。欧洲共同体在实施经济一体化和政治一体化方面的主要活动包括：建立工业品关税同盟和实行统一的外贸政策，实施共同的农业政策，走向经济和货币联盟，统一对外渔业政策，统一预算，加强政治领域的合作，等等。

1993年，《欧洲联盟条约》的签订标志着欧共体的发展进入了一个新时期，根据内外发展的需要，欧洲共同体正式易名为欧洲联盟。

朝鲜战争

第二次世界大战后期，苏美两国在朝鲜半岛协同对日作战，以北纬38度线为界将其分为南北两部分。1945年8月，反法西斯战争胜利，美苏两国商定仍以38度线为界进驻朝鲜南北，接受日本的投降。1948年8月，朝鲜南半部建立以李承晚为总统的大韩民国；9月9日，北部建立朝鲜民主主义人民共和国，朝鲜形成了南北分裂的局面。南北双方小规模冲突不断。

1950年6月25日，朝鲜战争爆发。

战争爆发的当天，美国利用苏联抵制安理会而不参加会议的机会，操纵安理会通过决议，并于27日派兵介入并武力封锁台湾海峡。7月7日，美又借联合国名义，组建"联合国军"，任命驻远东美军司令麦克阿瑟为联合国军总司令。

虽然美军已投入战争，并占有制空权，但勇猛的人民军冒着美空军的狂轰滥炸和猛烈的阻击，横穿汉江，强渡锦江，20日在韩国临时首都大田歼敌3.2万余人。8月8日，人民军抢渡洛东河，重创美军，把敌人压缩在釜山沿岸地带。

9月，麦克阿瑟指挥联合国军在其舰队重炮和飞机的轰炸掩护下，实施大规模进攻。一方面组织釜山残军进行反攻，一方面率其主力从仁川登陆发起总攻，企图切断人民军的退路。补给困难、连续作战而疲惫的人民军防线不断被突破，人民军于10月1日被迫退回三八线以北。"联合国军"趁势从东、南向平壤实施钳形进攻，在

中国人民志愿军雄赳赳，气昂昂，跨过鸭绿江。

1953 年 7 月 27 日，朝鲜战争停战协定在板门店正式签字。

空降兵的配合下，于 19 日攻占平壤。联合国军继续把战火向中朝边境鸭绿江畔扩大，并轰炸了中国村庄，中国安全受到严重威胁。

在朝鲜的请求下，10 月初，中国人民志愿军跨过鸭绿江，投入抗美援朝、保家卫国的战争。

25 日，志愿军利用"联合国军"尚未发现其入朝，正分兵冒进的有利时机，采用运动歼敌策略，给敌人以突然性打击，一举将其驱逐到清川江以南。接着，志愿军采取积极防御，诱敌深入，创造有利条件，以运动战为主，并与部分阵地战、游击战相结合的方针，避强击弱。在敌人机群狂轰滥炸中，志愿军克服交通线被毁、供应不足、气候寒冷等困难，英勇与"联合国军"周旋，连续 4 场战役告捷，围歼重创大批敌人，迫使"联合国军"从总攻击变成总退却。到 1951 年 6 月 10 日止，共歼敌23 万人，其中美军 11 万余人，扭转了战局，双方战线稳定在三八线附近。此时，麦克阿瑟被免职。23 日，苏联提出和平解决朝鲜问题，交战双方予以接受。

7 月 10 日，朝鲜停战谈判开始。美国为使朝、中在谈判中屈服，策划了夏季和秋季攻势。"联合国军"利用海、空优势实施以轰炸封锁交通运输线、切断中朝联军供给为目的的绞杀战和旨在制造疫区、企图削弱战斗力的细菌战。中、朝军队采取持久作战、积极防御的战略，由运动战为主转为阵地战为主。利用不同地形构筑坑道、修建野战工事，阵地防御和运动反击相结合，消耗、疲惫联合国军。在打小歼灭战的思想指导下，积少成多，大量消灭敌人的有生力量。中国志愿军与后备军轮番入朝作战，空军得到苏联的支持，两年内歼敌 72 万人，其中美军近 30 万。

1953 年 7 月 27 日，美国被迫签订停战协议，历时 3 年多的朝鲜战争结束。

朝鲜战争确立了朝鲜半岛的军事分界线，这场战争的胜利，打破了美帝国主义不可战胜的神话，新中国的国际威望空前提高。这次战争也极大地鼓舞了世界殖民地、半殖民地人民的民族解放战争。坑道与野战工事相结合的防御体系丰富和发展了攻防作战理论，喷气式飞机的运用为作战方式带来新气息。

日内瓦会议

1954 年 2 月 28 日，苏、美、英、法 4 国外长在柏林会议上达成协议，决定于同年 4 月在瑞士的日内瓦举行会议，主要讨论朝鲜问题和印度支那问题。

4 月 26 日，除苏、美、英、法、中五大国的代表外，还有有关国家的代表参加。中国代表团由总理周恩来率领，日内瓦会议是中国首次以五大国之一的地位和身份参加讨论国际问题的一次重要会议。

日内瓦会议的第一项议事日程是讨论朝鲜问题。参加这次讨论的有朝鲜半岛两国、澳大利亚、加拿大、比利时、希腊、哥伦比亚、荷兰、新西兰、菲律宾、土耳其等国的代表。

1953 年 7 月 27 日，随着朝鲜停战协定的签订，朝鲜战争结束了，但朝鲜问题仍悬而未决。根据停战协议的规定，停战 3 个月内应召开双方高一级的政治会谈，但美国政府丝毫没有解决朝鲜问题的诚意，根本不想召开政治会谈，采取一拖再拖的手法，并于 12 月 12 日宣布中断板门店会谈。即使把和平解决朝鲜问题提到了日内瓦会议上，美国还是百般阻挠。

会议一开始，朝鲜民主主义人民共和国代表提出了"恢复朝鲜统一和组织全朝鲜自由选举"的方案。韩国代表却提出"在选举前 1 个月，中国军队应全部撤出朝鲜，联合国军队作为监督方，则在选举和完成统一后撤退"的无理建议，美国代表马上对韩国代表的建议表示了支持。很明显，美、韩是想把整个朝鲜划归旗下，用假和平吞并朝鲜民主主义人民共和国。

周恩来代表中国同朝鲜、苏联代表团协商后指出："联合国是朝鲜战争中的交战方，不能由交战方来监督朝鲜的选举，而应该对选举进行国际监督，成立中立国监督委员会，对全朝鲜选举进行监督。"

澳大利亚、加拿大和苏联代表对周恩来的这一建议表示了赞同。但是，美国还是不甘心，纠合了属于"联合国军"一方的 16 个代表团于 6 月 15 日在会上宣读了"十六国宣言"，决意要破坏和谈。周恩来不肯放过一线和平解决朝鲜问题的希望，他又提出："日内瓦与会国家将继续努力，以期在建立统一、独立和民主的朝鲜国家的基础上达成和平解决朝鲜问题的协议……如果这样一个建议都不能被有关国家通过，那这种反和平的精神将为国际会议留下一个极不良的影响。"但是，美国还是以各种理由阻止了这一最低限度、最具有和解性的建议，致使朝鲜问题在日内瓦会议上的讨论没有取得任何结果。

日内瓦会议对朝鲜问题和印度支那问题的讨论是交叉进行的。从 5 月 8 日起，各国代表就开始讨论印度支那问题，参加者除五大国外，还有越南民主共和国、柬埔寨、南越、老挝的代表。

印度支那问题主要讨论包括：停战后一段时期内为越南交战双方武装力量划分集结区，停战的监督和保证，印度支那三国的政治前途等。越、中、苏三国代表主张印支全境停火，政治解决印度支那问题，但法、美等国则坚持军事停火只限于越南，拒绝承认印度支那三国的民族权利。美国的目的很明显，企图延长或扩大印度支那战争。在这种情况下，中国代表团同苏联和越南代表团紧密合作，尽力争取与会国的多数，包括法国，集中反对美国的破坏，推动了会议的发展。

在解决老挝和柬埔寨问题上，中国代表及时折中了有关国家的意见，使与会国就两国的停战问题达成了一些协议。在解决如何划分越南交战双方的集结区问题上，中国代表团也发挥了重要作用。周恩来总理专门与越南胡志明主席和法国新总理孟戴斯·弗朗斯交换意见，进一步协调了越、中、苏的看法，打破了在划分谈判中的僵局，扫除了会议达成协议的最后也是最大的一个障碍。

7 月 21 日，会议通过《日内瓦会议最后宣言》，签订了关于在印度支那三国交战双方停战的协定，结束了法国在这个地区多年的殖民战争和统治，确定了印度支那三国的民族权利。

日内瓦会议表明，国际争端是可以用和平协商的方法求得解决的，不同制度的国家是可以和平共处的。持续了八年之久的印度支那战争通过协定停止下来是日内瓦会议的重大成就，这次会议对维护世界和平起到了巨大作用。

中国第一枚原子弹爆炸成功

中国核工业创建于 1955 年初，由中共中央指定陈云、聂荣臻、薄一波负责领导筹建工作。以后周恩来、聂荣臻领导制定了两次科学技术长远规划。1962 年 11 月，中共中央决定成立以周恩来为首的专门领导机构。1964 年 9 月 16 日至 17 日，中央召开第九次专门委员会会议，讨论关于首次核试验的准备工作、预演总结、正式试验时间及其有关问题。21 日，周恩来向毛泽东转交罗瑞卿的会议报告并附件说："关于核爆炸及其有关问题，争取待主席回京后，当面报告，以便中央早做决定，时间以不迟于 24 日为好。因为如决定今年爆炸，以 10 月中旬到 11 月上旬为最好……"10 月 16 日 15 时（北京时间），中国制造的第一颗原子弹在本土西部地区爆炸成功。这次试验比美、英、法等国的首次核试验在技术上更为先进。它的成功，标志着中国国防现代化进入一个新的阶段，对于打破帝国主义霸权主义的核讹诈、核垄断，加强和巩固国防具有重要意义。当天，中国政府宣布：中国在任何时候、任何情况下，都不会首先使用核武器。并建议召开世界各国首脑会议，讨论全面禁止和彻底销毁核武器问题。

万隆会议

1955 年 4 月 18 日，印度尼西亚的万隆沉浸在一片喜气之中。市礼堂前，一阵礼炮声过后，操着各种语言的代表们步入礼堂，举手投足之间尽是喜悦。原来，这里将举行一场国际盛会，这是历史上第一次由亚非国家自行发起召开而没有帝国主义国家参加与操纵的国际会议，这次会议由于在万隆召开，因此被称为万隆会议。

第二次世界大战后，亚非的许多国家都摆脱了帝国主义国家的殖民统治，赢得了政治上的独立。但是，由于长期的奴役，这些国家在经济上与帝国主义存在着千丝万缕的联系。为了彻底摆脱帝国主义的控制，将命运真正掌握到自己手中，许多亚非国家认识到，只有制定一个针对帝国主义和殖民主义的共同纲领，才能保卫民族解放运动的胜利成果。

1954 年 4 月，印尼总理沙斯特罗·阿米佐约在南亚 5 国（印尼、缅甸、印度、斯里兰卡、巴基斯坦）总理会议上提出了"举行一次更广泛的亚非国家会议的可能性"的建议，与会代表对此表示支持。此后，印尼、印度、缅甸、中国等国都为召开非亚国家代表会议做着努力。1954 年 12 月底，南亚 5 国总理在印尼茂物举行会议，决定联合发起亚非会议，邀请一些新独立的亚非国家和地区参加，并把反对殖民主义、争取和保障民族独立、促进世界和平、推动亚非国家的团结与合作、维护民族自主权等作为会议宗旨。

但是，帝国主义反对势力对亚非的独立进行了阻挠。看到独立趋势不可阻挡，他们便又对亚非国家

万隆会议会址

的团结进行破坏。

万隆会议还是如期举行了。参加这次会议的除 5 个发起国和中国外，还有阿富汗、柬埔寨、老挝、约旦、苏丹、泰国、土耳其、伊朗等共计 29 个国家和地区的代表参加。美国虽然没有被邀，但却派遣了一个庞大的记者团参会。

印尼总统苏加诺致开幕词说："这是人类有史以来第一次有色人种的洲际会议。为了反对殖民主义和种族主义，亚非国家应该联合起来。我们并不是要建立反对其他集团的集团，而是为亚非各国乃至全人类找出一条通向和平的道路。亚非国家在世界政治舞台上发出呼声的时刻已经到来了……"

苏加诺激昂的情绪把与会代表的热情都带动了起来，会议在友好的气氛中进行着。

4月24日，万隆会议举行了最后一次全体会议，通过了《亚非会议最后公报》，就亚非国家共同关心的问题达成了协议。公报还提出和平共处和友好合作的"十项原则"。

在万隆会议之后，亚非各国争取和维护民族独立的斗争更加深入，越来越多的国家奉行和平中立的外交政策。

非洲独立运动

第二次世界大战前，非洲的土地上只有 3 个名义上的独立的国家，它们是埃塞俄比亚、利比里亚和埃及。第二次世界大战后，长期受奴役的非洲国家由于经济发展水平低下，民族独立运动一直不如亚洲进展得快。

就整个非洲来说，民族独立运动发展的状况，北部非洲要比南部非洲发展得早。从 20 世纪 50 年代中期开始，非洲北部和东北部的民族解放运动迅速展开。1956 年，摩洛哥和突尼斯从法国殖民者的统治下获得独立，面积最大的苏丹也冲破了半个多世纪的英国殖民统治，迎来了独立。

1957 年独立的加纳是第二次世界大战后撒哈拉沙漠以南非洲黑人国家中最早摆脱殖民统治的一个国家。

加纳在独立前被称为"黄金海岸"，于 20 世纪初沦为英国殖民地。第二次世界大战前，黄金海岸的人民就已经开始了反对英国殖民者的斗争。第二次世界大战后，独立的呼声在黄金海岸越来越高。为了缓和与殖民地的矛盾，英国殖民当局推行"宪法改革"，并表示要在立法会议的选举中增加非洲人的名额。实际上，这种做法并没有改变黄金海岸殖民地的地位。

肯尼亚独立梦终于实现，图为英国菲利普亲王向乔莫·肯雅塔祝贺国家独立。

1947 年，黄金海岸民族主义者成立了黄金海岸统一大会党，恩克鲁玛当选为总书记。统一大会党一面抵制英国扶植的傀儡政府，一面组织和发动群众，壮大自己的力量。

1948 年 2 月，统一大会党参加了在黄金海岸首都阿克拉爆发的大规模群众抗议运动。在英国殖民当局的武装镇压下，有 260 多人死伤，恩克鲁玛被逮捕。英国殖民当局的这种做法激起了广大人民更强烈的反抗，更大规模的运动开始了。一个多月后，恩克鲁玛被释放。这时候，英国殖民当局又想出了另一个方法，通过利诱的方式把统一大会党不坚定的一部分人拉拢到了自己一方。1949 年 6 月，恩克鲁玛成立人民大会党，继续领导黄金海岸的独立斗争。

第二年春，在人民大会党的发动下，黄金海岸开展运动反对英殖民当局公布的"库赛宪法草案"，要求实现自治。英国殖民当局在强大的人民斗争浪潮下，不得不向黄金海岸人民做出让步，允许黄金海岸举行历史上的第一次大选，人民大会党在选举中获得多数席位。1952 年 3 月，恩克鲁玛任内阁总理。1957 年 3 月，黄金海岸宣布独立，改国名为加纳。

加纳的独立，有力地推动了非洲民族独立运动的深入发展。1958 年 10 月，几内亚在几内亚民主党和塞古·杜尔的领导下摆脱法国的殖民统治宣告独立，并成立共和国，杜尔当选为首任总统。

1960 年 6 月 14 日，非洲独立国家第二次会议在埃塞俄比亚首都亚的斯亚贝巴举行。会议就支持阿尔及利亚人民的斗争、谴责南非的种族歧视政策等问题进行了讨论，并决定建立一笔基金，以援助非洲殖民地的民族解放运动。此后，非洲民族独立潮流汹涌澎湃。仅 1960 年这一年，就有 17 个国家获得独立，其中包括喀麦隆、马达加斯加、扎伊尔、索马里、加蓬、尼日利亚、毛里塔尼亚、多哥等。人们通常把这一年称为"非洲独立年"。

鉴于民族解放运动轰轰烈烈的发展形势，1961 年 3 月 25 日，第三届全非人民大会在埃及开罗召开。来自非洲 32 个国家的 67 个代表团围绕着遏止新殖民主义、清除帝国主义最后的老根这一主要问题进行了激烈讨论，通过了"关于新殖民主义和联合国""关于附属国的解放""关于非洲统一和团结"等决议。此外，大会还通过了支持肯尼亚、安哥拉、尼亚萨兰、莫桑比克等殖民地人民反对殖民统治和争取民族独立斗争的决议。

在第三届全非人民大会的指引下，从 1961 年到 1968 年，又有 15 个国家赢得了民族独立。这些取得独立的新兴国家，在同殖民主义残余势力斗争的同时，努力发展本国的民族经济，反对帝国主义和新殖民主义的侵略，争取实行独立自主外交政策，并给未取得独立的国家以各种支持。

20 世纪 70 ~ 80 年代，非洲 9 国获得独立，90 年代，纳米比亚独立，至此，非洲民族独立运动取得最终胜利。

第三次科技革命

第三次科技革命，又称新科技革命，兴起于 20 世纪四五十年代。它以原子能技术、航天技术和电子计算机的应用为代表，另外还包括人工合成材料、生物技术和遗传工程等高新技术。它极大地推动了人类社会的发展，这一浪潮至今方兴未艾。

19 世纪末 20 世纪初，科学理论的重大突破成为新科技革命的理论基础。爱因斯坦相对论的提出和量子力学的诞生，在物质观、时空观、运动观和方法论方面，将人类对自然界的认识从宏观世界引向微观世界。原子物理学揭开了核裂变的奥秘，使人工利用原子能成为可能。在第二次世界大战中，由于战争的需要，各国都集中物力、财力和人力，研究威力巨大的新式武器。战后，苏、美、英等国为了增强在国际市场上的竞争能力，加大科研方面的投入，大力开发新产品，促使科研水平不断提高。而战后初期形成的控制论、信息论和系统论成为第三次科技革命的理论依据。

第三次科技革命具有不同于先前科技革命的明显特征。首先，科学技术在推动生产力的发展方面起着越来越重要的作用，科学技术直接转化为生产力的速度加快。其次，科学和技术密切结合，相互促进，具有科学、技术、生产一体化的趋势。第三，科学技术各个领域之间相互渗透和分化，在高度分化的基础上又高度综合。现代科技发展出现了两种趋势：一方面，学科越来越多，分工越来越细，研究越来越深入；另一方面，学科之间的联系越来越紧密，科学研究朝着综合的方向发展。

无论在广度上还是在深度上，第三次科技革命对世界产生了极其深刻的影响。

第一，它极大地推动了生产力的发展，促进了劳动生产率的提高和国民财富的增长。据统计，从18世纪以来，世界工业的年增长以1951年到1976年间的速度为最快。如果以1950年各国农业生产指数为100计算，那么到1977年各主要西方国家的农业生产指数分别是：法国187，英国171，联邦德国181，意大利

首次进入太空
苏联宇宙飞船"东方1号"升空，标志着一个旅行的新纪元从此开始。苏联宇航员加加林是世界上第一个乘坐宇宙飞船进入太空的人，加加林在宇宙舱里绕地球飞行了108分钟，然后在7000米的高空从宇宙飞船上弹出降落。

170，美国181，日本248。可以说，当代资本主义经济所取得的成就及其优势地位，主要是通过科学技术的进步和知识创新实现的。在新科技革命下，提高劳动生产率，主要通过生产技术的进步、劳动者素质和技能的不断提高实现的。而电子计算机控制的自动化技术，使人的劳动从直接参加生产转变为对生产过程的控制，这就要求劳动者必须具备相应的文化水平和科技水平，否则无法同现代化的生产资料相结合。新科技革命由于采用现代管理与决策理念，使劳动组织的管理日益科学化，对企业管理的"民主参与"也就应运而生。

第二，它促进了社会经济结构和社会生活结构的变化。在发达资本主义国家，国民经济中的第三产业的比重上升，超过了第一、第二产业；产业结构中的技术密集型企业发展速度大大超过传统的劳动密集型企业，信息产业逐渐兴起。

人们的日常生活也发生变革。它所创造的大量新产品改变着人类的生活，甚至影响着人类的思想道德观念。现代化通信手段的出现，改变了人们交流信息的传统方式，也改变了传统的人际交流方式。国际互联网使人们观察、认识外部世界的方式和方法也发生变化。

第三，它推动了国际经济格局的调整，拉大了发达国家和发展中国家的差距。科技在国际经济竞争中的地位越来越重要。新科技革命加速了生产和资本的国际化、一体化和集团化。随着各国经济的相互依存、相互渗透，经济区域化趋势加强，如以欧共体为中心的欧洲，以美国为中心的北美经济一体化，以日本为中心的亚

太经济圈。这对发展中国家的地位越来越不利。西方七国 1987 年的经济实力占世界的 60%，而人口只占 12%。1950 年，发达国家与发展中国家的国民生产总值相差 23 倍，1985 年扩大为 44 倍，1990 年更扩大为 56 倍，并且有进一步扩大的趋势。

随着第三次科技革命的发展，知识经济已经初露端倪。为了增强自己的地位，科技立国、科技兴国、科技强国日益成为许多国家的国策。

古巴革命

古巴是加勒比海区域的一个岛国，它原为西班牙的殖民地，美国通过 1898 年对西班牙的战争占领了古巴。古巴人民强烈要求美国军队撤出古巴，实现古巴独立。拉美国家和人民也强烈反对美国对古巴的非法占领，美国被迫承认古巴独立。1902 年 5 月 20 日，古巴共和国宣布成立。次年 2 月，美、古签订《互惠协定》，美国强行租借两处古巴军事基地。1906 年，古巴人民举行大规模反美起义，美国派兵镇压，并派总督统治古巴直到 1909 年。此后美国大力扶植古巴的亲美势力，建立独裁政权，对古巴进行间接统治。美国资本控制了古巴的经济命脉。民族矛盾与阶级矛盾的日益激化，最终导致了古巴的革命。

古巴革命的主要领导人菲德尔·卡斯特罗出身于甘蔗园主家庭，毕业于哈瓦那大学法律系，当过律师，大学读书时参加过学生运动和小资产阶级的人民党，反对美国的侵略，憎恨独裁统治，是资产阶级民主派的激进人物。1953 年 7 月 26 日，卡斯特罗和他的弟弟劳尔组织一批青年攻打蒙卡达兵营，失败被捕。他在圣地亚哥受审时，发表著名的《历史将宣判我无罪》的演说。他提出的"七二六"革命纲领是"争取公众的自由和民主"，并要求解决土地问题、工业问题、失业问题、教育问题、住房问题、人民的健康问题以及国有化问题。1954 年古巴举行总统选举，巴蒂斯塔政权为了笼络人心，释放政治犯，卡斯特罗因而获释。他出狱后便着手发动"七二六"运动，准备举行新的起义。

1955 年 11 月，古巴国内反政府的群众示威运动掀起高潮，卡斯特罗在墨西哥筹组远征军。1956 年 11 月 25 日清晨，古巴 82 名远征军挤在一艘只能容纳 12 人的"格拉玛"游艇上，经过七天七夜后，终于在古巴奥连特省登陆。登陆后便遭到巴蒂斯塔军队的前后堵击和飞机轰炸。经过 3 天激战，远征军仅有 15 人幸存下来，其中包括阿根廷的革命者埃内斯托·格瓦拉。卡斯特罗率领仅存的十几名游击队员迅速进入马埃斯特腊山区开展游击活动。1957 年 5 月，起义军在乌贝罗战役中取胜并不断壮大。不久，格瓦拉率领起义军在拉斯维里亚建立根据地，并在战斗中取得决定性胜利，打开了通往哈瓦那的道路。

1957 年 3 月 13 日，以安东尼奥·埃切维里为首的一批青年攻打总统府，建立了"3 月 13 日革命指导委员会"。1958 年 2 月，福雷·乔蒙领导和组织的远征军从努埃维达斯登陆，在埃斯坎布拉依山区开辟新战线。在反独裁武装斗争节节胜利的形势下，巴蒂斯塔被迫逃亡国外。

1959 年 1 月，卡斯特罗进入哈瓦那，古巴革命取得胜利。

1959 年 1 月 1 日，起义军进入哈瓦那。1 月 2 日，建立革命政府，古巴革命取得胜利。古巴革命胜利后，改组了旧制度下的国家机器和军事机器，采取了一系列的措施建立社会秩序，进行土地改革和国有化运动，废除大庄园制度，把所有外资企业、国内私人企业和银行全部收归国有。

1961 年 4 月 17 日，一支由 1200 多人组成的美国雇佣军突袭古巴，他们在美国飞机和军舰的直接掩护下在古巴中部拉斯维利亚省南部登陆，占领了长滩和吉隆滩，并继续向北推进。古巴军队和民兵与入侵的美国雇佣军展开了殊死搏斗，当年只有 34 岁的卡斯特罗在吉隆滩附近一座制糖厂临时改成的指挥部坐镇指挥。古巴军民经过 72 小时的战斗，全歼了被包围在吉隆滩的美国雇佣军，共有 114 名雇佣军被古巴军队击毙，其余 1113 人被俘获，给美国侵略者以沉重的打击。

古巴导弹危机

冷战前期，美、苏均以核武器向对方进行威慑。20 世纪 50 年代，美国部署在欧洲的中程导弹及战略轰炸机，直接对苏联本土构成威胁。1959 年 1 月，古巴人民在卡斯特罗的领导下推翻了亲美政权，动摇了美国在西半球的霸主地位。1961 年 4 月，美国入侵古巴失败。卡斯特罗为抗击美国，迅速向苏联靠拢。苏联乘机向古巴扩展势力，并试图在古巴部署核武器以直接威胁美国本土。1962 年 7 月，苏联开始向古巴偷运中程导弹。8 月 29 日，美国 U–2 型飞机发现苏联在古巴建

1962 年 10 月 22 日，肯尼迪宣布实行海上封锁，并且要求苏联立即撤出核导弹。

造萨姆导弹发射场。9 月 4 日，肯尼迪在声明中指责苏联。赫鲁晓夫一面矢口否认，一面加速向古巴运送萨姆导弹和伊尔 –28 型轰炸机。10 月 22 日，肯尼迪向美国和全世界发表广播讲话，通告苏联在古巴部署核导弹的事实，认为美国必须立即对古巴实行"隔离"，以阻止进攻性武器运入古巴。讲话还包括以下内容：增强对古巴一切行动的监视；从古巴发射的任何导弹都被认为是苏联对美国的攻击，必须对苏联做出充分的报复性反应；加强美国在古巴境内关塔那摩海军基地的力量，命令其他部队随时作好准备；要求美洲国家组织和联合国开会讨论苏联对西半球安全的威胁并采取必要的行动；要求赫鲁晓夫从古巴撤走所有导弹。23 日，肯尼迪签署公告，从 24 日起对古巴实施海上"隔离"，拦截检查一切前往古巴的船只；在实施"隔离"期间，美国在加勒比海海域部署了舰只，在佛罗里达集结重兵，数百架战略轰炸机携带核弹升空待命；海外的军事基地也进入戒备状态，并通过卫星密切监视古巴的一切军事活动。

危机之初，苏联做出了强硬的反应。赫鲁晓夫宣称，对于美国"史无前例的侵略"和走向"发动世界热核战争"的行为，苏联将进行最强烈的回击，苏联船只不会听从美国海军的封锁，不会停航和接受检查。苏联还要求美国从世界各地拆除其军事基地，要求安理会讨论制止美国破坏和平的问题。同时，苏联和华沙条约组织的武装力量，进入戒备状态。一时之间，世界濒临核大战的边缘。

但是，美苏并不愿意真的触发双方之间甚至世界范围的核大战。美国留有余地，苏联更是色厉内荏。1962 年 10 月 24 日，苏联驶往古巴的船只开始返航。26 日，赫鲁晓夫提出，愿意在联合国监督下从古巴撤出进攻性武器，并表示不再向古巴运送这种武器，交换条件是美国撤销对古巴的封锁，并保证不再入侵古巴。27 日，肯尼迪发表声明，要求苏联在联合国监督下从古巴撤出导弹，美国保证不入侵古巴。28 日，赫鲁晓夫表示同意撤除在古巴的核武器，让联合国代表到古巴核实。11 月 1 日，卡斯特罗宣布，拒绝联合国视察，并提出维护古巴主权和领土完整等要求。11 月 8 日至 11 日，苏联从古巴运走了 42 枚导弹，并在公海上接受美国"船靠船的观察"。20日，肯尼迪宣布赫鲁晓夫答应将在30天内撤走在古巴的全部"伊尔—28型"轰炸机，并宣布取消对古巴的海上封锁。双方的武装力量先后解除戒备状态，危机终于结束。

古巴导弹危机是美苏用包括核武器在内的军事力量进行的一次空前的对抗。危机的解决虽然避免了核大战，但其影响却是深远的。它暴露出核时代超级大国对抗的风险和核讹诈政策的局限。结果，这场危机加上此前发生的柏林危机，戏剧性地成了美苏冷战以至整个国际关系缓和中一个转折点。在以后的斗争中，两国都较为谨慎地避免直接对抗，特别是避免核武器对抗，并谋求妥协与合作以维持核垄断，约束无核国家。

匈牙利的"新经济体制"

1953年3月，斯大林去世后，匈牙利的局势发生了变化。拉科西被迫辞去总理职务，由纳吉主持政府工作。纳吉上任后，提出了"新阶段的新政策"，着重强调"不断提高人民生活水平是新经济政策的主要原则"。

"新经济政策"的主要内容有：第一，允许农民退出农庄，宣布农庄经大多数庄员同意可以解散。使小私有企业合法化，答应帮助个体农民。第二，调整农、轻、重比例，放缓重工业发展速度，加快发展轻工业和农业。第三，实行对外开放。但纳吉的经济政策遭到了拉科西等人的反对。1955年春，苏共领导将纳吉召到莫斯科，指责他发展轻工业的方针是错误的。拉科西乘机召开匈共中央全会，批判纳吉的右倾路线，解除他的党内外职务。这样，纳吉的改革探索夭折了。

1956年爆发的由人民群众要求进行政治经济改革的运动，最终演变成为全国性的十月事件，匈牙利国内存在的政治经济危机充分暴露出来。因此，十月事件后上台的卡达尔，在其执政初期，在改善党的领导、革新干部制度的同时，在经济方面采取了循序发展、小步前进的稳妥方针。在农业方面，依照自愿互利和示范教育的原则，重新开展农业合作化运动。在工业方面，主要以调整工业结构为主，并强调优先发展适合本国国情的化工、机械等产品。通过实施这些政治经济措施，匈牙利政局逐渐平稳安定下来，生产得到了恢复和发展，这就为后来的大规模改革奠定了基础。

1968年，匈牙利开始在全国实行"新经济体制"。其主要内容有：第一，在计划体制方面，取消了国家直接向企业下达指令性计划的做法，实行指导性计划体制。国民经济计划由上下结合共同制定。企业根据国家计划和市场情况等因素，制定企业计划。国家运用各种经济手段使企业计划和国家计划吻合，以确保整个国民经济平衡发展。第二，在价格体制方面，实行多元的价格机制。价格调节形式由单一化转化为固定官价、受官价限制的浮动价格、自由价格三种形式。第三，在收入调节制度方面，企业全部利润上交国家改为只交部分税收和企业可以留成。把工人的平均工资制改为基本工资加浮动工资制度。第四，在组织制度方面，精简组织机构，减少中间环节，使中央政府能保持对国民经济的宏观控制。第五，在所有制方面，实行两权分离，即把国有企业的所有权和经营权分开，国家作为所有者，对企业的生产资料拥有所有权，企业作为生产者拥有较大的自主经营权。

匈牙利通过经济体制改革，劳动生产率得到明显提高，经济生活日益民主化。

布拉格之春

1968 年 8 月 20 日晚 11 时，捷克斯洛伐克首都布拉格的鲁津机场值班人员突然收到一架苏联客机发来的信号：飞机发生故障，希望在鲁津机场紧急降落。值班人员没有丝毫犹豫，立即向苏客机发出命令，同意迫降，并采取措施，引导苏联飞机在机场降落。苏联客机安全降落后，并没有停在跑道上，而是直接开到机场指挥塔附近。从飞机上下来的是几十名穿着统一服装、提着统一样式行李箱的"乘客"，鲁津机场上的工作人员并没有表示怀疑。突然，这些"乘客"从行李箱中拿出武器，迅速控制了机场的指挥系统，机场的工作人员来不及做出任何反应，就成了苏军的俘虏。随后，装载着坦克和苏军部队的大型运输机一架接一架地降落在鲁津机场，荷枪实弹的苏军开着坦克和装甲车向布拉格冲去，占领了布拉格的各个战略要地，并包围了捷共中央大厦、布拉格广播电台和总统府等。

与此同时，苏、波、匈、保、民主德国 5 个国家的 30 多万军队从各个方向开入捷克境内，24 小时内，捷克全境被外国军队占领。

苏联不是与捷克斯洛伐克一直处于友好状态吗？为什么苏联会用如此的手段突袭捷克呢？

在东欧国家中，捷克斯洛伐克的工业基础原本比较发达，但第二次世界大战后走上了苏联模式的社会主义道路，国内建设方面照搬苏联经验，对外政策方面也追随苏联，造成了严重的社会弊端，使原来的优势日趋衰退。到 20 世纪 60 年代，捷克斯洛伐克的经济形势恶化，群众纷纷表示不满，要求改革的呼声也越来越高。

1968 年 1 月，在捷共中央全会上，担任捷克第一书记 14 年之久的诺沃提尼在选举中落败，他的职位由杜布切克接任，杜布切克的上台预示着捷克斯洛伐克内外政策的重大变动。诺沃提尼不甘心失败，企图策划军事政变，事情败露后被迫辞去总统职务。

杜布切克上台后，积极倡导改革，发展捷克斯洛伐克的经济。1968 年 4 月，捷共中央全会通过了指导捷克斯洛伐克进行全面改革的《行动纲领》，宣布"将进行试验"，

一位布拉格市民爬上坦克抗议苏联军队的入侵。

"建立一种十分民主的、适合捷克斯洛伐克条件的社会主义新模式"。

在经济体制改革方面，《行动纲领》强调，除了继续扩大企业权限，使企业成为独立的经营单位外，还要成立"工人委员会"，以行使企业自主权；在政治体制改革方面，《行动纲领》确认国民议会为国家的最高权力机关和唯一的立法机构，实行党政分开，并使人民群众享有充分的言论自由。《行动纲领》把政治体制改革同经济体制改革结合起来，在当时的东欧国家中独树一帜，表现出创新和探索精神，捷克人民把随之出现的改革局面亲切地称为"布拉格之春"。

捷克斯洛伐克进行的这场轰轰烈烈的改革，使苏联感到了惶惶不安。苏联方面认为，捷克的改革背离了苏联共产主义正统的道路，是反苏的自由化运动。为了防止东欧其他社会主义国家加以效仿，以勃列日涅夫为首的苏联领导人决心对捷克改革加以扼杀。

1968 年 3 月至 8 月，勃列日涅夫及华沙条约国家其他领导人先后同杜布切克举行过 5 次"高层会谈"，试图说服杜布切克改变方针，放弃改革。面对各方面的压力，杜布切克没有屈服。勃列日涅夫决定以华约军事演习为名，对捷克进行军事干涉。

面对苏联的这一粗暴行为，捷共中央发表了杜布切克起草的《告全国人民书》，谴责苏联"这种入侵不但违反了社会主义国家之间关系的基本原则，还破坏了国际法的基本准则"，号召人民保持冷静，不要抵抗前进中的外国军队。

但是，苏联的行径激起了捷克人民的愤慨，他们已经无法保持冷静。布拉格的市民涌上街头，举行游行示威，并高呼"我们不愿屈膝求生""我们要真理"

等口号。

苏军冲进捷共中央大厦，逮捕了杜布切克等捷共领导人，并押解到莫斯科。

8月25日，苏联与被捕的捷克领导人举行谈判，苏方向捷克提出了16点要求，并逼迫捷方领导人签字。在苏联的高压下，杜布切尔等人被迫做出了让步，先后在《苏捷会谈公报》和《关于暂驻捷克斯洛伐克社会主义共和国境内的条约》，使苏军对捷克的占领合法化。

就这样，"布拉格之春"在来自克里姆林宫的凛冽寒风中夭折了。

不结盟运动

第二次世界大战后，殖民地、半殖民地人民开始觉醒，民族解放运动和各国人民反帝、反殖民主义革命运动蓬勃发展，特别是中国解放战争的胜利和1955年万隆会议的召开，把亚、非民族解放运动推向了新的高潮。到20世纪60年代初期，已经有40多个国家先后摆脱殖民枷锁赢得了独立。仅1960年一年的时间，撒哈拉以南非洲就有17个国家宣告独立，这些新独立的国家大都选择了独立自主、和平中立、不结盟的发展道路。另一方面，西方帝国主义之间和与苏联的对抗对新兴国家的独立、主权和安全形成越来越大的威胁。在这种形势下，一些有声望的民族独立运动的领袖萌发了建立不结盟国家组织的想法。

1956年7月18日，印度总理尼赫鲁、埃及总统纳赛尔和南斯拉夫总统铁托在布里俄尼举行政治会晤。20日，三国领导人发表了一项《联合声明》，表示拥护万隆会议提出的和平共处五项原则，坚持民族独立，反对加入军事集团，主张"继续并且鼓励奉行不同政策的各国领袖之间的接触和意见交换"。此后，三国领导

·苏南冲突·

苏联与南斯拉夫之间发生的导致关系破裂的争执与冲突。苏、南两国共产党在第二次世界大战期间已存在分歧。战后，苏共以领导党自居，干涉南斯拉夫内政，要求南斯拉夫照搬苏联模式，两国经济关系也不平等，南共对此加以抵制。1948年3月中旬，苏联突然撤走在南斯拉夫的全部军事顾问和文职专家，两国关系急剧恶化。3~5月，两党交换信件，互相批驳。经苏联提议，6月20~28日欧洲共产党和工人党情报局于布加勒斯特举行会议，严厉抨击南斯拉夫内外政策，宣布将其开除出情报局。1949年，苏联联合东欧国家断绝与南斯拉夫的贸易关系，对南斯拉夫施加政治、经济和军事压力。至1955年，苏、南签署《贝尔格莱德宣言》，两国关系才实现正常化。苏联的大党主义和大国主义是造成苏南冲突的根本原因。

人进行了长达 4 年的酝酿和讨论，并在 1960 年第 15 届联合国大会期间，与加纳总统恩克鲁玛和印度尼西亚总统苏加诺协商召开不结盟会议事宜。1961 年上半年，铁托对非洲 9 个第三世界国家进行了访问，提出关于举行不结盟国家首脑会议的建议。

在第三世界国家领导人的积极努力下，1961 年 6 月，20 个国家的代表参加了在埃及首都开罗召开的不结盟国家首脑会议的筹备会。在这次会议上，代表们各抒己见，最后一致通过了参加不结盟国家首脑会议的 5 项标准，其中包括：执行以和平共处和不结盟基础上的独立政策；支持民族解放运动；不参加大国军事同盟；不与大国缔结双边军事条约；不在本国领土上建立外国军事基地，等等。这 5 项规定使万隆会议的精神从深度和广度上都得到了发扬。

9 月 1 日，南斯拉夫首都贝尔格莱德张灯结彩，沉浸在一片欢腾之中。不同肤色的人们聚集一堂，参加首届不结盟国家和政府首脑会议。参加这次会议的有 25 个正式成员国家，此外还有 3 个国家作为观察员列席会议，与会国家一致通过了《不结盟国家的国家元首和政府首脑宣言》。宣言指出："只有根除殖民主义、帝国主义和新殖民主义的各种表现形式之后，持久和平才能实现"，呼吁"与会各国全力支持阿尔及利亚、安哥拉、突尼斯、古巴以及其他为争取和维护民族独立而斗争的各国人民"，要求"各大国签订全面彻底的裁军条约"以缓和国际紧张形势，认为"不结盟国家应该参与有关世界和平与安全"的国际问题的解决，强调"各国之间的经济合作"。这次不结盟国家和政府首脑会议的召开，标志着不结盟运动的正式形成，促进了第三世界的兴起和壮大。

不结盟运动形成以后，得到了亚非拉国家的积极响应，运动规模也越来越大，自 1961 年至 1990 年，先后召开了 9 次首脑会议。在 1964 年的第二次会议上，通过了关于不结盟运动的宗旨和《和平和国际合作纲领》。宗旨共有 11 条，其中包括反对种族歧视和种族隔离政策、尊重各国主权及领土完整、不以武力相威胁或使用武力解决国际争端、禁止一切核武器试验、推动经济发展和加强合作，等等。

铁托

尼赫鲁

苏加诺

此后，不结盟运动逐渐走向制度化，规定每隔 3 年召开一次首脑会议，由会议东道国领导人任首脑会议主席，任期 3 年。会议主席还可以代表不结盟运动向联合国提出不结盟国家的决议。20 世纪 60 年代时，参加不结盟运动的大都是亚、非国家，欧洲只有南斯拉夫，拉美只有古巴。但到 1979 年，非洲国家（除南非外）全部加入不结盟行列。1983 年，已有 119 个国家加入不结盟运动，占当年联合国 158 个成员国中的 3/4。

不结盟运动反映了第三世界国家人民要求掌握自己的命运、维护和平、致力于发展的历史潮流，具有强大的生命力，在国际舞台上发挥着越来越重要的作用。

日本经济高速发展

1945 年 8 月，日本推行了一系列的民主化改革，主要有三个方面的内容：

（1）修改宪法。1946 年 10 月，新宪法经日本国会通过，并于 1947 年 5 月 3 日生效。新宪法规定"主权属于国民"，废除天皇的绝对统治权，而只将其作为日本国的象征；日本为议会制国家，内阁对国会负责，行政权由内阁执掌；保障人民享有基本公民自由；永远不以战争为国策，不得保持陆、海、空军和其他武装力量。日本实现了政治体制的民主化，从而保证了战后日本政局的稳定和经济的迅速发展。

（2）解散财阀，禁止垄断。日本的财阀把持总公司，分派家族成员掌管各公司，派至亲和心腹控制各公司重要部门。他们控制了国家经济命脉，使它成为日本法西斯的经济基础。为此，首先解散财阀，指定三井总公司和三菱总公司等 83 家公司为持股公司，指定三井、三菱等十大财阀的 56 人为财阀家族以及与这些财阀有关的 625 家公司为"限制公司"，规定上述被指定者的所有股票必须交给"持股公司管理委员会"公开出售，并勒令财阀家族及财阀公司负责人一律辞去职务，并解散持股公司。1947 年 4 月，公布了《禁止私人垄断法》和《经济力量过度集中排除法》，成立"公正交易会"，以此防止被解散的财阀复活。这次对日本垄断资本的改组，促进了战后日本企业管理体制的改革和企业经营的现代化，为战后日本经济的高速发展创造了条件。

（3）进行农业改革。废除了寄生地主制，促进了日本农业的恢复与发展。

1945 年至 1955 年是日本经济恢复时期，到 20 世纪 50 年代中期，日本主要经济指标已达到战前水平。1955 年至 1973 年是日本经济高速发展时期。到 1968 年，日本的国民生产总值跃居资本主义世界第二位，仅次于美国。20 世纪 50 年代中期至 70 年代初，日本经济的高速发展是与国内外一系列的有利条件分不开的。

国际上的有利条件主要有以下几点：首先，战后科技革命浪潮的兴起为日本战后经济高速发展提供了可能性。日本抓住这一有利时机，引进先进技术，迅速缩小了与国外技术的差距。其次，战后世界市场的原料、燃料价格长期稳定、低廉，而工业品价格偏高。这种情况对本身缺乏资源、而工业产品竞争力较强的出口贸易型的日本非常有利。再次，有美国的大力扶植。从国内有利条件来看，战后的民主改革为日本经济的发展开辟了道路。

除了上述有利的国内外客观条件外，推动日本经济高速发展的具体原因还有：第一，把发展国民经济作为压倒一切的中心任务来执行。第二，以资本高积累为基础，进行大规模的固定资本投资，增强各工业部门的生产能力，推动了整个国民经济的发展。第三，大力引进国外先进技术，实行以引进、模仿加改良为起点的技术革命战略。第四，日本吸收和参考欧美先进国家的企业经营管理制度，结合日本传统的"集团意识"和中国的儒家思想，创造日本式管理体制。第五，充分发挥政府干预经济的作用，对经济生活实行方向性的指导。第六，把发展教育作为经济发展战略的重要组成部分，大力培养人才，充分发挥开发智力的先锋作用。最后，扩大进出口贸易，以产品出口带动资源进口，把"出口第一"作为经济纲领，将"贸易立国"当作基本国策。

苏联人造卫星发射

1957 年 10 月 4 日，苏联宣布成功地把世界上第一颗绕地球运行的人造卫星送入轨道。美国官员宣称，他们不仅因苏联首先成功地发射卫星感到震惊，而且对这颗卫星的体积之大感到惊讶。这颗卫星重 83.6 千克，比美国准备发射的卫星重 8 倍。苏联宣布说，这颗卫星的球体直径约为 58 厘米，绕地球一周需 1 小时 35 分，距地面的最大高度约为 901 千米，用两个频道连续发送信号。由于运行轨道和赤道成 65°夹角，因此它每日可两次在莫斯科上空通过。苏联对发射这颗卫星的火箭没作详细报道，不过曾提到它以每秒 5 英里的速度离开地面。他们说，这次发射开辟了星际航行的道路。苏联的发射卫星计划和美国的发射卫星计划一样，都是国际地球物理年的组成部分，是探索地球及大气层奥秘的共同努力。

越南战争

越南原为法国殖民地，第二次世界大战期间被日军占领。日本投降后，胡志明在河内建立了越南民主共和国。法国为恢复其殖民统治，发动了侵越战争。越南人民打败了法国侵略军。

1954年日内瓦会议后，越南北方获得解放。而在越南南方，美国扶植建立了吴庭艳傀儡政权，并于1955年成立"越南共和国"，吴庭艳任总统兼总理。吴庭艳上台后，5年内残害革命者8万余人。在越共的领导组织下，1960年12月20日，以越共为核心的人民解放武装力量组建起来。

1961年5月，开始了越南人打越南人的"特种战争"。1962年2月，美国在西贡设立军事司令部，由保罗·哈金斯将军指挥。

1963年1月，美获省丐礼县北村击伤、击落美直升机15架，到年底，共打死打伤美军2000余人，南方大部分地区获得解放。

1963年11月，美国策划政变，杀死吴庭艳。1964年初，"特种战争"宣告结束。

1964年8月5日，美国借口其驱逐舰"马多克斯号"在越南领海被北越鱼雷袭击，制造了"北部湾事件"。美军开始对北越义安、清化、鸿基等地进行连续空中轰炸。企图以"逐步升级"的局部战争取代原来的"特种战争"，以挽回败局。接着，美军实行焦土政策，对北方进行大规模的轰炸，对南方不断增兵。

越南群众极其愤怒，他们采用奇袭战、游击运动战、伏击战，围点打援，给美军及伪军沉重打击，歼灭美军6000余人。

越战期间，美国向越南投下了800万吨炸药，远远超过第二次世界大战各战场投弹量的总和，这场战争造成越南160多万人死亡和整个中印半岛1000多万难民流离失所，家破人亡、妻离子散的场景随处可见。

1968年1月30日，越南南方人民武装开始对大中城镇进行攻击，对西贡、岘港、顺化等64个城市展开全面的"新春攻势"。45昼夜的激战，赢得了新春大捷。美军虽然拥有各种兵种54.5万人，但在战场上完全陷入被动防御。

1968年3月11日，美国被迫提出和谈。企图一面和谈，一面继续增兵，搞战争升级。越南军民的顽强反击，使计划屡遭失败。美国总统尼克松上台后，迫于国内及国际压力，不得不调整侵越政策。

1973年1月27日，美国被迫签订《关于在越南结束战争、恢复和平的协定》，宣告结束其在越南的军事行动。主要内容：美国和其他国家尊重越南的独立、主权、统一和领土完整；在协定签字后60天内从越南南方撤出全部美国及其同盟者的军队和军事人员，不干涉越南南方的内政等。

1973年1月，《巴黎协定》签订，美军被迫撤出越南南方。1975年春，越南军民对西贡政权发动总攻，于4月30日解放西贡，5月1日解放整个南方。

尼克松主义

1970年与1948年相比，美国在资本主义世界工业总产值中的比重下降了16.8%，在世界出口贸易中的比重下降了14.8%。1970年的黄金和外汇储备比1950年下降了34.1%。另外，西欧的独立自主倾向不断加强，日、美经济摩擦不断加重，帝国主义阵营趋于瓦解。最后，苏、美军事力量对比，苏方明显占有优势。20世纪60年代初，美国在战略核武器和常规军备方面均占绝对优势。但到了1969年，苏联先于美国部署了反弹道导弹系统。苏联还发展了远洋海军。

随着美、苏实力的变化，两者都在调整战略。美国推出了"尼克松主义"。1969年7月25日，尼克松总统在关岛就美国和亚洲关系发表讲话。他说："现在是着重强调下列两点的时候了。"他所说的两点，一是指美国恪守条约义务；二是在军事防卫问题上应逐渐由亚洲国家自身来处理、负责。这一政策，被称为"关岛主义"或"尼克松主义"。11月3日，尼克松更明确地表述了美国对亚洲政策纲领的三个原则：①美国将恪守所有条约义务；②如果某个核大国威胁某个盟国的自由，或威胁某个其生存关系到美国安全的国家的自由，美国将提供保护；③在涉及其他形式的侵略的场合，美国将根据条约义务，在被要求时提供军事和经济援助。1970年2月，尼克松把亚洲的"三原则"推广为美国的全球政策，提出"伙伴关系、实力和谈判"的"新的和平战略"。次年7月，他又提出世界上存在美国、苏联、西欧、日本和中国五大权力中心，

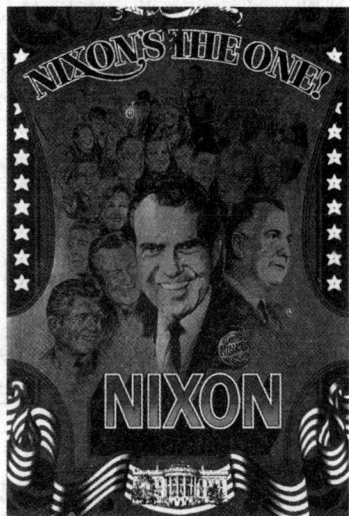

尼克松竞选海报

承认美国的霸权地位已丧失，美、苏存在着"全球战略竞争"。

"尼克松主义"是美国战后全球战略的一次重大调整，对世界格局的变化产生了重大影响。针对"尼克松主义"，苏联推出"缓和"政策相呼应。1969年3月，勃列日涅夫在华沙条约组织布达佩斯会议上，第一次提出实现"欧洲缓和"的整套主张，建议建立包括华约组织和北约组织在内的"欧洲集体安全体系"。后来，勃列日涅夫又提出"缓和物质化"，即以"军事缓和"与经济合作来补充"政治缓和"。实际上，苏联缓和战略与"尼克松主义"相似，它在"和平""缓和"的口号掩盖下，大力发展军事力量，扩展势力范围，尽量在各方面都取得优势，是苏联与美国争霸的另一种体现，它同样也把战略重点放在欧洲。两者的区别是，美国收缩战线，苏联四面出击。

水门事件

水门事件是指1972年美国尼克松共和党政府在总统竞选中的非法活动引起的政治案件。因发生在民主党全国总部所在的水门大厦，故名。1972年6月18日，有5人潜入大厦进行窃听活动而被捕。后调查表明，尼克松政府为确保共和党竞选获胜采取了一系列非法行动，闯入水门只是其中之一。1973年3月，调查取得新突破，事件涉及白宫。尼克松最初竭力掩饰，后来不得不声明他对卷入此案的白宫工作人员的行动负有责任。涉嫌此案的白宫官员相继辞职。1973年7月，众议院开始搜集有关尼克松本人插手"水门事件"的证据，并根据确凿的证据决定依据宪法程序弹劾尼克松。尼克松被迫于1974年8月8日辞去总统职务。福特继任总统后，宣布无条件赦免尼克松的"一切罪行"。"水门事件"是党派争夺的产物，也是美国人民运用宪法权力制约总统非法行为的成功范例。

美国总统尼克松应邀访华

美国总统理查德·尼克松应周恩来的邀请，于1972年2月21日至28日，访问了中国。陪同访问的有尼克松夫人、美国国务卿威廉·罗杰斯、总统助理亨利·基辛格博士和其他美国官员。21日，毛泽东会见了尼克松，两位领导人就中美关系和国际事务认真坦率地交换了意见。27日，中美双方在上海就《联合公报》达成协议。28日，《联合公报》发表。《联合公报》说："中美两国的社会制度和对外政策有着本质的区别。但是双方同意：各国不论社会制度如何，都应根据尊重各国主权和领土完整、不侵犯别国、不干涉别国内政、平等互利、和平共处的原则来处理国与国之间的关系。国际争端应在此基础上予以解决，而不诉诸武力威胁。美国和中华人民共和国准备在他们的相互关系中实行这些原则。""中国方面重申自己的立场：台湾问题是阻碍中美两国关系正常化的关键问题；中华人民共和国政府是中国的唯一合法政府；台湾是中国的一个省；解放台湾是中国的内政，别国无权干涉；全部美国武装力量和军事设施必须从台湾撤走。中国政府坚决反对任何旨在制造'一中一台''一个中国、两个政府''台湾独立'和鼓吹'台湾地位未定'的活动。"美国方面声明：美国认识到，在台湾海峡两边的所有中国人都认为只有一个中国，台湾是中国的一部分。

中国恢复在联合国的合法权利

1971年11月11日至12月18日，中华人民共和国代表团出席在纽约举行的第二十六届联合国大会。1945年，联合国成立。中国作为发起国之一，当时共产党派出董必武参加大会，并在《联合国宪章》上签了字。中华人民共和国成立后，宣布中央人民政府为中国唯一合法政府，并致电联合国要求恢复在联合国的合法权利。但美国从中阻挠，使台湾国民党当局得以继续占有中国在联合国的席位。从1961年第十六届联合国大会开始，联合国内外开展了恢复中国在联合国合法权利的一系列斗争。1971年第二十六届联大又展开了"恢复中华人民共和国在联合国组织的合法权利"和"中国在联合国的代表权问题"两项议案的争论。10月25日，联合国大会以76票赞成、35票反对、17票弃权的压倒多数，恢复中华人民共和国在联合国的一切合法权利，并立即把台湾蒋介石集团的代表从联合国及其所属一切机构中驱逐出去。11月11日，中华人民共和国代表团到达纽约，并成为联合国安理会5个常任理事国之一。

中共十一届三中全会

中国共产党中央委员会在20世纪70年代末召开的一次至关重要的会议，1978年12月18～22日在北京举行。全会结束了1976年10月以来党的工作在徘徊中的局面，开始全面地、认真地纠正"文化大革命"的错误。三中全会解决的主要问题是：第一，重新确立了党的马克思主义的思想路线。确定了解放思想、开动脑筋、实事求是、团结一致向前看的指导方针。第二，果断地停止使用"以阶级斗争为纲"的口号，做出了把全党工作重点转移到社会主义现代化建设上来的战略决策。提出了逐步解决国民经济重大比例失调的状况，制订了加快农业发展的决定。第三，重新确立了党的正确的组织路线，决定在组织上要健全党的民主集中制，健全党规、党纪。全会审查和解决了中国共产党的历史上一批重大冤假错案。全会增选了政治局委员、常委，决定成立中央纪律检查委员会。这次全会是建国以来党的历史上具有深远意义的伟大转折，使我国社会主义现代化建设进入一个新时期。

赫尔辛基宣言

在美、苏的"缓和"过程中，美国略显主动些。它调整了亚洲政策，结束了越南战争，改善了中美关系。关于印度支那问题，尼克松政府于1969年作出"体面结束战争"的决定。一方面通过谈判，促使北越与美国共同从越南南方撤兵；另一方面加紧武装撤离南越，以实现越南战争"越南化"。经过反复谈判，1973年1月，美与越共同签署协定，美国得以从越南抽身。1978年12月中美建交公报的签署，标志着中美实现了关系正常化。

西欧和日本是美国的战略伙伴。尼克松上台后两次访问欧洲，对美国过去对于盟国"命令多于商量"表示歉意，提出与西欧建立"平等的伙伴关系"的建议，重新调整了伙伴关系。1973年2月，尼克松宣布当年将是"欧洲年"，表示美国要在这一年集中处理同西欧盟国的关系。同年4月，基辛格提出同西欧各国制订《新大西洋宪章》的建议。其基本思路是，把大西洋联盟从军事联盟扩大为包括政治、经济、军事各领域的全面"共同体"，并以一定形式吸收日本

1972年5月尼克松访苏并与苏联签订《苏美联合公报》。

参加，确定对苏联和第三世界的共同战略。

西欧各国为应付苏联，同意协调同美国的关系，但要求美国承认欧洲共同体在世界上的地位，建立平等的伙伴关系。

1974年6月，北约政府首脑会议签署了《大西洋宣言》，强调北约成员国"有共同的命运"，"它们的共同防务是不可分割的"，美国军队"继续留驻欧洲，对保卫北美和欧洲起着无法代替的作用"，盟国为实现共同目标，需要保持密切的磋商、合作和信任。

宣言的签署，表明美国与西欧关系得以改善。在对日本方面，美国适度地放松对其控制，让其在亚洲承担更多的义务，与美国共同完成"防御任务"，以"发挥独特的重要作用"。1971年6月，日、美签订《归还冲绳协定》。次年1月，美国决定在1972年将冲绳的"行政权"归还日本，以缓和日本人民的反美运动。同时与日本进行贸易谈判，以缓解美日经济冲突。

尼克松在就职演说中谈到美苏关系时说："经过一个时期的对抗之后，我们正在进入谈判时代。"1972年5月，尼克松访苏期间，双方签署了《苏美联合公报》等9个文件，双方保证要尽力避免发生军事冲突，防止核战争，用和平方式解决争端。从此，苏美关系进入"缓和时期"。在尼克松任内，美、苏双方进行了3次最高首脑会晤，并签订了22个条约或协定。就欧洲安全、裁军、限制发展战略核武器、美苏经济和技术合作等问题达成某种程度的共识。而《赫尔辛基宣言》的签署标志着美苏关系的缓和达到顶峰。

1972年11月至1973年6月，美国、加拿大及苏联等33个欧洲国家，在芬兰的赫尔辛基召开了"欧洲安全与合作会议"筹备会，确定了会议讨论的范围、议事日程与会议组织等问题。欧洲安全与合作组织简称"欧安组织"，其前身是1975年成立的欧洲安全与合作会议（欧安会），它包括所有欧洲国家和美国、加拿大，是唯一一个包括所有欧洲国家在内并将它们与北美洲联系到一起的安全机构，主要使命是为成员国就欧洲事务、特别是安全事务提供一个论坛。欧安组织只有在所有成员国达成一致的情况下才能起作用，其决定对成员国也只具有政治效力而没有法律效力。

欧安会是冷战时期东西方为建立对话渠道而召开的。美苏经过长期的协商，于1972年5月就召开欧安会达成协议。1975年7月30日至8月1日，欧安会首届首脑会议在芬兰首都赫尔辛基举行，与会国家有33个欧洲国家及美国和加拿大。当时阿尔巴尼亚宣布不参加会议（1991年6月19日，阿尔巴尼亚被接纳为第35

个成员国）。会议签署的《最后文件》（又称《赫尔辛基宣言》）共分四个部分：欧洲安全问题；经济、科学、技术、和环境方面的合作；人员、思想和文化交流；续会问题。根据文件规定，与会国家的代表应定期举行续会检查各国执行会议规定的情况，并就"增进欧洲安全与合作"的问题交换意见。《最后文件》还包括《指导与会国之间关系的原则宣言》《经济、科学技术和环境方面的合作》《地中海的安全与合作》以及《人道主义和其他方面的合作》。

随着 20 世纪 90 年代初该组织秘书处和其他机构的设立以及成员国代表处的建立，欧洲安全与合作会议的工作不断增多和加强。1994 年 12 月，欧安会在匈牙利首都布达佩斯举行的欧安会首脑会议上，认为欧洲安全合作会议的工作已经远远超过"一个会议"，决定从 1995 年 1 月 1 日起，将该组织更名为"欧洲安全与合作组织"。

欧安组织到 2003 年 11 月为止，有成员国 55 个，总部设在奥地利的维也纳，每两年举行一次首脑会议，每年举行一次外长会议。

中东战争

自公元前 12 世纪犹太人的祖先希伯来人来到巴勒斯坦建立希伯来王国时起，巴勒斯坦一直处在周围大国的侵占与争夺之中，它先后被波斯、希腊、罗马和土耳其等外族占领。在此期间，绝大部分犹太人被驱逐出巴勒斯坦。因此，犹太人流散到世界各地，1917 年，英国占领了巴勒斯坦。当时犹太资产阶级鼓吹的犹太复国主义已经兴起，他们谋求在巴勒斯坦建立犹太民族的国家，欧洲各地犹太人也在巴勒斯坦移民置产。巴勒斯坦的犹太人，从 1880 年的不足 2 万人增加到 1917 年的 5.6 万人。英国为了便于统治，采取了"分而治之"的政策。1917 年 11 月，英国外交大臣贝尔福发表宣言，赞成巴勒斯坦建立一个犹太人之家。1920 年，巴勒斯坦正式变成英国的委任统治地。在英国统治期间，巴勒斯坦的犹太移民急剧增加。

第二次世界大战后，美国取代了英国在中东的地位，犹太复国主义得到了美国的支持。1947 年 11 月，联合国通过巴勒斯坦"分治"、建立一个犹太国和一个阿拉伯国的决议。根据决议，占人口总数 2/3 强的巴勒斯坦人只占面积不到 43% 的丘陵和贫瘠地区，而占人口总数不到 1/3 的犹太人却占面积 57% 的肥沃土地。对此，阿拉伯人表示强烈反对。1948 年 5 月 14 日，犹太人单方面宣布成立以色列国。以色列建国的第二天，埃及、约旦、伊拉克、叙利亚和黎巴嫩5国分东、北、南3路攻入巴勒斯坦，第一次中东战争爆发，刚刚建国的以色列伤亡惨重。在美、苏、英等国的活动下，双方同意停火4周。这给了以色列喘息之机，以趁机迅速扩充军队，从法、英、捷等国购进大批武器装备，迅速组建了陆海空三军，调整作战部署。经过充分准备，以军于7月9日向阿军队发起"十天进攻"行动。阿拉伯国家思想不统一，造成军事上的被动，虽然局部击退了以军进攻，但以色列夺取了阿拉伯约1000平方千米的土地，这使阿内部矛盾进一步激化。10月15日，以乘势向加利利地区和内格夫发起攻击，进

在1973年对埃、叙的军事突袭中，以色列士兵将国旗竖起在叙利亚国土上。

展顺利。1949年1月7日，双方停战，参战国签订停战协议。战争激化了阿拉伯国家和以色列及美英等国的矛盾，中东局势混乱不堪。

1956年7月26日，埃及宣布将苏伊士运河总公司收归国有。10月29日深夜，以色列10万大军突然侵入埃及西奈半岛，第二次中东战争爆发。为配合以军的进攻，英法两国出动飞机轰炸埃及军事基地，吸引埃军主力。接着，以色列军队大举进攻，英法军队也从塞得港登陆，向运河区进攻，切断埃军退路，围歼埃军。埃及总统纳塞尔识破英法企图，命东部军区切断以军空降兵退路，利用地形优势将以军围困于米特拉山口。为实现"中间突破"，以军迂回攻击埃军防守薄弱的达卡山口，威胁西奈北部埃及主力。10月31日，以军攻占阿布奥格拉。11月6日，英法炮轰塞得港，企图利用陆战队一举占领运河区，但遭到埃及军民的奋勇反击。英、法、以的武装入侵激起全世界人民的愤怒，英法军队被迫撤出埃及，以色列军队撤出西奈，第二次中东战争以侵略者的失败而宣告结束。

1967年6月5日，以色列再次向埃及、叙利亚和约旦发动进攻，挑起第三次中东战争。在美国的支持下，以色列在6天内侵占了约旦河西岸加沙地带、西奈半岛、戈兰高地，共6.5万平方千米。

1973年10月6日，埃及、叙利亚军队和巴勒斯坦游击队发动"斋日战争"，

即第四次中东战争。战争进行了 18 天，双方出动军队达 110 万人。战争发生后，埃及军队越过苏伊士运河，摧毁以色列的"巴列夫防线"，夺回西奈半岛 8000 平方千米的地带，叙利亚军队一度攻占了戈兰高地的一些据点。但是，10 月 15 日，以色列军队偷渡运河成功，战争的形势发生逆转，以军取得了战争的主动权，渡过运河在东岸作战的埃及第三军有被包围歼灭的危险。面对这种形势，联合国安理会通过"338 号决议"，要求立即停止战斗。在联合国的干预下，以色列被迫同意停火。1978 年 9 月，在美国倡议下，美、埃、以 3 国举行关于中东问题最高会议，签署《关于实现中东和平的纲要》，1979 年 3 月，签订《埃以和平条约》，从而结束了两国间历时 30 年之久的战争状态。

德国统一

战后，东西方特别是美苏之间长期而全面的对抗，致使德国统一的问题迟迟得不到解决。1949 年，联邦德国和民主德国先后建国，1955 年两德分别加入北约和华约，1973 年又同时加入联合国，1975 年一起参加"欧安会"首脑会议最后文件的签字，民主德国与联邦德国并存进一步得到确认。直到 1989 年秋东欧形势出现急剧变化之前，两德和美、苏、英、法四大国都没有认真考虑过德国统一的现实性和可能性。

民主德国的经济是东欧国家中最好的，但它的人均国民总收入仅及联邦德国的一半。民主德国百姓被联邦德国的高生活水平所吸引，不少人逃往联邦德国。民主德国政府筑柏林墙阻止居民外流，但收效不大。1989 年 10 月 7 日，民主德国庆祝建国 40 周年。柏林、莱比锡等城市爆发示威游行，要求扩大民主，实行改革，放宽出国旅行。警察用高压水龙冲散游行队伍，拘捕数百人。全国形势动荡不安。执政 18 年之久的昂纳克被迫于 10 月 18 日辞职，各级党政领导也大量易人。12 月 8 ~ 9 日和 16 ~ 17 日，统一社会党举行非常代表大会，决定将党的名称改为"德国统一社会党—民主社会主义党"，宣称民主德国应建立一个实现民主、建立法制、社会平等的民主社会主义社会。

1989 年 11 月 9 日，民主德国开放柏林墙，允许居民自由过境。两天中，有 75 万民主德国人涌进联邦德国。这股洪流把象征分裂的柏林墙"推倒"，使统一问题成为全德人民共同关心的焦点。联邦德国总理科尔抓住时机，于 11 月 28 日提出德国统一的十点计划。民主德国政府反对科尔的计划，但是不久，就改变了态度，于1990年2月1日建议两德通过缔结睦邻条约、建立邦联、主权移交邦联、民主选举等四个阶段实现统一。

在迅猛的统一浪潮推动下，美、苏、英、法四大国不断调整对德政策。1990年2月13日，两德同四大国在渥太华共同制定了先由两德解决与统一有关的"内部"问题，再由两德同四大国一起解决与统一有关的"外部"问题，即所谓"2+4"方案。

1990年3月18日，民主德国举行人民议院选举，结果基督教民主联盟、德国社会联盟和民主觉醒三党组成的德国联盟选胜。4月12日，新政府组成，有24名成员，民主社会主义党被排除在外。5月18日，两德财政部部长签署了关于建立货币、经济和社会联盟的国家条约。7月12日起，东西柏林的边界卡全部撤销，柏林墙被拆除。

两德于7月6日开始关于政治统一问题的谈判。1990年8月31日，两德签署了实现政治统一的第二个国家条约，规定东西柏林合并，民主德国加入联邦德国。

德国统一涉及欧洲各国的利益和安全，而德国作为第二次世界大战中的战败国，一直受美、苏、英、法四大战胜国的某种监控。因此，科尔政府利用"2＋4"外长会议，积极开展外交活动。科尔政府"保证忠于北约和欧共体"，明确表示承认波兰西部边界，并在第三次"2＋4"巴黎外长会议上就德波边界问题达成全面协议。苏联坚决反对统一后的德国归属北约。科尔为争取苏联交出德国统一的"最后一把钥匙"，决心从德苏之间的双边交易突破。7月15日，他表示永远承认战后边界；答应把德国统一后的武装力量裁减到37万；允诺向苏联提供120亿马克的无偿援助和近100亿马克的低息贷款等，从而换取了戈尔巴乔夫的点头。1990年9月12日，在莫斯科举行了第四次"2＋4"会议，各国外长签署了《最后解决德国问题的条约》。

莫斯科条约照顾到各方的利益。它宣布，统一的德国对内对外拥有完全的主权并可自由结盟。条约确定德国现有领土和边界的最终性，规定苏军

柏林墙的拆除开创了德国统一的新时代。

在 1994 年底前撤离原民主德国的地区。德国声明奉行和平政策，放弃制造、拥有和控制核武器、生物武器以及化学武器，并保证在四年内裁军 45%。10 月 1 日，四大国外长在纽约发表联合宣言，宣布从 10 月 3 日起中止四大国对德国和柏林的权利和责任。至此，德国统一的一切问题都已完满解决。

1990 年 10 月 3 日，民主德国正式并入联邦德国。柏林国会大厦升起了联邦德国国旗。分裂了 40 多年的德国重新实现了统一。

"超越遏制"战略

1989 年 1 月，布什当选为美国总统。此时正值国际形势发生巨大变化的时期。东欧社会主义国家施行的改革措施遇到严重的挑战，特别是在戈尔巴乔夫外交"新思维"的影响下，东欧各国的形势在极短的时间里发生了出人意料的变化。在美苏关系上，苏联力求通过同美国的广泛合作来全面改善自己的国际形象，公开宣布不再与美国为敌，并在许多国际问题的处理上不断作出妥协和让步。所有这些变化，都促使布什政府把对外战略进行一次重大调整。

布什对苏政策的主导思想是采取谨慎的方针，他看到戈尔巴乔夫的内外政策虽然确实发生了很大的变化，但还要研究这些变化的性质和意图是否对美国真的有利。通过审议，布什认为应当承认"苏联正在发生的深刻变化"，但"对苏联的看法要以苏联制度自身的性质为基础"，戈尔巴乔夫的改革还没有使苏联的制度"发生意义重大的变化"。保守势力预言，戈尔巴乔夫的改革会失败，其继承者"可能重新采取对抗的政策"，而且认为"不管戈尔巴乔夫将来是成功或失败，或者只是保持生存下来，我们面前都将存在着同苏联的竞争和斗争"。

1989 年 5 月 13 日，布什在得克萨斯农业和机械大学发表了他的第一次对苏政策讲话，提出美国根据苏联发生的一系列变化，要实施"超越遏制"战略，从而取代战后美国推行了 40 多年的"遏制"战略。其基本观点可概括为以下三个方面：第一，明确肯定了戈尔巴乔夫的改革和公开性方针符合美国和西方的利益，"西方的政策必须鼓励苏联朝着开放社会演变"；第二，在维持足够的军事实力和加强美、欧、日三边联盟的基础上，同苏联继续对话与合作；第三，在以往遏制取得成功的基础上，通过经济、文化、书刊和思想自由交流等途径，"努力谋求把苏联融合到国际社会中来"。

布什的"超越遏制"，并不是放弃遏制，而是遏制的发展，它比单纯遏制苏联扩张的目标还高。布什的对苏政策也没有完全放弃里根坚持的实力地位原则，但他更多地采取经济和政治手段，同苏联既竞争又合作，进一步推动缓和与对话。但最终目的是在战胜苏联的前提下，由资本主义取代社会主义，实现资本主义的一统天下。

南南合作

"南南合作"是指发展中国家间的经济合作，是建立在平等、自愿、互助、互利基础之上的，以建立国际经济新秩序为主要内容。20世纪50年代的万隆会议揭开了南南合作的序幕。在20世纪60年代，随着不结盟运动的兴起和"七十七国集团"的成立，南方国家开始进行整体性的合作，同时，兴起了许多区域性经济和贸易组织。

进入20世纪70年代，绝大多数殖民地国家都已获得独立，南南合作有了良好的发展机遇，并取得突出成就，其标志是石油输出国组织（欧佩克）登上世界舞台。发展中国家通过欧佩克作为一个集体采取行动，干预世界石油市场，从中获取合理的利润。这是南方集体自力更生道路上的一个里程碑，是发展中国家第一次联合起来共同行动与北方争夺对一种重要产品的生产和价格的控制权。整个70年代在南方国家的集体斗争中，商品价格不断得以调整，许多南方国家经济增长显著。南南贸易大幅度增长，从1970年到1981年之间，南南贸易在世界贸易总额中所占比例几乎增加了一倍。

20世纪80年代以来，南南合作走向地区一体化。1980年成立的拉丁美洲一体化协会取代了60年代初建立的拉丁美洲自由贸易协会，进一步推动该地区一体化的进程。同时，海湾合作委员会、阿拉伯合作委员会和马格里布联盟的诞生，也推动了中东和北非一体化的发展。1985年南亚区域合作联盟产生加强了南亚国家的合作。进入90年代以来，南南合作的发展趋势在不断加强。

拥有128个成员国的"七十七国集团"也在积极开展活动。1991年11月，在德黑兰举行部长级会议，发表《德黑兰宣言》。1992年2月在哥伦比亚召开的联合国贸易会议上，协调了南方国家的立场。第三世界国家在争取和平与发展、维护主权和独立、反对霸权主义和强权政治等基本问题上，达成共识。

南南合作地区集团化趋势也在不断加强。在亚洲，东南亚国家联盟继续发展壮大。1995年7月底，在文莱举行的第28届东盟外长会议上，正式接纳越南为其第七个成员国，并希望把老挝、柬埔寨和缅甸三国也纳入进来。

在非洲，各国为加强经济合作和一体化采取务实措施，取得很大的进展。

随着"南南合作"的展开，越来越多的发展中国家摆脱了贫困，图为巴西国会大厦的壮阔景观。

1991 年 6 月，非洲 51 个国家在非洲统一组织第 27 届首脑会议上签署了《建立非洲经济共同体条约》。1994 年 5 月，非洲经济一体化开始起步。

1992 年南部非洲 10 国决定把南部非洲发展协调会议改组为南部非洲发展共同体，随后接纳南非和毛里求斯为新成员国，为该共同体注入新的活力。1994 年年底，东南非地区 22 国首脑会议批准建立东南非共同市场。1994 年 1 月，西非货币联盟和西非经济共同体合并成立西非经济和货币联盟。

在拉美地区，20 世纪 90 年代以来，出现新的一体化组织。

1989 年 7 月，墨西哥、哥伦比亚和委内瑞拉成立三国集团，支持中美洲和平进程和一体化。1995 年伊始，三国集团的自由贸易区正式启动。

安第斯集团在 20 世纪 90 年代又重新活跃起来，于 1991 年开始建立安第斯自由贸易区。1995 年 9 月 5 日，安第斯集团总统理事会第七次会议决定建立安第斯一体化体系。

1991 年 3 月，阿根廷、巴西、乌拉圭和巴拉圭四国总统在巴拉圭首都亚松森签署《亚松森条约》，宣布建立共同市场，推动拉美地区的经济一体化进程。1995 年 1 月，南方共同市场正式启动。

拉美地区常设性政治协调机构——里约集团也有发展，1994 年 9 月，里约集团在里约热内卢举行第八次首脑会议，与会各国就许多问题进行了广泛的交流，达成广泛的共识。

福克纳

福克纳，美国意识流小说家，生于密西西比州。他小学成绩极为优秀，接连跳级。后因不喜欢学校教育而辍学，并开始尝试写作。24 岁时，他的第一部诗集《春天的幻景》出版。"一战"爆发后，第一次他因体检不合格不能从军，等他参加了空军，还未上战场，战争就结束了。1925 年，他去欧洲游历，在奥尔良和作家安德森交往，并创作了《士兵的报酬》。1929 年他从欧洲归来后闭门创作。这一年他发表了《沙多里斯》，标志着他成为独具一格的作家。同时他发表《喧哗与骚动》，奠定了他经典作家的地位，并因此荣获诺贝尔文学奖。此外还完成《我弥留之际》。1962 年逝世于故乡。福克纳丰富了意识流小说创作，对 20 世纪文学产生了深远影响。

川端康成

川端康成，日本作家，生于日本大阪一个医生家庭。从 2 岁到 16 岁期间，他的父亲、母亲、祖父母和姐姐相继死去。16 岁的他成了孤儿，寄人篱下。1915 年他考上东京一高英文专业，1920 年考入东京帝国大学英文系。两年后，他写了名篇《伊豆的舞女》。1924 年大学毕业后，

川端康成获诺贝尔奖时的情景

与好友创办了《文艺时代》，意在改变日本旧文学，此即日本文学史上"新感觉"派的诞生。此后他在文学道路上不断探索，营建出极具美感的文学世界。1935年写出他最为杰出的代表作《雪国》，分章发表在杂志上。后他不断修改，直到1947 年完全定稿。此后他又发表了《千纸鹤》《古都》《睡美人》等小说。其作品表现了对生命与美的感叹，1968 年获诺贝尔文学奖。4 年后自杀。川端康成所取得的文学成就是巨大的，对后世影响深远。

肖洛霍夫

肖洛霍夫，苏联文学家。他生于顿河地区一个哥萨克农庄，父亲做过多种工作，家庭生活窘迫。他 6 岁时开始读书，因国内战争，读完四年级便结束了学生生涯。1920 年，顿河地区建立了苏维埃政权，他开始了独立劳动生活。1921 年，他成为顿河粮食委员会办事员。1922 年，他到莫斯科，一面工作，一面学习写作，并参加共青团作家团体"青年近卫军"，受到很好的文学训练。1924 年，他回到故乡，两年后发表了 20 余篇有关顿河的短篇小说。1927 年完

成《静静的顿河》的第一部，获斯大林文艺奖，并成为世界文坛的焦点。1941年他参加卫国战争。1956 年发表《一个人的遭遇》。1961 年后当选为苏共历届中央委员。1965 年获诺贝尔文学奖。1984 年逝世。肖洛霍夫是 20 世纪有重要影响的作家。

魔幻现实主义

魔幻现实主义，20 世纪拉丁美洲小说创作中的一个流派。这一术语最早是1924 年德国艺术批评家弗兰兹·罗在一本评论后期表现派绘画的专著中提出的，之后，委内瑞拉作家乌斯拉尔·彼得里在《委内瑞拉文学与人》一书中将其应用到文学评论上。作为一个文学流派，它发源于 20 世纪 30 年代，早期主要表现为对美洲印第安人或黑人神话传说的发掘，代表作是危地马拉作家阿斯图里亚斯的短篇小说集《危地马拉的传说》；中期从 40 年代末到 60 年代中，主要包括阿斯图里亚斯的《玉米人》、秘鲁作家 J·M·阿格达斯的《深沉的河流》和哥伦比亚作家加西亚·马尔克斯的《百年孤独》等，这些作品的显著特点是通过神话原型的显现以展示拉丁美洲的文化混杂和社会矛盾；此后，魔幻现实主义盛极而衰，但它的某些创作方法一直延续到 70 年代甚至更晚。

毕加索

毕加索，毕加索是 20 世纪世界画坛上最知名的画家，他在 70 余年的艺术生涯中，留下了无数的珍品。全世界售价最高的 10 件艺术品中，有一半是他的作品。他被尊称为 20 世纪的艺术大师，但也有人批评他的作品晦涩难懂。

1881 年 10 月，毕加索出生在西班牙马拉加一个图画教师家里。毕加索少年时代最有名的作品是《科学与博爱》，曾参加马德里国家艺术展览，显示了他极高的创作天赋。年少的毕加索在西班牙巴塞罗那和马德里的美术学院学画。1901年他到达巴黎，并在那里举行了第一次画展，当时他刚满 21 岁。

毕加索的好奇心和创造性才能使他开创了多种绘画的新形式。在 20 世纪绘画中有影响的立体主义，就是毕加索与朋友勃拉克共同创造的。比如其雕塑作品"公牛头"，就代表了他的艺术风格。他用一个旧自行车座作为牛的面部，再装上一个旧自行车把作为牛的犄角，效果看上去比真牛还要生动。在他的绘画生涯中总是不断地变换艺术手法，常常在带给人们惊奇不解后，又展现出耳目一新的感觉。

1902～1904年初，毕加索的绘画主要使用蓝色。这是他创作的"蓝色时期"，反映了他当时严肃深思和忧郁伤感的心情，代表作有《两个姐妹》和《独眼女人》等。1904年他来到巴黎定居，开始从感伤的蓝色世界中苏醒过来，进入了他创作的"玫瑰红时期"，以表现江湖流浪艺人的生活为主，代表作有《养猴子的杂技演员之家》和《牵马的男孩》等。但毕加索不停地否定自我，寻找新的表现方式。

1906～1907年，受黑人雕刻的影响，他的绘画进入了"黑人艺术时期"，代表作有《亚威农的少女》。它也标志着立体主义绘画的诞生。和传统的绘画形式不同，立体主义绘画不做如实描绘，而是采取形体的简化。

1914年以后，他又向传统方面变化，被称作"新古典主义时期"，代表作有《泉边三浴女》和《母与子》等。由此，毕加索赢得了"画坛变色龙"的雅号。

"喜剧大师"卓别林

查理·卓别林(1889～1977年)出生于英国伦敦兰倍斯区的一个贫困演员家庭。为了谋生，年仅10岁就参加了一个滑稽剧团四处流浪演出。1907年，卓别林17岁时，由于伦敦丑剧班班主的推荐，参加了喜剧《足球赛》的演出，并且获得成功，成为这个剧团一名正式喜剧演员。

1912年，他被好莱坞喜剧片的创始人赛纳特看中，到好莱坞拍电影。不久，卓别林又以无意中创造出来的流浪汉形象一炮打响，成为好莱坞炙手可热的大明星。

卓别林除了是一位演技超群的演员外，还具有多方面的才能。1919年他开始投资建立制片厂，成为好莱坞第一个真正独立制片的艺术家，并且创立了电影史上空前的先例，即集制片人、编剧、导演、演员、作曲于一身。

卓别林在好莱坞的20年时间里，为美国喜剧片作出了卓越的贡献，给好莱坞喜剧片带来了空前的辉煌。他拍出了《淘金记》《城市之光》《摩登时代》《大独裁者》等许多脍炙人口的优秀影片。

世界人民对他的进步言辞及他所拍影片产生的社会积极影响以极高的荣誉：世界和平理事会授予他国际和平奖；1972年，第44届奥斯卡颁奖大会授予他特别荣誉奖。

美国第一部有声电影问世

1927 年 10 月，一部由好莱坞华纳兄弟影片公司拍摄的电影《爵士歌手》成为世界上第一部有声电影。该片一时轰动全球。但这部影片并不能算是一部完全的有声电影，它只是在歌曲和部分台词中配进了声音。第二年上映的《纽约之灯》才是真正有声的电影。

在此之前，电影已发展了 30 多年，却一直处于"默默无闻"的无声时代。无声电影只能靠演员的动作、姿势和字幕来传达内容，大大减弱了环境的真实气氛。随着科学技术的不断发展和人们审美要求的提高，无声电影必然要向有声电影方向发展。有声电影早在 10 年前就曾试制过，但那时技术上没有解决录音还音的问题，而且因为耗资巨大，很少有人肯投资制作。直到后来解决了录音还音等技术问题，华纳兄弟影片公司才摄制了这部《爵士歌手》。之后，好莱坞各电影制片厂纷纷仿效。从此，有声电影风行世界。

希区柯克

希区柯克，美国电影大师。1899 年生于英国伦敦，于 1920 年进入电影界。

1926 年导演了他的第一部电影《寄宿人》，在英国电影界确立了地位。接下来的《暗杀者之家》和《三十九夜》使他享有了国际声誉。1938 年，他以《巴尔干超特急》杀进好莱坞。他的第一部好莱坞作品《蝴蝶梦》便勇夺奥斯卡最佳作品奖。

他是公认的悬念大师，他自己曾经说过："我终生都对悬念作品有着浓厚的兴趣，这是一种特殊的虔诚和痴迷。"从他的 10 部令人难忘的电影——《蝴蝶梦》《后窗》《群鸟》《美人计》《夺魂索》《眩晕》《精神病人》《深闺疑云》《电话谋杀案》和《西北偏北》中，人们确实感到他的悬念直到故事结尾才能让人松一口气。他于 1980 年 4 月 29 日逝世，留下了 53 部电影作品。

世界新格局

20世纪80年代以来，世界局势很不稳定。苏联和东欧的剧变，彻底打破了以雅尔塔体系为基础的两极格局，并使世界进入了新旧国际格局的大转换时期。人类历史进入又一次的重大转折时期，政治、经济、文化等各领域都呈现出鲜明的特点。随着两极格局的终结，世界格局开始朝着多极化方向发展。

"星球大战"——战略防御计划

20 世纪 80 年代，美苏在太空中的军备竞赛日益激烈，双方都在建立太空战略系统。这是因为美苏都已拥有上千枚战略核导弹，足以将世界毁灭数次，而美苏同处于对方战略核武器进攻的威慑之下，出现了"恐怖平衡"。1983 年 3 月 23 日，美国总统里根提出一项被称为"星球大战"的战略防御计划，主要是要在 200 ~ 1000 千米的高空中建立多层次、多手段的反弹道导弹系统，以保卫美国国土不受苏联核导弹的攻击。苏联发射的洲际导弹 29 分钟可以打到美国，经历四个不同的飞行阶段：该计划就是要在导弹飞行的每个阶段中建立分层防御网，采用不同的手段进行多次拦截。要求每层防御网拦截的成功率都要达到 90%。这样，经过四层拦截后能达到美国国土的核弹头就所剩无几了。

白宫官员说，这项计划可能包括激光、微波装置、粒子束以及来自人造卫星发射的粒子束，将苏联发射的导弹在进入美国领土之前击落。实现这一计划需要大力加强反导弹技术的研究，每年大约需要投入 10 亿美元的研究经费。里根政府推行"星球大战"计划遇到众多困难和反对，从而越来越倾向于分阶段部署太空武器，而不是等到整个系统研制成功时一起全面部署。布什总统上台后于 1991 年决定调整战略防御计划。

东欧剧变

1989 年 12 月，波兰修改了宪法，将国名由"波兰人民共和国"改名为"波兰共和国"。这样，在东欧国家中出现了第一个非社会主义国家。

波兰是东欧诸国中局势最不稳定的一个国家。第二次世界大战后，尤其是华沙组织成立之后，波兰的经济大多采用苏联的模式和管理体制，实行中央高度集权，限制商品经济，强化指令性计划，片面强调重工业，使农、轻、重工业比例严重失调。20 世纪 70 年代，波兰政府不顾实际情况，推行"高速度、高积累、高消费"的政策，大量举借外债，以此来提高人民生活水平。

1980 年 7 月，波兰政府举借的外债已高达近 300 亿美元，波兰政府不得不采取冻结工资、提高商品价格的措施来偿还外债。对政府的这种做法，群众极为不满，以各种活动进行抗议，波兰经济顿时陷入混乱。

政府宣布肉类价格上涨 40% ～ 60% 的当天，一座小城里的交通设备厂的工人举行了罢工。很快，罢工浪潮席卷各地。这次罢工成为波兰战后规模最大、持续时间最长的群众抗议活动。在罢工中，有一个叫瓦文萨的年轻人脱颖而出，他原是格但斯克造船厂的电工，由于无法忍受波兰政府的政策，他四处奔走，广泛联络，成立了"团结工会"，他本人担任工会主席。在瓦文萨的宣传下，团结工会很快壮大起来，在总人口不足 3700 万的波兰有 950 万人成了工会的会员，而且，政府部门也有大批官员加入了团结工会。

随着东欧政局的剧变，苏联的军队开始撤离。

1981 年 9 月，团结工会召开了第一次代表大会。会上通过了《纲领决议》，决议明确指出，"不承认波兰统一工人党的领导和社会主义"，宣布要"改建国家机构"，并公开提出要夺取国家政权。会后，瓦文萨开始准备武装夺权的各项工作，建立了武装工人卫队。

在团结工会的策划下，波兰全国进行了无休止的罢工，全国经济陷入瘫痪状态，使人们本来就困难的生活更加雪上加霜。没多久，人们对团结工会也产生了怀疑。

在这种情况之下，雅鲁泽尔斯基将军出任统一工人党第一书记。雅鲁泽尔斯基是一个手段强硬的人，他并没有被接手的烂摊子吓倒，而是宣布从 12 月 13 日零时起在全国实行军事管制，取缔团结工会，并且逮捕了瓦文萨等团结工会的领导人。这次罢工浪潮总算被遏制下去了，波兰经济开始复苏。可惜好景不长，1988 年，波兰再次出现了财政危机，物价暴涨，罢工浪潮再度掀起。在这种形势下，美、英等国政府也开始向波兰政府施加压力，要求波兰政府恢复团结工会的合法地位。

在内外交困的情况下，统一工人党于 1988 年 12 月举行十届十中全会，决定在波兰实行政治多元化和工会多元化，有条件地承认团结工会为合法组织。

东山再起的瓦文萨吸取之前的经验教训，表示不再以"推翻当局"而是以"帮助政府摆脱困境"为主要目的。次年 2 月，波兰政府与团结工会及其他反对派举

·罗马尼亚政变·

东欧国家罗马尼亚总统齐奥塞斯库生活堕落腐化，加上罗马尼亚经济一直衰退，社会危机一触即发。1989年12月，匈牙利族神父特凯什·拉斯特因为持不同政见而被当局逮捕，引发了大规模抗议活动，并很快发展为暴动。12月16日晚上，齐奥塞斯库命令国防部长将装甲部队开进城里镇压示威者，第二天，军队和警察对群众展开了血腥镇压，很快就平息了暴动。齐奥塞斯库得意忘形，在12月21日时安排了一次群众集会，以粉饰太平。但是在他演讲的时候，事先经过精心挑选的群众却发出了反对的声音，又一次暴动开始了。22日中午，军方表示不愿意对群众开枪，并成立了救国阵线委员会，接管了全部权力，将齐奥塞斯库夫妇逮捕。12月25日，齐奥塞斯库夫妇经特别法庭审判后被执行枪决，罗马尼亚建立了资产阶级政权。

行圆桌会议，统一工人党向团结工会做了原则性的让步，同意实行立法、行政、司法三权分立，实行总统制和议会制，进行议会和参议院的大选。

按照圆桌会议达成的协议，1989年6月，波兰举行议会选举。在选举中，统一工人党虽然获得了议会中的299个席位，但在参议院中未获一席，而团结工会则获得了参议院100个席位中的99个。团结工会一跃成为控制两院的第一大党。

在议会投票中，雅鲁泽尔斯基以一票的微弱优势当选为波兰总统，而新政府则由团结工会的成员为主。出任总理的是团结工会顾问马佐耶茨基，此外，在23名内阁成员中，团结工会占12席，统一工人党仅占4席。就这样，统一工人党节节败退，在不久后波兰议会通过的宪法修正案中，又删去了统一工人党在国家中起领导作用和波兰是社会主义国家的条文，将国名由"波兰人民共和国"改为"波兰共和国"。在1990年12月的大选中，在美、英等国的支持下，瓦文萨当选为波兰共和国总统。

波兰是东欧国家出现的第一个非共产党领导的政府，紧接着，东欧各国一个接一个地相继发生剧烈的政治变动。

总体来看，东欧剧变是以美国为首的西方国家实施和平演变战略的结果。

苏联解体

1991年12月25日，在克里姆林宫上空飘扬了69年之久的有着镰刀和锤子图案的苏联国旗徐徐落下，取而代之的是一面蓝白红三色的俄罗斯国旗，苏联就这样消逝在历史之中了。

苏联是无产阶级革命导师列宁亲手缔造的，建国之初，面对以美国为首的西方帝国主义的干涉，苏联人民给予了坚决反击。第二次世界大战后，苏联开始了与美国争夺世界霸权的明争暗斗。20世纪70年代末，苏联的政治、经济与民族关系出现了严重的危机。但是，苏联领导人认为依然有必要与美国抗衡，只相当于美国经济实力1/3的苏联就这样维持着与美国不相上下的庞大的军费开支。1979年，苏联入侵阿富汗，这使苏联陷入了经济泥潭之中。

在这种情况下，54岁的戈尔巴乔夫于1985年出任苏共中央总书记。

戈尔巴乔夫出生于俄罗斯联邦南部的斯塔夫罗波尔边疆区的一户农民家庭，他从小就聪明过人。1950年，戈尔巴乔夫进入莫斯科大学法律系学习，毕业后，戈尔巴乔夫从事共青团工作，曾任边疆区团委宣传部副部长、第二书记、第一书记，一路青云直上，直到成为契尔年科时期的第二把手。随着外交活动的增多，西方世界普遍认为戈尔巴乔夫是一个平易近人又思辨超群的人。

戈尔巴乔夫上台后，大刀阔斧地进行了改革。他主张进行深刻的经济体制改革，以提高人民生活水平为重要任务。重视科技发展，强调在科技进步的基础上提高生产效率，把社会主义民主和人民自治提上议事日程。在对外关系上，他主张缓和矛盾和和平共处。此外，他还进行了重大的人事调整，提拔年轻干部，以保证共产党的年轻化，新的上层领导核心基本形成了。

1987年，戈尔巴乔夫在《改革与新思维》一书中阐述了政治改革的民主社会主义的思想倾向，强调"新思维的核心就是承认全人类的价值观的优先地位"。在苏共代表大会上，戈尔巴乔夫明确地提出了"人道的、民主的社会主义"的概念。《改革与新思维》其实是其对外政策上的新思维，为了取得与西方国家的和平，苏联主动裁军，和美国签署清除部署在欧洲的中程导弹条约，从东欧撤军，甚至还做出了一些不切实际的妥协和退让，如对西方干预东欧各国的"自由化"改革不加干涉，最终加速了东欧剧变。所有这些都使得苏联在国际上的地位下降，许多人开始对戈尔巴乔夫表示不满。

随着改革的加深，苏联的政治和经济局面不但没有好转，反而越来越糟糕，社会出现了混乱和动荡。无政府状态迅速蔓延，罢工、犯罪事件不断，反对党公开反对社会主义。民族主义趁机抬头，矛盾斗争激化。

1989年8月，民族分离主义势力组织的"人民阵线"在波罗的海沿岸举行抗议活动，提出"脱离苏联"。1990年3月，苏共的法定领导地位被取消，多党制和总统制开始实行，戈尔巴乔夫当选为苏联首任总统。同月，立陶宛宣布独立，紧接着，爱沙尼亚、拉脱维亚、亚美尼亚也先后宣布独立。

面对失控的政局，戈尔巴乔夫于 1990 年 11 月提出了新联盟条约草案，草案规定，除国防、外交和关系全国经济命脉的部门仍由联盟中央掌握外，其余主权均归各共和国所有。将"苏维埃社会主义共和国联盟"改名为"苏维埃主权共和国联盟"，不再强调社会主义。但是，苏联再一次统一的最后希望还是破灭了。

1991 年 8 月 19 日，副总统亚纳耶夫向外宣布，正在黑海克里米亚度假的总统戈尔巴乔夫因健康状况无法继续履行苏联总统职责，他本人即日起履行总统使命，并宣布实行紧急状态，成立苏联紧急状态委员会，呼吁全国人民支持他们采取重大措施，使国家和社会尽快摆脱危机。尽管戈尔巴乔夫在"八一九"事件中被叶利钦等人解救出来，但他已无法继续留在领导职位上。8 月 24 日，戈氏宣布辞去苏共中央总书记职务，于 12 月 25 日辞去总统职务。

12 月 1 日，苏联的 15 个加盟共和国全都宣布独立。21 日，除格鲁吉亚外的原苏联 11 个加盟共和国签署了《关于建立独立国家联合体协议议定书》。26 日，苏维埃举行最后一次会议，从法律上宣布苏联解体。

海湾战争

1990 年 8 月 2 日凌晨，伊拉克突然出动了 10 多万兵力，以迅雷不及掩耳之势进攻邻国科威特。科威特是一个小国，只有 2 万人的部队根本禁不住伊拉克军队潮水般的进攻。次日，伊拉克军队攻入科威特王宫，随后占领科威特全境，并宣布科威特政府被推翻，将成为伊拉克的第 19 个省。

伊拉克的这种侵略行为很快激起了国际社会的强烈谴责。联合国安理会先后12 次通过决议要求伊拉克恢复科威特的主权与独立，尽快从科威特撤军，并对伊拉克实行经济封锁和武器禁运。其他国际组织也相继与伊拉克方面接触，试图说服伊拉克领导人结束这场侵略战争。但是，处于内外交困中的伊拉克总统萨达姆·侯赛因却对此置若罔闻。萨达姆心里有自己的如意算盘，他知道国际社会正把眼光盯在忙于和平演变的苏联身上，中东地区根本不会引起太大注意。伊拉克的近邻科威特是海湾地区一个盛产石油的阿拉伯国家，在奥斯曼土耳其时期，这里是伊拉克巴士拉省的一部分，虽然伊拉克于 1961 年承认了科威特的独立，但从未正式承认过两国间的边界，这为以后的战争埋下了祸根。

伊拉克入侵科威特使美国等西方国家在海湾的利益受到了威胁。为了保证在海湾地区的石油利益和战略地位，为了防止伊拉克操纵石油输出国组织进而控制西方国家经济命脉，也为了维持中东地区的稳定和势力均衡，显示在世界事务中的作用，美国与部分西方国家制定了代号为"沙漠盾牌"的军事行动计划，随后便以联合国的名义开始了在海湾地区的大规模的军事集结。

多国部队进入伊拉克沙漠区。

11月29日，联合国安理会通过了授权使用武力将伊拉克军队赶出科威特的678号决议，规定1991年1月15日为伊拉克从科威特撤军的最后期限。萨达姆根本无视国际社会的和平努力与联合国的最后通牒，依然加紧扩军备战。在积极进行军事部署的同时，还打出了"人质盾牌"作为对"沙漠盾牌"的反应：禁止所有敌视伊拉克国家的外国公民离开伊拉克和科威特，一旦战争爆发，这批滞留在伊拉克和科威特的外国人将成为第一批牺牲品。同时，以美国为首的8个国家派往海湾地区的军队已经达到了70万人左右，组成了以美军将领斯瓦茨科夫为总司令的多国部队，进行好了随时发起军事行动的准备。海湾地区剑拔弩张，一场恶战已不可避免。

1991年1月17日，以美国为首的驻海湾多国部队向伊拉克发动了大规模的空袭，开始执行"沙漠风暴"军事计划，720多架飞机从不同的方向向伊拉克的60多个目标发起攻击。由于此前采取了迷惑伊拉克的措施，多国部队的军事行动并没有被伊拉克方面察觉。当巴格达市民还处在甜美的睡梦中时，一枚枚炸弹临近了他们。代表美国最先进技术的F-117隐形战斗机把一颗激光制导炸弹投到了位于巴格达闹市区的电话电报公司大楼的正中，在剧烈的爆炸声中，大楼周围火光冲天，而负责守卫大楼的伊拉克士兵还不明白到底发生了什么事情。顷刻间，密集的炸弹从天而降，铺天盖地地落下，爆炸声不绝于耳。总统府大楼、国防部大楼、空军指挥部大楼及近郊的萨达姆国际机场等军事目标先后被击中。很快，整个巴格达处于一片火光之中。

在连续不断地进行狂轰滥炸的同时，驻守在波斯湾海域的多国部队的军舰，向伊拉克及科威特也发射了近百枚载有重磅弹头的"战斧"式巡航导弹。

伊拉克虽然对多国部队强大的空袭进行了还击，但却收效甚微。80%的"飞毛腿"导弹被美国的"爱国者"导弹拦截，伊拉克的反击能力被削弱了。

经过一个多月的空中打击，伊拉克的指挥系统、导弹基地、军工厂等均遭到了严重的毁坏和损伤。2月，多国部队统帅部决定执行代号为"沙漠军刀"的作战计划，转入地面进攻阶段。在多国部队强大的攻势下，伊拉克最精锐的共和国卫队伤亡惨重。

2月26日，萨达姆被迫下令驻在科威特的伊拉克军队撤离科威特。27日，萨达姆宣布无条件接受安理会关于伊拉克的决议。至此，历时42天的海湾战争结束了。

科索沃战争

科索沃是南斯拉夫联盟塞尔维亚共和国的一个自治省，其居民90%以上是阿尔巴尼亚人，其余是塞尔维亚和黑山人。历史上，阿族和塞族长期不和。20世纪80年代末，阿族人要求建立"科索沃共和国"，从塞尔维亚共和国脱离出来。一直视科索沃为家园和宗教圣地的塞族人不愿放弃，两族矛盾激化，阿族极端分子组建了"科索沃解放军"，暴力冲突愈演愈烈。1998年2月，南联盟总统米洛舍维奇派军队对阿武装进行镇压，科索沃局势急剧恶化。

科索沃危机伊始，以美国为首的北约就积极卷入，使其国际化，以便利用科索沃民族矛盾来扩大北约的影响，实现在科索沃驻军，进而控制巴尔干地区，完成东扩目标，并从该地区排挤俄罗斯的传统势力。1999年1月，在美国的操纵下，冲突双方进行谈判，但谈判最终破裂。3月24日，北约以保护人权为名，对南联盟开始了代号为"盟军"的大规模空袭行动。

3月24日19时，以美国为首，拥有19个成员国的北约盟军，在其最高司令兼美军驻欧洲部队总司令韦斯利·克拉克上将的指挥下，一批接一批的北约战斗机、轰炸机向南联盟军营、防空设施、电厂、通信设施实施猛烈轰炸，科索沃战争由此开始。

27日前，北约空军先后进行4轮空袭击，旨在摧毁南联盟的防空体系、指挥和控制中心、军工厂和在科索沃的塞族部队。但南联盟军民并没有屈

塞尔维亚人抗议北约的轰炸。

服，纷纷拿起武器，对北约的入侵进行顽强的抵抗。美国最先进的、拥有不可战胜神话的 F-117 隐形飞机在贝尔格莱德以西 60 千米的上空被击中，坠落在布贾诺夫齐村附近。在海湾战争中显赫一时的"战斧"巡航导弹命中率仅为 20%，多次被南军防空武器截击。

3 月 28 日，美军对南联盟开始了新一阶段的空袭。对南部的南联盟地面军队和军用物资进行疯狂轰炸，试图摧毁南军的军事装备，迫使南联盟屈服。南联盟军队充分利用山多、地形复杂的有利条件和当时多雨多雾的有利天气，分散队形，隐藏弹药等军需物品，不失时机创造局部优势，采用藏、打、运动、迂回相结合的战术，不断使北约的飞机、导弹部队受到突袭。

南联盟军民的反抗，给北约军造成严重损失。4 月 13 日，美国总统克林顿宣布对南联盟扩大空袭范围、增加空袭强度，实施 24 小时不间断轰炸。轰炸开始变得惨无人道，民用设施的桥梁、铁路、公路、工厂、电视台、通信系统、电力系统、供水系统、医院、商店，甚至居民楼都遭到狂轰滥炸。灭绝人性的空中绞死，使南联盟 1800 多名平民丧生，6000 多人受伤，近百万人沦为难民，20 多家医院被毁，300 多所学校遭到破坏，交通干线、民用机场、广播电视基本瘫痪。

北约的野蛮行径遭到国际社会的强烈反对，引起全世界人民的极大愤怒，北约在国际社会中越来越孤立。6 月 5 日，在中、俄及联合国秘书长安南的斡旋下，北约和南联盟在马其顿举行谈判。9 日，双方签署了南军撤退协议书，北约结束了对南联盟的轰炸。

科索沃战争是 20 世纪末世界格局转型进程中的一个重要的阶段性标志，这场战争使南斯拉夫人民遭受巨大灾难，联合国宪章和国际法准则遭到践踏，世界和平与发展受到严重威胁。通过这场战争，美国及其西方盟国利用北约组织在推进欧洲地区的整合、实现其主导世界新格局的战略目标方面又迈进了一步。

联合国千年首脑会议

2000 年在美国纽约联合国总部举行的联合国千年首脑会议是迄今为止世界领导人的最大盛会。对东道主美国来说，避免千年首脑会议成为批美论坛才是首要议题。由于千年首脑会议草案文本有强调不干涉别国内政的内容，美国官员一直在施加压力，要求删除这一内容，并加入在全球范围强调人权的内容。此外，由于美国提出的安全问题导致会场变更以及美国总统克林顿因要抽时间忙于巴以和谈而参加不了圆桌会议等原因，许多国家都对美国颇有微词。朝鲜最高人民议会委员长金永南率领的代表团由于在转机时被命令接受搜身检查，愤怒地宣布退出千年首脑会议。此举也令美国感到十分尴尬。尽管美国也把联合国看成是一个对其国家安全利益非常重要的机构，但对联合国多有不敬，拖延交纳会费就是明证之一。自从克林顿总统上任以来，美国从对联合国和平使命的不理不睬，变成了在公元1993年干涉索马里之后的失望泄气。此后，又从在波斯尼亚问题上的合作，变成了在公元1999年的科索沃冲突中直接把联合国排除在外。

"9·11"事件

2001年9月11日，美国东部地区发生一系列严重恐怖袭击事件，纽约的世界贸易中心和位于华盛顿的美国国防部所在地五角大楼等重要建筑遭到恐怖分子的袭击，并造成重大人员伤亡。这一事件必将载入美利坚民族的史册，也必将长存于人类的记忆之中。

9月11日，纽约当地时间上午8时25分，一架由波士顿开往洛杉矶的美国美洲航空公司第11次航班飞机，突然与空管中心失去了联系。空管中心马上意识到该架飞机遭到了劫持，立即与北美防空司令部取得联系。当防空司令部想做出一些应对措施时，被劫持的飞机已经撞在了纽约曼哈顿世界贸易中心的北侧大楼。十几分钟以后，一架由华盛顿飞往洛杉矶的第77次航班客机撞击世贸中心南侧大楼。两架飞机撞入楼内，喷出一团巨大的火球。当时是美国人上班高峰时期，听到巨响后，在世贸大楼附近的行人和住户忙抬头观望，眼前的景象使他们惊呆了。

为"9·11"事件中的死难者做祷告

就在人们还没明白过来发生什么事时，一辆辆警车长鸣而来。虽然消防队员和救护人员克服千难万险进入大楼对困在里面的人员进行抢救，但却无法挽回爆炸吞噬的生命。据幸存者之一的德维塔回忆："当北楼被撞以后，人群才陷入了恐慌……最令人难过的是，当我们一步一步摆脱死亡纠缠的时候，一些年轻的生命（与他们相向而行的救护人员和消防员们）正陷入到了绝境之中……"

世界贸易中心由两座塔楼组成，分居南北，高 110 层，是曼哈顿地区的标志性建筑。当初在建造世贸中心时，动用了 1 万多名工人，历经了 8 年时间。楼内有世界著名的银行 6 家，著名的投资公司 5 家，还有国内外大大小小的公司数千家。每天约有 3.5 万名雇员在楼内工作，有 5 万名内工从事服务工作。可想而知，世贸中心两座大楼的倒塌会造成多大的损失。

数以千计的生命被坍塌的大楼吞噬，曾经辉煌壮丽的世贸大楼顷刻间灰飞烟灭，成为了历史。

当惊魂未定的人们还处在痛苦的哀叹中时，从华盛顿也传来了噩耗。当地时间上午 9 时 45 分左右，美国联合航空公司的第 175 次航班客机从华盛顿杜勒斯机场起飞后不久，被劫持并撞在了五角大楼西南端。紧接着，美国国务院大楼、国会山附近相继发生炸弹爆炸事件，美国总统府白宫附近发生大火。在宾夕法尼亚州，当地时间上午 10 点左右，从新泽西州纽瓦克飞往旧金山的联合航空公司的第 93 次航班客机在距匹兹堡东南 130 千米处坠毁，机上 40 名乘客和机组成员遇难……

灾难发生后，刚刚上任的美国总统小布什正在佛罗里达的萨拉索培。当他惊悉恐怖袭击事件后，于 9 时 15 分发表声明："我们国家发生了一起全国性的悲剧。显然是由于恐怖分子的袭击……我已和副总统、纽约市市长以及联邦调查局通过电话，命令动用联邦政府的所有资源来帮助遇难者，已经采取了一切适当的安全防范措施来保护美国人民。并彻底调查追捕策划发动恐怖袭击的人，对我们国家的恐怖主义再也不能继续下去了……"

当日，美国联邦航空局宣布美国有史以来首次关闭领空。与此同时，政府各部门、各大公司等机构的工作人员也都从办公地点紧急疏散，战斗机开始在空中巡逻。

"9·11"这一系列恐怖袭击事件共造成 3200 多人死亡或失踪，造成的直接和间接的经济损失达数千亿美元，是迄今世界上策划最周密、造成损失最大的恐怖袭击事件。

"9·11"造成重大伤亡的消息迅速传遍全世界，世界各国纷纷发表声明谴责恐怖主义分子惨无人道的袭击。

9 月 14 日，美国参众两院通过决议，授权总统动用武力对恐怖袭击进行报复。15 日，小布什表示，美国"正在准备一场对恐怖分子的全面战争"，并认定藏匿在阿富汗并受到塔利班庇护的本·拉登是"9·11"恐怖事件的主谋，决定从10月7日起对阿富汗实施大规模的军事打击。到12月初，在美国和阿富汗北部联盟的共同打击下，塔利班完全放弃抵抗。

"9·11"事件之后，不但美国视恐怖主义为当前头号大敌，世界各国也都把恐怖主义对世界和平与发展的威胁提上了议事日程。

北约东扩

苏联解体后，西方国家看到扩大北约有利可图，同时，为迎合中东欧国家"回归欧洲"的愿望，开始制订和实施北约东扩的计划。北约东扩的进程大致经历了3个阶段。

第一阶段，建立北大西洋合作委员会。1991年11月苏联解体前夕，北约在罗马召开首脑会议，决定组建有北约和前华约成员国参加的北大西洋合作委员会，共有北约成员国、苏联和中东欧国家等25个国家参加。

第二阶段，推行北约和平伙伴计划。1993年上半年，美国和北约公开表示，应尽快吸收中东欧国家加入北约。但是，考虑到这些国家问题众多、情况复杂，立即接纳会给北约自身带来许多麻烦，同时也会遭到俄罗斯的反对，便想出了一个过渡的办法：先吸收中东欧和原苏联各加盟共和国加入和平伙伴计划，作为它们加入北约之前的热身，待条件成熟后再吸收它们加入北约。

北约之船驶向东欧

第三阶段，北约稳步向东扩展。"和平伙伴计划"提出后，中东欧国家的踊跃加入大大刺激了西方扩大北约的欲望。同时，俄罗斯民族主义和左翼力量的增强，更促使西方产生了防范、遏制念头。于是，西方决定加快北约东扩的步伐。1995年9月，北约常设理事会批准了《关于北约东扩的研究报告》。报告就北约东扩的方式、申请加入国的条件、东扩后北约组织的地位以及与俄罗斯之间的关系等问题进行了阐述。

1997年7月8日，北约东扩的第三阶段

达到高潮，波、匈、捷三国被正式确定为北约东扩的第一批国家。1999年3月12日，波、匈、捷三国正式加入北约。

北约东扩已经迈出了实质性的一步，从世界范围来看，它已经加速了大国战略关系的调整步伐，大国之间相互制衡、互联互动的关系格局更加明显。从欧洲范围看，北约的东扩侵犯了俄罗斯在欧洲的利益，严重威胁了俄罗斯的政治、军事和经济安全。因此，俄加快独联体一体化特别是军事一体化的进程。北约一定要东扩，俄罗斯一定会抵制，这两种趋势在一定时期内都难以避免，它们之间的这种较量将影响欧洲新均势的形成，也会给世界格局的变化带来许多不确定的因素。

从北约东扩的进程来看，美国在其中起了决定性的推动作用。实质上，美国想通过北约东扩扩大其在西欧的影响，继续在欧洲发挥领导作用。